明清史学术文库

近代的初曙

18世纪中国观念变迁与社会发展

上

高翔 著

故宫出版社
The Forbidden City Publishing House

《明清史学术文库》
编辑委员会

高翔，中国社会科学院秘书长，党组成员。1963年10月出生，四川盐亭人，博士，研究员，博士生导师，享受政府特殊津贴，中宣部全国宣传思想工作“四个一批”人才，全国新闻出版行业领军人物。

兼任中国社会科学杂志社总编辑、中华全国青年联合会社会科学工作者联谊会副会长、世界社会主义研究中心常务理事、中国期刊协会常务理事、吉林大学历史系教授、国家社科基金评委等。

长期从事明清政治史、明清观念文化史及史学理论研究。主要代表作有《康雍乾三帝统治思想研究》（专著）、《近代的初曙：18世纪中国观念变迁与社会发展》（专著）、《在历史的深处》（论文集）、《略论清朝中央权力分配体制——对内阁、军机处和皇权关系的再认识》、《马克思主义与二十世纪中国学术道路》等。

20世纪以来异彩纷呈的明清史研究，是中国近现代社会变迁在史学研究领域的集中投射。故宫出版社遴选各个时期的明清史研究代表性作品，组成《明清史学术文库》出版，是一件嘉惠学林的好事，必将进一步推动明清史研究的深入发展，有益于中国史学的进步。

高翔

2013年5月6日

总序一

2012年是清帝退位一百周年，明清史研究也走过了百余年的风雨历程。出于总结和促进发展的目的，故宫出版社将百年来明清史专题研究的重要的甚至经典性著作，遴选四十余部再版发行，以期对当前的明清史研究有所裨益，这是令人高兴和值得肯定之举。

长达五百余年的明清两代，是中国历史上两个重要的王朝，既处于我国封建社会行将灭亡的衰落时期，又处在中国封建专制主义发展的巅峰时期。盛世与没落，帝王的文治武功与社会的演进变革，殖民者的“福音”传播与列强的坚船利炮，此起彼伏的农民起义与先进的中国人的图强探索，以及革命与改良，等等。这是一个多姿多彩且天翻地覆的历史时期。这一时期又连接着今天，影响着今天。因此，研究明清两代的历史，就有着十分重要的意义。

现代意义上的明清历史研究开始于20世纪初。面对清王朝的腐朽没落，半殖民地半封建社会的奴役屈辱，资产阶级革命的风起云涌，以梁启超、夏曾佑、严复、孟森、章太炎、向达、谢国桢、萧一山等学者为代表的中国知识界，继承中国古代社会“鉴古知今”的历史传统，吸收近代科学理论知识，开始对清先世、明满关系、南明史、学术史，后渐扩大到秘密社会史、华侨史、晚清史（这是一大热点）、民族史、历史地理、财政史、盐业史等明清历史的多个方面，进行系统研究，筚路蓝缕，取得了丰硕的成果。

新中国成立以后，特别是改革开放以来，学术界在马列主义理论指导下，继承老一辈学者的信实学风，汲取西方学术研究的科学方法，解放思想，大胆探索，推动了明清史研究的不断深入。研究领域在不断扩大，研究水平在不断提高，明清史学逐渐形成充满朝气、欣欣向荣的繁荣景象。经过数十年的发展与积淀，时间已为我们留下了一些有价值的学术著作，这些著作资料翔实，论述严密，条理贯通，至今仍为许多学者所推崇。因此，将多年以来明清史研究著作纳入《文库》，重新修订再版，可使我们回顾明清史学研究的发展轨迹，促进 21 世纪明清史学术研究的深入发展。

故宫博物院和故宫出版社推出这套《明清史学术文库》还有一层特殊的意义，这就是故宫和故宫博物院在明清史研究中的特殊地位。故宫作为明清两代的皇宫紫禁城，在明清两朝的统治历史中，共有 24 位皇帝在此生活执政，使之在五百多年中成为全国的政治中心、文化中心，演绎出一幕幕兴衰史剧，几乎明清时期的每一个重大历史事件，都与宫廷发生着密切的联系。故宫几乎每一座宫殿、每一个院落、每一处山石，甚至每一口水井、一床一案，都有一段传奇经历，蕴含着独特的、浓厚的历史文化信息，涉及建筑、园林、历史、地理、文献、文物、考古、美术、宗教、民族、典制、礼俗等诸多学科与门类。这也是研究明清时期典章制度、宫廷建筑、宫廷生活等历史问题的专家学者不能不予以关注、不能不去考察体验的诸多社会历史领域。建立在以明清两代皇宫“原址保护”基础上的故宫博物院，兼容建筑、藏品与其中蕴含丰富的宫廷历史文化为一体，这一特点及优势，决定了它在整个明清史研究中有着独特的、不可替代的重要地位。而故宫的一切研究工作也离不开明清史学术界的辛勤劳动。

正是基于这种独特关系，故宫博物院与清史编纂委员会联合举办清史研讨会，与北京大学联合主办《明清论丛》，成立明清宫廷史研究中心和故宫学研究所，组织编纂明清史研究丛书，并资助出版一大批重要的明清史学术研究成果，受到学界的广泛赞许。以突出皇宫、皇权和皇帝等皇家文化研究的“故宫学”学术概念，也得到了学界的广泛关注。浙江大学、中国社会科学院研究生院等高校已开始招收这方面的硕士研究生，浙江大学成立了故宫学研究中心，南开大学成立了明清宫廷史与故宫学研究中心，台湾清华大学开设了“故宫学概论”课程等。所有这些，必将对故宫博物院的日常工作和学术研究，以及明清史学界的进一步发展，产生重要的推动作用。

故宫出版社作为故宫博物院的重要部门，一直把促进明清史和故宫学的研究作为自己义不容辞的责任和义务，做出了积极的努力，也取得了重要的成果。本次推出这套《明清史学术文库》，在整合、出版既有学术成果的基础上，通过深入地与专家、学者沟通，对明清史及故宫学研究涉及的一些问题进行专题探讨，以提高明清史和故宫学研究的理论水平，并向成为我国明清史研究成果的出版重镇不断迈进，其精神也值得赞扬。我们相信，通过故宫出版社与明清学术界的不断努力，明清历史研究必将取得更大的发展。

郑欣淼

2012年7月

总序二

一百年前的 1912 年，清朝覆亡，宣统帝退位，中华民国建立。标志着统治中国长达两千多年封建帝制的终结。中国历史迈开了前进的脚步，中国人民觉醒奋起，在近代化的征途上努力前进。

伴随着清王朝的覆灭，中国的一大批学者对中国封建社会的最后两个王朝——明朝和清朝的历史进行了认真、系统的研究，章太炎、梁启超、孟森、钱穆、萧一山、蒋廷黻、郭廷以、郑天挺、吴晗、罗尔纲、王钟翰等学术前辈在明清史处女地上披荆斩棘、辛勤耕耘，为明清史学的发展奠定了基础。改革开放以来，学术界百花齐放、百家争鸣，以马克思主义为指导不断地解放思想，积极吸收外国的研究思想和方法，使我国明清史的研究出现了前所未有的长足进步，涌现出一批有价值的学术著作。但在当时，中国或者尚在战乱时期，或者尚在建设的探索时期，经济贫穷，文化欠发达，学术著作的印刷数量不多，流传不广，不利于学术交流和明清史研究更深入的发展，故而故宫出版社将多年来明清史专题性研究著作纳入《明清史学术文库》，重新修订再版，力求涵盖民国以来各个时期的学术大家及其代表性著作，目的就在于将涉及政治、经济、文化、社会生活等方面的研究著作汇集一起，以此反映明清社会的整体状况，为学者深入研究明清时期的社会状况提供学术平台。

明清两代，时间长达五百多年之久，道路崎岖，变化迅速，人物和事件丰富繁多，是最接近今天现实的历史，生产力已有相当发展，居于当时世界各国的前列，社会结构和各种关系已相当复杂，人口众多，经济繁荣，交流频繁，财富充盈，各种事业兴旺发达。至康雍乾时期，中国历史发展到最高峰。但社会中的各个领域存在着缺陷，各种主客观条件尚未具备，整个社会难以协同推进，阻力重重，举步维艰，所以未能进入近代化的轨道。中国坐失了西方世界在 18 世纪所抓住的社会进步的良好时机，这是中国的不幸，也是我们前几辈先人痛心扼腕、力图奋起直追的动力和原因。今天，我们正在建设中国特色的社会主义，成绩辉煌，但前途还有许多艰难曲折，需要我们奋斗拼搏，晚近明清历史上先辈们走过的崎岖道路值得我们回顾、反思、探索、研究，以利于后人的继续快步前进。

在中华民国成立以前，明清史虽已编纂了许多重要的档案资料，但研究尚在起步阶段，历史编纂中充斥着对本朝的歌功颂德和对前朝的诋毁。民国以后的明清史研究则有了重大的进步。

其进步主要可举出三个方面：

第一，改变了形而上学和英雄史观，逐渐以社会进步史观和马克思主义唯物史观来研究历史；改变了停滞不动、堆砌史料、罗列历史事实，不讲究前因和后果，不揭示历史发展的客观规律，强调英雄创造了历史而忽视人民群众的生产斗争、阶级斗争，不能给人以真实的历史知识的做法。历史是人类进步的活动，是人民群众艰辛创造和英勇斗争的进程。经济活动是人类社会的基础，而政治、军事、法制、文化、思想都是其上层建筑，将会或早或迟地随着经济基础的变化而变化。20 世纪初进步史观和马克思主义唯物史观的出现，大大改变和推动了中国历史研究，明清史研究领域出现了许多高水平的、科学的、实证的明清史著作。

第二，研究领域的扩大。自民国以来，明清史研究的领域不断扩大，不仅着重于帝王将相活动，不仅有内外战争、官场升贬、刑律惩治，也不仅宣扬封建的纲常伦理，还涉及到中央和地方的典章制度、兴废沿革、官阶序列、财政收支、赋税征收，人口的增减迁移，城镇的设置变迁；经济方面有农林牧副各业的状况，开垦和耕作记录，各种传统的手工业和商业，以至近代工厂、矿场的兴起，电报的设置，火车轮船的建造；军事方面，有八旗、绿营、团练、湘军、淮军以至北洋水师、小站练兵等；文化方面，既有诗文词赋、绘画书法、人物传记，又有昆曲、京剧、小说、唱本各种民间艺术；加之民族、法制、科学、宗教、城市、乡镇、风俗习惯、生态海洋等方面。各种研究无所不包，覆盖了各个社会历史领域，使得每朝的史书类似于百科全书型的著作，可以阅读和寻找到各种各样的知识。

第三，史料的整理和发展大为进步。民国以后，大内档案公之于世，其数量达一千万件以上，其中尤以清朝的档案与史料为多，它们的大量公开出版为后人提供了无穷的研究宝藏。档案和各种史料是认识和研究历史的重要载体，只有对它进行积累、分析、辨识、考证，才能揭示出历史的真相。近百年来，收集、保存、整理和利用这些珍贵的历史资料取得了很大的成绩，使我们对五百多年的明清历史有了许多新的重要的发现和认识。

故宫出版社作为故宫博物院的下属部门，把服务和促进明清史和故宫学研究作为自己的责任和义务，并为此做出了不懈的努力，坚持资助出版《明清史论丛》，还抽出人力、物力出版了《明代宫廷史研究丛书》等一批颇具特色的明清史著作，逐渐成为明清史研究成果的一个重要的出版阵地，为明清史研究的深入发展，作出了积极贡献。相信本丛书的出版，无论对史学工作者还是普通的史学爱好者，都是一个极大的便利，必将对明清史学术知识和研究的深入发展与广度普及，产生积极的影响。

戴逸

2012年 7 月

该书堪称关于18世纪中国乃至整个清代观念文化史方面的第一部研究专著，是一部史料翔实、内容丰富、逻辑严密、论证有力、创见迭出的开拓创新之作。该书从18世纪中国知识界选取近百个人物，按照伦理观念及其生活方式与学术、政治观念分门别类地进行考察，从多角度、多层次上展示了18世纪中国的观念变迁和社会发展画卷。这种开阔的研究视野和研究方法，大大突破了以往清代学术思想史研究的狭小圈子，拓宽了清代文化史研究领域，也使该书有关18世纪中国观念变迁和社会发展及其时代精神的结论更加可靠，对所谓18世纪中国社会“停滞说”的否定更加有力。

——赫治清

（中国社会科学院历史研究所研究员）

本书以大量材料证明：18世纪的中国社会在沿着自己的道路向前发展，从而否定了中国传统社会停滞说、静止说，特别是否定了国内外学术界仍流行的18世纪有考据无（或少）思想的说法。

——王思治

（中国人民大学清史研究所教授）

高翔作《近代的初曙:18世纪中国观念变迁与社会发展》，正好填补了这一长达数十年无人问津的学术空白。作者的全新的观念、广阔的视野，全方位地对准了18世纪中国知识界，从其观念变迁来揭示18世纪中国的时代精神，探寻中国近代化的内在动因。如作者坦言：本书不是学术史，也不是思想史，而是一部关于清代中国18世纪观念文化史的著作。作者的命题及其研究，独辟蹊径，开创了清史研究的新领域，提供了新思路，新方法，为我国清史研究的深入启示了新方向。这同样适用于全部中国通史的研究，故本书之作，是一个范例，具有普遍的指导意义。

作者考察18世纪中国学术的重大变革，认为是汉学之兴和对宋元以来理学思想、学风和经典著作的批判，形成汉学与理学并存的局面，但汉学显然已取得主流学术地位，而在其内部已形成了多元化的趋势，诸如“以礼代理”、反科举倾向、信仰多元化、经世思潮、西学观的出现等等，异彩纷呈，并驱争先。作者论证清代知识分子在极端君主专制的条件下，仍然提出了政治上的新观念：冲击禁区，对极端君主专制的怀疑与批判，提出新的行政管理的理论、知识分子的危机意识、民族意识、反清潜流等。所有这些新观念，便构成了清代中国的时代精神，作者做了精辟的概括，这就是：17世纪为经世、18世纪为求实、19世纪为变革。

——李治亭

（吉林省社会科学院历史研究所研究员）

本书对18世纪中国知识界所处的历史环境，即所继承的17世纪的精神遗产和社会关系做了概略的考察，对构成18世纪社会精神风貌的伦理观念、学术观念、政治观念等基本问题做了着重的介绍和深入的概括，对18世纪以后知识界的发展趋向做了合理的剖析，实际上以18世纪为重点，刻画了清代观念文化发展全过程的轨迹，揭示了其内在的发展规律。本书资料丰富翔实，观点鲜明、新颖，颇多发明，颇多创见。读其印稿，感觉别开生面，堪称近年少见的佳作，令人惊喜。

——何龄修

（中国社会科学院历史研究所研究员）

高翔同志从一个新的视角，讨论一些老问题。所谓新视角，即从观念变迁的角度，研究社会的发展。作者“上穷碧落下黄泉”，广泛搜集资料，深入分析了18世纪（不限于18世纪）一批文化人的观念，包括伦理、道德、法律、情欲、异端等等观念形态的变迁，发掘出以前未被重视的思想火花。作者对这些思想火花，作出了许多非常重要的结论。

这个新视角，以及由这个新视角阐发的新见解，必将引起学术界的广泛的兴趣。

——王戎笙

（中国社会科学院历史研究所研究员）

目　录

导论：观念变迁与社会发展

一

摆在你面前的这部著作不是学术史，也不是思想史，而是一部关于观念文化史的著作。

一些工具书常常将观念和思想混为一谈，然而在笔者的辞典里，二者仍具有比较明确的区别。思想，指的是人们对社会、对自然形成的一套比较稳定的，特别是成体系的看法。而观念不同，它是人类在日常生活中随时随地出现的生活态度、价值评判。我们可以说一个人没有思想（或头脑），但不能说一个人没有观念。观念按一定原则积聚、组合，就形成了思想，思想从理论的层次反映着一个时代的精神面貌。劳动创造了人、观念，以及由它构成的思想，则将人和动物最后区别开来。

在历史上，“真正把人们维系在一起的是他们的文化，即他们所共同具有的观念和准则”。[1]观念在任何时候都是建构人类精神大厦的基本要素。人类以文化的方式存在和发展，观念既是组成人类文化的细胞，又通过符号、价值、生活方式等形式体现出自己独有的时代内涵。观念研究的目的，是从动态的角度，从一

---

1 （美）露丝·本尼迪克特著，王炜等译：《文化模式》，第 18 页，生活·读书·新知三联书店，1988 年。

个相对广阔的视野，通过比较细致而深入的方法，展现一个时代总的精神风貌，为揭示社会变迁的内在轨迹奠定知识基础。

任何时代都有自己独特的时代精神。时代精神不是个人的专利，它是一个国家、一个民族在特定时期的文化形态中最活跃的、最具支配性的精神因素，它表现为主导性的价值取向，是普遍存在于人们心灵中的理想、信念和追求。考察时代精神，我们可以看到那个时代独有的深层文化景观，而从时代精神的基本状况、特别是从价值取向中，我们可以预测或解释即将到来的未来。研究者要真正认识时代精神，其最基本的前提就是对该时代的社会观念有一个全面而准确的认识，因为时代精神只能通过生动而具体的人类观念形态体现出来。

无论是个人的社会观念，还是群体的时代精神，都直接取决于客观社会存在，并受到历史传统、政治变革等多种因素的影响。因此，有必要将观念研究严格置于特定社会环境中去考察，并高度重视它和社会变革之间密切的互动关系。观念，从来都源于人类对客观存在的切身感受，如果观念研究，不注重社会存在，不注重个人在社会利益分配网络中的独特位置，就不可能准确发现影响社会精神因素的真正原因。但另一方面，社会是由具有不同观念的个人组成的，从人类观念的相互作用，从观念的积累，从时代精神的形成与变化中，我们可以发现社会变迁的文化动因。一个缺乏观念的社会，必定是文化的沙漠；一个新观念、新思想稀少的社会，必定陷于僵化和停滞；一个过激观念占据主导地位并上升为时代精神的社会，人类就会变得疯狂；一个不同观念相互冲撞而主导意识形态陷入衰落，新的时代精神逐渐形成的社会，一定酝酿着巨大的变革和动荡。

观念史研究具有自己的特色。我将它概括为：

第一，它研究的对象十分广泛。它不但注重成体系的，在历史上产生重要影响的思想和学说（这些思想和学说本身也是由观念组合而成），而且高度重视那些不成体系的社会见解，特别是普通士人、民众的社会理念。用一个比较形象的比喻，观念史研究关注的不止是露出云海之上的峰峦，而且更重视云海之下大山的深邃与雄奇。它力图将历史真正还诸它的主体，那些长期被忽略、被遗忘的“芸芸众生”；

第二，观念史研究不能不建筑于对个人、特别是对群体考察的基础之上，但它绝不局限于对个人或群体的考察，努力揭示一个时代总的精神风貌始终是它最直接的研究目的；

第三，观念史研究高度重视人类精神和社会发展之间的互动关系，强调要从观念变迁、时代精神的角度，阐发人类历史演变的基本脉络和潜在规律。

由于观念史研究的范围异常广泛，因此，在具体考察中，常常需要通过对重要阶层基本观念形态的解剖，“知人论世”。本书就是这样，它将研究的重点集中到 18 世纪的知识界，力图从知识界观念变迁的角度，揭示 18 世纪中国的时代精神，探寻中国近代化的内在动因。这样做的原因很简单，在传统社会，知识阶层是目光最为敏锐、思想最为活跃的特殊社会集团，他们的价值观念、思想学说、发明创造，乃至其生活方式，都直接影响着其他阶层的社会生活。从知识界的观念形态中，我们可以看到一个时代的文化内核。确实，不能说知识分子是一个独立的社会阶层，也不能说他们是创造历史的主力，然而，没有知识阶层的社会，无论如何不能说是健全和完整的。谈论社会变迁，研究历史发展，置知识界的精神状况于不顾，是不可思议的。

二

在人类历史上，我们永远不可能发现两个完全相同的时代，每一个时代都具有自己的特色：独特的自然景观，经济形态，生活方式，喜怒哀乐，审美情趣……所谓历史上“惊人的相似性”，首先应该是基于对时代差异的承认，对不同对象的独特个性的正视。而断代史研究的基本目的，就是要揭示各个时代的独有特色。如果一味将五千年中华文明用“延续”或“停滞”相描述，将西方的发展历程用“断裂”与“飞跃”相概括，虽然反映了一些表象，但显然失之简单，不足以解释人类历史所提出的众多复杂问题。

对明清时期中国社会形态及其发展变化的考察，在 20 世纪后半期中国史学发展过程中，是影响深远的大事。新中国五十年中国史研究最重要的成就之一，是史学界在马克思主义社会发展理论指导下，比较准确地揭示了清代中国历史独有的时代特征，从研究社会形态的角度，开创了清史研究的新局面。这一巨大学术成就主要包括两个方面的内容：在社会经济领域，通过对资本主义萌芽的探讨，深入考察了清代中国从城市到乡村生产力和生产关系的变化，并以此为契机，展开或加强了对商品经济、城镇发展、区域经济、市民文化、阶级关系等领域社会变迁的研究；在文化领域，通过对启蒙思想的探讨，深入研究了清代变革思潮、反传统思潮的产生和发展，进而带动或推动了人们对学术流变、观念变迁、大众文化等诸多相关领域的考察。对资本主义萌芽和启蒙思想的讨论，不但从基本学术思路上将新中国的清史研究和旧时代的清史研究区别开来，而且以严谨求是的学风，丰富可靠的资料，从经济基础到上层建筑，以宏大的学术气派揭示了明清历史发展的独特道路。如果说今天我们对清代社会变迁、对清代思想嬗变的考察，取得了一些新的成就，具有了一些新的理念，那就不能不承认，这些成就在相当程度上是建筑于当年对资本主义萌芽和启蒙思想的探索基础之上的，在这个问题上，我们不能数典忘祖。

在对清代社会发展的考察中，贡献最大的两位学者是尚钺和侯外庐。尚钺从社会经济形态，特别是从资本主义萌芽的角度，分析了明中叶以后，中国社会中出现的新的历史因素，进而提出不应该将鸦片战争作为中国近代史的开端，他认为："不拘从社会经济的发展上，或从上层建筑的意识形态发展线索上，以及从中国社会内部的主要矛盾和主要矛盾方面的继续和发展上，以一八四〇年外国资本侵入中国的时间划一个分界线，都是不很妥当的，而且有着斩断历史发展线索的毛病。"[1] 侯外庐的《中国早期启蒙思想史》，和他的其他思想史研究成果一道，开创了将思想史与社会史研究和传统经学史、学术史以及近代实证史学指导下的思想史彻底区别开来，它以启蒙思想的产生与发展为重点，系统勾画了从 17 世纪到 19 世纪初叶中国社会新思想的发展状况，揭示了中国思想领域的变革历程。学术界（包括我自己）可能不会完全同意（有人甚至可能完全不同意）他们二人的观点，我也不知道他们二人生前是否有过学术交流，但如果我们将他们二人的学术成果有机地结合起来，就会得出一个关于明清之际中国社会历史的全新认识，我认为就是在今天，这个认识仍具有重要的启迪意义。

从生产力和生产关系，经济基础和上层建筑相互作用的角度考察社会发展，体现了历史研究的唯物观和辩证法。在具体研究中，人们应该，也不可避免地从多方面进行切入，但最主要的切入点不外乎两种：一是从生产方式的角度，其基本点是生产力的发展水平；二是从上层建筑的角度，其中心内容是意识形态问题。前者是基础的，它能揭示出某种社会形态形成与发展的根本动因。后者是至关重要的，它能从价值观念的角度，从思想流变的角度，回答社会发展速度问题，回答变革方式与变革道路问题。只有将

1　尚钺：《〈明清社会经济形态的研究〉序言》，《尚钺史学论文选集》，第 386 ~ 390 页，人民出版社，1984 年。

这两个方面的研究成果充分汇合，融会贯通，我们才有可能对一个时代的发展水平做出大体准确的判断。

从历史研究的角度看，我们对清代社会发展状况的认识，目前还有较大的探讨余地，其突出表现是几十年来，我们对意识形态，特别是社会观念领域的研究尚需进一步加强。不充分吸收对意识形态领域的研究成果（如思想史的成果、学术史的成果、观念史的成果），我们对某些问题的解释，就会显得僵化和机械。比较典型的如对资本主义萌芽，我们以前往往将它视为一个单纯的经济史问题，过多地将精力用于对生产力和生产关系的研究，而忽视了这样一个基本事实：资本主义，不单是一种经济现象，而且也是一种社会现象和文化现象。与资本主义生产方式共生的必然是资本主义的观念，是资本主义的精神。而新的生产方式的孕育，也需要一种合适的文化土壤，需要以社会观念的某种变革为前提。不重视对与资本主义萌芽密切相关的文化问题的研究，我们对它的认识，就不可能完整和准确。事实上，即使进行纯粹的经济史研究，也应当充分注意人的观念问题。人是社会生产中最活跃的因素，而人的社会观念又直接影响着人的全部经济活动。观念，应该成为，而且也是我们认识一个时代最主要的窗口之一。对清史研究者来说，要做到这一点，是有条件的。

我们的学术前辈们当年对启蒙思想的研究，为我们勾画了有清一代先进社会思潮的演变过程，成为我们探索清朝文化发展轨迹的基础。但我们不应该停留在前人的劳动成果上裹足不前，而应该有所作为。我们有必要扩大我们的视野，将我们探索的视线放射到整个知识界，而不是仅仅局限于少数名家。杰出人物确实是时代的精英，其观念和思想体现了一个时代文化发展的最高水平，但却未必能反映普通士人和民众的道德情感、生活情趣和精神追求。由于普遍社会观念直接决定着社会总的精神面貌，规定着当前文化的发展前景，故它应该成为我们衡量时代精神的基本坐标。有鉴于此，本书将考察的重点，集中到 18 世纪中国知识界的普遍社会观念上，而不是极少数学术大师或思想名家。

三

谈到 18 世纪，经常会遇到这样一个问题：用世纪的方法研究清史科学吗？要知道当时的中国人没有世纪这个概念。这种担心是有道理的，清前期的中国人，确实只有朝代的概念、干支的概念，而没有世纪的概念。我们用今人的眼光，将其纳入世纪的范畴之下，难免有点“强人所难”的味道。然而，史学家对人类生活形式的思索，从而对它的科学分析，“总是采取同实际相反的道路，这种思索是从事后开始的，就是说，是从发展过程完成的结果开始的”。[1] 史学思考，史学研究方法，不能，也不应该为历史当事者的知识水平和文化观念所局限。用世纪更替的眼光看待历史，毕竟是一种常用的历史研究方法。更重要的是，18 世纪在清代的历史上，确实是一个具有自己特色的时代。无论是这个时代的成功，还是失败，都深刻地影响到了未来三百年中国历史的发展方向。在文化领域，18 世纪成长起来的一大批知识精英，以其独有的社会观念、学术风格、生活方式，为当时的清代社会打上了鲜明的时代烙印。因此，对这一百年的清代知识界进行专门研究，具有一定的必要性。

当然，在具体的研究活动中，历史不可能被一条线所截然割裂，对 18 世纪的研究也是如此。在本书中被笔者作为 18 世纪士林人物予以重点考察的知识精英，大多数都自始至终生活于这一

1 《资本的生产过程》，《资本论》卷一，《马克思恩格斯全集》卷二三，第 92 页，人民出版社，1972 年。

百年，如袁枚、戴震等人。但也有一部分人成长于 17 世纪，而他本人在 18 世纪仍很活跃，其思想和观念在 18 世纪仍发挥着重要影响，如方苞即是如此。也有少数思想、观念形成于 18 世纪，在 19 世纪初期仍很活跃的学者，也被笔者作为 18 世纪士林人物予以研究，如崔述、阮元即属此例。

本书的写作是从问题出发，而不是从人物出发，这是由笔者的基本思路所决定的。我始终认为，要真正了解一个时代对某个问题的看法，单纯依靠一两个当事者的有关评论是不可靠的，而应该尽可能“听取大多数人的意见”，尽可能多地占有资料。穷尽资料是不可能的，但这不应该成为我们将历史问题简单化的借口。正因为如此，笔者在本书中，对 18 世纪知识界议论最多的三大问题——伦理问题、学术问题、政治问题分门别类地进行考察，每一类都汇集了不少士人的观点和看法，并作必要的分析和评论。这样做的优点是条理比较清楚，有助于我们了解当时知识界总的精神风貌，但同时也导致了一个明显的弊端，那就是同一个人的思想或观念被分割在不同的章节中，如袁枚的思想，在伦理部分、学术部分、政治部分都有涉及，这就不可避免地会影响到读者对他思想体系的全面认识。这确实是本书的一大败笔。不过，迄今为止，笔者还没有找到一个可行的兼顾办法。为了弥补这一缺陷，笔者对 18 世纪重要士林人物，在书中适当的地方（有的是在注释中）都列有小传，简要介绍其生平事迹和思想体系。

具体说来，本书的基本布局是：第一章，主要分析 18 世纪中国知识界所处历史环境，包括 17 世纪精神遗产、康乾盛世、清廷和士人关系三大部分；第二章，主要考察 18 世纪伦理观念的变迁，知识界对个性自由的追求是本章研究的重点，并特别强调了这种追求对当时社会生活的重要影响；第三章研究的是 18 世纪学术观念问题。除了对当时主流学术汉学和理学相互关系进行考察外，笔者将更多的精力用到知识界普通士人的学术态度上，尤其注意到了反传统学术思潮的内涵与影响，并对学术观念的多元化趋势进行了专门分析；第四章研究的是18世纪政治观念，主要包括五个方面的内容：极端君主专制理论的形成及其实践，对这一问题的考察，是我们准确认识当时知识界所处政治环境及其政治心态的基本前提；知识界对极端君主专制的反应；行政管理理论的发展及其意义；危机意识、汉族知识界的民族意识与反清潜流；对18世纪政治观念的基本估价。第五章研究的重点是与士林观念密切相关的社会发展问题，包括四部分：18世纪的时代精神，笔者认为求实是其最基本的特征；从求实精神向经世变革精神的转变；对18世纪中国社会发展，特别是近代化问题的估计；最后是全书的结论。这样的布局不一定合理，但作为对观念史研究的初步尝试，无论是成功，还是失败，都对我以后的学术发展具有重要的意义。

18世纪思想大师袁枚尝谓“学问之道，当识其大者”[1]。若以史学而论，所谓“大者”，当属“天人之际”、“古今之变”之类，实非本书所敢妄议。然是书所论，亦非“叠床架屋，老生常谈”所可限量[2]，非敢自是，实敝帚自珍耳。我一直认为：科学与宗教最显著的区别之一，就在于科学从不认为自己是绝对正确的，从不宣称自己能解决所有问题，从不以迷信的态度和非理性的热情维护自己所谓的真理，而是坚信真理将被证伪，人类的认识会不断向前发展和深化。历史科学也是如此。迄今为止，没有哪一个历史结论是完美无缺的，即使在人们公认的研究得最为透彻的学术领域，也存在着大量的探索余地。本书

1　袁枚：《与托师健冢宰》，《小仓山房尺牍》卷三，《袁枚全集》第5册，江苏古籍出版社，1993年。

2　这是袁枚论考据学时说的话，见《寄奇方伯》，《小仓山房尺牍》卷七，《袁枚全集》第5册，江苏古籍出版社，1993年。

只是对过去研究心得的总结，它必定存在着种种失误和缺陷。然而，这不是问题的关键，改错纠谬的机会大量存在，笔者对 18 世纪，乃至有清一代观念变迁的研究将长期进行，而我的师友们也必将有以教我。

高　翔

1999 年 11 月 12 日星期五

于京东光辉南里

第一章　时代与问题

在历史研究中，对人类观念的考察不能，也不应该局限于纯粹的认知领域，因为人的观念、思想、学说从来都建筑于客观社会利益基础之上，并受到历史传统、时代风气以及个人知识结构等多种因素的共同作用。观念史研究的基本使命是反映时代精神的变迁，从社会精神文化的角度，展现人类历史演变的轨迹。而要真正做到这一步，最重要的就是严格地将观念置于特定时代范围来考察，并高度重视二者之间的互动关系。对18世纪知识阶层社会观念及意识形态的研究，我们不妨也作如是观。

第一节　17世纪的精神遗产

在任何时期，人类观念的演变都具有鲜明的历史传承性，人的社会化在很大程度上就是观念、思想与知识的学习与继承。18世纪的中国知识界不能，也不应该抛弃17世纪的精神遗产，相反，他们是站在前人的基础上进行新的探索。

17世纪留给下个世纪的精神遗产究竟是什么？按照一般史书的介绍，我们可能会毫不犹豫地说，是顾炎武、黄宗羲、王夫之、颜元等人留下来的"进步"思想或实学思潮。然而，如果我们对明清之际中国社会意识形态进行一番比较宏观而且比较客观的考察，可能会发现问题并不那么简单，也许会得出不同的结论。

清军入关以后的中国社会思潮，从宏观的角度看，可以粗略地分为两大流派：一是正统的，获得清廷支持的，在当时社会中居于主导地位的理学思潮；二是非正统的，以顾炎武、黄宗羲、王夫之等人为代表的激进思想观念。每一流派内部，因思想家们在社会利益关系中所处地位不同，考察问题视角不一，其价值观念、思想倾向也存在或多或少的差异，正是这种灵感与智慧的差异，不同观点的相互争鸣，不同理念的相互交锋，构成了当时思想领域生机勃勃、绚烂多姿的新景象。

严格说来，孙奇逢、朱用纯等人是清初理学影响较大的早期倡导者。孙奇逢，生于明朝万历十二年冬（1585 年），卒于清康熙十四年（1675 年），字启泰，号钟元，直隶容城（今属河北）人。清军入关，曾聚众抗清，晚年隐居河南辉县夏峰，躬耕讲学，人称夏峰先生，“生徒数十人，筑室相就，对之谈学，往往丙夜不倦”，为清初重要的理学名家[1]。孙奇逢为学“以慎独为宗，以体认天理为要，以日用伦常为实际”[2]，其观念对清初许多著名理学家如汤斌、魏裔介、魏象枢等人产生了重要影响。

朱用纯，生于明天启七年（1627 年），卒于康熙三十七年（1698 年），字致一，号柏庐，江苏昆山人。清军入关，其父不屈死，朱用纯义不仕清，隐于乡中，潜心宋儒之书，其学“确守程、朱，知行并进，而一以主敬为程”[3]，颇为清代言理学者所推崇。

另有李颙，生于明天启七年（1627 年），卒于康熙四十四年（1705 年），字中孚，其别署曰“二曲土室病夫”，以是学者称之“二曲先生”，陕西盩厔（今周至）人。“其学以尊德性为本体，

1　参见黄容：《孙奇逢》，《明遗民录》卷二七，转引自谢正光、范金民辑：《明遗民录汇辑》上册，第 520 页，南京大学出版社，1995 年。

2　魏裔介：《孙征君先生奇逢传》，《碑传集》卷一二七，明文书局，1985 年。

3 《朱用纯》，《清史列传》卷六六，明文书局，1986 年。

以道学问为工夫，以悔过自新为始基”，在清初理学界独树一帜[1]。

值得注意的是，无论是孙奇逢、朱用纯，还是李颙，他们在政治上虽和清廷仍保持着一定距离，但在晚年均无反清举动，且讲学于乡中，扬忠孝于一时。

然而，对清初理学思想传播和发展影响最大者不是隐居乡里的明朝遗民，而是跻身新朝的汉族官僚，其代表人物是魏裔介、魏象枢、汤斌、熊赐履、李光地等人。他们“或登台辅，或居卿贰，以大儒为名臣”，“本建中立极之学，为化民成物之政”[2]。一方面积极向皇帝和满洲贵族鼓吹理学思想，传播儒家学说，推动清朝政权的儒学化进程；另一方面通过讲学论道，向士人和民众宣传程朱主敬躬行之学，缓和汉族群众的反抗情绪。在这批理学名臣中，熊赐履和陆陇其是颇有代表性的人物。

熊赐履，生于明崇祯八年（1635 年），卒于康熙四十八年（1709 年），字敬修，号素九，湖广孝昌（今湖北孝感）人，是清初最重要的理学名臣之一。顺治十五年（1658 年）进士。康熙初年，身为侍读的熊赐履曾上《万言疏》，对以鳌拜为核心的四大辅臣在政治上的倒退政策提出尖锐批评。康熙帝亲政后，熊赐履为其讲解理学，教以“内圣外王”之学，及帝王用人行政之道，对康熙帝统治思想的形成产生了重要影响。康熙五十一年（1712 年），康熙帝回忆说：“朕初立讲官，熊赐履早夜惟勤，未尝不以内圣外王之道，正心修身之本，直言讲论，务得至理而后已。”[3] 在康熙帝亲政后，熊赐履备受信重，后积官至大学士。清初，熊赐履以道统自任，即所谓“（道学）几希一线，不吾党任之而谁任耶？”[4] 其讲学论著对

1　刘宗泗：《盩厔李征君二曲先生墓表》，参见李颙：《二曲集》附录二，中华书局，1996 年。

2　江藩：《序》，《宋学渊源记》卷上，中华书局，1983 年。

3　《熊赐履》，《清史列传》卷七，明文书局，1986 年。

4　熊赐履：《答洪秋士》，《经义斋集》卷一〇，《清代诗文汇编》第 139 册，上海古籍出版社，2009 年。

理学复兴产生了重要的促进作用。然为学过于拘泥程朱之说，“循章守句，不敢少缪（谬）于圣人”[1]，以是殊少发明。所著有《闲道录》、《学统》、《经义斋集》等。

陆陇其，生于明崇祯三年（1630 年），卒于康熙三十一年冬（1693 年），字稼书，浙江平湖人。康熙九年（1670 年）进士，曾任嘉定知县、灵寿知县等职。康熙二十九年（1690 年）任四川道监察御史，次年告假归里，康熙三十一年（1692 年）卒于乡。陆陇其为官清廉，出言戆直，以是宦途蹇滞。然他在清朝理学界却享有崇高声誉，人称：“其所著述，实能发前人所未发，弗诡于正，允称纯儒。”[2]乾隆元年（1736 年），清廷特追谥为“清献”，赠内阁学士兼礼部侍郎[3]，为有清第一个从祀孔庙的理学名臣。陆陇其为学以卫道自居，专宗程朱，对象山“六经皆我注脚”的轻浮学风大加诋斥，认为“率天下之人而祸六经者，必此言也”[4]。主张学者严辨儒学之真伪是非，强调格物对认知的重要性，提出“格物之外无致治功夫”，“舍格物而言致治功夫，则惟有良知耳。良知不可恃也，惟有主静耳，主静亦不可恃也”。[5]

如果从社会思潮的总趋势看，我们可以说反姚江、辟佛道，重主敬，崇躬行是清初理学的基本特色。

总结理学数百年发展历史及晚明空谈误国的惨痛教训，清初理学一改晚明尊崇陆王之学风，重新强调程朱学说的正统地位。不少人提出：“必尊朱子而黜阳明，然后是非明而学术一，人心可正，风俗可淳。”[6]他们认为：王阳明“引释乱儒”，以致儒学天理

1　熊赐履：《答孔道尊》，《经义斋集》卷一〇，《清代诗文集汇编》第 139 册，第 174 页，上海古籍出版社，2009 年。

2 《陆陇其》，《清史列传》卷八，明文书局，1986 年。

3 《陆陇其》，《清史列传》卷八，明文书局，1986 年。

4　陆陇其：《三鱼堂日记》卷上，《丛书集成初编》本，中华书局，1985 年。

5　陆陇其：《三鱼堂日记》卷下，《丛书集成初编》本，中华书局，1985 年。

6　陆陇其：《上汤潜庵先生书》，《三鱼堂文集》卷五，《四库全书存目丛书》，齐鲁书社，1997 年。

“愈传愈失，其祸遂至浙中干家国”。熊赐履在其名著《学统》中将陆象山、陈白沙、王阳明列入杂统，斥为异端，宣称自有明正嘉以降百余年为斯文一大沦晦[1]。陆陇其说：“自阳明王氏倡为良知之说，以禅之实而托儒之名……故至于启、祯之际风俗愈坏，礼义扫地，以至于不可收拾。”[2]在大肆攻讦陆王心学的同时，程朱学术被奉为致治良方。李光地云：“《学》、《语》、《孟》、《庸》之理，未有精于朱子者，是故有明三百年，崇而守之则淳，背而去之则嚣。夫当其崇而守之，未必尽得朱子之意也，而犹可以淳，况能得其意乎？”[3]曾任学政的施闰章和熊赐履等人不同，认为陆子也系“不世出之豪杰”，但在学术上仍强调朱子的理学“盟主”地位，指出：朱子“由思孟以及周程之言，至是集其大成”。又说：“文清薛氏有言曰：‘朱子之功，不在孟子下。’盖其度越诸子者，视陆氏宏远矣。”[4]在当时理学名家中，不公开抨击陆王者惟孙奇逢、汤斌等寥寥数人，然观其为学，仍有转向程朱之势。像孙奇逢讲学，始“以象山、阳明为宗，及晚年，乃更和通朱子之说”[5]。汤斌甚至称：“王文成致良知之教，返本归原，正以救末学之流弊，然或语上而遗下，偏重而失中，门人以虚见承袭，不知所以致之之方”，以致“儒佛之藩篱尽撤，其流弊有甚焉”[6]。他

1　熊赐履：《杂统·王阳明》，《学统》卷四九，《丛书集成初编》本。

2　陆陇其：《学术辨》上，《三鱼堂文集》卷二，上海古籍出版社，2009年。

3　李光地：《序二》，《榕村文集》卷一一，上海古籍出版社，2009年。

4　施闰章：《朱陆异同略》，《施愚山文集》卷二五，《施愚山集》第1册，黄山书社，1992年。

5　方苞：《孙征君传》，《方苞集》卷八，上海古籍出版社，1983年。孙夏峰尝云：学者过分区分程朱，“适足以明己之拘而不大，千古学术，岂一己之意见遂为定评哉？”又云：“门宗分裂，使人知反而求之事物之际，晦翁之功也。然晦翁殁而天下之实病不可不泄，词章繁兴，使人知反而求之心性之中，阳明之功也。然阳明殁而天下之虚病不可不补。”认为“晦翁之学，非后学可轻议”，可见其颇有消泯理学门户之苦心。参见汤斌等编：《孙夏峰先生年谱》卷下，王云五主编：《新编中国名人年谱集成》第15辑，台北商务印书馆，1981年。

6　汤斌：《蕺山刘先生文录序》，《汤文正公全集》卷一，文海出版社，1973年。

们之所以不肆行诋斥，盖认为学者“心程朱之心”，躬行其实，久之声应自众，不必以谩骂为能。故尹会一作《洛学续编》，仍将其中成就突出者称为洛闽正派[1]。至于李颙，其学虽“终以陆王为主”，但对程朱也推崇备至，称：“二程中兴吾道，其功不在禹下。其书（指《二程全书》）订于朱子之手，最为精密，此孔孟正派也。”又称朱子之书，“温醇典雅，议论精密，而《奏》、《议》数十篇，尤见天德王道之学”[2]。

清初学者有鉴晚明以来禅学流行，猛烈攻击佛教。考诸史实，理学形成颇得益于佛老之学，正是佛道二家的宇宙观、自然观促使儒学具有系统的哲学内涵，成为博大精深的思想体系。然清初理学家拒不承认儒学与佛道的思想联系，对禅学戒备尤深。魏象枢说程子坐如泥塑人，“不过门人塑先生，非先生自塑也”，“与圣贤学问何涉？”[3]一些学者主张严辨儒释之界，强调佛学所主“无善恶”，儒学所主“继善”、“性善”、“止至善”，二者不可混淆，儒者学佛必然沦为异端。

理学之旨大凡有主敬、穷理、躬行三者，清初诸儒一反晚明侈谈穷理致知的空疏学风，尤重主敬与躬行。

主敬本是程朱涵养工夫。即“‘天地设位而易行乎其中’，只是敬也。敬则无间断，体物而不可遗者，诚敬而已矣”[4]。其内容为“主一无适”，即精神专注于一，不要有所游移。清初理学家大力渲染持敬意义，认为“敬诚之至即仁之至”[5]。李光地说：“知在行之先，敬又在知之先，此《大学》之教所以虽始格物，而所谓

1　参见尹会一：《洛学续编》卷五，齐鲁书社，1997年。

2　李颙：《体用全学》，《二曲集》卷七，中华书局，1996年。

3　魏象枢：《答刁蒙吉先生书》（第二书），《寒松堂全集》卷九，中华书局，1991年。

4　程颢、程颐：《明道先生语一》，《二程遗书》卷一一，上海古籍出版社，2000年。

5　魏象枢：《答白东谷先生书》，《寒松堂全集》卷九，中华书局，1991年。

涵养熏陶以立其基者。”[1]熊赐履所作《主敬箴》云：

> 厥敬维何？曰惟主一。永矢靡他，庶几弗失。战战兢兢，庄庄栗栗。征显一原，初终一律。曰钦曰恭，功存宥密。圣圣相传，惟兹的实。周孔之书，程朱之笔。一言终身，敬哉无逸。[2]

主敬主要适用于两个方面：一是在思想上专注于“周孔之书，程朱之笔”；[3]二是在实际生活中严格遵循儒家纲常伦理。李光地对士子、百姓特别强调：“敬之一言，于事君尤重”，足见主敬功夫与君臣之道的密切关系。[4]

明代，王阳明曾宣扬“知行合一”，认为“知之真切笃实处即是行，行之明觉精察处即是知，知行工夫本不可离。”[5]又云：“一念发动处便即是行了。”[6]这实际上是“以知为行”，将理学的视野局限于狭隘的认知领域。[7]清初理学一反姚江传统，将躬行实际化、生活化。魏象枢也系清初重要理学官僚，所著《寒松堂集》和陆陇其的《三鱼堂集》一样，为清初有代表性的理学名著，人称其“有益于后学不浅”。[8]魏象枢认为：穷理与躬行为主敬之切

1　参见《榕村谱录合考》卷上，康熙三〇年，北京图书馆出版社，2006 年。

2　熊赐履：《主敬箴》，《经义斋集》卷五，上海古籍出版社，2009 年。

3　熊赐履：《铭》，《经义斋集》卷五，上海古籍出版社，2009 年。

4　李光地：《策问》，《榕村全集》卷二二，上海古籍出版社，2009 年。

5　王阳明：《语录二·传习录中》，《王阳明全集》卷二，上海古籍出版社，1992 年。

6　王阳明：《语录三·传习录下》，《王阳明全集》卷三，上海古籍出版社，1992 年。

7　王夫之针对象山、阳明知行观指出：“其所谓知者非知，而行者非行也。知者非知，然而犹有其知也，亦惝然若有所见也。行者非行，则确乎其非行，而以其所知为行也。以知为行，则以不行为行，而人之伦，物之理，若或见之，不以身心尝试焉。”王夫之：《说命中二》，《尚书引义》卷三，中华书局，1962 年。

8　陈宏谋：《寄尹元孚会一书》，《培远堂手札节要》卷二，《陈榕门先生遗书》，广西省乡贤遗著编印委员会，1943 年。

实入手处，“盖不穷理则入于异端，不笃行则流于色取”，进而提出：“以言道学，则躬行实践，真道学也。以言经济，则建功立业，真经济也”的著名论断[1]。陈廷敬云：学者“与其言而不行，宁行而不言”，“君子以身言，小人以舌言。故欲知其人，观其行而已，言未可信也”[2]。熊赐履说：“为学须从日用常行处著工夫”[3]，强调“理学不过正心诚意，日用伦常之事，原无奇特”，“我平日虽有理学虚名，不曾立讲学名色。我辈惟务躬行，不在口讲。”[4]李光地说：“理学徒讲不济，须要识得根本。为子不欺父，为臣不欺君，为人不欺天地，此根本也。”[5]汤斌论躬行道：“道在日用，任人一步一趋，无往不有天理流行之妙，若舍却子臣弟友，便有何道？”[6]这就将理学的躬行说变为替清廷重建社会政治和伦理秩序的理论武器。

附带提及：清初孙奇逢和李颙等人虽不尚门户宗派之说，有融合陆王程朱之意，但在躬行实践上仍较陆王更重实际。孙奇逢所谓“躬行实际，舌上莫空谈”，李颙所谓“明体适用”均以“开物成务，康济众生”为目的，和王阳明的“知行合一”有明显区别。

从纯学术的角度看，清初理学思潮并没有提出新的理论体系、范式和学术原则，在理学学术发展史上并不占有特别重要的地位。但它对儒家思想，特别是对程朱学说的阐发，尤其是对主敬躬行的特殊推崇，在当时产生了较为深刻的影响。正是在理学名儒的积极倡导下，降至康熙中叶以后，理学在清朝社会中便呈复兴之

1 魏象枢：《答白东谷先生书》、《保泰十二策跋》，《寒松堂全集》卷九、卷一二，中华书局，1991年。

2 陈廷敬：《困学绪言若干则》，《午亭文编》卷二四，中州古籍出版社，2011年。

3 熊赐履：《答刘藜先》，《经义斋集》卷九，上海古籍出版社，2009年。

4 《康熙起居注》第1册，第39页，中华书局，1984年。

5 《榕村谱录合考》卷上，北京图书馆出版社，2006年。

6 汤斌：《语录》，《汤文正公全书》卷四，文海出版社，1973年。

势（当然，这里所谓的复兴，主要是就理学恢复其在社会意识形态中的主导地位而言），不但专制皇帝“殊觉义理无穷，乐此不倦”[1]，而且本来具有强烈反清意识的东南士人，这时也纷纷归顺于程朱门下，“多所感发，有跃跃兴起之势，旧时习气为之一变”，以致当初为“圣学”“一线之薪传，毕竟作何交割”而忧心忡忡的理学家，至是也欢呼“吾道振兴有日矣”[2]。像颜元信徒王源尝在方苞家中“尽发程朱之所以失，习斋之所以得者”，并称“使百世以下聪明杰魁之士沈溺于无用之学而不返，是即程朱之罪也”。然经方苞解说，“自是终其身，口未尝非程朱”。李塨在其晚年也颇为“自责”，“取不满程朱语载《经说》中已镌版者，削之过半”[3]。张伯行为地方大吏，“所至必兴书院，聚秀民导以朱子之学”，任福建巡抚，地方晏然，学术兴盛，人才辈出，被誉为“道南嗣音”[4]。杭世骏说：福建“理学复明”，“至今弦歌不绝，皆公（指张伯行）倡导力也”[5]。梁启超针对清初程朱学说兴盛，泥沙俱下，“假道学”甚多的情形，曾感叹说：“清初程朱之盛，只怕不但是学术界的不幸，还是程朱的不幸哩。”[6]其实，任何一种思想流派，一旦在社会中流传开来，都难免会出现附庸风雅之人。清初程朱如此，晚明王学兴盛，何尝不是如此？当时遁居山野的所谓遗民中，何尝没有以遁隐自高身价、“待价而沽”者？即晚清康梁等人到处宣扬变革维新，其追随者众，然谁能否定其

1 《康熙起居注》第1册，第80页，中华书局，1984年。

2 参见熊赐履：《与萧文超》、《答施虹玉》，《经义斋集》卷九、卷一〇，上海古籍出版社，2009年。

3 方苞：《李刚主墓志铭》，《方苞集》卷一〇，上海古籍出版社，1983年。

4 参见《张伯行墓志铭、神道碑》，《碑传集》卷一七，明文书局，1985年。

5 杭世骏：《礼部尚书张公伯行传》，《道古堂文集》卷三二，上海古籍出版社，2009年。

6 梁启超：《程朱学派及其依附者》，《中国近三百年学术史》，第119页，东方出版社，1996年。

中不无沽名钓誉之辈！从清朝社会文化发展和精神整合的角度看，程朱学术在康熙时的复兴，毕竟为饱经明末动乱之苦的中国社会提供了一套能为大多数人所接受，而且有能力引导社会精神生活的意识形态主体，它的这一特殊历史作用，是当时其他任何社会学说所无法取代的。清初理学的传播，不但有利于清朝政权的儒学化，而且有助于基本伦理道德秩序的重建，在任何时代，这都是社会稳定和文化发展的重要前提。此外，存理遏欲的宣传，忠君爱民的宣讲，在客观上也有利于政风的廉洁，因为它通过道德说教的方式，规范了皇帝和官僚的政治行为，从理论的角度为百姓创造了一个良好的生产生活环境。故嘉道时昭梿反观历史，曾说：康熙时，“宋学昌明，世多醇儒耆学，风俗醇厚，非后所能及也”[1]，并有“谁谓理学果无益于国也”之慨叹[2]。梁氏论清初理学，就如其论清代其他思想流派一样，好为高谈愤激之辞，然多失于偏颇。

如果说理学是清初占据主导地位，以协助朝廷重建社会伦理秩序为目的的正统学说，那么，与之相对应的则是众所周知的以顾炎武、王夫之和黄宗羲为代表的一批遁居山野，深怀亡国之恨的明朝遗民所提出的激进思想观念。

当17世纪中叶清军入关后，汉族民众纷纷起而反抗，尤其是清朝颁布薙发令，“留头不留发，留发不留头”，汉族的被征服感更加强烈，抗清斗争如火如荼地开展起来：“士兵和市民都拿起武器，为保护头发拼死战斗，胜过保御皇帝和国土”[3]。尤其是当时的士人，以身殉国者更不乏其人，所谓“士既策名，报国之途非一，而身殉者其一端。世方多故，杀身之道亦非一，能死国者，其大义也。或进退由我，从容自裁，是为死节；或矢石交攻，义不旋踵，是为死事；或军败城陷，被执不屈，是为死难。三者之

1　昭梿：《崇理学》，《啸亭杂录》卷一，中华书局，1980年。
2　昭梿：《本朝理学大臣》，《啸亭杂录》卷一〇，中华书局，1980年。
3　卫匡国：《鞑靼战纪》，第372页，中华书局，2008年。

外，凡有身首分离，血膏原野者，何可胜数？”[1]尽管抗清斗争遭到失败，但在汉族民众心中，不甘为清朝臣民，不愿接受清朝统治的情绪依然存在，满汉民族关系仍极为紧张。顾亭林《海上》诗云：“日入空山海气侵，秋光千里自登临。十年天地干戈老，四海苍生痛哭深。水涌神山来白鸟，云浮仙阙见黄金。此中何处无人世，只恐难酬烈士心”，即生动地体现了一批知识精英的亡国之恨[2]。最为典型的是：当时不少人抛弃家园，隐居山林，以全其民族志节。像江西吉安人陈遘“鼎革后不薙发”，逃奔山中，称：“吾不忍先朝，逃深山穷谷中，以全吾发，为圣世之夷齐，一奴外无他人往来，室无寸铁，予将何为？”表示薙发“是不能矣，惟有一死！”[3]当时，还有不少人为逃避清朝的统治，遁入禅林，即所谓“一旦国难，乃弃横舍而往伽蓝”。陈去病在《明遗民录》中自序云：“一旦衣冠更制，发肤惨刑，其所以拂郁人心，铄伤志气者，弥益切至。夫是故有出家披薙，服僧袈衣以终身者，有黄冠草服飘然长往而不知所之者。”[4]吕留良在《自题僧装像赞》中写道：“僧乎不僧，而不得不谓之僧；俗乎不俗，亦原不可概谓之俗。不参宗门，不讲义录，既科呗之茫然，亦戒律之难缚。有妻有子，吃酒吃肉，奈何衲裰领方，短发顶秃？儒者曰是殆异端，释者曰非吾眷属。咦！东不到家，西不巴宿，何不袒裳以游裸乡，无乃下乔而入幽谷？”[5]在这批深怀破国亡家之恨的遗民中，其善于思考者，抚今追昔，往往对在意识形态中长期占据主导地位的理学的合理性提出怀疑。方苞尝说：“仆少所交，多楚越遗民，重文藻，

1　顾苓：《南都死难纪略·序》，《南明史料》（八种），江苏古籍出版社，1999 年。

2　顾炎武：《海上》，《亭林诗集》卷一，中华书局，1959 年。

3　刘献廷：《广阳杂记》卷二，中华书局，1957 年。

4　陈去病：《明遗民录叙》，《陈去病全集》第 2 册，第 695 页，上海古籍出版社，2009 年。

5　孙静庵：《吕留良传》，《明遗民录》卷七，浙江古籍出版社，1985 年。

喜事功，视宋儒为腐烂。”[1]其言即反映了存在于遗民中的对宋学的怀疑和不满情绪。与此同时，也有一些人反观历史，提出了不少新的激进思想。

清初激进社会思潮主要具有以下几个特点：

在民族观上，强调“夷夏之防”。清军入关，对具有强烈民族文化优越感的中原士大夫来说，是一次极为沉重的打击，在相当长的一段时间内，他们无法接受清朝统治的现实，于是，传统的“华夷之辨”、“夷夏之防”就成为他们宣传反清思想，抒发故国之思的重要精神武器。顾炎武视清军入关为“亡天下”，进而疾呼“保天下者，匹夫之贱与有责焉耳”[2]，即生动反映出激进思想家们强烈的民族情绪。

在政治思想上，反对君主专制。清初激进思想家对秦汉以来君主专制所带来的种种弊端大多予以尖锐批判，进而主张在权力分配上对君权作出限制。像唐甄就宣称：“自秦以来，凡为帝王者皆贼也。”[3]作为清代浙东学派开创者的黄宗羲猛烈抨击秦汉以降的君主独裁政体，主张废除臣僚对君主在政治上的依附关系，强调臣工出仕目的是“为天下，非为君也；为万民，非为一姓也”，提出君主的权力应受到学校等清议机关的监督，要用“天下之法”取代君主的“一家之法”[4]。王夫之提出不应以天下私一人，“故天子之令，不行于郡，州牧刺史之令，不行于县，郡守之令，不行于民”，通过分层负责实现政治的协调运行[5]。顾炎武也提出应用“众治”取代“独治”，通过扩大地方权力，限制君主独裁，即所谓“人君之于天下，不能以独治也。独治之

1　方苞：《再与刘拙修书》，《方苞集》卷六，上海古籍出版社，1983年。
2　顾炎武：《正始》，《日知录集释》卷一三，岳麓书社，1994年。
3　唐甄：《潜书·室语篇》，四川人民出版社，1984年。
4　黄宗羲：《原臣》、《原法》，《明夷待访录》，浙江古籍出版社，1985年。
5　王夫之：《齐高帝》，《读通鉴论》卷一六，中华书局，1975年。

而刑繁矣，众治之而刑措矣”。主张通过强化宗法制以分人君之权。他说：

> 古之王者不忍以刑穷天下之民也。是故一家之中，父兄治之；一族之间，宗子治之。其有不善之萌，莫不自化于闺门之内；而犹有不帅（率）教者，然后归之士师。然则人君之所治者约矣。然后原父子之亲、立君臣之义以权之，意论轻重之序、慎测浅深之量以别之，悉其聪明、致其忠爱以尽之。夫然，刑罚焉得而不中乎？是故宗法立而刑清。天下之宗子各治其族，以辅人君之治，罔攸兼于庶狱，而民自不犯于有司。风俗之醇，科条之简，有自来矣。《诗》曰："君之宗之"，吾是以知宗子之次于君道也[1]。

在伦理观上，清初激进思想家一反理学说教，承认人欲的合理性，要求对人的合理欲望予以尊重和满足。王夫之说："有欲斯有理"[2]。陈确更以人欲为天理之基础，他说："周子无欲之教，不禅而禅，吾儒只言寡欲，不言无欲。圣人之心无异常人之心，常人之所欲，亦即圣人之所欲也。人心本无所谓天理，天理正从人欲中见，人欲恰好处即天理也。向无人欲，则亦并无天理之可言矣。"[3]颜元更直言不讳地说："禽有雌雄，兽有牝牡，昆虫蝇蠓亦有阴阳。岂人为万物之灵，而独无情乎？故男女者，人之大欲也，亦人之真情至性也。"[4]长年从事经商的唐甄也为人欲大声疾呼，他说："生我者欲也，长我者欲也"，"舍欲求道，势必不能。"[5]应

1　顾炎武：《爱百姓故刑罚中》，《日知录集释》卷六，岳麓书社，1994年。
2　王夫之：《周易外传》卷二，中华书局，1977年。
3　黄宗羲：《陈乾初先生墓志铭》，《南雷文定》后集卷三，《四部备要》本，商务印书馆，1937年。
4　颜元：《唤迷途·第一唤》，《存人篇》卷一，中华书局，1987年。
5　唐甄：《性功篇》，《潜书》，四川人民出版社，1984年。

该说，承认人欲的合理性，承认人的个人利益需要得到社会的尊重和保护，是清初激进思想的重要价值基础。

除了上述几个方面，清初激进思想家在物质与意识的关系问题上，在社会财富的均平分配上，在发展工商事业上，都提出了许多前人未曾言及或很少言及的新观念，在中国社会思想发展史上占有重要的一席之地。

从学术渊源看，清初主要激进思想家都是宋明理学的传人，其学术构架也未从根本上突破理学的范畴（像顾炎武"以朱子为宗"，黄宗羲"乃蕺山之学"，两家之学，"皆深入宋儒之室"[1]）。然而，其充满灵气，洋溢着创新精神的思想火花，却大大突破了理学的束缚，使有清一代的社会思想从一开始就显示出鲜明的多元特色。

在思想史上，尖锐并不等于深刻，先进不一定代表未来。从现在的角度看，清初激进社会思潮确实是进步的，具有重要的启蒙意义，但却不具有代表性，不能反映那个时代理学复兴的思想主潮，也没有产生社会启蒙的历史效果。尤其是王夫之，"素恶东林复社驰骛声气标榜之习，与中原人士、江介遗老，不相往来，故名亦不显"[2]。顾炎武、黄宗羲虽然名声较重，但其思想中最具特色的成分，最富叛逆精神的内涵，却无人继承。18 世纪《四库全书总目提要》作者称顾炎武之社会思想"或迂而难行，或愎而过锐"，即反映了这一历史实际[3]。事实上，清初激进思想家对君主专制的批判，对"夷夏之防"的强调，对均平社会财富的要求，对人性、伦理以及理、气关系的一系列新认识，在当时均未产生重要社会影响，它们的历史价值是在两百年以后才逐渐被发现和认识的（像黄宗羲的反专制思想只是到近代才成为"刺激青年最

1 江藩：《跋》，《汉学师承记》卷八，中华书局，1983 年。

2 欧阳兆熊：《王船山先生轶事》，《水窗春呓》卷上，中华书局，1984 年。

3 《日知录》条，《四库全书总目提要》卷一一九子部，海南出版社，1999 年。

有力之兴奋剂”，成为宣传民主主义的工具[1]）。和人类文明史上许多著名智者、哲人一样，清初激进思想家的智慧因超乎常人，跨越时代而很难被时人所理解和重视，于是，作为孤独的探索者，他们不得不将著作写给历史，写给后人。这，也许正是《明夷待访录》的真意所在，也是清初激进思想家们的悲剧所在。

当然，我们衡量一种社会思想之历史价值，不能采取急功近利的态度，不能以一时影响之大小论是非，而应将其置于人类精神演变的历史长河中予以综合评估。清初激进思想家的独特社会理念不见重于当时，但却启迪了来者，这是其伟大之处。这一历史事实，正说明了人类优秀思想成果超越时空的永恒价值。

值得重视的是，尽管清初顾炎武、黄宗羲等人的激进思想在当时影响不大，但他们提倡的严谨求是的学风，则对后世产生了深远影响。清人谓："有明一代，囿于性理，汩于制义，无一人知读古经注疏者。自梨洲起而振其颓波，亭林继之，于是承学之士知习古经义矣。所以阎百诗、胡朏明诸君子，皆推挹南雷、昆山。"[2]像“清学开山”顾炎武所提出的“读九经自考文始，考文自知音始”的基本治学方法，不但为18世纪汉学家们所宗承，甚至也获得了同时代一些理学家的认可。比较典型的如：李光地尽管对顾炎武“孤僻负气，讥呵古今人必刺切，径情伤物”的处世之道不以为然，但对其治学方法还是颇为赞许的。他关于顾炎武有如下一段记载：

余始官庶吉士（李光地于康熙九年，即1670年官庶吉士），曾相遇为半日话。时余于音学无晓也，宁人举大指示之曰："古者同文，声与形应。凡字旁从某，音必从某。后世不

1 梁启超：《阳明学派之余波及其修正》，《中国近三百年学术史》，第53页，东方出版社，1996年。

2 江藩：《顾炎武》，《汉学师承记》卷八，中华书局，1983年。

> 悟音伪，反谓古书为叶，皆非也。唐韵承江左末流，部居悉舛，分合之间，纷不可治。今当以《诗》、《易》、周秦之文为正，质验字旁，分者并之，合者离之，使古书无二音，然后得复其旧。”予闻言犹未省了。家居数载，追寻言绪未达者，自以意为之说。又七年，复来京师，则宁人殁矣。闻其书已成，亟求观之，所意者幸不谬，然宁人之学于是始窥其备。盖平上去三声虽有差互，犹得类从，入声则杂乱尤甚，如人经荒凉者，不第乡贯不可复追，姓氏族系皆不自别矣。有顾氏之书，然后三代之文可读，《雅》、《颂》之音，各得其所。语声形者，自汉晋以来未之有也。[1]

至于黄宗羲，则为清代浙东学派的重要奠基人。18 世纪著名史学家章学诚论浙东学术云：“世推顾亭林氏为开国儒宗，然自是浙西之学，不知同时有黄梨洲氏，出于浙东，虽与顾氏并峙，而上宗王、刘，下开二万，较之顾氏，源远而流长矣。”“梨洲黄氏，出蕺山刘氏之门，而开万氏弟兄经史之学，以至全氏祖望辈尚存其意，宗陆而不悖于朱者也。”浙东学术，以史学见长，“言性命者必究于史，此其所以卓也”[2]。章学诚本系浙东弟子，其论浙东学术未免有自是之嫌，但其言大体反映了黄宗羲之学术后继有人的历史实际。

需要特别指出的是：清初无论是激进思想家还是正统的理学家，其思想学说都有一个共同特点，那就是学术研究始终以解决社会现实问题为其出发点，即所谓经世致用，“明道救世”。曹溶《答顾宁人》诗形象、生动地描述了顾炎武的经世之学，所谓“写亭林有用之学可以济时，其人在焉，呼之欲出”。诗云：

---

1 李光地：《顾宁人小传》，《碑传集》卷一三〇，明文书局，1985 年。

2 章学诚：《内篇五·浙东学术》，《文史通义》卷五，上海书店，1988 年。

北鄙寡同俦，中情正枯槁。谬蓄四方略，救溺甚援嫂。束缚无所施，空堂对衰草。有美三吴杰，险要动深讨。良马碧玉鞍，兴到踏丰镐。熯土既经时，行李湿秋潦。西南征调繁，万里赋纳藁。橐有本务书，利病满怀抱。采掇及细流，访我平城道。艰辛戈戟间，匡坐说苍昊。撞钟得洪音，太朴去纤缟。汲古沃其根，枝叶倍姣好。下视班张徒，炫目但虚藻。是月凉露零，长边静杲杲。旨酒共话言，愁绪惄如捣。我性本浮游，悠忽将终老。外物丧本真，进德未能早。蒙君下针砭，宿疾期一扫。自知良独难，人鉴庶为宝。”[1]

顾炎武则从理论的角度，阐发了他的经世主张：

孔子之删述《六经》，即伊尹、太公救民于水火之心。而今之注虫鱼、命草木者，皆不足以语此也。故曰："载之空言，不如见之行事。"夫《春秋》之作，言焉而已，而谓之行事者，天下后世用以治人之书，将欲谓之空言而不可也。愚不揣有见于此，故凡文之不关于《六经》之指，当世之务者，一切不为。而既以明道救人，则于今之所通患而未尝专指其人者，亦遂不敢以避也。[2]

这一主张和魏象枢特别强调的"读书不达世务，真是腐儒；读书不体圣言，真是呆汉"[3]，熊赐履所谓"吾儒谓天理在人事中，理事合而为一。异端谓天理在人事外，理事析而为二"[4]，李

1　曹溶：《答顾宁人》，沈德潜：《清诗别裁集》卷二，中华书局，1975 年。

2　顾炎武：《文须有益于天下》，《日知录集释》卷一九，岳麓书社，1994 年。

3　魏象枢：《庸言》，《寒松堂全集》卷一二，中华书局，1991 年。

4　熊赐履：《闲道录》，《四库全书存目丛书》，齐鲁书社，1995 年。

颙所谓“如明道存心以为体，经世宰物以为用，则‘体’为真体，‘用’为实用”，“苟内不足以明道存心，外不足以经世宰物，则‘体’为虚体，‘用’为无用”[1]，在基本学术思路上是相通的，都体现出将学问服务于社会现实的强烈倾向。只不过清朝官方理学的致用服务于朝廷，激进思想家的致用为的是建立一个带叛逆和空想色彩的新社会罢了。因此，我们可以说，清初中国知识界，尽管在政治立场、学术倾向等方面严重分化，但却有一个基本学术共识，这就是经世致用。清初的经世主张，深刻影响了18 世纪中国思想的发展方向。乾隆时对顾亭林学术十分推崇的阮葵生强调“读经须识时务”[2]。著名学者汪中自称：“中少日问学实私淑诸顾宁人处士，故尝推六经之旨以合于世用。”[3]又说：“中尝有志于用世而耻为无用之学，故于古今制度沿革、民生利病之事皆博问而切究之，以待一日之遇。下至百工小道，学一术以自托。平日则自食其力，而可以养其廉耻，即有饥馑流散之患，亦足以卫其生。何苦耗心劳力，饰虚词以求悦世人哉？此吾藐然常有独学之忧而愿与足下勉焉者也。”[4]他的话也许能帮助我们理解为什么 18 世纪中国知识生活呈现出一种充满实证精神而涉猎异常广泛的宏博景象。

还有一个值得特别重视的现象是：17、18 世纪之交，在清初理学臻于鼎盛的时候，学术界出现了一股新的反理学潮流，这就是胡渭、阎若璩等人以考据方法论证理学经典之伪。特别是阎若璩作《古文尚书疏证》，“引经据古，一一陈其矛盾之处，古文之伪乃大明”[5]。《古文尚书》既伪，理学所谓十六字“心传”之伪

1 李颙：《答顾宁人先生》，《二曲集》卷一六，中华书局，1996 年。

2 阮葵生：《读经须识时务》，《茶余客话》卷一〇，中华书局，1959 年。

3 汪中：《与巡抚毕侍郎书》，《述学别录》，嘉庆江宁刘文奎子觐宸仲高刻本。

4 汪中：《与朱武曹书》，《述学别录》，嘉庆江宁刘文奎子觐宸仲高刻本。

5《古文尚书疏证》条，《四库全书总目提要》卷一二经部，商务印书馆，1933 年。

也随之大白于天下，这就使程朱理学受到沉重一击。至于毛奇龄肆口攻击程朱学术，在当时更为不少学者所侧目。不可否认，胡渭、阎若璩等人反理学著述之学术价值在当时没有立即得到学术界权威人物的认可（像李光地斥《古文尚书疏证》为“悖理伤道”，认为“人着此等议论，谁复论其他?”[1]而方苞和毛奇龄均有专门著述，论证《古文尚书》之非伪），但他们严谨的学风，对正统理学的大胆批判，在很大程度上深刻地影响到了他们的后辈学者，并以实际行动开辟了清代注重实证，明辨真伪的治学新途径。18 世纪中后期崛起的汉学诸公，在某种意义上可以说是他们学术的直接继承者。例如，对《古文尚书》的辨析，惠栋等人就继阎若璩之后，“续加考证，其说益明”[2]。如果说考据之风，反理学之风在阎若璩时代还是涓涓细流的话，那么及惠戴之学大炽时，思想解放、学术多元就已发展成为奔腾的时代潮流。对阎、胡诸家之学术贡献，特别是汉学兴起和思想解放的关系，笔者将在第三章续加阐述。

通过上面的论述，也许读者可以看到 17 世纪精神遗产的大致内容：以“主敬”、“躬行”为特色的理学思潮在社会上已经深入人心，并逐渐在意识形态中占据了牢固的主导地位，而以顾炎武、黄宗羲等人为代表的激进思想尽管未能产生重要社会影响，但他们提倡的严谨的带实证特色的学术风气在知识界获得广泛认同，并为清朝未来学术之走向奠定了重要的价值基础。经世致用是这个时期中国知识界共同的学说主张，当然，不同的学者，出于不同的政治和社会目的，对经世致用具有不同的理解。这一历史现实从文化的角度规定了清前期中国社会的发展方向：它不可能是一个洋溢着创新精神，能全面突破传统，阔步迈向近代的革命性

1　李光地：《本朝人物》，《榕村续语录》卷九，中华书局，1995 年。
2《古文尚书冤词》条，《四库全书总目提要》卷一二经部，商务印书馆，1933 年。

时代。数千年逐渐形成的精神枷锁仍将束缚人们的一举一动，深厚的历史积淀早已成为一种沉重的负担，阻碍着中国社会的进步。然而，希望的曙光仍在黎明前的黑暗中闪烁。随着清朝繁荣局面的形成，观念的变迁逐渐成为历史的必然：经世的主张逐渐向以维持盛世、关注人性的务实方向转化，而实证风气，在经胡渭、阎若璩、毛奇龄等人淋漓尽致地阐扬和发挥以后，在 18 世纪初更明确而直接地预示着一个新的学术时代的到来，这就是求实风气的兴起。这一新的学风，为未来意识形态的变革提供了重要的历史契机。在任何时代，当人们能以实事求是的态度，对待历史，对待传统的时候，经典、权威，金科玉律的神圣地位就会发生动摇，新的思想，新的观念就会出现。汉学的形成及其繁荣，是新学风与反理学思潮成功结合的产物，它最终结束了数百年来理学在中国学术界的独尊地位。而这一历史性变革和当时独特的社会条件结合起来，又导致了一场更加深刻的观念变迁。总之，18 世纪的观念文化，虽不同于 17 世纪，但又根源于 17 世纪。和其他任何时代一样，历史总是在继承中求变革，在变革中谋发展。

第二节　盛世与观念

如果从生活质量和社会环境的角度考察，17 世纪和 18 世纪是很难相提并论的两个时代，18 世纪中国知识分子的先辈们处于明清鼎革之际，奔走流离于“天崩地解”之时，破国亡家之恨，中原陆沉之痛，几乎为每一个知识精英打上了深刻的时代烙印。就是效忠清廷的理学名家，面对森严的满汉畛域，其文其诗，也不免隐隐流露出故国之思，抚今追昔，时发黍离之叹。然而，这种局面到 17 世纪末即开始大为改观。清朝政权儒学化程度的加强，满汉民族融合的加深，使汉族士人产生了强烈的文化认同倾向[1]。而康乾盛世的出现，则将中国的知识分子带入了一个新的繁荣安定的历史时期。

谈到康乾盛世，无须讳言，从清末到现在，一直有人对其是否存在，以及与之相关的历史地位持怀疑或批评态度。就是近几年，还有人言辞激烈地谴责人们对康乾盛世的“吹捧”。顾诚在《南明史·序论》中发表过这样一段值得重视的议论：

> 清朝统治的建立是以全国生产力大幅度破坏为代价的，稳定后的统治被一些人大加吹捧，称之为康雍乾盛世。正是当中国处于这种“盛世”的一百多年里，同西方社会发展水平的距离拉得越来越大。“盛世”过后不到五十年（如果按照某些学者吹捧康、雍、乾三帝的思路来看，乾隆之后在位二十五年的嘉庆也应该算是个励精图治的好皇帝，至少不能说是无道昏君），爆发了中英鸦片战争，随之而来一幕幕丧权辱国的悲剧，使大清帝国的腐朽落后暴露无遗。[2]

顾诚的话代表了一些学者的意见，但这一观点有不少地方值

1　严格说来，康熙帝亲政以后，随着清廷统治政策的改变，满汉民族关系逐渐缓和，清廷逐渐为大多数汉族民众所接受。在这个时期，不但从前炙热一时的抗清斗争趋于沉寂，而且一些明朝遗民也开始改变态度，和清朝进行合作。史称：“康熙丁巳（十六年）、戊戌年（十七年），入赀得官者甚众，继复荐举博学鸿儒，于是隐逸之士亦争趋辇毂，惟恐不与”，真正出现了“一队夷齐下首阳”的新景象（王应奎《柳南随笔》卷四，中华书局，1983 年）。甚至当时在社会上享有较大影响的所谓“海内遗硕”，在其晚年对清朝的态度也发生了明显变化。像李颙当初曾“绝食抗旨”，拒不仕清，然当四十二年（1703 年）康熙帝西巡时，却遵旨将其所著《四书反身录》、《二曲集》等进呈。至于黄宗羲更对清廷多次谕其出山感激不尽，称：“羲蒙圣天子特旨召入史馆……羲时以老病坚辞不行，圣天子怜而许之”（《与李郡侯辞乡饮酒大宾书》，参见《黄梨洲文集》，中华书局，1959 年）。社会各阶层，特别是遗民阶层对清朝统治合法性的普遍认可，意味着满汉民族矛盾已经缓和，中国社会正在走向新的和谐与协调。

2　顾诚：《南明史·序论》，第 3～4 页，中国青年出版社，1997 年。

得商榷：

第一，“康乾盛世”提法的出现，是历史当事者对当时清朝强盛国力及社会繁荣景象的客观描绘，正如时人所称“正值太平盛世”[1]，“轹古凌今，遘史册罕逢之盛世”[2]。所谓“社灯连袂踏春田，歌鼓声声应节圆；舞遍两行红结队，儿童齐唱太平年”[3]，即生动反映了当时的繁荣景象。将这一被时人广泛认同的提法视为“吹捧”，是否有失偏颇？

第二，在康乾盛世时期，中国确实落后了，但历史的责任从来都不应当（也不能够）仅仅由一代人来承担。中国在科学技术等方面的落后至晚从 14 世纪就开始了。清廷的责任在于因其闭关自守而加快了落后进程，加重了落后程度。但要追寻明清时期中国落后的原因，需要对社会、政治、文化等多方面进行系统的综合研究。史学家不顾历史发展的阶段性和延续性，将落后的责任一概归罪于康雍乾三帝，恐怕既失于简单，也失于公允；

第三，对康雍乾三帝及其时代的评价，需要全面、公正和客观。在康乾时期，中国实现了国家统一，初步奠定了近代中国的版图，这一巨大历史成就的深远意义，将在 19、20 乃至 21 世纪中逐渐体现出来。对此，学者不宜视而不见。

需要指出的是：一些学者否定康乾盛世，实际上是想证明这样一个结论：明代中国已经发展到了近代化的门槛，相对落后的清朝入主中原，将明代的发展成就摧毁殆尽，导致了近代中国的落后。而在笔者看来，正如康乾盛世无论在质上还是量上都非明代所能比拟一样，清代的中国，无论是在经济发展水平上，还是在思想发展水平上都在明朝的基础上向前迈进了一大步，这些成就非“吹捧”所能完成，也非否定所能磨灭。而且，用如果没有

1　沈复：《闺房记乐》，《浮生六记》卷一，上海开明书店，1932 年。

2　于敏中：《贺平定西域表》，《素余堂集》卷二五，嘉庆十一年刻本。

3　于敏中：《上元灯词八首》，《素余堂集》卷一〇，嘉庆十一年刻本。

清军入关中国社会就会实现近代化这样的假说来评价清朝历史，恐怕本身就不是一种值得提倡的科学方法。本书在第五章将对清代中国社会发展问题作专门分析，这里集中讨论康乾盛世与18世纪观念变迁的关系问题。

康乾盛世，起于康熙二十年（1681年）平定三藩之乱，止于嘉庆元年（1796年）川陕楚白莲教起义爆发，持续时间长达115年，可以说几乎整个18世纪，清朝都是在一片盛世的莺歌燕舞声中度过的。康乾盛世的顶峰是乾隆全盛。王先谦评论说：

> 高宗皇帝仰绍诒谋，以育以正。天授神武，成两朝未竟之志。准回平而北无汉世匈奴之患，金川定而西无唐代吐蕃之扰，保世恢基，极于无外。鉴储贰之失，定立贤之策，善继善述，于斯为盛。[1]

从中国历史发展的全局看，康乾盛世可以说是以儒家价值观为核心的中国传统文化，在清前期创造的一个伟大奇迹。在这一百余年中，官僚政治的功能，得到充分发挥，传统社会的潜力得到充分发掘，传统中国因此而具有了前所未有的恢弘气派。就康乾盛世之显著特征，主要包括三个方面：一是国家统一的最终完成；二是社会经济的高度繁荣；三是学术文化的集大成趋势。这三个特征，从不同的方面深刻影响着18世纪中国社会观念的变迁。

严格说来，从顺治元年（1644年）清军入关到康熙十二年（1673年）平定三藩之乱战争爆发以前，清朝进行的战争主要是夺取和巩固全国政权的战争。由于清朝是以满洲贵族为核心的政权，这就使其战争不可避免地具有鲜明的民族征服性质，内地以明朝为旗帜的抗清斗争也因此具有明显的反抗民族征服和民族压迫的

1　王先谦：《东华录序》，《虚受堂文集》卷二，上海古籍出版社，2009年。

正义特性。然而，到康熙初年，清朝作为中央政府，其合法性逐渐获得大多数民众的承认，全国范围的大规模抗清斗争已经趋于沉寂。经明清之际持续半个世纪的战乱，广大百姓急需获得一个安定的生活环境，而就在这个人心思定的时候，早已投降清廷，并为清军入关立下汗马功劳的吴、耿、尚三藩，却为实现自己割据一方的政治野心，置天下安危于不顾，悍然发动叛乱，当然是一种严重的分裂行为，清朝的平叛战争也就成为加强和巩固国家统一的正义战争。在此后的一百余年中，清朝为了维护国家统一，还进行了长期艰苦卓绝的奋战。而国家统一最后完成的标志，则是乾隆二十四年（1759年）统一新疆，康乾盛世从此达到繁荣的顶峰，即所谓“鼎盛”、“全盛”时期。

国家统一的完成，无论是对传统知识分子，还是对普通百姓，都是一件令人欣喜、激动的大事。作为一个多民族国家，“大一统”一直是传统精英阶层潜心追求的政治目标，被视为“天地之常经，古今之通谊”。然而，在清代以前，统一问题，尤其是边疆少数民族地方政权和中原地区中央政府的关系问题长期没有解决。像北方游牧民族，自冒顿一统漠北，即在蒙古高原不时建立起相对统一的政权组织，与中原地区相抗衡。在历史上，它往往凭借其强大的军事优势，攻略骚扰，给汉族生产生活造成极大威胁。甚至汉朝文景之世，中原统治者也不得不致书匈奴单于：“长城以北引弓之国受令单于，长城以内冠带之室朕亦制之”，[1]许以金帛丝絮以求安好。武帝时虽北击匈奴，然数十年后，匈奴鲜卑又不时为患，降及魏晋南北朝及宋元之世，北方更陷于“中原板荡，夷狄交侵”的混乱状态。元朝有过短暂的大统一，但不久即被推翻，继之而起的明朝，又不得不修长城以御蒙古。只是到了清朝，统治者通过政治、军事等

1 参见《匈奴传》，《汉书》卷九四，中华书局，1964年。

手段，“修其教不易其俗，齐其政不易其宜”，方将历代没有很好解决的蒙古、新疆、西藏等问题，均予以比较圆满的解决。是时，中央设有专门机构管理民族事务，边疆驻军设防，维护领土主权完整。雍正帝论及国家统一之历史时指出：“历代以来，各蒙古自为雄长，亦互相战争。至元太祖之世，始成一统，历前明二百余年，我太祖皇帝开基东土，遐迩率服，而各蒙古又复望风归顺，咸禀正朔，以迄于今。是中国之一统始于秦氏，而塞外之一统始于元代而极盛于我朝。自古中外一家，幅员极广，未有如我朝者也。然各蒙古之所以统一者，亦皆天时人事之自然，岂人力所能强乎？”[1]

国家统一的完成大大加强了知识界对清朝统治的认可。乾隆十七年（1752年），清军平定准噶尔消息传来，时为庶吉士的纪昀即撰《平定准噶尔赋》，称：“三十六国，咸遵正朔，浩乎大哉，此王道之极盛，而三五之遐躅也。”[2] 赵翼对清朝的统一之功更是赞不绝口，所著《皇朝武功纪盛》一书显示出他对清廷文治武功的顶礼膜拜。其《平定回部铙歌》称：“一统车书大覆函，持盈睿虑倍寅严；从知兵甲全消日，文德逾敷万国諴。”[3] 王鸣盛《平定准噶尔赋》赞扬清廷：“天祚神圣，六合雍和；中外禔福，寰宇一家。文轨齐于要荒，声教讫于幽遐。”[4] 于敏中称：“（统一新疆）凡属臣庶，罔不鳌忭雀快。睹夫偃伯橐弓之会，额手相庆曰：‘若书所称神圣文武者，盖如是乎？’”他的话比较形象地反映了知识界大多数人的欢庆心情，以及对清廷统治的悦服[5]。

---

1 中国第一历史档案馆：《雍正起居注》雍正七年六月二十六日，中华书局，1993年。

2 纪昀：《平定准噶尔赋》，《文》卷一，《纪晓岚文集》第1册，第24页，河北教育出版社，1995年。

3 赵翼：《平定回部铙歌》，《瓯北集》卷七，第137页，上海古籍出版社，1997年。

4 王鸣盛：《平定准噶尔赋》，《西庄始存稿》卷一，《续修四库全书》本，集部第1434册，上海古籍出版社，2002年。

5 于敏中：《恭跋御制开惑论》，《素余堂集》卷二六，嘉庆十一年刻本。

国家统一的完成，不但加强了士人阶层对清朝的向心力，也开阔了他们的研究视野，边疆研究大大加强了，这从我们稍后关于18世纪学术特征的论述即可清楚看出。

物质资料的生产、分配和消费始终是人类社会的基本存在形式。在历史的每一个阶段，经济发展水平都直接决定着人类的生存质量。18世纪之所以能以盛世得名，在很大程度是因为这个时期的社会经济创造了中国传统社会的奇迹：它在承受了前所未有的人口爆炸巨大压力的同时，满足了清廷日益增加的财富需求，并使经济发达地区百姓生活水平有了明显提高。除了学术界已经深入讨论的农业发展、商业繁荣、手工业发达等众多领域以外，下面几个现象对社会观念，尤其是士林风气之演变具有重要意义：

一是清廷财政收入在长时期内保持了较高增长。康熙四十二年（1703年），清朝户部银库实在银为3836万余两，到康熙六十年（1721年）为3262万余两。从雍正开始，清廷财政收入急剧增加，到雍正七年（1729年）即达6000万余两，此后虽经西北两路用兵，花费甚巨，然到其晚年，仍有3453万余两的巨额积储[1]。到乾隆时候，清朝财政状况进一步好转，即所谓“左藏所储，日以充积”，最明显的表现是户部存银大幅度增加。乾隆元年（1736年），户部实在银为3395万余两，乾隆二十年（1755年）达到4299万余两。在此后数年中，尽管因统一新疆之役耗费巨额钱财，以致库储有所减少（最低为二十五年，库储仅3549万两），但战争一结束，库储就急剧上升。二十七年（1762年）为4192万余两，二十九年（1764年）为5427万两，三十年（1765年）为

1 关于康熙、雍正朝户部银库实在银，清人说法不一。阿桂称：康熙六十一年（1722年），部库所存800余万两，雍正朝增至6000余万，后经西北用兵，耗去大半，到乾隆即位初仅有2400余万。法式善《陶庐杂录》所载与此不同。法式善所载系据当时册档，数字具体，故笔者以法式善记载为准。参见《陶庐杂录》卷一，以及阿桂：《论增兵筹饷疏》，《清经世文编》卷六，中华书局，1992年。

6033万两，三十三年（1768年）更增至7182万两。内府收入也颇为可观。乾隆帝说："乾隆二十年以前，内务府存备之项，或因支给不敷，奏拨部帑数十万协用者有之。今亦以岁会溢于旧额，尚将内务府余银拨贮部库。朕虽不诩俭，而府藏充盈，实为从来所罕有也。"[1]正因为政府积聚了大量财富，所以清廷能发动类似"十全武功"之类的重大战役，而不致过分盘剥扰累民间。也正因库贮充实，物力丰盈，所以清廷愿意，也有能力组织像"续三通"、《大清一统志》、《大清会典》、《四库全书》等巨型文化工程，而这对当时文化、学术的发展产生了重要影响。梁启超说："乾、嘉间考证学，可以说是清代三百年文化的结晶体，合全国人的力量所构成。凡在社会秩序安宁、物力丰盛的时候，学问都从分析整理一路发展。乾、嘉间考证学所以特别流行，也不外这种原则罢了。"[2]梁启超以"考证学"概括乾嘉学术，当然是很不准确的。但他将学术演变与社会环境、特别是经济因素结合起来考察的思路却是可取的。

二是商品经济的兴盛。过去，不少学者认为明清时期的启蒙思想源于资本主义萌芽，代表着新兴市民阶级的利益。然而，由于什么是资本主义萌芽，明清时期是否存在资本主义萌芽，在学术界是一个长期争论，而且很难得出定论的问题，因此，现在谈启蒙思想的人少了，谈启蒙思想源于资本主义萌芽的人就更少了。这里姑且不讨论明清时期是否存在资本主义萌芽问题，但有一点应该是获得学术界公认的，那就是相对于以前各代，明清时期的商品经济和城市化确实达到了一个较高的水平。而商品经济的发展，新的市场的形成，必然导致社会分化，形成新的利益集团，而市场意识的

1　参见《清高宗实录》卷九二〇，乾隆三十七年十一月有关上谕，以上数据源于《乾隆朝上谕档》乾隆四十年春季档，中国第一历史档案馆藏。

2　梁启超：《中国近三百年学术史》，《梁启超论清学史二种》，第117页，复旦大学出版社，1985年。

强化，生活方式的改变，又会推动社会观念的变革。因此，将明清时期的观念变迁置于当时商品经济发展、市场体系形成，阶级关系、阶级结构发生变化的特殊社会环境中进行研究，是正确的，是研究明清思想史、观念史、学术史者应该遵循的基本学术原则。

然而，在具体历史考察中，应该具体问题具体分析。我们不能，也没有必要将任何新思想、新观念的出现都一味机械地归结为商品经济的发展。像明清之际的激进社会思潮，与其说主要源于商品经济，毋宁说更多地源于明清鼎革的强烈刺激，源于知识阶层对"天崩地解"的痛楚反思。当然，不能否认晚明商业经济的高度发展、社会结构的急剧变迁，特别是一些思想家（如唐甄）的商业活动对他们思想观念所产生的客观影响。不过，这种影响无论如何是无法和明朝灭亡，清军入关，以及改换衣冠发饰这类巨大历史变革相提并论的。降至18世纪，情况就不同了。这个时期商品经济发展程度高于晚明，商人和知识精英的联系更加密切，与此相适应，商品意识、市场观念对社会思潮的冲击也更加明显。

18世纪中国商品经济的发展既表现为商业城镇化进程的加快，商品生产的扩大，也表现为有影响的商帮和商人集团的增加，尤其是东南地区，"江浙殷富至多，拥巨万及一、二十万者更仆难数，且有不为人所知者，惟至百万则始播于人口"[1]。因学术界对此也有不少研究成果，且笔者在本书第五章还有补充说明，这里不再赘述。这里仅指出这样一个事实：商品经济的繁荣，市民阶层的壮大，加速了社会利益的重新组合和分化，而这在客观上为观念的变迁和多元奠定了重要的社会基础。在清代社会，这种基于利益多元而产生的观念多元，在士林阶层完全可能得到充分体现。一个最直接的原因在于：康乾时期，士商之间并不存在严格的社会界限，二者间的社会流动是经常性的。像乾隆前期富极一时的山西豪

1　金安清：《豪富二则》，《水窗春呓》卷下，中华书局，1984年。

商介休范氏一家，中进士的就有二人，另有举人三人，痒生若干[1]。又如盐商黄楫工诗，曾与清廷“千叟宴”，其子文晖，更“召试中书”，服官朝廷[2]。再如乾隆时期著名学者程晋芳即系盐商出身，“家故业商，兄弟三人，接屋而居，食口百人，延接宾客，宴集无虚日”，与文人学者保持着密切联系。后来程晋芳中进士，参与《四库全书》编纂，官至翰林院编修[3]。王昶《湖海诗传》记载说：“鱼门（程晋芳字鱼门）业传盐筴，家本素封，而覃研典籍，虚怀求益。少问经义于从叔廷祚，学古文于刘海峰大魁，又与商宝意、袁子才唱和。故博闻宏览，而才情丰蔚，诗文并擅其胜。”[4]钱泳《履园丛话》所载吴绍浣，也系由盐商而入士林者：

> 吴杜村先生名绍浣，安徽歙县人。世以盐筴为业。寓扬州已百余年，家道殷富。乾隆乙未、戊戌两科，先生与其兄绍烁同中进士，入翰林。先生精于赏鉴，所藏法书、名画甚多。当时如彭南昌、董富阳、王韩城、刘长沙诸相国所贡图籍书画，必经先生品题而后奏进。家有颜鲁公《竹山联句》，

1　转引自韦庆远、吴奇衍：《清代著名皇商范氏的兴衰》，《档房论史文编》，第46页，福建人民出版社，1984年。

2　李斗：《桥东录》，《扬州画舫录》卷一二，中华书局，1960年。

3　翁方纲：《程晋芳墓志铭》，《碑传集》卷五〇，明文书局，1985年。

4　王昶：《程晋芳》，《湖海诗传》卷三二，嘉庆八年刻本。需要说明的是，程晋芳是本书将反复提及的重要人物。生于康熙五十七年（1718年），卒于乾隆四十九年（1784年），初名志钥，又名廷璜，字鱼门，一字蕺园，安徽歙县人。盐商出身，乾隆二十七年召试第一，授内阁中书，三十六年成进士，授吏部主事。后入《四库全书》馆为修纂，任编修。乾隆四十八年，请假出都，游历河南、陕西等地，后卒于陕西巡抚毕沅幕中。程晋芳善诗，性耽书史，“见长几阔案心辄喜，铺卷其上而事不理”（昭梿：《程鱼门》，《啸亭杂录》卷九，中华书局，1980年）。程晋芳博综经史，但笃守程朱，认为宋儒虽有失误之处，然“天道人纪，节心制行，务为有用之学，百世师之可也”（翁方纲：《程晋芳墓志铭》，《碑传集》卷五〇，明文书局，1985年。袁枚曾就理学问题，与程晋芳有过辩论。所著主要有《尚书集注》、《左传通解》、《勉行堂文集》、《勉行堂诗集》等。

徐季海、朱巨川告身，怀素小草《千文》、王摩诘《辋川图》、贯休《十八应真象》，皆世间希有之宝。至宋、元、明人，其次焉者也。[1]

至于清代“以礼代理”的重要倡导者、著名学者凌廷堪，也出生于商人之家。其父“业贾于海州”，廷堪 12 岁“即弃书学贾”[2]。著名“狂士”汪中，其经商历史与其学问之增益更有密切关系。他曾“鬻书于市，与书贾处，得借阅经史百家。于是博综典籍，谙究儒墨，经耳无遗，触目成诵，遂为通人焉。”[3]正由于大批商人子弟挤入士林，故清代士人队伍的构成发生了明显变化，沈垚曾说：“古者四民分，后世四民不分。古者士之子恒为士，后世商之子方能为士，此宋元明以来变迁之大较也”。而就其原因在于“非父兄先营事业于前，子弟即无由读书以致身通显”[4]。这一说法和龚炜所谓“士贫难为工”，“赤紧占住一贫字，贫则难为工矣”[5]，颇有相似之处。它们从不同的侧面反映出，随着社会变迁的加剧，物质资料占有状况已经越来越深刻地影响到了社会流动和阶层结构。在这个变化过程中，财力相对雄厚的商人阶层显然占有巨大的优势。

18 世纪，作为经济文化中心的东南地区，已经致富的商人和相对贫穷的士人阶层之间，建立了十分紧密的社会联系。商人们或是出于对学问的尊重，或是为了附庸风雅，或是为了培养自己在精英阶层和官僚队伍的代言人，纷纷慷慨解囊，资助学问。时人吴翌凤描述说：

1　钱泳：《耆旧·杜村观察》，《履园丛话》卷六，中华书局，1979 年。

2　参见阮元：《次仲凌君传》，《研经室二集》卷四，中华书局，1993 年；江藩：《凌廷堪》，《汉学师承记》卷七，中华书局，1983 年。

3　江藩：《汪中》，《汉学师承记》卷七，中华书局，1983。

4　沈垚：《费席山先生七十双寿序》，《落帆楼文集》卷二四，上海古籍出版社，2009 年。

5　龚炜：《士贫难为工》，《巢林笔谈》卷五，中华书局，1981 年。

乾隆初，扬州殷富。时卢雅雨为都转运使，好延致名流。商人好文墨者如马秋玉、张四科等，皆大开坛坫，招集词人。厉樊榭、杭堇浦、金寿门、陈授衣、闵莲峰辈，载酒擘笺，几无虚日。秋玉尤富藏书，有希见者，不惜千金购之。玲珑山馆中四部略备，与天一阁、传是楼相埒。[1]

袁枚《随园诗话》也有类似记载。他说："升平日久，海内殷富，商人士大夫慕古人顾阿英、徐良夫之风，蓄积书史，广开坛坫。扬州有马氏秋玉之玲珑山馆，天津有查氏心谷之水西庄，杭州有赵氏公千之小山堂，吴氏尺凫之瓶花斋，名流宴咏，殆无虚日。"[2]像两淮商总江春，"扬州人，世所称'鹤亭主人'者，富甲东南，慕悦风雅。一时经生墨客，多与联缟带之欢，其投赠诗文，见于前辈集中者，可指数也。"[3]歙县大盐商鲍肯园不惜花费万金兴建地方书院："出库金增诸生膏火，自以私财白金三千两益之，于是城内之紫阳书院成。又出白金八千两自置两淮生息，以复城外之山间书院。"[4]盐商马曰琯与士林名流广相交接，曾资助过全祖望、厉鹗等著名学者，故其卒后，袁枚吊诗有"横陈图史常千架，供养文人过一生"之句[5]。乾嘉汉学的两个关键人物江永和戴震，其学术活动都获得了歙县盐商汪梧凤的资助，而汪梧凤本身也是一位虔诚的学问家。汪中曾撰《大清故贡生汪君墓志铭》表彰其事。辞云：

1　吴翌凤：《逊志堂杂钞丙集》，中华书局，2006年。

2　袁枚：《随园诗话》卷三，第60条，人民文学出版社，1982年。

3　陈康祺：《豪商黄筠》，《郎潜纪闻四笔》卷四，中华书局，1990年。

4　《中宪大夫肯园鲍公行状》，歙县《堂樾鲍氏宣忠堂支谱》卷二一，转引自《清代全史》卷五，第236页，辽宁人民出版社，1991年。

5　袁枚：《扬州游马氏玲珑山馆·感吊秋玉主人》，《小仓山房诗集》卷二七，上海古籍出版社，1988年。

国初以来，学士陋有明之习，潜心大业，通于六艺者数家，故于儒学为盛。迨乾隆初纪，老师略尽，而处士江慎修崛起于婺源，休宁戴东原继之，经籍之道复明。始此两人自奋于末流，常为乡俗所怪，又孤介少所合，而地僻陋，无从得书。是时歙西溪汪君独礼而致诸其家，饮食供具惟所欲，又斥千金置书，益招好学之士日夜诵习，讲贯其中，久者十数年，近者七八年、四五年，业成散去。其后江君没，大兴朱学士来视学，尽取其书上于朝，又使配食于朱子。戴君游京师，当世推为儒宗，后数岁，天子修“四库”之书，征领局事，是时天下之士益彬彬然向于学矣，盖自二人始也。抑左右而成之者，君信有力焉，而君不幸死矣。然君亦以是自力于学，所著文二百余篇，咸清畅有法，著《楚词音义》三卷（案：据段玉裁《戴东原先生年谱》，此书为戴震所作，“假名汪君”。引者注），又治《毛诗义编》未成，以乾隆三十八年十二月卒，年四十七……[1]

据戴震记载，歙县之汪氏“用监盐起业于斯地也久”，资助学术，“祖若孙相绳有终”[2]。而当时其他著名文人学者如袁枚、赵翼以及稍后的戴衢亨等都和商人有过不少交往。知识界和商界的这种密切联系，对于社会风气和价值观念，不可能不产生重要影响。嘉庆时，恽敬作《三代因革论》，感叹说：“古者商贾不得乘车马，衣锦绮，人耻逐末，为之者少，故利丰。后世一切侪之士人，人不耻逐末，为之者众，故利减。”[3]其言即反映了乾嘉时期社会

1 汪中：《大清故贡生汪君墓志铭》，《述学·别录》，嘉庆江宁刘文奎子觐宸仲高刻本。

2 戴震：《汪氏捐立学田碑》，《戴震集》卷一一，上海古籍出版社，1980年。

3 恽敬：《三代因革论》五，《大云山房文稿初集》卷一，《四部备要》本，商务印书馆，1935年。

对商人、商业看法之改变。而从戴震的理欲说，以及袁枚关于人性的种种论述中，人们也不难发现其中一二奥秘。

三是社会风气的转变。“人是环境的产物”，任何知识精英都不可能生活于真空之中，其思想观念、道德标准、行为方式必然或多或少地受到当时时代风气的影响。18世纪，天下承平日久，人们的生活方式也逐渐发生了新的变化，其最显著的特点是风俗由俭入奢。风俗淳朴，崇尚节俭本是清初中国社会的重要特色，然到康熙中叶以后，不少城镇居民，尤其是东南地区城镇居民在生活方式、思维方式等方面都出现了一些新的变化，即所谓“朝局士风为之大变”，“国初诸老刚正谨厚之风，至是乃如缺文乘马”[1]。值得注意的是：18世纪的奢侈之风，与当时东南商人，尤其是盐商的倡导密不可分，即所谓“奢靡风习创于盐商，而操它业以致富者群慕效之”[2]。邓之诚尝说：奢侈之风“传之京师及四方，成为风俗。奢风流行，以致世乱，扬州盐商与有责焉”[3]。

尽管18世纪有不少官僚主张采取措施，通过禁止服饰，整齐风俗以辨等威而戒奢华，但最终不得奏效，故雍正帝视之为法所不能禁止之事，乾隆帝也认为国家承平日久，经济发展，习俗由俭入奢为“积渐使然”，“习俗日趋于华靡，殆非教条号令所能饬禁，譬如江河之向东，谁能障之使西流耶？”[4]而习俗的变化，不能不使一些勤于思考者对理欲问题、道德伦理问题进行新的反思，进而提出一些新的观念，对此，笔者将在本书第二章作专门论述。

学术文化的集大成是18世纪中国文化的显著趋势。学术在任

1　李岳瑞：《春冰室野乘》卷上，文海出版社，1967年。

2　《舆地志·风土》，民国《歙县志》卷一。

3　邓之诚：《中华二千年史》卷五，中华书局，1983年。

4　参见福格：《禁止服饰》，《听雨丛谈》卷八，中华书局，1984年；《清高宗实录》卷一一四三，乾隆四十六年十月丁酉，中华书局，1985年。

何时候都是客观社会条件在精神领域的理论化体现，也就是说，学术是时代的理性回响。18 世纪是中国传统社会的鼎盛时期，即所谓“太和景运日方中，海宇升平际邱隆”[1]。与之相适应，这个时期的学术文化也表现出全盛之世特有的恢宏气象，呈现出历史上罕见的集大成趋势。这主要表现为以下三个方面：

一是汉学的兴起与古代典籍的系统整理和研究。在和平安宁的社会条件下，传统学术沿考经证史一路发展有其客观必然性，这就是以惠栋、戴震等人为代表的汉学的昌盛。关于 18 世纪汉学兴起的历史原因及其思想倾向，笔者将在本书第三章作专门分析，这里指出这样一个事实：汉学对清代学术的贡献，不但表现为它彻底结束了宋明理学在学术领域中的独尊地位，也表现为它促使知识界比较彻底地摆脱了元明以来学术研究的空泛之风，开始以科学的态度和严谨的方法，对数千年文化遗产进行系统的考订和整理。18 世纪古籍研究、整理所涉猎的范围异常广泛，包括经学、史学、天文、古算、地理、农学、医学等方方面面，从比较宽广的范围展现了中国传统文化的博大精深。像惠栋潜心研究《周易》三十年，数易其稿，“专宗虞仲翔、参以荀（爽）、郑（玄）诸家之义，约其旨为注，演其说为疏，汉学之绝者千有五百余年，至是而粲然复章矣”[2]。戴震学识宏博，“深明古人小学，故其考证制度、字义为汉已降儒者所不能及，以是求之圣人遗经，发明独多”[3]。他所著《考工记图》一书，对《考工记》本文及郑康成之注多有订正。此外，他还从《永乐大典》中整理出失传已久的《海岛算经》、《周髀算经》等古典算学专著，自此之后，校勘、注释古代天算著作便成为学术界一大时尚。当然，古籍整理最重要、最具代表性的成果是众所周知的《四库全书》。该书之编

1　于敏中：《圣谟广运平定准噶尔恭记》，《素余堂集》卷二，嘉庆十一年刻本。
2　钱大昕：《惠先生栋传》，《潜研堂文集》卷三九，商务印书馆，1935 年。
3　纪昀：《序》，《考工记图序》，《纪文达公遗集》卷八，上海古籍出版社，2009 年。

纂，起于乾隆三十七年十一月，安徽学政朱筠向清廷提出的关于购访遗书诸办法，并校核《永乐大典》的建议[1]，经大学士于敏中竭力促成而得以进行。《四库全书》将中国历代重要典籍完整抄录下来，分编于经、史、子、集四部四十四类之下，内容浩瀚，包罗万千，时人称《四库全书》“凡六经传注之得失，诸史记载之异同，子、集之支分派别，罔不抉奥提纲，溯源彻委”，可以说是中国传统学术文化之总汇[2]。由纪昀等人在此基础上撰写的《四库全书总目提要》，“考古必衷诸是，持论务得其平”，反映了18世纪中国学术的最高水平[3]。尽管清廷在编纂《四库全书》过程中存在着删改、销毁“违碍”、“悖逆”书籍的一面，但毕竟第一次系统整理了中国古代的典籍和社会思想，故《四库全书》的编纂一直被清代学术界誉为“会诸家之大成，光稽古之圣治”，乃“文治之极隆而儒士之殊荣”，“盖自列史《艺文》、《经籍志》及《七略》、《七录》、《崇文总目》诸书以来，未有宏博精审若此者”[4]。值得充分重视的是：《四库全书》的编纂进一步推动了清朝学术的全面发展，时“海内从风，人文炳蔚，学术昌盛，方架

1　朱筠是谈论18世纪学术发展不可不提的人物，生于雍正七年（1729年），卒于乾隆四十六年（1781年），字竹君，号笥河，直隶大兴人。乾隆十九年进士，改庶吉士，历任编修、安徽学政、福建学政等职。朱筠在清代文化史上最重要的贡献，是他在乾隆三十七年十一月，向清廷提出购访遗书的办法，并建议校核《永乐大典》，这一建议直接促成了《四库全书》的纂修（朱筠的这一奏折见《遵旨复奏访求遗书折子》，《笥河文集》卷一，《丛书集成初编》本。另外，《纂修四库全书档案》第1册，第20页，也收录了这一奏折。但二者文字略有差别，估计文集所录为稿本）。朱筠“穷年考古，兼好金石文字”，“盖郭林宗之识士，郑康成之通经，兼而有之矣”（孙星衍：《朱先生筠行状》，《碑传集》卷四九，明文书局，1985年），对18世纪清廷文治建设、士林风气颇有影响。

2　阮元：《纪文达公集序》，《研经室三集》卷五，《四部丛刊初编》本，上海书店，1989年。

3　阮元：《纪文达公集序》，《研经室三集》卷五，《四部丛刊初编》本，上海书店，1989年。

4　参阅徐世昌：《纪昀传》，《大清畿辅先哲传》卷二三，北京古籍出版社，1993年；王昶：《纪昀》，《蒲褐山房诗话新编》卷上，齐鲁书社，1988年。

汉唐”，各省督抚纷纷“礼聘儒雅，广修方志，群邑典章，灿然大备”[1]，中国传统学术文化、专制文治至此臻于极盛境界。

二是历史研究的全面与深入。历史学是对社会演进过程的理性总结，是对人类命运的深刻反思。在任何一个时代，历史学的状况都客观地体现着文明发展之水平。18世纪可谓中国传统史学的鼎盛时代。由清廷经数十年完成的《明史》，“议论平允，考稽详该，前代诸史莫能及也”，属于比较成功的正史著作[2]。对《尚书》、“三礼”等著名经典的分析与考订，为人们准确了解古代社会，尤其是中华文化的起源与发展创造了重要前提。而王鸣盛的《十七史商榷》、赵翼的《廿二史札记》、钱大昕的《廿二史考异》则有力推动了通史研究的发展。全祖望是当时影响较大的历史学家。他治史不尚虚浮，其学“出于梨洲而变之，则如百尺楼台，实从地起，其功非积年工力不成”[3]。祖望又“取南雷黄氏《宋儒学案》未成之本，编次序目，重为增订”[4]，最终完成在学术史上具有重要影响的《宋元学案》。全祖望对近代历史（明清史）的研究贡献尤其突出。史载他苦心搜求明际文献，为前明故老保存、编订残稿遗集，其时仅完整成书者就不下十余家。全祖望弟子蒋学镛云:“先生念自明季迄今又百余年，不亟为搜访，必尽泯没。乃遍求之里中故家及诸人后嗣，或闷不肯出者，至为之长跪以请，其余片纸只字，得之织筐尘壁之间者，编次收拾，俨成足本。传中各为表其大节，记其轶事，往往姓氏已沦狐貉之口，一经选录，其诗传而人亦与之俱传，遂令苍燐碧血，苦孽贞松，无不涌现须

1 参阅《艺文一》，《清史稿》卷一四五，中华书局，1977年。

2 吴振棫：《养吉斋丛录》卷二〇，北京古籍出版社，1983年。

3 阮元：《全谢山先生经史问答序》，《研经室二集》卷七，《四部丛刊初编》本，上海书店，1989年。

4 董秉纯编辑：《全谢山先生年谱》，乾隆十一年，《北京图书馆馆藏珍本年谱丛刊》第97册。

眉，呈露芒角。”[1]所作明际诸人传记，“详尽而核实，可当续史”[2]。在正史研究趋于深入的同时，方志学也获得较大发展。章学诚不但大力提倡方志编纂，提出“朝廷修史，必将于方志取其裁”，“州县方志与列国史记之义不明，而一国之史，鲜有知之者矣”，而且对方志体例也有系统见解，他认为“凡欲经纪一方之文献，必立三家之学，而始可以通古人之遗意也。仿纪传正史之体而作志；仿律令典例之体而作掌故；仿《文选》、《文苑》之体而作文征。三书相辅而行，缺一不可”。又主张在三书之后另附《丛谈》一书，“此征材之所余也”，因其系“稗野说部之流”，“非必不可缺之书”，故“其不合三书之目而称四”，然“小说家流，出于稗官，街谈巷议，亦采风所不废”，故仍有其存在的价值[3]。这一理论基本确定了近代方志的编纂方针。而方志编纂风气的盛行，对发掘和保存地方历史文献显然具有极为重要的意义。值得一提的是，章学诚对“史德”（即“著书者之心术”）的深刻分析，对史学与社会现实关系的精辟阐述，对“撰述”、“著述”与“记注”、“比类”的严格区别，更将史学理论推到了一个新的高度。章学诚所谓治史者“心术不可不慎”，“好善恶恶之心，惧其似之而非，故贵平日有所养也”，这一著名论点在今天看来仍发人深省，具有重要的现实意义[4]。

三是边疆研究的兴起与发展。随着国家统一事业的不断发展，知识界对边疆问题日益重视，有关清朝边疆的学术研究也逐渐加强。从18世纪初（康熙四十七年，即1708年）起，清廷就对全国进行实地测量，到康熙五十七年（1718年）绘制成《皇舆全览

1　蒋学镛：《续耆旧集题词》，《樗庵存稿》卷二，四明丛书版。

2《全祖望》，《清史列传》卷六八，明文书局，1986年。

3　章学诚：《外篇一·州县请立志科议》、《内篇四·说林》、《外篇一·方志立三书议》，《文史通义》卷六、卷四、卷六，上海书店，1988年。

4　章学诚：《内篇三·史德》，《文史通义》卷三，上海书店，1988年。

图》，这是中国第一幅用近代方法测量绘制的全国地图，它不但对中原，而且对边疆地区进行了详尽的测绘，“关门塞口，海汛江防，村堡戍台，驿亭津镇，其间扼冲据险，环卫交通，荒远不遗，纤细毕载”，“核亿万里之山河，收寰宇于尺寸之中，画形胜于几席之上”，为“从来舆图所未有也”[1]。到乾隆中叶，清廷统一新疆，又对伊犁和南疆进行测量。乾隆二十五年（1760 年），清廷对《皇舆全览图》进行修订增补，将新绘新疆地图增入，称《乾隆内府舆图》，这幅地图可以说是国家统一的科学见证。成书于乾隆前期的《西域同文志》，对青海、西藏和新疆地区的地名、部落首领名称等用满、汉、蒙、藏、维、托忒等六种文字进行记载，并以汉语述其语源、含义、人物世系等，为深入研究西北地区历史地理准备了良好的资料基础。乾隆二十七年（1762 年），《钦定皇舆西域图志》编成，这是清朝官方研究新疆史地的重要成果，该书图文并茂，对新疆地理、官制、兵防、音乐、学校、物产、民情、风俗等方方面面都有详细记载，为乾隆《大清一统志》新疆部分打下了良好基础。除官方研究外，学者个人研究成果也不断出现（这在本书第三章将作补充论述）。如钱大昕对蒙古历史的深入研究，松筠所著《新疆识略》、《西藏巡边记》、鄂尔多斯喇嘛罗卜藏丹津所著《蒙古黄金史》等史地专著都有效地增强了人们对边疆问题的重视与了解。成书于乾隆四年（1739 年）的《金轮千福》（作者达尔玛），详细描述了蒙古各部的起源及演变，对研究蒙古民族史具有重要的参考价值。边疆研究的兴起与发展突破了儒家传统学术的狭隘范围，深刻、全面地展示了中国人多元而且悠久、深远的边疆文化（包括海洋文化），开阔了学术界的研究视野，从而使 18 世纪的中国学术具有了历史上比较少见的宏博气象，在客

1　需要说明的是，在测绘《皇舆全览图》以前，清廷还做了大量前期准备工作，故康熙帝称：“朕费三十余年心力，始得告成”。参见《清圣祖实录》卷二八三，康熙五十八年二月乙卯，中华书局，1985 年。

观上也为近代边疆史地研究的深入发展奠定了基础。

需要特别指出的是，18 世纪史学的繁荣，边疆研究的兴起，与其时经世思潮的发展，具有密不可分的关系。当时不少知识精英是将史学以及边疆研究，作为经世之学对待，并加以深入考察的。对此，笔者在第三章将作专门分析。

总之，18 世纪的中国学术文化，就其涉猎领域与研究风气，具有显而易见的广泛性和深入性。所谓广泛性，指的是这个时期的学者们不但对汉族历史文化进行了系统考察，而且对境内其他各民族的历史传统也充满了浓郁的兴趣，进行了比较全面的探讨，学术发展呈现丰富多彩的景象。在传统学术内部，不但儒家经典的研究和整理获得丰硕成果，而且在历史学、地理学、音韵学、政治学乃至理学研究等诸多方面都取得了极富价值的重要成就。所谓深入性，指的是这个时期的学风是扎实的，是科学的。学者们不是对经典著作或历史资料进行浮光掠影般的空泛论述，不是脱离历史实际的恣意放谈，而是从具体的资料整理和逻辑论证中得出自己严肃而独到的学术结论。正因为如此，这个时期出现的许多著作和成果经得起时间的检验，在其问世一二百年后仍能予人智慧的启迪。正是这种宏博而深入的学风，正是这种严谨而扎实的治学态度，造就了一代学术大师，造就了学术文化的集大成，从 18 世纪的学术发展中，我们今天仍可以获得不少宝贵的历史教益。

需要充分指出的是：学术的集大成必然推动观念的变迁。这是因为集大成意味着这个时代的知识分子站在了一个新的高度进行理性思考，表明他们对社会的认识无论是在深度上还是在广度上都达到了一个新的水平。一个以实证为特色的新学派——汉学的兴起，在客观上必然冲击理学的权威地位，而史学研究（它一直以治乱盛衰为主要对象，在古代中国，它在许多方面和政治学是合二为一的）的深入，必然导致人们对一些基本政治问题，如君臣关系、政治结构、权力来源等诸多领域，进行新的理论探索。边疆研究的兴起与发展，也会促使人们对国家统一、中原和周边民族关系、国防建设以及边疆开发等重要问题进行深入考察。总之，单从 18 世纪学术特征本身，我们就可以断定：这绝不会是一个缺乏新观念的时代，也不会是一个思想平庸的时代。

第三节　文治与士人

治清代政治史和思想史者无不高度重视清廷文化专制政策对学术自由和思想自由的粗暴践踏。应该说，这是正确的。严酷的思想控制确实是清朝文化政策、士人政策的重要内容，频频发动的文字狱几乎给雍乾时期每一个知识分子心灵深处都造成了异常痛楚的时代创伤。乾隆帝继位，山东道监察御史曹一士有感雍正朝文字狱频仍，曾进言朝廷，称："比年以来，小人不识两朝所以诛殛大憝之故，往往挟睚眦之怨，借影响之词，攻讦诗书，指摘字句，有司见事风生，多方穷鞫，或致波累师生，株连亲故，破家亡命，甚可悯也。臣愚以井田封建，不过迂儒之常谈，不可以为生今反古；述怀咏史，不过词人之习态，不可以为援古刺今。即有序跋偶遗纪年，亦或草茅一时失检，非必果怀悖逆，敢于明布篇章。使以此类悉皆比附妖言，罪当不赦，将使天下告讦不休，士子以文为戒，殊非国家义以正法，仁以包蒙之意。"[1] 曹一士的话反映了当时大多数官僚和士人对宽松政治环境和文化环境的期盼之情。然而，他没有料到乾隆中叶以后的文字狱较雍正时更加酷烈，以致文人学者"一涉笔惟恐触碍于天下国家"，"见鳝而以为蛇，遇鼠而以为虎，消刚正之气，长柔媚之风"[2]。清廷在意识

1　全祖望：《曹一士行状》，《碑传集》卷五六，明文书局，1985 年。

2　李祖陶：《与杨蓉诸明府书》，《迈堂文略》卷一，上海古籍出版社，2009 年。

形态领域的高压统治确实限制了 18 世纪中国思想文化的正常发展。

然而，在正视清朝严酷思想控制危害学术发展的同时，笔者并不同意一些学者将这种危害无限夸大，进而否定 18 世纪中国观念文化重要历史价值的倾向。例如，有人认为在文字狱频兴的条件下，“广大士人为求避祸，除了盲目颂扬天子圣明之外，就是钻在少得可怜的几部经史书籍中讨生活，搞考证，文化生活极为贫乏，思想也十分闭塞，大大落后于当时的世界潮流”。[1] 也有人提出：18 世纪“从中国来说，其间虽然出现过所谓乾嘉盛世，但是，它不过是一个自我封闭的木乃伊。因为自雍正以来，对外闭关封锁，对内钦定封锁，两相配合，所谓乾嘉学术潮流，实际上是大兴文字狱，强化封建文化专制，恢复宋明理学权威，不允许民间有任何一点思想自由。这样一来，前一个世纪启蒙思想的火花，到这个时期几乎完全熄灭了。整个 18 世纪到 19 世纪中叶，中国就处在这种状态下。”[2] 还有人强调：“18 世纪的中国，正值落后的满族平定汉族的反抗，全面确立对中国统治的历史时期。这一时期，以满族为主的统治集团采取高压政策，阻止反满思想的产生和在社会上的流传，残酷地打击反满人士，中国封建传统的落后部分得到全面复活和复制，封建专制体制被高度强化，学术思想出现了万马齐喑、极端沉闷的局面。”断言：18 世纪的中国，“是辉煌历史的一个回光返照，是一个伟大文明的无可挽回的衰落”[3]。这些观点有一个共同的特点，那就是高度重视 18 世纪中国社会观念的落后与沉闷，同时，将这种落后与沉闷完全归结为清朝的文化政策。

正如读者在本书第五章将会看到的，笔者对 18 世纪中国社会状况的估计和这类观点基本上完全对立。我认为，在任何时候，

1　赵秉忠、白新良：《清史新论》，第 113 页，辽宁教育出版社，1992 年。

2　黄见德等：《西方哲学东渐史》上册，第 110 页，人民出版社，2006 年。

3　郝侠君等主编：《中西 500 年比较》，第 186～187 页，中国工人出版社，1989 年。

研究者都不能因为思想控制的严酷就断言人们没有思想或缺乏思想。事实上，观念的一元比利益的一元更难实现。文化专制主义所能禁锢的只是思想表达的自由，而不是思想的自由。在中国历史上，统治者所期待的理想化的专制局面（特别是文化专制局面）从来没有真正实现，也不可能真正实现，所谓“一德一心”、“一道同风”不过是少数人一厢情愿的梦呓。反观历史可以发现，人类最伟大的思想家往往产生于艰难困厄之中，而学术发展，特别是明清学术演变有其自身规律可以探寻，以考据、训诂著称的汉学绝非考据、训诂所能局限，它的兴起和繁荣也绝非简单的文化专制所能造成。本书后面几章将全面分析 18 世纪的观念与学术，这里着重讨论清朝文化政策的真正含义，以及政府和士人的关系问题。

严格说来，用文化专制主义概括清朝文化政策并不准确，专制确实是清朝文化政策最突出的特点，也体现了清朝文化政策的本质，但并不能反映这一政策的全部内容，甚至是主要的内容。比较稳妥的说法应当是文治。文治是中国政治的常用术语，指的是政府对社会精神生活的建设与引导，具体说来就是文化教育之发展与典章制度的整理。政府对儒家学说的继承和发扬程度，普通臣民对儒家纲常伦理的接受与遵循程度，是传统士大夫衡量一个时代文治状况的重要标准。尽管清廷对士人素来深怀疑忌之心[1]，但以儒家思想治理国家，任用士人行使统治则是其既定目标，即所谓“振兴文治”，“文武并用，以武功戡祸乱，以文教佐太平”[2]。而文治之内容，就是以思想控制为核心的文化建设。对此，我们只要对

1　究其原因主要有二：一是汉族士人队伍中不少人深受“华夷之辨”的影响，反清潜流长期存在，使清廷不得不小心提防。对此，笔者在本书第四章将作专门分析；二是清廷认为士人较普通庶民百姓更难驾驭。雍正帝尝云：科甲士人营私舞弊，“转不如非科甲之人矣。非科甲者作弊，易于败露。科甲之人作弊，巧诈隐秘，互相袒护，往往不即败露，其害转大。”（《雍正起居注》雍正五年二月初三日。）

2　参见《清太宗实录》卷五，天聪三年八月乙亥，中华书局，1985 年。

统治时间占据18世纪三分之二，以“文治之极隆”著称的乾隆朝有关政治举措作一简单考察即可看出。

乾隆统治之六十余年，可以说是清朝文治建设全面发展，并臻于极盛的时期。乾隆二十四年（1759年）统一新疆以后，加强文治建设，就成为乾隆帝“持盈保泰”之主要内容。这是因为随着国家统一的最终完成，“全盛”局面的完全形成，清廷急需通过总结历史经验教训，强化对社会精神生活的控制，以达到实现“久安长治”的目的。正如乾隆帝所说:“钦崇至道，敷政教以淑群黎；法祖隆师，罔敢或斁俾薄海内外无一夫不与被圣人之泽，斯朕志也。”[1] 其内容，主要包括以下几个方面：

一是编纂整理典籍文献，重视人才培养。清朝文治以其在编纂、整理典章文献方面的辉煌成就著称于世，而乾隆朝是其集大成者。其编纂整理之内容，主要有三大类：一是对历史文献、典章制度的汇集、编订，其主要目的是为了点缀盛世，同时也借机删除对清朝统治不利的文字记载，代表性成果有《续通典》、《续通志》、《续文献通考》等，尤其是《四库全书》的编纂，标志着乾隆时期文治建设具有系统整理数千年传统文化的显著趋势。二是对历史、制度的编纂和考订。如《大清一统志》、《满洲源流考》、《大清会典》、《历代职官表》等，都是在这个时期完成的。编纂整理当代历史及典章文献，既是为了证明自己统治的合法性，也是为了使后代统治者有章可循，有法可依。乾隆皇帝主张治理国家要“护守成宪”，强调“为国而不知护守成宪，其势必致偾败”[2]。编纂、考订朝章国故，其主要目的就是为这一政策服务。三是对当时重大历史事件的记述，如《平定准噶尔方略》、《钦定剿捕临清逆匪纪略》、《钦定平定台湾纪略》等。编纂这类图书的

1 《文庙碑文》，《清高宗御制文初集》卷一六，《四库全书》本。

2　傅恒等编：《御批历代通鉴辑览》卷九二，上海古籍出版社，1990年。

目的，一方面是为了显示统治者的雄才大略，宣扬清朝军队的战无不胜，另一方面也是为了总结经验教训，使后世子孙有效法的榜样，乾隆帝云："朕希行事为天下后世法"即是此意[1]。

清朝历代帝王都说：治国要务莫过于得人，欲兴文治，更是如此。18 世纪，清廷为加强文治，屡开恩科，选拔人才。乾隆帝巡幸东南时，广颁典籍，嘉惠士林。是时人才之盛远逾前代，就是教育比较落后的北方地区，也获得明显进步。像天津，"文物衣冠之盛，甲于畿辅。人文日富，弦诵日繁，缙绅之族固多潜心向学"[2]。与此同时，清廷也大量吸收士人进入统治阶层。龚炜感叹说："国家体士至矣，今奉恩旨，又疏通举人，一时简用者至二千人，自古无此旷典，士之报礼宜何如也？"[3]

二是"扶植纲常，折衷公当"。如果说整理典籍，培养人才是有形的或表层的文治建设，那么，文治最根本的内涵则是深层的，也是无形的，那就是转移人心，从价值观念的角度，促使大小臣民以儒家纲常伦理规范自己的行为，心安理得地做朝廷的"忠臣"与"顺民"，这才是确保大清帝国"亿载基业"的"根本之图"。乾隆朝著名理学官僚陈宏谋曾说："为政以教化为先，导民以伦理为重。教之不预，而徒恃刑法为禁止，恐革面未必革心。而有以教之，则迁善远罪者，正不知凡几也。"[4]而要实现这一目标，就需要制造系统而完整的理论依据。清朝康雍乾三帝均高度重视理论建设。康熙帝主要是利用理学，阐扬君臣之义，通过兴修学校，发展教育，推行教化，实现对社会的精神控制，即"治天下者，莫亟于正人心，厚风俗，其道在尚教化以先之。学校者教化所从

1 《乾隆朝上谕档》四十一年四月初十日，档案出版社，1991 年。

2 陈宏谋：《饬议书院檄》，《培远堂偶存稿》文檄卷九，《陈榕门先生遗书》，广西省乡贤遗著编印委员会，1943 年。

3 龚炜：《简用举人》，《巢林笔谈续编》卷下，中华书局，1981 年。

4 陈宏谋：《分发三种遗规学约檄》，《培远堂偶存稿》文檄卷一五，《陈榕门先生遗书》，广西省乡贤遗著编印委员会，1943 年。

出，将以纳民于轨物者”[1]。雍正帝对士人一方面通过增加科目科次，扩大录取范围等办法，加强对知识界的笼络，另一方面提出著名的“公诚论”，作为强化对官僚士人思想控制的理论工具。“公诚论”的所谓“诚”，就是要求臣民在思想上与皇帝保持绝对一致，“公”则是“诚”在具体政务中的实际体现，他说：“凡为臣子者，惟勉一诚公……与君上一德同心为要”，所谓“一德同心”，就是“是是非非惟朕是从”，安于臣子的地位，老老实实做皇帝的奴才，从而达到有利于君主独裁的政治目的[2]。乾隆时期的理论建设主要是通过重新评价历史，宣传儒家纲常伦理。最为典型的是清廷对明清之际历史人物评价标准的变化。入关之初，清朝统治者出于巩固政权的现实需要，以“顺逆”评论是非，将忠于明朝的抗清死难之士，通通视为“梗化”，认为罪在必诛。降至乾隆中叶，清朝臧否人物的标准发生了截然变化。乾隆帝为扶植纲常，从儒家忠义立场出发，指出其时“诸臣各为其主，义烈可嘉”。乾隆四十年（1775年）十一月，在议论明清战事时，他特别指出：史可法、刘宗周、黄道周等人，“遭际时艰，临危授命，均足称一代完人，为褒扬所当及。其他或死守城池，或身陨行阵，与夫俘擒骈戮，视死如归者，尔时王师徂征，自不得不申法令，以明顺逆。而事后平情而论，若而人者，皆无愧于疾风劲草，即自尽以全名节，其心亦并可矜怜”。表示自己“惟以大公至正为衡，凡明季尽节诸臣，既能为国抒忠，优奖实同一视”。令廷臣考其事迹，予以谥号，“其或诸生韦布及不知姓名之流，并能慷慨轻生者，议谥固难于概及，亦当令俎豆其乡，以昭轸慰”[3]。对誓

1 《论·学校》，《清圣祖御制文集》一集卷一七。

2 参阅《雍正朝汉文朱批奏折汇编》第16册，第883页，江苏古籍出版社，1989～1990年；中国第一历史档案馆：《雍正起居注》雍正二年十一月十五日，中华书局，1993年。

3 《清高宗实录》卷九九六，乾隆四十年十一月癸未，中华书局，1985年。

死抗清的史可法，乾隆帝尤为推崇，称其为“忠臣”。四十二年（1777年），侍郎彭元瑞以所得史可法画像及札稿进呈，乾隆帝亲自制诗一章，题于卷端，命廷臣和韵，并命大学士于敏中书《御制书事》一章以及史可法《复摄政王书》于卷，另为装潢箧贮，交地方官藏于扬州梅花岭史可法祠中，并令将卷内所有诗文画像札稿勒于祠壁以垂久远，以示褒扬。并谕曰：“至此卷，如有愿求展阅者，亦听其便。但当加意护守，勿使稍致污损。”[1] 四十八年（1783年），又以袁崇焕“忠于所事”，令广东巡抚尚安查明其子孙状况，如文理通顺即用为训导，俟六年俸满，即保举送部引见。如粗晓字义，即以左杂官补用。如未读书，以务农为业，即赏给八品顶戴，以荣其身。结果因袁崇焕子孙仅粗晓字义，遂以佐杂之员使用[2]。

在追谥明末死难诸臣后不久，乾隆帝又下令表彰在靖难之役中不屈而死者。他说：“当时永乐一藩臣耳，乃犯顺称兵，阴谋篡夺，诸臣以大义自矢，固当不共戴天。虽齐泰、黄子澄轻率寡谋，方孝孺识见迂阔，未足以辅助少主，然迹其尊主锄强之心，实堪共谅。迨大事已去，犹且募旅图存，抗词抵斥，虽殒身湛族，百折不回，洵为无惭名教者。”令：“再集廷议，并予易名，以发幽光而昭公道。”[3]

为了进一步强化臣僚、士民的忠君意识，乾隆帝在褒扬忠义的同时，又提出要惩斥奸邪，“一褒一贬，衮钺昭然，使天下万世共知予准情理而公好恶，以是植纲常，即以是彰瘅”[4]。因而在对忠义之士予以旌扬的同时，他又利用各种机会对历史上臣僚之不法行为予以斥惩。五十七年（1792年）令：编纂《国史列传》，

1 《宫中档乾隆朝奏折》第39辑，第301页，台北故宫博物院，1986年。
2 《宫中档乾隆朝奏折》第57辑，第179～180页，台北故宫博物院，1986年。
3 《清高宗实录》卷一〇〇〇，乾隆四十一年正月己卯，中华书局，1985年。
4 《清高宗实录》卷九九六，乾隆四十年十一月癸未，中华书局，1985年。

对“若初终易辙，营私获罪之人，传末止当书故，不得概书为卒”。规定只有予谥，入祀贤良祠及品行克保厥终者，方得书卒[1]。

清初统治者为笼络人心，壮大统治队伍，对入关前后降清的明臣均予优待。像洪承畴参与机密，官至大学士，卒谥文襄。即使声名狼藉的冯铨，降清后，也备受优遇，清廷对其“优予冠服、鞍马、银币，令以大学士原衔入内院佐理机务”，康熙十一年（1672年）冯铨卒，尚赐祭葬，谥文敏[2]。降至乾隆时，反观历史，为激励臣节，清廷对兼事明清两朝者多予讥贬。乾隆帝称：“若而人者，皆以胜国臣僚，乃遭际时艰，不能为其主临危授命，辄复畏死幸生，腼颜降附，岂得复谓之完人？”因命编《贰臣传》以示区别[3]。乾隆五十四年（1789年）六月，又降旨令调整《贰臣传》体例，“以励名节而示来兹”。他说：

> （《贰臣传》）于忠厚之中，仍寓激扬之道，所以垂教于万世者甚大。此内即有归顺之后，又去而从唐桂福潞各王者，虽其人反侧无定，然唐桂各王究为明之宗支，尚可托辞于系怀故主，即列入乙编不至有乖史例。若薛所蕴、张忻、严自明诸人，或先经从贼复降本朝，或已经归顺，又叛从吴耿尚三逆，进退无据，惟知嗜利偷生，罔顾大义，不足齿于人类。此外如冯铨、龚鼎孳、金之俊等，其行迹亦与薛所蕴等相仿，皆腼颜无耻，为清论所不容。而钱谦益之流，既经臣事本朝，复敢肆行诽谤，其居心行事，尤不可问，非李永芳、洪承畴诸人归顺后曾著有劳绩者可比。若为之立传，其何以励臣节而示来兹？……所有《贰臣传》乙编内，如冯铨、龚鼎孳、薛所蕴、钱谦益等者，著该馆总裁详细查明，概行奏闻撤去，不必立传。若

1 《清高宗实录》卷一四一六，乾隆五十七年十一月甲辰，中华书局，1985年。

2 参阅《冯铨》，《清史列传》卷七九，明文书局，1986年。

3 《清高宗实录》卷一〇二二，乾隆四十一年十二月庚子，中华书局，1985年。

以伊等行为丑秽，一经删削，其姓名转不传于后，得幸免将来之訾议，不妨仅为立表，排列姓名，摘叙事迹，并将此旨冠于表首，俾天下万世共知似此行同狗彘之徒，既不得炳丹青之列，仍不能逃斧钺之诛，于彰瘅更为有益。该总裁等其悉心较核，以副朕扶植纲常，折衷公当至意。钦此。[1]

为惩戒将来，乾隆帝要求史臣对顺康雍时期臣僚之不法行为在《国史列传》中如实登载，不必隐讳。三十七年（1772年），令将郭琇参劾明珠“植党营私，市恩通赂”各款之参本在《明珠传》中全部抄录[2]。四十年（1775年）三月，他见国史馆进呈《王鸿绪列传》，于左都御史郭琇劾王鸿绪和高士奇招纳贿赂等案仅叙大略，郭琇原疏也未载入，甚为不满，降旨斥责。指示国史馆，“是郭琇原疏，于诸人被劾款迹，皆当据事直书，不必稍为删减，即使天下后世晓然于王鸿绪辈之罪状如此，郭琇之鲠直如此，其后之自取罪戾如此，并敬悉我皇祖之仁智并用、措置得中又如此。既可令海内传为美谈，且足令朝臣共知鉴戒，其于世道人心甚为有益，何必曲存隐讳乎？”令“其余有类此者，并著一体详载，以示大公而昭传信焉。”[3]

应该说，乾隆朝文治政策之上述两个方面，在当时受到了士林队伍的欢迎，至少获得了大多数士人的认可。特别是乾隆帝褒扬明朝抗清义士的政策，在客观上既是对汉族知识界一直存在着的民族情感的抚慰，也借机显示了清廷“大公至正”的道德胸怀。当时，不少士人对这一政策十分推崇。龚炜说：“圣人至公无我之思，教孝教忠，万世瞻仰。”[4]乾隆五十五年（1790年），乾隆帝八

1 《乾隆朝上谕档》乾隆五十四年六月初六日，档案出版社，1991年。
2 《明珠》，《清史列传》卷八，明文书局，1986年。
3 《王鸿绪》，《清史列传》卷一〇，明文书局，1986年。
4 《上谕褒前朝忠义》，《巢林笔谈续编》卷下，中华书局，1981年。

旬万寿，纪昀曾作《祝釐茂典记》一文，以华丽的辞藻赞颂乾隆帝的文治“伟业”。辞云：

> 至于伏生耆耇，白首研经；曹邺栖迟，青衫随计。来扶鸠杖，皆邀免解之恩；得到龙门，总入奏名之例。人登云路，争看老鹤之冲天；官带冰衔，亦似新莺之出谷。盖年老诸生，以乡试赐第、会试赐职者，三载之中，殆数百焉。是皆我皇上金华岁讲，念典维勤；壁水亲临，栽培有素。奎章宝字，括典谟雅颂之精；璧府芸签，搜甲乙丙丁之秘。箕畴演范，建皇极以敷言；羲画传心，观人文以成化。元元本本，惟圣教之开先；炳炳麟麟，遂儒风之弥盛。加以澄清士习，涤宋儒朋党之风；慎重科名，遏唐士夤缘之窦。敦崇道义，俗尽还淳；砥砺廉隅，人思自立。是以滋兰种蕙，才弥取而弥多；映雪囊萤，年益高而益壮。幸登寿宇，得荷荣光。岂非久道之成，俾协汇征之吉与？[1]

纪昀的话当然充满溢美之词，但作为当时士林领袖人物，他对乾隆文治的赞美至少说明士林主流对乾隆帝编纂典籍，培养人才，宣传纲常的文治政策并不反感。嘉道时期，陶澍也对清朝文治政策作出高度评价。他说：

> 我朝圣圣相承，精一之传，直接尧舜。一切典章文物，斟酌于唐虞三代，而用其中。盖宋儒所讲求者，至是乃咸见诸施行矣。是以政教之隆，古莫与京；而养士之具，尤为善美。凡天下学宫，皆有列圣御制及钦颁诸书，例得建阁储之，以彰尊经之化，而使夫草野青衿之士，咸得仰窥圣学之高深

1　纪昀：《祝釐茂典记》，《纪晓岚文集》第 1 册，第 140 页，河北教育出版社，1995 年。

优柔焉，以会乎古之所谓“经纶而为天下国家”者。经学之昌，可谓极盛也已。[1]

当然，和纪昀一样，陶澍所说，也颇多溢美之处。但这样一个事实恐怕是否定不了的，那就是清朝确实形成了一套重视知识，重视教育，重视文化建设的政策，而这套政策对缓和知识界和清廷的关系，促进学术繁荣，巩固清朝统治的文化基础，具有十分重要的意义。

真正使 18 世纪不少知识分子感到恐怖，并受到当前学术界广泛诟病的是乾隆帝文治政策的第三个内容，那就是“杜遏邪言，以正人心”，也就是文化高压政策。我们知道，文治的目的是从价值观念、意识形态的角度，统一人心，强化控制。编纂典籍，阐扬忠孝，是从正面的角度推行这一方针，而批驳“异端”，惩斥“凶顽”，则是从反面的角度，以镇压的方式实现这一目的。

中国古代历来重视通过法律形式实现对臣民的思想控制。韩非云:“明主之国，无书简之文，以法为教；无先王之语，以吏为师；无私剑之捍，以斩首为勇。是境内之民，其言谈者必轨于法。”[2]强调为政者，应通过法律手段使臣民“有口不以私言，有目不以私视，而上尽制之”[3]。即使以提倡仁政著称的儒家，也何尝不以“禁心”、“禁言”为务，故孔子云:“天下有道，则庶人不议”[4]，一旦摄相鲁国，即有少正卯之伏诛[5]。降至汉代，董仲舒更从《春秋》大一统之义出发，建议“诸不在六艺之科，孔子之术者，皆绝其道，勿使并进。邪辟之说灭息，然后统纪可一，而

1 陶澍：《文集·沅江县尊经阁记》，《陶澍全集》第 6 册，第 29 页，岳麓书社，2010 年。

2 《韩非子·五蠹》，《韩非子集解》，《诸子集成》第 5 册，中华书局，1954 年。

3 《韩非子·有度》，中华书局，1954 年。

4 《论语·季氏》，《四书五经》本，岳麓书社，1991 年。

5 《孔子世家》，《史记》卷四七，中华书局，1959 年。

法度可明，民知所从矣”[1]。

清朝统治者素有防范文人学士之传统。康熙帝虽然为政尚宽，但仍有戴名世之狱。降至雍正时，对思想界的控制更趋严厉。当时汉族士大夫中，稍有骨鲠之气者如谢济世等人，往往被发配塞外军前，“一则令其观满洲尊君亲上之心如此其谨凛，一则令其观我朝兵营之制如此其整严，一则令其观各蒙古部落熙皞淳朴之风如此其诚实，庶几伊等化去私邪，勉于自新之路”[2]。其时因倡扬“异端”之说而被诛者有之，如陆生楠著《通鉴论》，推崇封建，反对君主独裁，结果被斩军前，“以为人臣怀怨诬讪者之戒”[3]。至钱名世因谀颂年羹尧，雍正帝将其革职，并御书“名教罪人”四字，“令该地方官制造匾额，张挂钱名世所居之宅。且钱名世系读书之人，不知大义，廉耻荡然，凡文学正士必深恶痛绝，共为切齿。可令在京现任官员由进士举人出身者，仿诗人刺恶之意，各为诗文纪其劣绩，以儆顽邪，并使天下读书人知所激劝”。其诛心之罚可谓严酷[4]。

继雍正帝之后的乾隆皇帝对意识形态问题一直高度重视。早在为皇子时就认为治天下之道，“当以正风俗，得民心，敦士行，复古礼为先，故其末也，人思之而不忘，后世子孙赖之以安”[5]。即位以后，每每以人心不古，风俗不淳为念。在其统治中后期全面展开的整饬运动，主要包括两个方面的内容：一是查毁禁书；二是大兴文字狱。

查毁禁书与编纂《四库全书》紧密相关。三十七年（1772

1 《董仲舒》，《前汉书》卷五六，光绪同文局本。

2 中国第一历史档案馆：《雍正起居注》雍正七年六月二十六日，中华书局，1993年。

3 中国第一历史档案馆：《雍正起居注》雍正七年六月二十六日，中华书局，1993年。

4 中国第一历史档案馆：《雍正起居注》雍正四年三月三十日，中华书局，1993年。

5 《论·唐总论》，《乐善堂全集》卷五，《四库全书》本。

年）正月，乾隆帝下征书之诏，令各省督抚、学政广为采集古今图书，“汇送京师，以彰稽古右文之盛”[1]。三十八年（1773 年）开《四库全书》馆，乾隆帝对征书工作大为加紧，时以半年为限，令各督抚实力购访遗书：“(《四库全书》）俾古今图籍，荟萃无遗，永昭艺林盛轨。乃各省奏到书单寥寥无几，且不过近人解经、论学、诗文私集数种，聊以塞白。其实系唐宋以来名家著作，或旧版仅存，或副稿略具，卓然可传者，竟不概见。当此文治光昭之日，名山藏弆，何可使之隐而弗彰！此必督抚等视为具文，地方官亦第奉行故事，所谓上以实求，而下以名应，殊未体朕殷殷咨访之意。”令传谕各督抚等，“予以半年之限，即遵朕旨，实力速为妥办。俟得有若干部，即陆续奏报，不必先行检阅。若再似从前之因循搪塞，惟该督抚是问”。[2]是诏一降，各省督抚纷纷行动起来。到三十九年八月，为编《四库全书》所征集的书籍已经大量汇集京师，而其中却不见乾隆帝极为关注的“违碍”之书，于是降旨下令各督抚实力查办。辞云：

> 前曾谕令各督抚采访遗书，汇登册府，下诏数月，应者寥寥。彼时恐有司等因遗编中或有违背忌讳字面，惧涉干碍，而藏书家因而窥其意指，一切秘而不宣。因复明切宣谕，即或字义触碍，乃前人偏见，与近时无涉，不必过于畏首畏尾，朕断不肯因访求遗籍，于书中寻摘瑕疵，罪及收藏之人。若仍前疑畏，不肯尽出所藏，将来或别露违碍之书，则是有意收存，其取戾转大……该督抚等接奉前旨，自应将可备采择之书，开单送馆。其或字义触碍者，亦当分别查出奏明，或

1　中国第一历史档案馆编：《谕内阁著直省督抚学政购访遗书》，《纂修四库全书档案》上册，第 1 页，上海古籍出版社，1997 年。

2 《谕内阁传令各督抚予限半年迅速购访遗书》，《纂修四库全书档案》上册，第 67～69 页，上海古籍出版社，1997 年。

封固进呈，请旨销毁，或在外焚弃，将书名奏明，方为实力办理。乃各省进到书籍，不下万余种，并不见奏及稍有忌讳之书。岂有裒集如许遗书，竟无一违碍字迹之理？况明季末造野史者甚多，其间毁誉任意，传闻异词，必有诋触本朝之语，正当及此一番查办，尽行销毁，杜遏邪言，以正人心而厚风俗，断不宜置之不办。此等笔墨妄议之事，大率江浙两省居多，其江西、闽粤、湖广，亦或不免，岂可不细加查核？……至各省已经进到之书，现交四库全书处检查，如有关碍者，即行撤出销毁。其各省缴到之书，督抚等或见其书有忌讳，撤留不解，亦未可知。或有竟未交一关碍之书，则恐其仍系匿而不献。著传谕该督抚等，于已缴藏书之家，再令诚妥之员，前去明白传谕，如有不应存留之书，即速交出，与收藏之人，并无干碍。朕凡事开诚布公，既经明白宣谕，岂肯复事吹求？若此次传谕之后，复有隐讳存留，则是有心藏匿伪妄之书，日后别经发觉，其罪转不能逭，承办之督抚等亦难辞咎。[1]

在乾隆帝这一威胁之下，大清帝国开始了一场前所未有的查毁禁书运动。由于查缴禁书关系到对清朝统治态度这一原则性问题，故当时督抚均十分卖力。像浙江巡抚三宝称：自己对查缴应毁书籍，“时刻留心，不遗余力，熟筹妥购之法，务使搜罗净尽，以绝根株”[2]。当时三宝在浙江发明了一种极为阴毒的搜书办法：将闲空教职人员派往原籍府县，到亲戚、朋友家里察访，代为搜查禁书，“将来即以缴书多寡，为补用名次先后”。乾隆帝对这一办法极为欣赏。他说：“教官籍系本省，其往来原籍既可不致滋扰，

1 《寄谕各督抚查办违碍书籍即行具奏》，《纂修四库全书档案》上册，第239～240页。

1 《宫中档乾隆朝奏折》第38辑，第77～78页，台北故宫博物院，1986年。

而于亲友家所藏书籍知之必详，审查亦易，其呈缴必多。今浙省既办有成效，各省均应照此办理。”江苏巡抚杨魁又对这一办法作了发展，他不但派闲散教职人员，而且也将闲散佐杂人员派往各处，“专意购求呈缴，即以各该员缴书多寡详记档案，定为委署补缺之先”。他报告说：“委员等靡不踊跃从事，各向书贾坊林及有书之家劝谕呈献，并发价分头购买，随时送局。”[1]

查缴禁书的成效在当时颇为显著。像乾隆四十二年（1777年）八月，浙江巡抚三宝奏：“浙省自钦奉谕旨查缴应毁各书以来，现已通共收获过书连重复共计四千一百三十四部。”[2]同月，两江总督高晋奏“沈德潜所选初刻《国朝诗别裁集》及各省解缴过违碍书二百二十三种，共三千七十七部，书板九百二十二块，现在分别装箱，委员由水路运京，解送军机处查办”[3]。乾隆四十三年（1778年）三月，陕甘总督勒尔谨奏称查出书籍“四十九部又零星三百九十本，均系各省奏明应禁之书”[4]。数年以后，各省仍陆续报告有新的应毁书籍发现。如乾隆四十八年（1783年），两江总督萨载奏：各属收缴违碍书18种，重复违碍书387部，书板447块[5]。乾隆四十九年（1784年），安徽巡抚富躬奏：本年各属又查出违碍新获书19种，共93本，从前通禁书共获180种，1180部，并书板4副364块[6]。陈乃乾《禁书总录》统计当时全毁书达2453种，抽毁书402种，销毁书板目50种，销毁石刻目24种。孙殿起则根据大量资料考订，认为“在于销毁之例者，将

1 《宫中档乾隆朝奏折》第40辑，第465～466页，台北故宫博物院，1986年。

2 《浙江巡抚三宝奏续交应毁书籍折》，《纂修四库全书档案》上册，第644页。

3 《两江总督高晋奏续缴违碍书籍板片折》，《纂修四库全书档案》上册，第686～687页。

4 《陕甘总督勒尔谨等奏查缴应禁违碍书籍情形折》，《纂修四库全书档案》上册，第795页。

5 《宫中档乾隆朝奏折》第58辑，第621页，台北故宫博物院，1986年。

6 《宫中档乾隆朝奏折》第59辑，第71页，台北故宫博物院，1986年。

近三千余种，六七万部以上，种数几与四库现收书相埒”[1]。黄爱平认为各省查缴禁书三千一百余种，部数多达 151725 部[2]。我并不认为这类数字十分可靠，但它们能大体反映乾隆朝禁毁图书的基本情况。

值得注意的是：禁毁图书在《四库全书》编纂以前即已显露端倪。三十三年（1768 年）二月，乾隆帝指责以骨鲠著称的已故名臣谢济世“性情乖戾”，所作书词颇多“谬妄”，下令将其“已刷之书及原刊板片尽行查出销毁，毋使稍有疏漏”[3]。次月，又指责已故著名理学家李绂诗文有“牢骚已甚之辞”，认为“此等纰谬语言，既已刊刻成书，倘仍听其谬种流传，其于世道人心贻误不浅。所有各项书本版片，该抚可逐一查明，即行销毁，毋令稍有留遗”[4]。谢济世、李绂遗著之遭遇，在某种程度上预示着清廷大规模禁毁书籍的到来。

在中国历史上，18 世纪以文字狱众多著称，而这主要集中在乾隆帝统治时期。乾隆朝文字狱，从初年到中期（乾隆五十年前）呈递增之势，并逐渐发展成为对知识界极为严峻的恐怖统治。当时地方督抚“遇有控首逆词之案，不论其事之轻重，纷纷提讯，株累多人，自以为办理认真，而不知其过当”[5]。如乾隆五十年（1785 年），两江总督萨载奏：江西庐陵县顺治时人刘遇奇作《慎余堂集》及《清风堂集》，中有“对明月而为良友，吸清风而为醉侯”之句，且有犯庙讳和乾隆帝御名之处，称自已已将刘之元孙拿获审讯。稍有历史常识者即可发现，这是一起典型的冤案。刘遇奇既系生活于一百多年前的顺治朝进士，安能预知乾隆帝之御

1　孙殿起：《清代禁毁书知见录·自序》，商务印书馆，1957 年。

2　黄爱平：《四库全书纂修研究》，第 78 页，中国人民大学出版社，1989 年。

3《清高宗实录》卷八〇五，乾隆三十三年二月戊寅，中华书局，1985 年。

4《清高宗实录》卷八〇六，乾隆三十三年三月壬辰，中华书局，1985 年。

5《清高宗实录》卷一〇六九，乾隆四十三年十月辛巳，中华书局，1985 年。

名而加避讳？明月清风也系诗人常用成语，安能以“逆词”视之而治以国法？即乾隆帝也认为萨载处理过当，认为如此办理，“则将来挟嫌告讦之徒势必吹毛求疵，谬加指责，使人何所措手脚耶？”[1] 其实，早在乾隆帝颁降此旨以前，挟嫌告讦在清代社会已经层出不穷，一些文人学士因之横遭不测之祸。如：乾隆二十六年（1761 年），原任刑部主事余腾蛟因仇家诬告几被斩首。四十三年（1778 年），江苏赣榆人韦玉振、宝山人范山鹄因被诬告用字悖逆，收藏违碍禁书而被捉拿审究。时“怨家欲图倾陷者，片纸一投，而被控之身家已破”[2]。以致乾隆帝也认为这种情形不成政体，感叹长此以往，“告讦之风，伊于何底乎”[3]？

严酷的思想控制对当时的学术发展显然十分不利。一些文人学者，其举手动脚之间，唯恐触犯时忌，有碍太平。就连因直言去官的杭世骏，事后也变得小心谨慎起来，“归而杜门奉母，暇则偕里中耆旧襟契，及方外之侣，结南屏诗社，歌咏太平”[4]。在其论文著述中不时表示：“食毛践土，荷国家休养生息之恩，委贽之外，不知其他，此天之经也。儒官居宾师之位，讲道论德，靖恭自献，倡率生徒，勉之忠悫，又圣贤之家法也。”[5] 他尝致书规劝学者王瞿说：

> 说者又言足下盖为孙樵、杜牧之文者。牧之《罪言》、《原十六卫》诸篇尤伤时事，论切边备，蕲为有用之言。樵作《西斋录》，以王氏配天皇，条天后系中宗……足下重然诺，敦门内之行，敢言胆决，不肯婞阿时习，使其守一官，效一

1 《乾隆起居注》乾隆五十年七月二十三日。

2 《清高宗实录》卷一〇六九，乾隆四十三年十月辛巳，中华书局，1985 年。

3 《清高宗实录》卷一〇六九，乾隆四十三年十月辛巳，中华书局，1985 年。

4 杭世骏：《诸史然疑》附录，乾隆四十一年《汪沆序》，北京文化学社，1928 年。

5 杭世骏：《重刊戴九灵先生集序》，《道古堂文集》卷九，光绪十三年汪曾唯刻本，上海古籍出版社，2009 年。

职，居得为之地，其肯塞默已乎？抑唐之时女主黩政，方镇盗兵，故樵牧得以肆言。方今海内乂安，圣主治迈尧舜，使樵、牧幸生于今之世，“西斋之录”，《罪言》、《原十六卫》之文，其有作乎？其无作乎？凡仆之论若此，非有私于足下，其知之深，念之至，故不惜招世尤怨，倾肝膈而陈之。抑于足下有所规者，文必和平谦慎而后可以持世，其外多诩辞者，中必有不足者也；其外多诋辞者，中必有不平者也。心不澄则语不密，语不密必伤理而违道，苟有类乎是，皆智者所不与。[1]

从这一篇老气横秋的规劝文章中，已很难看到他当年指斥时弊的风采。而杭世骏的好友，当年曾劝杭世骏“君由鸿博，地处清华，当如欧阳永叔在翰苑时，一洗文章浮靡积习，慎勿因循苟且，随身附和，以投时好”的郑板桥，在涉及其舍弟的前途问题上，也一改狂放习气，变得老成起来，告诫说：

吾弟为文，须想春江之妙境，挹先辈之美词，令人悦心娱目，自尔利科名，厚福泽。或曰：“吾子论文，常曰生辣、曰古奥、曰离奇、曰淡远，何忽作此秀媚语？”余曰：“论文，公道也，训子弟，私情也。岂有子弟而不愿其富贵寿考者乎！”故韩非、商鞅、晁错之文，非不刻削，吾不愿子弟学之也；褚河南、欧阳率更之书，非不孤峭，吾不愿子孙学之也；郊寒岛瘦、长吉鬼语，诗非不妙，吾不愿子孙学之也。私也，非公也。[2]

1　杭世骏：《与王瞿书》，《道古堂文集》卷二一，上海古籍出版社，2009 年。
2　参见《家书·仪真县江村茶社寄舍弟》，《郑板桥集》，上海古籍出版社，1979 年。

至于身居官场的士大夫，面对频繁的文字狱，其恐惧之情更可想而知。像张廷玉在雍正和乾隆初年，虽备受信重，但谨小慎微，“从来未留片稿于私室”[1]。乾隆时梁诗正所谓“笔墨招非，人心难测，凡在仕途者，遇有一切字迹，必须时刻留心，免贻后患”，又称“从不以字迹与人交往，即偶有无用稿纸，亦必焚毁”，即生动反映了当时在朝官僚的畏忌之情[2]。应该说，18 世纪中国知识界政治理论、政治观念的相对贫乏，与清廷这种严密控制，存在着重要的因果关系。

然而，在承认清廷文化高压统治妨碍学术发展的同时，我们也不能片面夸大其危害程度。史学研究的起码要求是：在任何时候都要尊重事实，据事直书，而不是根据研究者的个人好恶，对历史进行随意发挥，甚至脱离实际，妄加评说。在我们考察 18 世纪清朝文化高压政策时，下面几个因素需要充分重视。

第一，清廷严厉的思想控制并非一两个专制皇帝所独创，而与当时朝野官僚士大夫中之正统人物的引导、推动和迎合存在着极为密切的关系。我们知道：以主敬为尚的清初理学本来就是具有强烈排他色彩的思想流派，其鼓吹者不但将释老等学说视为异端，而且在理学内部也大搞门户之别，对持论不同者，攻击不遗余力。像熊赐履作《学统》一书，正统惟尊孔子、颜子、曾子、子思、孟子以及周程朱熹数人，而将荀子、陆象山、陈白沙、王阳明等人一概视为“杂统”，大加贬斥[3]，将这种学术观念运用于政治统治，必然导致文化专制，而不可能是思想自由。康

1 张廷玉：《澄怀主人自订年谱》卷三，雍正十一年条，中华书局，1992 年。

2 《胡中藻坚磨生诗抄案·富勒浑奏梁诗正谨慎畏惧折》，《清代三朝史案》上册，江苏广陵古籍刻印社，1993 年。

3 熊赐履：《道统目》，《学统》，商务印书馆，1956 年。《学统》卷九，《正统·朱晦庵先生》称：“（王阳明）邪焰之炽，烈于猛火，蔓延流毒，猝难灭熄。百余年来，瞿昙陋习，中人心髓。东鲁之书，悉化而为天竺之典。名为孔氏六经，实则禅家六籍矣。苟非有真知定见，鲜有不惑于其说者。”其言即暴露出强烈的理学门户偏见。

熙五十年（1711年），轰动一时的《南山集》案，即由知名学者、左都御史赵申乔发起，疏参戴名世“妄窃文名，恃才放荡。前为诸生时私刻文集，肆口游谈，倒置是非，语多狂悖。今身膺恩遇，叨列巍科，犹不追悔前非，焚削刻板。似此狂诞之徒，岂容滥厕清华！”[1]雍正七年（1729年），礼部侍郎钱以垲竟然上疏，力请严格文字之禁。建议：“除经书、理学注疏及有关政治经济诸书外，其余私著家刻，或涉讽议时事者，已刻成板，即行劈毁，未刻藏稿即行焚灭，其有限外不行毁灭，并藏匿刻本抄本者，察出从重治罪。”钱以垲这一建议可谓丧心病狂，若照此而行，清朝的恐怖统治将比后来乾隆帝的禁毁图书更加严酷，明清时期中国学术文化无疑将遭致空前浩劫。就连以严猛著称的雍正帝对其建议也很反感，他说：“（钱以垲）识见卑鄙，似此弭谤之举，朕不为也。国家如有可谤之处，即加以严禁，安能消灭天下后世之议论乎？如无可谤议而奸恶之徒如吕留良、严鸿逵、曾静辈捏造妖妄之言，诬谤诋毁，此匪类自取诛戮耳。天下后世自有公论，岂有尽昧天良而共被其蛊惑者乎？又何必禁也。朕大笑而览之。”[2]

乾隆帝在继位初年，一度曾放松文字之禁，然臣僚中敢于像曹一士那样公开对雍正朝文字狱提出质疑者甚少。相反，随着时间的推移，一些人又屡屡以“转移风俗”，杜遏邪言为务。如乾隆十九年（1754年）三月，福建道监察御史胡定条陈时事，强调“盗言宜申禁也”，指责坊刻《水浒传》为“教诱犯法之书”，“以凶猛为好汉，以悖逆为奇能”，建议“毁其书板，禁其扮演，庶乱言不接，而悍俗还淳”[3]（需要说明的是，清朝士大夫中，对《水

1　参见《清圣祖实录》卷二四八，康熙五十年十月十二日丁卯，中华书局，1985年；吴振域：《养吉斋余录》卷四，北京古籍出版社，1983年。

2　中国第一历史档案馆：《雍正起居注》雍正七年七月初九日，中华书局，1993年。

3《宫中档乾隆朝奏折》第7辑，第705～706页，台北故宫博物院，1986年。

浒》持相似观点者，不乏其人。如龚炜就指责说："施耐庵《水浒》一书，首列妖异，隐托讽讥，寄名义于狗盗之雄，凿私智于穿窬之手，启闾巷党援之习，开山林哨聚之端。害人心，坏风俗，莫甚于此"[1]）。乾隆二十四年（1759年），御史史茂清以花档小唱"色飞淫荡，关系风俗人心"，请予严禁[2]。其时地方官也不断揭发出"大逆不道"之言。如十八年（1753年），湖南藩司周人骥揭发刘震宇《治平新策》逆书；二十一年（1756年）两江总督尹继善、江苏巡抚庄有恭揭发朱思藻《吊时》谤文；二十六年（1761年）江苏学政谢溶生搜出李雍和逆词；二十八年（1763年）湖北巡抚宋邦绥以刘三元书写逆词相奏，如此等等，不胜枚举。主张通过焚书这一严酷方式禁绝异端者也大有人在。成书于乾隆中前期的《茶余客话》引满鹤邻的话说：经史不可焚，亦不能焚，"惟古今文集，酌存百之一；诗赋存千之一。凡经典、道录、语录、词曲、时文，尽数付之一炬。至于小说淫词，不足与于此数也"[3]。其专制倾向，较清帝真可谓有过之而无不及。而郑板桥给其弟的一封家书，表示自己对正统儒家以外的著作嗤之以鼻，"常恨不得始皇而烧之"，公然宣称孔子烧书，鼓吹"不烧之烧"，暴露出18世纪朝野内外一批士大夫狂热的文化专制心态。他说：

秦始皇烧书，孔子亦烧书。删书断自唐虞，则唐虞以前，孔子得而烧之矣。《诗》三千篇，存三百十一篇，则二千六百八十九篇，孔子亦得而烧之矣。孔子烧其可烧，故灰灭无所复存，而存者为《经》，身尊道隆，为天下后世法。始皇虎狼其心，蜂虿其性，烧经灭圣，欲剜天眼而浊人心，故

1 龚炜：《水浒》，《巢林笔谈》卷一，中华书局，1981年。

2 《乾隆起居注》乾隆二十四年十二月十六日。

3 阮葵生：《焚书》，《茶余客话》卷一六，中华书局，1959年。

身死宗亡国灭，而遗经复出。始皇之烧，正不如孔子之烧也。自汉以来，求书著书，汲汲每若不可及。魏晋而下，迄于唐宋，著书者数千百家。其间风云月露之辞，悖理伤道之作，不可胜数，常恨不得始皇而烧之……吾弟读书，四书之上有六经，六经之下有左、史、庄、骚、贾、董策略、诸葛表章，韩文杜诗而已，只此数书，终身读不尽，终身受用不尽。至如二十一史，书一代之事，必不可废。然魏收秽书，宋子京《新唐书》，简而枯；脱脱《宋书》，冗而杂。欲如韩文杜诗脍炙人口，岂可得哉！此所谓不烧之烧，未怕秦灰，终归孔炬耳。[1]

正是官僚士人这种独尊儒术，竭力排他的狭隘思想，以宗教热情维护儒家义理的狂热心态，对清朝文化高压统治起了推波助澜的作用。

需要特别指出的是，乾隆中后期文字狱的泛滥，与一些官僚士大夫曲意迎合，捕风捉影是分不开的。乾隆帝也察觉到了这一迹象，并多次进行干预。比较典型的如：乾隆四十七年（1782年），署湖南巡抚李世杰上奏指责《沧浪乡志》，“摘出各种字句，指为狂悖”，并称“将刊刻志书之高治清父子生监斥革，作序之教授翁垌解任质讯等语”。乾隆帝接奏后，专门颁布上谕，对李世杰这种极端做法提出批评。他说：

此事办理太过。外间刊刻书籍，如果有实在违悖不法语句，自应搜查严办。今阅李世杰所奏书内签出之处，如“幕天席地”，乃系刘伶《酒德颂》中成语，“玉盏长明”，系指佛灯而言，相沿引用，已非一日，何得目为狂妄？又

1　郑板桥：《家书·焦山别峰庵雨中无事书寄舍弟墨》，《郑板桥集》，上海古籍出版社，1979年。

志中所称曾王父字样，亦不过泥古之过，其名字内有称弘远、弘开者，尤为乡愚无知，不足深责。若俱以违悖绳之，则如从前之赵弘恩、陈弘谋等，又将何说？至书中如“德洋恩溥”、“运际升平”等语，乃系颂扬之词，该抚亦一例签出，是颂扬盛美亦干例禁，有是理乎？书内如此等类，不一而足。各省查办禁书，若俱如此吹毛求疵，谬加指摘，将使人何所措手足耶？此事总因李世杰文理不通，以致办理拘泥失当如此。朕于此等字句微疵，从不肯有意推求，所谓不为已甚之素志，实天下人所共闻共见者，李世杰何未见及此！所有此案《沧浪乡志》，竟无庸查办。其刻书作序并案内干连人等，俱著加恩宽免，概予省释，并将此通行传谕各省督抚知之。[1]

乾隆五十年（1785 年），乾隆帝再次明确表示：地方官对文字案件不可吹毛求疵，明确规定：“外间所著诗文，果有如钱谦益、吕留良等，其本人及子孙俱登膴仕，而狂吠不法者，自应搜查严办，若并非有心违悖，不过字句微疵，朕从不肯有意吹求。”指责地方督抚，“拘泥太过，任听劣员庸幕谬加签摘，以致办理失当，滋扰闾阎，殊失朕不为已甚之意，于吏治民生大有关系”[2]。在此之后，清朝文字狱急剧减少，在 18 世纪最后十余年间，清朝基本上没有文字狱发生。

我们今天在批判清廷文化专制政策，倡导学术自由，要求更加宽松的学术环境的时候，知识界有必要对自己的历史进行深刻的检讨，有必要问问自己是不是已经具备了一种宽容的精神，一种开阔的视野，一种民主的风范，一种批评别人，也容许别人批

1 《清高宗实录》卷一一五二，乾隆四十七年三月辛亥，中华书局，1985 年。

2 《清高宗实录》卷一二二五，乾隆五十年七月庚午，中华书局，1985 年。

评自己的学术气度。

良好的学术环境，从来都首先要由学者自己来创造。它首先体现为相互尊重、相互宽容的学术精神，体现为自己发言、也尊重别人发言的学术氛围，体现为和不同观点、流派间的平等切磋，取长补短。离开了学术界自身的努力，单纯依靠制度和政策，单纯依靠政府行为，中国学术注定不可能有光明的前途。不要忘记，我们的先人，为了维护自己信念的独尊，为了捍卫自己所谓经典和“义理”的权威，曾理直气壮地呼唤、推动，甚至实施过对异端的残酷镇压，其结果是异端未被消灭，也不可能被消灭，而他们自己，以及他们的子孙，却为之付出了沉重的、长久的代价。他们不明白，一种学说，在通过政治手段，限制对立学说生存空间的同时，也限制了自己存在和发展的余地。实现学术繁荣的最佳途径，永远是公平竞争。道理很简单，任何一种学说，任何一种思想，要想长期存在，必须有所发展，有所创新。儒家的卫道士们在试图通过文化专制政策，取缔异端的同时，也取缔了儒学繁荣所必需的创新和发展的余地。这就造成了这样一种耐人寻味的景象，在整个18世纪，异端思潮禁而不绝，源远流长，并通过各种隐讳的方式，以纯学术探讨的面目出现，在士林阶层广泛传播，不断扩大其影响。而在正统学术内部，限于主敬躬行之说，惧于种种清规戒律，始终出现不了像朱熹、王阳明那样的思想大家，始终无法有效地回击来自各个方面的批判和攻击。随之而来，长期稳居统治地位的理学衰落了，中国知识界在专制的阴霾中，迎来了学术多元，观念变迁的新时代。这是一个缺乏思想大师的时代，但同时也是一个观念纷繁，充满创新活力的时代。对中华民族来说，这是悲剧，还是喜剧？

第二，清朝文化高压政策是有针对性，有重点的，那就是其打击对象主要是危害或不利于清朝统治的思想和著述，对学术讨论，则基本上没有进行严重干涉。以文字罪人，在历代都不是一个光彩的事情，具有深厚文化素养的康雍乾三帝对此十分敏感，故清廷在处理文字狱时特别强调要“不为已甚”，不搞扩大化。以被学术界批评最多的禁毁图书为例，清廷查禁最为严厉的主要是以下几个方面的内容：一是明清之际对清朝及满族先世不利的各种历史记载，这是引发乾隆帝禁毁图书的重要原因，也是禁毁的主要对象。像明人颜季亨所著《九十九寿》，因其中“诋斥之处甚多”，“较寻常违禁书更为狂悖不法”，清廷遂令各督抚“一体严查，尽数解京销毁，毋得片纸只字存留”。并警告各督抚“不得视为具文”[1]；二是文人学者中对清朝统治不满或不利的各种文集著述，如钱谦益、吕留良、屈大均、尹嘉铨等人的著作等；三是有“违碍”内容或字句的奏疏、杂记等；四是有“违碍”内容的剧本、曲本以及方志资料（即其中言“明季国初之事有关涉本朝字句”）等[2]。此外，天文占验之书，有“违碍”内容的石刻碑铭等也是清廷查禁的重要对象[3]。然而，对当时知识界的学术争论（如汉宋之争），清廷基本上采取了不介入的立场。尽管学术研究中出现了一些不符合儒家正统思想的观点和论著，有的甚至具有明显的“异端”色彩，清廷也没有进行大的干预。例如：戴震是 18 世纪对程朱思想攻击最为猛烈的学者之一，“丑贬朱子，至斥以悖

1 《寄谕各省督抚严查〈九十九寿〉一书及板片解京销毁》，《纂修四库全书档案》上册，第 957 页，上海古籍出版社，1997 年。

2 参阅《寄谕各省督抚留心查办外间流传剧本》，《纂修四库全书档案》上册，第 1235 页。乾隆四十四年十一月令各省督抚：“将省志及府县志书悉心查核，其中如有应禁诗文而志内尚复采录并及其人事实书目者，均详悉查明，概从芟节，不得草率从事，致有疏漏。”（《寄谕各省督抚将志乘所载应禁诗文及著者事实书目概行删节》，《纂修四库全书档案》上册，第 1129 页）。

3 吴哲夫将清廷查毁禁书范围概括为：禁毁民族思想方面之文字，查禁关于诋毁清人之文字，禁毁涉及明清史事之文字以及其他方面（如首恶之作品及其相关文字，涉及清初三藩史事之文字，涉及兵书见毁之文字，涉及非圣无法之文字，涉及明末阉党之文字）等。参见吴哲夫：《四库馆禁毁图书之内容分析》，《四库全书纂修之研究》第 8 章，第 212 页，台北故宫博物院，1990 年。

谬，诋以妄作”[1]，其激进观念在学术界影响甚大，尤其是“徽歙之间，自命通经服古之流，不薄朱子，则不得为通人”，从而受到正统学者的激烈反对。在词馆，戴震学说颇受同僚诋斥。像钱载经常向戴震发难，二人辩论不休，彼此斥骂。戴震为《四库全书》纂修官，乾隆帝对其思想倾向不可能一无所知，但并未追究其“害义伤教”之罪，“四十年，特命与会试中式者同赴殿试，赐同进士出身，改翰林院庶吉士。震以文学受知，出入著作之庭，馆中有奇文疑义，辄就咨访”。及戴震去世，乾隆帝还“惋惜久之”[2]。又如曾被举荐为博学鸿词、领袖文坛数十年的袁枚，不但生活“放荡”，而且异端之论颇多，既反对理学，也贬斥汉学，被正统学者斥为“名教罪人”，“丧心病狂”，“人可戮而书可焚”，然在当时却生活得颇为顺畅，名倾一世。赵翼在诗中不无艳羡地说：“风流况复古江表，春昼花明秋月皎。精求肴馔课厨娘，健逞腰肢斗房老。江湖到处有逢迎，山水频年恣探讨。独怜我亦一书生，终日骐驎地上行。只觉斯人享奇福，神仙也妒太聪明。”[3]实事求是地说，18世纪真正由清朝皇帝发动，针对当时著名学者的文字狱是比较少见的，而且处理大多从宽从缓。比较典型的是乾隆初年对谢济世私刻著书的处理。

谢济世作为雍乾之际重要的理学家，对程朱学说持尖锐批判态度，尤其否定其性命之说（关于谢济世生平事迹，及其理学和政治思想，笔者将在后面有关章节中作专门分析）。然而，此人生性固执，而且颇为自负，竟然将自己所作书籍进呈皇帝，要求以

1　章学诚：《内篇三·朱陆》附录《书朱陆篇后》，《文史通义》卷三，上海书店，1988年。

2 《戴震》，《清史列传》卷六八，明文书局，1986年。

3　袁枚：《寄怀类·寄随园主人（赵翼）》，《续同人集》，江苏古籍出版社，1993年。袁枚家居时，唯一略涉风险的是曾以“荡佚”，几被学政刘墉治罪，但旋作罢。王昶《湖海诗传》卷七《袁枚》：“今石庵相公（刘墉）在江宁时，闻其荡佚，将访而按之。子才投以二诗，公阅毕即请相见，顿释前嫌。其诗得力如此。”

所注《大学》、《中庸》替代朱子章句。尽管其中颇有“异说”，廷臣也斥其“无知妄作”，但乾隆帝均予容忍。谢济世自述其进书经过说：

> （乾隆初年）论殿试之弊，并进《古本大学注》、《中庸大义疏》，政府鄂尔泰、朱轼二相公怒其无知妄作，请旨严饬，还其书。又二年与翰詹科道傃也进经史、进《易在》，奉温旨留览。又二年在湖南将出督运，以是书曾呈谕览，未经政府驳饬也，命付梓。儿子误听，并诸经之未改定者，梓其半。予归见而悔之，命停梓。未几，有密奏其离经畔道，惑世诬民者。予闻之悔且惧，尽毁其板。既而闻之上览奏曰："朕不以语言文字罪人也。"事竟寝。[1]

谢济世对其进书过程的叙述基本上是准确的，但他对乾隆帝对其刻书态度则偏而不全。根据有关记载，谢济世令其子刻书发生在乾隆六年（1741年），乾隆帝闻讯后有如下谕旨："谕军机大臣等：朕闻谢济世将伊所注经书刊刻传播，多系自逞臆见，肆诋程朱，甚属狂妄。从来读书学道之人，贵乎躬行实践，不在语言文字之间辨别异同。况古人著述既多，岂无一二可指摘之处？以后人而议论前人，无论所见未必即当，即云当矣，试问于己之身心有何益哉？况我圣祖将朱子升配十哲之列，最为尊崇，天下士子莫不奉为准绳，而谢济世辈倡为异说，互相标榜，恐无知之人为其所惑，殊非一道同风之义，且足为人心学术之害。朕从不以语言文字罪人，但此事甚有关系，亦不可置之不问也。尔等可寄信与湖广总督孙嘉淦，伊到任后将谢济世所注经书中有显与程朱违

1 谢济世：《纂言外篇》，《谢梅庄先生遗集》卷七，光绪三十四年全州赵炳麟刻本，上海古籍出版社，2009年。

悖抵牾，或标榜他人之处，令其查明具奏，即行销毁，毋得存留。”[1]

孙嘉淦接到乾隆帝命令，随即办理。其奏折称：接到寄信，“臣即密饬湖南布政使将谢济世所注书籍板片悉行查取，并将查取缘由缮折奏明，奉朱批：‘谢济世著书识见迂左则有之，至其居官，朕可保其无他也。’……臣查其所注经书，以《论语》、《孝经》、《大学》、《中庸》、《孟子》分列为五经，加以《易》、《书》、《诗》、《春秋》、《礼记》共为十经……（所注）皆系抄袭前人之成说，并无独出之意见。惟《论语》、《中庸》，则以朱注为有错误支离，而以己意笺释之，显与朱注抵牾。但其立说皆浅陋固滞，不足以惑世而盗名……（已）将查取到谢济世所注经书一百五十四本，刊板二百三十七块悉行焚毁，再饬湖南藩臬两司并严饬谢济世将已经刷印送人之书悉行查出，继续追取销毁，毋得存留传布……再谢济世为人朴直，颇知自爱，其居官操守甚好，奉旨亦勤，诚如圣谕，可保无他。至其著书之处，亦深自愧悔，不敢复蹈前失。”乾隆七年正月初八日朱批：“所办甚妥，止可如此而已。”[2]

应该说，清廷对谢济世的处理总的说来还是宽松的（值得注意的是，孙嘉淦所做实际上已较乾隆帝的要求更加严厉，乾隆帝仅令其销毁“显与程朱违悖抵牾，或标榜他人之处”，而孙嘉淦却将其所注经书“悉行焚毁”），但谢济世自己对这次案件的处理，还是比较满意的，故其自述有“事竟寝”之句。至于二十余年后乾隆帝又令焚其遗著，则主要是因为地方官上奏说谢济世《梅庄杂著》一书“诚中多乖谬怨伥”之语，乾隆帝阅其著作，也认为谢济世生前“屡获罪愆”，书中“诚不免语含怨望”（这是事实，

1 《清高宗实录》卷一五一，乾隆六年九月丁亥，中华书局，1985年。

2 《谢济世著书案·孙嘉淦奏遵旨查取谢济世所著书籍板片并销毁折》，《清代三朝史案》上册，江苏广陵古籍刻印社，1993年。

并无冤枉谢济世之处），这次销毁遗著与其学术观倾向及社会思想不存在直接联系[1]。

第三，在 18 世纪大多数时间中，清朝对知识界的控制还是比较宽松的，学术研究也是比较自由的，那种认为整个 18 世纪中国知识分子都生活在恐怖统治中的说法显然失之偏颇。长期以来，学术界将文字狱和清廷对反清言行的镇压，特别是对一些涉及语言文字的非法活动（如诬告某人有反清著述等）的惩处混为一谈，以致一些学者对清朝知识分子政策产生不少误解，现在是对这一问题做出澄清的时候了。要准确估计文字狱的危害，首先应对文字狱作出严格界定。笔者认为：文字狱，指的是统治者对所辖居民的语言文字，通过捕风捉影的方式，进行不恰当的索隐，以莫须有的罪名，实行恐怖统治，以期达到强化思想控制的目的。也就是说清廷根据自己的法律规定，对一些涉及语言文字的案件进行处理，是正常的，研究者应该予以理解，不能一概以文字狱视之。笔者这样说，并不等于就赞成清廷的法律，笔者也清楚这些法律是以钳制思想自由，巩固专制独裁为目的的。但应该看到，这些法律的主要部分是历史长期形成的，而不是 18 世纪的清朝政府一夜之间心血来潮，刻意针对当时的知识界制定的。尽管执法有宽严之别，断案有情法之分，但只要清廷对有关案件的处理在法律许可的范围内进行，我们就不能横加指责。原因很简单，我们不能要求古人违背自己的法律，做他们所不可能做到的事情，更不能要求清政府尊重当时居民的言论自由和学术自由。衡量一个案件是不是文字狱，首先要看案件的性质如何，看当事人是否违反了有关法律的规定，同时，也要看清廷是否在根据法律处理案件。如果一个人在语言文字上确实违反了法律规定，清廷按律惩处，则此案不属于文字狱。若清廷刻意捕风捉影，上纲上线，

1 《清高宗实录》卷八〇五，乾隆三十三年二月戊寅，中华书局，1985 年。

企图通过严厉惩处以达到震慑人心的目的，以无作有，轻罪重判，则此案仍具有文字狱性质。如乾隆四十四年智天豹编《本朝万年书》，本欲企图通过献书“得有好处”，无意中触犯庙讳御名，并只将乾隆年号编到五十七年。对这一案件，如果清廷以其草莽无知，从宽惩处未尝不可，却非要罗织罪名，责其“希冀惑众动听”，“丧心病狂，身陷大逆”，将其处斩。类似案件，显然应纳入文字狱范围[1]。下面笔者结合清朝法律有关规定，就文字狱的几个问题阐述自己的看法：

第一，用语言文字的方式反对现存统治，或者号召民众推翻现存政权，在任何时候都是一个严重的政治问题，在传统社会则无一例外是触犯法律的犯罪行为，对这类活动，不但清朝要严厉镇压，明朝、宋朝，乃至统治相对宽松的唐朝也未尝不通过强制手段进行惩处，知识界对此是能够理解的，这和蓄意以语言文字罪人，以限制思想自由为目的的文字狱是完全不同的。《大清律例》规定：“谋反”（指“不利于国，谓谋危社稷”）、“大逆”（指“不利于君，谓谋毁宗庙、山陵及宫阙”），不分首从，皆凌迟处死。祖父、父、子、孙、兄弟及同居之人，皆斩[2]。清朝按律对这类案件进行处理，是正常的，也是必要的。如曾静反清案，无论如何都不能算是文字狱。乾隆前期的伪孙嘉淦奏稿案，虽然在执行过程中出现严重的扩大化，但这一案件本身是政治性的，奏稿直接针对乾隆皇帝，斥其有“五不解十大过”，到处传播。在清代，这是严重的违法行为，清廷对此进行清查，厉行镇压是理所当然的，研究者也不宜将其纳入文字狱范围。再如乾隆中叶浙江天台生员齐周华不顾清朝禁令，公然要为吕留良翻案，而且不避庙讳、御名，清朝按律严惩，就这一案件之性质，恐怕和单纯的

1　参见《智天豹编造〈本朝万年书〉》，《清代三朝史案》中册，江苏广陵古籍刻印社，1993年。

2　《刑律·贼盗律上》，《大清律例》卷二三，法律出版社，1999年。

文字狱也有原则区别。

第二，用语言文字诬陷、诽谤他人，在任何时候都是严重的犯罪行为。清廷对这类现象予以制止，对有关人员进行惩处，是正常的政府行为，研究者不能将其和文字狱相提并论。《大清律例》规定："奸徒怀挟私嫌，将谋逆重情捏造匿名揭帖，冀图诬陷，比照反逆及谋叛定罪之案，正犯照律办理，其家属一概免其缘坐。"[1]像乾隆二十四年（1759年），浙江人沈大章因与汤御龙有宿愿，遂私刻"逆书"，指斥清朝，鼓吹恢复汉人统治，然后嫁祸于汤。此案爆发后，清朝对沈大章及其同伙严惩；再如乾隆三十三年（1768年），陕西人张廷瑞编造"逆诗"，嫁祸他人，清廷对其严惩，都是正当的，应该予以肯定。当然，挟嫌告讦现象的大量出现，在很大程度上源于清廷严酷的思想控制，但它毕竟不是清廷主观上所希望发生的，对这类现象的惩处，和文字狱具有质的区别。

第三，臣民中存在的种种涉及语言文字的违法活动，被清廷按律查禁惩处，不应视为文字狱。例如：对印刷、收藏、贩卖被朝廷明确禁止的"邪教"经卷或各类禁书；私藏、刊刻皇帝朱批；无中生有地编造朝廷故事（如乾隆五十一年，安徽生员骆愉客书策中妄称清廷传赐扬州总商宫妃等），不避庙讳御名等案件的调查与处理均不属于文字狱范畴。《大清律例》明确规定：除了纠众戕官，"倡立邪教，传徒惑众"等"谋反"、"大逆"案，须凌迟处死，将亲属处斩外，"其有本人愚妄，书词狂悖，或希图诓骗财物，兴立邪教，尚未传徒惑众，及编造邪说，尚未煽惑人心"者，也比照反逆及谋叛定罪之案，正犯照律办理，家属免其缘坐[2]。另外，在以前一些学者罗列的清朝文字狱案件中，有一些案件与当事人违背

1 《刑律·贼盗律上》，《大清律例》卷二三，法律出版社，1999年。

2 参见《刑律·贼盗律上》，《大清律例》卷二三，法律出版社，1999年。

清朝上书陈言法律条文有关。《大清律例》明确规定："若纵横之徒假以上书巧言令色，希求进用者，杖一百。若称诉冤枉，于军民官司借用印信封皮入递者及借与者，皆斩。""生员不许一言建白。违者，革黜，以违制论。"[1]清廷对违反这些规定的士人按律惩处，是正常的，不应视为文字狱。但如果当局不是按律惩处，而是蓄意捕风捉影，搜求进言内容，并加重其罪状，以图钳制思想，则应归入文字狱范畴。

第四，在清朝文化专制政策执行过程中，一些地方出现扩大化现象，进而爆发不少冤假错案，但持续时间不长，大多很快被清廷纠正，受害者获得平反，这类案件和文字狱具有质的区别，不宜混淆，也不能作为史家衡量和评论清朝文字狱的依据，因为它不能反映当时文字狱的真实状况。像雍正七年（1729年），四川学政宋在诗所出试题中有"子欲居九夷"句，被人指责为"斥言龙兴之地"，"寓讽刺之意"，然雍正帝不许追究。再如前面已经提及的乾隆五十年（1785年）刘遇奇案，一旦奏上即被乾隆帝否决，令将刘遇奇子孙省释，"以免拖累"[2]。这类案件在社会上不但不能起到钳制思想自由的作用，反而以事实宣传了清廷政从宽大的"浩荡"皇恩，与后世所谓文字狱不可同日而语。

从清末民国以来，一些研究者往往将涉及知识界的性质不同的案件混为一谈，以致将清朝文字狱之数量严重夸大，进而给人造成一种印象，好像18世纪的中国知识分子真的生活在"地狱"之中。下面是笔者根据有关资料整理出的18世纪文字狱基本情况(不含年月不明及内容不详的数起案件)。

---

1 《礼律·仪制》，《大清律例》卷一七，法律出版社，1999年。

2 《乾隆起居注》乾隆五十年七月二十三日。

十八世纪文字狱情况表[1]

文字狱爆发时间	主要内容	备注
康熙五十一年（1712 年），编修戴名世《南山集》案。	所著《南山集》论明清史事，遵南明永历年号。案发，戴名世被处死。	此案系左都御史赵申乔发动。戴名世并无反清之意，但他提出清朝应从康熙元年开始算起，触犯时忌，且他本人的确思念明朝，和一些明遗民保持着密切联系。
康熙五十三年（1714 年），山东民人徐转造词惑人案。	徐转蓄发包巾，因疯癫妄行涂写“旧事”，被处斩。	
雍正三年（1725 年），汪景祺《西征随笔》案。	《西征随笔》多谀颂雍正帝政敌年羹尧之辞，且有不满专制统治之语。汪被处斩。	此案和雍正初年政治斗争相交织，非单纯文字狱。
雍正四年（1726 年），翰林院侍讲钱名世诗谄年羹尧案。	钱被革职，发回原籍。	时在京举人、进士出身者受命作诗声讨，作诗不佳者也被惩处。此案和当时政治斗争有关，也非单纯文字狱。
雍正四年，礼部侍郎查嗣庭讥讪朝政案。	礼部侍郎查嗣庭因讥讪朝政被戮尸。案发直接原因是指责查典试江西试题，“心怀怨望，讥刺时事”。	查系雍正帝政敌隆可多之党。此案非单纯文字狱。
雍正五年（1727 年）太常寺卿邹鲁《河清颂》案。	《河清颂》中有“旧染维新，风移俗易”等语，触怒雍正帝。	此案可以说是典型的文字狱。
雍正七年（1729 年）吕留良案。	已故吕留良因著书强调“华夷之分”，引发曾静反清案，而被开棺戮尸，学生、亲属均遭严惩。	吕留良已死多年，其著述虽有不平之意，但毕竟属于学术问题，雍正帝以曾静之事肆意株连，累及无辜，不得人心，进而引发新的文字狱案件。
雍正七年（1729 年）举人陆生楠《通鉴论》案。	《通鉴论》有反君主独裁，鼓吹封建制之思想，触怒雍正帝。陆被处斩。	
雍正七年（1729 年）浙江人裘琏《拟张良招四皓书》案。	《拟张良招四皓书》被人指责讽刺康熙帝废储。裘琏以此死于狱中。	

1　本表主要参考了邓之诚《中华二千年史》卷五，《清代三朝史案》，郭成康、林铁钧合著《清朝文字狱》以及《乾隆朝上谕档》等有关资料。

续　表

文字狱爆发时间	主要内容	备　注
雍正八年（1730年）庶吉士徐骏因作诗“诋毁”清朝案。	徐骏因诗中有“明月有情还顾我，清风无意不留人”，被指责为“思念明朝，出语诋毁，大逆不道”，被斩。	
雍正八年（1730年）屈大均诗文悖逆案。	已故广东人屈大均诗文中“多有悖逆之词”，诗文被毁，屈氏后人被流放。	屈氏已死数十年，其诗文对清朝统治并不构成威胁，清廷曲意吹求，株连后人，当属文字狱。
雍正八年（1730年）福建生员范世杰呈词案。	范本欲讨好雍正帝，在呈词中编造“三兄让位”之事，“以词害意，多自谬其本怀”，被押交原籍严加约束。	生员不许进言，但清代生员进言现象一直禁而不绝，18世纪不少人为此遭致重处。雍正帝对范世杰处罚甚轻。乾隆时，清廷往往刻意从重，甚至捕风捉影，以致文字狱愈演愈烈。
乾隆七年（1742年）谢济世私注经书案。	所撰《大学注》等书因有诋毁程朱内容，被毁板。	
乾隆十六年（1751年）直隶民人王肇基献诗“讪谤”案。	清廷指责献诗“毁谤圣贤”，王肇基被杖毙。	
乾隆十八年（1753年），浙江民人丁文彬逆书案。	丁文彬因精神失常，文字荒诞被处死。	
乾隆十八年（1753年）江西生员刘震宇《治平新策》案。	刘震宇因《治平新策》“妄訾国家定制”，被处斩。	
乾隆十九年（1754年）礼部侍郎世臣作诗“抑郁无聊”案。	世臣因诗有“秋色招人懒上朝”等语，“抑郁无聊”，被革职。	
乾隆十九年（1754年），福建生员李冠春拦舆策案。	李冠春因策内有“严颁服制，裁抑骄奢”等内容，被处斩。	
乾隆二十年（1755年）进士胡中藻《坚磨生诗抄》案。胡被饬为“悖逆”、“诋毁”而被处斩。	胡中藻因《坚磨生诗抄》有“一把心肠论浊清”等语，被斥为“违天叛道”，被处斩。	胡中藻有卷入与鄂尔泰朋党之嫌，此案非单纯文字狱。

续 表

文字狱爆发时间	主要内容	备注
乾隆二十年（1755年）山西民人刘裕后《大江滂书》案。	该书荒诞不经，作者刘裕后素有疯疾，被杖毙。	
乾隆二十二年（1757年）原任布政使彭家屏私藏明季野史，“目无君上”案。	此案始终未发现有力证据，彭被赐自尽。	彭家屏有朋党嫌疑，此案非单纯文字狱。
乾隆二十二年（1757年）浙江生员陈邦彦批《纲鉴辑略》案。	《纲鉴辑略》系清初朱璘所撰，于清初史事，书明朝年号。陈邦彦因手批，被“从重办理”，书被毁板。	
乾隆二十六年（1761年）浙江民人林志功捏造诸葛碑文案。	林患疯疾，被发遣为奴。	
乾隆二十六年（1761年），江苏监生阎大镛《俣俣集》案。	阎大镛因《俣俣集》，“或讥刺官吏，或愤激不平，甚至不避庙讳”，被处斩。	
乾隆二十六年（1761年），江西童生李雍和潜递呈词案。	李呈词怨天、怨孔子、指斥乘舆，被处死。	
乾隆二十六年（1761年）甘肃民人王献壁编造逆词案。	王患疯疾，“逆词”也无反清内容，但仍被指责为“肆行煽惑”，被处死。	
乾隆二十八年（1763年）福建民人林时元妄布邪言案。	林因患疯疾，信口胡言，被处斩。	
乾隆二十九年（1764年）山西某知县赖宏点书写逆词案。	赖因书内有“点兵交战，不致有失军机”之语，被指责“与悖逆无异”，处斩监候。	
乾隆三十年（1765年），湖南生员张明炫呈词狂诞案。	张呈词有“尽斩狐群表赤心”之句，被发伊犁当苦差。	

续　表

文字狱爆发时间	主要内容	备　注
乾隆三十年（1765年）周煌批注《纲鉴易知录》案。	周被指责“痛诋先圣先贤，妄谈历朝运气”，“毁谤我朝，病狂丧心，大逆不道”。两江总督尹继善请旨正法，朱批“该部核议速奏”。	周煌粗通文理，主动将书呈递知府，请求刊刻。其书断不至于“大逆不道”。尹继善所奏实为有意搜求。
乾隆三十三年（1768年）李绂、谢济世诗文被毁。	二人诗文因被指责有“牢骚”、“谬妄”之处，被毁板。	
乾隆三十三年（1768年）江苏民人柴世进造作逆词案。	柴有疯疾，被杖毙。	
乾隆三十三年（1768年）湖北生员王道定《汗漫游草》案。	《汗漫游草》多感慨牢骚之辞，王以是被治罪。	
乾隆三十六年（1771年）张震南献策案。	张本以诗句狂诞发遣，至是以妄言滋事被处斩。	
乾隆三十六年（1771年）余朴擅陈时务案。	余朴系考职微员，擅陈时务，被处绞监候。	
乾隆三十九（1774年）直隶童生王珣编造“悖逆字迹”案。	王将《四书》“夷狄之君”改为“义帝”以讨好清廷，反触时忌，被处斩。	
乾隆四十一年（1776年）山西吏员严譄请立正宫案。	严编造故事，欲为清宫秽事遮丑，称已故皇后纳拉氏“贤美节烈，多蒙宠爱，见皇上年过五旬，国事纷繁，仍前宠幸，恐非善养圣体，是以故加挺触轻生。”[1]乾隆帝大怒，将其处斩。	
乾隆四十一年（1776年）直隶民人张毅编造书词案。	张有疯疾，所编书词“语多狂悖”，被处死。	
乾隆四十一年（1776年）广东童生梁晓善“请复均田表文”案。	梁晓善欲复井田之法被治罪。	

1 《乾隆朝上谕档》四十一年七月二十一日、二十五日，档案出版社，1991年。

续 表

文字狱爆发时间	主 要 内 容	备 注
乾隆四十一年(1776年)著名诗人沈德潜选编《国朝诗人别裁集》案。	沈将钱谦益列入卷首，且有多处纰漏，触怒乾隆帝，令将原板销毁。	
乾隆四十二年（1777年）江西举人王锡侯编《字贯》案。	《字贯》误触康熙、雍正庙讳及乾隆帝御名，王锡侯被处斩。	
乾隆四十三年(1778年)江苏举人徐述夔《一柱楼诗》案。	《一柱楼诗》中有“明朝期振翮，一举去清都”之句，被斥为有“复兴明朝之意”。徐已死，但仍被戮尸。	徐述夔案并非单纯之文字狱，其人确实有厌清怀明倾向，且见诸文字，虽未必有鼓动之心，也不可能有鼓动之效，但却难逃讥讽鼓动之嫌。所作小说《五色石》、《八洞天》以“补天”自命，宣称“天道之阙，则深有待于补”，愤世嫉俗之心，对清廷不满之情，昭然若揭[1]。
乾隆四十三年(1778年)，河南民人刘蛾刷卖《圣讳实录》案。	刘蛾印刷此书是想让人知道避讳，免触文网，但因将清朝诸帝名字照实写印，未予避讳，而处斩。	
乾隆四十四年(1779年)直隶民人智天豹编造《本朝万年书》案。	智天豹因所编《本朝万年书》，妄称清朝“天定运数”，并直书庙讳御名，被处斩。	
乾隆四十四年(1779年)湖南已故知县沈大绶《硕果录》、《介寿词》案。	《硕果录》、《介寿词》系诗赋杂记，被人指控中有诽谤怨望之辞，沈大绶被戮尸。	
乾隆四十四年(1779年)安徽生员程树榴《爱竹轩诗稿》案。	程树榴《爱竹轩诗稿》中有“造物之心愈老而愈辣，斯所操之术乃愈出而愈巧”之句，乾隆帝责其“隐喻讪谤”。程被处斩。	
乾隆四十四年(1779年)安徽民人王大蕃编写奏疏案。	王因所编写奏疏“捏造授漕、考试、关税等弊”，被发往新疆为奴。	

1　徐述夔：《五色石·序》，太白文艺出版社，1996 年。

续　表

文字狱爆发时间	主要内容	备　注
乾隆四十四年(1779年)湖北监生石卓槐《芥圃诗抄》案。	石卓槐因所著诗抄有“狂悖”之句，不避庙讳御名被处死。	
乾隆四十五年(1780年)疯人王铁山狂诞字片案。	王被处斩监候。	
乾隆四十五年(1780年)广西生员吴英拦舆献策案。	吴英拦舆献策，“语多狂悖”，且不避御讳，被凌迟处死。	
乾隆四十五年(1780年)山东民人刘遴宗谱案。	刘修宗谱，“远引汉裔”，被惩处。	
乾隆四十六年(1781年)广东生员梁三川狂悖案。	梁因患疯疾，作《念泉奇冤录》，“狂悖僭妄”，被处死。	
乾隆四十六年(1781年)，尹嘉铨著书案。	尹嘉铨系理学名宦，对清廷一些政策擅发议论，且酷好虚名，至是被斥为“悖逆”，被处死。	乾隆帝称尹嘉铨被诛“可为天下盗窃虚名，妄行议论者之戒”。他对尹嘉铨一家早已不满，此案非单纯文字狱。关于此案，本书第四章还有分析。
乾隆四十六年(1781年)，山东人张士杰投递呈词案。	张呈词语多狂悖，被处斩。	
乾隆四十七年(1782年)疯汉赵文言粘贴不法字迹案。	赵被处斩。	
乾隆五十年(1785年)山东孔子后裔孔继汾著《孔氏家仪》案。	《孔氏家仪》有“今之显悖于古者，于区区复古之苦心”等字句。乾隆帝责孔继汾“沽名纾忿”，将其治罪。	
乾隆五十年(1785年)湖南民人郭大至呈递稿本案。	郭撰公状序文，欲代宣《圣谕广训》，然其“语多狂悖”，被处斩监候。	
乾隆五十三年(1788年)湖南生员贺世盛《笃国策》案。	《笃国策》有“捐路终为财动，有妨正途”等语，欲进京呈献，捞取官职，被指责为“妄诋朝政”，处斩。	

以上是对 18 世纪内容清楚，时间明确的文字狱的初步统计，一共 58 起，如果将漏算案件，以及笔者估计不确的案件计算在内，至多不会超过 100 件。而按以前一些学者的标准统计，这一百年所发生的文字狱当在 200 起左右。这五十余起文字狱，有二十余件是因下层百姓（包括少数生员）缺乏政治常识，误触庙讳、御名，或因语言“狂悖”而被清廷罗织罪名，从重惩处者；因朝廷内部政治斗争以文字得罪者，共 5 起（汪景祺案、钱名世案、胡中藻案、彭家屏案、尹嘉铨案）；因皇帝过分敏感（如世臣之案等），吹毛求疵而导致的文字狱，共有 7 起；其余二十余起文字狱则源于臣民确有不同思想观念或政治见解（均不是有意公开反清者）而得罪。应该说 18 世纪清朝文字狱所打击的主要对象是不安本分的下层民众（当然这类案件在主观上有向士林、特别是影响力较强的知识精英示威之意）。我们看到，在 18 世纪文字狱中，举人、进士以上的知识精英被卷入者甚少。整整这一百年，成为文字狱牺牲品的著名文人学者只有戴名世、谢济世、尹嘉铨以及案发时已经去世的吕留良、沈德潜和李绂数人，其中属于 18 世纪的 5 位学者均非当时士林领袖人物（沈德潜以诗受知乾隆帝，曾名扬一时，但在学术界影响不大。李绂政治地位颇高，但因其学术专宗陆王，在士林中的号召力不强。至于谢济世、尹嘉铨，其才学均不足以号召众人，不是当时士林中的领袖人物），其社会影响和同时代带明显异端色彩的袁枚和戴震等人根本无法相提并论，对他们的惩处不可能，也无法改变当时学术和思想发展基本趋势。至于对下层民众“悖逆”言行的惩处，并未受到士林阶层的充分关注。从文字狱所占年份看，18 世纪发生文字狱的年份大约 30 年左右，主要集中在乾隆中叶，特别是禁毁图书时期，在其他年份，则控制相对宽松。当然，也不能否定这样一个事实：对著名学者（如吕留良）的严厉惩处，对与文字有关的政治案件（如发生于乾隆中前期的伪孙嘉淦奏稿案）的穷追不舍，大搞株连，都会使广大知识分子触目惊心，从而起到限制思想自由，强化社会控制的作用。但总的说来，清朝对知识界的统治，主要是继承了顺康以来传统的文治政策，并无立法上特别加严的倾向，当时知识界也没有真正出现“万马齐喑”的沉寂局面。对清朝文化高压政策的消极影响，学术界应当充分重视，但不宜片面夸大，走极端。至于这个时期所谓教化之推行，对民间风俗之整饬，其收效就更微不足道。像前面提到的御史胡定奏请查禁《水浒》，虽为清廷采纳，但“外间概不遵奉”，“虽公卿大臣家，案上翻阅，席前唱演如故也”[1]。而地方官“所称于每月朔望宣讲《圣谕广训》，亦竟属托诸空言，以致愚民全无儆戒，重罹法网”[2]。如果学术界为清朝严格的法律制度和文化专制政策所迷惑，因其控制严密，而将这个时期的中国社会视为铁板一块，看不到寒冰下面的汹涌潜流，那就真的将历史简单化了。

任何一个时代的社会观念，都不能不受到以下两个因素的制约：一是因延续而显得凝重的历史传统；二是因变化而显得纷繁的现实生活。所谓的思想家，从来都是站在传统与现实的交汇处，将自己对人类命运的切身感受，作为精神探索的起点。不管他们精心构造的理想大厦是多么超尘脱俗，是多么具有先见而预示着未来，但后人都会从其构建大厦的泥土砖瓦中轻而易举地发现当年时代风云变幻所洒落的碎石尘埃。18 世纪的知识精英们也是如此，他们既不可能抛弃 17 世纪的精神遗产，更不可能摆脱 18 世纪的时代束缚。17 世纪留给他们的除了理学的教条外，还有严谨求实的学风，还有“明道救世”的庄严责任感和义务感。而 18 世纪清朝独特的政治、社会环境，也促使他们进行新的理论思考。统一大业的完成，社会财富的积聚，“稽古右文”的盛举，仕进

1　阮葵生：《水浒传》，《茶余客话》卷一八，中华书局，1959 年。
2 《清高宗实录》卷一三八二，乾隆五十六年七月戊子，中华书局，1985 年。

之途的广开，物质待遇的改善，大大加强了知识阶层对朝廷的向心力；而文字狱的频兴，禁毁政策的出台，思想控制的加强，以及深埋于士人灵魂深处的那份无法抛却的民族情感，则从不同的侧面，加重了知识界的困惑和疑虑，使知识阶层和清廷本来就错综复杂的关系，在全盛之世变得更加微妙。在这一百年中，汉学的兴起，从学术的角度，结束了理学在知识界的独尊地位，商品经济的繁荣，道德习尚的改变，生活方式的变迁，不能不促使人们对人性和伦理问题进行重新思考，从而引发新的思想探索。而明清时期专制统治的强化，官僚制度的完善，政治风气的变革，则促使一些士大夫开始对权力分配、行政管理等问题进行新的理论反思。西学的传播，对先秦诸子学说的发掘和整理，则从新的角度，为当时的知识生活注入了别具特色的学术活力。于是，伴随着社会繁荣局面的形成，中国的社会观念出现了前所未有的多元趋势。不是吗？新的观点出现了，新的争鸣出现了，新的追求出现了，而所有这一切，对古老的中国究竟意味着什么呢？

第二章 理欲之争与生活方式的变迁

中国传统社会首重个人之伦理道德修养。《大学》强调："自天子以至于庶人，一是皆以修身为本。"[1]《中庸》谓："天下之达道五，所以行之者三，曰：君臣也，父子也，夫妇也，昆弟也，朋友之交也，五者天下之达道也；知、仁、勇三者天下之达德也，所以行之者一也。或生而知之，或学而知之，或困而知之，及其知之，一也。或安而行之，或利而行之，或勉强而行之，及其成功，一也。子曰：好学近乎知，力行近乎仁，知耻近乎勇。知斯三者，则知所以修身；知所以修身，则知所以治人；知所以治人，则知所以治天下国家矣。"[2]一句话，儒家修身的核心内容就是"为人君，止于仁；为人臣，止于敬；为人子，止于孝；为人父，止于慈；与国人交，止于信。"[3]清初诸儒对此也竭力宣扬，尊崇备至。李光地称："《大学》说诚正格致，《中庸》说诚明，总是要修身，身即是本。举而措之，则修己以安百姓，笃恭而天下平矣。"[4]然而，当历史跨入18世纪以后，由历代圣贤哲人精心编织

---

1 《大学》，《四书五经》本，岳麓书社，1991年。本书所引《四书五经》均用此版本。

2 《中庸》，《四书五经》本，岳麓书社，1991年。

3 《大学》，《四书五经》本，岳麓书社，1991年。

4 李光地：《大学》，《榕村语录》卷一，中华书局，1995年。

而成的道德体系却遭到了新的严峻挑战。

第一节 戴震与理欲之争

在传统知识界经常谈论的伦理道德话题中，如何处理规范与人情，道德与人欲的关系是问题的实质或核心。先秦以来，知识界对此一直存在着不同看法，既有强调制礼“以养人之欲，给人之求”者[1]，也有认为“乐则淫，淫则生佚”，主张严刑峻法以治国的极端专制思想[2]。后世经常谈论的理，在先秦儒家中和规范社会行为基本准则的“礼”是同义的。孔子云：“礼也者，理也；乐也者，节也。君子无理不动，无节不作。”[3]而所谓的天理，则是人类对自己个人好恶及物欲心理的合理节制。在儒家思想体系中占有重要位置的《礼记》一书，正式将天理和人欲对立起来，从而提出了中国思想史上一个极为重要，而且影响深远的命题，那就是天理和人欲的关系。《礼记》云：

> 人生而静，天之性也。感于物而动，性之欲也。物至知知，然后好恶形焉。好恶无节于内，知诱于外，不能反躬，天理灭矣。夫物之感人无穷，而人之好恶无节，则是物至而人化物也。人化物也者，灭天理而穷人欲者也。于是有悖逆诈伪之心，有淫泆作乱之事。是故强者胁弱，众者暴寡，知者诈愚，勇者苦怯，疾病不养，老幼孤独不得其所，此大乱之道也。[4]

1 《荀子·礼论》，《二十二子》本，上海古籍出版社，1986年。
2 《商君书·开塞》，《二十二子》本，上海古籍出版社，1986年。
3 《礼记·仲尼燕居》，《四书五经》本，岳麓书社，1991年。
4 《礼记·乐记》，《四书五经》本，岳麓书社，1991年。

应该说，先秦儒家并不反对人的基本物质欲望和生理需求，也不禁止人的正常情感。故孔子认为“饮食男女，人之大欲存焉”，强调“故圣人耐以天下为一家，以中国为一人者，非意之也。必知其情，辟于其义，明于其利，达于其患，然后能为之”[1]。荀子在其名著《礼论篇》中，更精辟地阐发了礼与欲的关系。他说：

> 礼起于何也？曰：人生而有欲，欲而不得，则不能无求，求而无度量分界，则不能不争，争则乱，乱则穷。先王恶其乱也，故制礼义以分之，以养人之欲，给人之求。使欲必不穷乎物，物必不屈于欲，两者相持而长，是礼之所起也。[2]

但需要特别注意的是，儒家承认人欲的目的是要突出以礼治国的重要性，即：“故圣人所以治人七情，修十义，讲信修睦，尚辞让，去争夺，舍礼何以治之？”[3]并严密地防范着情欲和物欲可能的扩张和强化。这一倾向表现在理论上，就极容易将人欲作为纲常伦理的对立物，并在社会实践中走向极端。

宋明以来，理学，特别是理学宣传逐渐将天理的作用过分夸大，从而形成非理性化的反人欲倾向。

在理学的哲学体系中，理和传统的纲常伦理是密不可分的，所谓“父子君臣，天下之定理，无所逃于天地之间”[4]。程朱理学将自己的天理观和儒家传统的性善说结合起来，便形成了一套比较完整的哲学化伦理思想，即所谓“天人一物，内外一理，流通

1 《礼记·礼运》，《四书五经》本，岳麓书社，1991 年。

2 《荀子·礼论》，《二十二子》本，上海古籍出版社，1986 年。

3 《礼记·礼运》，《四书五经》本，岳麓书社，1991 年。

4 程颢、程颐：《二先生语五》，《二程遗书》卷五，上海古籍出版社，2000 年。

贯彻，初无间隔”[1]。正统理学代表人物朱熹称：

> 天理固浑然。然谓之理，便是有个条理的。故其中仁义礼智，合下便各有一理，不相混杂。以其未发，莫见端绪，不可以一理名，是以谓之浑然。非是里面都无分别，而仁义礼智后来旋次生出也。天理只是仁义礼智之总名，仁义礼智便是天理之件数。

清儒张伯行对朱熹这一论述作了非常详尽的阐述。他说：

> 浑然者，无分别之貌。然既谓之理，则其中各有条理，非无分别而相混杂者也。故天理浑然之中，而仁义礼智森然毕具，以其得天之元而为仁，以其得天之亨而为礼，以其得天之利而为义，以其得天之贞而为智。各有一理，不相混杂。如五行之各一其性，四时之各殊其气。自其发而观之，则恻隐，仁之端也；羞恶，义之端也；辞让，礼之端也；是非，智之端也。所谓各有一理，不相混杂者，昭然可见矣。若当其未发，则莫见端绪，欲明其何者为仁，何者为义，何者为礼、为智，而不可得也。但见其浑然若无分别而已。使其里面果无分别，是仁义礼智非天命之本然，所性之固有，而为后来添设之物矣。又何以随感而应，各有条理乎？故言天理已包仁义礼智之四德，而总名之；言仁义礼智则是分天理之件数，而条举之。可见天赋人以形，即赋人以理，而仁义礼

1　这句话本是朱熹说的。清儒张伯行阐释说：“天以阴阳五行化生万物，万物皆生于天地之间，惟人得其秀而最灵，故人之气即天地之气，人之理即天地之理。貌言视听之形于外者，气之为也。肃刈哲谋之蕴于内者，理之为也。人性本于天命，则天人岂有二物乎？形色即具天性，则内外岂有二理乎？此道体之流通贯彻而无间隔者也。君子知之，所以事天以诚其身，践形以复其性，通天人合内外而无不尽其道焉，此人之所以与天地参也。”（张伯行：《道体》，《续近思录》卷一。）

> 智，各有一理，不相混杂者，合下完具，如太极之包阴阳五行于其中者也。[1]

在阐扬天理观所蕴含的道德思想的同时，理学家们又将天理和人欲相对立，强调“无人欲即皆天理”[2]，“人心私欲，故危殆；道心天理，故精微。灭私欲，则天理明矣”[3]。朱熹尝谓：“人生之初，未有感时，便是浑然天理。及其有感，便是此理之发。”张伯行对此大加发挥，他解说道：

> 人生之初，物欲未染，天理常存，所谓赤子之心是也。仁义礼智，浑然在中，不以未感而沦于无也。及其有感，则仁而发为恻隐，义而发为羞恶，礼而发为辞让，智而发为是非，无所假借，无所矫揉，若火始然而泉始达矣。未发而浑然天理，性也，中也，天下之大本也，随感而此理便发，情也，和也，天下之达道也。君子之戒惧慎独，致中致和，亦求无失其生初之理而已矣。[4]

一句话，天理就是礼教，就是纲常，就是人们所必须遵循的道德准则，人的全部道德修养的根本，就是去除后天之人欲，实现人生之初，“物欲未染，天理常存”的理想境界。

需要特别指出的是，存理灭欲不单是程朱一系的基本主张，也是陆王一脉的基本原则。王阳明为学，欲洗象山四百年“无实之诬”，恢复其“圣贤之学”的地位，在正统者看来与程朱实非一途[5]，

1　张伯行：《道体》，《续近思录》卷一，上海古籍出版社，1994 年。
2　程颢、程颐：《伊川先生语一》，《二程遗书》卷一五，上海古籍出版社，2000 年。
3　程颢、程颐：《伊川先生语十》，《二程遗书》卷二四，上海古籍出版社，2000 年。
4　张伯行：《道体》，《续近思录》卷一，上海古籍出版社，1994 年。
5　王阳明：《答徐成之二》，《王阳明全集》卷二一，上海古籍出版社，1992 年。

然在存理遏欲问题上与程朱实大同而小异。王阳明和程朱一样，承认人心即为人欲，认为“圣人之所以为圣人，惟以其心之纯乎天理而无人欲，则我之欲为圣人，亦惟在于此心之纯乎天理而无人欲耳”[1]。与此同时，他又糅合陆九渊之说，认为人心私欲非良心所当有，反对朱熹人心听命于道心的说法，主张道心既为体又为用，在一念发动处便即克服私欲，故谓“人心是天渊。心之本体无所不该，原是一个天。只为私欲障碍，则天之本体失了。心之理无穷尽，原是一个渊，只为私欲窒塞，则渊之本体失了。如今念念致良知，将此障碍窒塞一齐去尽，则本体已复，便是天渊了”[2]。又称：“必欲此心纯乎天理，而无一毫人欲之私，此作圣之功也。必欲此心纯乎天理，而无一毫人欲之私，非防于未萌之先，而克于方萌之际不能也。”[3]

清初理学名儒多以存理灭欲为理学宣传之主要内容。魏象枢教人：“故克己复礼，是切实下手工夫，须从此处斩钉截铁，一刀两断，把这私欲除的干干净净，我的天理，立地复遥于我。我胸中原自民胞物与生意流通的，障蔽一撤，纯是天理境界，吉凶痛痒，处处相关，如游子归家，如百川归海，浑然一家一派。”“当日夫子教颜子工夫精细，我辈且从粗浅处各自检点，猛然承当。当从耳、目、口、鼻做工夫，将这淫声、美色、浮言、妄动四件，一一勘破，莫任己便。倘有一件到来，就把天理去省察克治。明镜在中，四面皆照，一夫当关，千人自废，何处埋藏躲闪？私欲去得净尽，天理葆得完全。这样人品，可令风闻者慕，觌面者亲。我无私于人，人无私于我，岂不是归仁气象？”[4]理学讲存理灭欲，

1 王阳明：《示弟立志说》，《王阳明全集》卷七，上海古籍出版社，1992 年。

2 王阳明：《语录三·传习录下》，《王阳明全集》卷三，上海古籍出版社，1992 年。

3 王阳明：《语录二·传习录中》，《王阳明全集》卷二，上海古籍出版社，1992 年。

4 魏象枢：《愿学堂讲颜渊问仁一章》，《寒松堂全集》卷一二，山西人民出版社，1992 年。

并非仅仅针对普通士人百姓，而且也有要求帝王将相正心修身，涵养道德，建立清廉政治之意。如熊赐履尝对康熙帝云，“人主清心寡欲，如鉴空水止，声色不乱其聪明，便佞不惑其志气。以之读书，则义理昭融；以之处事，则几务明晰。若心体一有所着，便为外物所蔽，而本体失矣。本体一失，诸事尚可问乎？古之人臣，无时不以存敬畏、戒逸欲告诫其君者，良有以也。”[1]当然，不可否认，在具体实践中，理学的存理灭欲，主要还是讲给在政治上无权无势，经济上缺衣少食的普通民众听的。

随着时间的推移，特别是进入18世纪以后，理学的存理灭欲观念逐渐暴露出它的许多弊端：如果说在康熙中期和前期，存理灭欲因其对皇帝和官僚具有较强的影响力，造就了一批为士民所推崇的清官，因此能获得普通士人尊重的话[2]，那么，到康熙后期，随着理学名儒纷纷谢世，政治败坏，贪污公行，“亏空贪婪

1 《康熙起居注》第1册，第119页，中华书局，1984年。

2 应该说：存理灭欲说教，在清初相当一段时间内，促进了官风的廉洁。像以理学皇帝著称的康熙帝，就躬行其实，过着“简单而朴素”的生活，“在帝王中是没有先例的”。雍正帝谈到康熙帝节俭时，曾说：“朕即位后，偶令内监将大内所有玩器稽查检点，并将避暑山庄等处历年陈设之物其中可观者，皆取回宫中，看来较朕藩邸所藏尚属不逮，朕实切责于己，抱愧于心。”（《雍正起居注》雍正八年六月二十二日）而一些信奉理学的官僚，也恪守儒训，洁身自持。如顺治十八年（1661年）于成龙任罗城知县，临行与友书云：“某此行绝不以温饱为念，所自信者天理良心四字而已。”终其一生，洁己爱民，屏绝馈送，为总督时每天以青菜为食，致有“于青菜”之称，康熙帝称他“服官敦廉隅，抗志贵孤洁”，为“理学之真者”。张伯行以理学著称，尝对圣祖云：“臣父在日，尝训臣以廉谨报效朝廷，若受人一钱，不惟不忠，且不孝”，故“历官数十载，常俸外未尝受一钱，所用粟米丝布皆自取给于家，余悉为养士恤民之费。”（《于清端公事略》，《国朝先正事略》；《于成龙》，《清史列传》卷八；《张伯行》，《碑传集》卷一七。）显然，清朝统治者以存理灭欲自律，注重修养抚息，躬行实践，在客观上使广大民众获得了一个相对宽舒的生活环境，有利于社会的安定和经济的发展。论史者，对清初理学这一重要社会思潮、学术思潮的评价，必须坚持从历史实际出发，不能因其缺乏学术创新性对其重要社会影响视而不见，更不能以伪道学简单视之。关于理学在清初政治演变中的独特意义，笔者在《清初理学与政治》一文中作了比较全面的论述，该文发表于《清史论丛》2002年号。至于理学在雍乾时期的地位与命运，笔者在本书第三章将作专门分析。

之案，不可胜数”[1]，存理灭欲在一些讲究实效的士大夫眼里，逐渐变得脱离实际，荒唐可笑起来，并在社会中，因其非理性的教化宣传束缚人们正常的生理和心理需求，从而在民众中，特别是在知识阶层引起严重的逆反心理。刘献廷针对康熙朝理学名家当权用事，动以遏欲为言的社会现实，评论说：

> 余观世之小人，未有不好唱歌看戏者，此性天中之《诗》与《乐》也；未有不看小说听说书者，此性天中之《书》与《春秋》也；未有不信占卜祀鬼神者，此性天中之《易》与《礼》也。圣人六经之教，原本人情，而后之儒者，乃不能因其势而利导之，百计禁止遏抑，务以成周之刍狗，茅塞人心，是何异壅川使之不流，无怪其决裂溃败也。夫今之儒者之心，为刍狗之所塞也久矣，而以天下大器使之为之，爰以图治，不亦难乎？[2]

其言生动地反映了当时知识界一部分人对理学偏激宣传的反感态度。

以严猛务实著称的雍正帝很少讲存理灭欲，并且试图用“诚”取代理学之“理”。他说：

> 理之一字，可上可下。或执一偏之见为理，或以所见不明为理，或以利挟小知为理，或以寻章摘句，得古人之糟粕为理，或以错会先贤之意为理，或以道听途说、被庸师邪友所惑为理者，不可枚举，总不如一诚字无可挪移般驳也。诚字所包之要者，公忠敬慎，真实无伪。[3]

1　中国第一历史档案馆：《雍正起居注》八年二月十八日，中华书局，1993 年。

2　刘献廷：《广阳杂记》卷二，第 106～107 页，中华书局，1957 年。

3《雍正朝汉文朱批奏折汇编》第 16 册，第 237 页，江苏古籍出版社，1990 年。

而在社会上，对理学的批判呼声也逐渐高涨起来，在与正统观念的交锋中，出现了一批反传统思想家，戴震、袁枚为其杰出代表。其中，戴震对宋儒理欲观的批判是 18 世纪中国思想解放的一大突出成就。

戴震，生于雍正元年（1723 年），卒于乾隆四十二年（1777 年），字东原，安徽休宁（今安徽黄山市屯溪区）人。清代休宁本系贫瘠之区，然业商之风甚隆。戴震云："吾郡少平原旷野，依山为居，商贾东西行营于外，以就口食。"[1] 戴震自幼勤学，"就傅读书，过目成诵，日数千言不肯休"[2]。青少年时代，戴震家境贫寒，曾"随父文林公客江西南丰，就近课学童于邵武"[3]。然问学之心甚坚，且已产生通过考据方法探寻儒家义理的思想。戴震自述其求学经历，云："仆自十七岁时，有志闻道，谓非求之六经、孔孟不得，非从事于字义、制度、名物，无由以通其语言。"[4] 后来，戴震结识宿儒江永，并同馆于盐商汪梧凤家，共同探讨学问[5]，江永"好学深思，长于步算钟律声韵，尤深于《礼》"[6]，然对戴震的学问极为推崇，而戴震在与江永交往中，也深受其启发。洪榜《戴先生行状》记载说：

> 婺源江先生永，治经数十年，精于三礼及步算、钟律、

1　戴震：《戴节妇家传》，《戴震集》卷一二，上海古籍出版社，1980 年。

2　段玉裁：《戴东原先生年谱》，雍正十年条，商务印书馆，1929 年。

3　洪榜：《戴先生行状》，《碑传集》卷五〇，明文书局，1985 年。

4　段玉裁：《戴东原先生年谱》，乾隆四十二年条，商务印书馆，1929 年。

5　据段玉裁所作戴震年谱，戴震于乾隆七年（1742 年）二十岁时与江永首次相见。一般学者认为戴震与江永的关系是师生关系。但杨应芹考证戴震与江永相见应是在乾隆十八年（1753 年），戴震与江永的关系应是师友关系（参见杨应芹：《戴震与江永》，载于《1995 年国际徽学学术讨论会论文集》，安徽大学出版社，1997 年）。从戴震与江永的有关交往看，二人间不像单纯的师生，而是介于师生、朋友之间。至于两人相见时间，则需进一步考证。

6　江藩：《江永》，《国朝汉学师承记》卷五，中华书局，1983 年。

声韵、地名沿革，博览淹贯，岿然大师。先生一见倾心，因取平日所学就质正焉。江先生见其盛年博学，相得甚欢。一日，举历算中数事问先生，曰："吾有所疑，十余年未能决"。先生请其书谛观之，因为剖析比较，言其所以然。江先生惊喜，叹曰："累岁之疑，一日而释，其敏不可及也"。先生亦叹江先生之学周详精整。时先生同志密友郡人郑牧、汪肇龙、程瑶田、方矩、金榜六七君，日从江先生、方先生（指方粲如，时掌教于紫阳书院——引者注）从容质疑问难。盖先生历律声韵之学，亦江先生有以发之也。[1]

乾隆十九年（1754年），戴震来到京师，"困于逆旅，饘粥几不继，人皆目为狂生"。然就在这期间，他和一批对18世纪中国学术发展、观念变迁产生举足轻重影响的重要学者认识并定交，如纪昀、王鸣盛、王昶、朱筠等，"于是海内皆知有戴先生矣"[2]。

乾隆二十七年（1762年），戴震40岁时成为举人。然在此后会试中，却屡试不第。乾隆三十八年（1773年），清廷开四库全书馆，戴震以举人特召入馆，从此致力于《四库全书》的编纂，直到乾隆四十二年（1777年）以疾去世。钱大昕记其事云：

癸巳（乾隆三十八年）岁，天子开四库馆，妙选校雠之职，总裁诸公疏荐先生，以乡贡士入馆，充纂修官，特命与会试中式者同赴廷对。乙未（乾隆四十年）夏，授翰林院庶吉士。先生起自单寒，独以文学为天子所知，出入著作之庭。馆中有奇文疑义，辄就咨访。先生为考究颠末，各得其意以

1 洪榜：《戴先生行状》，《碑传集》卷五〇，明文书局，1985年。

2 钱大昕：《戴先生震传》，《碑传集》卷五〇，明文书局，1985年。

去。先生亦思勤修其职，以称塞明诏。经进图籍，论次精审。晨夕披检，靡间寒暑，竟以积劳致疾，丁酉夏（乾隆四十二年）卒于官，年五十有五。[1]

在清代学术史上，戴震的贡献主要体现为两点：一是推动对传统文化典籍的考证、分析和整理，正是以他为代表的戴学将汉学推向了一个新的高峰；二是他对程朱理学的系统批判，这种批判既包括对理学学风的否定，也包括对理学思想，特别是程朱理欲观的否定。戴震对程朱的批判，不但从伦理变迁的角度，开创了 18 世纪中国先进知识分子反对礼教束缚，追求人性自由的新风尚，而且从基本指导思想的角度，结束了程朱理论对学术发展的垄断，开辟了 18 世纪中国学术发展的多元局面。关于戴震对程朱学说的批判，笔者将在本书第三章作专门分析，这里主要论述戴震的理欲观，这一思想在很大程度上代表了 18 世纪伦理观念变迁的最高水平。

戴震关于儒家义理的著述主要有《原善》、《孟子私淑录》、《绪言》、《孟子字义疏证》数种。关于这几部著作的关系，特别是成书先后，学术界迄今为止尚无定论。戴震探寻义理，大概开始于《原善》的写作，段玉裁《戴东原先生年谱》载："先生大制作：若《原善》上、中、下三篇；若《尚书今文古文考》；若《春秋改元即位考》三篇，皆癸未（乾隆二十八年）以前，癸酉（乾隆十八年）甲戌（乾隆十九年）以后十年内作也。玉裁于癸未皆尝抄誊。记先生尝言：'作《原善》首篇成，乐不可言，吃饭亦别有甘味。'"[2]可见，《原善》一书成书较早，它是戴震第一部比较全面阐发自己哲学观的著作。从戴震对写作此书的巨大热情中，

1　钱大昕：《戴先生震传》，《碑传集》卷五〇，明文书局，1985 年。
2　段玉裁：《戴东原先生年谱》，乾隆二十八年条，商务印书馆，1929 年。

我们也可以看出他和一般考据学家叠床架屋，穷钻故纸堆不同，具有浓厚的理论兴趣。在完成《原善》以后，戴震又著《孟子私淑录》三卷，《绪言》三卷，对程朱理气观、理欲观提出尖锐批判。有的学者认为《绪言》是《孟子字义疏证》的初稿，而《孟子私淑录》则是《孟子字义疏证》的修正稿。但也有人认为《孟子字义疏证》是戴震在完成《绪言》、《孟子私淑录》后，再集诸书精粹，删繁就简，区分类聚而成。从有关材料看，《绪言》成书较早，《孟子字义疏证》系在其基础上加工完成当为定论，戴氏高足段玉裁非常明确地说："《孟子字义疏证》原稿名《绪言》，有壬辰（乾隆三十七年）菊月写本，程氏易田于丙申（乾隆四十一年）影抄。"[1] 至于《孟子私淑录》，因时人罕有见之者（连段玉裁对此书也一无所知），在 20 世纪 30 年代钱穆于北平书肆中得见清张海鹏照旷阁抄本以后，才受到学术界的关注，故其成书年代已不可考，它和《孟子字义疏证》的关系，只能通过对两书内容的排比以及时人有关论述进行推测。

在戴震研究儒家义理诸书中，《孟子字义疏证》毫无疑问是其代表作。戴震在乾隆四十二年（1777 年）四月四日（其去世前一月）给段玉裁的信中明确指出："仆生平论述最大者，为《孟子字义疏证》一书，此正人心之要。今人无论正邪，尽以意见误名之曰理，而祸斯民，故《疏证》不得不作。"[2] 又称："仆自十七岁时，有志闻道，谓非求之六经、孔孟不得；非从事于字义、制度、名物，无由以通其语言。为之三十余年，灼然知古今治乱之源在是。古人曰理解者，即寻其腠理而析之也；曰天理者，如庄周言依乎天理，即所谓'彼节者有间'也。古贤人圣人以体民之情，遂民之欲为得理。今人以已之意见不出于私为理，是以意见杀人，

1　段玉裁：《戴东原先生年谱》，乾隆三十七年条，商务印书馆，1929 年。

2　戴震：《与段茂堂等十札》，《戴震全书》第 6 册，黄山书社，1995 年。

咸自信为理矣。此犹舍字义、制度、名物，去语言、训诂，而欲得圣人之道于遗经也。”[1]故戴震之作《孟子字义疏证》乃系针对理学流弊而发。段玉裁论此书之写作时称:“盖先生（戴震）《原善》三篇、《论性》二篇既成，又以宋儒言性、言理、言道、言才、言诚、言明、言权、言仁义礼智、言智仁勇，皆非六经、孔孟之言，而以异学之言糅之，故就《孟子》字义开示，使人知‘人欲净尽，天理流行’之语病。所谓理者，必求诸人情之无憾而后即安，不得谓性为理。”[2]但也需指出：《原善》、《孟子私淑录》等书，虽非代表之作，但毕竟系独自成篇之专著，它们在许多方面和《孟子字义疏证》彼此辉映，互为补充，使戴震的义理观形成了一个以批判程朱正统学说为特征的思想体系。对戴震的哲学、汉学思想，笔者将在后面一章作专门分析，这里主要考察其伦理观念，特别是理欲观。

戴震的理欲观具有丰富的思想内涵，具体说来主要包括三个方面的内容：一是阐明理的真正含义，反对将理欲相对立；二是论证宋儒存理灭欲之说，系源于老庄释氏之言，与儒家圣贤思想相对立；三是提出遂欲达情的社会主张，主张建立一个能够满足人民正当人欲、人情要求的理想社会。

探寻理的真正含义，是戴震批判宋儒理欲观的基本入手处，故《孟子字义疏证》开篇即云:“理者，察之而几微必区以别之名也，是故谓之分理；在物之质，曰肌理，曰腠理，曰文理；得其分则有条而不紊，谓之条理。”[3]在《孟子私淑录》中，他更直截了当地指出:“举凡天地、人物、事为，不闻无可言之理者也。《诗》曰:‘有物有则’是也。就天地、人物、事为求其不易之则是谓理。”“就天地、人物、事为求其不易之则，以归于必然，理至

1　段玉裁：《戴东原先生年谱》，乾隆四十二年条，商务印书馆，1929年。
2　段玉裁：《戴东原先生年谱》，乾隆三十一年条，商务印书馆，1929年。
3　戴震：《理》，《孟子字义疏证》卷上，《戴震全书》第6册，黄山书社，1995年。

明显也。”[1] 也就是说，理就是万事万物本身所具有的基本法则，对理的含义，戴震在《绪言》一书中作了比较完整的论述：

> 凡物之质，皆有文理。灿然昭著曰文，循而分之，端绪不乱曰理。故理又训分，而言治亦通曰理。理字偏旁从玉，玉之文理也。盖气初生物，顺而融之以成质，莫不具有分理，则有条而不紊，是以谓之条理。以植物言，其理自根而达末，又别于干为枝，缀于枝成叶，根接土壤肥沃以通地气，叶受风、日、雨、露以通天气，地气必上接乎叶，天气必下返诸根，上下相贯，荣而不瘁者，循之于其理也。以动物言，呼吸通天气，饮食通地气，皆循经脉散布，周溉一身，血气之所循流转不阻者，亦于其理也，理字之本训如是。因而推之，举凡天地、人物、事为，虚以明夫不易之则曰理。所谓则者，匪自我为之，求诸其物而已矣。《诗》曰："天生烝民，有物有则；民之秉彝，好是懿德。"孔子曰："为此诗者，其知道乎！故有物必有则，民之秉彝也；故好是懿德。"理也者，天下之民无日不秉持为经常者也，是以云"民之秉彝"。凡言与行得理之谓懿德，得理非他，言之而是，行之而当，为得理；言之而非，行之而不当，为失理。好其得理，恶其失理，于此见理者，"人心之同然"也。[2]

自宋以来，理学家往往将理神秘化，认为理“如有物焉，得于天而具于心”，创造理气之说。在戴震看来，这实际上是引释老之说以就儒学，即“老氏之‘抱一’‘无欲’，释氏之‘常惺惺’，彼所指者，曰‘真宰’、曰‘真空’，而易以理字便为圣

1 戴震：《孟子私淑录》卷上，《戴震全书》第6册，黄山书社，1995年。
2 戴震：《绪言》卷上，《戴震全书》第6册，黄山书社，1995年。

学”[1]。和这种学风相反，戴震在研究理的含义的时候，刻意摆脱宋儒空虚玄谈之习，将其具体化，生活化。在他看来，理是实在的，是事物各自遵循的基本法则，它和所谓“天命”、“道体”并不存在必然联系。植物有植物之理，动物有动物之理，而对人类社会生活来说，所谓理就是“人伦日用尽乎其必然而已矣”。理是与人情、人欲密不可分的，即：“理也者，情之不爽失也；未有情不得而理得者也。”[2]戴震解释说：“凡有所施于人，反躬而静思之：‘人以此施于我，能受之乎？’凡有所责于人，反躬而静思之：‘人以此责于我，能尽之乎？’以我絜之人，则理明。天理云者，言乎自然之分理也；自然之分理，以我之情絜人之情，而无不得其平是也。”[3]这就将理变成了处理人与人之间关系的一个基本准则：“己所不欲，勿施于人。”

戴震剥除天理神秘外衣，将其具体化的目的，是为了论证人情、人欲的合理性。戴震指出：理并不反对人情，而是对人情的合理节制，“无过情无不及情之谓理”。理节制人情，但不与人欲相对立，儒家论理则“不出乎日用饮食而已矣；舍是而言理，非古圣贤所谓理也”[4]。

如何处理理欲之关系，直接决定了思想家所构建的道德学说体系之性质。和理学学说相对立，戴震认为，欲不可无，它是实现仁政，建立和谐社会秩序的重要基础。无欲，虽然能够消除不仁的现象，但与此同时，仁也失去了存在的前提，仁政、仁爱也就无从谈起。因为我们不能指望一个无欲之人，能以仁心对待他人。戴震说：“孟子言‘养心莫善于寡欲’，明乎欲不可无也，寡之而已。人之生也，莫病于无以遂其生，欲遂其生，亦遂人之生，

1　戴震：《理》，《孟子字义疏证》卷上，《戴震全书》第6册，黄山书社，1995年。
2　戴震：《理》，《孟子字义疏证》卷上，《戴震全书》第6册，黄山书社，1995年。
3　戴震：《理》，《孟子字义疏证》卷上，《戴震全书》第6册，黄山书社，1995年。
4　戴震：《理》，《孟子字义疏证》卷上，《戴震全书》第6册，黄山书社，1995年。

仁也。欲遂其生，至于戕人之生而不顾者，不仁也。不仁，实始于欲遂其生之心。使其无此欲，必无不仁矣。然使其无此欲，则于天下之人，生道穷促，亦将漠然视之。已不必遂其生，而遂人之生，无是情也。然则谓'不出于正则出于邪，不出于邪则出于正'可也；谓'不出于理则出于欲，不出于欲则出于理'不可也。欲，其物；理，其则也。不出于邪而出于正，犹往往有意见之偏，未能得理。"[1]

戴震在《孟子字义疏证·理》中，发挥汉学实证之所长，层层深入，论证了宋儒理欲观与佛道二家的密切联系。他说：

> 而宋以来之言理欲也，徒以为正邪之辨而已矣。不出于邪而出于正，则谓以理应事矣，理与事分为二而与意见合为一，是以害事。夫事至而应者，心也；心有所蔽，则于事情未之能得，又安能得理乎？自老氏贵于"抱一"，贵于"无欲"，庄周书则曰："圣人之静也，非曰静也善，故静也。万物无足以挠心者，故静也。水静犹明，而况精神，圣人之心静乎！夫虚静恬淡，寂寞无为者，天地之平，而道德之至。"周子《通书》曰："圣可学乎？曰：可。有要乎？曰：有。请问焉？曰：一为要。一者，无欲也。无欲则静虚动直。静虚则明，明则通，动直则公，公则溥。明通公溥，周通公溥庶矣哉。"此即老庄释氏之说。朱子亦屡言"人欲所蔽"，皆以为无欲则无蔽，非《中庸》"虽愚必明"之道也。[2]

戴震从纯洁儒学出发，从理论上论证存理灭欲之荒谬，而且从社会实践的角度，论证了这一理论给社会，给人心所带来的严

1 戴震：《理》，《孟子字义疏证》卷上，《戴震全书》第6册，黄山书社，1995年。
2 戴震：《理》，《孟子字义疏证》卷上，《戴震全书》第6册，黄山书社，1995年。

重危害。戴震指出：天理和人欲本来不存在非此即彼的关系，而宋儒将其完全对立，在实践中败坏人心风俗，危害社会之健康发展：“古之言理也，就人之情欲求之，使之无疵之为理。今之言理也，离人之情欲求之，使之忍而不顾之为理，此理欲之辨，适以穷天下之人尽转移为欺伪之人，为祸何可胜言也哉。”[1]戴震甚至认为，宋儒理欲观对社会之危害远甚于申韩等先秦异端思想，因为这种观念直接影响到了人们的日常生活，导致颠倒是非，强奸民意的黑暗现实。他说：

> 有生而愚者，虽无欲，亦愚也。凡出于欲，无非以生以养之事。欲之失为私，不为蔽。自以为得理，而所执之实谬，乃蔽而不明。天下古今之人，其大患，私与蔽二端而已。私生于欲之失，蔽生于知之失。欲生于血气，知生于心。因私而咎欲，因欲而咎血气；因蔽而咎知，因知而咎心，老氏所以言：“常使民无知无欲。”彼自外其形骸，贵其真宰，后之释氏，其论说似异而实同。宋儒出入于老释，故杂乎老释之言以为言。《诗》曰：“民之质矣，日用饮食”，《记》曰：“饮食男女，人之大欲存焉”。圣人治天下，体民之情，遂民之欲，而王道备。人知老庄释氏异于圣人，闻其无欲之说，犹未之信也。于宋儒，则信以为同于圣人，理欲之分，人人能言之。故今之治人者，视古贤圣体民之情，遂民之欲，多出于鄙细隐曲，不措诸意，不足为怪。而及其责以理也，不难举旷世之高节著于义而罪之。尊者以理责卑，长者以理责幼，贵者以理责贱，虽失，谓之顺；卑者、幼者、贱者以理争之，虽得，谓之逆。于是下之人不能以天下之同情、天下所同欲达之于上；上以理责其下，而在下之罪，人人不胜指数。人死

1　戴震：《权》，《孟子字义疏证》卷下，《戴震全书》第6册，黄山书社，1995年。

于法，犹有怜之者，死于理，其谁怜之？呜呼！杂乎老、释之言以为言，其祸甚于申、韩如是也。六经、孔、孟之书，岂尝以理为如有物焉，外乎人之性之发为情欲者，而强制之也哉？[1]

在《与某书》中，戴震更发出“后儒以理杀人”的悲愤呐喊：

呜呼！今之人其亦弗思矣！圣人之道，使天下无不达之情，求遂其欲而天下治。后儒不知情之至于纤微无憾是谓理，而其所谓理者，同于酷吏之所谓法，酷吏以法杀人，后儒以理杀人，浸浸乎舍法而论理，死矣，更无可救矣。圣贤之道德，即其行事。释老乃别有其心所独得之道德，圣贤之理义，即事情之至是无憾，后儒乃别有一物焉，与生俱生而制夫事。古人之学在行事，在通民之欲，体民之情，故学成而民赖以生。后儒冥心求理，其绳以理，严于商韩之法，故学成而民情不知，天下自此多迂儒，及其责民也，民莫能辨。彼方自以为理得，而天下受其害者众也。[2]

这就是说：在戴震看来，宋学的所谓理，实际上已经成为统治者愚弄、鱼肉民众的工具，成为理学家“以意见杀人”的武器。思想家的庄严使命，就是揭发道学家利用天理“以祸斯民”的阴险本质，破除宋儒理欲观念之蔽（戴震尝云：“儒者之学，将以解蔽而已矣”[3]），从基本伦理观念的角度，将人们从礼教束缚中解脱出来，这可以说是戴震理欲论的根本出发点。在给段玉裁的信

1 戴震：《理》，《孟子字义疏证》卷上，《戴震全书》第 6 册，黄山书社，1995 年。
2 戴震：《与某书》，《戴震集·文集》卷九，上海古籍出版社，1980 年。
3 戴震：《沈处士戴笠图题咏序》，《戴震集》卷一一，上海古籍出版社，1980 年。

中，戴震非常明确地阐述了自己这一思想，即理字关乎德行，关乎百姓生活，不可不辨。他说：

孟子辟杨、墨，曰“率兽食人，人将相食”，语告子曰“率天下之人而祸仁义”，两称“圣人复起，不易吾言”，皆承。“生于其心，害于事，害于政”。夫仁义何以祸斯民？观近儒之言理，吾不知斯民之受其祸之所终极矣。古人曰‘理解’者，即寻其腠理而析之也。曰“天理”者，如庄周言“依乎天理”，即所谓“彼节者有间”也。子贡问：“有一言而可以终身行之者？”子曰：“其恕乎？己所不欲，勿施于人。”《大学》“絜矩之道”，不过“所恶于上，毋以使下”云云，曰“所不欲”、曰“所恶”，指人之常情不堪受者耳。以己絜之人，则理明。孟子对齐王好货、好色，曰：“与百姓同之”，非权辞也。好货、好色，欲也。“与百姓同之”，即理也。后儒以理、欲相对，实杂老氏无欲之说，其视理、欲也，仅仅为邪、正之别。其言存理也，又仅仅为敬、肆之别，不知必敬、必正，而理犹未得。其言人欲所蔽，仅仅以为无欲则无蔽，不知欲也者，相生养之道也。能视人犹己则忠，以己推之则恕，忧乐于人则仁，出于正、不出于邪则义，恭敬不侮慢则礼，无差谬则智。曰忠恕，曰仁义礼智，岂有他哉？在常人为欲，在君子皆称懿德，使去欲而后一于理，是古贤人、圣人体民之情，遂民之欲，皆非也。况欲之失，为私不为蔽。自以为得理，而所执之理实谬，乃蔽而不明。圣人而下，罕能无蔽。有蔽之深者，有蔽之浅者，自谓蔽而不明者有几？问其人，曰圣矣乎？必不敢任。而讥其失理，必怒于心，是尽人不知己蔽也，昔人异于今人；一启口而曰理，似今人胜昔人。而吾谓昔人之胜今人，正在此。盖昔人斥之为意见，今人以不出于私即谓之理，由是以意见杀人，咸自信为理矣。

聊举一字言之，关乎德行、行事匪小。[1]

在清算宋儒理欲观的同时，戴震又从性命的角度，为人欲、人情的合理性进行辩护。戴震特别指出：孟子所谓性善，和宋儒所谓“性即理，理无不善”的主张具有原则区别。孟子所谓性善，不离人伦日用，即所谓“人之心知，于人伦日用，随在而知恻隐，知羞恶，知恭敬辞让，知是非，端绪可举，此之谓性善”。正是这种基于日常生活的原始向善心理，可以扩充为仁义礼智之懿德，如果按照宋儒存天理灭人欲的说法，“使饮食男女与夫感于物而动者脱然无之，以归于静，归于一，又焉有羞恶，有辞让，有是非？此可以明仁义礼智非他，不过怀生畏死，饮食男女，与夫感于物而动者之皆不可脱然无之，以归于静，归于一，而恃人之心知异于禽兽，能不惑乎所行，即为懿德耳。”[2]戴震总结说：

人之血气心知，原于天地之化者也。有血气，则所资以养其血气者，声、色、臭、味是也。有心知，则知有父子，有昆弟，有夫妇，而不止于一家之亲也，于是又知有君臣、有朋友；五者之伦，相亲相治，则随感而应为喜、怒、哀、乐。合声、色、臭、味之欲，喜、怒、哀、乐之情，而人道备。“欲”根于血气，故曰性也，而有所限而不可逾，则命之谓也。仁义礼智之懿不能尽人如一者，限于生初，所谓命也，而皆可以扩而充之，则人之性也。谓（性）犹云“藉口于性”耳；君子不藉口于性以逞其欲，不藉口于命之限之而不尽其材。后儒未详审文义，失孟子立言之指。[3]

1 戴震：《与段茂堂等第九札》，《戴震全书》第 6 册，黄山书社，1995 年。
2 戴震：《性》，《孟子字义疏证》卷中，《戴震全书》第 6 册，黄山书社，1995 年。
3 戴震：《性》，《孟子字义疏证》卷中，《戴震全书》第 6 册，黄山书社，1995 年。

在论及仁义礼智的时候，戴震特别强调说：仁义礼智绝不能像宋儒所说的那样，成为限制人性的苛刻礼教，相反，它只是对人类日常行为规则的一种概括而已，即："人道，人伦日用身之所行皆是也。在天地，则气化流行，生生不息是谓道；在人物，则凡生生所有事，亦如气化之不可已，是谓道。""古贤圣之所谓道，人伦日用而已矣，于是而求其无失，则仁义礼之名因之而生。非仁义礼有加于道也，于人伦日用行之无失，如是之谓仁，如是之谓义，如是之谓礼而已矣。"[1]

关于戴震对性、道、理、气的哲学论述，笔者将在第三章第一节作进一步分析，希望读者能将二者结合阅读。应该看到：戴震的理欲论，在一定程度上是建立在他对程朱世界观的哲学批判基础之上的，而他对程朱理学的哲学批判，特别是他对人的自然属性的精彩分析，又直接服务于他的理欲伦理观。

在批判宋儒理欲观，为人情、人欲辩护的同时，戴震提出了自己鲜明的社会主张，这就是建立一个达情遂欲的理想社会。戴震指出：合理的学术，合理的社会，合理的政治，有一个基本的原则，那就是尊重人的欲望，想方设法满足人的欲望。早在《原善》一书中，他就明确提出："去生养之道者，贼道者也。细民得其欲，君子得其仁。遂己之欲，亦思遂人之欲，而仁不可胜用矣；快己之欲，忘人之欲，则私而不仁。"[2] 在《孟子字义疏证》中，他更从自己的理欲观出发，集中阐发了以满足人民欲望为宗旨的新的社会观，即："天下之事，使欲之得遂，情之得达，斯已矣。"[3] 又说："古贤圣所谓仁义礼智，不求于所谓欲之外，不离乎血气心知。"[4]"仁者，生生之德也；'民之质矣，日用饮食'，无非人道

1　戴震：《道》，《孟子字义疏证》卷下，《戴震全书》第6册，黄山书社，1995年。

2　戴震：《原善》卷下，《戴震全书》第6册，黄山书社，1995年。

3　戴震：《才》，《孟子字义疏证》卷下，《戴震全书》第6册，黄山书社，1995年。

4　戴震：《性》，《孟子字义疏证》卷中，《戴震全书》第6册，黄山书社，1995年。

所以生生者。一人遂其生，推之而与天下共遂其生，仁也。”[1]“天下之事，使欲之得遂，情之得达，斯已矣。惟人之知，小之能尽美丑之极致，大之能尽是非之极致。然后遂己之欲者，广之能遂人之欲；达己之情者，广之能达人之情。道德之盛，使人之欲无不遂，人之情无不达，斯已矣。欲之失为私，私则贪邪随之矣；情之失为偏，偏则乖戾随之矣；知之失为蔽，蔽则差谬随之矣。不私，则其欲皆仁也，皆礼义也；不偏，则其情必和易而平恕也；不蔽，则其知乃所谓聪明圣智也。”[2]在论证自己的社会理想的时候，孟子带开明色彩的社会政治学说，成为戴震重要的理论武器。他说：“孟子告齐、梁之君，曰‘与民同乐’，曰‘省刑罚，薄税敛’，曰‘必使仰足以事父母，俯足以畜妻子’，曰‘居者有积仓，行者有裹粮’，曰：‘内无怨女，外无旷夫’，仁政如是，王道如是而已矣。”[3]

戴震以批判程朱，肯定人欲为特色的理欲观，在其学说思想体系中占有十分重要的地位，他尝对段玉裁说：“六书、九数等事，如轿夫然，所以舁轿中人也。以六书、九数等事尽我，是犹误认轿夫为轿中人也。”又说：“仆生平著述之大，以《孟子字义疏证》为第一，所以正人心也。”[4]

需要特别强调的是：戴震重视人欲，但并不主张纵欲，尤其反对私欲。他曾说：“欲，不患其不及而患其过。过者，狃于私而忘乎人，其心溺，其行慝，故孟子曰‘养心莫善于寡欲’。情之当也，患其不及而亦勿使之过。未当也，不惟患其过而务自省以救其失。欲不流于私则仁，不溺而为慝则义，情发而中节则和，如

1 戴震：《仁义礼智》，《孟子字义疏证》卷下，《戴震全书》第6册，黄山书社，1995年。

2 戴震：《才》，《孟子字义疏证》卷下，《戴震全书》第6册，黄山书社，1995年。

3 戴震：《理》，《孟子字义疏证》卷上，《戴震全书》第6册，黄山书社，1995年。

4 段玉裁：《戴东原集序》，《戴震集》附录，上海古籍出版社，1980年。

是之谓天理。”[1]不过，戴震对私欲的论证到此而止。对如何防止欲之太过，如何使“情发而中节”，他没有做进一步的深入论述。这不能不说是他理论体系的一大缺陷。

从理学理欲观之本意看，宋儒讲存理灭欲，并不是否定人的正常的基本需求。欲，主要指的是违反纲常伦理的私欲，这在理学名儒的著作中讲得十分清楚和透彻。而戴震对理学理欲观的理解，却将其极端化和片面化，他将存天理灭人欲的欲，解释为人的生存欲望，人的本能需求，这和程朱陆王所说的人欲具有本质的区别。因此，戴震对理学理欲观的批判，实际上有曲解理学之嫌，不足以服理学家之心。但这种批判，虽没有击中理学的要害，但却击中了理学宣传的要害，暴露了作为正统意识形态的理学在传播中所导致的严重社会弊端，揭露了理学所鼓吹的纲常礼教在实践中“以理杀人”的社会本质。可以说戴震对理学理欲观的批判，其社会价值大于学术价值。对明清时期的中国社会来说，对18世纪中国知识界来说，这种大胆的、尖锐的批判，能起到振聋发聩的作用，能起到推动思想解放的作用。

反观学术发展史，理学在性理观上（当然，绝不仅仅是性理观），确实受到了佛教和道教思想的明显影响，戴震将这一事实和盘托出，可以说是对理学思想体系的沉重打击。然而，在学术门户森严的传统社会，以“主一无适”相尚的理学家们无论如何是不能承认这种影响的。而戴震维护人欲，反对存理灭欲的思想观念，也不可能为正统儒士官僚所接受。所以无论是其在身前还是死后，其思想主张都不断受到一些学者的严厉攻击，围绕戴震理欲论而展开的争论也不时出现，比较典型的是戴震和彭绍升之间的论战。彭绍升虽系进士，但酷好佛学，“长斋佛前，仅未削发耳。而好谈孔孟程朱，以孔孟程朱疏证释氏之言，其见于著述也，

1　戴震：《答彭进士允初书》，《戴震集·文集》卷八，上海古籍出版社，1980年。

谓孔孟与佛无二道，谓程朱与陆王、释氏无异致”[1]。当他读完《原善》及《孟子字义疏证》二书，便按耐不住，专门致书戴震，对二书提出尖锐批评，尤其否定其理欲观。彭绍升说：

> 合观二书之旨，所痛攻力辟者，尤在“以理为如有物焉，得于天而具于心”，谓涉于二氏。先儒语病则不无，然外心以求理，阳明王子已明斥其非矣。将欲避“真宰”、“真空”之说，谓“离物无则，离形色无天性”，以之破执可也，据为定论，则实有未尽。以鄙意言之，离则无物，离天性无形色。何也？物譬之方员，则譬之规矩，未有舍规矩而为方员者也。舍规矩而为方圆，则无方员矣。形色譬之波，性譬之水，未有舍水而求波者也。舍水而求波，则无波矣。于此欠分明，则于《易》所谓“神”，《诗》所谓“上天之载”，皆将迁就以传吾之说，而先圣之微言滋益晦。其究也，使人逐物而遗则，徇形色，薄天性，其害不细；更望精思而详说之，幸甚。[2]

戴震在给彭绍升的复信中，对自己的学术观点作了详细辩护。他郑重指出：“程、朱以理为‘如有物焉，得于天而具于心’，启天下后世人人凭在己之意见而执之曰理，以祸斯民。更淆以无欲之说，于得理益远，于执其意见益坚，而祸斯民益烈。岂理祸斯民哉，不自知为意见也。离人情而求诸心之所具，安得不以心之意见当之，则依然本心者之所为。拘牵之儒，不自知名异而实不异，犹贸贸争彼此于名而辄蹈其实。敏悟之士，觉彼此之实无异。虽指之曰‘冲漠无朕’，究不得其仿佛，不若转而从彼之确有其物，因即取此以赅之于彼。呜呼！误图他人之貌者，未有不化为他人

1　段玉裁：《戴东原先生年谱》，乾隆四十二年条，商务印书馆，1929年。
2　彭绍升：《与戴东原书》，《戴震集》附录，上海古籍出版社，1980年。

之实者也。诚虚心体察《六经》、孔、孟之言，至确然有进，不惟其实与老、释绝远，即貌亦绝远，不能假托，其能假托者，后儒失之者也。是私心所期于足下之求之耳。”[1]

当戴震在世，对其学术思想，特别是义理观提出严厉批驳的除了彭绍升外，还有钱载、章学诚等人。钱载和戴震的争论主要集中在汉宋学术上，而章学诚对戴震的批判则主要是驳其学风，特别是其对朱子的态度。从有关材料看，章学诚对戴震理学思想的了解主要是与戴震的言辞交往，以及对戴氏有关著述所表现出的思想倾向的揣摩而得。章学诚（字实斋，关于其生平事迹，以及学术思想，笔者在后面一章将作分析）系浙东学术传人，但少门户之见，治学主张“学者不可无宗主，而必不可有门户”[2]，故其对程朱也颇尊重。至是见戴震有非议程朱之言，遂作《朱陆》以相责难。在实斋看来，东原学说源于朱子，而其议论竟诋斥程朱，实为“饮水而忘源”，并对戴震自矜己长，力饰其短的学风大加抨击。章学诚说：

> 古人著于竹帛，皆其宣于口耳之言也。言一成而人之观者，千百其意焉，故不免于有向而有背。今之黠者则不然，以其所长，有以动天下之知者矣。知其所短，不可以欺也，则似有不屑焉。徙泽之蛇，且以小者神君焉。其遇可以知而不必且为知者，则略其所长，以为未可与言也；而又饰所短，以为无所不能也。雷电以神之，鬼神以幽之，键箧以固之，标帜以市之，于是前无古人，而后无来者矣。天下知者少，而不必且为知者之多也；知者一定不易，而不必且为知者之千变无穷也；故以笔信知者，而以舌愚不必深知者，天下由

1　戴震：《答彭进士允初书》，《戴震集》卷八，上海古籍出版社，1980年。
2　章学诚：《内篇五·浙东学术》，《文史通义校注》卷五，中华书局，1994年。

是靡然相从矣。夫略所短而取其长，遗书具存，强半皆当遵从而不废者也。天下靡然从之，何足忌哉！不知其口舌遗厉，深入似知非知之人心，去取古人，任偏衷而害于道也。语云："其父杀人报仇，其子必且行劫。"其人于朱子盖已饮水而忘源；及笔之于书，仅有微辞隐见耳，未敢居然斥之也。此其所以不见恶于真知者也。而不必深知者，习闻口舌之间，肆然排诋而无忌惮，以谓是人而有是言，则朱子真不可以不斥也。故趋其风者，未有不以攻朱为能事也。非有恶于朱也，惧其不类于是人，即不得为通人也。夫朱子之授人口实，强半出于《语录》。《语录》出于弟子门人杂记，未必无失初旨也。然而大旨实与所著之书相表里，则朱子之著于竹帛，即其宣于口耳之言。是表里如一者，古人之学也。即以是义责其人，亦可知其不如朱子远矣，又何争于文字语言之末也哉。[1]

章学诚这篇文章作于戴震去世之前，故隐去东原姓名，虽对其学风、人品攻击不遗余力，但对戴氏"害道"之言却闪烁其词，语焉不详。及戴震下世，实斋又作《书朱陆篇后》，承认当年《朱陆》之作系针对戴震，以其"心术未醇，颇为近日学者之患，故余作《朱陆》篇正之"。"书后"对东原学术思想作了更加直截了当的批判，辞云：

戴君学术，实自朱子道问学而得之，故戒人以凿空言理，其说深探本原，不可易矣。顾以训诂名义，偶有出于朱子所不及者，因而丑贬朱子，至斥以悖谬，诋以妄作，且云："自戴氏出，而朱子侥幸为世所宗，已五百年，其运亦当渐替。"此则谬妄甚矣！戴君笔于书者，其于朱子有所异同，措辞与

1　章学诚：《内篇三·朱陆》，《文史通义校注》卷三，中华书局，1994年。

> 顾氏宁人、阎氏百诗相似，未敢有所讥刺，固承朱学之家法也。其异于顾、阎诸君，则于朱子间有微辞，亦未敢公然显非之也。而口谈之谬，乃至此极，害义伤教，岂浅鲜哉！或谓言出于口而无踪，其身既殁，书又无大抵牾，何为必欲摘之以伤厚道？不知诵戴遗书而兴起者尚未有人，听戴口说而加厉者，滔滔未已，至今徽歙之间，自命通经服古之流，不薄朱子，则不得为通人。而诽圣排贤，毫无顾忌，流风大可惧也。向在维扬，曾进其说于沈既堂先生曰：“戴君立身行己，何如朱子，至于学问文章，互争不释，姑缓定焉可乎？”此言似粗而实精，似浅而实深也。[1]

看来，实斋无论是在作《朱陆》前，还是在作“书后”时，都没有读过东原关于义理方面的著述，没有看到戴震对程朱学术无所顾忌的批判著述，以致指责戴氏对程朱心口不一，表里不[illegible]，“心术未醇”，对戴氏来说，可谓冤枉！至于实斋说戴震之学出于朱子，也未必准确。汉学之兴，诚然受到了“道问学”之影响，但落实到东原个人，其学问主要源于自己之摸索，至于其理欲观，则系戴氏自己之发明，和程朱一系截然对立。戴震非理学传人，学诚岂得以“饮水而忘源”相苛求？章学诚对戴震人品学风的攻击，恐怕还不是简单地源于思想观念方面的差异。我们知道，章戴二人早在乾隆三十八年（1773 年）就因对编纂地方志看法不同而反目，章学诚自述说：“乾隆三十八年癸巳夏，与戴东原相遇于宁波道署，冯君弼方官宁绍台兵备道也。戴君经术淹贯，名久著于公卿间，而不解史学；闻余言史事，辄盛气凌之。见余《和州志例》，乃曰：‘此于体例，则甚古雅，然修志不贵古雅。’余撰

1　章学诚：《书朱陆篇后》，《内篇三·朱陆》附录，《文史通义校注》卷三，中华书局，1994 年。

《汾州》诸志，皆从世俗，绝不异人，亦无一定义例，惟所便尔。夫志以考地理，但悉心于地理沿革，则志事已竟。侈言文献，岂所谓急务哉？”两人因此发生争执，以致戴震“拂衣径去”。此后，章学诚对戴震一直记恨，所著《文史通义》一书两次提及此事，对戴震肆意辱骂，言辞刻毒。称：“（戴震）其于史学义例、古文法度，实无所解，而久游江湖，耻其有所不知，往往强为解事，应人之求，又不安于习故，妄矜独断。如修《汾州府志》，乃谓僧僚不可列之人类，因取旧志名僧入于古迹。又谓修志贵考沿革，其他皆可任意，此则识解渐入庸妄，然不过自欺，尚未有心于欺人也。余尝遇戴君于宁波道署，居停代州冯君廷丞，冯既名家子，夙重戴名，一时冯氏诸昆从，又皆循谨敬学，钦戴君言，若奉神明。戴君则故为高论，出入天渊，使人不可测识。人询班、马二史优劣，则全袭郑樵讥班之言，以谓己之创见。又有请学古文辞者，则曰：‘古文可以无学而能。余生平不解古文辞，后忽欲为之而不知其道，乃取古人之文，反复思之，忘寝食者数日，一夕忽有所悟，翌日，取所欲为文者，振笔而书，不假思索而成，其文即远出《左》、《国》、《史》、《汉》之上。’虽诸冯敬信有素，闻此亦颇疑之。盖其意初不过闻大兴朱先生（指朱筠）辈论为文辞不可有意求工，而实未尝其甘苦。又觉朱先生言平淡无奇，遂恢怪出之，冀耸人听，而不知妄诞至此，见由自欺而至于欺人，心已忍矣。”姑且不论实斋这段记载是否可靠，单就其所载戴震论学之言分析，也很难得出戴氏在“自欺”或“欺人”的结论。实斋所论东原学术，偏激有余，公允不足，颇失史家风范，究其原因，大概在其以私心论人，“私则弊”，弊则不公[1]。

对戴震义理观提出明确批评的是翁方纲。翁方纲（1733~1818

1　章学诚：《外篇三·记与戴东原论修志》，《文史通义校注》卷八；《书朱陆篇后》，《内篇三·朱陆》附录，《文史通义校注》卷三，中华书局，1994 年。

年）[1]，直隶大兴人，字正三，号覃溪，乾隆二十年（1755 年）进士，曾官广东学政、江西学政、山东学政、鸿胪寺卿等职。乾嘉之际，翁方纲以博学多才著称，长于诗，对书画、金石、谱录、词章等均有研究，曾参与《四库全书》编纂。所著有《两汉金石记》、《复初斋文集》等。方纲为学喜言考订，但不拘于考订，“以衷于义理为归，一字一句，必求根据，不为汉宋门、户之见”[2]。然翁方纲所谓的义理，实际上就是理学家的天理。他虽不满于宋学之空疏，但对程朱所倡导的天理推崇备至。尝云：“我朝经学之盛，迈东汉，跨南宋者，以业富而理醇也。往古诸儒，至南宋洛闽之徒，义理日精，其理醇矣，而学未富，东汉马郑诸家，师承之富而理未醇。至我朝圣圣相承，稽古阐道，钦定诸经义疏，集条理之大成，实前古所未有，士生其间，研精正业，勿敢蹈于歧趋，是以今日儒林之目必以笃守程朱为定矩也”[3]。翁方纲对戴震恃才傲物，处事偏激，新入词馆即“斥骂前辈”不以为然[4]，后见戴震之义理著述，便拍案而起，作《理说驳戴震作》，就戴震关于理的阐释进行责难。辞云：

近日休宁戴震一生毕力于名物象数之学，博且勤矣，实亦考订之一端耳。乃其人不甘以考订为事，而欲谈性道以立

1　关于翁方纲的生年，《中国历史大辞典·清史（上）》载其生于乾隆三年者（即 1738 年）。然翁方纲尝云：“乾隆四十七年壬寅之秋，方纲五十初度之辰。”据此推算，翁方纲当生于 1733 年，即雍正十一年。徐世昌《大清畿辅先哲传》卷二三，《翁方纲》载：嘉庆十九年（1814 年），翁方纲时年 82 岁。以此前推，其出生在雍正十一年，与方纲自述相符。参阅翁方纲：《题先大夫手迹后》，《复初斋文集》卷三五，道光丙申开雕本，光绪丁丑重校，门人候官李彦卓校刊。

2　徐世昌：《翁方纲》，《大清畿辅先哲传》卷二三，北京古籍出版社，1993 年。

3　翁方纲：《与曹中堂论儒林传目书》，《复初斋文集》卷一一，《续修四库全书》本，商务印书馆，1935 年。

4　翁方纲：《与程鱼门平钱戴二君议论旧草》，《理说驳戴震作》附录；《考订论中之二》，《复初斋文集》卷七，《续修四库全书》本，商务印书馆，1935 年。

异于程朱，就其大要，则言理力诋宋儒，以谓理者是密察条析之谓，非性道统挈之谓，反目朱子“性即理也”之训，谓入于释老“真宰”“真空”之说，竟敢刊入文集，说理字至一卷之多，其大要则如此。其反复驳诘，牵绕诸语，不必与剖说也。惟其中最显者引经二处，请略申之。一引《易》曰“易简而天下之理得矣，天下之理得而成位乎其中矣”。试问《系辞传》此二语非即性道统挈之理字乎？成位乎其中者，谓《易》道也，则人之性即理无疑者也。对上“贤人之德”，“贤人之业”，则此句理字以人所具性道统挈言之，更无疑也。此处正承“天地定位”而言，《易》之成位乎其中，岂暇遽以凡事之腠理条理言耶？此不待辨而明者也。再则又引《乐记》“天理灭矣”。《乐记》曰：“人生而静，天之性也。感于物而动，性之欲也。物至知知，然后好恶形焉。好恶无节于内，知诱于外，不能反躬，天理灭矣”。此句天理对下人欲，则天理即上所云天之性也，正是“性即理也”之义。而戴震转援此二文以谓皆密察条析之理，非“性即理”之理，盖特有意与朱子立异，惟恐人援此二文以诘难之，而必先援二经语以实其密理条析之说，可谓妄矣。夫理者，彻上彻下之谓，性道统挈之理即密察条析之理，无二义也。义理之理，即文理、肌理、腠理之理，无二义也。其见于事治玉治骨角之理，即理官、理狱之理，无二义也。事理之理，即析理、整理之理，无二义也。假若专以在事在物之条析名曰理，而性道统挈处无此理之名，则《易·系辞传》“易简而天下之理得矣”，《乐记》“天理灭矣”，即此二文先不可通矣。吾故曰戴震文理未通也。[1]

应该说，翁方纲从考据的角度指出戴震义理著作在学术上

1　翁方纲：《理说驳戴震作》，《复初斋文集》卷七，《续修四库全书》本，商务印书馆，1935 年。

的严重不足，可以说击中了戴震的要害。戴震将《礼记·乐记》中“好恶无节于内，知诱于外，不能反躬，天理灭矣”，以及“人化物也者，灭天理而穷人欲者也”的天理说成是“自然之分理”显然是牵强的，与经典之本意并不吻合，说戴震有意歪曲经典也并不过分。但这一不足并非源于戴震“文理不通”，或学术功底不够，而是有其难言之隐：东原治学敢诋程朱，但不敢驳经典，敢斥宋儒，但不敢悖孔孟，不但不敢背叛，而且还不得不通过先儒经典证明自己学说思想的合理性，这就不可能不出现曲解、肢解先儒经义的情形。这可以说是戴震的悲剧，也是孔孟的悲剧。这类悲剧在中国思想史曾一次次上演，一直持续到清末，甚至更久！附带提一句，东原虽为汉学大家，但其学风并非一无可议。在其著述中，曲解经典有之，有意掩盖自己学术渊源者也有之，后人对东原人品学问提出质疑，未必尽是无稽之谈。有兴趣者不妨参见本书第三章《西学观》部分凌廷堪对戴震的批评。

继翁方纲批驳戴震以后，道光时方东树作《汉学商兑》，指责戴震：“由其私心本志，憎忌程朱，坚欲与之立异，故力辟求理之学”，认为“其所谓‘有志闻道’，欲‘求之六经、孔孟’者，特托为重言，以涂饰学人耳目，使人无疑其叛六经、孔孟耳。”[1] 唐鉴作《学案小识》，又对东原义理思想作了一番尖刻评论，唐鉴说：

先生故训之学也，而欲讳其不知义理，特著《孟子字义疏证》，乃至诋程朱为老为佛，谓理为我所本无，程朱言性即理也，其视性如人心中有一物，此即老氏之所谓无，佛氏之所谓空，稍变之而为此说，孟子无之。然孟子有曰仁义礼智

1　方东树：《汉学商兑》卷中之上，生活·读书·新知三联书店，1998 年。

根于心，先生有意匿之乎？抑并此句而忘之乎？大抵考据训诂可以明典章制度，不可以穷义理，典章制度非全无义理，特其外迹耳，特其末节耳。圣贤工夫全在明善复性，以不失乎天之所以予我者，而谓理为我所本无，是何言哉？[1]

耐人寻味的是：无论是实斋、方纲，还是彭绍升、唐鉴，尽管他们在戴震学风、人品，以及戴震对先儒经典的解析上挑三拣四，冷嘲热讽，但对东原义理观的核心（遂欲达情观，却始终没有提出有分量的批判，对东原对程朱理学的重要指控：程朱理欲观系杂老释之说而言之，也从未作出有说服力的正面回答。因此，他们的批判难以令戴震及其门徒信服。不过，对汉学和理学均深有研究的程晋芳却针对戴震等人的顺情之说，反诘说："所谓情者何也？使喜怒哀乐发皆中节，则依然情之本乎性者也。如吾情有不得已者，顺之勿抑之，则嗜欲横决非始于情之不得已乎？"[2] 应该说，程晋芳是以理学的本意（而不是根据俗儒的宣传）批驳顺情之说，更重要的是，他的批驳涉及了东原学说没有真正解决的问题，那就是人欲、人情需不需要进行合理的限制，如何限制。在任何时候，解放人性都不等于放纵人性，哲学家在论证人情、人欲之合理性的同时，也必须注意情欲异化的可能性，注意这种解放可能带来的新的极端倾向。否则，他的伦理体系就不能说是完整的。当然，不但戴震，18 世纪不少主张人性自由的激进思想家在这方面都论证不周，从而使自己的理论给人留下了较大的批评余地。

戴震去世后，曾发生洪榜和朱筠辩论之事。洪榜，字汝登，一字初堂，安徽歙县人。"生平学问之道服膺戴氏"。戴震《孟子

1　唐鉴：《休宁戴先生》，《学案小识》卷一四，《清代传记丛刊·学林类》，明文书局，1986 年。

2　程晋芳：《正学论三》，《勉行堂文集》卷一，嘉庆庚辰本堂藏版。

字义疏证》成书后，“当时读者不能通其义，惟榜以为功不在禹下”。及戴震去世，洪榜撰《东原行状》，行状中将戴震《答彭进士允初书》收入，这是篇集中反映戴震基本义理观的重要文章。曾任安徽学政的翰林院编修朱筠却说：“状中所载《彭进士书》可不必载，性与天道不可得闻，何图更于程、朱之外复有论说乎？戴氏所可传者不在此。”洪榜于是上书辩论，明确提出：“戴氏之学，其有功于《六经》、孔、孟之言甚大，使后之学者无驰心于高妙，而明察于人伦庶物之间，必自戴氏始也。”[1] 另有凌廷堪（关于凌廷堪其人其学，笔者在后面一章将作分析）对戴震之学说也予以高度评价，不过他在对理学的批判上比戴震走得更远。他一方面指出：《原善》、《孟子字义疏证》为“至道之书”，戴氏“理义”说“固先生晚年极精之诣，非造其境者，亦无由知其是非也，其书具在，俟后人定论云尔”[2]，但另一方面又认为戴震的理欲说没有触及理学之要害，“戴氏、著书专斥洛闽，而开卷仍先辨‘理’字，又借‘体’‘用’二字以论小学，犹若明若昧，陷于阱擭而不能出也”。在他看来，《论语》、《大学》均无理字，“‘理事’‘体用’阑入圣言，俱洛闽所倡”，理欲之辨，“不塞其源，徒遏其流，是亦后学者之过也。开门揖盗，反藉揖者而驱除之，深可慨也夫！”[3] 然而，凌廷堪关于理字的考证遭到唐鉴的嘲笑。唐鉴《学案小识》云：凌廷堪“诸说经之文俱有考核，惟复礼三篇谓穷理二字出于宋儒，则并夫子说卦传而忘之，亦大可异矣。”[4]

东原对程朱的批判在当时产生了重要影响，一时间在一些地方形成了批驳程朱之风气，章学诚所谓“听戴口说而加厉者，滔

1 江藩：《洪榜》，《汉学师承记》卷六，中华书局，1983 年。

2 凌廷堪：《戴东原先生事略状》，《校礼堂文集》卷三五，中华书局，1998 年。

3 凌廷堪：《好恶说下》，《校礼堂文集》卷一六，中华书局，1998 年。

4 唐鉴对凌廷堪的批评见《休宁戴先生》，《学案小识》卷一四，《清代传记丛刊·学林类》，明文书局，1986 年。

滔未已。至今徽歙之间，自命通经服古之流，不薄朱子，则不得为通人。而诽圣排贤，毫无顾忌，流风大可惧也”，即反映了当时戴氏攻朱所产生的明显社会效应。然在戴震朋友子弟中，真正懂得戴震理欲说的并不多见，像洪榜为将戴震《答彭进士允初书》收入行状，不惜与朱筠抗辩，戴震之子竟然将这篇文章从《行状》中删去，“今《行状》不载此书，乃东原子中立删之，非其意也”[1]。今天谈论此事，仍不免令人感慨良多。

降至嘉庆年间，戴震理欲说逐渐获得学术界的重视。时以“博闻强记，识力精卓，于学无所不通”，而享有“通儒”之誉的焦循[2]对东原理欲说公开表示赞同。焦循，生于乾隆二十八年(1763 年)，卒于嘉庆二十五年（1820 年)，字里堂，江苏扬州人。为学长于治经，“于经无所不治”，尤精于《周易》和《孟子》。焦循很明显受到了戴震思想的影响，并有所发展。在《易话》一书中，焦循较戴震更加大胆地将性直接落到人的物质欲望，指出：“性善之说，儒者每以精深言之，非也。性无他，食色而已。饮食男女，人与物同之。”[3]在《易通释》中，焦循强调:“率性由于通情，通乎人之情，则不拂人之性。”提出:“才者，能达其情于天下者也。才能达其情，而情乃可旁通，性命乃可各正。”[4]所著《孟子正义》，大量采用戴震《孟子字义疏证》的论述，不但吸取了戴震的理气观，而且承认戴震理欲论的合理性。焦循认为:“欲得民心，聚其所欲而与之。”[5]焦循指出:“天道，即元亨利贞之天道也。乾道变化，各正性命，保合太和，此天道也。通神明之德，使天

1　江藩：《洪榜》，《汉学师承记》卷六，中华书局，1983 年。

2　阮元：《通儒扬州焦君传》，《研经室二集》卷四，《四部丛刊初编》本，上海书店，1989 年。

3　焦循：《性善解一》，《易话》卷上，《焦氏遗书》，光绪丙子重刻版。

4　焦循：《性、情、才》，《易通释》卷五，《焦氏遗书》，光绪丙子重刻版。

5　焦循：《孟子正义》卷一五，中华书局，1987 年。

下各遂其口鼻耳目之欲，各安其仁义礼知之常，此圣人之于天道也。"[1] 显示出和东原相似的社会伦理和政治见解。焦循《读书三十二赞》对《孟子字义疏证》予以高度评价。辞云："性道之谈，如风如影；先生明之，如昏得朗；先生疏之，如示诸掌。人性相近，其善不爽；惟物则殊，知识罔罔。仁义中和，此来彼往；各持一理，道乃不广。以理杀人，与圣学两！"[2] 在《申戴》一文中，焦循说："东原生平所著书，惟《孟子字义疏证》三卷、《原善》三卷最为精善，知其讲求于是者，必深有所得。故临殁时，往来于心。则其所谓'义理之学可以养心'者，即东原自得之义理，非讲学家《西铭》、《太极》之义理也。"认为戴震"生平所得力，而精魄所属，专在《孟子字义疏证》一书"[3]。说焦循为戴震的隔世知音，当不过分。

18 世纪，在呼唤人性自由，批判宋儒理欲说上能和戴震媲美的是另一个杰出的思想家——袁枚。遗憾的是，学术界对袁枚的了解与袁枚对学术发展，特别是对中国思想发展的贡献比起来，要逊色得多。

第二节　袁枚的性情说及其伦理观

如果说 18 世纪中国知识界存在着一个真正的思想斗士，存在着一个全方位的反传统思想大师的话，那就是袁枚，尽管时人和今人往往将其矮化为一个著名诗人或以倡导性灵说而著称的文学批评家。

袁枚，生于康熙五十五年（1716 年），卒于嘉庆二年冬（1798

1　焦循：《孟子正义》卷二八，中华书局，1987 年。

2　焦循：《读书三十二赞·孟子字义疏征》，《雕菰楼集》卷六，《丛书集成初编》本，商务印书馆，1936 年。

3　焦循：《申戴》，《雕菰楼集》卷七，《丛书集成初编》本，商务印书馆，1936 年。

年）[1]，字子才，号简斋，一号存斋，浙江钱塘人，学者多称其为随园先生。袁枚出生于一个知识分子家庭，“父滨，绩学游四方，有声”[2]。然家境贫寒，“家徒四壁，日用艰难”[3]。然袁枚天资聪明，“幼有异禀”[4]，“十三岁入学，十五岁补廪”，颇受当地文士宿儒之赞赏[5]。乾隆元年（1736年），袁枚赴广西投奔在巡抚金铁府中做幕宾的叔父，“为《铜鼓赋》，援笔立就，不加点窜”，“合座称赏”[6]。金铁系镶白旗汉军人，在雍乾督抚中，以才能平庸著称，所谓“肝胆可用，识力未充，阅人无多，历事有限”，“自谓虚心，而实志高自恃之所从来，自谓特见，而实轻信浅尝所由出”[7]。时人责其“言躁而失实，志骄而气浮，失封疆大臣之体”，乾隆帝更斥其为“浅劣小才”[8]。然金铁颇有知人之明，且有爱才好士之风，他对袁枚杰出的文才赞赏不已。时清廷方开博学鸿词科，金铁遂以年甫弱冠的袁枚举荐。这是袁枚一生的转折点，“时海内举者二百余

1 关于袁枚生年，杨鸿烈《袁枚评传》（第13页，商务印书馆，1933年）谓其生于康熙五十四年，并称：“方浚师《随园年谱》作丙申（次年）三月初二日生，不知所据何书”。实际上，袁枚《小仓山房诗集》卷二十八，袁枚称：“余七龄上学，是康熙壬寅岁也”，据此前推，当在康熙五十五年。孙星衍所作《袁枚传》，姚鼐所作袁枚《墓志铭》，均称袁枚卒于嘉庆二年，年八十二。据此前推，袁枚生于康熙五十五年当为定论。另外，袁枚卒于嘉庆二年十一月十七日，换算成公历，即为1798年1月3日。孙星衍：《袁枚传》，《碑传集》卷一〇七，明文书局，1985年；姚鼐：《袁随园君墓志铭》，《惜抱轩全集》文集卷一三，中国书店，1991年。

2 《袁枚》，光绪《杭州府志》卷一四六。

3 袁枚：《随园老人遗嘱》，《小仓山房文集》卷前，《袁枚全集》第2册，江苏古籍出版社，1993年。

4 孙星衍：《袁枚传》，《碑传集》卷一〇七，明文书局，1985年。

5 关于袁枚少年读书情况，可参见袁枚：《随园老人遗嘱》，《小仓山房文集》卷前；方浚师：《随园先生年谱》，《袁枚全集》本附录一。

6 孙星衍：《袁枚传》，《碑传集》卷一〇七，明文书局，1985年；方浚师：《随园先生年谱》。

7 故宫博物院掌故部编：《鄂尔泰论金铁、张广泗折》，《掌故丛编》，中华书局，1990年。

8 《金铁》，《满汉名臣传续集》卷三。

人，枚年最少”，“一时名满日下”[1]。袁枚对金鉷的知遇之恩一直念念不忘，数十年后，还在其遗嘱中追述此事，说：当年自己为投奔叔父，“受尽饥寒”，“叔父一见怫然道：‘汝不该来。’我惶恐无措。不料次日引见金公，蒙国士之知，非常矜宠，留住三个月，保荐博学鸿词，送银一百二十金，遣人办装，护送至京。此六十年来，生平第一知己也”[2]。博学鸿词考试，袁枚落第。滞留京师，结识李绂、孙嘉淦诸名流。乾隆四年（1739年）成进士，改翰林院庶吉士。乾隆七年（1742年），因考试清文置下等，改外任。此后历任溧水、江浦、沭阳、江宁等县知县。袁枚为官，“终日坐堂皇，任吏民白事。有小讼狱，立判遣，无稽留者。多设耳目方略，集乡保询盗贼及诸恶少姓名，出所簿记相质正，使不能隐，则榜其姓名，许三年无犯湔雪之，奸民皆敛迹”。且善断疑案，以是深获人心，有“政若神明”之誉，以致“士人多以枚断狱事附会为小说”[3]。乾隆十三年（1748年），两江总督尹继善保荐袁枚为高邮州知州，部驳不准，袁枚不乐，遂引疾家居[4]。十七年（1752年），袁枚起复，以知县发陕西，不久，“丁父忧归，遂乞养母，不复出”[5]。从此，绝意

1 《袁枚》，《清史列传》卷七二，明文书局，1986年；《袁枚》，《文献征存录》卷六。

2 袁枚：《随园老人遗嘱》，《小仓山房文集》卷前，《袁枚全集》第2册，江苏古籍出版社，1993年。

3 孙星衍：《袁枚传》，《碑传集》卷一〇七，明文书局，1985年。

4 袁枚：《随园老人遗嘱》，《小仓山房文集》卷前，《袁枚全集》第2册，江苏古籍出版社，1993年。

5 《随园先生年谱》，乾隆十七年条。有的传记资料载袁枚第二次辞官是因与总督黄廷桂不融洽，如：“既而引疾家居。再起，发陕西，以知县用。上总督黄廷桂万余言，不省，寻丁父艰归，遂牒请养母。”《袁枚传》，《清史列传》卷七二；《国朝先正事略》卷四二《袁枚事略》也称：“既而引疾家居，再起，发陕西，与黄制军廷桂臭味差池，上书万余言，不省，寻乞病归。”袁枚上黄廷桂的万言书只有一次，估计是在乾隆十五年黄廷桂置办南巡差务之时，因为书的内容是指责黄廷桂为迎接乾隆帝南巡，“门征户罚”，科索扰民，认为黄廷桂“可以得小人，不可以得君子”，“可以治边防，不可以治中土”，察事“明于远而暗于近”，敬君“知其小而忘其大”，正是该书使二人关系龃龉，坚定了袁枚在十七年辞官的决心。《上两江制府黄太保书》，《小仓山房文集》卷一六。

仕进，于江宁小仓山下，修治随园，“拥书万卷，种竹浇花”[1]，吟诗会友，引导风流，成为东南上层名流之领袖。与袁枚颇有交往的王昶[2]描述其山居生活云：

> 得废圃于江宁小仓山下，疏泉架石，厘为二十四景，窗牖皆用五色琉璃，游人阗集。时吴越老成凋谢，子才来往江湖，从者如市。太邱道广，无论赀郎蠢夫，互相酬倡。又取英俊少年，著录为弟子，授以《才调》等集，挟之游东诸侯；更招士女之能诗画者共十三人，绘为授诗图，燕钗蝉鬓，傍花随柳，问业于前，而子才白须红舄，流盼旁观，悠然自得。亦以此索当途题句，于是人争爱之。所至延为上客，适馆授餐，而子才又择其精馔，汇作食单，梓以行世。故三十年中，扫门纳履，为向来名人所未有。[3]

在 18 世纪中国知识界中，袁枚确实是声名最盛的文人学者，“以诗文为海内所推六、七十年”（王鸣盛语）[4]。时人称：“尊党

1　钱泳：《耆旧·随园先生》，《履园丛话》卷六，中华书局，1979 年。

2　王昶是本书在后面还会多次提到的人物。生于雍正二年（1724 年），卒于嘉庆十一年（1806 年），字德甫，号述庵，以居兰泉书屋，学者称其兰泉先生。先世居浙江兰溪，后迁居江南青浦。乾隆十九年进士。历任内阁中书、大理寺卿、陕西按察使、云南布政使、刑部侍郎等职，乾隆五十八年以原品休致。王昶“治经与惠栋同深汉儒之学，《诗》、《礼》宗毛、郑，《易》学荀、虞，言性道则尊朱子，下及薛河津、王阳明诸家”（阮元：《诰授光禄大夫刑部右侍郎述庵王公神道碑》，《研经室集》二集卷三）。王昶精于文学，长于诗，于文学批评理论也多有建树。和袁枚颇有交往，但论学志趣不同。姚鼐尝谓学问之事，有三端：义理、考证、文章，“青浦王兰泉先生，其才天与之，三者皆具之才也”（姚鼐：《述庵文钞序》，《惜抱轩全集》文集卷四）。所著主要有《春融堂集》、《金石萃编》、《青浦诗传》、《湖海诗传》、《琴画楼词》、《续词综》等。

3　王昶：《袁枚》，《湖海诗传》卷七，嘉庆八年刻本。

4　王鸣盛：《随园先生八十寿序》，《随园八十寿言》卷一，《袁枚全集》第 6 册，江苏古籍出版社，1993 年。

耳目所及，海内名流，无若先生（袁枚）者矣！”[1]著名诗人蒋士铨更称袁枚“乃斯文命脉所关”，文章“海涵地负，岳峙渊停，为四五百年来第一作手”[2]。姚鼐在学术观念上和袁枚大相径庭，但对随园诗文仍予较高评价，对其社会影响也不轻加否定，谓：“君（袁枚）古文、四六体，皆能自发其思，通乎古法。于为诗尤纵才力所至，世人心所欲出不能达者，悉为达之，士多效其体。故《随园诗文集》，上自朝廷公卿，下至市井负贩，皆知贵重之。海外流（琉）球，有来求其书者。君仕虽不显，而世谓百余年来，极山林之乐，获文章之名，盖未有及君也。”[3]法式善描述随园著作在京城影响时说：“京中随园著作，家弦户诵。有志观摩者，无不奉为圭臬。凡一传记成，一诗成，其佳者辄谓‘此随园法也’，‘此随园格也’。南来人士，相晤于文酒宴会间，必曰‘吾随园受业弟子’，‘吾随园私淑弟子’。缙绅先生遂为之刮目。”[4]真所谓“有句共传天下口，无人不羡地行仙”[5]。

随园之名在皇室宗亲，高官显贵中颇为响亮。自幼被乾隆帝抚养宫中，成人后权倾一时的福康安在挥师迎击廓尔喀入侵时，

1 《答周漪香夫人·附周夫人原书》，《小仓山房尺牍》卷六，《袁枚全集》第 5 册，江苏古籍出版社，1993 年。

2 方浚师：《蒋太史答随园书二首》，《蕉轩随录》卷五，中华书局，1995 年。另外：蒋士铨，生于雍正三年（1725 年），卒于乾隆五十年（1785 年）（《清史列传》卷七二《蒋士铨传》谓其卒于乾隆四十九年，有误。这里据《清容居士行年录》订正。该年谱系蒋士铨作，其曾孙志伊补），字心余，一字苕生，号清容，晚号定甫，江西铅山人。乾隆二十二年进士，改庶吉士，散馆授编修，曾任顺天乡试同考官等职。二十九年乞假养母。乾隆四十三年赴京，四十六年令以记名御史补用，旋以病乞休，后卒于南昌。蒋士铨为乾隆时期著名诗人和戏曲家。其诗与袁枚、赵翼并称“江左三大家”。主要著述有《忠雅堂集》，另有杂剧、传奇 16 种。

3 姚鼐：《袁随园君墓志铭》，《惜抱轩全集》文集卷一三，中国书店，1991 年。

4 法式善：《答简斋先生书》，《续同人集·文类》卷四，《袁枚全集》第 6 册，江苏古籍出版社，1993 年。

5 顾澍：《赠随园太史》，《续同人集·投赠类》，《袁枚全集》第 6 册，江苏古籍出版社，1993 年。

还专门作诗寄赠袁枚，诗序以热情洋溢之辞表达自己对袁枚的景仰之情：

> 余自束发时，即耳闻随园名，知为当代作者；而南北相睽，不得一见，心辄向往。甲辰（即乾隆四十九年，1784年）春，扈从金陵，思一访随园。适奉命他往，遂不果。今又将十年矣。向见《随园诗话》、《新齐谐》二书，虽游戏之笔，而标新领异，已远胜《沧浪》、《虞初》诸书。携之行箧，把玩不置。兹来卫藏军事之暇，适补山相国（孙士毅）、瑶圃制军（奎林）咸共朝夕，谈次时及随园。和希斋大司空（和琳）携有《小仓山房全集》，因得读之。才气浩瀚，茫无津涯，快为目所未睹。余于役万里，征讨绝域，出青海而眄碣石，登昆仑以睇星宿；复过卫藏以西数千里，历古未通中国之地，殊形诡状，不可臆度。惟随园之才，庶几仿佛似之。窃以余髫年侍直禁廷，不及读中秘书；游历几遍天下，所过名山大川，竟未能著所闻见形之咏歌。读随园之诗，乃不禁怦然动也。闻补山相国（孙士毅）适有札复，缘附成四律以寄，亦以见倾倒之有素尔。[1]

和琳乃大学士和珅之弟，时任工部尚书，对袁枚更是推崇备至，称其为“当代龙门”，将随园之诗“日夕玩咏不辍”。和福康安一样，他虽和袁枚不曾相见，也特意赠诗“以志服膺之意”[2]。至清廷闲居之宗室成员，这时更纷纷与袁枚相交。如礼亲王世子檀樽主人（即昭梿）、裕亲王世子思元主人（即裕兴）对袁枚钦慕

1　福康安：《寄赠随园先生序》，《续同人集·投赠类》，《袁枚全集》第6册，江苏古籍出版社，1993年。

2　和琳：《寄赠随园先生序》，《续同人集·投赠类》，《袁枚全集》第6册，江苏古籍出版社，1993年。

备至，寄赠诗文，“使得附于所刻《同人集》、《诗话》等书之列，则瑞幸因先生而传”[1]。和同时代许多知识分子因尊崇汉学，潜心考据而负盛名不同，袁枚之被时人尊崇景仰，不单在其直率而富灵性的诗文创作，更在于他敢于冲破世俗束缚，潇洒自如的生活体验；不单在其鸿博深邃的学识与才智，更在于他独立自主的人格，大胆豪迈的思想追求。他是那么的聪明睿智，是那么的诙谐幽默，生活得是那么无拘无束，吐露感情是那么真诚率直，故在知识阶层（包括知识妇女）中，简直成为了风流的代表，自由的象征，思想解放的先锋。他以其独特的人格魅力和思想激情倾倒一时。和琳在给袁枚的信中颇动感情地说：

> 仆幼乏师傅，长稀友益。虽尝与古为徒，究竟一无所得。然以管窥豹，窃谓生人当如龙虎，变幻莫测。宋儒之为道拘，犹士大夫之为位拘也。读先生著作，想见先生为人。此仆之未曾谋面，而愿立雪者耳。[2]

袁枚于嘉庆二年以八十岁高龄去世，在遗嘱中吩咐其子不可循市井习气，请长者、贵人陪吊，“只择我生平相好三四人，开吊两日足矣”，并对自己的学说、思想在未来之前途与命运充满了信心，云：“千秋万世必有知我者。”[3]

在 18 世纪中国知识界，袁枚是最为杰出的博学之士，他是杰出的文学家，更是杰出的思想家。他对文学、哲学、政治、法律、人生等诸多方面，都进行了具有开创性的探讨。其中，他对传统

1　礼亲王世子檀樽主人：《上简斋先生书》；裕亲王世子思元主人：《寄随园主人书》，《续同人集·文类》卷一，《袁枚全集》第 6 册，江苏古籍出版社，1993 年。

2　和琳：《答随园先生书》，《续同人集·文类》卷一，《袁枚全集》第 6 册，江苏古籍出版社，1993 年。

3　袁枚：《随园老人遗嘱》，《小仓山房文集》卷前，《袁枚全集》第 2 册，江苏古籍出版社，1993 年。

伦理道德的批判，对人性自由的呼唤，在今天看来，仍具有十分重要的现实意义。

论清代文学批评者大多注重袁枚所倡导的性灵说，认为袁枚论诗“专取性灵”[1]。然而，如果我们对袁枚思想体系进行深入考察，就会发现，作为一种文学理论的性灵说，实际上是以他对传统伦理观念的系统批判为基础的。

和戴震通过批判宋儒理欲论为人情、人欲辩护相似，袁枚对传统伦理道德的批判是从辨析性、情的相互关系开始的。袁枚反对理学的尊性黜情以及复性说，他认为：情是性的实际体现，人性不同，情亦有别，将情与性相对立，脱离人情空谈人性，均为“阴染佛氏而不觉”。他在《书〈复性书〉后》一文中集中阐发了自己对性与情的见解。他说：

> 唐李翱，辟佛者也。其《复性书》尊性而黜情，已阴染佛氏而不觉，不可不辨。夫性，体也；情，用也。性不可见，于情而见之。见孺子入井恻然，此情也，于以见性之仁。呼尔而与，乞人不屑，此情也，于以见性之义。善复性者，不于空冥处治性，而于发见处求情。孔子之“能近取譬”，孟子之扩充“四端”，皆即情以求性也。使无恻隐羞恶之情，则性中之仁义，茫乎若迷，而何性之可复乎？孟子曰：“乃若其情，则可以为善。”《记》曰：“人情以为田。”《大学》曰：“无情者不得尽其辞。”古圣贤未有尊性而黜情者。喜、怒、哀、乐、爱、恶、欲，此七者，圣人之所同也。惟其同，故所欲与聚，所恶勿施，而王道立焉。己欲立立人，己欲达达人，而仁人称焉。习之以有是七者故情昏，情昏则性匿，势必割爱绝欲，而游于空。此佛氏剪除六贼之说也，非君子之言也。

1　钱泳：《谈诗·总论》，《履园丛话》卷八，中华书局，1979 年。

孔子曰："性相近，习相远。"继之曰"上智下愚不移"。性有上中下之分，斯情亦有上中下之别。见舟车焉，贤者曰可以"济人"，其次曰可以游息，不肖者曰可乘以作贼。见美色焉，贤者曰勿使怨旷，其次曰勿惑为戒，不肖者曰吾昵之而且鬻以取利。其情之动而不同者，皆随其性之昏明高下而流露者也。情何累性之有？

袁枚指出：情不可抑，虽圣人不可无情，"夫子之情，则无行不与矣。弗狃召则喜，馆人亡则悲，论战则惧，听《韶》则乐，思周公则梦，终其身循环于喜、怒、哀、惧、爱、恶、欲而不已也。尧举十六相，未必非喜；舜除四凶，未必非怒。喜怒不必为尧舜讳也"。在袁枚看来，复性与其说是"求无失其生初之理"，毋宁说是求情之所得达，离情而谈性，必然失之空，只有即情以求性，方能得性之真，而情之善恶有别，则又源于性之贤愚不同，故云性为体，情为用，"性不可见，于情而见之"。这就将理学的复性，变成了顺乎人性的达情，即所谓"夫水火，性也；其波流光焰，则情也。人能沃其流而扬其光，其有益于水火也大矣"[1]。

对于情与理的关系，袁枚明确指出"情在理先，圣人且以为田矣"[2]。并郑重指出："古之忠臣、孝子，皆情为之也。"[3]针对理学家所鼓吹的存理灭欲，袁枚揭露说："今之理学，半德行之伪者也。"[4]又云："宋儒分气质之性、义理之性，大谬。无气质，则义理何所寄耶？亦犹论刀者，不得分芒与背也，无刀背则芒亦无有

1　袁枚：《书〈复性书〉后》，《小仓山房文集》卷二三，《袁枚全集》第 2 册，江苏古籍出版社，1993 年。

2　袁枚：《上台观察书》，《小仓山房外集》卷四，江苏古籍出版社，1993 年。

3　袁枚：《随园诗话》卷三，第 41 条，人民文学出版社，1982 年。

4　袁枚：《答家惠纕孝廉》，《小仓山房尺牍》卷三，《袁枚全集》第 5 册，江苏古籍出版社，1993 年。

矣。”[1] 袁枚的所谓气质，也就是人情人欲。袁枚说：“情欲之感，圣人所宽。”[2] 批驳宋儒说：“宋儒以绝欲为至难，竟有画父母遗像置帐中，以自警者，以为美谈。而不知此与陈蕃所诛迁家圹中者何异！每阅书至此，为之欲呕。”[3] 在袁枚看来，情是人的天性，是自然而且必然的存在，脱离人情谈性，脱离人情谈理，都违背了圣贤学问之本意。

值得重视的是，袁枚对情、对欲的重视，具有强烈的现实针对性。他努力将自己的学术思想和清朝官僚政治之实际结合起来。从尊重人情的角度出发，袁枚认为朝廷用人行政，均需以“适情”、达情为准则，而不可悖乎人情。在《清说》一文中，袁枚明确提出，治理国家，必须以尊重人之情欲为基础。他说：

> 且天下之所以丛丛然望治于圣人，圣人之所以殷殷然治天下者，何哉？无他，情欲而已矣。老者思安，少者思怀，人之情也；而“老吾老以及人之老，幼吾幼以及人之幼”者，圣人也。“好货”、“好色”，人之欲也；而使之有“积仓”，有“裹粮”、“无怨”、“无旷”者，圣人也。使众人无情欲，则人类久绝而天下不必治；使圣人无情欲，则漠不相关，而亦不肯治天下。后之人虽不能如圣人之感通，然不至忍人之所不能忍，则絜矩之道，取譬之方，固隐隐在也。[4]

1　袁枚：《牍外余言》卷一，第 21 条，《袁枚全集》第 5 册，江苏古籍出版社，1993 年。

2　袁枚：《答杨笠湖》，《小仓山房尺牍》卷七，《袁枚全集》第 5 册，江苏古籍出版社，1993 年。

3　袁枚：《牍外余言》卷一，第 56 条，《袁枚全集》第 5 册，江苏古籍出版社，1993 年。

4　袁枚：《清说》，《小仓山房文集》卷二二，《袁枚全集》第 2 册，江苏古籍出版社，1993 年。

袁枚对那些以清为名，借清慎以营私利的伪道学尤其痛恨，他揭露说："自有矫清者出，而无故不宿于内；然后可以寡人之妻，孤人之子，而心不动也。一饼饵可以终日，然后可以浚民之膏，减吏之俸，而意不回也。谢绝亲知，僵仆无所避，然后可以固位结主，而无所踌躇也。己不欲立矣，而何立人？己不欲达矣，而何达人？故曰不近人情者，鲜不为大奸。"[1]

不难发现，袁枚关于情欲的理论，和戴震的思想具有相似性。他将情欲作为推行仁政，治理天下的基础，强调"己不欲立矣，而何立人？己不欲达矣，而何达人"，和戴震的有关见解，更是如出一辙。

针对当时不少官僚鼓吹崇俭去奢，袁枚特作《俭戒》一文，指出俭虽为美德，若官僚自矜其俭，则为凶德，若必欲强制之，使天下之人从俭，更是悖乎人情。他说：

> 某尚书抚浙，以俭率下。过三元坊，见圬者妻红袜，簪花，立而目公。公命将某妇诣辕前，驺拥之去。圬者故新娶也，号泣从之。伺辕三日，探刺不得信，乃弃其屋，并其妻之屋，得二十金，贿中军。中军为之请，公笑曰："吾几忘"。引妇之中庭，而高呼夫人。妇瞠视，俄而有蓬首持畚，衣七緵之布，从灶觚来者。曰："此夫人也。"已，公立妇而训之曰："夫人封一品，服饰如是。汝家圬者，而若是华妆，行见饥寒之将至矣。吾召见汝者，以立身教，俾语而夫知也。"饭脱粟而遣之。妇归已无家矣，乃雉经死。
>
> 袁子曰：俭，美德也，自矜其俭，便为凶德。蓼虫食苦而甘，彼自甘之，与人无与也。必欲率天下人而为蓼虫，悖

1　袁枚：《清说》，《小仓山房文集》卷二二，《袁枚全集》第2册，江苏古籍出版社，1993年。

矣！尚书亟表己之俭，故并戟辕之尊且严，而亦忘之，有所矜乎此者，必有所蔽乎彼也。故曰："克己之谓仁"。[1]

时任工部尚书的卫哲治曾劝袁枚"俭以养廉"，袁枚在复书中明确提出："人之好尚不能尽同"，不可一概而定，"奢俭之适情，亦犹食味之适口而已矣"。在袁枚看来，只要人们的生活方式没有脱离先王礼教之规范，奢俭尽可由人，政府和旁人不能干涉。而袁枚所谓的礼，与宋儒的存理灭欲之理完全不同，它不但反对过奢，也反对过俭，"非特奢于听者非礼也；其过俭之听，亦非礼也"。袁枚对卫哲治说："公为大臣，宜率天下归于礼，不宜率天下归于俭。若积俸钱以遗所不知谁何之人，而徒取朝廷倚赖之身，而恶衣恶食以僇苦之，是为子孙计，贪甚矣，而何俭焉？若曰非此恐清名不立，是为好名计，贪甚矣，而何俭焉？《檀弓》曰：'国奢则示之以俭。'今朝廷节用爱民，国未奢也，而公又何俭之示焉！"[2]

从尊重情欲的观点出发，袁枚对于世俗所谓行善积德不以为然。他认为，凡人之为善，应以发乎性情之自然为贵，若有积阴功之心，则非"达人"。袁枚说："人之为善，率性之谓道也。然孔子必观其所由，察其所安，然后谓之君子。若有心为日后因果之见，则所由不足观，所安不可察矣，尚得谓之君子哉？律载：过失杀人者不抵命，以其无心为恶，故不以为罪。然则有心为善，其得谓之功乎？"[3]

至于文人学者，在袁枚看来，赋诗作文和理政勤民一样，必

1　袁枚：《俭戒》，《小仓山房文集》卷一，《袁枚全集》第 2 册，江苏古籍出版社，1993 年。

2　袁枚：《答卫大司空书》，《小仓山房文集》卷一六，《袁枚全集》第 2 册，江苏古籍出版社，1993 年。

3　袁枚：《牍外余言》卷一，第 12 条，《袁枚全集》第 5 册，江苏古籍出版社，1993 年。

须以直抒胸臆，反映人之情感欲望为基础。即所谓“文以情生，未有无情而有文者”[1]。他说：

> 余最爱言情之作，读之如恒子野闻歌，辄唤奈何。录汪可舟《在外哭女》云：“遥闻临逝语堪哀，望我殷殷日百回。死别几时曾想到，岁朝无路复归来。绝怜艰苦为新妇，转幸逍遥入夜台。便即还家能见否？一棺已盖万难开。”《过朱草衣故居》云：“路绕丛祠鸟雀飞，依然门巷故人非。忆寻君自初交始，每渡江无不见归。问疾榻前才转盼，谈诗窗外剩斜晖。绝怜童仆相随惯，未解存亡欲扣扉。”沙斗初《经亡友别墅》云：“千石鱼陂占水乡，四时烟景助清光。弟兄不隔东西屋，宾主无分上下床。斗酒几番当皓月，题诗多半在修篁。今朝独棹扁舟过，回首前欢堕渺茫。”厉太鸿《送全谢山赴扬州》云：“生来僧祐偏多病，同住林宗又头期。两点红灯看渐远，暮江惆怅独归时。”王孟亭《归兴》云：“漫理轻装唤小舠，何缘归兴转萧骚。老来最怕临岐语，灯半昏时酒半消。”宗介帆《别母》云：“垂白高堂八十余，龙钟负杖倚门闾。泣惟张口全无泪，话到关心只望书。”某妇《送夫》云：“君且前行莫回顾，高堂有妾劝加餐。”[2]

也就是说，朋友之情、父子（女）之情、母子之情、夫妇之情，都是人类应该受到尊重的基本情感。他在《读〈胡忠简公传〉》一文中以激昂的态度表达了自己对人情的赞美和推崇，提出了人之真情“弥天塞地”，“迫不可遏”的基本主张。宋枢密院编修胡铨反对宋金议和，以《请斩秦桧疏》被谪徙广东。在广州胡铨因眷恋妓女黎倩，为朱熹所讥笑。袁枚特作此文，为胡铨辩护，

1 袁枚：《随园诗话补遗》卷七，第29条，人民文学出版社，1982年。
2 袁枚：《随园诗话》卷一〇，第82条，人民文学出版社，1982年。

明确表示自己将以胡铨为法。他说：

> （胡铨恋妓黎倩）即此可以见公之真也。从古忠臣孝子，但知有情，不知有名。为国家者，情之大者也；恋黎倩者，情之小者也。情如雷如云，弥天塞地，迫不可遏，故不畏诛，不畏贬，不畏人訾议，一意孤行，然后可以犯天下之大难。古之人苏武娶胡妇，关忠武请秦宜禄妻，袁粲八关斋与张淹私进鱼肉。彼其日星河岳之气，视此小节如浮云轻飔之过太虚。而腐儒矜矜然安座而捉搦之。譬凤皇（凰）已翔云霄，而莺鸠犹讥其毛羽有微尘，甚无谓也！不然，使公亦有顾前瞻后、谨小慎微之态，则当其上疏时，秦桧之威不在侂胄下，公岂不能学遁翁取数枝蓍草，自筮吉凶，以定行止哉！孟子曰："此之谓大丈夫。"微忠简，吾谁与归！[1]

袁枚大力提倡的在中国文学理论发展史占有重要位置的性灵说，实际上是以性情说为其理论基础的。性灵说强调"诗人者，不失其赤子之心者也"[2]，主张诗要反映人的真实感情，形成直率风趣的艺术风格。在这一文学理论中，表达真挚的感情始终是其核心。袁枚说："尝谓千古文章，传真不传伪。故曰：'诗言志。'又曰：'修词立其诚。'然而传巧不传拙，故曰：'情欲信，词欲巧。'又曰'神也者，妙万物而为言'。古之名家，鲜不由此。今人浮慕诗名而强为之，既离性情，又乏灵机。转不若野氓之击辕相杵，犹应《风》、《雅》焉。"[3]又云："诗家两题，不过"写景、言情"

1　袁枚：《读〈胡忠简公传〉》，《小仓山房续文集》卷三〇，《袁枚全集》第 2 册，江苏古籍出版社，1993 年。

2　袁枚：《随园诗话》卷三，第 17 条，人民文学出版社，1982 年。

3　袁枚：《钱玙沙先生诗序》，《小仓山房续文集》卷二八，《袁枚全集》第 2 册，江苏古籍出版社，1993 年。

四字。我道：景虽好，一过目而已忘；情果真时，往来于心而不释。孔子所云‘兴观群怨’四字，惟言情者居其三。若写景，则不过‘可以观’一句而已。”[1]“诗者由情生者也。有必不可解之情，而后有必不可朽之诗。”[2]

在人的各种情感中，作为人类社会永恒话题的男女关系是袁枚最为关注的。原因很简单，鼓吹男女授受不亲是理学存理灭欲最主要的内容之一。而礼教对人性、对人情的束缚，在实际生活中也主要通过对男女交往的限制，对妇女的严密精神控制体现出来。思想家们要反对礼教束缚，要冲破传统的思想枷锁，要实现人性的自由，就必须向男女之别宣战，就必须为提高妇女地位而奋斗。也就是说，爱的自由，妇女的解放，是实现人类自由的最基本的环节之一。不管历史上追求个性自由的思想家们在理论上是否认识到这一点，但在具体的理论探索中，他们都会或多或少地，自觉或不自觉地向这个方向迈进，而袁枚是其中的杰出代表。赞美男女之间的纯真感情，主张男女自由结合，要求提高妇女地位，构成了袁枚伦理思想之主要内容。程晋芳曾以袁枚集内“缘情之作”太多，劝其删节，称：“以君之才之学，何必以白傅（白居易）、樊川（杜牧）为自累。”袁枚为自己辩解说：“白傅、樊川，唐之才学人也。仆景行之，尚恐不及；而足下乃以为规，何其高视仆卑视古人耶！足下之意，以为我辈成名必如濂、洛、关、闽而后可耳。然鄙意以为得千百伪濂、洛、关、闽，不如得一二真白傅、樊川。以千金之珠，易鱼之一目，而鱼不乐者，何也？目虽贱而真，珠虽贵而伪故也。”袁枚进一步分析说：

情所最先，莫如男女。古之人，屈平以美人比君，苏、

1 袁枚：《随园诗话补遗》卷一〇，第3条，人民文学出版社，1982年。

2 袁枚：《答蕺园论诗书》，《小仓山房续文集》卷三〇，《袁枚全集》第2册，江苏古籍出版社，1993年。

李以夫妻喻友，由来尚矣。即以人品论，徐摛善宫体，能挫侯景之威。上官仪词多浮艳，尽忠唐室。致光《香奁》，杨、刘昆体，赵清献、文潞公亦仿为之，皆正人也。若夫迂袭经文，貌为理语者，虽未尝不窜名儒林，然非顽不知道，即窳不任事，赃私谄谀，史难屈指。白傅、樊川耻之，仆亦耻之。人能改过自佳，然必深知其非，有所不安于心，而后从谏如流，非可随声附和。缘情之作，纵有非是，亦不过《三百篇》中"有女同车"，"伊其相谑"之类，仆心已安矣，圣人复生，必不取其已安之心而掉罄之也。宋儒责白傅杭州诗忆妓者多，忆民者少。然则文王"寤寐求之"，至于"转展反侧"，何以不忆王季、太王而忆淑女耶？孔子厄于陈、蔡，何以不思鲁君而思及门弟子耶？沈朗又云："《关雎》言后妃，不可为《三百篇》之首"，故别撰尧舜诗二章，然则《易》始《乾》、《坤》，亦阴阳夫妇之义，朗又将去《乾》、《坤》而变置何卦耶？此种谰言，令人欲殴。[1]

在全面肯定情的合理性之基础上，袁枚公开以"好色"自居，并为好色者辩解翻案。他说："惜玉怜香而不动心者，圣也；惜玉怜香而心动者，人也；不知玉不知香者，禽兽也。人非圣人，安有见色而不动心者？其所以知惜玉而怜香者，人之异于禽兽也。世之讲理学者，动以好色为戒；则讲理学者，岂即能为圣人耶？伪饰而作欺人语，殆自媲于禽兽耳！世无柳下惠，谁是坐怀不乱？然柳下惠但曰'不乱'也，非曰'不好'也。男女相悦，大欲所存；天地生物之心，本来如是。卢杞家无妾媵，卒为小人；谢安挟妓东山，卒为君子。好色不关人品，何必故自讳言哉？"[2]故他

1　袁枚：《答蕺园论诗书》，《小仓山房续文集》卷三〇，《袁枚全集》第2册，江苏古籍出版社，1993年。

2　蒋敦复：《随园轶事·说好色》，《袁枚全集》第8册，江苏古籍出版社，1993年。

反复强调:“好色不必讳，不好色尤不必讳。人品之高下，岂在好色与不好色哉？文王好色，而孔子是之；卫灵公好色，而孔子非之”。一句话，好色与否，不应当成为衡量人品，臧否人物的标准[1]。

随园好色，绝非如世俗纨绔一味追求放纵淫乱，而是基于对男女之间自然感情的承认，对女性的真挚赞美。袁枚说:“见美色而不赞，食美味而不甘，所谓无是非之心，非人也。见美色而逾东家墙，食美味而紾兄之臂，所谓无羞恶之心，非人也。”[2]可见，袁枚将好色与淫乱是严格区分的。对当时士大夫中存在的狎妓之风，袁枚拒不附从，坚辞不赴妓席，其主要理由是妓席上男女交往，并非源于两性间真正的相互悦慕，而是充斥着虚伪。有人指责他不赴妓席系习染道学习气，袁枚辩解说：

> 今我素非庄士，先存好色之心，欣欣然而来，不料一登妓席，被其恶状阻兴，使顷刻间意不得不诚，心不得不正，终席间，如对严师，如是则苦矣。近日秦淮画舫之游，乐少苦多，以故称贞缩屋，实非本怀。不特此也，缠头之费，或言与其赏此辈，不如赈贫穷，此说良迂。然亦必发于中心之所愿，而后挥金如土，亦所甘心。若方且唾之弃之厌之之不暇，而勉强挥霍，应酬主人之情，粉饰家僮之耳目，势必先吝后悔，胸中作数日恶。况我辈缠头，自知不丰，不得不虚词褒赞，佯相附会，断不忍在此等地方，作史鱼之直，面加贬词。于是像做枯窘题一般，无中生有，面目丑则夸其身段，肌理恶则誉其风神。费一片苦心，造几句浮誉，仔细思量，

1 袁枚：《答杨笠湖》，《小仓山房尺牍》卷七，《袁枚全集》第 5 册，江苏古籍出版社，1993 年。

2 袁枚：《牍外余言》卷一，《袁枚全集》第 5 册，江苏古籍出版社，1993 年。

转不如仍作州县官，巧言令色，奉承上官矣。[1]

论及好色，和袁枚其他思想主张一样，袁枚大力提倡独立思考："凡有真好者，必有独得之见，不肯随声附和。"[2]对社会上广为流行，戕害妇女肢体的缠脚陋习，袁枚多次予以谴责。他说："李后主使窈娘裹足，作新月之形，相传为缠足之滥觞，然后主亡国之君，娇揉造作，何足为典要？今人每入花丛，不仰观云鬟，先俯察裙下，亦可谓小人之下达者矣。""今之习尚，固有火化其父母之骸以为孝者，遂有裹小其女子之脚以为慈者，败俗伤风，事同一例。"[3]又说："习俗移人，始于熏染，久之遂根于天性，甚至饮食男女，亦雷同附和，而胸无独得之见，深可怪也。烟草的是何味？女子足小有何佳处，而举世趋之若狂？吾以为戕贼儿女之手足以取妍媚，犹之火化父母之骸骨以求福利也。悲夫！"[4]

对明清之际礼教束缚妇女人性自由，袁枚是深有感触的，袁枚的三妹袁机就是礼教的牺牲品。袁机，字素文，"幼好读书，既长，益习于诵"。自幼许配给如皋高氏之子，是子"渺小，偻而斜视，躁戾佻险，非人所为"。高氏曾如实告诉袁机："婿非疾也，有禽兽行"，"不可以婚，愿以前言为戏"。而袁机"闻如不闻，竟适高氏"。嫁到高家以后，袁机备受折磨。袁枚追述说：高氏子"见书卷怒，妹自此不作诗；见女工又怒，妹自此不持针黹。索奁具为狎邪费，不得则手掐足踆，烧灼之毒毕具"。高氏子后来因赌博输钱，竟"将负妹而鬻"。在这种情况下，袁家"讼之官而绝

1　袁枚：《辞妓席札》，《小仓山房尺牍》卷六，《袁枚全集》第 5 册，江苏古籍出版社，1993 年。

2　袁枚：《答人求娶妾》，《小仓山房尺牍》卷五，《袁枚全集》第 5 册，江苏古籍出版社，1993 年。

3　袁枚：《答人求娶妾》，《小仓山房尺牍》卷五，《袁枚全集》第 5 册，江苏古籍出版社，1993 年。

4　袁枚：《牍外余言》卷一，《袁枚全集》第 5 册，江苏古籍出版社，1993 年。

之”。袁机“自离婿后，长斋，衣不纯彩，不髲剃，不闻乐，有病不治，遇风辰花朝，则背人而泣”。及高氏子死，袁机亦病，旋卒，年仅四十[1]。袁枚在《祭妹文》中悲愤地说：“汝以一念之贞，遇人仳离，致孤危托落，虽命之所存，天实为之。然而累汝至此者，未尝非予之过也。予幼从先生授经，汝差肩而坐，爱听古人节义事。一旦长成，遽躬蹈之。呜呼！使汝不识《诗》、《书》，或未必艰贞若是。”[2]家人的悲剧，促使袁枚更加注意妇女问题，更勇于为改善妇女地位而呐喊。他曾专门作文，引经据典，论证女子改嫁古已有之，符合人情，虽圣贤之家不免，后人不必引以为耻。他说：

> 《礼》有同母异父之服，继父同居者，服齐衰。三代以上，妇人改嫁不以为非。《凯风》一篇，卫有七子之母，不安其室，而孟子以为小过。卫共姬有《柏舟》之诗，先儒谓之守义，不谓之守礼。子思之母改嫁于卫之庶氏。韩昌黎之女先适李汉，后适樊宗懿，人疑改适时昌黎已亡。范文正公之子妇先嫁纯礼，后适王陶，陶即公之门生也。时文正尚居相位，而孀妇改适不以为嫌。所立义庄，有给孀妇改嫁之费。公母谢氏改适范氏，以公贵封吴国太夫人。唐相权文公之女嫁独孤郁，以得佳婿，至于天子动色相羡，其实嫠也。薛居正妻柴氏，移赀改嫁张齐贤，白敏中意欲夺之，一名贤，一名相也。明王端肃公恕亦娶陈郎中妻于服中，封一品夫人。惟隋开皇十六年诏官员九品以上夫亡妻不许嫁，五品以上夫亡妾不许改嫁。《宋史·宗室传》汝南王允让最贤，为大宗

1 袁枚：《女弟素文传》，《小仓山房文集》卷七，《袁枚全集》第2册，江苏古籍出版社，1993年。

2 袁枚：《祭妹文》，《小仓山房文集》卷一四，《袁枚全集》第2册，江苏古籍出版社，1993年。

正，奏宗妇年少丧夫，虽无子不许嫁非人情，请除其例。

唐时公主再嫁者二十三：高祖女四，太宗女六，中宗女二，睿宗女二，玄宗女八，肃宗女一。三嫁者四：高宗女一，中宗女一，玄宗女一，肃宗女一。详见《新唐书·公主传》。书之史册，不以为耻。宋秦国大长公主初适米德福，再适高怀德。荣德帝姬初适曹晟，再适习古国王。《宋史·公主传》惟此二人。[1]

著名学者洪亮吉曾致书袁枚，称礼教推行，“今人风俗，有厚于古者”，并以妇女不再嫁为佐例。袁枚反驳说：古礼确实不如后世严密，但却符合人情之自然，有益于世道人心。后世礼教森严，但因其违背人情而致虚伪：“大抵古礼疏，疏皆有故；今礼密，密乃虚行。古礼随其人之自致，故人多朴而真；今礼强之使行，非其所愿，故人多文而伪。”袁枚特别指出：不可将妇女能否改嫁，作为判断风俗好坏之标准，“夫女子从一而终，周公亲赞《周易》者也，开国时制礼作乐，何难申严此意，悬之象魏哉！所以无闻焉者，圣人宁过于仁，毋过于义，有深意存焉。后世没其义，而大为之防。从此内有怨女，外有旷夫，闺门黯昧之间，有不忍言者，然后知古人阔略处，似宽而实严，非后世龌龊小儒所能置议。”[2]

在论证妇女应该有改嫁自由的同时，袁枚又通过小说等形式贬责丈夫负妻再娶者。《子不语》就有这样一个故事：

杭城仙林桥东徐松年，开铜店。年三十二，骤得瘵疾。

1　袁枚：《改嫁》，《随园随笔》卷一三，《袁枚全集》第5册，江苏古籍出版社，1993年。

2　袁枚：《再答稚存》，《小仓山房尺牍》卷五，《袁枚全集》第5册，江苏古籍出版社，1993年。

越数月，疾渐剧。其妻泣曰："我有两儿俱幼，君或不讳，我不能抚。我愿祷于神，以寿借君。君当抚儿，待其长娶媳可以成家，君不必再娶矣。"夫许之。妇投词于城隍，再祷于家神。妇疾渐作，夫疾日瘳。浃岁而卒。

松年竟违其言，续娶曹氏。合卺之夕，床褥间夹一冷人，不许新郎交接，新妇惊起。盖前妻附魂于从婢以闹之也，口中痛责其夫。共寝五六月，齐祷不灵，松年仍以瘵殁。[1]

主张男女自由结合是袁枚的重要思想主张。在《续子不语》中，他公开宣称淫罪冥责甚轻，不遭重谴。他借阎王殿判官之口说："男女帏簿不修，都是昏夜间不明不白之事，故阳间律文载捉奸必捉双，又曰非亲属不得擅捉。正恐黯昧之地，容易诬陷人故也。阎罗王乃尊严正直之神，岂肯伏人床下而窥察人之阴私乎？况古来周公制礼以后，才有妇人从一而终之说，试问未有周公以前，黄农虞夏一千余年，史册中妇人失节者为谁耶？"[2]在《子不语·全姑》中，他讲述了这样一个故事：美貌姑娘全姑，因与邻生私通，被"自负理学名"的县令严刑杖责，发卖为妾。此事不得人心，时人斥责说："所犯风流小过，何必如是？"该县令后竟遭报应而死[3]。在《子不语·妓仙》中，袁枚塑造了一个得道成仙的妓女谢琼娘的形象，通过她的口，提出男女相爱，不过天地生物之心，淫媟即使违背世俗礼教，也不比人间他罪更难忏悔。辞云：

苏州西碛山后有云隘峰，相传其上多仙迹，能舍身而上

1　袁枚：《负妻之报》，《子不语》卷二二，《袁枚全集》第4册，江苏古籍出版社，1993年。

2　袁枚：《淫谄二罪冥责甚轻》，《续子不语》卷一〇，《袁枚全集》第4册，江苏古籍出版社，1993年。

3　袁枚：《全姑》，《子不语》卷一六，《袁枚全集》第4册，江苏古籍出版社，1993年。

不死即得仙。有王生者，屡试不第，乃抗志与家人别，裹粮登焉。再上，得平原，广百亩许。云树蓊郁中，隐隐见悬崖上有一女子，衣装如世人，徘徊树下。心异之，趋而前，女亦出林相望。迫视，乃六七年前所狎苏州名妓谢琼娘也。彼此素相识，女亦喜甚，携生至茅庵。庵无门，地铺松针，厚数尺，履之绵软可爱。女云："自与君别后，为太守汪公访拿，褫衣受杖，臀肉尽脱。自念花玉之资，一朝至此，何颜再生人间？因决计舍身。辞别鸨母，以进香为词，至悬崖奋生掷下，为萝蔓纠缠得不死。有白发老妪，食我以松花，教我以服气，遂不知饥寒。初犹苦风日，一岁后，霜露风雨都觉无怖。老母居前山，时相过从，昨老母来云：'今日汝当与故人相会。'以故出林闲步，不意获见君子。"因问："汪太守死否？"生曰："我不知，卿仙家，亦报怨乎？"女曰："我非汪公一激，何能至此！当感不当报。但老母向我云：'偶游天庭，见杖汝之汪太守，被神笞背数其罪。'故疑其死。"生曰："妓不当杖乎？"女曰："惜玉怜香而心不动者，圣也；惜玉怜香而心动者，人也；不知玉不知香者，禽兽也。且天最诛人之心，汪公当日为抚军徐士林有理学名，故意杀风景以逢迎之，此意为天所恶。且他罪多，不止杖妾一事。"生曰："我闻仙流清洁，卿落平康久矣，能成道乎？"女曰："淫媟虽非礼，然男女相爱，不过天地生物之心。放下屠刀，立地成佛，不比人间他罪难忏悔也。"[1]

对被道学家视为伤风败俗的娼妓，袁枚也有自己的独到见解。他虽不赴妓席，但对妓女本身抱着深切的同情态度，并不以其地

1　袁枚：《妓仙》，《子不语》卷一一，《袁枚全集》第4册，江苏古籍出版社，1993年。

位卑贱而鄙视之，妓女中能使其“倾心”者，他也乐于交往。袁枚认为娼妓的存在有其自身的客观原因：这就是在礼教的严格束缚下，人的情欲无法得到正常满足，以致内有怨女，外有旷夫，在这种情况下，娼妓的出现就成为必然，而且具有一定的存在价值，不可将其简单否定。在《答杨笠湖》书中，他阐发了自己对娼妓现象的看法，公开提出“伪名儒，不如真名妓”：

> 夫人世之有娼妓，犹人世之有僧道；仆不喜二氏家言，独不厌僧道，何也？盖欧公之《本论》不能行，则昌黎之《原道》终为虚说。先王之世，蚕桑纺绩，周礼化行，内无怨女，外无旷夫，其时安得有娼妓哉？春秋礼教衰，民无恒产，南宫万奔陈，陈使妇人饮之酒而缚之，此妇人即妓者滥觞。管子设女闾三百，待天下之贤者；越王使罢女为士缝袵，皆有苦心作用，并非得已。曾过邯郸，见人题壁云：“但使桑麻都遍野，肯教行露夜深来？”立言深厚，最知政体。大抵情欲之感，圣人所宽。周初南国诸侯，沐文王之化，尚有“有女怀春，吉士诱之”者，其后采兰赠芍，相习成风。凯风之母，七子而犹嫁，孟子以为小过。倘使季恒子虽受女乐，而三日犹朝，即孔子亦不去也。二千年来，娼妓一门，历明主贤臣，卒不能禁，亦犹僧道寺观，至今遍满九州，亦未尝非安置闲民之良策。

对堕入风尘中的女子，袁枚深怀同情之心，认为真正好色者不可像一些伪道学那样，故作鄙夷，自视清高。他对杨笠湖说：“有娼妓以分其类，则良贱别矣。既有其类，便有出乎其类者。谚云：‘行行出君子。’妓中有侠者，义者，能文者，工伎艺者，忠国家者，史册所传，不一而足。女不幸坠落，蝉蜕污泥，犹能自立，较之□孔孟而行盗跖者胜，即较之曹涂、李志，淹淹如泉下人者亦胜。苟为不熟，不如稊稗；伪名儒，不如真名妓。若果有其人，足下秉彝之好，当乐闻，不当厌闻。古之忠臣孝子，皆廓落自喜，不矜细行，目中有妓何妨？心中有妓亦何妨？”[1]

作为 18 世纪知识界的领袖人物，袁枚积极支持妇女学习知识，特别是诗文写作，并公开招女弟子“授诗”，故时有随园女弟子名目。嘉庆元年（1796 年），袁枚曾将自己编辑的《随园女弟子诗选》交汪谷刊印，汪谷为之作序云：

> 兑为少女，而圣人系之以朋友讲习；离为中女，而圣人系之文明以丽乎正。《葛覃》、《卷耳》首冠《三百篇》，女子之能诗，宜也。圣朝文教昌明，坤贞协吉，名门大家，皆沐《二南》之化。随园先生风雅所宗，年登大耋，行将重宴琼林矣。四方女士之闻其名者，皆钦为汉之伏生、夏侯胜一流，故所到处，皆敛衽扱地以弟子礼见。先生有教无类，就其所呈篇什，都为拔尤选胜而存之，久乃裒然成集，携过苏州，交谷付梓。[2]

关于袁枚与其女弟子之事，笔者将在本章第四节作专门阐述。这里仅指出这样一个事实：袁枚招女弟子学诗，绝非仅仅是为了显示自己的风流，而是源于他对女性获取知识的高度重视。和“女子无才便是德”的世俗观念相反，袁枚主张以知识丰富妇女的内涵，即所谓“珠多而首饰有光，学大而心声作彩”[3]。他论女子作诗云：

---

1 袁枚：《答杨笠湖》，《小仓山房尺牍》卷七，《袁枚全集》第 4 册，江苏古籍出版社，1993 年。

2 汪谷：《序》，《随园女弟子诗选》，《袁枚全集》第 7 册，江苏古籍出版社，1993 年。

3 袁枚：《序》，袁棠：《绣余吟稿》，1918 年石印本。

> 俗称女子不宜为诗，陋哉言乎！圣人以《关雎》、《葛覃》、《卷耳》冠《三百篇》之首，皆女子之诗。第恐针黹之余，不暇弄笔墨，而又无人唱和而表章之，则淹没而不宣者多矣。家龙文弟妇黄氏雅宜、香亭箧室吴氏香宜，俱有窈窕之容，同居一室，互相切蹉。黄咏《灯花》云："银红夺月吐光华，影入窗棂透碧纱。未忍轻挑私问汝，不知何喜报吾家。"吴咏《梅》云："为爱春寒花放迟，游人偏采未开时；侬心恰爱天然好，不忍临风折一枝。"《春晴》云："细雨连霄湿软尘，今朝晴放一窗春。柳丝低舞花添笑，都似风前得意人。"皆清妙可诵。又有淑端内史者，见二人诗而爱之，赠一绝云："诵君佳句爱君才，未对菱花卷已开。想是瑶池曾结伴，诗仙谜下一双来。"余按荀奉倩云："女子以色为主，而才次之。"李笠翁则云："有色无才，断乎不可。"有句云："蓬心不称如花貌，金屋难藏没字碑。"[1]

从袁枚的诗文集中我们可以看出，袁枚对女性，特别是知识女性确实充满了赞美和尊崇之情，他曾不顾时忌，求女诗人周漪香为自己的《随园诗话》作序，"弁诸卷首，以作光荣"。称："遇古今未有之人，求古今未有之序，是枚所惓惓于中，而不能自已者也。"[2]在《答孙碧梧夫人》中，他深为自己未能早读碧梧之诗而惭愧。云："昔人以国中有颜子而不知为耻，吾乡有宣文君、宋若昭而不知，独能无忝于颜乎？"[3]所作《随园诗话》，因津津乐道于女性之才貌，颇贻后人之讥，梁章钜甚至谓"诗话"所录，

1 袁枚：《随园诗话补遗》卷一，第62条，人民文学出版社，1982年。

2 袁枚：《答周漪香夫人》，《小仓山房尺牍》卷六，《袁枚全集》第5册，江苏古籍出版社，1993年。

3 袁枚：《答孙碧梧夫人》，《小仓山房尺牍》卷五，《袁枚全集》第5册，江苏古籍出版社，1993年。

“非达官，即闺媛，大意在标榜风流，颇无足观”[1]。其言虽然失于偏颇，但也反映出袁枚不拘一格的独特个性。事实上，在明清时期，将推崇知识女性作为“风流”事业本身，就体现出一种强烈的反传统价值倾向，而像公开推崇女性才学这类“风流”，也绝非庸碌之辈所能标榜，因为它需要才气，但更需要勇气。

当然，也需要指出，袁枚尽管赞美才女，但在处理男女关系上，仍受到了传统观念的明显束缚。比较典型的如，他是一夫多妻制的坚定维护者，曾为其作理论辩解。云：“妇人从一，而男子可以有媵侍，何也？曰：此先王所以扶阳而抑阴也。狗彘不可食人食，而人可以食狗彘，何也？曰：此先王所以贵清而贱浊也。二者皆先王之深意也。”[2]并论证说，孔子有妾，孔明有妾，“圣贤高士有妾”，故一夫多妻制有其存在的合理性[3]。如果将这一观点和他关于解放情欲的主张结合起来考察，就会发现他伦理观念的矛盾性。当然，类似的情况在许多历史人物身上都曾出现，不足为奇。不过，这一思想的矛盾在实践中很可能促使袁枚等人将其对满足人类情欲的普遍追求，仅仅局限于（或主要局限于）对男性情欲的满足，而对女性的“无怨”不予重视，甚至置之不理。赵翼《瓯北集》曾有诗序记载说自己“与子才泛舟归其家，姬正倚湖楼，子才大有防客窥伺之意”，以至“诗以调之”，即可看出随园治家，对男女之别仍是十分讲究的[4]。当然，后人议论前人，

1 梁章钜：《学诗一》，《退庵随笔》卷二〇，江苏广陵古籍刻印社，1997年。

2 袁枚：《爱物说》，《小仓山房文集》卷二二，《袁枚全集》第2册，江苏古籍出版社，1993年。

3 袁枚：《圣贤高士有妾》，《随园随笔》卷一三，《袁枚全集》第5册，江苏古籍出版社，1993年。

4 赵翼：《与子才泛舟归其家，姬正倚湖楼，子才大有防客窥伺之意，诗以调之》：“湖舫归时未夕阴，有人楼上抚青琴。漫因妾面防郎面，未便他心似我心。平视原来才子气，近嗔休引丽人吟。泊舟故傍红栏下，或恐勾帘有堕簪。”《瓯北集》卷二五，上海古籍出版社，1997年。

只能从当时的历史实际出发，不可将自己的观点强加于古人，更不可对古人提出不切实际的要求。应该说，从当时总的情况看，袁枚的性情说，特别是其妇女观，在18世纪中国知识界可以说是最富挑战性的。戴震的理欲论具有浓郁的哲学色彩，未直接和人们的日常生活直接相联系。而袁枚的性情说，特别是他关于男女关系、妇女地位等方面的思想，都是对传统伦理道德公开的，无所顾忌的批判，故在当时遭到了不少思想保守的正人君子的批评。自谓对随园"此心倾慕者三十年"的法式善及其门徒[1]，对袁枚性情说和性灵说一知半解，谬加指责，所著《梧门诗话》称："随园论诗专主性灵，余谓性灵与性情相似而不同远甚。门人鲍鸿起辩之尤力。尝云：'取性情者，发乎情，止乎礼义，而泽之以《风》、《骚》、汉、魏、唐、宋大家，俾情文相生，辞意兼至，以求其合。若易情为灵，凡天事稍优者，类皆枵腹可办，由是街谈俚语，无所不可，芜杪轻薄，流弊将不可胜言矣。'余深是之。"[2]汪中曾就改善妇女地位提出了不少新的主张，但对思想更加激进的袁枚却无法理解，将其刻意贬斥，认为不屑一骂[3]。赵翼系袁枚诗文好友，对其才学十分钦佩，认为"海内才人，子才第一"[4]，但对袁枚的生活方式及思想倾向却颇有保留，曾戏作"控词"，指责袁枚"虽曰风流班首，实乃名教罪人"[5]。当然，对袁枚伦理思想批判最为尖锐，谩骂最为刻毒的是章学诚，这主要集中在其《文史通

1　法式善：《答简斋先生书》，《续同人集·文类》卷四，《袁枚全集》第6册，江苏古籍出版社，1993年。

2　法式善：《梧门诗话》卷七，文海出版社，1975年。

3　汪中尝谓："吾所骂者，皆非不知古今者，盖恶莠恐其乱苗也。若方苞、袁枚辈，岂屑屑骂之哉？"凌廷堪：《汪容甫墓志铭》，《校礼堂文集》卷三五，中华书局，1998年。

4　赵翼：《上简斋先生书》，《续同人集·文类》卷四，《袁枚全集》第6册，江苏古籍出版社，1993年。

5　梁绍壬：《瓯北控词》，《两般秋雨庵随笔》卷一，上海古籍出版社，1982年。

义》一书中《妇学》和《诗话》两部分。

章学诚称《妇学》篇之作，“所以救颓风，维世教，饬伦纪，别人禽，盖有所不得已而为之，非好辨也”[1]。至其《诗话》之作，也颇以“世道人心”为念。实际上是利用《妇学》、《诗话》等文章发泄自已对袁枚利用诗文败坏伦常礼教的愤恨之情。章学诚对袁枚的指责主要包括以下几个方面：

一是反对袁枚的性情说以及基于性情说的文学理论。袁枚论诗崇性情，重风趣，尝谓“须知有性情，便有格律，格律不在性情外。《三百篇》半是劳人思妇率意言情之事，谁为之格？谁为之律？而今之谈格调者，能出其范围否？”[2]又称选家选诗，“动称纲常名教，箴刺褒讥，以为非有关系者不录，不知赠芍采兰，有何关系？而圣人不删。宋儒责蔡文姬不应登《列女传》，然则《十七史》列传，尽皆龙逢、比干乎？学究条规，令人欲呕”[3]。章学诚站在道学立场，对袁枚之说，谬加指责。认为“前人诗话之弊，不过失是非好恶之公。今人诗话之弊，乃至为世道人心之害”[4]。痛斥袁枚之说“逾闲荡检，无复人禽之分”。风趣之说，“不待攻而破，不待教而诛者也”。他说:“从来诗贵风雅。即唐、宋诗话，论诗虽至浅近，不过较论工拙，比拟字句，为古人所不屑道耳。彼不学之徒(指袁枚)，无端标为风趣之目，尽抹邪正贞淫、是非得失，而使人但求风趣。甚至言采兰赠芍之诗，有何关系而夫子录之，以证风趣之说。无知士女，顿忘廉检，从风波靡。是以《六经》为导欲宣淫之具，则非圣无法矣。”认为风趣之说，“使闺阁不安义分，慕贱士之趋名，其祸烈于洪水猛兽，名义君子，能无世道忧哉？”[5]

1　章学诚：《内篇五·妇学篇书后》，《文史通义校注》卷五，中华书局，1994年。
2　袁枚：《随园诗话》卷一，第2条，人民文学出版社，1982年。
3　袁枚：《随园诗话》卷一四，第2条，人民文学出版社，1982年。
4　章学诚：《内篇五·诗话》，《文史通义校注》卷五，中华书局，1994年。
5　章学诚：《内篇五·妇学篇书后》，《文史通义校注》卷五，中华书局，1994年。

二是谴责袁枚借鼓吹性情说之机，非议经典，“敢侮圣言”。章学诚说：“声诗三百，圣教所存，千古名儒，不闻异议。今乃丧心无忌，敢侮圣言，邪说猖狂，骇人耳目。六义甚广，而彼谓《雅》《颂》劣于《国风》。《风》诗甚多，而彼谓言情妙于男女。凡圣贤典训，无不横征曲引，以为导欲宣淫之具，其罪可胜诛乎！自负诗才，天下第一，庸妄无知甚矣。”[1]《随园诗话》谓：“有中丞某，自称平生不好名。余戏之曰：‘人之所以异于禽兽者，以其好名也。孔子曰：君子去仁，恶乎成名？又曰：君子疾没世而名不称焉。大圣人尚且重名如此，后世人不好名而别有所好，则鄙夫事君，无所不至矣。’”[2]章学诚斥之曰：“倾邪之人，欲有所取于世，则先以标榜声气，骚激人心。又恐人之不为动也，则诱人以好名，甚且倡为邪说，至云人之所以异于禽兽，以好名也。夫好名之人，矫情饰伪，竞趋时誉，虽禽兽所不为耳。亦犹椎埋胠箧，亦禽兽所不为。今倡说曰：人之所以异于禽兽，以能椎埋胠箧也，可乎？至于附会经传，肆侮圣言，尤丧心而病狂矣！”章学诚又说：“人之所以应传名者，义类多矣。而彼之诱人，惟务文学之名，不亦小乎？即文学之所以应得名者，途辙广矣。而彼之所以诱人，又不过纤佻轻隽之辞章，才子佳人之小说，男必张生、李十，女必宏度、幼微，将率天下之士女，翩翩然化为蛱蝶杨花，而后大快于心焉。则斯人之所谓名，乃名教之罪人也！斯人之所谓名，亦有识者所深耻也。”[3]

三是指责袁枚论诗为“世道人心之害”。章学诚认为袁枚的《随园诗话》反映出一种与儒家正统礼教相背离的审美情趣和精神追求，动摇了传统纲常伦理之合法权威，故称其“人可戮而书可焚”。所作《题随园诗话》称：“江湖轻薄号斯文，前辈风规误见

1　章学诚：《内篇五·诗话附录》，《文史通义校注》卷五，中华书局，1994年。
2　袁枚：《随园诗话》卷一四，第50条，人民文学出版社，1982年。
3　章学诚：《内篇五·诗话附录》，《文史通义校注》卷五，中华书局，1994年。

闻。诗佛诗仙浑标榜，谁当霹雳净妖氛？”[1]章学诚说：袁枚“板镌诗稿，未窥全集，先阅标题。或纪红粉丽情，或著青楼唱和，自命风流倜傥，以谓古人同然”，“无所不至，以纤佻轻薄为风雅，以造饰标榜为声名。炫耀后生，猖披士女，人心风俗，流弊不可胜言矣”[2]。又云：“前人诗话之弊，不过失是非好恶之公。今人诗话之弊，乃至为世道人心之害。失在是非好恶，不过文人相轻之气习，公论久而自定，其患未足忧也。害在世道人心，则将醉天下之聪明才智，而网人于禽兽之域也。其机甚深，其术甚狡，而其祸患将有不可胜言者；名义君子，不可不峻其防而严其辨也。”[3]章学诚揭露说：

诗话论诗，非论貌也。就使论貌，所以称丈夫者，或魁梧奇伟，或丰硕美髯，或丰骨棱峻，或英姿飒爽，何所不可。今则概未有闻，惟于少年弱冠之辈，不曰美如好女，必曰顾影堪怜，不曰玉映冰肤，必曰兰薰蕙质，不知其意将何为也。甚至盛称邪说，以为礼制，但旌节妇，不褒贞男，以见美男之不妨作嬖，斯乃人首畜鸣，而毅然笔为诗话，人可戮而书可焚矣！

古今妇女之诗，比于男子诗篇，不过千百中之十一。诗话偶有所举，比于论男子诗，亦不过千百中之十一。盖论诗多寡，必因诗篇之多寡以为区分，理势之必然者也。今乃累轴连编，所称闺阁之诗，几与男子相埒。甚至比连母女姑妇，缀合娣姒姊妹，殆于家称王、谢，户尽崔、卢。岂壶内文风，自古以来，于今为烈耶？君子可欺以其方，其然，岂其然乎？且其叙述闺流，强半皆称容貌，非夸国色，即诩天人，非赞

1　章学诚：《题随园诗话》，《章学诚遗书》卷五，文物出版社，1985年。
2　章学诚：《内篇五·妇学》，《文史通义校注》卷五，中华书局，1994年。
3　章学诚：《内篇五·诗话》，《文史通义校注》卷五，中华书局，1994年。

联珠，即标合璧，遂使观其书者，忘为评诗之话，更成品艳之编，自有诗话以来所未见也。

妇女内言不出阃外，诗话为之私立名字，标榜声气，为虚为实，吾不得而知也。丈夫姓字，弧矢四方，诗话所名，岂能终秘？其中名德巨公，志其余事，奇才宿望，著其精能，或有身地寒微，表其幽隽，一节可取，藉端留芳，此诚诗话应有事也。今乃玉石不分，苗莠无别，往往诗话识其名姓，邂逅偶遇斯人，实乃风尘游乞，庸奴贱品。助语不辨虚实，引喻全乖向方，臃肿无知，赘瘤可厌，亦不乏其徒焉。此而可邀题品，则真才宿学，宁不以同类为羞乎？乃知闺阁称诗，何从按实？观其镂雕纤曲，酝酿尖新，虽面目万殊，而情态不异，其为窜易饰伪，情状显然。岂无静女名姝，清思佳什？牵于茅黄苇白，转觉恶紫夺朱矣……

倾邪之人，必有所恃。挟纤仄便娟之笔，为称功颂德之辞。以揣摩抵掌之谈，运宛转逢迎之术。权贵显要，无不逢也。声望巨公，无不媚也。笔舌不足，导以景物娱游。追随未足，媚以烹庖口味。至乃陪公子于青楼，颂娇姿于金屋，尤称绝技，备极精能。贵人公退之余，亦思娱乐。优伶是其习见，狗马亦所常调，数见不鲜，神思倦矣。忽见通文墨之优伶，解声歌之犬马，屈曲如意，宛约解人，能不爱怜，几于得宝。加之便佞间如谐隐，饰情或托山林，使人误认清流，因而揖之上坐，赐以颜色，假以羽毛。遂能登高而呼，有挟以令，舟车所向，到处逢迎，荧惑听闻，干谒州县，或关说阴讼，恣其不肖之图，或聚集少年，肆为冶荡之说。斯乃人伦之蟊贼，名教所必诛。昧者不知，夸其传食列城，风声炫耀，是犹美仪、衍之大丈夫，而不知其为妾妇所羞也。[1]

1　章学诚：《内篇五·诗话附录》，《文史通义校注》卷五，中华书局，1994 年。

应该说，章学诚说袁枚利用自己的地位，干谒州县，关说阴讼，是有事实依据的[1]。说他逢迎权贵，也决非捕风捉影之辞。蒋士铨《临川梦传奇》有陈眉公出场诗："装点山林大架子，附庸风雅小名家；翩然一支（只）云间鹤，飞去飞来宰相衙"，即系讽刺袁枚之作。乾隆时期，袁、蒋（士铨）、赵（翼）三家，均以诗名，然互相标榜，"各有妒心"。士铨对袁枚的讽刺虽失于刻薄，但袁枚结交要路公卿（特别是尹继善），与其往来密切，确为时人侧目[2]。但章学诚对袁枚批判之重点，不在袁枚之为人，而在袁枚之伦理观念。他是站在极端保守的立场，批驳袁枚之学术，践踏其人品。和他对戴震的批判一样，章学诚对袁枚的批判，也不是采取以理服人的态度，纯以谩骂为能，言辞刻毒，及于下流，恐怕不但难服随园之心，也难服读者之心。即此一端，也可见学诚之人品学问，未必足以"挽颓风"而"维世教"。当然，从章学诚所列举随园种种"劣迹"中，我们也可以看出，袁枚在伦理道德问题上，确实已经走向新的思想境界，他和实斋之间，实在很难找到共同语言，很难达成简单的共识。

在18世纪知识界，尽管像戴震和袁枚那样从价值观念的角度对以理学为代表的传统纲常伦理提出公开挑战者不多，但人们的观念确实在发生改变。人类观念变迁总是通过两种方式进行，一种是专门的系统的理论探索；另一种是随意的，非体系化的观念变革。前一种虽然深刻但却少见，它代表着一个时代理论发展之前沿；后一种则是基础的，散见于时人的日常言论或随笔著述，

1 比较典型的如，袁枚于吴中遇金三姐，"一见倾心，遂同往邓尉探梅。后三姊为事牵引，就鞫黄堂。三姊作书求救。先生（袁枚）为致书孔南溪太守以拯之，至有'君家宣圣复生，亦当在少者怀之之例，而必不以杖叩其胫也'等语"。蒋敦复：《随园轶事·为吴妓金三姐说情》，《袁枚全集》第8册，江苏古籍出版社，1993年。

2 黄钧宰：《随园》，《金壶七墨全集》卷八，文海出版社，1969年。

虽不成体系，但却反映了该时代带普遍意义的精神风貌。无论是专门的理论探索还是普遍观念的转变，都将通过对日常社会生活的影响而体现其时代价值。

第三节　普遍伦理观念之变革

18世纪的中国社会确实处于观念的转型期：从尊奉程朱到批判程朱，从安于礼教束缚到冲破礼教束缚，从独尊儒术到追求学术多元，从推崇君主独裁到探寻新的政治规范……几乎在社会生活的一切主要方面，人们都在思考和探索，都提出了一些新的观念，并以巨大的热情，期盼着将其付诸实践。而伦理道德的转型则是这个时期社会观念转型最重要的入手处。导致这种情况的原因在于：伦理学说历来是传统学术的基础，是学术界广泛关注的核心问题，而清代，因其距现实政治相对较远，留有较大的探讨余地，因而知识界对其讨论也就更加热烈，各种新观点随之不断涌现。此外，作为士林公认领袖人物的袁枚、戴震所提出的激进思想，也或多或少地起到了振聋发聩的作用，时人所谓“从风波靡”，“诽圣排贤，毫无顾忌”[1]，即是这一历史实际的生动体现。虽普通士人之思想深度不是人人都能和袁、戴媲美，但冲破礼教束缚，追求人性自由，却是这个时期社会伦理新观念的普遍特色。

要求妇女解放，主张男女自由结合是18世纪中国伦理观念变迁最重要的内容。著名“狂士”汪中曾从学术思想的角度，对妇女问题作出了有益的探讨。

汪中，生于乾隆九年（1744年），卒于乾隆五十九年（1794年），字容甫，江苏江都（今扬州）人，为18世纪著名学问家。

1　章学诚：《内篇三·书朱陆篇后》、《内篇五·妇学篇书后》，《文史通义校注》卷三、卷五，中华书局，1994年。

与汪中“交垂四十年”，过从甚密的王引之述其生平云：

> 先生名中，字容甫，江都人。少孤好学，贫不能购书，助书贾鬻书于市，因遍读经史百家，过目成诵。年二十，应提学试，试《射雁赋》第一，补附学生，诗古文词日益进。仪征盐船厄于火，焚死无算，先生为《哀盐船文》，杭编修世骏序之，以为惊心动魄，一字千金，由是名大显。当世通儒如郑赞善虎文、朱学士筠、卢学士文弨、冯按察廷丞见先生所撰，咸叹赏以为奇才。年二十九始颛治经术，与家大人及李进士成裕、刘教谕台拱共讨论之。其后谢侍郎墉提学江左，特取先生为拔贡生，每试别为一榜，列名诸生前。侍郎尝谓人曰：“予之先容甫以爵也，若以学则予于容甫当北面矣。”其见重如此……年五十一，卒于杭州西湖之上。[1]

汪中学识渊博，“涉猎子史百家，精于金石之学”[2]。其治经宗汉学，尤精于子学。大概因天赋高而学识广，故颇自是。孙星衍云：“当是时，四库馆开，海内异人异书并出，经学、小学、算学、词章、金石之学，卓然以撰述自见者，有钱少詹大昕、王光禄鸣盛、卢学士文弨、孙侍御志祖、王兵部念孙、段大令玉裁、戴编修震、王副宪昶、蒋编修士铨、袁大令枚、姚比部鼐。中于诸君为后进，皆辩难无所让。别自书当代名人姓字，品核高下，人愈嫉之，以为汪中善骂人。中曰：‘吾乡多贾人，不知学短长，日见谀者众，遭骂乃疑为俊士，且吾不骂庸俗人也，得吾骂亦大难。’”[3]然才高易遭人妒，气盛必犯时忌。汪中生前，即颇遭物

1　汪中：《王引之·序》，《述学》及《行状》，《述学》附录，嘉庆江宁刘文奎子觐宸仲高刻本。

2　李斗：《新城北录上》，《扬州画舫录》卷三，中华书局，1960 年。

3　孙星衍：《汪中传》，《碑传集》卷一三四，明文书局，1985 年。

议。章学诚斥其“言大而不知惭”，“切而按之，枵然空落而无所有。此人非不用功者也，有才无识，不善用其所长，激以名心，凿以私智，久游江湖，客气多而志不逊也”[1]。故及其卒，“吊之者仅三人”[2]。

汪中所著主要有《述学》一书。据包世臣称：“《述学》者，容甫弱冠后，节录以备遗忘之类书，自于册首题曰《述学》一百卷，已成者才数卷。至乾隆五十五年，容甫自检说经辨妄之文，并杂著传记若干篇，以世人皆闻《述学》，冒其名刊行于世。”[3]也就是说，作为汪中文集的《述学》，和最初“以备遗忘”的资料性的《述学》不是一回事，对此，学者当加注意。从学术思想看，汪中对宣传存理灭欲的宋学极为反感，“最恶宋之儒者，闻人举其名，则骂不休”[4]。与此同时，他对妇女问题十分重视，当然，这与他“生七岁而孤”，由其寡母抚养成人有关[5]。汪中针对明清之际男女防范甚严的社会现实，对古礼进行新的诠释，提出应通过男女及时婚配，满足人的自然欲望。他说：“男子二十而冠，有为人父之道，女子十五许嫁，有适人之道。媒氏令男三十而取，女二十而嫁，所谓礼言其极亦不是过者也。霜降逆女，水泮杀止，至于中春，则过时矣。凡男女自成名以上，媒氏皆书其年月日名焉，于是时计之，则其年与其人之数皆可知也。其有三十不取，二十不嫁，虽有奔者不禁焉，非教民淫也，所以著之令，以耻其民，使及时嫁子取妇也。”[6]

明清之际，世俗社会往往将女子许嫁与成婚相提并论，未婚

1　章学诚：《又答朱少白》，《章学诚遗书》卷二九，文物出版社，1985 年。
2　凌廷堪：《汪容甫墓志铭》，《校礼堂文集》卷三五，中华书局，1998 年。
3　包世臣：《书述学六卷后》，《艺舟双楫》卷三，《包世臣全集》本，黄山书社，1993 年。
4　凌廷堪：《汪容甫墓志铭》，《校礼堂文集》卷三五，中华书局，1998 年。
5　刘台拱：《汪君传》，《碑传集》卷一三四，明文书局，1985 年。
6　汪中：《释媒氏文》，《述学·内篇一》，江宁刘文奎子觐宸仲高刻本。

女子在从一而终的教条束缚下，婿死从死的现象经常发生。汪中试图从古礼的角度寻找一条能帮助妇女实现婚姻自主的道路。他认为女子许嫁，如丈夫不善，应仍有改嫁之自由，至于未婚而夫死，女子从死更为非礼。他说："女事夫，犹臣事君也。仇牧荀息，君亡与亡，忠之盛也。其君苟正命而终于寝，虽近臣犹不必死也，若使岩穴之士，未执贽为臣，号呼而自杀，则亦不得谓之忠臣也。何以异于是哉？刘台拱曰：归太仆曰：'女子未有以身许人之道也。'女未嫁而为其夫死，且不改适，是六礼不备，婿不亲迎，比之于奔，其言婉而笃矣。中以为未尽也。事苟非礼，虽有父母之命，夫家之礼，犹不得遂也。是故女子欲之，父母若婿之父母得而止之；父母若婿之父母欲之，邦之有司、乡之士君子得而止之。周公监于二代而制为是礼，孔子述之，意周公孔子不可非乎，则其礼不可过也，故曰过犹不及。"[1]

汪中对那些因惑于极端礼教而备遭不幸的妇女（如袁枚之妹素文等），充满了遗憾与同情之心。他说："昏姻之礼，成于亲迎，后世不知，乃重受聘。以中所见，钱塘袁庶吉士之妹幼许嫁于高，秀水郑赞善之婢幼许嫁于郭，既而二子皆不肖，流荡转徙，更十余年，婿及女之父母咸愿改图，而二女执志不移。袁嫁数年，备受捶楚，后竟卖之，其兄讼诸官而迎以归，遂终于家。郑之婢为郭所窘，服毒而死。《传》曰：好仁不好学，其蔽也愚。若二女者，可谓愚矣。本不知礼，而自谓守礼，以陨其生，良可哀也。传曰：'一与之齐，终身不二'，不谓'一受其聘，终身不二也'。又曰：'烈女不事二夫'，不谓'不聘二夫也'。归太仆曰：女子在室，惟其父母为许聘于人，而己无与焉。纯乎女道而已，善夫！"[2]

1　汪中：《女子许嫁而婿死从死及守志议》，《述学·内篇一》，嘉庆江宁刘文奎子觐宸仲高刻本。

2　汪中：《女子许嫁而婿死从死及守志议》，《述学·内篇一》，嘉庆江宁刘文奎子觐宸仲高刻本。

需要特别强调的是，尽管汪中主张给未成婚女子以改嫁自由，但对已成婚者，他还是主张从一而终的，对传统的贞节观念，他积极褒扬。不过，有感于自己寡母的不幸遭遇，汪中对矢志守节者充满了同情之情，力主通过政府运作的途径，兴办公益事业，建立起能够保障寡妇及其子女基本生活的福利机制。在《与剑潭书》书中，他比较系统地阐发了自己的有关设想，他说：

> 然吾观先王之世，耆老孤子则司门遗人得以委积财物养之，惟寡妇无闻。故大田多稼，至于遗秉滞穗，始得取之以为利，而夫死妻稚子幼，无大功之亲，于是有同居不同居继父之服，岂非人道之穷，虽圣人亦不能事为之制欤？议曰：凡州县察其寡妇之无依者（必良家谨愿者），造屋一区，为百间，间各户，使居之，命之曰贞苦堂。外为门，有守门者。门左为塾。凡其兄弟亲戚之男子来省者，待于其所，以其名族召之，则出见之，非是不得入。妇有姑若子女三人者，月给米一石，钱二百，终岁棉六斤，布五匹，其多少以是为差，任以女工丝枲之事，而酬其直。门右为库，有主藏者，非六十以上不得充，主门者亦如之。择乡大夫之敦笃有智者总其事，出入赢缩之节，官吏不得问焉（今苏州冬日赈粥即此法，人甚赖之）。门外为社，有师一人，凡孤子五岁至十岁者学焉，命之曰孤儿社。三年视其材分志趣，而分授以四民之业，然而必通《孝经》，解字体，至十六度能自食其力，以次减其廪，至二十则举而迁之于外。其贤者能者，既老则使掌其堂之事，各修其业，以教社之子弟。其富且贵者，十分其赀而三入之堂，讫于其身。凡民杂犯，自杖以下，视其轻重而要之，使入其财于堂，远乡若有屋不入堂者听之，廪之如在堂者，此其大略也。其它损益之惟其人（此事所忧者，财不足耳。经费之所出，不可预定，惟不宜置田，以田有水旱之虞，

且须关白布政司也。多一监临察核之法，即生一吏胥耗蠹之弊，驯至案牍滋而实意亡矣。荀子曰："有治人无治法"，吾子志之)，是故哀苦憔悴之状，日聚而相习，则夜哭之感不生，而从一以终者众矣。少蓄其力，则老而不衰，而孝子得以终其养矣。幼有所长，而督之以恒业，则夫人思自奋而材智出矣。国家法纪明备，百度具举，若养济院、育婴堂、漏泽园，盖皆养生送死，恤老慈幼，以周万民艰厄也。惟兹堂之设而风化以厉，人材以起，又非徒哀其茕独而已。往乾隆丙子，桂林陈公巡抚江苏，属年饥，命节妇之贫者，亲族共周恤之，以全其操，诚大臣之言矣。然是时吾母子方流离乞食，而三族之富人无问者，无亦文告之感人者浅欤？吾子志之。它日得志，或行之一府一县，使四方以为法，或告于上而颁之天下，以为令典，使经世大法，诗书所载，三代圣王之所不及，而今日行之，后世考其良法善政，而曰自汪某之为其母始，惟其母之贤以至于是，则所以贻之令名者，岂有既哉？[1]

从为寡妇建立社会福利体制，从经济上为寡妇及其子女提供基本生活保障这一角度看，汪中这一设想显然具有独创性，说它是"经世大法"也未尝不可。然而，这里有一点值得特别注意：那就是苦贞堂是封闭的，一旦进入，就与外界隔离，甚至兄弟及亲戚之男子，也不可随便相见，"召之则见，非是不得入"，可见苦贞堂既是改善寡妇经济待遇的福利设施，又是捍卫传统贞节观的"净土"，是限制寡妇人性自由的牢笼。还要指出的是，苦贞堂的设立，从根本上讲是为了推行教化，宣扬贞节观。即所谓"兹堂之设而风化以厉，人材以起，又非哀其茕独而已"，"从一以终者众矣"。有意思的是，汪中这里没有说明进入苦贞堂的寡妇，是

1　汪中：《与剑潭书》，《述学别录》，嘉庆江宁刘文奎子觐宸仲高刻本。

否具有退出的自由。据笔者推测，汪中至少在情绪上不会赞成入苦贞堂者自由退出。苦贞堂的上述特点，反映了汪中妇女思想的矛盾性。一方面他希望适当改善妇女地位，反对将传统贞节观极端化，强调女子，特别是未婚女子“礼不可过”，另一方面又不愿意抛开男女之别，否定贞节观念，而是主张维护这种观念，弘扬这种观念。这种矛盾性，出现在清代，特别是 18 世纪是正常的。如果在当时，出现了一个类似 20 世纪或 21 世纪的男女平等主义者，或在妇女中出现了一个“女权主义”者，反倒不正常了。耐人寻味的是，汪中的苦贞堂，似乎在当时并未建立，其设想也没有产生大的社会影响。是汪中“人微言轻”，还是生不逢时？

附带提及，汪中对传统的孝道也有自己的独特见解。针对孔子“父在观其志，父没观其行，三年无改于父之道，可谓孝矣”的著名论断，汪中提出：改不改父道，关键要看其父是否有道，“若其非道，虽朝没而夕改可也”，不能以不改父道为孝。“然则何以不改也？为其为道也。三年云者，虽终其身可也”。这一观点和社会上长期流行的愚忠、愚孝相比，显然增加了更加明晰的是非观，充满了独立思考的新精神[1]。

不过，和袁枚、戴震一样，汪中的观点，特别是他关于女子改嫁的观点，也遭到了章学诚的批驳，认为其说“以事理推之，亦不可通，非徒文义之不合也”[2]。

生活于 18 世纪后半期和 19 世纪前半叶的钱泳，其伦理观念显然受到了袁枚的影响，他高度评价情在宇宙中的重要作用。他说：

> 天地不可以无情，四时万物皆以情而生；人生不可以无情，三纲五常皆以情而成。推而广之，风云月露，因人而情；

1　汪中：《释三九下》，《述学·内篇一》，嘉庆江宁刘文奎子觐宸仲高刻本。
2　章学诚：《文史通义·外篇一·述学驳文》，《章学诚遗书》卷七，文物出版社，1985 年。

山川草木，因人而情。声色可以移情，诗酒可以陶情。情之所感，寝食忘焉；情之所钟，死生系焉。然则情也者，实天地之锁钥，人生之枢纽也。[1]

对妇女改嫁，钱泳完全同意袁枚的观点。他说：

改嫁之说，袁简斋先生极论之，历举古人中改嫁之人，若汉蔡中郎女文姬改嫁陈留董祀。《新唐书》诸公主传，其改嫁者二十有六人。又权文公之女改嫁独孤郁，其实嫠也。韩昌黎之女，先适李汉，后适樊宗懿。范文正公之子妇，先嫁纯礼，后适王陶。文正母谢氏，亦改适朱氏。陆放翁夫人为其母太夫人之侄女，太夫人出之，改嫁赵氏，薛居正妻柴氏，亦携赀改嫁。而程伊川云妇人宁饿死，不可失节，乃其兄明道之子妇亦改嫁，不一而足。余谓宋以前不以改嫁为非，宋以后则以改嫁为耻，皆讲道学者误之。总看门户之大小，家之贫富，推情揆理，度德量力而行之可也，何有一定耶？沈圭有云："兄弟以不分家为义，不若分之以全其义；妇人以不再嫁为节，不若嫁之以全其节也。"[2]

和袁枚一样，钱泳坚决反对女子缠足的陋习。他斥责说："天下事贵自然，不贵造作，人之情行其易，不行其难。惟裹足则反是，并无益于民生，实有关于世教。且稽之三代，考之经史，无有一言美之者，而举世之人皆沿习成风，家家裹足，似足不小，不可以为人，不以为妇女者，真所谓戕贼人以为仁义，亦惑之甚矣。"[3]

1 钱泳：《杂记上·情》，《履园丛话》卷二三，中华书局，1979 年。
2 钱泳：《杂记上·改嫁》，《履园丛话》卷二三，中华书局，1979 年。
3 钱泳：《杂记上·裹足》，《履园丛话》卷二三，中华书局，1979 年。

钱大昕（关于其生平事迹，笔者将在后面一章作专门分析）为乾隆时期汉学中坚，就伦理观念之解放而言，他不但无法和东原、简斋等思想大家相比，甚至也远不如汪中。但从其对先王礼制的若干分析议论中，我们仍可以看出，他的观念在一些地方突破了宋明理学的束缚。他明确表示自己不同意宋儒“天即理”之说，认为“谓理出于天则可，谓天即理则不可”，反对将以鼓吹礼教为核心的宋儒之理神秘化，神圣化[1]。从总体上看，钱大昕的妇女观倾向保守。他虽然承认“女而未嫁，圣人固不以从一之义责之也”，但仍对未嫁从死之烈女赞不绝口，所谓“君子不强人以所难，而尤乐道人之善，此予所以贤烈女而乐为之传也”[2]。钱大昕提出女子许聘，与其夫“未有夫妇之义”，夫死从死，“虽过于礼而未悖乎礼之意也”。称：“或以烈女之死其夫，为非礼而訾之，毋乃好议论而不乐成人之美乎？”提出在世俗日漓情况下，“人伦之际，宁取其过于厚者，以激厉（励）顽懦”[3]。对男女离异问题，钱大昕也有自己的见解。他说：

> 夫父子兄弟，以天合者也。夫妇，以人合者也。以天合者，无所逃于天地之间，而以人合者，可制以去就之义。尧舜之道，不外乎孝弟，而孝弟之衰，自各私其妻始。妻之于夫，其初固路人也，以室家之恩联之，其情易亲。至于夫之父母，夫之兄弟、姊妹，夫之兄弟之妻，皆路人也。非有一日之恩，第推夫之亲以亲之，其情固已不相属矣。矧妇人之性，贪而吝，柔而狠，而妯娌姑姊之伦，亦妇人也。同居而志不相得，往往有之。其真能安于义命者，十不得一也。先

1 钱大昕：《天即理》，《十驾斋养新录》卷三，《嘉定钱大昕全集》，江苏古籍出版社，1997年。

2 钱大昕：《夏烈女传》，《潜研堂文集》卷四〇，商务印书馆，1935年。

3 钱大昕：《记汤烈女事》，《潜研堂文集》卷二二，商务印书馆，1935年。

王设为可去之义，义合则留，不合则去，俾能执妇道者，可守从一之贞，否则，宁割伉俪之爱，勿伤骨肉之恩。故嫁曰归，出亦曰归，以此坊民，恐其孝衰于妻子也。然则圣人于女子，抑之不已甚乎？曰：去妇之义，非徒以全丈夫，亦所以保匹妇。后世闾里之妇，失爱于舅姑，谗间于叔妹，抑郁而死者有之；或其夫淫酗凶悍，宠溺嬖媵，凌迫而死者有之。准之古礼，固有可去之义，亦何必束缚之，禁锢之，置之必死之地，以为快乎？先儒戒寡妇之再嫁，以为饿死事小，失节事大。予谓全一女子之名，其事小，得罪于父母兄弟，其事大。故父母兄弟不可乖，而妻则可去，去而更嫁，不谓之失节。使其过在妇欤，不合而嫁，嫁而仍穷，自作之孽，不可逭也。使其过不在妇欤，出而嫁于乡里，犹不失为善妇。不必强而留之，使夫妇之道苦也。[1]

钱大昕这段话是从维护孝悌之义出发看待妇女问题的，其根本目的是要“扶阳抑阴”，使家道“不至于穷而乖也”[2]，而且充斥着鄙视妇女的陈腐观点。但也有不少地方值得重视：第一，他正视妇女在社会中遭受的不公正待遇，并对受迫害的女子深抱同情之心，主张如果妇女遭受非人待遇，就应享有离异的权利，即“后世闾里之妇，失爱于舅姑，谗间于叔妹，抑郁而死者有之；或其夫淫酗凶悍，宠溺嬖媵，凌迫而死者有之。准之古礼，固有可去之义，亦何必束缚之，禁锢之，置之必死之地，以为快乎？”第二，他主张公正地对待各种家庭纠纷。家庭矛盾的产生，既可能源于妻子，也可能源于丈夫或舅姑兄弟，不应一概归罪于为人妻者。第三，应该允许妇女改嫁。若妇女本无过错，离

1 钱大昕：《答问五·三礼》，《潜研堂文集》卷八，商务印书馆，1935年。
2 钱大昕：《答问五·三礼》，《潜研堂文集》卷八，商务印书馆，1935年。

异后，“出而嫁于乡里，犹不失为善妇。不必强而留之，使夫妇之道苦也。”这和不顾具体情况，一味强调“从一而终”的传统礼教比起来，具有明显的进步意义，从这一立场出发，钱大昕和钱泳一样，也对沈圭关于“妇人以不（再）嫁为节，不若嫁之以全其节”的说法表示赞同，认为“虽为下等人说，然却是救时名论”[1]。不过，钱大昕这一主张，却遭到了焦循的激烈反对。其《翼钱三篇》认为钱氏关于女子改嫁之说系“有激言之也”。认为“夫妇之别，关乎忠孝”，“苟夫可以去妻，妻可以去夫，则夫妇之道仍不定。天下之为夫妇者，稍一不合，纷纷如置弈棋，非其道也”。并责难说：“先生之言激矣。其出也，仍返之母家乎？抑嫁之乡里乎？其嫁也，夫家嫁之乎？听妇自适人乎？或有司主之乎？抑私出之乎？嫁之乡里，而夫又不良，乃一嫁再嫁之不已乎？”[2]

洪亮吉尽管对袁枚之诗略有微辞（谓其“如通天神狐，醉即露尾”[3]），但为诗也讲性情，尝致书袁枚，称其“主东南坛坫，教聪明才智之士，不许汩没性情，其功德甚大，其关系甚重”[4]。所著《北江诗话》颇以性情为重。云：“诗文之可传者有五：一曰性，二曰情，三曰气，四曰趣，五曰格。诗文之以至性流露者，自六经四始而外，代殊不乏，然不数数觏也。其情之缠绵悱恻，令人可以生，可以死，可以哀，可以乐，则《三百篇》及《楚骚》等皆无不然。《河梁》、《桐树》之于友朋，秦嘉荀粲之于夫妇，其用情虽不同，而情之至则一也。”[5]和袁枚相似，洪亮吉也曾为

1　钱大昕：《沈圭说》，《十驾斋养新录》卷一八，《嘉定钱大昕全集》，江苏古籍出版社，1997年。

2　焦循：《翼钱三篇》，《雕菰楼集》卷七，《丛书集成初编》本，商务印书馆，1936年。

3　洪亮吉：《北江诗话》卷一，第10条，人民文学出版社，1998年。

4　洪亮吉：《答随园前辈书》，《续同人集》文类卷四，《袁枚全集》第4册，江苏古籍出版社，1993年。

5　洪亮吉：《北江诗话》卷二，第1条，人民文学出版社，1998年。

好色辩解，认为好色不关人品，英雄因不拘小节而好色，奸雄则因别有所图而可以不好色。他说：

> 英雄好色，奸雄反可以不好色。英雄好色者，所谓不修小节，如关长生之欲娶秦宜禄妻，李西平之欲挈西川妓归，及汾阳郭、韩蕲王、常开平等皆是也。奸雄反可以不好色者，盖别有大志，转不以声色为意，如褚渊遣侍山阴公主，备见逼迫，卒不及乱。相传明赵文华为诸生时，馆一富家，其夫已殁，妻甚少，慕赵风格，夜半叩门，赵询知为主人妻，坚不启，明早托故辞馆出，不与人言也。后渊转以此为世主所重，赵亦以此为里党所推。安知二人不即以此为盗名地耶？若王莽之买婢，诈云赠后将军朱子元；隋炀之屏斥姬侍，独与萧后共处：则又强制之力，不久即败露也。[1]

如果说汪中、钱大昕、洪亮吉等人的伦理观在礼教问题上态度还比较暧昧，不是十分明朗的话，那么，嘉庆初年位至“宰辅”的纪昀，其伦理思想就具有鲜明的鼓吹人性自由的特色。

纪昀，生于雍正二年（1724 年），卒于嘉庆十年（1805 年），字晓岚、春帆，晚号石云，直隶献县人。乾隆十九年（1754 年）进士，曾任翰林院编修、福建学政、侍读学士。乾隆四十七年（1782 年），授兵部侍郎，此后，历任左都御史、礼部尚书、兵部尚书等职。嘉庆十年正月任协办大学士，不久病逝。

在清代学术发展史上，纪昀的最大贡献是致力于《四库全书》的编纂。四库馆开，纪昀即与其事，以巨大的精力从事于这一宏伟的文化工程。其门人刘权之称：“盖《四库全书》开馆，吾师即奉命总纂，自始至终，无一息之间。不惟过目不忘，而精神亦足

1　洪亮吉：《北江诗话》卷三，第 49 条，人民文学出版社，1998 年。

以相副。”[1] 由他定稿的《四库全书总目提要》，备受清人推崇。《四库全书总目提要》虽成于多人之手，但纪昀总其成，故可以将其作为纪昀对清代学术发展之代表性贡献。昭梿谓纪昀“无书不读，博览一时。所著《四库全书总目》，总汇三千年间典籍，持论简而明，修词淡而雅，人争服之”[2]。朱珪称：“公（纪昀）绾书局，笔削考核，一手删定，为全书总目，裒然巨观，奔之七阁，真本朝大手笔也。”[3] 江藩说：“公于书无所不通，尤深汉《易》。力辟图书之谬，《四库全书提要》、《简明目录》皆出公手。大而经史子集，以及医卜词曲之类，其评论抉奥阐幽，词明理正，识力在王仲宝、阮孝绪之上，可谓通儒矣。……公一生精力粹于《提要》一书，又好为稗官小说，而懒于著书。”[4] 从 18 世纪末到 19 世纪初，纪昀可以说是中国学术界最重要的代表人物之一，即所谓“裒然一代文宗”，“主持风会，非公不能”[5]。

尽管纪昀官高位尊，在士林中具有广泛影响，但其思想却绝不保守。他对理学，尤其是道学家所鼓吹的极端礼教学说，持尖锐批判态度，他以大胆、直率的语言，诙谐、机智的文风，揭露道学之伪善，呼唤人性之自由。就思想解放而言，纪昀虽不如东原思想之深刻，也不如简斋思想之激进，但在清代上层官僚群体中，仍以其独有的风格，竖起了一座追求人性自由的丰碑。

纪昀的伦理观是以他对理学的批判为基础的，在这一点上，他可能受到了其好友戴震的某些影响。纪昀认为：不能用理学家存理灭欲的观点去苛刻要求所有士人，凡事“以理为宗”，责以孔

1　纪昀：《钦定四库全书告成恭进表》刘权之批语，《纪晓岚文集》第 1 册卷六，河北教育出版社，1995 年。

2　昭梿：《纪晓岚》，《啸亭杂录》卷一〇，中华书局，1980 年。

3　朱珪：《纪昀墓志铭》，《碑传集》卷三八，明文书局，1985 年。

4　江藩：《纪昀》，《汉学师承记》卷六，中华书局，1983 年。

5《刘权之序》，《纪晓岚文集》第 3 册，河北教育出版社，1995 年；阮元：《纪文达公集序》，《研经室三集》卷五，《四部丛刊初编》本，上海书店，1989 年。

孟之道，即为“不近人情之事”，“终不能强行于天下”[1]。纪昀在评论宋儒胡寅所作《读史管见》一书时说：“寅作是书，因其父说，弥用严苛。大抵其论人也，人人责以孔、颜、思、孟；其论事也，事事绳以虞、夏、商、周。名为存天理，遏人欲，崇王道，贱霸功，而不近人情，不揆事势，卒至于窒碍而难行。王应麟《通鉴答问》谓‘但就一事诋斥，不究其事之始终’，诚笃论也。”[2]和袁枚一样，纪昀也为因恋妓而遭朱熹嘲笑的胡铨打抱不平，认为“铨孤忠劲节，照映千秋，乃以偶遇歌筵，不能作陈烈逾墙之遁，遂坐以自误平生，其操之为已甓矣。平心而论，是固不足以为铨病也。”[3]纪昀的伦理思想主要通过所著笔记小说《阅微草堂笔记》一书体现出来。在该书中，纪昀以看似荒诞离奇的故事，表达自己真实而实际的思想追求。

纪昀认为：作为朝廷，诚然应该讲教化，讲纲常，但也应该承认人欲、人情存在的合理性，对普通百姓，绝不可绳以道学家之是非。即：“禁沈湎可，并废酒醴则不可；禁淫荡可，并废夫妇则不可；禁贪惏可，并废财货则不可；禁斗争可，并废五兵则不可。”[4]又云：“饮食男女，人生之大欲存焉。干名义，渎伦常，败风俗，皆王法之所必禁也。若痴儿騃女，情有所钟，实非大悖于礼者，似不必苛以深文。”[5]纪昀对道学家以理杀人极其愤恨，对男女间纯挚的爱情充满了赞美之情。在《姑妄听之》中，他讲述了一个真挚的爱情故事：

三宝、四宝本为自幼相爱的一对青年男女，二人情真意切，

---

1 《文章正宗》条，《四库全书总目提要》卷一八七，商务印书馆，1933年。

2 《读史管见》条，《四库全书总目提要》卷八九，商务印书馆，1933年。

3 《淡庵文集》条，《四库全书总目提要》卷一五八，商务印书馆，1933年。

4 纪昀：《姑妄听之》（四），《阅微草堂笔记》卷一八，上海古籍出版社，1980年。

5 纪昀：《滦阳续录》（五），《阅微草堂笔记》卷二三，上海古籍出版社，1980年。

却被讲学家严某所拆散，四宝被卖为人妾，“不数月病卒，三宝发狂走出，莫知所终。或曰：‘四宝被迫胁去，然毁容哭泣，实未与人共房帏。’”纪昀感叹说：“果其如是，则是二人者，天上人间，会当相见，定非一瞑不视者矣。惟严某作此恶业，不知何心，亦不知其究竟。然神理昭昭，当无善报。”或曰：严某“是非泥古，亦非好名，殆觊觎四宝，欲以自侍耳。”纪昀评论道：“若然，则地狱之设，正为斯人矣。”[1]

对女子改嫁及不贞行为，在纪昀看来，也应视具体情况区别对待，不可一概责以礼教。《滦阳消夏录》有这样一段记载：某游士之妾，在游士去世后，嫁于他人，后终因思念前夫而亡。按世俗观点，此女改嫁，“负故夫也”，“嫁而有贰心，负后夫也。此妇进退无据焉”。纪昀却借何励庵先生之口说：“《春秋》责备贤者，未可以士大夫之义律儿女子。哀其遇可也，悯其志可也。”[2]在《槐西杂志》中他更明确地提出：“必执《春秋》大义，责不读书之儿女，岂与人为善之道哉！”[3]

妻子不忠，在一般人看来是十分严重的罪过，但纪昀却认为荡妇非“人人得而诛者也”。《姑妄听之》为人们讲述了这样一个故事：

伊松林舍人言：有赵延洪者，性伉直，嫉恶至严，每面责人过，无所避忌。偶见邻妇与少年语，遽告其夫。夫侦之有迹，因伺其私会骈斩之。携首鸣官，官已依律勿论矣。越

1　纪昀：《三宝四宝》，《姑妄听之》（一），《阅微草堂笔记》卷一五，上海古籍出版社，1980年。

2　纪昀：《侠士情女》，《滦阳消夏录》（二），《阅微草堂笔记》卷二，上海古籍出版社，1980年。

3　纪昀：《槐西杂志》（二），《阅微草堂笔记》卷一二，上海古籍出版社，1980年。

半载，赵忽发狂自挝，作邻妇语，与索命，竟啮断其舌死。

夫荡妇逾闲，诚为有罪。然惟其亲属得执之，惟其夫得杀之，非乱臣贼子，人人得而诛者也。且所失者一身之名节，所玷者一家之门户，亦非神奸巨蠹，弱肉强食，虐焰横煽，沉冤莫雪，使人人公愤者也。律以隐恶扬善之义，即转语他人，已伤盛德。倘伯仁由我而死，尚不免罪有所归；况直告其夫，是诚何意，岂非激以必杀哉！游魂为厉，固不为无词。观事经半载，始得取偿，其必得请于神，乃奉行天罚矣。然则以讦为直，固非忠厚之道，抑亦非养福之道也。[1]

纪昀这一主张虽不如袁枚“淫媟虽非礼，然男女相爱，不过天地生物之心。放下屠刀，立地成佛，不比人间他罪难忏悔”激进，但其倾向性很明显。他反对人们以道学家的极端心态，处理家庭和妇女问题，尤其反对以伪善的态度，苛求于人。他主张建立一种相对宽松的社会环境，在这一社会中人们能享有基本的爱的自由，能以宽容平和的心态对待“儿女之事”，显然，这也是戴震、袁枚等人所竭力追求的。

18 世纪，在普通士人中，要求改善妇女境遇，主张男女自由结合的思想颇具影响。阮葵生针对宋儒“失节事大，饿死事小”的偏激说法，感叹说:“噫！古今来多少名公卿贤大夫，尚多愧此言，乃责之茕茕少妇耶？是惟有任其自为之。若女子未出嫁而守贞奔吊，则断宜禁止，故国家不设旌典。其发乎情而不能自已者，斯听之可耳。”[2] 又抨击妇女无名的不合理现实，说:“古士大夫妇人皆名，近代皆氏而不名，与市井闾阎无异，好礼者耻之。五雅及本草所载草木鸟兽，多有数名，未有无名者。妇人亦人也，而

1　纪昀：《有赵延洪者》，《姑妄听之》（二），《阅微草堂笔记》卷一六，上海古籍出版社，1980 年。

2　阮葵生：《再嫁》，《茶余客话》卷五，中华书局，1959 年。

草木鸟兽之不若耶?”[1]生于康熙四十三年（1704年）的龚炜对《曲礼》“寡妇之子，非有见焉，弗与为友”的荒谬主张提出批评，云:“但云非有见焉，弗与为友，可。而必别之以寡妇之子，何欤?与其子友，而致嫌于其母之寡，非君子之言也。注好色二字，尤薄。”又云:“寡妇不夜哭，亦非情理。”[2]龚炜谈诗和袁枚颇有相似之处，认为诗讲的是“发我真性情”。“何谓真性情?言出心坎。若意浅、神竭、韵粘、字呆，都不是真气味。热中人作高尚，富贵性谈场圃，伪君子讲节义，都不是真性情。知此，始可与言诗。”[3]

王应奎年纪较袁枚、洪亮吉要长（约生活于1683–1760年之间），但其论诗颇以情为重，强调“诗中须有人，乃得成诗。盖人之境遇不同，而心之哀乐生焉。夫子言诗，亦不出于哀乐之情也。诗而有境有情，则自有人在其中矣”，“不然，陈言剿句，万篇一篇，万人一人，了不知作者为何等人，又何以诗为哉?”[4]王应奎针对“饿死事极小，失节事极大”的流行说法，明确提出应该允许妇女改嫁，他说：

> 然先王制礼，有同居继父，不同居继父之服。则女子改嫁，固非先王之所禁矣。按宋叶水心《翁诚之墓志》云:“女嫁文林郎严州分水县令冯遇，遇死，再嫁进士何某。”可见古人不讳改嫁，故于文字中见之。今世衣冠之族，辄以改嫁为耻，而事出勉强，驯致无状，反不如改嫁之为得也。[5]

这个时期出现的一些文学作品，更非常生动地反映了18世纪

1　阮葵生：《妇人无名》，《茶余客话》卷一二，中华书局，1959年。
2　龚炜：《寡妇》，《巢林笔谈》卷二，中华书局，1981年。
3　龚炜：《如何作诗》，《巢林笔谈》卷四，中华书局，1981年。
4　王应奎：《柳南随笔》卷六，中华书局，1983年。
5　王应奎：《改嫁》，《柳南续笔》卷四，中华书局，1983年。

知识界对男女关系及妇女问题的真实想法。

《红楼梦》是18世纪中国文学创作最重要的收获之一。该书主人公贾宝玉对女性的赞美与推崇可以说是时人妇女观发生变化的生动体现。贾宝玉说："女儿是水做的骨肉，男人是泥做的骨肉。我见了女儿，我便清爽；见了男子，便觉浊臭逼人"，即是对传统重男轻女观念的公开挑战[1]，而他与林黛玉之间一波三折的爱情故事，则反映了当时知识界对冲破传统礼教束缚，追求男女婚姻自由的强烈愿望。《红楼梦》在18世纪流传甚广，"脍炙人口者数十年"[2]，所谓"艳情人自说红楼"[3]。时人云："曹雪芹《红楼梦》一书，久已脍炙人口，每购抄本一部，须数十金。自铁岭高君梓成，一时风行，几于家置一集。"[4]《红楼梦》流行本身，在很大程度上源于它对男女间真挚爱情的描述，对人性自由的呐喊，对传统礼教的批判，在广大读者中引起了强烈的共鸣，所谓"《红楼梦》为记恨书，与《西厢记》等"。然读者"不附崔、张酸鼻，而咸为宝黛拊心"，即反映出时人对这一爱情悲剧的深切同情[5]。由于《红楼梦》具有鼓吹男女平等，宣传婚姻自由的思想，故被一些观念守旧者斥为"淫书"，谓："淫书以《红楼梦》为最，盖揣摩男女情性，其字面绝不露一淫字，令人目想神游，而意为之移，所谓'大盗不操干矛'也。"清朝一些地方官，甚至从教化立场出发，在辖区内对《红楼梦》严行禁止，但收效甚微，盖"以文人学士多好之之故"[6]。而18世纪末年成书的几部《红楼梦》续书，

1 曹雪芹：《贾夫人仙逝扬州城，冷子兴演说荣国府》，《红楼梦》第二回，人民文学出版社，1982年。

2 秦子忱：《弁言》，《续红楼梦》，上海古籍出版社，1993年。

3 张问陶：《赠高兰墅（鹗）同年》，《船山诗草》卷一六，嘉庆二十年刊本。转引自《高鹗诗文集》附录，《高鹗文献资料辑录》，百花文艺出版社，1984年。

4 无名氏：《逍遥子序》，《后红楼梦》，上海古籍出版社，1993年。

5 秦子忱：《原序》，《续红楼梦》，上海古籍出版社，1993年。

6 陈其元：《〈红楼梦〉之贻祸》，《庸闲斋笔记》卷八，中华书局，1989年。

大多为黛玉翻案，使其和宝玉喜结良缘，即所谓“使吞声饮恨之‘红楼’，一变而为快心满志之‘红楼’。”[1]这可以说是《红楼梦》续书中带普遍意义的基本思路。导致这种局面出现的原因诚然有士人阶层不习惯小说以悲剧结束的传统心态，但其更深刻的原因在于社会上对献身纯挚爱情的青年男女的深切同情，对人性自由的广泛认同。

由武官秦子忱完成的30卷本《续红楼梦》刊刻于嘉庆四年（1799年），是时距《红楼梦》活字本印行仅隔8年。该书不但让林黛玉还魂，与贾宝玉成婚，而且还对《红楼梦》中太虚幻境的对联加以修改，显示出作者对人类情感的真诚赞美。如太虚幻境中对联本云：“假作真时真亦假，无为有处有还无。”续书改为：“情深不必分真假，兴到何须问有无。”幻境中原有对联称：“厚地高天，堪叹古今情不尽；痴男怨女，可怜风月债难酬”。续书改为：“色即是空，天地何生男女？情出于性，圣贤只辨贞淫。”并明确宣称：“愿天下才子佳人，世世生生，永作有情之物；度世间痴男怨女，夫夫妇妇，同登不散之场。”这就从价值观念的角度，否定了传统礼教黜情抑情的陈腐思想，对男女之间真挚爱情予以歌颂和推崇[2]。

成书于嘉庆元年（1796年）以前的《后红楼梦》从“补恨”角度出发，将带有叛逆色彩的林黛玉变为充满智慧，性格坚毅，且拥有巨大财力的特殊女性，在荣、宁二府中具有举足轻重的显赫地位，而传统礼教的“卫道士”薛宝钗反成为林黛玉的陪衬。小和山樵的《红楼复梦》大概完成于嘉庆四年（1799年），该书抑黛扬钗，对薛宝钗推崇备至，在续书中可谓别具一格。但从其行

1　秦子忱：《原序》，《续红楼梦》，上海古籍出版社，1993年。

2　曹雪芹：《游幻境指迷十二钗，饮仙醪曲演红楼梦》，《红楼梦》第五回，人民文学出版社，1982年；秦子忱：《警幻女增修补恨天，悼红轩总结红楼梦》，《续红楼梦》卷三〇，上海古籍出版社，1993年。

文句读中仍可看出作者对重男轻女的风俗并不赞同，对德才兼备的女性充满了赞美之情，他对社会上一些贬低妇女的做法是坚决反对的。在第 16 回中他借掌珠之口对避忌妇人的陋俗提出尖锐批评，掌珠道："咱们就不是人？我最恨这句话。不拘是什么事，就要避什么妇人、鸡犬，把咱们做堂客的，同着鸡犬儿一堆儿的避忌。这不知是什么王八羔子造出这样谣言。若是这也避妇人，那些成仙得道的人都是他妈石缝里爆出来的！"[1]

李汝珍的《镜花缘》，构思于 18 世纪后期，成书于 19 世纪初叶。该书通过对史幽探、哀萃芳、唐闺臣等一百名才女的描写，以荒诞离奇的情节，以充满同情的语言，为被忽视、被埋没的古今才女树碑立传。他说：

> 泣红亭主人曰：以史幽探、哀萃芳冠首者，盖主人自言穷探野史，尝有所见，惜湮没无闻，而哀群芳之不传，因笔志之。或纪其沉鱼落雁之妍，或言其锦心绣口之丽，故以纪沉鱼、言锦心为之次焉。继以谢文锦者，意谓后之观者，以斯为记事则可，若目为锦绣之文，则吾既未能文，而又何有于锦？矧寿夭不齐，辛酸满腹，往事纷纭，述之惟恐不逮，讵暇工于文哉？则惟谢之。而师仿兰言，案其事迹，敷陈表白而传述之，故谢文锦后，承之以师兰言、陈淑媛、白丽娟也。结以花再芳、毕全贞者，盖以群芳沦落，几至澌灭无闻，今赖斯而得不朽，非若花之重芳乎？所列百人，莫非琼林琪树，合璧骈珠，故以全贞毕焉。[2]

1　小和山樵：《承瑛堂情悲叔侄，瓶花阁兴扫痴婆》，《红楼复梦》第十六回，上海古籍出版社，1993 年。

2　李汝珍：《睹碑记默喻仙机，观图章微明妙旨》，《镜花缘》第四十八回，上海古籍出版社，1991 年。

李汝珍对天下才女的不幸遭遇深怀怜惜之心，对不公正的社会现实满怀愤恨不平之情，故其在书中精心杜撰海外诸国，通过对其奇风异俗之描述，讽刺黑暗，倡扬正义，为遭受苦难、压迫的女性鸣不平，表现出对男女平等的强烈追求。例如，作者在第十六至十八回中刻画了注重女子教育的黑齿国，其人称："敝乡考试，历来虽无女科，向有旧例，每到十余年，国母即有观风盛典。凡有能文处女，俱准赴试，以文之优劣，定以等第。或赐才女匾额，或赐冠带荣身，或封其父母，或荣及翁姑，乃吾乡胜事。因此凡生女之家，到了四五岁，无论贫富，莫不送塾攻书，以备赴试。"[1]黑齿国的女子饱读诗书，满腹经纶，在学术辩论中，将来自中国的以"满腹才学"著称的多九公驳得哑口无言，惭愧得无地自容，悲叹道："老夫活了八十多岁，今日这个闷气却是头一次，此时想起，惟有怨恨自己。""恨老夫从前少读十年书，又恨自己既知学问未深，不该冒昧同人谈文。"[2]在第三十二至三十七回中，作者塑造了一个别具特色的女儿国，"此地女儿国却别有不同。历来本有男子，也是男女配合，与我们一样。其所异于人的，男子反穿衣裙，作为妇人，以治内事；女子反穿靴帽，作为男人，以治外事。男女虽亦配偶，内外之分却与别处不同"。更耐人寻味的是，作者让来自"天朝上国"的美男子林之洋被选入王宫中为妃，"缠足穿耳，毒打倒吊，九死一生"[3]。在第五十一回中，作者塑造了一个"惧内"的强盗，因其试图娶妾，被强盗夫人责打，打得皮开肉绽，叫苦连天，作者描述说：

1　李汝珍：《紫衣女殷勤问字，白发翁傲慢谈文》，《镜花缘》第十六回，上海古籍出版社，1991 年。

2　李汝珍：《辟清谈幼女讲羲经，发至论书生尊孟子》，《镜花缘》第十八回，上海古籍出版社，1991 年。

3　李汝珍：《访筹算畅游智佳国，观艳装闲步女儿乡》，《佳人喜作东床婿，壮士愁为举案妻》，《镜花缘》第三十二、三十六回，上海古籍出版社，1991 年。

> 打到二十，喽罗把手住了。妇人道："这个强盗无情无义，如何就可轻放？给我再打二十。"大盗恸哭道："求夫人饶恕，愚夫吃不起了。"妇人道："既如此，为何一心只想讨妾？假如我要讨个男妾，日日把你冷淡，你可欢喜？你们做男子的，在贫贱时原也讲些伦常之道，一经转到富贵场中，就生出许多炎凉样子，把本来面目都忘了。不独疏亲慢友，种种骄傲，并将糟糠之情，也置度外。这真是强盗行为，也该碎尸万段。你还只想置妾，那里有个忠恕之道！我不打你别的，我只打你'只知有己，不知有人'，把你打的骄傲全无，心中冒出一个'忠恕'来，我才甘心。今日打过，嗣后我也不来管你。总而言之，你不讨妾则已，若要讨妾，必须替我先讨男妾，我才依哩。我这男妾，古人叫作'面首'。面哩，取其貌美；首哩，取其发美。这个故典并非是我杜撰，自古就有了。"[1]

这一系列妙趣横生的故事，实际上反映出李汝珍在男女关系问题上，主张实现两性间在权利上的基本平等。正因为他对男尊女卑的社会现实深恶痛绝，故在小说中通过一些奇女子的报复性言行发泄自己的不满之情。

如果说《红楼梦》和《镜花缘》反映了激进知识分子的男女平等观，那么，尹庆兰的《萤窗异草》，以及夏敬渠的《野叟曝言》则反映了普通士人对这一问题的态度。

尹庆兰，字似村，号长白浩歌子，为大学士尹继善之子，为学颇宗宋儒，尝致书袁枚，责其"背宋儒解《论语》，若欲关其口而夺之气者"[2]。然从尹似村所作笔记小说《萤窗异草》中，我们

1　李汝珍：《走穷途孝女绝粮，得生路仙姑献稻》，《镜花缘》第五十一回，上海古籍出版社，1991 年。

2　袁枚：《答尹似村书》，《小仓山房文集》卷一九，《袁枚全集》第 2 册，江苏古籍出版社，1993 年。

仍可以看出，在士林价值观念普遍发生变化的情况下，即使是一些饱受理学熏陶的贵族子弟，其伦理观念也自觉或不自觉地出现了转变的苗头，进而对追求婚姻自由的青年男女充满了同情之心。在《刘天锡》一文中，尹似村讲述了这样一个故事：书生刘天锡被两个婢女湘瑟、琴心所爱，然刘之母却欲将二女“遣嫁良人”，二女悲不自胜，湘瑟抑郁而终。刘天锡感二女之深情，违抗母命，“誓不他婚”，后来终于与琴心及湘瑟之后身团聚，过上了幸福的生活[1]。其《销魂狱》一文，也讲述了一个十分感人的爱情故事：“素嗜风流”的周生不听能通鬼神的董生之警告，与某巨商之女相爱成婚。然不久，周因被人诬告遭逮质审，女则忧思而亡。周悲恸欲绝，“以一室供女遗像，对之泣然，自早至暮，弗肯去”，后“竟形销骨铄，与死为邻”。一日，董生书“销魂狱”三字与之，周生悟，遂撤女像出家。尹似村对这一爱情悲剧极其同情，评论说：“人生不能无事，因不能无情”，“得妻如女，即为之销魂，良无所恨。奈何董生饶舌，周子误听，竟使冢号鸳鸯，树名连理，不复见于今哉？”袁枚对尹似村的观点赞叹不已，云：“遇此人，不得不销此魂。浩歌子之言，真是情至之语，可见情之所钟，犹在我辈。”[2]

成书于乾隆中后期的《野叟曝言》竭力推崇道学，侈谈男女之别，但从其行文句读中仍可清楚地看出其时主张婚姻自主者大有人在，如“苗峒圣人”土老生就大肆攻讦儒家礼教，“曾与广东、广西、四川、云贵五省名公，辩证过来”，为苗中自由婚姻辩护，并发出“人心不可强抑，王道必本乎人情”的悲愤呐喊。他说：

1　尹似村：《刘天锡》，《萤窗异草》初编卷一，重庆出版社，1996年。

2　尹似村：《销魂狱》，《萤窗异草》三编卷三，重庆出版社，1996年。

老聃至西戎而效其言，禹适裸国忻然解裳，风气所限，圣人不能立异。况天地之道，阴阳而已，天气下降，地气上升，谓之交泰，若天地不交，谓之否塞。峒里妇人与男子拉手、搭肩、抱腰、捧脸，使地气通乎天，天气通乎地，阴阳交泰之道也。若像中华风俗，男女授受不亲，出必蔽面，把阴阳隔截，否塞不通。男女之情不畅，决而思溃，便钻穴逾墙，做出许多丑事，甚至淫奔拐逃，争风妒奸，谋杀亲夫，种种祸端，不可救止，总为防闲太过，使男女悦慕之情，不能发泄故也。至婚嫁之礼，又止凭父母之命，媒妁之言，不许男女自主，两情岂能投合？若再美女配着丑夫，聪男娶了蠢女，既非出彼自愿，何怪其参商而别求苟合！若象峒中风气，男女唱歌，互相感慕，然后成婚，则事非出于勉强，情自不至乖离，遇着男子，又得拉手搭肩以通其志，心所亲爱，复得抱腰捧脸以致其情，其气既畅，不致抑郁遏塞，一决而溃，为钻穴逾墙等丑事矣！人心不可强抑，王道必本乎人情，故合九州风气而论，要以葵花峒为第一。[1]

当然，这个时期，一些文学作品继承了明代以来市民小说的传统，在男女关系描写上（当然不单是男女关系）十分大胆直率，出现了一些赤裸裸的性描写情节，暴露了一些带纵欲色彩的人生追求。这些描写一方面具有冲破传统礼教束缚，承认人欲合理性的涵义，但另一方面也反映了一些作者庸俗低级的生活情趣。对此，治史者应根据小说的思想内涵作具体分析，不宜简单定性。但有一点是十分明确的，市民小说的流行在客观上冲击着传统伦理道德的权威，推动着社会价值观念的变革。钱大昕云：

1　夏敬渠：《治香以臭别开土老之奇语，婚配宜歌新咏关雎之好逑》，《野叟曝言》第九十四回，吉林文史出版社，1994年。

古有儒释道三教，自明以来，又多一教，曰小说。小说演义之书，未尝自以为教也。而士大夫、农工商贾，无不习闻之。以至儿童、妇女、不识字者，亦皆闻而如见之，是其教较之儒释道而更广也。释道犹劝人以善，小说专导人以恶、奸、邪、淫、盗之事。儒释道书所不忍斥言者，彼必尽相穷形，津津乐道。以杀人为好汉，以渔色为风流，丧心病狂，无所忌惮。子弟之逸居无教者，多矣，又有此等书以诱之，曷怪其近于禽兽乎！世人习而不察，辄怪刑狱之日繁，盗贼之日炽，岂知小说之中于人心风俗者，已非一朝一夕之故也。[1]

除了妇女观以外，18 世纪的清朝知识界对伦理道德的其他方面也提出了不少新的观念。以传统思想家们着力宣扬的崇俭抑奢为例，乾隆时就有一些知识精英提出不同看法。法式善就公开反对朝廷禁止奢侈。他说："今之论治者，率欲禁奢崇俭，以为富民之术。殊不知天地生财，止有此数，彼亏则此盈，彼益则此损。富商大贾，豪家巨室，自侈其宫室、车马、饮食、衣服之奉，正使以力食人者，得以分其利，得以均其不平，孟子所谓'通功易事'是也。上之人从而禁之，则富者益富，贫者愈贫也。吴俗尚奢，而苏、杭细民，多易为生。越俗尚俭，而宁、绍、金、衢诸郡小民，恒不能自给，半游食于四方，此可见矣。"认为崇俭禁奢，"此特一身一家之计，非长民者因俗为治之道也"[2]。其言在 18 世纪的官僚和城镇上层社会中是颇有代表性的。生活于 18、19 世纪之交的钱泳从安顿穷人的角度出发，也提出不能过分禁绝奢靡。他说：

1　钱大昕：《正俗》，《潜研堂文集》卷一七，商务印书馆，1935 年。

2　法式善：《陶庐杂录》卷五，中华书局，1959 年。

治国之道，第一要务在安顿穷人。昔陈文恭公宏谋抚吴，禁妇女入寺烧香，三春游屐寥寥，舆夫、舟子、肩挑之辈，无以谋生，物议哗然，由是弛禁。胡公文伯为苏藩，禁开戏馆，怨声载道。金阊商贾云集，宴会无时，戏馆酒馆凡数十处，每日演剧养活小民不下数万人。此原非犯法事，禁之何益于治。昔苏子瞻治杭，以工代赈，今则以风俗之所甚便，而阻之不得行，其害有不可言者。由此推之，苏郡五方杂处，如寺院、戏馆、游船、青楼、蟋蟀、鹌鹑等局，皆穷人之大养济院。一旦令其改业，则必至流为游棍，为乞丐，为盗贼，害无底止，不如听之。潘榕皋农部《游虎邱冶坊浜诗》云："人言荡子销金窟，我道贫民觅食乡"，真仁者之言也。[1]

值得注意的是，最高统治者乾隆皇帝对俭奢问题也有类似的看法。乾隆二十七年（1762 年），他在谈到自己南巡，允许商人大兴土木之役时说：搭建彩亭、灯棚等"一切饰观之具"，"此在苏扬盐布商人等，出其余赀，偶一点缀，本地工匠贫民，得资力作，以沾微润，所谓分有余以补不足，其事尚属可行"[2]。正因为如此，清廷对当时东南士人及工商业中存在的严重的奢靡风气，并未采取强有力的禁抑措施，基本上是听其自然，不加干预。

对政府为政目标，钱大昕认为：富民和教民为其大端，宋儒改《大学》亲民为新民，过分偏重于教，而对富民，满足百姓的正当欲望重视不够，后世统治者"舍德用刑"，故其治道不及三代。他说：

"大学之道在亲民"，"民之所好好之，民之所恶恶之，

1 钱泳：《旧闻·安顿穷人》，《履园丛话》卷一，中华书局，1979 年。

2 《清高宗实录》卷六五七，乾隆二十七年三月癸亥，中华书局，1985 年。

此之谓民之父母”，此亲民之实也。宋儒改“亲”为“新”，特因引《康诰》“作新民”一语，而不知“如保赤子”亦《康诰》文。保民同于保赤，于亲民意尤切。古圣人保民之道不外富、教二大端，而“亲”字足以该之，改“亲”为“新”未免偏重教矣。“亲”之义大于“新”，言“亲”则物我无间，言“新”便有以贵治贱、以贤治不肖气象，视民如伤者似不若此。后世治道所以不如三代，正为不求民之安而务防民之不善，于是舍德而用刑，自谓革其旧染，而本原日趋于薄矣。窃谓《大学》“亲民”当仍旧文为长。[1]

在重视人情的同时，一些学者对生活于社会最底层的奴仆的境遇表示出深切的关注。邱秀瑞指出：“天地之性，人为贵。而人之生于天地间者，虽有智愚强弱尊卑疏戚之等，其与我同类，而皆有欲立欲达之心，则一也。奚必智者强者尊且戚者乃得为人，而愚者弱者卑者疏者之概无足比数乎？”针对清代“中人十金之产皆得收良人男女而属役之”，“刻薄者流，又从而禁锢焉，摧残焉，俾不得终有夫妻子母之乐”的不平等社会现实，邱秀瑞提出了满足奴婢基本人生欲望的具体建议，并希望建立一个没有奴婢制度的理想社会。他说：“宜设为厉禁，令奴婢年二十以上，皆为之配，然后得役。不，则奴听其自去，毋得责以赎身，婢听其适人，薄给本主以财礼。如是而不之听，许奴婢自陈于官，而约长为之举首，则有常刑，其有隐蔽者，亦各坐之以法。然后内无怨女，外无旷夫，咸得以自遂其生于天地之间。而为本主者，亦不至肆为刻薄，贼人之子以残害天地所生之人，而干神怒，召天灾，其亦中和位育之一助也已。虽然，世有复先王之仁政者乎，即奴

1　钱大昕：《亲民》，《十驾斋养新录》卷二，《嘉定钱大昕全集》，江苏古籍出版社，1997年。

婢之名亦可以不设，而尚安以禁为？”[1] 邱秀瑞的观点，反映了18世纪初叶清朝知识界汉族士人对奴婢制度的看法。此后随着时间的推移，改善社会底层民众处境，逐渐成为官僚士大夫的基本共识。一些在朝士人进而推动清廷采取措施，除贱为良，扩大社会底层民众的人身自由，增加社会自由民的数量。

基于人类平等的观念，一些学者对社会不同阶层、阶级之间的流动持赞同态度，认为这种流动反映了天道循环的客观规律，并发出“王侯将相，岂有种乎”的时代呐喊。郑板桥说：

> 谁非黄帝尧舜之子孙？而至于今日，其不幸而为臧获、为婢妾、为舆台、皂隶，窘穷迫逼，无可奈何，非其数十代以前即自臧获、婢妾、舆台、皂隶来也。一旦奋发有为，精勤不倦，有及身而富贵者矣，有及其子孙而富贵者矣，王侯将相，岂有种乎？而一二失路名家、落魄贵胄，借祖宗以欺人，述先代而自大，辄曰：“彼何人也，反在霄汉，我何人也，反在泥途，天道不可凭，人事不可问。”嗟乎！不知此正所谓天道人事也。天道福善祸淫，彼善而富贵，尔淫而贫贱，理也。庸何伤？天道循环倚伏，彼祖宗贫贱，今当富贵，尔祖宗富贵，今当贫贱，理也，又何伤？天道如此，人事即在其中矣。[2]

郑板桥的话反映了18世纪中国社会的剧烈流动，同时，也说明人类平等的观念，在一些知识分子中已经深入人心。平等的观念，主张社会合理流动的观念，与改善下层民众生活环境，满足人民正当欲望的观念并不矛盾，它们从不同的侧面反映了18世纪

1 邱秀瑞：《恤臧获议》，陆耀：《切问斋文钞》卷九，河南布政使杨国桢重刊，同治金陵钱氏藏本。

2 郑燮：《家书·雍正十年杭州韬光庵中寄舍弟墨》，《板桥集》，清晖书屋刊本。

知识阶层的社会主张。事实上，社会平等、流动与人性自由，始终是推动传统社会向近代转变的重要的精神动力。

18世纪，伴随各种社会新观念而来的是士林风气，特别是生活方式的巨大变化。

第四节　生活方式的变迁

追求爱的自由，追求人性的自由，从来都是实现社会自由的起点。而人们心里所想的，精神所追求的，总会通过实实在在的社会生活，或多或少地表现出来。也就是说，意识对人类的支配作用，最终要物化为人的社会行为。18 世纪伦理观念的变迁，主要通过士林风气，特别是生活方式的变化，体现出自己独有的时代价值。具体说来，这一百年士林生活方式的变迁主要表现为以下几个方面：

一是与知识界对妇女看法的改变相适应，士林阶层对妇女教育的重视大为加强，女子社会地位相对提高。尽管女子学文在中国历史上由来已久，如汉之班昭、唐之薛涛、宋之李清照等，代有佳人，不胜枚举。然而，女子教育作为一项事业真正受到知识界的高度重视，并付诸实践，主要是在清代，特别是清盛世时期。有清一代，尽管“女子无才便是德”在普通民众中仍很流行，但在一些知识精英及贵族家庭中，女子读书作文，吟诗作赋早已成为一种时尚，清朝大量通俗小说对才女的推崇，对佳人的赞美，都在相当程度上反映出知识界对女性教育的重视。《红楼梦》中大观园的富家小姐无不擅长诗赋，《镜花缘》中的一百女子均以才名，在一定程度上反映了当时历史的真实。事实上，早在 17 世纪后期，一些女子就以文学或经济之才脱颖而出。像广陵女子徐元瑞因擅长填词颇受士人推崇，武林黄夫人顾氏更以经济之才而为时人侧目。王士禛记载说：“叶石林每令诸子女儿妇列坐说《春秋》。近日武林黄夫人顾氏，名若璞，所著《卧月轩文集》，多经济大篇，有西京风格。常与妇女宴坐，则讲究河漕、屯田、马政、边备诸大计。副笄中乃有此人，亦一奇也。”[1]降至 18 世纪，在袁枚等人的倡导下，女子教育大为加强，随园女弟子成为当时士林中一大佳话。

正如笔者在前面已经指出：作为杰出的反传统思想家，袁枚对女性充满了赞美之情。他的性灵说对推动清诗发展起到了十分重要的作用，所谓“《随园诗话》出，诗人日渐日多”[2]。袁枚对清代诗学最突出的贡献之一就在于他培养了一批女诗人。袁枚高度重视对妇女的知识教育，他当时一反世俗偏见，大量招收女子学诗，即所谓“有教无类”，随园女弟子进而成为清代文坛一大盛事。时有《湖楼请业图》，专绘其事。值得高度重视的是，尽管袁枚以风流放诞著称，所到之处，寻花问柳，然诸女子对其却仰慕不已，纷纷表示自己“数载倾心”，“求师念切”，“得伏生古壁之经，更望传于女子”[3]。而所谓随园女弟子者，往往生活于书香门第之家，袁枚《随园十三女弟子湖楼请业图》跋语曾对西湖与会之女弟子作了一番介绍。辞云：

> 乾隆壬子（乾隆五十七年，即 1792 年。引者注）三月，余寓西湖宝石山庄，一时吴会之弟子，各以诗来受业。旋属尤、江二君为写图布景，而余为志姓名于后，以当陶贞白真灵之图。其在柳下姊妹偕行者，湖楼主人孙令宜臬使之二女云凤、云鹤也。正坐抚琴者，乙卯经魁孙原湘之妻席佩兰也。其旁侧坐者，相国徐文穆公之女孙裕馨也。手折兰者，皖江

1 王士禛：《妇人经济》，《池北偶谈》卷一五，中华书局，1982 年。

2 钱泳：《谈诗·总论》，《履园丛话》卷八，中华书局，1979 年。

3 孙云凤：《湖楼请业图序》，《随园女弟子诗选》卷一，《袁枚全集》第 7 册，江苏古籍出版社，1993 年。

巡抚汪又新之女缵祖也。执笔题芭蕉者，汪秋御明经之女妽也。稚女倚其肩而立者，吴江李宁人臬使之外孙女严蕊珠也。凭几拈毫，若有所思者，松江廖明府之女云锦也。把卷对坐者，太仓孝子金瑚之室张玉珍也。隅坐于几旁者，虞山屈宛仙也。倚竹而立者，蒋少司农戟门公之女孙心宝也。执团扇者，姓金名逸，字纤纤，吴下陈竹士秀才之妻也。持钓竿而山遮其身者，京江鲍雅堂郎中之妹，名之蕙，字芷香，张可斋诗人之室也。十三人外，侍老人侧而携其儿者，吾家侄妇戴兰英也，儿名恩官。诸人各有诗，现付梓人。[1]

可见，当时列名随园弟子者，均系大家闺秀。其实上述诸人只是随园女弟子中的一部分，其他见诸记载的女弟子还有很多，下面是笔者所掌握的随园女弟子情况：

随园女弟子情况表[2]

女弟子名	简　　况	备　　注
席佩兰	字韵芳，洞庭山人，常熟孝廉孙原湘妻。夫妻工诗。著有《长真阁诗稿》。	
孙云凤	字碧梧，字兰友，按察使孙嘉乐之女，有《湘韵馆诗》。	
孙云鹤	孙云凤之妹。	
金　逸	字纤纤，秀才陈竹士之妻。著有《瘦吟楼诗草》。	
骆绮兰	字佩香，著有《听秋轩诗稿》。	
张玉珍	字清河，金瑚秀才之妻，有《晚香居词》。	
廖云锦	字纤云，合肥令某之女，著有《纤云楼诗稿》，《仙霞阁诗草附词》。	

1　钱泳：《随园女弟子湖楼请业图》，《郎潜纪闻二笔》卷二，中华书局，1990 年。

2　本表主要据《随园女弟子诗选》及《随园轶事·随园女弟子姓氏谱》、《续同人集》以及《清代闺阁诗人征略》编制（施淑仪撰，《清代传记丛刊》本，明文书局印行）。

续　表

女弟子名	简　　况	备　　注
陈长生	字秋谷，一字嫦笙，有《绘声阁诗稿》。	
严蕊珠	字绿华，著有《露香阁诗草》。	
钱　琳	字昙如，福建布政使钱琦女，汪海树秀才妻。	
王玉如	孙嘉乐篷室。	
陈淑兰	字蕙乡，痒生邓宗洛妻。	
王碧珠	字绀仙，汪谷篷室。	
鲍之蕙	字仲姒，有《清娱阁吟稿》。	
朱意珠	字宝才，汪谷篷室。	
王　倩	字雅三，王阳明第八世女，介休令王谋文之女。有《问花楼诗钞》，《洞箫楼词》。	
卢元素	字净香。	
戴兰英	字瑶珍，著有《瑶珍吟草》。	
吴琼仙	字子佩，著有《写韵楼诗草》。	以上诸人，作品被收入袁枚所编《随园女弟子诗选》。
周月尊	字漪香，巡抚毕沅篷室。	
方筠仪	字琅青，著有《含贞阁诗集》。	
归懋仪	字佩珊，与其母合刻有《二余诗集》。	
汪　妽	字巽为，号顺斋。	
陶余庆	字善生，著有《琼楼吟》。	
葛秀英	字玉贞，著有《淡香楼诗集》。	
王　琼	字碧云，晚号爱兰老人，有《爱兰名媛诗话》。	
杨琼华	字佩英。与其夫同受业于袁枚。	
张玉梧	字秋云。	
张　珏	字子玉。	
张秉彝	字性全。	
叶令仪	字翼心。	
周星薇	字天香。	
陈淡直	字菊人。	
宋静娟	字守一。	
潘素心	字佩兰。	
高韫珍	字淡仙。	
王　姮	字樨影。	
蒋心宝	户部侍郎蒋赐棨孙女。	
金　兑	字湘芷。	
汪缵祖	安徽巡抚汪新女，字嗣徽，有《蕉雨轩吟稿》。	

续　表

女弟子名	简　　况	备　　注
严静甫		
梧　桐	杭州知府明希哲保篴室。	
袖　香	杭州知府明希哲保篴室。	
月　心	杭州知府明希哲保篴室。	
吴　蕙	字香宜，袁枚弟篴室。	
黄　桢	字雄宜，袁枚弟之妻。	
汪玉珍	字宜秋，号小院主人。	
袁淑芳	字丽卿。	
汪铭玉	字和声。	
马翠燕	字添香。	
张瑶媖		
徐裕馨	大学士徐本孙女。	
史鲍印		
狄　方	字少柔。	
张洵霄	字露城，毕沅篴室。	
毕智珠	毕沅女。	
赵同曜	字洵娴。	
庄　焘	字松石，有《剪水山房集》。	
吴荔娘	字绛卿，有《兰陂剩稿》。	

以上统计资料不一定很完整，但能反映随园女弟子的大体情况。蒋敦复谓："随园女弟子数十人，入《诗选》者只二十人，大抵皆所处匪遥，相聚较久，请业请益，得入湖楼诗会者。至若附骥难常，每切离之群感；登龙莫逐，仅深私淑之怀，则二十人外，正不乏人。"[1]其言非空穴来风，显然颇有事实依据。值得注意的是：清代女子能从事诗文写作者大多生活于条件相对优裕的官宦之家，特别是士人家庭，这从上面开列的随园女弟子的家庭状况即可看出。按常理推测，这些家庭一般受礼教束缚较重，不应提倡女子读书识字，其作品也不应轻传于外，更不用说和外间

1　蒋敦复：《随园轶事·随园姬人姓氏谱》，《袁枚全集》第8册，江苏古籍出版社，1993年。

男性自由交往了，正如《红楼梦》中薛宝钗对林黛玉所说："咱们女孩儿家不认得字的倒好，男人们读书不明理，尚且不如不读书的好，何况你我！""就连作诗写字等事，原不是你我分内之事"，"你我只该做些针凿纺织的事才是。"[1]然而，当时的实际情况正好相反。大观园中的小姐们无不诗才横溢（包括薛宝钗在内），男女之间也并非壁垒森严，日常生活中仍出现了赤裸裸反映男女情欲的绣春囊，年轻主子中有宝玉和黛玉间生死不渝的真挚爱情，而奴才中也出现了像司棋那样未出阁先幽会的"风流故事"。而在现实社会中，袁枚的女性崇拜者们无不公开表示对袁枚的尊崇之心，倾慕之情，尤其赞赏袁枚的诗论性灵说。金逸在《呈随园夫子》中写道："格律何如主性灵？早闻持论最清真。惟公才独开生面，此后愁难有替人。古佛慈悲容世佞，神仙居处与花亲。从来著作传身后，那似袁安见及身。"[2]袁枚女弟子们之夫君父祖，对其与袁枚交往，不以为耻，反以为荣。像汪谷对袁枚招收女弟子就十分赞赏，称其"有教无类"，其二妾即为袁枚弟子。毕沅之妾周漪香与袁枚交往甚密，袁枚自述他与周漪香的交往云：

> 余画《随园雅集图》，三十年来，当代名流题者满矣，惟少闺秀一门。慕漪香夫人之才，知在吴门，修札索题，自觉冒昧。乃寄未五日，而夫人亦书来，命题《采芝小照》。千里外，不谋而合，业已奇矣。余临《采芝图》副本，到苏州，告知夫人。而夫人亦将《雅集图》临本见示，彼此大笑。乃作诗以告秋帆先生曰："白发朱颜路几重？英雄所见竟相同。

1 曹雪芹：《蘅芜君兰言解疑癖，潇湘子雅谑补余香》，《红楼梦》第四十三回，人民文学出版社，1982年。

2 金逸：《呈随园夫子》，《续同人集·闺秀类》，《袁枚全集》第4册，江苏古籍出版社，1993年。

不图刘尹衰颓日，得见夫人林下风。”[1]

而毕沅对二人的交往不但不存疑虑，反而命周漪香师事袁枚，袁枚则“以次子阿迟寄名漪香膝下，通姻好焉”[2]。当时，不少出生名门的女子和袁枚之间诗文往来，关系亲密。袁枚曾将严蕊珠、金逸、席佩兰称为“闺中三大知己”[3]。乾隆五十五年，袁枚曾招女弟子讲学，女弟子孙碧梧（即孙云凤）以充满激情的语言描述这一盛事，她说：

> 我简斋夫子，行年七十，妇竖知名，所到四方，裙钗引领。庚戌（即乾隆五十五年，1790年）四月十三日，因停扫墓之车，遂启传经之帐。凤等抠衣负笈，问字登堂；一束之礼未脩，万顷之波在望。畅幽情于觞咏，雅会耆英；作后学之津梁，不遗闺阁。持符召客，女弟子代使者之劳；置酒歌风，武夷君作幔亭之会。群季乏地主之仪，能无愧也；先生具门人之馔，有是礼乎？时也风雨有声，烟波无际，山花留红，堤草萦绿。不栉进士，竞传击钵之诗；扫眉才人，各逞解围之辨。或真珠密字，写王母之灵飞；或吐绿攒朱，画仲姬之花竹。凤率同小娟，滥厕诸君。既衣香鬓影之如云，复柳絮椒花之满牍。虽踽偻以效颦，无如增丑；勉趋承而引领，愧不成章。敢献一言，用呈微志。计此日一卮别酒，饯湖边小住之楼；待明年千里扬帆，寻江上重来之路。[4]

1　袁枚：《随园诗话》卷二，第29条，人民文学出版社，1982年。

2　蒋敦复：《随园轶事·同周漪香互相题图》，《与毕制府》，《小仓山房尺牍》卷六，《袁枚全集》第5册，江苏古籍出版社，1993年。

3　蒋敦复：《随园轶事·闺中三大知己》，《袁枚全集》第8册，江苏古籍出版社，1993年。

4　孙云凤：《宝石山庄送简斋夫子还山诗序》，《续同人集·闺秀类》，《袁枚全集》第5册，江苏古籍出版社，1993年。

值得注意的是，对袁枚招女弟子学诗，东南上层社会基本上是持肯定态度的。潘素心载乾隆五十七年著名的湖楼诗会，袁枚招诸女子讲学论诗，杭州官府名流出面支持，“太守坐船至湖庄，肩舆而归，留与吾辈游湖”，“王梦楼探花书扇”，“明太守赠筵”，并“贻玉如意、端砚等物”，故时人有“白璧清谁似？红裙礼未将”之句[1]。成书于同治年间的《随园轶事》根据袁枚之孙等人的介绍，追述此事云：“梧桐能琴，袖香能画，又皆能诗，皆满洲人，为杭守明希哲保太守篷室。太守有十二金钗，最小者名月心，同时执贽湖楼。某日湖楼开诗会，太守携三姬从清波门打桨赴会，既而太守留所坐玻璃画船，绣褥珠帘，为群女游湖之用，而独自骑马回衙。少顷，遣人送华筵二席，玉如意七枝，及纸、笔、香珠等物，分赠香闺为润笔，一时艳称韵事。”[2]晚清陈康祺虽对袁枚人品颇多微辞，但也不得不承认“湖楼请业一图，香粉琴尊，丹青炤暎，不可谓非湖山韵事也”[3]。诗与袁枚、赵翼并称“江左三大家”的蒋士铨也认为：“《离》象文明，而备位乎中；女子之有文章，盖自天定之。”[4]随之而来，女才子增多。像地方官叶佩荪家，“其前后两夫人、两女公子、一儿妇，皆诗坛飞将也”[5]。而罗聘之妻，安徽歙县联墅村女子方婉仪，“字白莲”，“受诗于沈大成，著有《白莲半格诗》”[6]。方婉仪以才名噪

1 潘素心：《湖楼即事呈随园夫子》，《续同人集·闺秀类》，《袁枚全集》第5册，江苏古籍出版社，1993年。

2 蒋敦复：《随园轶事·随园女弟子姓氏谱》，《袁枚全集》第8册，江苏古籍出版社，1993年。

3 陈康祺：《随园女弟子湖楼请业图》，《郎潜纪闻二笔》卷二，中华书局，1990年。

4 袁枚：《随园诗话》卷二，第58条，人民文学出版社，1982年。

5 袁枚：《随园诗话补遗》卷三，第21条，人民文学出版社，1982年。

6 李斗：《新城北录上》，《扬州画舫录》卷三，中华书局，1960年。

一时，时人称其“习诗书，明礼度，兼长于诗画”，“女士之称，遍徽扬间”。连伦理观念颇为保守的翁方纲也称赞说：“江山清淑之气，不钟于绮罗丰厚之闺阁，而在清寒彻骨画梅相对之贫士家。”[1]故当时一些人感叹：“近时闺秀之多，十倍于古，而吴门为尤甚。”[2]这一社会现实反映在文学中，过去世俗小说往往描写的是佳人挑选才子，而现在却出现了才子挑选才女的情形，所谓“选婿固非容易，择妻更费推评”。像江苏东台举人徐述夔的《五色石》就以赞叹的笔调讲述了这样一个故事：福建少年举人何嗣薪，因自负其才，执意“要寻一个与他一样有才的佳人为配”，而才女瑶姿为了能嫁何嗣薪，竟以“既非伪才，何愁面试”的勇气，甘愿接受何嗣薪的考试，经“三场考试”之后，二人方结为夫妻[3]。女子学文风气甚至影响到了旗人贵族，一些旗人女子，也像汉族闺秀一样，学诗作文，造诣甚深。像大学士鄂尔泰之侄女、两江总督尹继善之继室，“娴淑能诗”。袁枚《随园诗话补遗》记载说：“常侍尹、鄂两公小饮。鄂公老矣，向尹公云：‘阁务殷繁，何日得抽身是好？’夫人正色曰：‘女闻圣人云：事君能致其身，其次则明哲保身，未闻有抽身之说。’公为莞然。”[4]上述情况表明，18世纪士林官宦人家，并非尽循理学之说教，将乾嘉时期东南社会描写为一派男尊女卑，女子处深闺之中，坐则垂帘，出则拥面的礼教景象是不符合历史实际的。

其实，18世纪的中国，随着商品经济和士林观念的变迁，妇女的地位出现了改善的迹象，女子在家庭中的地位有所提高。像以道学著称的尹嘉铨就颇有“惧内”之嫌，曾在乾隆帝面前讨翎

1 翁方纲：《女士方氏墓志铭》，《复初斋文集》卷一四，商务印书馆，1935年。

2 袁枚：《随园诗话补遗》卷八，第58条，人民文学出版社，1982年。

3 徐述夔：《选琴瑟》，《五色石》卷六，《禁毁小说文库》本，太白文艺出版社，1996年。

4 袁枚：《随园诗话》卷三，第6条，人民文学出版社，1982年。

子，说是没有钢子，就回去见不得妻小，连他自己也承认“这都是我假道学，怕老婆是实”[1]。徐述夔是一个善于观察，而且勇于独立思考者，他敏锐地察觉到了清代男女关系的微妙变化，进而总结出了男子惧内的几种形式，其言可以说是当时社会生活的真实写照。徐述夔说：“世上怕老婆的，有几样怕法。有势怕，有理怕，有情怕。势怕有三：一是畏妻之贵，仰其阀阅；二是畏妻之富，资其财贿；三是畏妻之悍，避其打骂。理怕亦有三：一是敬妻之贤，景其淑范；二是服妻之才，钦其文采；三是量妻之苦，念其食贫。情怕亦有三：一是爱妻之美，情愿奉其色笑；二是怜妻之少，自愧屈其青春；三是惜妻之娇，不忍见其颦蹙。”[2]

用“男女授受不亲”来概括当时的男女关系未必十分准确。应该说，雍乾时期，一些正统官僚学者不断主张旌扬节义，实际上表明当时社会风气在发生变化，传统节义观念正在受到严重挑战，治史者若因为当时节义呼声不断就认为大清帝国真的已经“人心向善”，那可就真被历史的假象所愚弄。以妇女出游为例，这在一般重视礼教的人眼里，是有“伤风化”的。然乾隆时期在东南，特别是在江苏十分流行。像扬州的画舫，就有专门的堂客船。《扬州画舫录》描述说：

画舫有堂客官客之分，堂客为妇女之称。妇女上船，四面垂帘，屏后另设小室如巷。香枣厕筹，位置洁净。船顶皆方，可载女舆。家人挨排于船首，以多为胜，称为堂客船。一年中惟龙船市堂客船最多。唐赤子翰林《端午诗》云：“无端铙吹出空舟，赚得珠帘尽上钩。小玉低言娇女避，郎君倚

1 《尹嘉铨为父请谥并从祀文庙案》，《清代三朝史案》下册，江苏广陵古籍刻印社，1993年。

2 徐述夔：《反芦花》，《八洞天》卷二，《禁毁小说文库》本，太白文艺出版社，1996年。

扇在船头。”皆此类堂客船也。迨至灯船夜归，香舆候久。弃舟登岸，火色行声。天宁寺前，拱宸门外，高卷珠帘，暗飘安息，此堂客归也。《梦香词》云：“扬州好，扶醉夜踉跄。灯影看残街市月，晚风吹上笋儿香，剩得好思量。”[1]

妇女出游，引发了不少“社会问题”。江苏巡抚陈宏谋斥责说：

妇礼处深闺，坐则垂帘，出则拥面。所以别嫌疑，杜窥伺也。何乃习于游荡！少妇艳妆，出头露面，绝无顾忌。或兜轿游山，或灯夕走月，甚至寺庙游观，烧香做会，跪听讲经，僧房道院，谈笑自如。又其甚者，三月下旬，以宿神庙为结缘，六月六日，以翻经十次，可转男身。七月晦日，以点肉灯为求福，或宿山庙，还愿求子，或舍身于后殿寝宫，朔望供役，僧道款待，恶少围绕，本夫亲属恬不为怪，深为风俗之玷。[2]

陈宏谋所说景象在当时的文学作品中有生动反映。成书于乾隆中前期的《绿野仙踪》有下面几段文字描写当时南方进香聚会情形：

放眼一望，见对山坡上，有一庙宇，规模阔大。又见山腰上下有十几处席棚，大小不等。内中有卖酒肉的，有卖香烛纸马的，还有掷骰顽牌的。山门内外摆设着许多杂货物件，妇人应用的东西极多。又见那些男女们，有头顶香盘，一步一拜的；有口衔环带，身披鞍辔，学驴马趴着磕头的；还有

1　李斗：《虹桥录下》，《扬州画舫录》卷一一，中华书局，1960 年。
2　陈宏谋：《风俗条约》，《清经世文编》卷六八，中华书局，1992 年。

胳膊上用针钩穿入肉内，挂着大盘香，跪着还心愿的；还有少年妇女籍烧香为名，打扮得粉白黛绿，翠袖红裙，被那些浮浪子弟跟出跟入臊皮的，甚至拥挤在一处，有掐手的，有脱鞋的，有乘势搂抱的，有偷拔簪环的，种种丑态，不一而足。还有男看上女，女爱上男，眉目传意，眼角传情，或私相笑语，或暗订交期。

烧这一番香不打紧，那些生心的男子图谋财色，一个个跟寻到妇人住家地方，不亲的设法认亲，不友的设法认友，将求福籍庇之善地，竟成奸淫邪盗之良媒。你道这些妇女，岂竟是独自来的么？无论大家小户，都有几个男子随往。富贵绅士家，多是知礼读书的人，放出妇女烧香游寺还少，惟有这庶民人家，比邻而居，闲常时妇女们通家往来，知廉耻，守妇道的，能有几个？彼此坐在一处，不是说自己男人长，便是议论人家丈夫短，若提起游街看庙，无不眉欢眼笑，互相转引。

更兼男人十个倒有一半不是怕老婆的，就是曲意奉承老婆。再若到子孙娘娘庙烧香，先占了个求养儿女的题目，比别的神庙不同，做丈夫的纵心内有些不依允，也只得勉强相从。及到了人烟凑集之处，男女混杂起来，他何尝不心跳面赤？又自己心中开解：烧香的妇女，亦不止我一家，只得随波逐流罢了。可笑他又不敢警悔，到了下次，依旧还放妻女出来闲荡：身上有好衣饰的，先教贼盗物色；面上有好姿色的，又被情郎留意。久后失了财物还是小事，势必弄成个乌龟，方才满意。总之，这样人一出娘胎胞，他就带几分龟性，不可以理喻，不可以法绳。

请看：凡怕老婆者与曲意奉承老婆者，皆其做龟之根基也。至于纵容妻女与亲友或异姓以及同族人顽钱，其当龟较此倍速。今不言正文，插此一段议论，实由耳闻目睹，籍此回书，为劝戒世人意耳。[1]

可见，18 世纪妇女出游，特别是进香聚会，在一定程度上可以说是妇女自由的节日，这种局面体现了当时男女关系的变化，而这种变化，又与社会观念的变迁紧密相联。

当然，也需指出，笔者说 18 世纪妇女地位有相对提高，并不等于说已经实现了妇女解放。事实上，妇女地位的改善，更多地只是反映了一种趋势，而不是当时的时代主流。一些知识精英在呼唤改善妇女地位的同时，其自身的生活方式、价值观念也带有歧视、防范甚至玩弄女性的内涵。人的观念改变，注定要经历一个复杂的，有时甚至是痛苦的历史转变过程。那种认为激进思想家的社会思想一定就是全新的，而没有任何传统思想残余的看法；那种认为保守思想家的思想一定全盘守旧，绝无任何新鲜内容的看法；那种将新和旧、先进与落后、变革与停滞完全对立起来的做法；那种将历史人物脸谱化，将社会变革公式化的做法，实际上都是将历史简单化，将发展庸俗化了。无论是我们看到的历史，还是我们切身感受到的社会现实，都是异常复杂的，任何一个个人和时代，都是诸多社会因素的混合体，甚至是许多相互矛盾的社会因素的混合体，转型期间的人物和社会尤其如此。在历史上，有时等待的耐心和变革的勇气一样重要。无论是对历史还是现实，我们都不能以童稚之心，要求其一步到位。不是吗？

二是与冲破传统理欲说，追求遂欲、达情社会观念相适应，18 世纪一些知识精英的个人生活形成了明显的纵欲倾向。作为东南士林领袖人物的袁枚是这一生活方式的重要代表人物。在乾嘉士林中，袁枚因“风流放诞”颇为同时代者侧目。袁枚好友赵翼曾戏作“控词”，对其人品，特别是生活方式大加嘲讽，辞云：

1　李百川：《臭腥风庙外追邪气，提木剑云中斩妖奴》，《绿野仙踪》第六十一回，中华书局，2001 年。

为妖法太狂，诛殛难缓事。窃有原任上元县知县袁枚者，前身是怪，括苍山忽漫脱逃。年老成精，阎罗殿失于查点。早入清华之选，遂膺民社之司。既满腰缠，即辞手版。园伦宛委，占来好水好山；乡觅温柔，不论是男是女。盛名所至，轶事斯传。借风雅以售其贪婪，假觞咏以恣其饕餮。有百金之赠，辄登《诗话》揄扬；尝一脔之甘，必购食单仿造。婚家花烛，使刘郎直入坐筵；妓宴笙歌，约杭守无端闯席。占人间之艳福，游海内之名山。人尽称奇，到处总逢迎恐后；贼无空过，出门必满载而归。结交要路公卿，虎将亦称诗伯；引诱良家女子，蛾眉都拜门生。凡在胪陈，概无虚假。虽曰风流班首，实乃名教罪人。[1]

赵翼和袁枚关系密切，故其“控词”虽以“戏”名，但在很大程度上反映了袁枚的生活真实。和其在理论上鼓吹性情说，宣扬人性自由一样，袁枚自己的生活也不受存理遏欲之约束，具有明显的放纵色彩，所谓“人不风流空富贵，两行红烛状元家”[2]。《随园轶事》作者蒋敦复称：“先生（袁枚）爱花，一生不倦，为似（嗣）续计，又不得不广置姬妾。自二十九岁时，亳州陶姬来归，为纳宠之权舆。至年近古稀，犹日以寻春为事。维扬七姑，其婪尾也，美人下陈，殆不止十二金钗。”据蒋敦复考证，袁枚姬妾中仅“斑斑可考”者，就达十人之多[3]。

值得注意的是，袁枚不但好女色，而且也酷好男风，仅见诸记载与其相狎者就有吴文安、桂官、华官、曹玉田、金凤、陆才官、

1　梁绍壬：《瓯北控词》，《两般秋雨庵随笔》卷一，上海古籍出版社，1982年。

2　袁枚：《随园诗话补遗》卷九，第64条，人民文学出版社，1982年。

3　蒋敦复：《随园轶事·随园姬人姓氏谱》，《袁枚全集》第8册，江苏古籍出版社，1993年。

许云亭、张郎、李郎等十余人。好男风作为一种社会现象，虽在历史上早已有之，但一般人均将其作为陋习或个人隐私，不敢公然道之，自诩风流。袁枚不同，他竟将自己与诸优伶、男宠之事入于《诗话》，载诸《诗集》，不但恬然不以为耻，反视之为风雅之事津津乐道。在《随园诗话》中，袁枚自述其与许云亭交往云：

乾隆己未（乾隆四年，1739年），京师伶人许云亭名冠一时，群翰林慕之，纠金演剧。余虽少年，而敝车羸马，无足动许者。许流目送笑，若将昵焉。余心疑之，未敢问也。次日侵晨，竟扣门而至，情款绸缪。余喜过望，赠诗云："笙清簧暖小排当，绝代飞琼最擅场；底事一泓秋水剪，曲终人反顾周郎。"[1]

《小仓山房诗集》有怀念桂郎的诗作，序称："桂郎归后，是夕客寓怃然不能成寐"，诗云："浮生聚散苦情多，五日缠绵奈汝何？今夜江城月如雪，玉人何处一声歌？"[2]

18世纪，不但袁枚，其他官僚士人也出现了追求声色享乐之风。官至总督，"负海内重望，文章政绩自具国史"的毕沅，和袁枚一样，颇竭声色之欲，他不顾清朝不许外官养戏之禁令，"家蓄梨园一部，公余之暇便令演唱"。有人讥其过奢，毕沅却辩解说："吾尝题文文山遗像，有云：'自有文章留正气，何曾声妓累忠忱。'所谓大德不逾闲，小德出入可也。"[3]其幕宾也纷纷效法。

1 袁枚：《随园诗话》卷四，第40条，人民文学出版社，1982年。

2 袁枚：《桂郎归后，是夕客寓怃然不能成寐》，《小仓山房诗集》卷四，《袁枚全集》第1册，江苏古籍出版社，1993年。

3 钱泳：《耆旧·秋帆尚书》，《履园丛话》卷六，中华书局，1979年。外官不许养戏之禁，在雍正朝即已实行。承恩堂辑《本朝政治全书》载：雍正二年十二月，上谕称："家有戏子即非好官"，禁止外观养戏，"虽养一二人断不可徇隐"（《本朝政治全书·礼部风化·禁止官员养戏》）。

时人称："毕秋帆先生为陕西巡抚，幕中宾客大半有断袖之癖，入其室者，美丽盈前，笙歌既叶，欢情亦畅。"[1]甚至负责管理全省生徒"考课黜陟之事"的学政[2]，举行宴会于官署时，也往往令歌郎演唱侑觞[3]。至于扬州地区，梨园演戏更十分兴盛。戏剧、评话、弦词、清唱等艺术，从官府到民间，到处可见。所谓"官家公事张筵陈列方丈，山海珍错之味罗致远方，伶优杂剧、歌舞吹弹各献伎于堂庑之下……若士庶寻常聚会，亦必征歌演剧，卜夜烧灯"[4]。扬州八怪之一郑板桥也颇以好色自居，尤好男风，自称："酷嗜山水，又好色，尤多余桃口齿，及椒风弄儿之戏。然自知老且丑，此辈利吾金币来耳。有一言干与外政，即叱去之，未尝为所迷惑。"[5]在好色方面，郑板桥和袁枚可谓志同道合，"余桃断袖中，自无不可为引知己"。"板桥尝欲改律文笞臀为笞背，闻者皆笑之。先生（袁枚）语人曰：'郑大有此意，惜断不能办到。然其所以爱惜金臀者，则真实获我心矣。'"[6]赵翼描述京师士大夫争相与梨园子弟相狎情形：

> 京师梨园中有色艺者，士大夫往往与相狎。庚午（乾隆十五年，1750年）、辛未（乾隆十六年，1751年）间，庆成班有方俊官，颇韶靓，为吾乡庄本淳舍人所昵，本淳旋得大

---

1 钱泳：《笑柄·打兔子》，《履园丛话》卷二一，中华书局，1979年。

2 纪昀等撰：《学政》，《历代职官表》卷五一："掌直省生徒考课黜陟之事，以岁科二事，巡历所属府州，进诸生而抡文艺，程品行，升其贤者、能者，斥其不率教者。凡兴革事宜，皆会督抚以行之。三年而代。"

3 李燧：《晋游日记》卷三载：乾隆六十年元旦，"学使设宴于官署，命歌郎喜官侑觞。喜，淮宁人，小字兰芳，姿态明媚。演《打樱桃》一出，尤觉风致嫣然。"至于其它地方官员，大小宴会，令歌郎演唱作陪者，早已蔚然成风。《晋游日记》，山西人民出版社，1989年。

4 嘉庆：《重修扬州府志》卷六〇。

5 郑板桥：《板桥自叙》，《郑板桥集·补遗》，上海古籍出版社，1979年。

6 蒋敦复：《随园轶事·郑板桥》，《袁枚全集》第8册，江苏古籍出版社，1993年。

> 魁。后宝和班有李桂官者，亦波峭可喜，毕秋帆舍人狎之，亦得修撰。故方、李皆有状元夫人之目，余皆识之。二人故不俗，亦不徒以色艺称也。[1]

乾隆三十九年（1774年），秦腔花旦魏长生入京，又在京城引起轰动。秦腔在京师风行一时，与其词曲表演中大胆的性表现是分不开的。时人感叹说："近日歌楼老剧冶艳成风，凡报条有《大闹销金帐》者（以红纸书所演之戏贴于门牌，名曰'报条'），是日坐客必满。魏三《滚楼》之后，银儿、玉官皆效之。又刘有《桂花亭》、王有《葫芦架》，究未若银儿之《双麒麟》，裸裎揭帐令人如观大体双也。未演之前，场上先设帷榻花亭，如结青庐以待新妇者，使年少神驰目瞤，罔念作狂，淫靡之习，伊胡底欤？"[2]而平日以风流自居的士大夫对此极为欣赏。昭梿记载说："（魏长生）甲午（乾隆三十九年）夏入都，年已逾三旬外。时京中盛行弋腔，诸士大夫厌其嚣杂，殊乏声色之娱。长生因之变为秦腔，辞虽鄙猥，然其繁音促节，呜呜动人，兼之演诸淫亵之状，皆人所罕见者，故名动京师。凡王公贵位以至词垣粉署，无不倾掷缠头数千百，一时不得识交魏三者，无以为人。其徒陈银官，复髫龄韶秀，当时有青出于蓝之誉。长生既蓄厚赀，乃抽身归里，陈遂继其师业，当时百官殷富，习俗奢靡，故二子得以媚取。"[3]秦腔流行，"趋附日众"，"虽屡经明旨禁止，而其调终不能止，亦一时习尚然也"[4]。随之而来，优伶的社会地位有所提高，甚至出现"乘轩赴演者"，以至时人感叹"僭滥之极"[5]。

1 赵翼：《梨园色艺》，《檐曝杂记》卷二，中华书局，1982年。

2 安乐山樵：《燕兰小谱》卷五。

3 昭梿：《魏长生》，《啸亭杂录》卷八，中华书局，1980年。

4 昭梿：《秦腔》，《啸亭杂录》卷八，中华书局，1980年。

5 龚炜：《优伶乘轩》，《巢林笔谈》卷四，中华书局，1981年。

追逐男风，在当时的文学作品中颇多反映。《儒林外史》中的“名士”杜慎卿为此还提出了一套独特“理论”。云：“难道人情只有男女么？朋友之情，更胜于男女！你不看别的，只说鄂君绣被的故事。据小弟看来，千古只有一个汉哀帝要禅天下与董贤，这个独得情之正。便尧舜揖让，也不过如此，可惜无人能解。”并提出：“我心里想做一个胜会，择一个日子，捡一个极大的地方，把这一百几十班做旦脚的都叫了来，一个人做一出戏。我和苇兄在旁边看着，记清了他们身段、模样，做个暗号，过几日评他个高下，出一个榜，把那色艺双绝的取在前列，贴在通衢。但这些人不好白传他，每人酬他五钱银子，荷包一对，对扇一把。”暴露出十足的“名士”“风流”面目[1]。

名人追逐风流，普通缙绅士人也纷纷效尤。《履园丛话》载：

乾隆中，有某太守告老归田，溺于声色。慕西湖之胜，借居曲院荷风，日与梨园子弟、青楼妓女征歌度曲，为长夜之饮，遂收梨园为义子，青楼为义女，无分上下，合为一家。有轻薄少年书东坡和文与可《洋州园池诗》二首云：“烟红霞绿晓风香，燕舞莺啼春日长。谁道使君贫且老，绣屏锦幛咽笙簧。”其二云：“日日移床趁下风，清香不断思何穷。若为化作龟千载，巢向田田乱叶中。”太守闻之，即移寓去。[2]

《随园诗话》还记载了与袁枚关系亲密的二秀才刘霞裳、严小秋与男宠交往的故事：

两雄相悦，如变风变雅，史书罕见。余在粤东，有少艾

1 吴敬梓：《爱少俊访友神乐观，逞风流高会莫愁湖》，《儒林外史》第三十回，人民文学出版社，1995年。

2 钱泳：《笑柄·溺于声色》，《履园丛话》卷二一，中华书局，1979年。

袁师晋，见刘霞裳而悦之，誓同衾枕，忽为事阻，两人涕泗涟如，余赋诗咏之。不料事隔十载，偕严小秋秀才游广陵，遇计五官者，风貌儒雅，亦慕严不已，竟得交欢尽意焉。为严郎贫故，转有所赠。余书扇赠云："计然越国有精苗，生小能吹子晋箫。哺啜可观花欲笑，芳兰竟体笔难描。洛神正挟陈思至，严助刚为宛若招。自是人天欢喜事，老夫无分也魂消。"[1]

性生活的放纵倾向，特别是追逐男风，已经引起了一些历史当事者的注意，阮葵生评论当时缙绅风气云："王渔洋谓吴俗有三好：斗马吊牌、吃河豚鱼、敬畏五通神，虽士大夫不免，恨不得上方斩马剑诛作俑者。今日缙绅先生又有三好，曰：穷烹饪，狎优伶，谈骨董。三者精，可抵掌公卿间矣。"[2]应该说，他的概括是有一定道理的。

二是对物质享受的强烈追求。当历史进入 18 世纪，随着全盛局面的出现，价值观念的变迁，清初相对俭朴的生活方式逐渐被华靡纵肆的生活习俗所取代，即所谓"风会之日趋于浮华也，法禁之不止，令申之不从"[3]。对钱财的追求成为一些士人的重要特色。钱大昕感叹说："古之士无恒产而有恒心，今之士即有恒产，独不能保其有恒心也，况无恒产乎？临财苟得，临难苟免，好利而不好名，虽在痒序，其志趣与市井胥徒何以异哉？"[4]像杭世骏本为乾隆时期著名文人，但爱财成癖。洪亮吉述其事云：

1　袁枚：《随园诗话补遗》卷九，第 39 条，人民文学出版社，1982 年。

2　阮葵生：《吴俗三好》，《茶余客话》卷八，中华书局，1959 年。

3　曹一士：《策·吴中风俗》，《四焉斋文集》卷二，中央民族大学图书馆藏清乾隆刻本。

4　钱大昕：《义利》，《十驾斋养新录》卷一八，《嘉定钱大昕全集》，江苏古籍出版社，1997 年。

先生家故不丰，以授徒自给，主扬州安定书院者几十年，以实学课士子。暇即闭户著书，不预外事。又疏懒甚，或频月不衣冠。性顾嗜钱，每馆俸所入，必选官版之大者以索贯之，积床下，或至尺许，其幺幺破碎及私铸者方以市物，两手非墨污即铜绿盈寸。然先生虽若有钱癖，尝见一商人获罪鹾使，非先生莫能解。夜半走先生所乞救，并置重金案上，先生掷出之不顾……先生一岁必两归钱唐，归后无事，或携钱数百与里中少年博左近望仙桥下。[1]

郑板桥对当时士人爱财之风也颇有感触。他说："我辈读书人，入则孝，出则弟，守先待后，得志泽加于民，不得志修身见于世，所以又高于农夫一等。今则不然，一捧书本，便想中举、中进士、作官，如何攫取金钱、造大房屋、置多田产。起手便错走了路头，后来越做越坏，总没有个好结果。其不能发达者，乡里作恶，小头锐面，更不可当。夫束修自好者，岂无其人？经济自期，抗怀千古者，亦所在多有。而好人为坏人所累，遂令我辈开不得口。一开口，人便笑曰：汝辈书生，总是会说，他日居官，便不如此说了。所以忍气吞声，只得挨人笑骂。工人制器利用，贾人搬有运无，皆有便民之处。而士独于民大不便，无怪乎居四民之末也，且求居四民之末而亦不可得也。"[2]

一些学问精深的学者，这时也抵挡不住"人欲横流"之势，开始随波逐流，贪婪地追求钱财。王鸣盛本系汉学名家，但追求钱财也孜孜不倦。《啸亭续录》描述说：

1　洪亮吉：《书杭检讨遗事》，《更生斋集》卷四，嘉庆七年孟夏洋川书院版。

2　郑板桥：《家书·范县署中寄舍弟墨第四书》，《郑板桥集》，上海古籍出版社，1979 年。

> 王西庄（王鸣盛号西庄，引者注）未第时，尝馆富室家，每入宅时必双手作搂物状，人问之，曰："欲将其财旺气搂入己怀也。"及仕宦后，秦诿楚諈多所干没。人问之曰："先生学问富有，而乃贪吝不已，不畏后世之名节乎？"公曰："贪鄙不过一时之嘲，学问乃千古之业。余自信文名可以传世，至百年后，口碑已没而著作常存，吾之道德文章犹自在也。"故所著书多慷慨激昂语，盖自掩贪陋也。[1]

汪中虽有通儒之名，但颇爱钱财。曾致书与其从未见面的陕西巡抚毕沅，向其索取钱财，公然宣称："天下有中，公无不知之理；天下有公，中无穷乏之理。"毕沅以爱才著称，"即以五百金驰送其家。"[2]不但如此，汪中尝以其智敲诈某商人达五千金之多："商总某尝报效十万金，得赏二品衔。汪瞰其每出拜客也，乘驴从其从，其后戴草制暖帽，以红萝卜为顶，以松枝为孔雀翎，于项间挂冥镪一串，商行亦行，商止亦止。商恨甚，而无如何，以五千金为寿，始寝其事。"[3]

对物质利益的追求，引发了社会等级秩序的微妙变迁。一些官僚士大夫这时放下过去的架子，竞相和有财力的下人、吏胥相往来。龚炜感叹说："邑有一跛隶，家甚裕，尝邀一乡宦赏菊，士林犹作诗讽之。迩来胥势益张，宦族日贫，屈节相往来者比比矣。盖始见则怪，久习不异，非独其人恬之，即旁观亦以为固然矣。方奉常云：'士大夫固不可以富贵骄其乡里，亦不得以名器混于市井。'市井且不可，况胥隶乎？"[4]当金钱的力量超过名器的力量时，中国传统社会就会出现某种结构性变化。

1　昭梿：《王西庄之贪》，《啸亭续录》卷三，中华书局，1980年。

2 《容甫书函》，《蕉轩随录》卷一，中华书局，1995年。

3　易宗夔：《任诞》，《新世说》卷六，上海古籍出版社，1982年。

4　龚炜：《士隶往来》，《巢林笔谈》卷三，中华书局，1981年。

追求钱财的目的是为了过上豪奢生活，18 世纪享乐之风在士人队伍中日渐盛行。龚炜谈到吴中风俗奢靡时感叹说："吴俗奢靡为天下最，日甚一日而不知反，安望家给人足乎？予少时，见士人仅仅穿裘，今则里巷妇孺皆穿裘矣；大红线顶十得一二，今则十八九矣；家无担石之储，耻穿布素矣；团龙立龙之饰，泥金剪金之衣，编户僭之矣。饮馔，则席费千钱而不为丰，长夜流湎而不知醉矣。物愈贵，力愈艰，增华者愈无厌心，其何以堪？"[1] 钱泳对风气变化也感慨良深，他追述乾嘉之际生活方式变迁时说：

> 新城王阮亭先生家法：凡遇春秋祭祀以及吉凶喜庆等事，各服其应得之服，然后行礼。如子弟已入泮者，始易蓝衫，其妻亦银笄练裙，否则终身着布。余五六岁时，吾乡风俗尚朴素，与王氏颇同。不论官宦贫富人家子弟通称某官，有功名乃称相公，中过乡榜者亦称相公，许着绸缎衣服。今隔五十余年，则不论富贵贫贱，在乡在城，男人俱是轻裘，女人俱是锦绣。货物愈贵，而服饰者愈多，不知其故也。
>
> 今富贵场中及市井暴发之家，有奢有俭，难以一概而论。其暴殄之最甚者，莫过于吴门之戏馆。当开席时，哗然杂沓，上下千百人，一时齐集，真所谓酒池肉林，饮食如流者也。尤在五、六、七月内天气蒸热之时，虽山珍海错，顷刻变味，随即弃之，至于狗彘不能食。呜呼！暴殄如此，而犹不知惜耶？[2]

在评论 18、19 世纪之交东南士人奢靡景象时，钱泳说：

> 时际升平，四方安乐，故士大夫俱尚豪华，而尤喜狭邪

1 龚炜：《吴俗奢靡日甚》，《巢林笔谈》卷五，中华书局，1981 年。

2 钱泳：《臆论·骄奢》，《履园丛话》卷七，中华书局，1979 年。

之游。在江宁则秦淮河上，在苏州则虎丘山塘，在扬州则天宁门外之平山堂，画船箫鼓，殆无虚晷。妓之工于一艺者，如琵琶、鼓板、昆曲、小调，莫不童而习之，间亦有能诗画者，能琴棋者，亦不一其人。流连竟日，传播一时。才子佳人，芳声共著，然而以此丧身破家者有之，以此败名误事者有之，而人不知醒，譬诸饮酒，常在醉乡，是诚何心哉？[1]

当然，纵情享乐者中最著名的还是非袁枚莫属。袁枚不但纵竭口腹之欲，“每食于某氏而饱，必使家厨往彼灶觚，执弟子之礼”[2]，而且在修建随园时，竭尽奢靡之能事，“崇饰池馆，高高下下，绚烂岩谷。蓄珍禽奇兽，张灯耸动游人”[3]。其中有所谓柳谷者，“垂柳之中，有轩三楹，面山临流，极称轩爽。山上遍种牡丹，花时如一座绣锦屏风，天然照耀。夜则插烛千百枝，以供赏玩。排日延宾，通宵宴客，殆无虚日。中悬‘不作公卿，非无福命都缘懒；难成仙佛，为读诗书又恋花’联，先生自题也”。又有所谓“玻璃世界”、“水精域”、“蔚蓝天”，“华洋未互市时，玻璃极名贵，价极昂，故人家用之者鲜。园中有‘玻璃世界’，为室二重，窗嵌西洋五色玻璃，光怪陆离，目迷心醉。又有‘水精域’，以四面之窗，皆嵌全白色玻璃故也。有‘蔚蓝天’，窗皆嵌全蓝色玻璃。集中有句云：‘客来笑且惊，都成卢杞面’，即指此室。”[4]而以立身正直著称的裘曰修，因“斋中畜五色鹦鹉，羽族之尤也”，颇遭时人嘲笑[5]。

1 钱泳：《臆论·醉乡》，《履园丛话》卷七，中华书局，1979年。
2 袁枚：《随园食单》序，《袁枚全集》第5册，江苏古籍出版社，1993年。
3 孙星衍：《袁枚传》，《碑传集》卷一〇七，明文书局，1985年。
4 分别见蒋敦复：《随园轶事·柳谷》、《随园轶事·玻璃世界、水精域、蔚蓝天》，《袁枚全集》第8册，江苏古籍出版社，1993年。
5 法式善：《梧门诗话》卷三，文海出版社，1975年。

乾隆时代，不少士人以豪饮为荣。洪亮吉立身正直，常常纵酒自娱，“性狂妄，嗜酒纵饮”，自伊犁放还，“亦纵酒自娱，不数载，卒于家”[1]。纪昀虽才绝一时，但因不擅饮酒而为人讥笑。《郎潜纪闻》载：“纪文达会试时，出孙端人宫允人龙门下，孙豪于酒，尝憾文达不能饮，戏之曰：‘东坡长处，学之可也，何并其短处，亦刻画求似？’及公典试，得葛临溪太史正华，酒量冠一世。公亟以书报孙，孙复札云：‘吾再传而得此君，闻之起舞，但终撼君是蜂腰耳。’”[2]附带提一句，纪昀虽不饮酒，但颇好美色和肉食，“今年已八十，犹好色不衰，日食肉数十斤，终日不啖一谷粒”[3]。

士人队伍的享乐之风和当时丰盈的社会财力相结合，使本来正在走向华靡的社会风气变得更加奢靡。乾隆四十六年（1781年），大理寺卿刘天成曾上言请严禁浮费，其言可以说是当时奢靡之风的真实写照。他说：

> 臣每见民间冠昏丧祭，争相夸斗，不惜辗转称贷。至营造华屋，绚耀衣冠，以及岁时伏腊，觞酒豆肉，并一切器具，务求丰美。更有好为淫祀，求神赛愿，祈福禳灾，兼以纵容妇女入寺烧香，设斋拜会。至于大小生日，动辄延宾，三朝弥月，竞相趋贺。茶房酒肆，引类沈酣，古寺荒祠，呼群聚赌，不经之费，难以枚举。至京师为万国衣冠之会，属在缙绅，自应章身有度，乃至优人隶卒，僭肆豪华，胥吏工商，妄夸锦绣。园馆茶楼，一日动耗数日之需；浪子酒徒，一人每兼数人之用。甚至齐民妇女珠翠盈头，奴婢绫罗遍体。缎履朝靴，仅供奔走之物；狐裘貂帽，亦隶愚贱之身。此其种

1　昭梿：《洪稚存》，《啸亭杂录》卷七，中华书局，1980年。
2　陈康祺：《纪文达公逸事》，《郎潜纪闻初笔》卷八，中华书局，1990年。
3　昭梿：《纪晓岚》，《啸亭杂录》卷一〇，中华书局，1980年。

种奢侈，迴出常经。试思造物生财，只有此数，既不能食时用礼，量入为出，势必渐消渐竭，或流入匪徒，作奸犯科，伊于胡底？[1]

崔述对此也深有感触。他说："今里巷之间，侈靡征逐日以益甚，优伶之戏街喧巷咽，母呼女，舅招甥，踰数十里而往观之；生子、娶妻、丧葬之事，中人之家常不减百余筵，加以不肖之徒荡心淫博，废时失事，倾仓倒箧，盖十而六七矣；然后以其余力力田，地利安得而尽！以其余粟养父母妻子，饔飧安得而给？"[2]

生于雍正八年（1730 年），卒于嘉庆十二年（1807 年）的汪辉祖对社会习俗的变化感触尤深。他说："吾乡素号简质，二十年来亦俱绚烂。今则宾朋燕集，冬皆反裘，夏皆纱罗，以嵌皮山羊皮为不足齿数，葛不经见，甚至妇人女子十有六七亦衣裘衣羽毛缎矣。"[3]邓之诚《骨董琐记》引沈赤然《寒夜丛谈》记乾嘉杭州衣食风尚云：

吾乡妇人衣袖，乾隆十余年间，率广八寸，后增至一尺，渐又增至一尺二寸，卅年以来，皆尺五六矣，几与僧道衣等。又其初，衣皆对襟无缘饰，迩时又有扬衿、大衿之制，而无论衫袄裙裤，必以青缯遍缘数层，非此则谓之村。始仅城市如此，既而乡镇妇女亦无不以此为美观。于是一衣一裙之费，又加半。

余幼时见凡燕客者，约则五簋，丰则十品。若仓卒之客，不过小九盘而已。其后日渐盛设，碗必如斗，盘必如盆，居

1 梁章钜：《家诫》，《退庵随笔》卷一一，江苏广陵古籍刻印社，1997 年。

2 崔述：《救荒策三》，《无闻集》卷一，《崔东壁遗书》，上海古籍出版社，1983 年。

3 瞿兑之：《乾嘉风俗》，《杶庐所闻录》，辽宁教育出版社，1997 年。

山必以鱼鳖，居泽必以鹿兔，所费已倍往昔矣。近年以来，吾杭富人一席之费，几至六七千文，盖又务为精别相高。虽罗列数十品，绝无一常味也。甚而有某姓者，尝以钱五十千治一席，又以十千买初出鲥鱼二尾为尝新。[1]

豪奢的风气已经影响到人才的培养。钱泳说："今士大夫家子弟，年五六岁即令从师识字，隔三五年，知识渐开，便多嬉戏之事，如博弈、饮酒、唱曲，皆可以贼子弟之性情，废读书之事业。虽父师教训不严，亦父师之少学问也。"[2]

对 18 世纪士林风气，特别是当时因价值转型而导致的生活方式等方面的巨大变化，洪亮吉感慨万千，他说：

今之人嗜欲益开，形质益脆，知巧益出，性情益漓。何以言嗜欲益开也？古之时，膳用六牲，珍用八物，至矣。今则析燕之窠以为餐，刳鱼之翅以作食，蟀黄之酱，来自南中，熊白之羹，调于北地，非六牲八物之所可比也。古之时，冬则饮汤，夏则饮水，足矣。今茶荈则新安、武林，高下百团，备凉燠之用，菸草则香山、浦城，闽越二种，斗水火之奇，非饮汤饮水之可比也。古之时，中人之家，冬则羊裘，夏则麻葛，足矣。今则吉贝之暖，十倍于麻也；纱縠之轻，十倍于葛也。至于裘则异种百出，种文羊于田，搜海马于水，不特古人所不及见，亦古人所不及闻矣。何以言形质日脆也？古者疾医所掌，春时有痟首疾，夏时有痒疥疾，秋时有疟寒疾，冬时有嗽上气疾，四时皆有疠疾之类，止矣。今则小儿增痧豆之科，中年添肝肺之疾，衰老加沈痼之疴，此即吴普、

1 邓之诚：《乾嘉杭州衣食风尚》，《骨董琐记全编·骨董三记》卷二，北京出版社，1996 年。

2 钱泳：《艺能·投壶》，《履园丛话》卷一二，中华书局，1979 年。

仲景不能定其方，岐伯、榆柎不能知其症者也。何以言知巧益出也？今之时，天文地理之学以迨百工技艺之巧，皆远胜昔时。吴越之绫锦出手而已若化工，西洋之钟表自鸣而不差丝黍；手谈则枯棋三百，捷过于秋储；心计则白撰千万，算微于桑仅。运斤者咸有垂之一指，角技者罔非迟之八投是也。何以言性情日漓也？古之时，饮羊饰脯，以为伪矣，今则粉石屑为咸，削木梯作米。鸭由絮假，调五味而出售；靴以纸充，杂六街而出市，有人意计所必不及者矣。然则其形质益脆者，非嗜欲益开之故乎？其性情益漓者，非知巧益出所致乎？[1]

洪亮吉的这段话，特别是“嗜欲益开”，“知巧益出”可以说非常生动地概括了18世纪因观念变迁而导致的生活方式的改变。

对18世纪伦理观念变迁，以及与之密切相关的士林生活方式的转变，我们需要作辩证的和客观的评价。这种变迁本身是对明清以来经理学片面宣传而极端化的纲常伦理的反动，是对传统道德束缚和生活方式的否定。这种批判也许不是深刻的，也不是彻底的，但它是前导的，它反映出当时中国知识界骚动不安的社会心态，反映出人们冲破束缚，追求生活自由的强烈要求。18世纪对人性自由的追求，正如涓涓细流，虽不足以立即摧毁封建统治的大堤，不足以立即改变当时总的道德秩序和社会面貌，但却持续不断地腐蚀和动摇着传统社会的基石，体现着中国社会从传统走向近代的内在趋势。

当然，18世纪士林队伍中以纵欲为特色的生活方式的出现，既源于价值观念的变迁，但又不能完全归结为价值观念的变迁。

1　洪亮吉：《形质篇》，《卷施阁文甲集》卷一，《洪亮吉集》，中华书局，2001年。

人性中本身具有的追求享乐的倾向，日渐积聚的社会财力，萎靡、消沉的精神面貌等诸多方面的因素，都使纵欲倾向成为可能，并加剧其程度。但这里需要特别重视的是：和魏晋南北朝等时期所谓的六朝繁华不同，18 世纪纵欲生活产生于商品经济空前繁荣的社会环境中，而其积极倡导者往往是那些具有新思想新观念的士林领袖人物，他们的生活方式绝非仅仅为了享乐，而是源于更加深刻的道德观念的变革，源于对传统伦理说教的叛逆和背叛，而纵欲倾向本身，也说明当时的知识精英们在批判旧道德的同时，尚未建立起成熟的新的道德规范，他们在理想与现实，传统与变革，自由与规范，欲望与伦常之间尚未探寻到一种合理的连接点，在历史上，每当价值观念出现转型时，都会出现类似的现象。当然也应该看到：由于以袁枚为代表的反传统思想家们在社会上享有崇高的地位，被不少士人视为泰山北斗，故其生活方式在当时产生了重要的示范作用，在流传中难免出现被庸俗化为纯粹享乐主义的倾向，正如《清史列传》所说："然（袁枚）名盛而胆放，才多而手滑。后进之士，未学其才能，先学其放荡，不无流弊焉。"[1] 正是这一流弊在客观上加快了清朝士习的衰弊和颓废，并最终成为嘉道时期经世思想家们激烈攻击的对象。

1 《袁枚》，《清史列传》卷七二，明文书局，1986 年。

第三章　学术观念的多元化趋势（上）

学术发展在任何时候都体现着一个民族的文明发展水平。与传统社会的空前繁荣相适应，18 世纪的中国学术文化也呈现出历史上少有的兴盛局面，即所谓“文治极盛，朝士多以学术相尚，宏奖为怀”[1]。其时之学术，倡扬独立思考，讲求严谨求实，具有显而易见的宏博和实证特征。所谓宏博者，指的是这个时期的学术不但气象宏伟，涉猎广泛，更重要的是在观念形态上表现出引人注目的多元化趋势；所谓实证者，指的是这个时期的学术研究，基本上破除了宋明以来浮躁、空泛之习气，研究者往往能够钩深致远，厚积薄发，不事空谈，持之有故，言之成理。18 世纪的中国学术，从总的情况看，以理学和汉学为其两大主流，在两大主流学术之外，游移着众多的其他学术流派，存在着丰富的，与主流学术不同，甚至是截然对立的学术观念和思想。当然，考察一个时代之学术演变，自当以主流学术为其入手处。而当时中国学术观念之变迁，也始终以两大主流学术为轴心（不可否认，这两大轴心彼此有重合之处），向人文学术其他领域辐射和扩散。其时之学术命题，学术规范，学术兴趣，无不与理学和汉学之盛衰沉浮，以及与它们之间既相互竞争，又相互融合的复杂关系密不可

1　徐世昌：《兰泉学案序》，《清儒学案小传》卷九，明文书局，1985 年。

分。忽略这一基本事实，单纯就考据论考据，就学派论学派，很可能会对许多问题得出偏颇的结论。让我们先从汉学的兴起谈起，因为这不但是清代学术，而且也是清代观念演变的关键性事件。

第一节　汉学兴起及其反理学倾向

大凡论学术者，当首重源流，再论分野。梁启超论清代学术，云："有清一代学术，可纪者不少，其卓然成一潮流，带有时代运动的色彩者，其前半期为'考证学'，在后半期为'今文学'，而今文学又实从考证学衍生而来。"[1]梁启超的话有一定道理，但不完全准确。如从学术演变之实际看，清代学术"卓然成一潮流"者，顺康之际的理学复兴理所当然应居其首，其次才为汉学和今文经学。如果没有清初理学的兴盛，没有因理学兴盛而引发的学术争论，没有理学复兴中暴露出来的种种学术问题和社会问题，可能就没有乾嘉汉学的兴起。钱穆在谈及清代学术发展时，曾发表过下面一段议论：

> 治近代学术者当何自始？曰：必始于宋。何以当始于宋？曰：近世揭橥汉学之名以与宋学敌，不知宋学，则无以平汉宋之是非。且言汉学渊源者，必溯诸晚明诸遗老。然其时如夏峰、梨洲、二曲、船山、桴亭、亭林、蒿庵、习斋，一世魁儒耆硕，靡不寝馈于宋学。继此而降，如恕谷、望溪、穆堂、谢山乃至慎修诸人，皆于宋学有甚深契诣。而于时已及乾隆。汉学之名，始稍稍起。而汉学诸家之高下浅深，亦往往视其所得于宋学之高下浅深以为判。道咸以下，则汉宋兼采之说渐盛，抑且多尊宋贬汉，对乾嘉为平反者。故不识宋

1　梁启超：《〈清代学术概论〉自序》，《清代学术概论》，东方出版社，1996年。

学，即无以识近代也。[1]

钱穆说“汉学诸家之高下浅深，亦往往视其所得于宋学之高下浅深以为判”，显然有些过头。虽说汉学诸家自称治学以穷义理为宗旨，虽说理学素养在一定程度上影响着汉学家的考据和判断，但汉学毕竟属于另一学术流派，它有自己的一套学术规范，汉学家所谓之义理，也未必就是宋儒之所谓天理，汉学家成就的大小更多地取决于个人的治学实践，尤其取决于他是否能突破宋学的条条框框，以求实之精神，以实证之手段，不囿陈说，独抒己见。故其成就之大小，和其宋学之修养，不存在必然联系。但从学术发展的角度看，钱穆说“不识宋学，即无以识近代”却是十分正确的。因为明清时期，宋学在意识形态中始终居于支配地位（只是到18世纪中叶以后，学术界才逐渐进入汉宋并存时代，但这并不能改变理学在意识形态中的主导地位），理学的基本观念、学术范畴已经深入人心。治学者，欲穷究天理，阐扬性道，自必熟读宋儒之书，沿其开辟之途径，深入讲求。即欲自开生面，自竖旗帜者，亦必先破宋儒之陈说，方可张扬自家主张。什么叫学术垄断？什么叫主流学术？只要看看明清时期理学的地位就知道了。而清代汉学兴起本身，既可以说是宋学发展的特殊产物，也可以说是对理学学术垄断的反动。

学术发展有其自身的规律可寻，研究者将某种学术现象完全归结于社会、尤其是政治作用的结果（如将汉学的兴起一味归结于清朝文化专制主义，归结为文字狱的盛行等），实际上是将历史过程简单化了。清代汉学的兴起，当然有多方面的复杂的历史背景，比如：康乾盛世强盛的财力和物力，生活水平的提高，使学者有可能安心从事文化和历史的考辨工作，从而推动学术沿考据

1　钱穆：《引论》，《中国近三百年学术史》，第1页，商务印书馆，1997年。

一途发展[1]；政府不断发起的大规模的文化建设工程，特别是大量有关古代典籍的文化项目，推动着学术界将注意力集中到经史典籍的整理上；与此同时，清朝严酷的文化专制政策，文字狱的增加，也促使一些学者远离现实，加入考据行列，使考据风气更盛，等等。但需要学者更加重视的是：宋明以来学术发展本身，已经显示出以考据、训诂为重要特征的汉学的兴起具有客观必然性。原因很简单，程朱、陆王二家在观念上的纷争（如道问学与尊德性之争等），最终必定都要落实到对儒家经典的认识和理解上，而要准确理解先儒经典，就必须借助考据、训诂等小学手段，就必须充分重视、认真参考生活时代离古代较近，而经学素养相对比较精湛的汉儒所取得的学术成就，而当学术走到这一步，汉学的出现实际上已经呼之欲出了。正如笔者在第一章已经指出的，讲究学术严谨在 17 世纪后期已经成为知识界的重要风气，尤其是一些涵养深厚的理学名家，已经感觉到了理学空谈之弊端，开始注重小学对理解儒家经典之重要性。陈廷敬是这方面的代表性人物。

陈廷敬，生于明崇祯十一年（1638 年），卒于康熙五十一年（1712 年），字子端，号说岩、午亭，山西泽州（今山西晋城）人。顺治十五年（1658 年）进士，从此进入仕途，后积官至大学士。陈廷敬为清初著名理学家，为学师法河津（薛瑄），然他对晚明以来守陋自是，“慢弃圣言，割裂传注”的轻浮学风深恶痛绝，尤其反对束缚思想自由，限制学者视野的时文，认为时文是败坏经学的罪魁祸首。他说：“经学之弊，原于时文。昔者经义之兴，本以论断为体，不执一说，引据经传。非如后之描画声口，簧鼓吻唇，乳儿小生，侮圣言而代为之词，势不得不单守一家之诂训，以便行文。而其腐朽恶烂，不逾时历岁，改头换面，以趋新巧，使学者穷年积月

1　需要说明的是，我并不认为以考据名乾嘉汉学是准确的，但考据毕竟是乾嘉汉学最显著的特征，是它和理学在治学方法上最重要的区别所在，因此将乾嘉汉学称为考据学未尝不可，何况这种称呼由来已久，为当时和后世不少学者所认可。

从事于无用之空言，考其实枵然无所得也。又何有于经学哉?”陈廷敬提出：治经学应以注疏为主，但要旁通他说，以己意反复辩论，以求至当。他指出，对清廷来说，“欲正经学之失，须革时文之弊。时文之弊革，然后学者可以旁通诸家之说，以求得乎圣人精意之所存，而士不苦于无用之空言，国家收实学之效也”。应该说，陈廷敬这种反对时文，强调治经要旁通诸家之说，而不要专主一家的思想，在清初正统理学家中是难能可贵的[1]。

与强调治经要博通诸家之说相适应，陈廷敬为学虽师法河津，但又不拘于河津，他讲复性，但更提倡率性。复性者，即恢复本性，唐李翱即有此说，降至薛瑄，复性之说更盛。而率性者，尤言依乎本性，语出《中庸》:“天命之谓性，率性之谓道，修道之谓教。”[2]陈廷敬认为率性较复性更能体现儒家道德修养的真实涵义。他说:“薛敬轩以复性为宗，复性二字亦是统论话头，未若子思率性较真切。”又云:“敬轩能率性者，故修己教人以复性为说。”[3]陈廷敬对《中庸》开篇关于性、道、教的三句概括推崇备至，认为此三句是“子思一生大本领，圣学大源头”，故《中庸》“首揭以示人曰道也者，不可须臾离也。”[4]在心性论上，陈廷敬首重率性，表明他在治学上更加注重先儒经典的本意，而不是简单追随后人的学术阐发，这一严谨态度，即使不是体现，至少也预示着清代学术变迁的新方向。

要探寻先儒经典之本意，就必须承认小学对儒学发展之重要贡献。陈廷敬尝谓“小学之为功于经书甚巨”，提出研究者应重视对经书字义的考察，“为此以昭后学，亦小学之功也”[5]。对汉儒

1　王炳燮：《陈廷敬》，《国朝名臣言行录》卷六，明文书局，1991年。
2《中庸》，《四书五经》本，岳麓书社，1991年。
3　陈廷敬：《杂著·困学绪言若干则》，《午亭文编》卷二四，中州古籍出版社，2011年。
4　陈廷敬：《杂著·困学绪言若干则》，《午亭文编》卷二四，中州古籍出版社，2011年。
5　陈廷敬：《四书字画约序》，《午亭文编》卷三五，中州古籍出版社，2011年。

说经在学术上的独特价值，陈廷敬予以充分肯定。他说："秦烧书坑儒，经佚矣。汉兴于残烟断烬之余，掇拾其什一二。其时专门名家，引经制事，虽守残抱阙，彬彬乎有近古之风焉。"[1]他对东汉经学家郑玄十分推崇。云："尝见汉以来儒者，如康成之卓然行修，终始不渝，非扬雄、刘向之徒所得并论。况其博研经籍，殚精圣道，虽仲舒之贤，犹当避其淹洽焉，又岂马融、何休诸人所能仿佛者哉！"[2]

与陈廷敬同时代的理学家李光地虽对一些考据学家否定理学经典的做法深恶痛绝，但对形声诂训本身不但亲自参究，而且对这一学术还相当支持。在《阎百诗小传》中他说：

> 今之学者，大抵搜华撷卉为文辞之用而已，至于字义、故实、书文、形声，尚未有留意讲考于其间者。若大者为遗经源流，礼典同异；细而地名、山川、史载人物真赝是非之迹。则岂徒以朴学置之，抑其恶赜就简，而自恬于伪陋？呜呼！文武之道，岂有小大哉？万一朝廷举行石渠之典，吾知众籍罗凑，而莫之措辞，儒者之羞，非云小缺。[3]

陈廷敬、李光地对小学的态度也许在某种程度上反映了理学发展本身对考据的客观需求。

在18世纪学术名家中，凌廷堪是对学术发展内在规律有较深造诣的学者（对其生平事迹，笔者在稍后将作介绍）。他认为"天地之气。一废一兴，一盛一衰，学术之变迁亦若斯而已矣"[4]。"学术之在天下也，阅数百年而必变。其将变也，必有一二人开其

1 陈廷敬：《经义考序》，《午亭文编》卷三五，中州古籍出版社，2011年。

2 陈廷敬：《史评·郑康成》，《午亭文编》卷三四，中州古籍出版社，2011年。

3 李光地：《阎百诗小传》，《榕村集》卷三三，《四库全书》本。

4 凌廷堪：《辨学》，《校礼堂文集》卷四，中华书局，1998年。

端，而千百人哗然攻之；其既变也，又必有一二人集其成，而千百人靡然从之。夫哗然而攻之，天下见学术之异，其弊未形也；靡然而从之，天下不见学术之异，其弊始生矣。当其时亦必有一二人矫其弊，毅然而持之。及其变之既久，有国家者，绳之以法制，诱之以利禄，童稚习其说，耄耋不知非，而天下相与安之，天下安之既久，则又有人焉，思起而变之，此千古学术之大较也。"[1]论及明清学术流变，凌廷堪说：

> 元明以来，儒者墨守程朱，亦如隋唐以前儒者墨守郑服也。元行冲谓"宁道孔圣误，讳言郑服非"者，则又宁道孔圣误，讳言程朱非矣。疑之者，自陈氏《经典稽疑》、郝氏《九经通解》开其端，然其书或守诵习之说而未安于心，或舍传注之文而别伸其见，学者咸以诡异视之。固陵毛氏出，则大反濂洛关闽之局，掊击诋呵，不遗余力，而矫枉过正，武断尚多，未能尽合古训。元和惠氏、休宁戴氏继之，谐声诂字必求旧音，援传释经必寻古义，盖彬彬乎有两汉之风焉。[2]

这就是说，在凌廷堪看来，汉学的兴起实际上是对宋学的一种反动，而这种反动本身因其源于学术内部自身的发展规律，特别是人类的认知规律，具有客观必然性。

凌廷堪乃汉学中人，故其论汉学之兴起，不免门户之见，有褒汉抑宋之嫌。以"风规雅峻"、"通经"、"善属文"著称的姚鼐[3]则站在理学的立场，从另一个角度反观秦汉以来之学术演变，揭露汉学兴起之学术背景以及由它引发的观念变革。他说：

1　凌廷堪：《与胡敬仲书》，《校礼堂文集》卷二三，中华书局，1998年。

2　凌廷堪：《与胡敬仲书》，《校礼堂文集》卷二三，中华书局，1998年。

3　李斗：《新城北录上》，《扬州画舫录》卷三，中华书局，1960年。

> 孔子没而大道微，汉儒承秦灭学之后，始立专门，各抱一经，师弟传受，侪偶怨怒嫉妒，不相通晓，其于圣人之道，犹筑墙垣而塞门巷也。久之，通儒渐出，贯穿群经，左右证明，择其长说。及其敝也，杂之以谶纬，乱之以怪僻猥碎，世又讥之。盖魏晋之间，空虚之谈兴，以清言为高，以章句为尘垢，放诞颓坏，迄亡天下，然世犹或爱其说辞，不忍废也。自是南北乖分，学术异尚五百余年。唐一天下，兼采南北之长，定为义疏，明示统贯。而所取或是或非，未有折衷。宋之时，真儒乃得圣人之旨，群经略有定说，元明守之，著为功令，当明佚君，乱政屡作，士大夫维持纲纪，明守节义，使明久而后亡，其宋儒论学之效哉。且夫天地之运，久则必变，是故夏尚忠，商尚质，周尚文，学者之变也，有大儒操其本而齐其弊，则所尚也贤于其故，否则不及其故，自汉以来皆然已。明末至今日，学者颇厌功令所载为习闻，又恶陋儒不考古而蔽于近，于是专求古人名物、制度、训诂、书数，以博为量，以窥隙攻难为功，其甚者欲尽舍程朱而宗汉之士。枝之猎而去其根，细之搜而遗其钜。夫宁非蔽与？[1]

就清代学术演变之阶段性，皮锡瑞认为大致可以分为三个时期：

> 国朝经学凡三变。国初，汉学方萌芽，皆以宋学为根柢，不分门户，各取所长，是为汉、宋兼采之学。乾隆以后，许、郑之学大明，治宋学者已鲜，说经皆主实证，不空谈义理，是为专门汉学。嘉、道以后，又由许、郑之学导源而上，《易》宗虞氏以求孟义，《书》宗伏生、欧阳、夏侯，《诗》

1 姚鼐：《赠钱献之序》，《惜抱轩全集》文集卷七，中国书店，1991年。

宗鲁、齐、韩三家，《春秋》宗《公》、《谷》二传。汉十四博士今文说，自魏晋沦亡千余年，至今日而复明。实能述伏、董之遗文，寻武、宣之绝轨。是为西汉今文之学。[1]

皮锡瑞所谓“汉宋兼采之学”，实际上指的是明清之际，一些学者不满明朝“游谈无根”的空疏学风，试图用“训诂音声”的实证方法，解决理学内部的学术争论以及有关的其他学术问题。像黄宗羲，“以南宋以后，讲学家空谈性命，不论训诂，教学者说经则宗汉儒，立身则宗宋学”。尝云:“明人讲学，袭《语录》之糟粕，不以六经为根柢，束书不读，但从事于游谈。学者必先穷经。经术所以经世，乃不为迂儒。”[2]顾炎武则尖锐批评明朝强化理学，以致经学不彰，他说:“古今安得别有所谓理学者？经学即理学也。自有舍经学以言理学者，而邪说以起，不知舍经学则其所谓理学者，禅学也。”[3]他认为明朝修《四书五经大全》，“而制义初行，一时人士尽弃宋元以来所传之实学，上下相蒙，以饕利禄，而莫之问也。呜呼！经学之废，实自此始。后之君子，欲扫而更之亦难乎其为力矣。”[4]指责说:“自八股行而古学弃，《大全》出而经说亡，十族诛而臣节变。洪武、永乐之间，亦世道升降之一会矣。”[5]然顾炎武、黄宗羲虽治学强调实证，但其学术根底还是宋学，故江藩站在汉学的立场，评论说:“两家之学，皆深入宋儒之室，但以汉学为不可废耳。多骑墙之见，依违之言，岂真知灼见哉？”[6]总之，将清初学术概括为“汉宋兼采”，并不确切，其时批判宋学者，就其基本学术构架，更多地是站在宋学立场，针对晚明学术，拾遗补缺，纠偏补

1　皮锡瑞：《经学复盛时代》，《经学历史》十，中华书局，1959 年。
2　江藩：《黄宗羲》，《汉学师承记》卷八，中华书局，1983 年。
3　全祖望：《顾先生炎武神道表》，《碑传集》卷一三〇，明文书局，1985 年。
4　顾炎武：《四书五经大全》，《日知录》卷一八，甘肃民族出版社，1997 年。
5　顾炎武：《书传会选》，《日知录》卷一八，甘肃民族出版社，1997 年。
6　江藩：《跋》，《汉学师承记》卷八，中华书局，1983 年。

弊，而不是，也不可能另开学术新途。

值得重视的是，康熙中叶以后，值理学全面复兴之时，以道统自居，对学术发展趋势十分敏感的熊赐履已经察觉到了一种新的学风的威胁。他抨击说："经学之不明，不独异端害之也，即训诂家亦有过焉。盖自考亭而后，鲁邹濂洛之绪已较然矣，而学者又从而推衍之，衍之不已，乃至辗转胶葛，愈烦愈支，骈枝坌架之病，实不能免，宜无足以服异学者之心矣。且夫训诂亦何可少也？学者由其说以求古圣贤之微指，将造道入德之方于是乎在，其功岂不与作者等哉？然而微言大义具载遗经，苟非有近里体察之功以相证验，仅沾沾焉剽窃涂抹蠹食蛆长于编摹帖括之间，无论其未必皆是也，即是亦奚足贵乎？况乎护同伐异，长傲遂非，立言浸多，去道益远。呜乎！此今昔之所同讥，而吾党之最宜痛自刻责者也。"[1]康熙二十九年（1690年），为熊赐履《经义斋集》作序的钱肃润也对当时的学风表示出类似的忧虑。他说："呜呼！世风不古甚矣。匪空虚是好，即靡曼相成。朝庙典章捃摭凌厉，而习尚支流，遂至薄经术而摹声韵，轻道义而重词翰。"[2]事实上，他们的担心是有道理的，因为在此前后，以胡渭、阎若璩、毛奇龄为代表的一批学者，纷纷用考据的方法，验证理学经典之真伪，开启了18世纪学术转变之先河。

胡渭，生于明崇祯六年（1633年），卒于康熙五十三年（1714年），初名渭生，字朏明，晚年自号东樵，浙江德清人。胡渭在清代学术史上最重要的成果是《易图明辨》，该书以大量材料清算了理学家对《易经》的歪曲。他的基本观点是：宋代理学家大肆宣传的所谓《河图》《洛书》、先天后天图等，实际上都是道士的谎言。胡渭指出："《诗》、《书》、《礼》、《春秋》皆不可以无图，唯《易》则无所用图。六十四卦二体六爻之画，即其图矣。

1　熊赐履：《四书绪言序》，《经义斋集》卷三，上海古籍出版社，2009年。

2　熊赐履：《钱肃润序》，《经义斋集》卷前，上海古籍出版社，2009年。

其卦之次序方位，则乾坤三索，出震齐巽二章尽之矣，图可也，安得有先天后天之别?”胡渭认为自汉以来，《易》学研究存在着三大弊端:“汉儒专主灾异，以瞽史矫诬之说乱彝伦攸叙之经，害一；《洛书》之本文具在《洪范》，宋儒乃创为黑白之点，方圆之体，九十之位，且谓《范》之理可通于《易》，刘牧以九位为《河图》十位为《洛书》，蔡元定两易其名，害二；《洪范》元无错简，宋儒任意改窜，移‘庶征’、‘王省惟岁’以下为五纪之传，移‘皇极’、‘敛时五福’至其‘作汝用咎’及‘三德’、‘惟辟作福’以下并为‘五福、‘六极’之传，害三。”[1]显然，胡渭的考据主要是针对宋儒，尤其是朱熹易学的。这一成果在清代思想发展史上具有十分重要的意义，梁启超予以高度评价。他说：

> 须知所谓“无极”、“太极”，所谓《河图》、《洛书》，实组织“宋学”之主要根核。宋儒言理，言气，言数，言命，言心，言性，无不从此衍出。周敦颐自谓“得不传之学于遗经”，程朱辈祖述之，谓为道统所攸寄，于是占领思想界五六百年，其权威几与经典相埒。渭之此书，以《易》还诸羲、文、周、孔，以图还诸陈、邵，并不为过情之抨击，而宋学已受“致命伤”。自此，学者乃知宋学自宋学，孔学自孔学，离之双美，合之两伤。（此胡氏自序中语）自此，学者乃知欲求孔子所谓真理，舍宋人所用方法外，尚别有其途。不宁唯是，我国人好以“阴阳五行”说经说理，不自宋始，盖汉以来已然。一切惑世诬民汩灵窒智之邪说邪术，皆缘附而起。胡氏此书，乃将此等异说之来历，和盘托出，使其不复能依附经训以自重，此实思想之一大革命也。[2]

1 杭世骏：《胡先生渭墓志铭》，《碑传集》卷一三一，明文书局，1985年。
2 梁启超：《清代学术概论》，第15页，东方出版社，1996年。

即清代一些讲求理学的汉学名家，对胡渭的《易图明辨》也十分推崇。程晋芳称赞说：是书“旁搜博考，极辨难之力而无矜张矫厉之气，可谓精醇之至矣”。表示该书“无可议也”[1]。

与胡渭同时代的另一重要考据家是阎若璩。阎若璩，生于明崇祯九年（1636年），卒于康熙四十三年（1704年），字百诗，号潜丘，先世为太原人，阎若璩生长于淮安。阎若璩治学擅长考据，而且极其勤奋，时人称其“考据精核，前无古人”[2]，“读书等身，一字无假；孔思周情，旨深言大”[3]。杭世骏描述说：“若璩学长于考证，辨核一书至检数书相证，侍侧者头目皆眩，而精神涌溢，眼烂如电，一义未析，反复穷思，饥不食，渴不饮，寒不衣，热不解，必得其解而后止。”[4]阎若璩在清代学术史上最大的贡献是作《古文尚书疏证》一书。阎若璩自年二十，读《尚书》至古文二十五卷，即疑其伪，“沈潜三十余年，乃尽得其症结所在，作《尚书古文疏证》八卷”[5]。是书以翔实可靠的材料，从文献和史实两方面考证《古文尚书》为伪书，从而震动了当时学术界。梁启超评论《古文尚书疏证》的学术价值说：

> 《尚书古文疏证》，专辨东晋晚出之《古文尚书》十六篇及同时出现之孔安国《尚书传》皆为伪书也。此书之伪，自宋朱熹、元吴澄以来，既有疑之者。顾虽积疑，然有所惮而莫敢断。自若璩此书出而谳乃定。夫辨十数篇之伪书，则何关轻重？殊不知此伪书者，千余年来，举国学子人人习之，七八岁便都上口，心目中恒视为神圣不可侵犯；历代帝王，

1 程晋芳：《〈易图明辨〉跋》，《勉行堂文集》卷五，嘉庆庚辰本堂藏版。

2 赵执信：《谈龙录》第10页，第14条，人民文学出版社，1998年。

3 钱大昕：《阎先生若璩传》，《潜研堂文集》卷三八，商务印书馆，1935年。

4 杭世骏：《阎先生传》，《碑传集》卷一三一，明文书局，1985年。

5 钱大昕：《阎先生若璩传》，《潜研堂文集》卷三八，商务印书馆，1935年；另参见张穆：《阎潜丘先生年谱》顺治十二年条。

经筵日讲，临轩发策，咸所依据尊尚。毅然悍然辞而辟之，非天下之大勇，固不能矣。自汉武帝表章六艺、罢黜百家以来，国人之对于六经，只许征引，只许解释，不许批评研究。韩愈所谓“曾经圣人手，议论安敢到？”若对于经文之一字一句稍涉疑议，便自觉陷于“非圣无法”，蹙然不自安于其良心，非特畏法网，惮清议而已。凡事物之含有宗教性者，例不许作为学问上研究之问题。一作为问题，其神圣之地位固已动摇矣！今不唯成为问题而已，而研究之结果，乃知畴昔所共奉为神圣者，其中一部分实粪土也，则人心之受刺激起惊愕而生变化，宜何如者？盖自兹以往，而一切经文，皆可以成为研究之问题矣。再进一步，而一切经义，皆可以成为研究之问题矣。以旧学家眼光观之，直可指为人心世道之忧。当时毛奇龄著《古文尚书冤词》以难阎，自比于抑洪水驱猛兽。光绪间有洪良品者，犹著书数十万言，欲翻阎案，意亦同此。以吾侪今日之眼光观之，则诚思想界之一大解放。[1]

笔者在这里大段征引梁启超对胡渭和阎若璩的评论，并不等于赞同梁氏之学术观点，只是想说明这样一个问题：作为受过系统清学训练的梁启超，他对胡、阎二君学术贡献的评论，也许比今人的论述更能反映一些清代学者的切身感受。然而，梁启超将胡、阎二人对理学批判的作用夸大了。要击垮一个源远流长数百年的学术思想体系，绝非论证其一两部经典为伪书就能办到，如果真能如此，那学术隆替，人心变革实在太简单，太容易，还要思想家干什么？还要充满艰难曲折的文化变革干什么？理学之出现，非《古文尚书》、《河图》、《洛书》所使然；其走向兴盛，终能操纵人心，居于正统地位，也不是《古文尚书》、《河图》、

1　梁启超：《清代学术概论》，第13～14页，东方出版社，1996年。

《洛书》之产物，而是在于它逐渐形成的一套完整的价值体系和博大深邃的哲学内涵。胡、阎二人之学术研究，特别是阎若璩之成就，确实起到了冲击理学正统地位之作用，起到了推动思想解放之作用，起到了以考证方法辨析真伪示范后人的作用，即所谓“反复厘剔，以祛千古之大疑，考证之学，固未之或先矣”[1]。但若说二人作品一旦问世，理学经典“神圣之地位固已动摇矣”，“一切经文，皆可以成为研究之问题矣”，那就未必符合历史实际。从观念变革的角度看，阎若璩的考据成就只是开创了一种风气，那就是用实证的方法，重新审视儒家的经典。继阎若璩考证《古文尚书》后，一些学者转相效法，进而对其他经典提出疑问。李塨说：“塨南游时，客有攻辨《中庸》、《大学》、易繁以及三礼、三传者。塨见之大怖，以为苟如是，则经尽亡矣。急求其故，则自攻古文《尚书》为伪书始。”[2]然而，这个时期的疑经并未形成气候，也未产生大的影响。清代知识界比较全面剥除儒家经典神圣外衣，真正将经文作为学术问题予以研究这一历史性学术进步，是数十年之后，由戴震、袁枚、崔述等人逐渐完成的。

事实上，清代学术界对阎若璩之学术成就，一直看法不一。阎若璩论证《古文尚书》为伪书，对理学最大的打击就是戳穿了所谓孔门心传的十六字真言之神话。所谓孔门心传，即：“人心惟危，道心惟微，惟精惟一，允执厥中”，出自古文《尚书》之《大禹谟》。阎若璩的考证在当时引起了强烈反响，赞同者诚有之，但反对者也不乏其人。作为理学代表人物的李光地痛斥说：“浙东人又是一种学问，如黄梨洲、万充宗、季野，淮人阎百诗辈，《古文尚书》、《周礼》两部书，便是他们仇敌……至论‘人心惟危’四句，为魏、晋人假造，但观《尧曰》章，只有‘允执其中’一

1 《古文尚书疏证》条，《四库全书总目提要》卷一二经部，商务印书馆，1933年。
2 李塨：《古文尚书冤词序》，转引自戴逸《汉学探析》，《清史研究集》第2辑。

语可见。魏、晋人因荀子说性恶，故曰‘人心惟危’；荀子说礼伪，故曰‘道心惟微’；荀子说考索数语，故曰‘惟精惟一’，荒唐至此。心与性何涉？又况有‘人’字在。心、危又与恶何涉？道与礼何涉？荀子说‘礼仪三百，威仪三千’此为伪，不是说‘道心微’，又与伪何涉？况孔子明说：‘操则存，舍则亡’，岂非危乎？人着此等议论，谁复论其他！”[1] 方苞则从语言学的角度认为《古文尚书》非伪。他提出：“《古文》易晓，必秦汉间儒者得其书，苦其奥涩，而稍以显易之辞更之，其大体则固经之本文也。”[2] 攻击阎若璩最烈的当属毛奇龄。毛奇龄自谓“生平所学，百不如潜丘”，但一见“疏证”之作，便迫不及待地站出来，表示“圣经是非关系极大，非可以人情嫌畏谬为逊让”[3]。他特意致书阎若璩，认为“《尚书疏证》一书，不过惑前人之说，误以为《尚书》为伪耳”，警告说：“万一此说外闻，而不谅之徒，藉为口实，则以此贻累于尊兄之生平者不少。”[4] 他曾作《古文尚书冤词》八卷，“力辨以为真”。然虽“百计相轧，终不能以强词夺正理”[5]。陈康祺评论说：“西河纵横穿穴，论辩之雄，在阎书右。惜伪古文罅漏太多，弥缝非易，虽盛气强词，仍不能拔赵帜而立赤帜也。”[6] 时人姜宸英说：阎若璩“其辨古文尚书之非真，所引据书出入经史百家，读人文喜指摘其利病，人服其博而畏其辨，卒莫能难也。”[7] 此后，惠栋对《古文尚书》续加考证，江声又“为之刊正经文，疏明古注”[8]，《古文尚书》之为伪书，在许多人眼里遂成定案，

1　李光地：《本朝人物》，《榕村续语录》卷九，中华书局，1995年。
2　方苞：《读古文尚书》，《方苞集》卷一，上海古籍出版社，1983年。
3　毛奇龄：《寄阎潜丘古文尚书冤词书》，《西河集》卷一八，《四库全书》本。
4　毛奇龄：《与阎潜丘论尚书疏证书》，《西河集》卷二〇，《四库全书》本。
5　参见《古文尚书疏证》及《古文尚书冤词》条，《四库全书总目提要》卷一二经部，商务印书馆，1933年。
6　陈康祺：《阎征君古文尚书疏征》，《郎潜纪闻初笔》卷四，中华书局，1990年。
7　姜宸英：《阎征君六十一初度序》，《湛园集》卷二，《四库全书》本。
8　徐世昌：《艮庭学案》，《清儒学案小传》卷八，明文书局，1985年。

不可推翻。当然，从学术研究的角度讲，认为《古文尚书》非伪的说法一直存在。乾嘉时代著名学者翁方纲在《考订论》中还特意攻击阎若璩说："近日阎若璩之于《书》，苛求古文，毛举细碎，逞其口辨，甚至以危微精一十六字为非经所有，凡此等谬说，皆起于偶有所见，而究其自信自炫，遂反唇而不顾其安者，皆嗜博嗜异而不惟义理之是求也。"[1]赵绍祖在《读书偶记》中则提出《古文尚书》未必尽伪。他对有关文献进行对照辨析，认为"'古文'有可信有不可信。余疑当时必有所传，或如伏生口授，或私相传抄，脱略伪误，而梅氏上书时，为之牵合补缀，俱所不免"。断言："百篇之序可伪，孔大序、孔传可伪，而'古文'不可尽伪也。"[2]程晋芳虽不否认《古文尚书》为伪，但对其学术价值仍高度肯定，认为该书"匪特不能废，亦不可废也"。"盖其书虽成于襞积之功，针线之迹显然。而一一皆有自来。如《说命》诸篇，气象矜贵，言皆有物。士生宋明以降，凡六代三唐诗文小集，片纸只字，犹或珍袭之，况其汇辑三代以前嘉言懿训，联珠贯璧而出之，而遂视同土苴，可乎？"[3]

在清代学术思想史上，毛奇龄也是值得重视的关键人物。毛奇龄，生于明天启三年（1623年），卒于康熙五十二年（1713年），一名甡，字大可，又字初晴、秋晴，亦称西河，浙江萧山人。毛奇龄在青年时代曾参加抗清斗争，兵败，削发入山，后获赦返乡。康熙十八年，与试博学鸿儒，列二等，授翰林院检讨，数年后，告假归里，称病不出。在学术上，毛奇龄属于王学系统，然颇重经学，尝谓："文章之士，列代都有，而能通一经而称为儒，博通群经而称为大儒，则自汉迄今，惟西汉有孔安国、刘向，东汉有郑玄，魏有王肃，晋有杜预，唐有贾公彦、孔颖达，合七人。

1　翁方纲：《考订论上之一》，《复初斋文集》卷七，商务印书馆，1935年。
2　赵绍祖：《古文尚书》，《读书偶记》卷一，《续修四库全书》本。
3　程晋芳：《〈尚书古文解略〉序》，《勉行堂文集》卷二，嘉庆庚辰本堂藏版。

而他如赵歧、包咸、何休、范宁之徒，皆无与焉。即或博综典籍，胸有筐箧，如吴之韦昭，晋之郭璞，唐之李善、颜师古，宋之马端临、王应麟辈，并于经学无所预，降此而元明则响绝矣。然且天生此七人而六经得失尚未参半，《诗》、《书》得者十之五，‘三礼’得者十之六，《左传》得者十之八，而《易》，而《春秋》，而《乐》，而《论语》、《大学》、《中庸》、《孟子》则全无得焉。则是二千年以来，冀遘一大儒，使古王六经孔孟所传之学术，全明于天下，亦不可得也。”[1] 正因为如此，毛奇龄试图通过考据、实证的方法，研究群经之本旨，故其为学颇重考据，讲实证，主张说经贵有根据，应据经传，辅以“汉儒之说经者，而以义裁断之”[2]。他尤其强调说经要“以经证经，不得已而及传，又不得已而后及诸子百氏，以至汉后儒说之说经者”[3]。毛奇龄认为“汉去古未远，其据词解断，犹得古遗法”，故对汉儒说经比较推崇，而对汉以后儒者，尤其是对朱熹擅改经文的学风多加痛斥，言辞激烈，近于谩骂。全祖望说：毛奇龄“所最切齿者为宋人，宋人之中最切齿者为朱子。其实朱子亦未尝无可议，而西河则狂号怒骂，惟恐不竭其力，如市井无赖之叫嚣者，　时骇之。”[4] 李天馥论毛奇龄之学，曾有“三不可及”之说。云：“奇龄有不可及者三：不挟书册而下笔有千万卷，一也；少小避人，盛年在道路，得怔忪疾，遇疾发，求文者在门，扪腹四应，顷刻付去无误，二也；读书务精核，群经诸子及诸琐屑事，皆极其根柢，而贯其枝叶，偶一论及，辄能使汉宋儒者拄口不敢辨，三也。然奇龄恃其纵横博辨，肆为排击，欲以劫服一世，汉以后人俱不得免，而其

1　毛奇龄：《复章泰占质经问书》，《西河集》卷二一，《四库全书》本。

2　毛奇龄：《春秋毛氏传》卷三六，《四库全书》本。

3　毛奇龄：《经问》，《西河合集》卷一四，《四库全书》本。

4　毛奇龄：《易小帖》卷一。又见全祖望：《萧山毛检讨别传》，《鲒埼亭集外编》卷一二。

所最诋者为宋人，宋人之中所最诋者为朱子，故后人反诋之者亦多。”[1] 乾隆时蒋士铨评论说：“国朝说经最富者，萧山毛氏。然杂引纬书，博而近于芜，辩而近于佞，诋讥前民，不遗余力，气质之偏，似非有道者所取。”[2] 笔者认为，蒋氏之评论是比较公允的。

毛奇龄在学术史上的贡献既在于他对《周礼》、《易经》等经典的考核（清人谓“萧山之书如医家之大黄，实有立起沉疴之效，为斯世所不可无者，其他可勿论矣”[3]），更在于他倡导的实证学风与即将兴起的汉学之治学方法上，在治学途径上具有后先相承之渊源关系，和胡渭、阎若璩一样，毛奇龄既是 18 世纪中国思想解放的先驱者，也是新的学风的早期倡导者。阮元论西河之学术贡献云：

> 有明三百年，以时文相尚，其弊庸陋谫僿，至有不能举经史名目者。国朝经学盛兴，检讨首出于东林、蕺山空文讲学之余，以经学自任，大声疾呼，而一时之实学顿起。当是时，充宗起于浙东，朏明起于浙西，宁人、百诗起于江淮之间，检讨以博辨之才，睥睨一切，论不相下而道实相成。迄今学者日益昌明，大江南北著书授徒之家数十，视检讨而精核者固多，谓非检讨开始之功则不可。[4]

从 17 世纪末到 18 世纪初叶，胡、阎、毛三家学术著述的问世与传播，从不同的角度，预示着一种带实证色彩的学风的兴起，同时，也宣告了理学在清朝知识界独尊地位开始走向衰落。

1 《毛奇龄》，《清史列传》卷六八，明文书局，1986 年。
2 蒋士铨：《四书翼注论文序》，《忠雅堂文集》卷二，《续修四库全书》本。
3 凌廷堪：《与阮中丞论克己书》，《校礼堂文集》卷二五，中华书局，1998 年。
4 阮元：《毛西河检讨全集后序》，《研经室二集》卷七，《四部丛刊初编》本，上海书店，1989 年。

在清代，学术转变和观念变迁一直是相辅相成，紧密相联的。当历史进入18世纪中叶，长期酝酿的考据、训诂风气逐渐形成了独立的学术风格和理论体系，这就是汉学的兴起。清代第一个高举汉学大旗的是惠栋，而其发展的鼎盛阶段则是以戴震为代表的皖学之形成。

惠栋，生于康熙三十六年（1697年），卒于乾隆二十三年（1758年），字定宇，号松崖，初为吴江生员，后改归元和籍（今苏州）。惠栋出生于儒学世家，其父祖均长于经学，强调“经之义存乎训，识字审音，乃知其义，故古训不可改也”[1]。惠栋秉承家学，“自幼笃志向学，家有藏书，日夜讲诵，自经、史、诸子、百家、杂说，及释道二藏，靡不穿穴”，“年五十后，专心经术，尤邃于《易》”[2]。惠栋治经谨守汉儒家法，所谓“终身学汉人之学，曾不得一遭汉儒之遇，而处之固然，耿耿自信，不为穷达所移，斯可谓笃信善道之君子已”[3]。而宗汉原因在于他“以汉犹近古，去圣未远故也”[4]。他在《易汉学》一书序中，从研究汉《易》的角度，阐明了自己治学的渊源和路数。他说：

> 六经定于孔子，毁于秦，传于汉，汉学之亡久矣。独《诗》、《礼》二经犹存毛郑两家。《春秋》为杜氏所乱，《尚书》为伪孔氏所乱，《易经》为王氏所乱，杜氏虽有更定，大校同于贾服。伪孔氏则杂采马王之说。汉学虽亡，而未尽亡也。惟王辅嗣以假象说《易》，根本黄老，而汉经师之义，荡然无复有存者矣。故宋人赵紫芝有诗云：“辅嗣《易》行无汉学，玄晖诗变有唐风。”盖实录也。栋曾王父朴庵先

1　江藩：《惠吉士记》，《碑传集》卷四六，明文书局，1985年。
2　江藩：《惠松崖》，《汉学师承记》卷二，中华书局，1983年。
3　陈黄中：《惠栋墓志铭》，《碑传集》卷一三三，明文书局，1985年。
4　惠栋：《上制军尹元长先生》，《松崖文钞》卷三，《聚学轩丛书》第2集。

生，尝悯汉《易》之不存也，取李氏《易解》所载者，参众说而为之传，天崇之际，遭乱散佚，以其说口授王父，王父授之先君，先君于是成《易说》六卷。又尝欲别撰汉经师说《易》之源流，而未暇也。栋趋庭之际，习闻余论，左右采获，成书七卷。自孟长卿以下五家之《易》，异流同源，其说略备。呜呼！先君无禄即世三年矣，以栋之不才，何敢辄议著述，然以四世之学，上承先汉，存什一于千百，庶后之思汉学者，犹知取证，且使吾子孙无忘旧业云。[1]

惠栋治学从汉儒说经的途径对《周易》、《尚书》、《礼记》等经典多有考证，旁征博引，考证经文，在当时学者中产生了较大影响。尤其是《易汉学》之作，“采辑遗闻，钩稽考证，使学者得略见汉儒之门径”[2]。从惠栋开始，汉学逐渐成为一门受到知识界高度重视的新兴学派。程晋芳对惠学颇有微词，但也承认：“近者汉学之盛，昌于定宇。”[3]陶澍说：“东吴惠氏，以经学世其家。乾隆中叶，海内之士知钻研古义，由汉儒小学训诂以上溯七十子六艺之传者，定宇先生为之导也。”[4]王昶说：“(惠栋）眈思旁讯，探古训不传之秘，以求圣贤之微言大义。于是吴江沈君彤、长洲余君仲霖、朱君恺、江君声等，先后羽翼之。流风所煽，海内人士无不重通经，通经无不知信古，而其端自先生发之，可谓豪杰之士矣。”[5]钱大昕则认为：“今士大夫多尊崇汉学，实出先生绪论。”[6]惠栋在汉学兴起中的开山地位可以说是无可动摇的。惠

1 惠栋：《〈易汉学〉·序》，《四库全书》本。
2 《易汉学》条，《四库全书总目提要》卷六经部，商务印书馆，1933 年。
3 程晋芳：《〈周易述〉跋》，《勉行堂文集》卷五，嘉庆庚辰本堂藏版。
4 陶澍：《惠氏四世传经遗像书后》，《陶澍文集》下册，第 176 页。
5 王昶：《惠栋墓志铭》，《碑传集》卷一三三，明文书局，1985 年。
6 钱大昕：《古文尚书考序》，《潜研堂文集》卷二四，商务印书馆，1935 年。

栋的弟子主要有江声、余萧客、王鸣盛等，“皆笃信所授，不失师法”，“而吴之贤俊后学，彬彬有汉世郑重其师承之意。”[1]

清代汉学发展的高峰是戴震。关于戴震的生平著述，笔者在第二章已作介绍，这里仅指出这样几个事实：从惠学到戴学，实际上表明汉学从兴起到高潮，从崛起到成熟的过程。这不但表现为汉学到戴震时已经形成了比较系统的理论体系，而且也表现为在研究方法上的实证和科学特色更加明确（即治经不但强调求其古，也强调求其是[2]），研究范围更加广泛，理论突破更加大胆，汉学已经具有了与宋学相抗衡的学术实力。汪中说：“国朝诸儒崛起，接二千余年沈沦之绪，通儒如顾宁人、阎百诗、梅定九、胡朏明、惠定宇、戴东原，皆继往开来者。亭林始闿其端，河洛图书至胡氏而绌，中西推步至梅氏而精。力攻古文者，阎氏也；专治汉《易》者，惠氏也；及东原出而集大成焉。”[3]汪中的话可谓当时人论当时事，反映了清代学术发展的客观实际。戴震的弟子较多，王念孙、段玉裁、任大椿等均曾在其门下受业。

18 世纪自惠、戴两家兴起后，考据、训诂之风便逐渐波靡南北，尤其是在于敏中金坛秉政期间（乾隆三十八年—乾隆四十四年，1773~1779 年），四库馆开，汉学之风更加炽烈。除前面提及的诸人外，18 世纪以考据著名者尚有顾栋高、汪中、纪昀、阮元等人。后人将乾隆时期的汉学分为吴皖二派，虽能反映其时汉学分布之大体情形，但并不准确。当时考据风气盛行一时，士人谈

1　戴震：《题惠定宇先生授经图》，《戴震集·文集》卷一一，上海古籍出版社，1980 年。

2　王鸣盛尝谓：“方今学者，断推两先生。惠君之治经求其古，戴君之治经求其是。究之，舍古亦无以为是。”王鸣盛是站在惠学立场评价戴学，但客观上却反映了二人治学方法和学术思想的差异，故洪榜认为王鸣盛“其言先生（戴震）之学，期于求是，亦不易之论”。（参见洪榜：《戴先生行状》，《碑传集》卷五〇，明文书局，1985 年）

3　江藩：《汪中》，《汉学师承记》卷七，中华书局，1983 年。

经言理，动辄引经据典，以小学相尚，很难以吴皖二派概括所有考据学者。另外，惠栋一门（即所谓吴派）与戴震一门（即所谓皖派）并不对立，而是互为师友，治学虽各有偏重，但在基本学术途径上是一致的，研究者不能将其视为截然相异的学术派别。

任何一种独立的学术体系，均要求有自己独立的研究方法与理论特色，清代汉学之所以能和理学相区别，主要具有两个鲜明特征：

一是在研究方法上强调实事求是，主张通过文字音训以求义理。钱大昕说："通儒之学，必自实事求是始"[1]，其言正反映了汉学求实求真的指导思想。这一思想体现在治学方法上，就是通过考据、训诂追求义理，发现历史的真实。汉学家认为："经以明道，而求道者不必空执义理以求之也，但当正文字，辨音读，释训诂，通传注，则义理自见而道在其中矣。"[2]"盖由考核以通乎性与道，既通乎性与道矣，而考核益精，文章益盛，用则施政利民，舍则垂世立教而无弊。"[3]汉学大师戴震对这一宗旨曾有非常明确的说明："夫所谓理义，苟可以舍经而空凭胸臆，将人人凿空得之，奚有于经学之云乎哉？惟空凭胸臆之卒无当于贤人圣人之理义，然后求之古经，求之古经而遗文垂绝，今古县隔也，然后求之故训，故训明则古经明，古经明则贤人圣人之理义明，而我心之所同然者，乃因之而明。贤人圣人之理义非它，存乎典章制度者是也。"[4]钱大昕则明确地将义理置于训诂之中。他说："有文字而后有诂训，有诂训而后有义理。训诂者，义理之所由出，非别有义理出乎训诂之外者。"[5]激烈反对汉学的方东树也承认：汉

1 钱大昕：《卢氏群书拾补序》，《潜研堂文集》卷二五，商务印书馆，1935年。
2 王鸣盛：《十七史商榷·序》，中国书店，1987年。
3 戴震：《〈戴震集〉段玉裁序》，上海古籍出版社，1980年。
4 戴震：《题惠定宇先生授经图》，《戴震集》卷一一，上海古籍出版社，1980年。
5 钱大昕：《经集籑诂序》，《潜研堂文集》卷二四，商务印书馆，1935年。

学家由小学以求义理的主张，“此论最近信，主张最有力，所以标宗旨，峻门户，固壁垒，示信学者，谓据其胜理，而不可夺矣。”[1]基于这一基本学术倾向，汉学家对不求甚解的空泛学风往往不以为然。戴震云：“夫今人读书，尚未识字，辄目故训之学不足为；其究也，文字之鲜能通，妄谓通其语言；语言之鲜能通，妄谓通其心志，而曰传合不谬，吾不敢知也。”[2]

二是尊信汉儒说经。清代考据学以“汉学”得名，就在于尊从汉儒经说。有清一代第一个举起汉学旗帜的惠栋认为：“汉犹近古，去圣未远”，“孔子殁后，至东汉末，其间八百年，经师授受咸有家法，故两汉诸儒咸识古音”，其经学主张因而可信[3]。当然，汉学家并非对汉儒说经不问是非，一概尊信，钱大昕就认为：“学问乃千秋事，订伪规过，非訾毁前人，实以加惠后学”[4]，但他同时也强调：“诂训必依汉儒，以其去古未远，家法相承，七十子之大义犹有存者，异于后人之不知而作也。”[5]至于戴震及其弟子治经，但“求其是”，“确为清学而非汉学”（梁启超语），然而，不可因此而认定戴氏学术脱离汉儒。就戴氏之所推崇，仍是“汉人师弟之意”[6]，承认“汉人传注，足为据证”[7]，原因很简单，考证古经，“舍古亦无以为是”[8]。

18世纪汉学的兴起结束了宋元以降数百年理学对学术发展的主导地位，从而在学术界形成了汉宋并存的崭新格局。这一历史

1 方东树：《汉学商兑》卷中之下，生活·读书·新知三联书店，1998年。

2 戴震：《尔雅注疏笺补序》，《戴东原集》卷三。

3 参见惠栋：《松崖文钞》卷三、卷一，《聚学轩丛书》第2集。

4 钱大昕：《答王西庄书》，《潜研堂集》卷三五，商务印书馆，1935年。

5 《臧玉琳〈经义杂识〉序》，《潜研堂文集》卷二五。钱大昕还说：“汉之经师，其训诂皆有家法，以其去圣人未远。魏晋而降，儒生好异求新，注解日多，而经益晦。”（《左氏传古注辑存序》，《潜研堂文集》卷二四，商务印书馆，1936年。）

6 段玉裁：《戴东原先生年谱》，商务印书馆，1929年。

7 戴震：《尔雅注疏笺补序》，《戴震集》卷三，上海古籍出版社，1980年。

8 洪榜：《戴先生行状》，《初堂遗稿》卷一，北平通学斋影印，1931年。

性转折，从学术演变的角度，为人们冲破理学束缚，解放思想，扩展视野提供了良好的知识条件。

不可否认，雍乾之际，在意识形态中占据主导地位的仍是程朱理学，理学思想对普通民众，尤其是知识阶层的影响仍是根深蒂固的，就是汉学家内部，对理学的看法也不尽相同。然而，虽说汉学的产生与宋学密不可分（一定程度上甚至可以说它脱胎于宋学），但它毕竟是一门独立的学问，它必须通过对在当时占据主导地位的传统学术的批判证明自己存在的合理性，必须通过对自己学风、理论的阐述，发表自己的独立宣言。而汉学出现本身，也以雄辩的事实证明：宋学并不是认识儒家真理的唯一途径，宋学垄断真理的时代已经一去不返了。

需要研究者特别注意的是：尽管清朝汉学家对理学的态度，特别是理学义理思想的态度不尽相同（对这一点，本章在后面还将论述），但在一些基本学术问题上，几乎没有哪个学者完全同意理学的学术主张，也没有哪个学者愿意将自己完全束缚于理学的教义条规之中。翁方纲系汉学家中尊崇程朱者，但也不得不承认宋学存在严重弊端，认为“宋儒恃其义理明白，随轻忽《尔雅》《说文》，不几渐流于空谈耶？况宋儒每有执后世文字习用之义辄定为诂训者，是尤蔑古之弊，大不可也。”[1] 导致这种情况的原因在于：汉学在治学方法上是独立于宋学的另一学术流派，方法的差异必然意味着视角的不同，意味着思想的不同。有人认为汉学“并不是一种思想而是一种学问”，这一观点有一定道理。从总体上讲，汉学确实是学术多于思想，它在提倡新的治学门径和学风的同时，却少了一种能够和宋学媲美的完整的、创新性的理论体系。但如果我们将汉学和思想完全对立起来，那么对汉学也不够公平。世界上从来就不存在没有思想的学问。汉学不是不讲义理，

1　翁方纲：《理说驳戴震作》附录，《复初斋文集》卷七，商务印书馆，1935年。

而是主张通过实证的方法寻求义理。而一旦实证成为知识探索的主要手段，就必然动摇传统理学中通过“致良知”，或通过兼采释老诸子之说而得来的“义理”，就必然动摇知识界对理学的盲目崇拜。这样，汉学对理学的批判就成为不可避免之势。事实上，科学与实证从来都是破除迷信的最佳武器。总之，研究者忽视汉学的小学成就是错误的，因为这意味着否定了汉学的基本学术特色；但如果将乾嘉学派仅仅视为小学，看不到繁琐考据所蕴含的丰富情感和思想内涵，看不到考据学者对“义理”的探索与追求，则是肤浅和片面的，因为这意味着否定了这个学派的灵魂或精神实质。

在汉学兴起和发展过程中，对理学的批判一直都在进行。道光时方东树站在理学的立场，评论汉学对宋学的批判。他说：

> 近世有为汉学考证者，著书以辟宋儒、攻朱子为本，首以言心、言性、言理为厉禁。海内名卿巨公，高才硕学，数十家递相祖述，膏唇拭舌，造作飞条，竞欲咀嚼。究其所以为之罪者，不过三端：一则以其讲学标榜，门户分争，为害于家国；一则以其言心、言性、言理，堕于空虚心学禅宗，为歧于圣道；一则以其高谈性命，束书不观，空疏不学，为荒于经术。……自是以来，汉学大盛，新编林立，声气扇和，专与宋儒为水火。而其人类皆以鸿名博学为士林所重，驰骋笔舌，弗穿百家，遂使数十年间承学之士，耳目心思为之大障。
>
> 历观诸家之书，所以标宗旨，峻门户，上援通贤，下慑流俗，众口一舌，不出于训诂、小学、名物、制度。弃本贵末，违戾诋诬，于圣人躬行求仁，修齐治平之教，一切抹杀。名为治经，实足乱经；名为卫道，实则叛道。[1]

1　方东树：《汉学商兑·序例》，生活·读书·新知三联书店，1998年。

方东树的话，比较形象地反映了汉宋之间从学风到观念的对立。具体说来，汉学对理学的批判主要包括三个方面的内容：

一是对理学学风的否定。清初理学以讲究躬行实践、经世致用为特色，对稳定清朝统治，恢复社会秩序曾起过十分重要的作用，相形之下，它对穷理一节，注重不够。不但对理学义理进行创新性阐扬注重不够，而且在对儒家经典的考辨研究上，成就也不够突出。清初理学学术成就的苍白，注定了它不能有效抵御实证风气的兴起。清代汉学，正是高扬求实大旗，对宋明以来空泛的理学学风进行了比较全面的清算。洪亮吉在《邵学士家传》一文中论及惠栋、戴震、邵晋涵对汉学发展之贡献时就明确指出：以考据为特色的汉学的兴起，在很大程度上就是对空谈义理的理学的反动，他说：

> 盖自元明以来，儒者务为空疏无益之学，六书训诂，屏斥不谈，于是儒术日晦，而游谈坌兴，虽间有能读书如杨慎、朱谋玮者，非果于自用，即安于作伪，立论往往不足依据。迨我国家之兴，而朴学始辈出，顾处士炎武、阎征君若璩首为之倡，然奥窔未尽辟也。乾隆之初，海宇乂平，已百余年，鸿伟傀特之儒接踵而见，惠征君栋、戴编修震，其学识始足方驾古人。及四库馆之开，君（指邵晋涵）与戴君又首膺其选，由徒步入翰林，于是海内之士知向学者，于惠君则读其书，于君与戴君则亲闻其绪论，向之空谈性命及从事帖括者，始骎骎然趋实学矣。夫伏而在下，则虽以惠君之学识，不过门徒数十人止矣，及达而在上，其单词支，义即足以歆动一世之士。则今之经学昌明，上之自圣天子启之，下之即谓出于君（即邵晋涵）与戴君讲明切究之力，无不可也。[1]

1　洪亮吉：《邵学士家传》，《卷施阁文甲集》卷九，乾隆乙卯贵阳节署刊本。

袁枚虽然不喜汉学，但他也注意到了汉学与宋学在学风上的尖锐对立，他对惠栋说："足下与吴门诸士，厌宋儒空虚，故倡汉学以矫之，意良是也。"[1]

毛奇龄曾对宋儒肆意删改、甚至毁坏经典的做法痛加斥责，尤其反对宋儒自逞胸臆，通过歪曲经典以迎合自己见解的不良学风，认为宋儒"虽名为经义，而不以经为义"[2]。惠栋也对宋儒置先儒经典于不顾，纵口放谈，而无学术根基的做法不以为然，认为这一空浮学风使儒家经义大量亡于北宋，"宋儒之祸，甚于秦灰"[3]。卢文弨则对宋儒学风提出尖锐批评。他说：

> 宋儒尝言，读史易令人心粗。夫史非能令人粗，人自粗耳。则虽以之读经，亦何能免于粗也。宋儒又每以博闻多识比之玩物丧志，故其于史也，略识兴亡之大纲，用人行政之得失而已。自谓括其要矣，其他典章制度，因革损益之樊然具列者，率无暇留意。即有所撰述，亦不能通贯晓析，事事合符。其病皆由于谫谫拘拘，不能广搜博考，以求其佐证。而且专己自用，不师古人，其或时异势殊，有必不可以沿袭者，而又不能得变通之宜，此而谓之为粗，其又奚辞？[4]

他又根据理学躬行之义，批评一些学者空谈疏阔，脱离实际的学风。说：

1 袁枚：《答惠定宇书》，《小仓山房文集》卷一八，《袁枚全集》第2册，江苏古籍出版社，1993年。

2 毛奇龄：《经义考序》，《西河集》卷五二，《四库全书》本。

3 参阅《北宋》，《松崖笔记》卷三，江苏广陵古籍刻印社，1986年。

4 卢文弨：《钱晦之后汉书补表序》，《抱经堂文集》卷四，《丛书集成初编》本，商务印书馆，1935年。

夫杂学不如经学，穷经之道，又在于研理。理何以明？要在身体而力行之，时时省察，处处体验。即米盐之琐，寝席之亵，何在非道？即何在非学？正不待沾沾于讲说论议之为功也。[1]

王鸣盛在汉学家中是比较推崇道学之义理的，但对理学轻忽训诂的做法不以为然。他说："学莫贵乎有本，而功莫大乎存古。……昔仲尼没，微言绝，七十子丧，大义乖然。自晚周先秦以迄两汉，传经授受，各有原流，皆能自名其家。魏晋及唐，师法渐失，然古义未尽亡也。下至宋元，义理虽精，诂训亡矣。而明儒之陋谬为尤甚，盖俗学之病，在于无本而不好古。"[2]他又批评理学脱离实际的疏阔之风说："世每以道学与经济判而为二，于是乎有驳杂之经济，有迂疏之道学，皆俗学之谬也。按前史但有《儒林传》，自元修《宋史》，始别立《道学传》，顾道学之真者，每不乐居其名。至明代讲学者日众，往往以指斥象山为能事，一若有此，即可以接武乎紫阳者，而考其行己立朝，辄迂疏而无实，世亦何贵有此道学哉？"[3]

戴震对理学学风的批判尤其激烈，他说：

治经先考字义，次通文理，志存闻道，必空所依傍。汉儒故训有师承，亦有时傅会，晋人傅会凿空益多。宋人则恃胸臆为断，故其袭取者多谬，而不谬者在其所弃。我辈读书原非与后儒竞立说，宜平心体会经文，有一字非其的解，则

1　卢文弨：《答朱秀才理斋缙书》，《抱经堂文集》卷一九，《丛书集成初编》本，商务印书馆，1935年。

2　王鸣盛：《古经解钩沉序》，《西庄始存稿》卷二四，《续修四库全书》本，集部第1434册，上海古籍出版社，2002年。

3　王鸣盛：《林次崖先生集序》，《西庄始存稿》卷二五，《续修四库全书》本，集部第1434册，上海古籍出版社，2002年。

于所言之意必差，而道从此失……

宋以来儒者，以己之见，硬坐为古贤圣立言之意，而语言文字实未之知。其于天下之事也，以己所谓理强断行之，而事情原委隐曲实未能得，是以大道失而行事乖。孟子曰："生于其心，害于其政，发于其政，害于其事"，自以为于心无愧，而天下受其咎，其谁之咎？[1]

和戴震为学敢于公开驳诘程朱比起来，钱大昕对理学家的批评要缓和一些，他虽不同意"天即理"之说，但仍承认朱熹在意识形态领域中的崇高地位，称其"百世之师"，"主敬立诚，穷理致知，由博返约，大醇无疵"[2]。然在涉及学风问题上，他对理学的批评却十分尖锐。和许多汉学家一样，钱大昕对理学所谓"义理"的怀疑，在很大程度上是基于对理学学风的不以为然。钱大昕说：

自宋、元以经义取士，守一先生之说，敷衍附会，并为一谈，而空疏不学者，皆得自名经师，间有读汉、唐注疏者，不以为俗，即以为异，其弊至明季而极矣。国朝通儒，若顾亭林、陈见桃、阎百诗、惠天牧诸先生，始笃志古学，研覃经训，由文字、声音、训诂而得义理之真。[3]

又说：

尝病后之儒者，废训诂而谈名理，目记诵为俗生，诃多

1　戴震：《与某书》，《戴震集·文集》卷九，上海古籍出版社，1980 年。
2　钱大昕：《朱文公三世像赞》，《潜研堂文集》卷一七，商务印书馆，1935 年。
3　钱大昕：《臧玉琳〈经义杂识〉序》，《潜研堂文集》卷二四，商务印书馆，1935 年。

闻为丧志。其持论甚高，而实便于束书不观、游谈无根之辈。有明三百年，学者往往蹈此失。圣朝文教日兴，好古之士，始知以通经博物相尚。若昆山顾氏、吴江陈氏、长洲惠氏父子、鹜源江氏，皆精研古训，不徒以空言说经，其立论有本，未尝师心自用，而亦不为一人一家之说所囿。故尝论宋、元以来言经学者，未有如我朝之盛者也。夫六经皆以明道，未有不通训诂而能知道者。[1]

对理学空疏浮躁学风的批判，使 18 世纪中国学术界在治学上趋于严谨，这一风气甚至影响到了当时的书院教育。桑调元向书院士子介绍穷经之方说："穷经之方，自少及多，通其少而多者徐由之贯。《十三经注疏》、昆山徐氏所刻《经解》之外，逸简甚众，穷年皓首，莫得其端，此多而无纪也。今就《四书》专经，条分缕析，融会贯通，不墨守断烂之讲章，时有心得。一经毕更及一经，群经可次第程功，不苦其难，不惮其烦，不好奇以妄为之说，则经义如脱颖，岂独锥末之见已哉。"[2]

二是对理学经典、著述的否定。自考据风气兴起，理学所信奉的经典、所推崇的程朱著作就遇到了前所未有的严峻挑战。我们看到：阎若璩论证了《古文尚书》之伪，使理学家的"孔门心传"受到沉重一击。此后，惠栋又作进一步考证，认为郑玄所传孔壁古文为真，东晋晚出为伪，唐人诋斥郑氏所传为张霸伪造是错误的。他的观点在不少地方和阎若璩之言暗合，而他对《泰誓》篇的考订，则较阎氏更加"精而约"，"千四百余年未决之疑，而惠松崖先生独一一证成之，其有功于壁经甚大"[3]。惠栋对《周

1　钱大昕：《与晦之论尔雅书》，《潜研堂文集》卷三三，商务印书馆，1935 年。

2 《大梁书院学规》，《弢甫文集》卷一七。转引自《中国书院史资料》中册，第 1457 页，浙江教育出版社，1998 年。

3　钱大昕：《古文尚书考序》，《潜研堂文集》卷二四，商务印书馆，1935 年。

易》的考证，尊崇汉儒《易》说，反对宋人《易》象数中的《河图》《洛书》之学。他从考据学的角度，论证《河图》《洛书》乃晚出之物，与《系辞》无关。继胡渭之后，再次否定了理学家《河图》、《洛书》之伪。惠栋所撰《周易本义辩证》，系考校朱熹《周易本义》之古音古义的著作，但其出发点却是以汉儒《易》说为宗，“似专举其异乎朱子之说，以为夸博”，故翁方纲对其著述颇多责难，云：“惠栋之于《易》，极意博综，而妄取他本以解经字，甚至以系辞传天一地二以下为后人所增，以富有日新诸语为后人所训，以说卦传乾健也，以下为后人所益”，“惟博辨之是炫，而于义理之本然反置不问者，是即叛道之渐。”[1]在《惠栋小像》后特作小记，责其“泥于郑说而过甚者”，企图通过批驳惠氏以避免“开后人嗜驳程朱之渐”[2]。毛奇龄则对被学术界广泛尊奉的朱熹《四书章句集注》提出尖锐批判，指责朱熹擅改经文，并撰《四书改错》一书，认为《四书》“无一不错”，“聚九州四海之生铁，铸不成此错矣”[3]。在《论语稽求篇》中，他以尖锐之辞指责朱熹集注缺乏对先儒经典的深入研究：“汉初立《论语》学官，其时去古未远，尚有鲁论、齐论、古论三家本，每家立学亦尚有师授十余人……西晋何晏本老氏之学，不习众说，专与侍中荀觊辈，略取孔安国、包咸及司空陈群、博士周生烈余论，而参以己见，杂采成篇，名其书曰《集解》。正始中上之。而宋朱氏注，则又仅见何氏族一书，别无他据，旁汇以同时学人之言，似与圣门所记稍有龃龉。先仲氏尝曰：此宋儒之书，非夫子之书也。而乃有明取士，勒为功令，家呻户哗，习矣不察。”[4]钱大昕对理学家大搞《语录》的做法不以为然。他说：“释子之语录，始于唐；儒

1 翁方纲：《考订论上之一》，《复初斋文集》卷七，商务印书馆，1935年。
2 翁方纲：《题惠定宇像后》，《复初斋文集》卷三四，商务印书馆，1935年。
3 毛奇龄：《四书改错》卷一，《续修四库全书》本。
4 毛奇龄：《论语稽求》卷一，《文渊阁四库全书》本。

家之语录，始于宋，儒其行而释其言，非所以垂教也。君子之'出辞气，必远鄙倍'。语录行，而儒家有鄙倍之词矣。有德者，必有言；语录行，则有有德而不必有言者矣。"[1]而以纪昀为代表的《四库全书总目提要》的纂修官们也认为：文章撰述不能以朱子一家之言律天下万世。针对"诗至七言而衰，律而坏，词而绝，自朱子出而古诗遗意复见"的说法，评论说："夫朱子为讲学之宗，诚无异议。至于文章一道，则源流正变，其说甚长。必以晦庵一集律天下万世，而诗如李杜，文如韩欧，均斥之以衰且坏，此一家之私言，非千古之通论也。"[2]并对明永乐间奉敕编撰，"二百余年尊为取士之制"的重要理学教材《四书大全》提出批评，认为"《大全》庞杂万状，沙中金屑本自无多"[3]，又攻击《性理大全》"大抵庞杂冗蔓，皆割裂襞积以成文，非能于道学渊源真有鉴别。"[4]

三是对理学思想的否定。这主要集中在批判理学的"理"或"天理"上面。早在清初，顾亭林就曾说："愚独以为理学之名，自宋人始有之。古之所谓理学，经学也，非数十年不能通也。故曰：'君子之于《春秋》，没身而已矣。'今之所谓理学，禅学也，不取之五经而但资之语录，校诸帖括之文而尤易也。又曰：'《论语》，圣人之语录也。'舍圣人之语录，而从事于后儒，此之谓不知本矣。"[5]而清中叶汉学家对理学思想，特别是天理的批判，则从学术的角度，推动着知识界的思想解放。

18 世纪，汉学家中对理学思想批判最为系统、最为尖锐的是汉学集大成者戴震。

1　钱大昕：《语录》，《十驾斋养新录》卷一八，《嘉定钱大昕全集》，江苏古籍出版社，1997 年。

2 《畏斋集》条，《四库全书总目提要》卷一六六集部，商务印书馆，1933 年。

3　参阅《四书大全》条、《四书大全纂要》条，《四库全书总目提要》卷三六、卷三七经部，商务印书馆，1933 年。

4 《性理大全》条，《四库全书总目提要》卷九三子部，商务印书馆，1933 年。

5　顾炎武：《与施愚山书》，《顾亭林诗文集》卷三，中华书局，1983 年。

东原尝说："圣人之道，在六经。汉儒得其制数，失其义理。宋儒得其义理，失其制数。"[1] 有人据此认为东原并不反宋。其实，戴震所说宋儒得其义理，主要是从治学门径和风格而言，承认在义理、制数、文章三途中，宋儒研究之重点在义理，但这绝不等于说他已经认可了理学的基本思想。对此，学者绝不可割裂东原本意，断章取义。事实上，在清朝汉学诸家中，戴震是反理学最为尖锐的学问家之一。他认为，无论是程朱还是陆王，其基本理论范畴均混淆了儒学与释老之界限，即"程子、朱子就老、庄、释氏所指者，转其说以言夫理，非援儒而入释，误以释氏之言杂入于儒耳；陆子静、王文成诸人就老、庄、释氏所指者，即以理实之，是乃援儒以入于释者也"[2]。在《答彭进士允初书》中，戴震明确表明自己批驳程朱的学术目的在纯洁儒学，并将它上升到正宗保族的高度。他说："宋以前，孔孟自孔孟，老释自老释，谈老释者高妙其言，不依附孔孟。宋以来，孔孟之书尽失其解，儒者杂袭老释之言以解之，于是有读儒书而流入老释者，有好老释而溺其中，既而触于儒书，乐其道之得助，因凭藉儒书以谈老释者。"而程朱均有学佛老之历史，其学术的重要特点就是论学杂释老之言，以致真正的儒者不可不起而辨之。"在程朱先入于彼，徒就彼之说转而之此，是以又可转而之彼，合天与心为一，合理与神识为一，而我之言，彼皆得援而借之，为彼树之助。以此解经，而六经、孔孟之书，彼皆得因程朱之解，援而借之为彼所依附。譬犹子孙未睹其祖父之貌者，误图他人之貌为其貌而事之，所事固己之祖父也，貌则非矣。实得而貌不得，亦何伤？然他人则持其祖父之貌以冒吾宗，而实诱吾族以化为彼族，此仆所由不得已而有《疏证》之作也。破图貌之误，以正吾宗而保吾族，痛

1　戴震：《与方希原书》，《戴震集》卷九，上海古籍出版社，1980 年。

2　戴震：《理》，《孟子字义疏证》卷上，《戴震全书》第 6 册，黄山书社，1995 年。

吾宗之久坠，吾族之久散为他族，敢少假借哉？”[1] 其实，维护儒家学术的纯洁性，是宋元以降儒学内部纷争中论者通常使用的借口，不一定具有太多的实际意义。不是吗？程朱陆王之争，也是指责对方惑于老释之说，淆乱圣学，然先儒的本意在这种争论中未必越辨越明。

戴震批判理学思想，最主要的内容是否定其理欲论，对此，笔者在前一章已作了专门分析，这里不再赘述。这里主要指出这样一个事实：在哲学观上，戴震比较全面地否定了程朱心性本体论，提出了以“血气心知”为主体的新的人性论，而这可以说是戴震理欲论的哲学基础。

宋明以来，言程朱者无不强调理为主宰，理在气先，“心统性情”；言陆王者，则提出“心即理”，重视“知行合一”。程朱认为“以本体言之，则是有理然后有气”，理在气先，气禀于外，天与之以理，理凑泊附着之，理为形气所污坏，故人需学而此理渐明，以复其初之所受。戴震分析说：程朱将理视为天与之，实际上就是荀子尊礼为圣人所与，理为形气所污坏，就是荀子的性恶论；说理凑泊附着于气，就是老庄释氏所谓“真宰”、“真空”凑泊附着于形体。理学家所谓的“二本”论，不过是杂糅附合老庄释氏诸家之说的大杂烩而已。戴震指出：天下不是二本，而是一本，“天下惟一本，无所外，有血气，则有心知，有心知，则学以进于神明，一本然也。有血气心知，则发乎血气心知之自然者，明之尽，使无几微之失，斯无往非仁义，一本然也”。这就将血气（人的自然的生理活动）作为认识及人性的基础，显示出鲜明的唯物论特色[2]。

针对朱子所谓“阴阳，气也，形而下者也；所以一阴一阳者，

1　戴震：《答彭进士允初书》，《戴震集·文集》卷八，上海古籍出版社，1980年。
2　戴震：《理》，《孟子字义疏证》卷上，《戴震全书》第6册，黄山书社，1995年。

理也，形而上者也。道即理之谓也”。戴震指出：“六经、孔孟之书，不闻理气之辨，而后儒创言之，遂以阴阳属形而下，实失道之名义也。”[1] 在戴震看来，研究人的本质、人的认知，应该从性着手，这是因为性是区别事物属性的基本范畴，而性又源于自然的规范与约束。他说：“性者，分于阴阳五行以为血气、心知、品物，区以别焉，举凡既生以后所有之事，所具之能，所全之德，咸以是为其本，故《易》曰‘成之者性也’。气化生人生物以后，各以类滋生久矣，然类之区别，千古如是也，循其故而已矣。在气化曰阴阳、曰五行，而阴阳五行之成化也，杂糅万变，是以及其流形，不特品物不同，虽一类之中，又复不同。凡分形气于父母，即为分于阴阳五行，人物以类滋生，皆气化之自然”[2]。又说：“凡有生，即不隔于天地之气化。阴阳五行之运而不已，天地之气化也，人物之生生本乎是。由其分而有之不齐，是以成性各殊。知觉运动者，统乎生之全言之也，由其成性各殊，是以本之以生，见乎知觉运动也亦殊。气之自然潜运，飞潜动植皆同。此生生之机肖乎天地者也。而其本受之气，与所资以养者之气则不同，所资以养者之气，虽由外而入，大致以本受之气召之。五行有生克，遇其克之者则伤，甚者死。此可知性之各殊矣。”[3] 戴震在这里说的性，实际上讲的是动物、植物所具有的本能，而这种本能，以及不同物种本能之区别，都是自然界客观运动、变化的产物。对人来说，这种本能的知觉则是扩充为理性和道德的基础。也就是说，戴震承认人所具有的客观自然属性，并认为人的社会属性，人的基本伦理关系，均建立于自然属性基础之上，否定人的自然属性，违背人的自然属性，脱离人的自然属性去追求所谓

1　戴震：《天道》，《孟子字义疏证》卷中，《戴震全书》第 6 册，黄山书社，1995 年。

2　戴震：《性》，《孟子字义疏证》卷中，《戴震全书》第 6 册，黄山书社，1995 年。

3　戴震：《性》，《孟子字义疏证》卷中，《戴震全书》第 6 册，黄山书社，1995 年。

性与理，是违背人伦的，故谓“去生养之道者，贼道者也”[1]。

但人性毕竟和动物、植物之本能不同，“人之异于物者，人能明于必须，百物之生各遂其自然”[2]。戴震指出：对周围事物的知觉运动，使人和其他动植物相区别，而各人知觉运动之差异，又使人彼此相区别，故云：“知觉运动者，人物之生；知觉运动之所以异者，人物之殊其性。”“性者，血气心知本乎阴阳五行，人物莫不区以别焉是也。”[3]故戴震将人的生理和心理的基本需求作为人性的基础。他说：人性包括欲、情、知三者，这三者都是血气心知自然形成的，“人生而后有欲，有情，有知，三者，血气心知之自然也。给于欲者，声色臭味也，而因有爱畏；发乎情者，喜怒哀乐也，而因有惨舒；辨于知者，美丑是非也，而因有好恶。声色臭味之欲，资以养其生；喜怒哀乐之情，感而接于物；美丑是非之知，极而通于天地鬼神。声色臭味之爱畏以分，五行生克为之也；喜怒哀乐之惨舒以分，时遇顺逆为之也；美丑是非之好恶以分，志虑从违为之也，是皆成性然也。”[4]戴震认为人的血气心知的共同作用构成人性，这就从根本上否定了宋明理学的心性本体论，建立了初步的以唯物论为特色的人性观。在此基础上，戴震明确提出儒家的纲常伦理必须符合人性的需要，而不能违背人性：“古圣贤所谓仁义礼智，不求于所谓欲之外，不离乎血气心知，而后儒以为别如有物凑泊附著以为性，由杂乎老庄释氏之言，终昧于六经孔孟之言故也。”事实上，在戴震看来，人类社会的全部伦理关系，均应该建筑于血气心知基础之上，是其自然的衍生和扩充。因此，脱离人性、人情，谈论纲常伦理，是荒唐的，也是不切实际的。戴震说：“人之血气心知，原于天地之化者也。有

1 戴震：《原善》卷下，《戴震全书》第 6 册，黄山书社，1995 年。
2 戴震：《理》，《孟子字义疏证》卷上，《戴震全书》第 6 册，黄山书社，1995 年。
3 戴震：《性》，《孟子字义疏证》卷中，《戴震全书》第 6 册，黄山书社，1995 年。
4 戴震：《才》，《孟子字义疏证》卷下，《戴震全书》第 6 册，黄山书社，1995 年。

血气，则所资以养其血气者，声、色、臭、味是也。有心知，则知有父子、有昆弟、有夫妇，而不止于一家之亲也，于是又知有君臣、有朋友，五者之伦，相亲相洽，则随感而应为喜、怒、哀、乐，合声、色、臭、味之欲，喜怒哀乐之情，而人道备。欲根于血气，故曰性也，而有所限而不可逾，则命之谓也。仁义礼智之懿不能尽人如一者，限于生初，所谓命也，而皆可以扩而充之，则人之性也。谓（性）犹云藉口于性耳，君子不藉口于性以逞其欲，不藉口于命之限之而不尽其材。后儒未详审文义，失孟子立言之指。”[1]如果深入理解戴震关于人性的基本哲学观，就不难发现他为什么能提出以“遂民之欲”为特色的伦理观念。

如果说戴震比较系统地批判了理学的伦理观和哲学观的话，那么，同时代其他汉学家的批判虽相对琐碎，但仍不失颇具独到之见。像汉学的倡导者惠栋就不同意理学家将天人、理欲相对立的做法，明确指出："天即理也，尤谬"[2]。钱大昕云："宋儒谓性即理，是也。谓天即理，恐未然。‘获罪于天，无所祷’，谓祷于天也，岂祷于理乎？《诗》云：敬天之怒，畏天之威。理岂有怒与威乎？又云：敬天之渝。理不可言渝也。谓理出于天则可，谓天即理则不可。”[3]钱大昕还指责朱熹论人从门户之见出发，而不是从是非出发。他说："考亭论荆公、东坡门人，宁取吕吉甫而不取秦少游辈，其说以为吉甫犹看经书，少游翰墨而已。予谓少游之翰墨，犹足以润身，吉甫附会介甫，至于坏乱天下，虽看经书，何益哉？朱文公意尊洛学，故于苏氏门人，有意贬抑，此门户之见，非是非之公也。”[4]作为乾嘉之际学术大师的纪昀，对理学思

1　戴震：《性》，《孟子字义疏证》卷中，《戴震全书》第6册，黄山书社，1995年。
2　惠栋：《易微言下·理》，《周易述》，《四库备要》本，中华书局，1936年。
3　钱大昕：《天即理》，《十驾斋养新录》卷三，《嘉定钱大昕全集》，江苏古籍出版社，1997年。
4　钱大昕：《宋儒议论之偏》，《十驾斋养新录》卷七，《嘉定钱大昕全集》，江苏古籍出版社，1997年。

想的批判也很有特色。

在论清代学术史时，一些学者认为纪昀很少汉宋门户之见，颇多持平之论。笔者认为，研究纪昀（不单是纪昀，也包括对汉学家中位居高官者）的学术著述，必须将其置于当时历史环境中作具体考察，不能望文生义。这里有两个问题需要注意：一是作者代表朝廷起草的文稿，或上呈给皇帝的著述，往往代表的是清廷官方立场，不一定能反映作者的真实想法；二是作者某些时候的过激之辞，或对一些问题的只言片语，也不能反映作者比较稳定的真实的思想倾向。如果对由纪昀负责定稿的《四库全书总目提要》进行仔细考察，可以发现，在基本编纂原则上，编者对汉宋两家学术体系，总的说来采取的是调和折衷态度，《四库全书总目提要·经部总叙》评论汉宋之争时称："夫汉学具有根柢，讲学者以浅陋轻之，不足服汉儒也；宋学具有精微，读书者以空疏薄之，亦不足服宋儒也。消融门户之见，而各取所长，则私心祛而公理出，公理出而经义明矣。盖经者非他，即天下之公理而已。"[1]在《经部·诗类总叙》中，纪昀又提出汉宋之争不单在经义的分歧，也与门户之别有关。他说："攻汉学者，意不尽在于经义，务胜汉儒而已。伸汉学者，意亦不尽在于经义，愤宋儒之诋汉儒而已，各挟一不相下之心，而又济以不平之气，激而过当，亦其势然欤？"[2]清代一些学者对纪昀上述议论评价甚高，认为："此论出，虽起郑、孔、程、朱于九泉问之，当亦心折也。"[3]然而，如果仔细分析，就会发现，纪昀上述议论并不完全代表他自己的观点，而是着力反映清廷汉宋并重的文化政策。官至大学士的阮元在《拟国史儒林传序》一文中曾对这一政策作了明确说明："我朝列圣，道德纯备，包涵前古，崇宋学之性道，而以汉儒经义实之。

1 《经部总叙》，《四库全书总目提要》卷一经部，商务印书馆，1933 年。
2 《诗类一·总叙》，《四库全书总目提要》卷一五经部，商务印书馆，1933 年。
3 《汉学宋学》，《蕉轩随录》卷七，中华书局，1995 年。

圣学所指，海内向风，御纂诸经，兼收历代之说，四库馆开，风气益精博矣。”[1]显然，作为备受皇帝重视的《四库全书》，其编纂活动当然必须体现和服务于这一统治政策，即“一本至公，铲除畛域，以预消芽孽之萌”[2]。正因为如此，纪昀所定《四库全书总目提要》，总的说来，无过激之辞，能得到乾隆帝的认可，“进呈御览，上皆阅而善之”[3]。

然而，研究者对《四库全书总目提要》应具体问题作具体分析。由于《总目》篇幅巨大，内容浩瀚，这就使得编撰者在对一些具体学术著作的评述上，仍有意无意地反映出个人的思想和学术见解。正因为如此，细心的读者会发现：《总目提要》之学术内容本身具有不少自相矛盾的地方，特别是对理学的处理上，编撰者表现出十分复杂的学术心态。一般地说，部、类总叙对汉宋关系采取的是持平态度，对理学经典著作、特别是程朱名著，一般予以肯定。而在其他场合，则不时暴露出崇汉抑宋之情。显然，由于前两类提要引人注目，故作者和编者必须严格按朝廷旨意，准确反映清廷官方意图。而其他提要，因其“分量”稍轻，则在一定程度上反映了作者自己的真实思想倾向。故《四库全书总目提要》能够在一些具体问题上对理学观念提出质疑，甚至是批判。例如，《总目提要》提出：对宋明理学，儒者不可因笃信朱子之说，“遂不求其端，不讯其末”，“执其一语，奉若六经”，不可“不问其真赝是非，随声附合”，而应采取实事求是的态度，“汰其榛芜，存其精粹”[4]。对理学家所谓理在气先，纪昀也提出批评。他说：“必谓先有天地之理，然后太极生两仪。

1　阮元：《拟国史儒林传序》，《研经室一集》卷二，《四部丛刊初编》本，上海书店，1989 年。

2 《凡例》，《四库全书总目提要》，海南出版社，1999 年。

3　王昶：《纪昀》，《湖海诗传》卷一六，嘉庆八年刻本。

4 《御纂朱子全书》条，《四库全书总目提要》卷九四子部，商务印书馆，1933 年。

如其所说，是理又别是一物，可以生气。然则气未生时，理又安在？此主理太过之弊。”[1]对理学家竭力鼓吹的太极之说，纪昀深表怀疑，斥为“臆度”。云：“惟太极一图，经先儒阐发，已无剩义。而绘图作说，累牍不休，殊为支蔓。夫人事迩，天道远，日月五星，有形可见。儒者所论，自谓精微，推步家实测验之，其不合者，固多矣。况臆度诸天地之先乎？是则不免于习气耳。”[2]

真正能反映纪昀学术倾向的是《阅微草堂笔记》。值得注意的是，乾隆五十四年（1789 年）夏，正在从事《四库全书总目提要》复校工作的纪昀，开始撰写《滦阳消夏录》。在该书的第 1 卷，纪昀就以较大篇幅谈论汉宋关系问题，在摘引自己所撰《四库全书总目提要·经部·诗类总叙》后，他又继续发表评论，分析汉宋之得失。作者最后说：虽然汉学宋学“计其得失，亦复相当”，但“汉儒之学，非读书稽古，不能下一语。宋儒之学，则人人皆可以空谈。”[3]从这一带结论性的评论中，纪昀崇汉思想已经清楚暴露出来，而这一结论撰写于《四库提要》复校之时，是不是令人深思呢？

事实上，《阅微草堂笔记》一书，到处充斥着对理学的批判，可以说，反理学是该书的基本主旨之一。除了笔者在第二章已经分析过的他对理学所竭力推崇的礼教的否定外，该书对理学学术本身也作出尖锐批判。纪昀评论理学说：“宋儒于理不可解者，皆臆断以为无是事，毋乃胶柱鼓瑟乎？”又借李又聃之口说：“宋儒据理谈天，自谓究造化阴阳之本，于日月五星，言之凿凿，如指诸掌。然宋历十变而愈差，自郭守敬以后，验以实测，证以交食，始知濂、洛、关、闽于此事全然未解。即康节最通数学，亦仅以

1 《朱子语类纂》条，《四库全书总目提要》卷九五子部，商务印书馆，1933 年。
2 《读书偶记》条，《四库全书总目提要》卷九四子部，商务印书馆，1933 年。
3 纪昀：《滦阳消夏录》（一），《阅微草堂笔记》卷一，上海古籍出版社，1980 年。

奇偶方圆，揣摩影响，实非从推步而知。故持论弥高，弥不免郢书燕说。夫七政运行，有形可据，尚不能臆断以理，况乎太极先天，求诸无形之中者哉？先圣有言：君子于不知，盖阙如也。”[1]在《槐西杂志》中，纪昀还对理学学风予以抨击，说：“汉儒之学务实，宋儒则近名，不出新义，则不能耸听；不排旧说，则不能出新义。”[2]针对理学家动辄以辟佛自居，在《姑妄听之》中，纪昀借五台僧明玉之口说：宋儒辟佛，不过是纸上谈兵，于佛教之盛衰并无影响。他进而得出结论：“唐以前之儒，语语皆实用：宋以后之儒，事事皆空谈。”纪昀记载说：

> 抑尝闻五台僧明玉之言曰：辟佛之说，宋儒深而昌黎浅，宋儒精而昌黎粗。然而披缁之徒，畏昌黎不畏宋儒，衔昌黎不衔宋儒也。盖昌黎所辟，檀施供养之佛也，为愚夫妇言之也；宋儒所辟，明心见性之佛也，为士大夫言之也。天下士大夫少而愚夫妇多，僧徒之所取给，亦资于士大夫者少，资于愚夫妇者多。使昌黎之说胜，则香积无烟，祇园无地，虽有大善知识，能率恒河沙众，枵腹露宿而说法哉？此如用兵者先断粮道，不攻而自溃也。故畏昌黎甚，衔昌黎亦甚。使宋儒之说胜，不过尔儒理如是，儒法如是，尔不必从我；我佛理如是，佛法如是，我亦不必从尔。各尊所闻，各行所知，两相枝拄，未有害也。故不畏宋儒，亦不甚衔宋儒。然则唐以前之儒，语语有实用；宋以后之儒，事事皆空谈。讲学家之辟佛，于释氏毫无所加损，徒喧哄耳。[3]

在《滦阳消夏录》中，纪昀还通过一冥吏之言，对讲学家

1　纪昀：《滦阳消夏录》（四），《阅微草堂笔记》卷四，上海古籍出版社，1980年。
2　纪昀：《槐西杂志》（二），《阅微草堂笔记》卷一二，上海古籍出版社，1980年。
3　纪昀：《姑妄听之》（四），《阅微草堂笔记》卷一八，上海古籍出版社，1980年。

的所谓学问予以辛辣嘲讽。冥吏对一学究说："凡人白昼营营，性灵汩没，惟睡时一念不生，元神朗澈，胸中所读之书，字字皆吐光芒，自百窍而出。其状缥缈缤纷，烂如锦绣。学如郑、孔，文如屈、宋、班、马者，上烛霄汉，与星月争辉。次者数丈，次者数尺，以渐而差。极下者亦荧荧如一灯，照映户牖，人不能见，惟鬼神见之耳。"学究问："我读书一生，睡中光芒当几许？"冥吏说："昨过君塾，君方昼寝。见君胸中高头讲章一部，墨卷五六百篇，经文七八十篇，策略三四十篇，字字化为黑烟，笼罩屋上。诸生诵读之声，如在浓云密雾中，实未见光芒，不敢妄语。"[1]

如果将纪昀对理学学术思想和学术风气的批判，与笔者在前一章所分析的他对理学礼教的批判结合起来考察，就不难发现，纪昀对理学思想体系基本上是全面否定的，不存在所谓调和问题，也不存在所谓折衷。

随批判理学风气而来的是汉学思想在知识界的广泛传播，特别是一些跻身官场的汉学推崇者，利用自己的影响，宣传汉学主张，从而使汉学思想在书院建设等地方教育中得到反映。像钱大昕为广东学政，"每考试，经题务避熟拟"，士子"经义违失者痛斥之"，以致学风为之一变，"诸郡闻风，士子皆知读全经矣"[2]。阮元任浙江学政时，选两浙"经古之士"，分修《经籍籑诂》，"集诸生于崇文书院"[3]。及任浙江巡抚，又有诂经精舍之设。阮元自述云："于督学浙江时，聚诸生于西湖孤山之麓，成《经籍籑诂》百有八卷。及抚浙，遂以昔日修书之屋五十间，选两浙诸生学古者，读书其中，题曰'诂经精舍'。精舍者，汉学生徒所居之

1　纪昀：《滦阳消夏录》（一），《阅微草堂笔记》卷一，上海古籍出版社，1980年。
2　钱大昕：《竹汀居士年谱》，乾隆四十年条，《嘉定钱大昕全集》，江苏古籍出版社，1997年。
3　张鉴等撰：《雷塘庵主弟子记》卷一，嘉庆二年条，《续修四库全书》本。

名；诂经者，不忘旧业，且勖新知也。”[1]诂经精舍创建于嘉庆六年（1801年），“精舍立教，专主汉学”。曾任精舍主讲的俞樾记载说：

> 推文达（阮元谥文达）之意，通经必从训诂始，训诂之不通，如名物何？名物之不识，如义理何？事有先后，固如是也。及文达抚浙，遂即其地创建诂经精舍，而奉汉儒许、郑两师栗主于其中，使学者读许、郑之书，通晓古言，推明古制，即训诂名物以求义理，而微言大义存其中矣。[2]

诂经精舍一时间成为东南地区重要的汉学人才培养基地，故钱泳谓其“有东京马融氏之遗风”，得人“为一时之盛”[3]。

卢文弨也系乾隆时期著名学者。任学政时，曾选拔十四、五岁的青少年，送入书院学习，“教之以五经为根底，庶有异于俗学之陋，而不贻终身之悔恨”。“每月定期考校者六次，为之析疑

1　阮元订：《西湖诂经精舍记》，《诂经精舍文集》卷三，《丛书集成初编》本，商务印书馆，1936年。需要说明的是，阮元应算嘉道时期人，其一生最辉煌的时代，是在19世纪上半叶，但因其系汉学正宗传人，且其学术基础奠定于18世纪，故本书仍对其一些学术观念予以分析、介绍。阮元，生于乾隆二十九年（1764年），卒于道光二十九年（1849年），字伯元，号云台，行一，江苏扬州人（占籍仪征，故史书亦称其为仪征人）。乾隆五十四年（1789年）进士，由翰林院编修大考一等第一名，迁少詹事，历官詹事，内阁学士，户、礼、兵、工等部侍郎，山东、浙江学政，浙江、河南、江西巡抚，漕运、两湖、两广、云贵总督，道光十五年（1835年）任体仁阁大学士，管刑部事务，旋管兵部。道光十八年（1838年）致仕。阮元“淹贯群书，长于考证”（《阮元传》，《清史列传》卷三六），为嘉道时期汉学之代表人物。刘毓崧论阮元之学云：“至其论学之宗旨，在于实事求是，自经史、小学以及金石、诗文，钜细无所不包，而尤以发明大义为主。”（《阮文达公传》，《通义堂文集》卷六）所著主要有《研经室集》、《性命古训》等，并编有《经籍籑古》、《畴人传》等。参阅张鉴等录《雷塘庵主弟子记》。

2　分别见张鉴《诂经精舍规制》、俞樾《重修诂经精舍记》，陈谷嘉、邓洪波主编：《中国书院史资料》中册，第1506、1392页，浙江教育出版社，1998年。

3　钱泳：《诂经精舍》，《履园丛话》卷二三，中华书局，1979年。

陈义，且察其成诵以否。”[1] 在许多书院中，穷经、读史，讲究小学成为书院教育的重要课程。

需要特别强调的是，笔者谈汉学家对宋学的批判，讲汉宋学术之争，并不等于笔者认为当时汉学家对考据训诂学风就完全满意，也不等于他们对理学所有思想观念、治学方法均拒而不纳，如果是这样，那就将当时汉宋之间十分复杂的思想和学术渊源关系简单化了。事实上，汉学内部并非铁板一块，不少学者在批判宋学的同时，对汉学本身暴露出来的种种不足也并非一无所知，对汉学发展过程中出现的种种问题也深感忧虑，汉学在臻于全盛的时候，就开始面临着艰难的选择，对此，笔者稍后将作分析。但不管怎样，汉学对理学从学风到思想的批判，在当时确实起到了思想解放、振聋发聩的巨大作用，18 世纪中国社会从生活方式到学术风气的巨大转变，是与这种批判紧密相联的。在汉学兴起以后，理学在知识界的垄断地位彻底终结了，它在士林中的影响急剧削弱，即所谓“近今之士，竞尊汉儒之学，排击宋儒，几乎南北皆是矣”[2]。人们追寻“圣道”，研习学问的途径随之发生了变化。孙星衍说：“今儒家欲知圣道，上则考之周公、孔子著述之书，次则汉儒传经之学，又次则为唐人疏释，最下则宋人语录及后世应举之文。”[3] 宋学在知识阶层中的地位已经大大下降，为不少士人所鄙夷。昭梿感叹说：“近日士大夫皆不尚友宋儒，虽江浙文士之薮，其仕者无一人以理学著。”[4] 排宋风气甚至影响到了清廷的帝王教育活动。乾隆皇帝感叹说：“两年来，诸臣条举经史，各就所见为说，而未有将宋儒性理诸书切实敷陈，与儒先相表里

1 卢文弨：《答孙楚池师书》，《抱经堂文集》卷一八，《丛书集成初编》本，商务印书馆，1935 年。

2 袁枚：《随园诗话》卷二，第 43 条，人民文学出版社，1982 年。

3 孙星衍：《三教论》，《问字堂集》卷二，中华书局，1996 年。

4 昭梿：《满洲二理学之士》，《啸亭杂录》卷一〇，中华书局，1980 年。

者。盖近来留意词章之学者尚不乏人，而究心理学者盖鲜。”[1]可以说，持续数百年的理学的真正衰落，是从18世纪开始的，而在此之后，理学再也没有出现过复兴之势，甚至像清初那种短暂的繁荣景象也一去不返。道光时期，当汉学走向衰落，士风日渐颓废，经世变革呼声一浪高过一浪，对汉学的批判日渐尖锐，清朝统治危机暴露无遗时，以“正人心”、“端士习”自居的理学并没有乘机恢复其昔日之元气，即使在竞相趋利的没落士人心目中，它也不过是极少受到重视的“三等学问”。沈垚论当时士习颓废说：

> 近日所谓士，约有数端。或略窥语录，便自命为第一流人，而经史概未寓目，此欺人之一术也。或略窥近时考证家言，东抄西撮，自谓淹雅，而竟无一章一句之贯通，此又欺人之一术也。最下者文理不通，虚字不顺，而秦权、汉瓦、晋甓、唐碑撮拾琐屑，自谓考据金石，心极贪鄙，行如盗窃，斯又欺人之一术也。三者同一欺人，而习语录者最少，习考证者亦以无所得食，大不如昔者之多矣。惟最下一术，则贵公子往往行之，而因以取科第，致膴仕者踵相接也。[2]

作为在意识形态中居于主导地位的正统学术，理学竟然已无力成为士人沽名钓誉，捞取名利的工具，由此可见，理学的衰落，可以说是比较彻底的。

需要说明的是，清代理学的衰落，除了汉学的有力竞争外，也和当时学术界，特别是士人队伍中一批推崇独立思考者的尖锐抨击有着密切的关系，耐人寻味的是，许多独立思考者在批判宋

1 《清高宗实录》卷一二八，乾隆五年十月己酉，中华书局，1985年。
2 沈垚：《与孙愈愚》，《落帆楼文集》卷八，上海古籍出版社，2009年。

学的时候，对如日中天的汉学往往也不轻易放过。大概在学术上，独立思考本身，就意味着不随波逐流，不人云亦云，而是独抒己见，自树一帜吧。

第二节　独立思考与对主流学术的批判

18世纪中叶以后，随着汉学的崛起，中国的学术格局发生了明显的变化：理学独尊的时代结束了，新兴的汉学，以其严谨的态度，实证的方法，系统考订典章文献，为知识界注入一股清新之风。一时间英才辈出，响应者众，上自达官贵人，下至普通士子，纷纷以博学为能。然而，在汉宋两种获得清廷支持的主流学术之外，还有一些擅长独立思考者，不甘人云亦云，不愿追随时尚，而是静观学术风云，通过自己的观察和思考，判断学术之是非得失，进而对汉宋学术都予以尖锐批判。他们提出的一些学术理念，特别是其反传统的学术态度与倾向，在当时起到了推动和深化思想解放的作用。袁枚是其中最杰出的代表人物。

昔人言清代学术发展，对袁枚的学术成就一般都避而不谈，或者说根本就不予重视。究其原因，或将其视为纯粹之文人，而非学者；或以其作品失之轻浮，不足立于学者著述之林。这类看法并非产生于后世，而是根源于乾嘉时期知识界考据风气的影响。事实上，早在袁枚去世前后，就有人对其不甚严谨的治学态度提出批评。如王昶责其“游履所至，偶闻名公卿可喜可愕之事，著为志传，以惊爆时人耳目，初不计信今传后也”[1]。彭绍升在读《小仓山房文集》后，曾致书袁枚，称《文集》“其间互异，多有淆讹”，认为袁枚对碑志之作“漫然而为之”，“又无子孙之征，则其人之本末不具，而徒采道路之传闻，剿缙绅之余论，或援甲

1　王昶：《袁枚》，《湖海诗传》卷七，嘉庆八年刻本。

以当乙，或取李而代桃，传之异日，真伪杂揉，是非瞀乱”[1]。应该说，王昶、彭绍升等人所说的都有事实根据。但碑传文并非袁枚为学之主体（事实上，袁枚所作碑传文也决非尽系“漫然而为之”，像他对尹继善、鄂尔泰等人的记载，就比较准确），也不能反映袁枚的学术面貌。对治学者来说，严谨是重要的，但并不是绝对必须的。从事小考据，需要专家的严谨与勤奋即可，而要进行理论创新，没有大师的见识和勇气不行！衡量一个人的学术成就，诚然要看其实证的贡献，更要看其思想的创新与突破，看其对时代精神发展的推动。若人们一味以鳖足工匠的琐碎眼光，去挑剔思想大师们波澜壮阔的精神海洋，就未免使人联想到“翱翔蓬蒿之间者”难知鲲鹏之志这一古老典故。袁枚对 18 世纪中国学术发展最重要的贡献恰恰在于：在理学说教占据主导地位，存理去欲思想束缚人心的时候，在考据风气风行，繁琐支蔓流弊逐渐暴露的年代，他以其杰出的理论勇气，在多种学术领域，提出一系列独到的学术见解，从而活跃了学术空气，开阔了学术视野，为清代中国的学术发展注入了新的思想灵光。

主张独立思考是袁枚论学的基本原则。他说：“余生平诸般能耐，而不能耐一‘庸’字。所谓庸者，不过人云亦云之意。而在有胸襟者当之，便觉浑身齷龊。”[2]他公开表示自己赞成杨升庵的名言，即：“古之立言者，理不必宇宙有，言不必圣人道，要以抒其所自见。”[3]要独立思考，独抒己见，就需要有一定的理论勇气，就需要不为名利所诱惑和驱使。袁枚说：自己绝不通过牺牲人格

1　彭绍升：《与袁子才先辈论〈小仓山房文集〉书》，《清经世文编》卷六八，中华书局，1992 年。

2　袁枚：《牍外余言》卷一，第 52 条，《袁枚全集》第 5 册，江苏古籍出版社，1993 年。

3　袁枚：《牍外余言》卷一，第 64 条，《袁枚全集》第 5 册，江苏古籍出版社，1993 年。

与尊严，拾“配享诸人”的牙慧，以换取侧身圣贤之庙的殊荣。他说：“仆平生见解有不同于流俗者。圣人若在，仆身虽贱，必求登其门。圣人已往，仆鬼虽馁，不愿厕其庙。何也？圣门诸人，圣人所教，必非庸流。配享诸人，后代所尊，颇多侥幸。豪杰之士，不屑与侥幸者同升。”[1]

在独立思考原则指导下，袁枚对理学和汉学均予以猛烈抨击。他对理学的批判主要包括以下几个方面的内容：

一是反对对理学的学术迷信。明清时代，一些尊崇理学者对宋儒推崇备至，像著名学者程晋芳在给袁枚的信中竟称：“无宋儒，吾辈禽兽而木石矣。”且云“诋宋儒如诋天”。袁枚以坚决的态度，反对这种学术迷信。他对程晋芳说：“足下亦思汉魏晋唐无宋儒，其间千余年，皆禽兽木石乎？亦思以孔子之圣，不能挽战国之末流，而以宋儒之贤，乃能救后世之习俗乎？足下惧获罪于宋儒，而甘心获罪于汉魏晋唐之儒，并甘心获罪于孔子者，又何也？”明确指出：“宋儒非天也。宋儒为天，将置尧舜周孔于何地？过敬邻叟而忘其祖父之在前，可乎？”[2]袁枚指出：宋儒绝不可能穷尽真理，颜渊和孔子在学术上已有区别，思孟和颜闵也不尽一致。宋儒不可能贤于颜闵，其学也不可能和圣人之学毫厘不失，“后世学者未必能胜宋儒，亦未必不如宋儒。要惟是其言，而不必迂拘墨守，非其言，而不必菲薄诋诃。”[3]他特别强调：每个人都应该拥有选择自己追求真理途径的权利，均应该按自己的意志和方法去追求真理，而不必一切均以宋儒之是非为是非，更不必一切均听命于宋儒。他说：

1 袁枚：《答蕺园论诗书》，《小仓山房续文集》卷三〇，《袁枚全集》第2册，江苏古籍出版社，1993年。

2 袁枚：《与程蕺园书》，《小仓山房文集》卷一九，《袁枚全集》第2册，江苏古籍出版社，1993年。

3 袁枚：《宋儒论》，《小仓山房文集》卷二一，《袁枚全集》第2册，江苏古籍出版社，1993年。

> 今有将鬻货至长安者，虽五尺之童适市，听其择价取庸而问路可也。有贱丈夫焉，垄断而把持之，以为非出乎己不可，清明之吏必严禁之。今之仁义道德，货也；圣贤，长安也；周孔之书，路之昭昭者也；汉唐晋宋诸儒，皆可以择价取庸而问路者也。必欲抹杀一切，而惟宋儒是归，是亦田佁市侩之把持者而已矣。[1]

袁枚对年轻学者说："仆幼时，墨守宋学，闻讲义略有异同，辄掩耳而走。及长，读书渐多，入理渐深，方悔为古人所囿。足下亦宜早自省，毋硁抱宋儒作狭见謏闻之迂士，并毋若仆闻道太晚，致索解人不得。"[2]应该说，袁枚对理学，特别是对宋儒的态度是科学的。

二是反对理学的道统说和正统说。道统和正统学说，是传统理学的重要内容，在社会上流行已久，不但深刻影响到普通士人的学术观念，成为理学家操纵人心的理论托词，而且也是统治者宣传自己统治合法性，美化朝廷政策方针的重要工具。袁枚却以大胆的理论勇气，对这一传统学说予以坚决否定。他说：

> 夫道无统也，若大路然。尧、舜、禹、汤、孔子，终身由之者也。汉唐君臣履乎其中，而时轶乎其外者也。其余则偶一至焉者也。天不厌汉、唐而享其郊祀，孔子不厌汉、唐而受其烝尝。亦曰：彼合乎道，则以道归之；彼不合乎道，则自弃乎道耳。道固自在，而未尝绝也。后儒沾沾于道外增

1 袁枚：《答尹似村书》，《小仓山房文集》卷一九，《袁枚全集》第2册，江苏古籍出版社，1993年。

2 袁枚：《答尹似村书》，《小仓山房文集》卷一九，《袁枚全集》第2册，江苏古籍出版社，1993年。

> 一，“统”字，以为今日在上，明日在下，交付若有形，收藏若有物。道甚公，而忽私之；道甚广，而忽狭之。陋矣！三代之时，道统在上，而未必不在下；三代以后，道统在下，而未必不在上。合乎道，则人人可以得之；离乎道，则人人可以失之。昔者秦烧《诗》、《书》，汉谈黄老，非有施雠、伏生、申公、瑕丘之徒，负经而藏，则经不传；非有郑玄、赵岐、杜子春之属，琐琐笺释，则经虽传不甚明。千百年后，虽有程朱，奚能为？程朱生宋代，赖诸儒说经都有成迹，才能参己见成集解，安得一切抹杀，而谓孔孟之道直接程朱也？[1]

袁枚在《答是仲明》书中，提出：“道统二字是腐儒习气语，古圣无此言，亦从无以此二字公然自任者。”他揭露说：道统一说之产生，实际上暴露了道学家们争夺名利的虚伪本质。韩昌黎阴袭孟子“闻知见知”之说，创为尧传、舜传，而终之以轲死莫传，主要是为了使自己捞上道统的美名。朱子得昌黎《与大颠上人书》，“以为真赃现获”，其目的则是为了推倒昌黎，以便自己取而代之，坐上道统宝座。“(道统) 昌黎居之，朱子亦欲居之，譬如只此一坐席，不推倒一客，如何能据其位？不取真赃，如何能入其罪？故朱子之搜赃，亦昌黎之慢藏诲盗，有以自取之也。不然，汉唐之贤人君子亦多矣，朱子何不家家搜赃，而独与无冤无仇之昌黎为难哉？”[2] 虽然袁枚对昌黎、朱子提倡道统用心的分析，均系揣摩之辞，在理学家们看来，真可谓“小人之心，度君子之腹”，但从中也可看出：袁枚确实和一般学者不同，在理论探索

---

1 袁枚：《代潘学士答雷翠庭祭酒书》，《小仓山房文集》卷一七，《袁枚全集》第2册，江苏古籍出版社，1993年。

2 袁枚：《答是仲明》，《小仓山房尺牍》卷六，《袁枚全集》第5册，江苏古籍出版社，1993年。

上，他更加大胆，并且敢于以玩世不恭的笔调，发泄自己对理学垄断知识，控制人心的不满之情。

在《策秀才文》中，袁枚更公开提出要废除理学的正统说和道统说。他说：

> 正统之名，始于北宋；道统之名，始于南宋。夫所谓正统者，不过曰有天下云尔。其有天下也，天与之，其正与否，则人加之也。所谓道统者，不过曰为圣贤云尔。其为圣贤也，共为之，其统与非统，则又私加之也。夫人心不同，各如其面。或曰正，或曰不正，或曰统，或曰非统。果有定欤，无定欤？唐以前作史者，时而三国则《三国》之；时而南、北则《南》、《北》之。某圣人也，从而圣之；某贤人也，从而贤之。其说简，其义公，论者亦无异词。自正统、道统之说生，而人不能无惑。试问：以篡弑得国者为不正，是开辟以来，惟唐虞为正统，而其他皆非也。以诛无道者为正，则三代以下，又惟汉高为正统，而其他皆非也，此说之必穷者也。然论正统者，犹有山河疆宇之可考，而道者乃空虚无形之物，曰某传统，某受统，谁见其荷于肩而担于背欤？尧舜禹皋并时而生，是一时有四统也，统不太密欤？孔孟后直接程朱，是千年无一统也，统不太疏欤？甚有绘旁行斜上之谱，以序道统之宗支者；倘有隐居求志之人，遁世不见知而不悔者，何以处之？或曰：以有所著述者为统也。倘有躬行君子，不肯托诸空言者，又何以处之？毋亦废正统之说而后作史之义明，废道统之说而后圣人之教大欤？[1]

1　袁枚：《策秀才文五道》，《小仓山房文集》卷二四，《袁枚全集》第2册，江苏古籍出版社，1993年。

袁枚这段文字大概写作于他当知县之时，即乾隆七年至十三年之间，它比较全面地，也比较正式地反映了袁枚对理学正统、道统学说的理解及批判。下面几个问题尤其值得我们重视：

1. 这段文字是袁枚考试秀才的试题。我们知道：理学的正统道统学说，自康熙帝亲政以后就被清廷承认和接受，康熙皇帝自己就以道统自居，公开称："先圣先师道法相传，昭垂统序，炳若日星。朕远承心学，稽古敏求，效法不已，渐近自然。然后施之政教，庶不与圣贤相悖耳。"[1] 而当时的臣僚也认为清帝"道统治统兼总百王"，"上绍精一危微之统，下契濂洛关闽之传"[2]。雍正帝和乾隆帝虽不像康熙帝那样热衷于作"理学皇帝"，但也从未正面批驳过理学，更没有反对过理学的正统和道统思想（乾隆帝即位初甚至称自己"欲探圣贤之精蕴，为致治宁人之本，道统学术无所不该，亦无往不贯"[3]）。袁枚在正规的秀才考试题中公然提出废除正统和道统之说。要知道：清廷对考试题目是高度重视的，像康熙时，贵州巡抚杨雍建因在考试武举试题中暗责清军在平定三藩之乱时骚扰地方，几被革职[4]，雍正时礼部侍郎查嗣庭因乡试试题不妥，竟被援以为叛逆之重要证据。袁枚在试题中宣传反理学思想，实在冒了不小风险。

2. 袁枚在论正统时，称："以篡弑得国者为不正，是开辟以来，惟唐虞为正统，而其他皆非也。以诛无道者为正，则三代以下，又惟汉高为正统，而其他皆非也。"这实际上就将清朝排除在正统之外了。清廷历来高度重视维护自己统治的合法地位，竭尽全力宣传自己得统之正，雍正帝为此曾不惜发表长篇上谕驳斥曾

1 《康熙起居注》第 1 册，第 1440 页，中华书局，1984 年。

2 参见张玉书：《疏》，《京口张文贞公（玉书）文集》卷三；赵申乔：《杂文》，《赵恭毅（申乔）誊稿》卷八。

3 《清高宗实录》卷一二八，乾隆五年十月己酉，中华书局，1985 年。

4 参见《圣祖仁皇帝起居注残稿》，《清初史料丛编》，文海出版社，1985 年。

静、吕留良等人对清廷正统地位的怀疑和攻击，袁枚对此不应一无所知。虽然不能据这篇短文断定袁枚对清朝正统地位心存疑义，但至少可以说，他在答这一试题时，存在着严重的“笔误”。

3. 袁枚认为无论是正统还是道统，其正与否均是人加的，即“人心不同，各如其面”，没有一定之规，不过学者私加私授而已。从该文行文句读中，可以看出，对一些在一般人看来无可非议的历史问题和学术问题，袁枚心存疑义。他拒不承认理学家的是非观，更不愿接受理学的道统和正统标准。因此他和理学学说的对立，实际上并不是简单的学术分歧，而是深层次的价值观念的对立。

三是指责理学混淆儒释之界。这可以说是清代反理学者的共同特点。袁枚说：“释氏之教，莫盛于晋唐，然其时儒自儒，释自释，未尝混而一之也。至宋而释与儒才杂而不可分，则当时《道学传》中诸公不得辞其责。盖晋唐之崇释氏，不过造塔庙，施功德，其迹粗，其事显。略有识者，俱能辨是非。宋则不然，大半贤人君子，皆先入释教中，明心见性，深造有得，然后变貌改形，遁而之儒，且以入虎穴得虎子自矜，而不知久居虎穴中，已作牛哀之化而不自知。”袁枚举例说：朱子在南安，闻寺庙钟声，悚然曰：“便觉此心把握不住”，不知所把握者何心，所走失者又是何心？他认为：一些讲理学者学恶僧入定，逐渐丧失人性：“张魏公败于符离，杀人三十万，而其子南轩夸家父有心学，故能寂然不动，鼾声若雷。吕希哲讲主静之学，至于肩舆过溪，舆夫坠水死，而安然不问。此种恶僧入定光景，于彼法且为下乘，而晋唐士大夫宗释氏者所未有也。”[1]

袁枚对伪道学深恶痛绝。《子不语》特意讲了这样一个故事：

1　袁枚：《答某学士》，《小仓山房尺牍》卷四，《袁枚全集》第5册，江苏古籍出版社，1993年。

有精通道学的狐精，借居于某巨富之家，“所谈者皆《心性》、《语录》中语。”一日，巨富婢女被狐精之幼孙调戏，狐精知道后，悄然搬走。次日，主人发现狐精“宅内一无所有，惟书室中有白金三十两置几上，书‘租资’二字。再寻之，阶下有一掐死小狐。”袁枚评论说：“此狐乃真理学也。世有日谈理学而身作巧宦者，其愧狐远矣。”[1]

袁枚的反理学态度在当时引起了理学界的高度重视。著名理学家朱珪曾专门致书袁枚，警告说：“先生又另竖一帜，久而论定，不可不防其滥觞也。”[2]姚鼐则在给袁枚的信中，对其批驳程朱做法予以痛斥，并针对袁枚后嗣不繁，以“身灭嗣绝”相威胁。辞云：

> 儒者生程朱之后，得程朱而明孔孟之旨，程朱犹吾父师也。然程朱言或有失，吾岂必曲从之哉？程朱亦岂不欲后人为论而正之哉？正之可也。正之而诋毁之，讪笑之，是诋讪父师也。且其人生平不能为程朱之行，而其意乃欲与程朱争名，安得不为天之所恶？故毛大可、李刚主、程绵庄、戴东原，率皆身灭嗣绝，此殆未可以为偶然也。[3]

可见，当时理论界围绕对宋学的态度，思想斗争是十分激烈的。

和一般学者在汉宋学术中作非此即彼的选择不同，在批判理学的同时，袁枚对新兴的汉学也提出尖锐的批判。他从独立思考

1　袁枚：《狐道学》，《子不语》卷二三，《袁枚全集》第 4 册，江苏古籍出版社，1993 年。

2　袁枚：《答朱石君尚书附来书》，《小仓山房尺牍》卷九，《袁枚全集》第 5 册，江苏古籍出版社，1993 年。

3　姚鼐：《再复简斋书》，《惜抱轩全集》文集卷六，中国书店，1991 年。

的角度，认为以考据、训诂为主要特征的汉学有碍思想自由，不能独抒己见。他说："考据之学，枚心终不以为然。大概著书立说，最怕雷同，拾人牙慧。赋诗作文，都是自写胸襟。人心不同，各如其面，故好丑虽殊，而不同则一也。考史证经，都从故纸堆得来。我所见之书，人亦能见；我所考之典，人亦能考。虽费尽气力，终是叠床架屋，老生常谈。"认为考据学，"不过天生笨伯，借此藏拙消则可耳，有识之人断不为也"[1]。在《与程蕺园书》中，袁枚从著作贵在"自抒所得"的角度，对考据学提出批评。他说：

> 考据之学，形而下，专引载籍，非博不详，非杂不备，辞达而已，无所为文，更无所为古也。尝谓古文家似水，非翻空不能见长，果其有本矣，则源泉混混，放为波澜，自与江海争奇。考据家似火，非附丽于物，不能有所表见。极其所至，燎于原矣，焚大槐矣，卒其所自得者皆灰烬也。以考据为古文，犹之以火为水，两物之不相中也久矣。《记》曰"作者之谓圣，述者之谓明"。"六经"、"三传"，古文之祖也，皆作者也。《郑笺》、《孔疏》，考据之祖也，皆述者也。苟无经传，则郑孔亦何所考据耶？《论语》曰："古之学者为己，今之学者为人。"著作家自抒所得，近乎为己；考据家代人辨析，近乎为人。此其先后优劣不待辨而明也。[2]

应该说，袁枚将考据和学者独抒己见完全对立起来，显然失之偏颇。学者深入细致的资料辨析和历史考订，本身就是在自觉

1　袁枚：《寄奇方伯》，《小仓山房尺牍》卷七，《袁枚全集》第5册，江苏古籍出版社，1993年。

2　袁枚：《与程蕺园书》，《小仓山房（续）文集》卷三〇，《袁枚全集》第2册，江苏古籍出版社，1993年。

或不自觉地为新理论、新思想作前期准备。脱离必要的文献基础和历史资料，高谈阔论，实染明末王学末流之陋习遗风，而且也缺乏说服力，难以经受起时间检验。事实上，汉学家中不乏能够独抒己见之士。袁枚似乎和东原等人缺乏交往，也未认真阅读当时汉学家的研究成果，故其对考据学的批评过于偏激，难以服人之心。但考据作为一种方法，毕竟和专门的理论探索不同，考据本身也不能代替理论探索。袁枚所说“著作家自抒所得，近乎为己；考据家代人辨析，近乎为人”并非全无道理。正如笔者在后面将会论及的，18 世纪汉学昌盛，考据队伍泥沙俱下，确实有一些人以堆砌资料为博，以叠床架屋为精，拾芝麻以为玑珠，袭陈言而自诩多闻，以偏概全，见小遗大。在这种情况下，袁枚对考据学的批评在很多地方是击中其要害的。

袁枚针对当时士林队伍追求考据时尚，为学不求甚解的不良风气说：“近今风气，有不可解者：士人略知写字，便究心于《说文》、《凡将》，而束欧、褚、钟、王于高阁；略知作文，便致力于康成、颍达，而不识欧、苏、韩、柳为何人。间有习字作诗者，诗必读苏，字必学米，侈然自足，而不知考究诗与字之源流。皆因郑马之学多糟粕，省费精神，苏米之笔多放纵，可免拘束故也。”[1] 由于袁枚对考据之学不以为然，故他特别反对晚辈学者从事考据。像孙星衍曾被袁枚称作奇才，后见其转向考据，所作诗文“才竟不奇矣”，遂专门致书劝其放弃考据[2]。在给汉学大师惠栋的信中，袁枚更明确表示自己不能同意汉学的基本立场。他说：“足下与吴门诸士，厌宋儒空虚，故倡汉学以矫之，意良是也。第不知宋学有弊，汉学更有弊。宋偏于形而上者，故心性之说近玄虚；汉偏于形而下者，故笺注之说多附会。”他特意提醒惠栋：汉

1　袁枚：《随园诗话》卷二，第 15 条，人民文学出版社，1982 年。

2　参见孙星衍：《答袁简斋前辈书》及《附答书》，《问字堂集》卷四，中华书局，1996 年。

儒说经，也不可尽信，其中“授引妖谶，臆造典故，张其私说，显悖圣人，笺注中尤难偻指。宋儒廓清之功，安可诬也？”[1]应该说，袁枚对汉学的评价虽不乏偏激之辞，但迷信汉儒说经确系惠学一大弊端。和惠栋等人比起来，袁枚对儒家经典，对汉儒说经的态度，更加理性化，也更加科学。

不过，袁枚对汉学的批评，特别是他将汉学称为考据学的做法，遭到了焦循的反对。乾隆六十年（1795年），焦循在给孙星衍的信中，对袁枚的批评予以回击。他认为清代以惠、戴等人为代表的学问，不可以考据名，而应以经学名。“袁太史所称择其新奇，随时择录者，此与经学绝不相蒙。止可为诗料策料，在四部书中，为说部。世俗考据之称，或为此类而设，不得窃附于经学，亦不得诬经学，为此概以考据目之也。”焦循认为“袁氏之说不足辨，而考据之名不可不除。果如补苴掇拾，不能通圣人立言之指，则袁氏之说，转不为无精矣”[2]。现在看来，焦循说袁枚之说“不足辨”，实际上他却未能驳倒袁枚对汉学的批评。将汉学称作经学，当然可以，但称作考据学也未尝不可。焦循恐怕不能否认，考据毕竟是汉学最显著的学术特色。汉学虽不专主考据，但用考据以名乾嘉汉学，无论如何不能算委屈汉学。另外，焦循将汉学称作经学，也未必准确。和考据相比，经学名称显然多了一些思辨味道，也更能体现寻求义理之治学主旨。但正如汉学并非尽属考据一样，汉学岂能尽属经学？经学亦岂汉学所能包容？清代学者，无论治理学者，还是治汉学者，往往乐于以经名学，似乎不如此，不足以显示自己之追求，不足以抬高自己之身价。其实，言贵有物，文贵载道。言学者过分拘泥于名义，过分在意于门户，

1　袁枚：《答惠定宇书》，《小仓山房文集》卷一八，《袁枚全集》第2册，江苏古籍出版社，1993年。

2　焦循：《与孙渊如观察论考据著作书》，《雕菰楼集》卷一三，《丛书集成初编》本，商务印书馆，1936年。

实足以暴露自己识见之狭小。何况焦循也不能否认，乾嘉时期“补苴掇拾”风气的盛行，在很大程度上正是汉学兴起的结果。而清代所谓的经学家中，真正能脱离“补苴掇拾”，“通圣人立言之指”者有几人？考据之名不可除，简斋之说为有稽，焦氏之论显然失之偏颇。

18世纪对理学和汉学均提出批评的绝不止袁枚一人。章学诚在道德观上和袁枚大相径庭，但对理学和汉学学风的批评态度却颇为相似。就学术师承而言，章学诚当然应当属于浙东学术传人，深受理学思想之熏染，对理学道德主张、价值观念十分赞同，故一见学术界出现离经叛道之言，敢于持戈而进。但章学诚和普通卫道士不同，那就是他主张治学要有个人风格，要独立思考，即“学无心得，而但袭人言，未有可恃者”[1]。反观理学发展史，章学诚对理学，主要是对程朱学术空疏学风提出尖锐批评。他说：“天人性命之学，不可以空言讲也。故司马迁本董氏天人性命之说，而为经世之书。儒者欲尊德性，而空言义理以为功，此宋学之所以见讥于大雅也。夫子曰：‘我欲托之空言，不如见诸行事之深切著明也。’此《春秋》之所以经世也。圣如孔子，言为天铎，犹且不以空言制胜，况他人乎？故善言天人性命，未有不切于人事者。”[2]又云：“宋儒之学，自是三代以后讲求诚正治平正路。第其流弊，则于学问文章，经济事功之外，别见有所谓道耳。以道名学，而外轻经济事功，内轻学问文章，则守陋自是，枵腹空谈性天，无怪通儒耻言宋学矣。”[3]对正在兴起的以汉学为代表的考据风气，章学诚也提出尖锐批评。章学诚批评汉学，关键是责其忽视义理。他说：“今日之患，又坐宋学太不讲也。”[4]又说：“近日

1 章学诚：《与邵二云论学》，《章学诚遗书》卷九，文物出版社，1985年。
2 章学诚：《内篇五·浙东学术》，《文史通义》卷五，上海书店，1988年。
3 章学诚：《家书四》，《章学诚遗书》卷九，文物出版社，1985年。
4 章学诚：《家书四》，《章学诚遗书》卷九，文物出版社，1985年。

考订之学，正患不求其义，而执形迹之末，铢黍较量，小有同异，则嚣然纷争，而不知古人之真不在是也。”[1] 章学诚提出：考订不是学问，而是功力，真正的学问是“上阐古人精微，下启后人津逮”的“自得之实”。在《又与正甫论文》中，他集中阐发了自己这一思想：

> 学问文章，古人本一事，后乃分为二途。近人则不解文章，但言学问，而所谓学问者，乃是功力，非学问也。功力之与学问，实相似而不同。记诵名数，搜剔远逸，排纂门类，考订异同，途辙多端，实皆学者求知所用之功力尔。即于数者之中，能得其所以然，因而上阐古人精微，下启后人津逮，其中隐微可独喻，而难为他人言者，乃学问也。今人误执古人功力以为学问，毋怪学问之纷纷矣。文章必本学问，不待言矣。而学问中之功力，万变不同，《尔雅》注虫鱼，固可求学问，读书观大意，亦未始不可求学问，但要中有自得之实耳。中有自得之实，则从入之途，或疏或密，皆可入门。圣门如颜曾赐商，未能一辙。而今之误执功力为学问者，但趋风气，本无心得，直谓舍彼区区掇拾，即无所谓学，亦夏虫之见矣。[2]

在18世纪中后期，清朝学术界出现了一个以疑古为特征的学问家，这就是崔述。崔述的疑古思想，在某种程度上是对汉宋学风的反动。

崔述，生于乾隆五年（1740年），卒于嘉庆二十一年（1816年），字武承，号东壁，直隶大名府人。崔述生于儒学世家，其父

1　章学诚：《说文字原课本书后》，《章学诚遗书》卷八，文物出版社，1985年。
2　章学诚：《又与正甫论文》，《章学诚遗书》卷二九，文物出版社，1985年。

祖“精研儒书，博综时务”[1]。崔述幼时，其父对其颇以理学相期。崔述自述云：

> 初，述之生也未弥月，先君即抱述怀中而指谓吾母李孺人曰：“愿儿他日为理学，足矣。”……少长，则告之曰：“尔知所以名述之故乎？吾少有志于明道经世之学，欲尔成我志耳。尔若能然，则吾子也。”述闻之，悚然愧勉，不敢自暴弃以负先人之教。[2]

崔述乾隆二十七年（1762年）中举人，嘉庆元年（1796年）任福建罗源县知县，后一度署上杭知县，嘉庆六年（1801年），捐主事离任，家居十余年后去世。所著主要有《考信录》、《古文尚书辨伪》、《论语余说》、《无闻集》、《知非集》等。顾颉刚曾搜集、整理崔述之著述，编订成《崔东壁遗书》，这是目前研究崔述生平事迹及学术思想最重要的资料汇编。

从生活时代看，崔述可以说是乾嘉之际人物，但其基本思想是在18世纪形成的，即崔述三十岁（1769年）时，“觉百家言多可疑，悔从前泛览之误，曰：‘此非吾父所谓明道经世之学也。’乃而求之六经，以考古帝王圣贤行事之实。先儒笺注，必求其语所本而细核之，欲自著一书以正伪书之附会，辟众说之谬诬。”[3]而作为崔述“五十年精神所专注”之代表性学术名著《考信录》，也主要是在18世纪构思草成。因此，将崔述作为18世纪思想人物进行考察，是有一定道理的。

1 陈履和：《敕授文林郎福建罗源县知县崔东壁先生行略》，崔述著，顾颉刚编订：《崔东壁遗书》，第940页，上海古籍出版社，1983年。

2 崔述：《考信录》自序，《崔东壁遗书》，上海古籍出版社，1983年。

3 陈履和：《敕授文林郎福建罗源县知县崔东壁先生行略》，崔述著，顾颉刚编订：《崔东壁遗书》，第940页，上海古籍出版社，1983年。

关于崔述的学术成就，刘师培说：

述生乾嘉间，未与江、戴、程、凌相接，而著书义例则殊途同归。彼以百家之言古者多有可疑，因疑而力求其是。浅识者流仅知其有功于考史，不知《考信录》一书自标界说，条理秩然，复援引证佐以为符验，于一言一事必钩稽参互，剖析疑似，以求其真。使即其例以扩充之，则凡古今载籍均可折衷至当，以去伪而存诚，则述书之功在于范围谨严，而不在于逞奇炫博。[1]

刘师培只强调崔述治学之严谨，而对其疑古考证过程中暴露出来的革新精神视而不见，真可谓见小而遗大。崔述最大的学术贡献，不在其学风之严谨，而在其以大胆的探索精神和理论勇气，对历史、经典，特别是正统儒家经传所描绘的古代历史提出质疑，予以考核，并在实证过程中，提出自己的政治社会理想，从而从学术研究的角度，推动了清代的思想解放。

崔述主张治学要独立思考，强调人言不可尽信。他指出：儒家“经传之文往往有过其实者”。象《孟子》一书，就有不少地方系门人所记，“但追述孟子之意，而不必皆孟子当日之言；既流俗传为如此，遂率笔记为如此”[2]。就学术承传看，崔述的学术思想受朱熹道问学影响较大，他对朱熹比较尊重，但在涉及严肃的学术问题上，崔述反对个人迷信，反对崇拜权威，而是主张以实事求是的态度，对待古人的是非得失，既不能像一些汉学家那样，将程朱学术一笔抹煞，也不能像一些理学家那样为贤者讳。崔述说：“朱子《论语集注》精实切当，多得圣人之旨，远非汉、晋诸

1　刘师培：《崔述传》，《崔东壁遗书》，第949页，上海古籍出版社，1983年。
2　崔述：《释例》，《考信录提要》卷上，《崔东壁遗书》，上海古籍出版社，1983年。

儒之所能及。然亦间有一二未合于经者，或沿旧说之误而未及正，或过于求深而反失其平。古人云：'智者千虑，必有一失'，此本事理之常，不足为异。我苟有所见，不必徇朱子，亦不必为朱子讳也。子贡曰：'君子之过也，如日月之食焉。'然则朱子之说即于经不尽合，正之可也，不得以是故遂轻议朱子。乃近世聪明之士，多尊汉而驳宋，虽《朱注》本无可议，亦必曲为说以攻之，殊属非是。"[1]对朱熹的学术失误，崔述进行了认真分析。他说："朱子《易本义》、《诗集传》及《论语》、《孟子》集注，大抵多沿前人旧说，其偶有特见者，乃改用己说耳。""今世之士，矜奇者多尊汉儒而攻朱子，而不知朱子之误沿于汉人者正不少也。拘谨者则又尊朱大过，动曰：'朱子安得有误！'而不知朱子未尝自以为必无误也，即朱子所自为说，亦间有一二误者……学者不得因一二说之未当而轻议朱子，亦不必为朱子讳其误也。"[2]

在基本的学术观上，崔述和以朱熹为代表的理学具有显而易见的区别。比较典型的如：《论语·里仁》记载说："子曰：'参乎，吾道一以贯之。'曾子曰：'唯。'子出，门人问曰：'何谓也？'曾子曰：'夫子之道，忠恕而已矣。'"许多理学家，特别是朱熹将孔子"吾道一以贯之"解释为"浑然一理"，崔述对此提出尖锐批判，认为理学家将"一贯"理解为传道，将"一"解释为万理浑然，实际上是将儒学变成虚理，"使圣道渐入于杳冥"，败坏学风，危害社会。他说：

> 先儒释此章者皆以"一贯"之诏为孔子传道于曾子。所谓一者，万理浑然，非忠恕也；曾子但借学者进修之目，欲人

1 崔述：《论后儒妄驳朱子之失》，《论语余说》，《崔东壁遗书》，上海古籍出版社，1983年。

2 崔述：《释例》，《考信录提要》卷上，《崔东壁遗书》，上海古籍出版社，1983年。

之易晓耳。余按：颜渊问仁，孔子曰："非礼勿视，非礼勿听，非礼勿言，非礼勿动。"仲弓问仁，孔子曰："出门如见大宾，使民如承大祭；己所不欲，勿施于人。"子贡问："博施济众可谓仁乎？"孔子曰："仁者，己欲立而立人，己欲达而达人。"所言皆日用寻常平易切实之事。凡学者皆可以致力，虽大贤由之而未能尽，从未有高远深微，难以名状，使人无从致其力者。颜渊曰："夫子循循然善诱人。博我以文，约我以礼。"果有秘密之传，一言可以悟道，孔子何不以告颜子，而使之劳劳于博文约礼之中乎？盖曾子、子贡其资皆不逮颜子，而用力之勤则诸弟子莫有及之者，但勤而未得其要，故以一贯诏之。此乃因所不及而教之，非以一贯为传道，亦非人人皆当闻一贯之旨而后为闻道也。孔子言一，不言一为何物，既曾子以为忠恕，则是一即忠恕也。谓一非忠恕，则是曾子欺门人也。且一既非忠恕，果何物乎？名之而不能名也，则曰"万理浑然"而已。万理浑然又何物乎？既终莫能名之；则又曲为之解，谓"圣人之一，不待尽，不待推者也；学者则尽而为忠，推而为恕者也。"夫不待尽而自忠，谓之非忠，可乎？不待推而自恕，谓之非恕，可乎？由是言之，孔子之所谓一，即忠恕也；曾子不予欺也。大抵儒者之论皆患在于过高，欲求加于忠恕之上而不知其反陷入于空虚无用之地。吾宁遵曾子之言，使学者皆有所持循，不敢从宋儒之说，使圣道渐入于杳冥。且一之为何物，门人不知，一之非忠恕，曾子不言；门人不知，曾子不言，而朱子生二千余年之后，独能默默与圣人之心相契而有以知之，吾恐朱子之贤或尚未至于此。嗟夫！自以孔子之一贯为传道，而世之学者莫不喜捷得而惮勤求矣。自以一贯为非忠恕，而世之学者莫不谈虚理而遗实事矣。象山开其源，阳明扬其波，举天下聪明豪杰之才咸以禅理为宗门，顿悟为心法，至于明季而遂不可收拾。乃世之混同朱、陆与轩陆轻朱者，辄谓象山高明而朱子平实。彼象山者，吾不知其高明何在，第恐朱子平实之中尚未免有一二之过于高深者存也。[1]

崔述指出："近世诸儒类多摭拾陈言，盛谈心性，以为道学。而于唐、虞、三代之事罕所究心。亦有参以禅学，自谓明心见性，反以经传为肤末者。而向来相沿之误遂无复有过而问焉者矣！"[2]在《考信录提要》卷下中，他更明确指出："世儒所谈心性之学，其言皆若甚高，而求之于用殊无所当。"明确表示自己将与理学划清界限，自己考察古帝王圣贤之事，"殚精力以分别其是非真伪，而从无一言及于心性者。"[3]

在批判理学学术观念和学风的同时，崔述对学术界盲目尊崇汉儒风气也不以为然。他说："近世浅学之士动谓秦、汉之书近古，其言皆有所据；见有驳其失者，必攘臂而争之。此无他，但徇其名而实未尝多观秦、汉之书，故妄为是言耳！"[4]在崔述看来，"大抵古人多贵精，后人多尚博；世益古则其取舍益慎，世益晚则其采择益杂"。而明朝以来学术界的嗜博之风气则与一些人追求虚名有关。他分析说："自宋以前，士之读书者多，故所贵不在博而在考辨之精，不但知几、景卢然也。至明，以三场取士，久之而二三场皆为具文，止重《四书》文三篇，因而学者多束书不读，自举业外茫然无所知。于是一二才智之士务搜览新异，无论杂家小说，近世赝书，凡昔人所鄙夷而不屑道者，咸居之为奇货，以

1　崔述：《曾子》，《洙泗考信余录》卷一，《崔东壁遗书》，上海古籍出版社，1983 年。

2　崔述：《释例》，《考信录提要》卷上，《崔东壁遗书》，上海古籍出版社，1983 年。

3　崔述：《总目》，《考信录提要》卷下，《崔东壁遗书》，上海古籍出版社，1983 年。

4　崔述：《释例》，《考信录提要》卷上，《崔东壁遗书》，上海古籍出版社，1983 年。

傲当世不读书之人。”[1]

与批评汉宋学风相适应，崔述主张治学要抛弃门户之见，并提出“理但论是非”这一重要学术思想。他说：“今世之士，醇谨者多恪遵宋儒，高明者多推汉儒以与宋儒角；此不过因幼时读宋儒注日久，故厌常喜新耳。其实宋儒之说多不始于宋儒；宋儒果非，汉儒安得尽是。理但论是非耳，不必胸中存汉、宋之见也。”[2]崔述认为，必须以存疑的态度重新审视全部历史，这是因为学者们所依据的历史资料本身存在着大量不可靠的内容，只有通过严谨认真的疑古辨伪，才能弄清历史的真相。崔述这一疑古思想，对后世产生了十分重要的影响，顾颉刚说：“我们今日讲疑古辨伪，大部分只是承受和改进他的研究。”[3]对崔述的学术思想，特别是疑经思想，笔者在本章后面还将作进一步讨论。

除了上述几位代表性学者外，18世纪提倡独立思考，对主流学术及其学风提出批评者还有不少。对经史诗文均有研究的龚炜，强调“读书须善自理会”，“秦火之后，经史残缺”，读书者尤须钩稽史料，仔细辨别，以求考信[4]。他特别强调：理学多逞词说，“反滋拟议”，“世之伪君子，尽有假谈性理，冒得道学名者，尤不可不察也”[5]。窦光鼐则“自谓独契圣贤之旨，故于宋儒所言，指斥不遗余力，闻者往往惊骇。”[6]程廷祚（号绵庄）对程朱也颇多攻讦之辞。尝说：“墨守宋学，已非；有墨守汉学者，为尤非。孟子不云：‘君子深造以道，欲其自得之’乎？”又曰：“宋人毁孙复

1 崔述：《释例》，《考信录提要》卷上，《崔东壁遗书》，上海古籍出版社，1983年。

2 崔述：《洪范补说》，《丰镐考信别录》卷三，《崔东壁遗书》，上海古籍出版社，1983年。

3 顾颉刚：《序》，《崔东壁遗书》，上海古籍出版社，1983年。

4 龚炜：《读书须善自理会》，《巢林笔谈》卷五，中华书局，1981年。

5 龚炜：《读性理书》，《巢林笔谈续编》卷下，中华书局，1981年。

6 王昶：《窦光鼐》，《湖海诗传》卷九，嘉庆八年刻本。

疏经多背先儒。夫不救先儒之非，何以为孙复？”[1]姚鼐说：“今观绵庄之立言，可谓好学深思，博闻强识者矣。而顾惜其好非议程朱。盖其始厌恶科举之学，而疑世之尊程朱者，皆束于功令，未必果当于道。及其久，意见益偏，不复能深思熟玩于程朱之言，而其辞遂流于蔽陷之过而不自知。近世如休宁戴东原，其才本超越乎流俗，而及其为论之僻，则更有甚于流俗者。绵庄所见，大抵有似东原。”[2]洪亮吉针对士风浮躁说：“今时学者，读断烂朝报，即以为通晓世事；读高头讲章，即以为沈酣经籍，何与昔人之知今知古异乎！”[3]郑板桥对独立思考尤其重视，他尝告诫后辈学者：

学者当自树旗帜……（读书）将以开心明理，内有养而外有济也。得志则加之于民，不得志则独善其身，亦可以化乡党而教训子弟，切不可趋风气，如扬州人学京师穿衣戴帽，才赶得上，他又变了。何如圣贤精义，先辈文章，万世不祧也。贤昆弟果能自树旗帜，久而不衰，燮虽不肖，亦将戴军劳帽，穿勇字背心，执水火棍棒，奔走效力于大纛之下。岂不盛哉！岂不快哉！[4]

在《家书·范县署中寄舍弟墨第三书》中，郑板桥通过对正统儒家竭力宣扬的三代“荡平”之世的质疑，告诫其兄弟“读书要有特识，依样葫芦，无有是处”，提醒他读书不可为经传所束缚，不可为后世小儒所颠倒迷惑，生动地反映出板桥做人治学求真务实，勇于创新的精神，他说：

1　袁枚：《征士程绵庄先生墓志铭》，《小仓山房文集》卷四，《袁枚全集》第2册，江苏古籍出版社，1993年。

2　姚鼐：《程绵庄文集序》，《惜抱轩全集》文后集卷一，中国书店，1991年。

3《北江诗话》卷三，第9条，人民文学出版社，1998年。

4　郑板桥：《与江宾谷、江禹九书》，《郑板桥集·补遗》，上海古籍出版社，1979年。

禹会诸侯于涂山，执玉帛者万国。至夏、殷之际，仅有三千，彼七千者竟和往矣？周武王大封同异姓，合前代诸侯，得千八百国，彼一千余国又何往矣？其时强侵弱，众暴寡，刀痕箭疮，薰眼破胁，奔窜死亡无地者，何可胜道？特无孔子作《春秋》，左丘明为传记，故不传于世耳。世儒不知，谓春秋为极乱之世，复何道？而春秋以前，皆若浑浑噩噩，荡荡平平，殊甚可笑也。以太王之贤圣，为狄所侵。必至弃国与之而后已。天子不能征，方伯不能讨，则夏、殷之季世，其抢攘淆乱为何如，尚得谓之荡平安辑哉？至于《春秋》一书，不过因赴告之文，书之以定褒贬。左氏乃得依经作传。其时不赴告而背理坏道乱亡破灭者，十倍于《左传》而无所考。即如“汉阳诸姬，楚实尽之”，诸姬是若干国？楚是何年月日如何殄灭他？亦寻不出证据来。学者读《春秋》经传，以为极乱，而不知其所书，尚是十之一，千之百也。嗟乎！吾辈既不得志于时，困守于山椒海麓之间，翻阅遗编，发为长吟浩叹，或喜而歌，或悲而泣，诚知书中有书，书外有书，则心空明而理圆湛，岂复为古人所束缚，而略无张主乎！岂复为后世小儒所颠倒迷惑，反失古人真意乎？虽无帝王师相之权，而进退百王，屏当千古，是亦足以豪而乐矣……总是读书要有特识，依样葫芦，无有是处。而特识不外乎至情至理，歪扭乱窜，无有是处。[1]

从要有特识的角度出发，郑板桥绝不赶学术时髦，并对主流学术提出了自己的见解，他说：“理学之执持纲纪，只合闲时用着，忙时用不着。板桥十六通家书，绝不谈天说地，而日用家常，颇

1　郑板桥：《范县署中寄舍弟墨第三书》，《郑板桥集·家书》，上海古籍出版社，1979 年。

有言近旨远之处。”[1]又表示自己“平生不治经学，爱读史书以及诗文词集，传奇说簿之类，靡不览究。有时说经，亦爱其斑驳陆离，五色绚烂，以文章之法说经，非六经根也。”[2]

反对主流学术的思想，在当时文学作品中也有反映，比较典型的是《儒林外史》。从表面上看，该书是以讽刺手法，抨击当时日趋没落的士风，反对科举制度，但其基本精神则是反对理学对人们的思想束缚，而不是仅仅局限于对八股形式的否定。书中，吴敬梓曾借杜少卿的话说:“朱文公解经，自立一说，也是要后人与诸儒参看。而今丢了诸儒，只依朱注，这是后人固陋，与朱子不相干。”[3]从这一观点出发，该书一开始就指出，用五经、四书、八股文取士，“这个法却定的不好。将来读书人既有此一条荣身之路，把那文行出处都看得轻了。”并以天象变异为例，感叹说:“贯索犯文昌，一代文人有厄。”[4]反映出作者对理学思想垄断的愤恨之情。

反观历史，可以看到，只要人们能够独立思考，就会提出自己的新见解，就会言人之所不能言；只要有创新的勇气，冲破束缚的精神，就能独树一帜，言人所不敢言。如果说在18世纪空前严厉的文化专制环境中，我们仍能看到知识界不断闪烁的智慧火花的话，那么，这些火花首先来自那些善于思考，勇于创新的开拓者。也许，有人会说这是历史的奇迹，但我更愿意说这是时代的必然。即使在蛮荒的土地上，只要有人，就会有探索者的足迹，就会有生命涌动的灵性。史学家的失败往往在他们只看到荒芜，而看不到大地深处生命冲动的源泉；只看到一片黑暗，而看不到遥远天际不时划过的点点流星。

---

1 郑板桥：《板桥自叙》，《郑板桥集·补遗》，上海古籍出版社，1979年。

2 郑板桥：《板桥自叙》，《郑板桥集·补遗》，上海古籍出版社，1979年。

3 吴敬梓：《议礼乐名流访友，备弓旌天子招贤》，《儒林外史》第三十四回，人民文学出版社，1995年。

4 吴敬梓：《说楔子敷陈大义，借名流隐括全文》，《儒林外史》第一回，人民文学出版社，1995年。

明清史学术文库

近代的初曙
18世纪中国观念变迁与社会发展

下

高翔 著

故宫出版社
The Forbidden City Publishing House

第三章　学术观念的多元化趋势（下）

第三节　主流学术内部的变革

独立思考的风气，以及随之而来的反传统思潮在18世纪的知识界确实风行一时，受这一观念变革冲击最大的毫无疑问是居于正统地位的理学。

尽管在清朝意识形态领域，理学所宣扬的纲常伦理一直居于主导地位。但在知识界，从18世纪初起，理学的学术影响就随着实证学风的兴起逐渐走向衰落。到乾隆时期，汉学大炽，批判理学的呼声一浪高过一浪，理学，特别是程朱理学在学术研究领域的独尊地位便走向终结。要准确了解清代理学衰落的原因，我认为大致可以从下面几个方面予以考察：

一是清初理学自身的学术局限。清初理学笃于主敬而殊少发明，勤于践行而疏于立言。这一朴实学风显然是对晚明空谈自是，信口游谈陋习的反动，在短期内的确能够起到“纯洁”“正学”之作用，也予人以耳目一新之感，有助于凝聚信徒，扩大影响。然对理学来说，主敬躬行诚然重要，但穷理讲论也必不可少。学术少发明，必缺活力；少讲论，必乏信徒。长此以往，学术发展的内在潜力必然陷于枯竭。故到康熙后期，特别是进入18世纪以后，随着理学大家、道学名臣纷纷凋谢，昔日人才济济的理学界便呈后继乏人之势，理学随之趋于萎靡。

二是政治背景的改变。清初理学之所以在康熙时能得到复兴，除了当时的理学家能以主敬、践行为特色，一改晚明学术陋习外，还在于它争取到了清朝皇帝的支持，而当时的清朝也需要通过扶持理学达到重建社会伦理秩序，进而实现长治久安的政治目的。即“至治之世，不以法令为亟，而以教化为先。”“盖法令禁于一时，而教化维于可久。徒恃法令，而教化不先，是舍本而务末也”[1]。要推行教化，就必须借助具有系统哲学和伦理内涵的理学学说。而康熙帝本身又是一位具有浓厚理论兴趣的皇帝，“孜孜求治，留心学问”，“命儒臣撰为讲义，务使阐发义理，裨益政治；同诸经史进讲，经历寒暑，罔敢间辍”，明确宣布清廷将以儒家思想治理国家，“究先圣之微言，则以此为化民成俗之方，用期夫一道同风之治，庶几进于唐、虞三代文明之盛也夫”[2]。正是这一现实政治需要，使理学的复兴具有了客观必然性。降至雍乾时期，清朝政权早已巩固，社会秩序早已稳定，对清朝统治者来说，理学虽系维系人心所必不可少，但已经不像康熙前期那样急不可待，不可或缺。和康熙帝比起来，雍正、乾隆二帝的理论修养要平庸得多，对理学的兴趣也要小得多。对作为教化工具的理学，他们虽然对其在意识形态的主导地位仍坚定维护，对其宣扬的纲常伦理仍竭力鼓吹，但对作为学术研究的理学，没有太多的兴趣，远不能像康熙帝那样潜心钻研，“殊觉义理无穷，乐此不倦。”[3]雍正、乾隆二帝自身理学素养的欠缺，严重危害着理学的权威地位。像雍正帝置理学主敬学说于不顾，大搞三教合一，公

1 《清圣祖实录》卷三四，康熙九年十月癸巳，中华书局，1985年。

2 《康熙起居注》第1册，第340页，中华书局，1984年。

3 《康熙起居注》第1册，第80页，中华书局，1984年。

然宣称自己“向来三教并重，视为一体”[1]。不仅如此，雍正六年（1728年），他还罗织罪名，对李光地门生、理学名儒杨名时进行惩处、责辱。时杨名时任云南巡抚，雍正帝令总督鄂尔泰将其“罪行”通行晓谕，“使滇省之人共知杨名时平素之诈伪巧饰，于伊奉旨起身来京之时相率而践辱之。”[2]雍正帝责辱杨名时的真实目的是打击科甲官僚，特别是理学官僚中的好名习气，所谓“此辈假道学，实系真光棍，诚为名教罪人，国家蛊毒。若不歼其渠魁，恶习万不能革”[3]。对杨名时的惩处，在客观上动摇了理学在官僚队伍中的地位，因为杨系理学和科甲官僚的领袖人物，“即如朱轼、张廷玉现任大学士，莫不因伊前辈，慑服尊重”[4]。继雍正之后的乾隆帝虽然表示：“典章制度，汉唐诸儒有所传述，考据固不可废，而经术之精微，必得宋儒参考而阐发之。”[5]但自己的主要兴趣在作诗，在文化建设上好大喜功，热衷于搞大工程，而对相对枯燥的理学义理却没有太多兴趣，一些官僚美其名曰“以实学倡天下士”[6]。皇帝对理学兴趣减小，在客观上会深刻影响当时的社会政治，特别是士林风气，使理学发展深受其害，昭梿对此颇有感受。他说：“自于（敏中）、和（珅）当权后，朝士习为奔竞，弃置正道。黠者诟詈正人，以文己过，迂者株守考订，訾议宋儒，遂将濂、洛、关、闽之书，束之高阁，无读之者。余尝购求薛文清《读书记》及胡居仁《居业录》诸书于书坊中，贾者云：‘近二十余年，坊中久不贮此种书，恐其无人市易，徒伤赀本耳！’伤哉

1 《雍正朝汉文朱批汇编》第1册，第525～526页，江苏古籍出版社，1989～1990年。

2 中国第一历史档案馆：《雍正起居注》六年正月二十三日，中华书局，1993年。

3 《雍正朝汉文朱批奏折汇编》第11册，第860页，江苏古籍出版社，1989～1990年。

4 《雍正朝汉文朱批奏折汇编》第11册，第860页，江苏古籍出版社，1989～1990年。

5 《清高宗实录》卷一二八，乾隆五年十月己酉，中华书局，1985年。

6 王鸣盛：《福建乡试录序》，《西庄始存稿》卷一六，《续修四库全书》本，集部第1434册，上海古籍出版社，2002年。

是言，主文衡者可不省欤？”[1] 又云：“自乾隆中，傅（恒）、和（珅）二相擅权，正人与之梗者，多置九卿闲曹，终身不迁，所超擢者，皆急功近名之士，故习理学者日少，至书贾不售理学诸书。”[2] 程晋芳则感叹：清初海内士大夫以宗阳明为耻，“而四十年来，并程朱之脉，亦无有续者，此则非愚意料所及也”[3]。

三是汉学兴起以及思想解放趋势对理学的严重冲击，对此，笔者在前面已作叙述，这里从略。

任何一种学术流派，当其遇到危机之时，就要积极寻求变革。18 世纪的中国，求实之风波靡学界。在这个观点纷繁，歧见迭出，知识聚集，方法更新的年代，昔日以讲学论道著称的理学界，无论是陆王学术还是程朱学术，面对汹涌而来的观念冲击，都遇到了探索学术发展道路的问题。是时理学学风渐趋朴实，论证愈见周详。显然，这在治学方法上受到了考据风气的影响。一些理学的信奉者试图通过对理学内部进行学术改革，以挽救其衰落命运。注意经学，以理学的立场研究、解释儒家经典，从儒家经典汲取学术营养成为 18 世纪理学名家中带普遍意义的学术选择。这一过程从 17 世纪末就已非常清楚地显现出来。比较典型的如，康熙三十年（1691 年），年仅 24 岁的方苞[4] 游京师，与万斯同交往。

1 昭梿：《书贾语》，《啸亭杂录》卷一〇，中华书局，1980 年。

2 昭梿：《理学盛衰》，《啸亭续录》卷四，中华书局，1980 年。

3 程晋芳：《正学论三》，《勉行堂文集》卷一，嘉庆庚辰本堂藏版。

4 方苞，生于康熙七年（1668 年），卒于乾隆十四年（1749 年）（《清史列传》卷一九，《方苞传》谓方苞卒于乾隆十六年，有误。据苏惇元辑《方苞年谱》，方苞卒于乾隆十四年八月十八日），字凤九，一字灵皋，号望溪，安徽桐城人。康熙四十五年进士，以母病，未预殿试。五十年，以《南山集》案牵连，下狱。五十二年，出狱，令隶汉军旗。以学问入直南书房。雍正帝即位初，赦归原籍。此后，历任侍讲、内阁学士、礼部侍郎等职。乾隆四年，因泄漏条奏事件，“假公济私”，落职，令在三礼馆修书。乾隆七年以侍讲衔休致。在清代士林阶层，方苞素以学问著称。李光地尝谓其“当与韩、欧争等列，北宋以后无此人也”（《雷鋐：方苞行状》，《碑传集》卷二五）。在清代知识发展史上，方苞的主要贡献有三：一是为文讲义法，开创了桐万斯同劝其“勿读无益之书，勿为无益之文”[1]。万斯同所谓“益”者，盖指“明道”而言，故季野又对方苞云：“唐、宋号为文家者八人：其于道粗有明者，韩愈氏而止耳；其余则资学者以爱玩而已，于世非果有益也。”[2]正是受季野之影响，方苞“辍古文之学，一意求经义焉”[3]。方苞之学，以理学为宗，但不事空谈，以经为根底，“不惟解经之文，凡笔墨所涉，莫不有六籍之精华寓焉”[4]。顾琮谓其文章，“乃探索于经书，与宅心之实，与人之忠，随所触而流焉者也，故生平无不关于道教之文”[5]。方苞重视穷理的意义，提出：“欲体道以得其身，非极学问思辨之功，所谓笃行者，终无本统。”[6]然他反对脱离经典空言义理，认为穷理必本于经，治理学必须以经书为本，“不出于圣人之经，皆非学也”[7]。并身体力行，以为后学之典范。晚年治《仪礼》，“晨兴，必端坐诵经文，设为身履其地，即其事，而求昔圣人所以制为此礼，设为此仪之意，虽卧病犹仰而思焉。”[8]在治学方法和途径上，和清初理学偏重主敬、践行之风气已经具有了明显区别。18世纪，方苞在理学界颇负盛名，乾隆十一年（1746年），年逾半百的江苏学政尹会一竟和其子嘉铨一道受业其门下。言清代理学者，不当忘记方苞。

城古文派之先河；二是在18世纪前期理学渐衰之际，注重从经典考求经义，促进理学学风之变革；三是关注国计民生，讲究学术与经世的结合。所著主要有《春秋通论》、《方苞集》等。

1　参阅苏惇元辑《方苞年谱》（《方苞集》附录一）以及《郎潜纪闻二笔》卷一二，《方侍郎古文》。

2　方苞：《万季野墓表》，《方苞集》卷一二，上海古籍出版社，1983年。

3　苏惇元：《方苞年谱》，康熙三十年条，《方苞集》附录一，上海古籍出版社，1981年。

4　方苞：《原集三序》，《方苞集》附录三，上海古籍出版社，1983。

5　方苞：《原集三序》，《方苞集》附录三，上海古籍出版社，1983。

6　方苞：《与万季野先生书》，《方苞集》卷六，上海古籍出版社，1983年。

7　方苞：《再与刘拙修书》，《方苞集》卷六，上海古籍出版社，1983年。

8　苏惇元：《方苞年谱》，乾隆十四年条，《方苞集》附录一，上海古籍出版社，1981年。

乾隆时，曹一士更明确提出改造理学学风的主张。曹一士“少留心于十四经、廿一史，连丝贯串，不徒以章句也。尤潜玩洛闽诸书，旁搜曲证，以求会通。”[1]他提出：讲理学必以经书为本，并大声疾呼：“经学之荒，至今日而甚矣！”其《与赵云垂书》对当时束书不观，揣摩迎合之学风大加抨击，企图从整顿士林学风，反对时文流弊入手，重建理学之权威。他说：

> 夫读书者，必本于经，而经学之荒，至今日而甚矣。弟观于秦汉之间，其时之儒者，取仅存之经而死守之，未敢以闻于人也。迨天子下诏求书，而后或受之女子，或受之田间，或受之狱中，艰难曲折，得以上闻。百年之间，学者虽欲读书而无有也。其后诸儒之说纷然杂出，自汉迄晋以至于唐，彼此异同，迄无定论。是数千年之学者，虽能读而无当也，盖读经之难如此、今则家有是书矣。宋元以来之儒者，亦既著为定论，如日之中天而烛之照夜矣。学者即悉记其文，通其义，譬之陇亩，前之人勤而种之，后之人坐而食之，守成之代较创业者难易何如哉？顾乃束置高阁，视为缓图，日取雷同剿说之时文，童而习之，白首而不倦，以是号于人曰读书。读书者如是已哉？弟曩者亦尝从事于诸经矣，稍稍识其句读，未竟而就有司之试，浮沉汩没以至于今，其为愧恨，无日而忘。盖今者岁科之试，名课诸生以经，而实则荒经之本。学者争为揣摩迎合有司之好恶，而经学不得不为缓图矣。其反是者，文固未必工也，一旦摈于有司，则又不免于得丧荣辱之见，而中道而废者有矣。如士亦稍稍有志者尚不能毕其业于诸经，则他尚何问哉？虽然往者已矣，来者或可勉焉。窃计兄于诸经沉潜者久，必已得其精微，不特记其文，通其

1　全祖望：《曹一士行状》，《碑传集》卷五六，明文书局，1985年。

义而已也。弟俟病之愈将立其本而求助焉。先冀一言已坚其志而慰其求，以副前者相与有成之意，幸甚。[1]

曹一士显然试图通过提倡精研经学，恢复道问学传统，以达到重振理学的目的。然而，理学本身是哲理化的学问，片面强调研求经典，用经典取代哲学思辨，显然不切实际，而且也会危害理学自身的独立性和正常发展。故曹一士的主张迂执难行，不可能产生大的影响。18世纪，在理学界真正有较大影响的代表性人物是朱轼、谢济世、李绂和陈宏谋。

朱轼，生于康熙四年（1665年），卒于乾隆元年（1736年），字若瞻，号可亭，江西高安人，康熙三十三年（1694年）中进士，由庶吉士改授湖北潜江县知县。此后历任刑部主事、陕西学政、通政使、浙江巡抚、左都御史、吏部尚书等职。雍正三年（1725年），授文华殿大学士，乾隆元年卒于任，谥文端。朱轼为清中叶"理学名儒"，乾隆帝为皇子时，曾任其师傅，"每为阐经旨，汉则称贾、董，宋惟宗五子。恒云不在言，惟在行而已。"[2]朱轼的学术思想和政治见解，对乾隆皇帝产生了重要影响，乾隆帝称："呜呼！于先生，吾得学之体。"[3]所著有《朱文端公集》传世。

朱轼在清代被誉为"理学名儒，光辅三朝"[4]。其学"以敬为主，以致知力行为工夫，以经史为法守，以日用为实验"[5]。然其学说最主要的特色是：和一般理学家侈谈天理不同，面对士林阶层对道学家终日谈天说理反感情绪的加强，朱轼治学转而侧重于礼，时人称其"湛深经术，尤邃于礼。酌古今之宜，期可躬

1　曹一士：《与赵云垂书》，《四焉斋文集》卷五，中央民族大学图书馆藏清乾隆刻本。
2《朱轼》，《清史列传》卷一四，明文书局，1986年。
3《朱轼》，《清史列传》卷一四，明文书局，1986年。
4　朱轼：《吴学濂原序》，《朱文端公集》，古唐朱氏古欢斋藏版。
5　唐鉴：《高安朱先生》，《学案小识》卷四，《清代传记丛刊·学林类》，明文书局，1986年。

行。”[1]其学“不言理而言礼”，究其原因，在于朱轼认为理虚而礼实，“儒道宗旨，就世间纲纪伦物上着脚，故由礼入最为切要。”[2]朱轼认为，实践理学的最好方法就是按礼学的要求“体之于身，验之于心”。“所谓体之于身者，自视听言动日用事物之间，以及伦纪措诸民物，一奉古圣贤之嘉言懿行以为准则，而幽独隐微之地，尤必谨之又谨。凡经书中言存诚、言敬德、言克己慎独、言强恕求仁，一一证之吾心，其有合耶则勉之，否则发愤猛醒，顷刻不敢自安。日以古圣贤所论义理浸灌其心，使欲尽理纯，而后所行不悖于古人，此岂寻章摘句之学所得而比拟耶？”[3]朱轼这一学术倾向，和宋明以来动以天理为言的传统理学比起来，显然更加务实，也更便于践行，在清代正统理学思潮中可谓别树一帜。

当然，朱轼重视礼学的目的主要是为了维护传统伦理秩序，即所谓“先王制礼以顺仁人孝子之情，而不强其所不能。礼制定，而不肖者亦范围于其中，而不敢过。彼较量尊卑疏戚之伦，为世爵世禄计者，由礼教之不明也，礼明而此患息矣。”[4]和一般理学“俗儒”不同，朱轼在宣扬礼教的同时，也高度重视政治和谐，尤其是百姓生计。乾隆初年，清廷进行的一系列政策调整，如政尚宽大，废除雍正时期不得人心之弊政（包括禁革落地税、停止田地丈量与首报、矜慎刑狱等），朱轼可谓首发其端者。尝云：“为政之经，厚生为大；爱民之道，察吏为先。”[5]去世前，特上遗折告诫乾隆帝不要增加税敛。云：“臣查额征所储，于一切经费宽然有余，倘日后有言利之臣倡为加增之说，仰祈圣明乾断，永斥浮言，实为天下苍生之福。至于用人，尤关紧要。邪正公私，心迹各判，几微之际，最

1 张廷玉：《朱轼墓志铭》，《碑传集》卷二二，明文书局，1985年。
2 朱轼：《张子全书序》，《朱文端公集》卷一，古唐朱氏古欢斋藏版。
3 朱轼：《稽古斋文钞序》，《朱文端公集》卷一，古唐朱氏古欢斋藏版。
4 朱轼：《族谱解惑》，《清经世文编》卷五八，中华书局，1992年。
5 朱轼：《请定考核以专责成疏》，《朱文端公集补》卷一，同治朱氏古欢堂刻本。

易混淆，惟在皇上洞察审择君子小人而进退之，慎之又慎。”[1]他的这一见解清晰地反映出中国传统儒学，讲究教养并重的思想特色，这和一些庸俗理学家一味强调存理遏欲比起来，显然要高明得多。

如果说朱轼为清中叶正统理学的代表，那么李绂则为陆王之学的中坚。李绂生于康熙十二年（1673 年），卒于乾隆十五年（1750 年），字巨来，号穆堂，江西临川人。康熙四十八年（1709 年）中进士，选庶吉士，散馆授编修。雍正时曾任兵部侍郎、直隶总督等职。李绂虽居高位，但不改文人傲气。其《复惠天牧书》充分暴露出他对个人得失荣辱，人主之褒贬好恶并不十分系怀。辞云：

> 至于位遇遭际，时命为主，庸人皆能侥幸。自君子观之，受恩重则图报愈难，所处高则责备愈众，此可惧不可贺也。来翰所云：汉人翰林，稀任总制。此亦偶然事，存玉堂清话可耳。至于吾辈，以文章功业相期，或出或处，或要地或散局，皆能有所表见，岂屑屑于此乎？[2]

正是这种文人傲气，注定了李绂不可能获得专制皇帝的赏识，再加上其生性戆直，敢言人所不敢言，故其宦途生涯风波迭起。雍正时，以参劾雍正帝宠臣田文镜，被捕入狱，“两次决囚，命缚公(李绂)与蔡珽同至菜市，两手反接，刀置颈，问：‘此时知田文镜好否？’公奏：‘臣愚，虽死不知田文镜好处。’乃宣旨赦还。”[3]显示出传统知识分子舍身取义，视死如归的宝贵气节。乾隆八年（1743 年），李绂以原官致仕，数年后卒于乡。和康乾之时大多数讲理学者专宗程朱不同，李绂“少好陆王之学，不喜朱子”[4]。坚守陆学

1　朱轼：《遗折》，《朱文端公集补》卷二，同治朱氏古欢堂刻本。
2　李绂：《复惠天牧》，《穆堂初稿》卷四一，道光重刻珊城阜祺堂藏版。
3　王炳燮：《李绂》，《国朝名臣言行录》卷一二，明文书局，1991 年。
4　袁枚：《内阁学士原任直隶总督临川李公传》，《小仓山房续文集》卷二七，《袁枚全集》第 2 册，江苏古籍出版社，1993 年。

门墙，不为人言所动，且为其辩护不遗余力。全祖望云："尝有中州一巨公，自负能昌明朱子之学，一日谓公（李绂）曰：'陆氏之学非不岸然，特返之吾心，兀兀多未安者，以是知其于圣人之道未合也。'公曰：'君方总督仓场而进羡余，不知于心安否？是在陆门五尺童子唾之矣。'其人失色而去，终身不复与公接。"[1]李绂论学，注重自省，所谓"道心冲淡长有余，眼力纷华都破除"[2]。尝自述其学道宗旨，"在先立乎其大者"，"吾苟内省不疚，生死且不足动其心，何况祸福？祸福且不足动其心，何况得失？以此处境不难矣。"[3]身居高位的李绂虽然承认朱子"道问学之功居多"[4]，然出于理学认知差异及门户之见，对程朱之学颇多微辞。其《大学考》云："至有明之初，本朱子章句为大全，用以取士。士子徒知奉功令，窃科举，耳濡目染于塾师之训，既未尝为《大学》之实学，即汉唐注疏亦束而不观。而孔氏之遗书，世乃不得而知之矣。惟王阳明先生卓然特立，由陆子之言求圣人之学，于是《古本大学》复见于世。""今天下竞言尊朱，吾亦从而尊之。然朱之前尤有当尊者。阳明先生谓今之学者，重于尊朱而轻于叛孔，盖《古本大学》，孔氏之遗书也。朱当尊矣，孔其可叛乎？吾诚不能重于尊朱，吾实不敢轻于叛孔焉耳。"[5]徐世昌《清儒学案小传》评论李绂之学云："康熙中叶以后为程朱极盛之时，朝廷之意指，士大夫之趋向，皆定于一尊。穆堂独寻陆王之遗绪，持论无所绌。虽其说较偏，信从者少，要亦申其所见，不害其为伟岸自喜也。"[6]李绂的学术主张在当

1　全祖望：《李绂神道碑》，《碑传集》卷二四，明文书局，1985年。

2　李绂：《送徐澄斋编修南归用少陵送孔巢父韵》，《穆堂初稿》卷一七，道光重刻珊城阜祺堂藏版。

3　全祖望：《李绂神道碑》，《碑传集》卷二四，明文书局，1985年。

4《李绂》："绂平日讲学，谓朱子道问学之功居多，陆九渊尊德性之见为卓。上韪其言。"《清史列传》卷一五，明文书局，1986年。

5　李绂：《大学考》，《穆堂初稿》卷一九，道光重刻珊城阜祺堂藏版。

6　徐世昌：《穆堂学案》，《清儒学案小传》卷六，明文书局，1985年。

时受到不少批评。翁方纲尝说："穆堂之言学，专于行，不事乎知，且如国学之六堂，不程以经书与典籍，而惟日课其起念公私诚伪以为甲乙，此其事可行乎？"[1]

附带提一句，李绂虽为理学家，在一般人眼里当属"遵德性"一系人物，但学识渊博，颇多卓见。方苞称其"能以文章振发于世"[2]。崔述谓："百余年以来，读书有卓识者无过于顾宁人先生，所推为博学者无过于李巨来先生。"[3]显示出18世纪陆王一系从注重良知向注重学问转变的重要趋势。然也有人认为其"记闻最博，而持论多偏"。比较典型的是在明史馆，李绂曾欲为严嵩翻案，力主严嵩不可入《奸臣传》。可以说开创了当代有人为严嵩鸣冤翻案的先河[4]。李绂尝撰《古文尚书考》，继阎若璩之后进一步论证《古文尚书》为伪，他认为："《古文尚书》，凡《今文》所无者，如出一手，盖汉、魏人赝作。"李绂指出："盖安国所得壁中《古文》信有其书，而特非今世所行之《古文尚书》也。司马迁亲问故于安国，而所引之辞绝不类，则今之《古文尚书》，复何所恃以取信于天下也哉？然则《尚书》之所谓可信者，皆其可疑者也。"[5]当然，不能排除李绂论证《古文尚书》为伪，有理学门户之争的动机，因为对《古文尚书》，朱熹"亦尝疑之"，但终以"人心""道心"数语为宋以来言理学者所宗，故卒尊之而不敢废。然而，不管李绂动机如何，他的有关论述，对稍后崔述作《古文尚书考》产生了一定的影响。

朱轼、李绂之学术在一定程度上可以说反映了清盛世时期理

1　翁方纲：《读李穆堂原学论》，《复初斋文集》卷七，商务印书馆，1935年。

2　方苞：《李穆堂文集序》，《方苞集》卷四，上海古籍出版社，1983年。

3　崔述：《集前人论〈尚书〉真伪》，《古文尚书辨伪》卷二，《崔东壁遗书》，上海古籍出版社，1983年。

4　阮葵生：《李绂为严嵩翻案》，《茶余客话》卷九，中华书局，1959年。

5　参见崔述：《集前人论〈尚书〉真伪》，《古文尚书辨伪》卷二，《崔东壁遗书》，上海古籍出版社，1983年。

学传统思潮的大体状况，而谢济世则以理学异端闻名于世。谢济世，生于康熙二十八年（1689年），卒于乾隆二十年（1755年），字石霖，号梅庄，广西全州人，康熙五十一年（1712年）进士，选庶吉士，散馆授检讨。雍正四年（1726年），转御史。有清一代，谢济世以敢于仗义执言著称。为御史时，因参劾河南巡抚田文镜，被雍正帝指责为与李绂等科甲官员串通一气“固结党援”，“捏造丧心昧理之言，参劾田文镜”，交刑部严讯其主使者，谢济世拒不屈服。昭梿记载说：“公（谢济世）昂首曰：‘果有其人。’众讯之。公曰：‘某自幼读孔孟书，知事上以忠荩，即为孔、孟所主使也。’讯者语塞。”[1] 后被发往阿尔泰军前效力[2]。在军营，谢济世仍以其人品学问，颇受尊重，“复有罪守卒，执弟子礼，受四书业者十余人。”[3] 乾隆帝即位后，谢济世被召还，复授御史之职，不久改授湖南督粮道。乾隆九年（1744年），以老病休致。乾隆二十年（1755年）二月，广西巡抚卫哲治指责谢济世“纵子指官撞骗”，将其“题参革审”，以致谢济世“衰年缧绁”。谢济世于是年四月患病身故。一代名臣，竟然“填死牢户”，结局可谓凄凉。为此，袁枚曾愤怒地斥责卫哲治“奢于刑而俭于德”，称谢济世为“豪杰”，为谢济世抱不平，对其人品予以充分肯定[4]。

雍乾之际，谢济世以直声著天下，为当时屈指可数的著名言官之一。非但如此，其理学思想也别具特色，在清朝理学名家中独树一帜。和其仗义直言的政治风格一样，在学术上，谢济世也

1 昭梿：《谢济世》，《啸亭杂录》卷九，中华书局，1980年。

2 关于此案，可以参见中国第一历史档案馆编《雍正起居注》五年八月、九月有关内容，中华书局，1993年。

3 谢济世：《纂言外篇》，《谢梅庄先生遗集》卷七，光绪三十四年全州赵炳麟刻本，上海古籍出版社，2009年。

4 参见《齐召南跋齐周华天台山游记案·宋邦绥奏谢济世著有〈梅庄杂著折〉》，《清代三朝史案》中册，江苏广陵古籍刻印社，1993年；《答卫大司空书》，《小仓山房文集》卷一六，《袁枚全集》第2册，江苏古籍出版社，1993年。

不隐瞒自己的独立见解，“不遵程朱”[1]，乃并斥陆王。尝评论近代诸儒云：“(于王守仁) 取事功，不取学术，言性言格物谬，且勿论孔孟之教，先博后约。今日致良知，事畔孔孟而废学问也。”又云：“(薛瑄、汤斌、陆陇其) 皆笃行君子也，惜未由学问思辨入耳。”而对毛奇龄则颇有好感，称其“博学君子也”，“说四书，说礼，先得我心者多矣。”但同时指出，毛奇龄为《古文尚书》作“冤词”，“皆无足取焉”[2]。谢济世对陆王的批判，十分尖锐，尝云：“陆子非孔孟之徒也。荡涤事物，完养精神宗曹溪祖达磨也。祖肩二氏，注脚六经，入我室，操我戈矣。”[3]这种排斥异端的激烈态度，几乎可以和清初熊赐履、陆陇其等人媲美。

乾隆元年（1736 年），谢济世向乾隆帝进呈《学庸注疏》，在奏疏中称所著“分章释义，遵古本而不遵程朱”，明确表示自己不辞“诽谤”之罪，并为自己的行为辩解。谢济世要求清廷将学术研究和科举考试区别开来，不可以强制手段限制学术思考，即“习举业者有成规，讲道学者无厉禁”，暴露出明显的要求学术自由的倾向。他说：

> 遵朱之令始于明洪武十七年甲子乡试。盖明祖起家江北，文公祖籍新安，乡同兼之姓同，故此科定为此令。名虽表彰圣学，实则推崇本朝。然其时习举业者有成规，讲道学者无厉禁，以故卢格著“荷亭”之论，守仁肆“贫鬼”之讥，未有持三尺以法绳之者。况我圣朝安用沿袭前代？……当世道方隆之时，即圣学大明之日，但当发挥孔曾思孟，何必拘泥

1　徐世昌：《谢先生济世》，《清儒学案小传》卷六，明文书局，1985 年。

2　谢济世：《纂言外篇》，《谢梅庄先生遗集》卷七，光绪三十四年全州赵炳麟刻本，上海古籍出版社，2009 年。

3　谢济世：《纂言内篇·诸儒第四》，《谢梅庄先生遗集》卷六，光绪三十四年全州赵炳麟刻本，上海古籍出版社，2009 年。

周程张朱？[1]

谢济世理学思想中最具特色的是其性命说。《中庸》谓:“天命之谓性”，宋儒认为命即指性而言。谢济世却将此二字严格区别，另予发明。谓:“有善无恶谓之性，福善祸淫谓之命。性者，天之诗书礼乐，命者，天之斧钺车服也。性善命亦善也，故君子尽性即所以立命。”[2]其《原性》一文从五行相生的角度论证性善，以五行对应五常，即仁义礼知信，反对宋儒之性命说。云：

天地之大德曰生。木火土金水递生环生，克亦生。人得天地生生之德以为心，而性名焉。其名见于《商书》，其目著于《周易》，而其原出于《河图》。春木曰仁，夏火曰礼，秋金曰义，冬水曰知，中土季土曰信。老氏知有仁义礼知之名，而不知即性中之德，故性则玄之妙之，仁义礼知则绝之弃之；释氏知性中有义知，而不知性中有仁礼，故言戒言慧，义知在言寂言空，仁礼亡。惟圣门言性不可易。以对待言曰仁义礼知，兼对待流行言于信数致意焉。此五者非恶也，故曰继善成性，曰性善，人能率此五者，无过不及，即道也。故不曰率善性之谓道，而曰率性之谓道，人能尽此五者，不思不勉皆中其节，即至诚也。故不曰唯天下至诚为能尽其善性，而曰唯天下至诚为能尽其性。原于有生之初曰天命（命即指性言。宋儒便以此为性命之命，谓在天为命，在人为性，性命二字从此混矣），原于有生之后曰根心。验于感通之际曰恻隐、羞恶、辞让、是非，不可亵曰尊；不可拂曰顺、曰养；

1　谢济世：《进学庸注疏疏》，《谢梅庄先生遗集》卷一，光绪三十四年全州赵炳麟刻本，上海古籍出版社，2009年。

2　谢济世：《纂言内篇·原道第一》，《谢梅庄先生遗集》卷六，光绪三十四年全州赵炳麟刻本，上海古籍出版社，2009年。

不可閼郁曰扩充，盖孔孟之言性者如此。至若孔云相近，近者不相远，而知愚可移之谓，大传互言之曰善，此浑言之曰近，近即善之义。言性未尝言气质也。其言习则兼气言，言上知下愚，则专以气言。天之生人也，予之性与命，命不齐而气随之。水气轻而荡；火气正而暗；木气温而樨；金气肃而惨；芸芸者率皆杂，气杂则性朦胧，克念作圣，罔念作狂，故习不可不慎也。间有正且清者，其性呈露，幼而睿齐，成而聪明，所谓上知也。亦有惨与稚暗，其性锢蔽，生而似豺狼，长不辨菽麦，所谓下愚也。气异质亦异，故内有清浊长短，外有方瘦尖肥，气质异性不异，故气罕能备四时而心无不具四德五行，父子各别而五性圣凡无殊。性宰气质，质载性气，气运、质性三者，虽不相离，性粹然，气盎然，质块然，三者实不相紊。[1]

其《原命》一文，强调“立命”，即既讲仁义礼知之性善，亦讲“福善祸淫”之天命。其论命云：

命者福善祸淫而已矣。天以元亨利贞之德命诸人，而为仁礼义知之性。既有仁礼义知之性，即有善善恶恶之心，在人为善善恶恶之心，在天则为福善祸淫之命。命有已定，有未定，有未定，已定不可易，亦有可易。余庆余殃已定也，自作自求未定也。尺璧点瑕，杯水车薪，不可易也，不然，可易也。不知其已定不可易而曰命不足道，是谓逆命。不知其可易未定，动之以福，曰是有命焉，惕之以祸曰我生不有命在天，是谓诬命。圣贤以为逆命无益，不如安之，诬命与

1　谢济世：《原性》，《谢梅庄先生遗集》卷二，光绪三十四年全州赵炳麟刻本，上海古籍出版社，2009年。

逆命均莫如立之。夫何故哉！福善祸淫天道不爽之故。宋儒以为落第二乘也，言安命不言立命。言立其仁礼义知之命，不言立其福善祸淫之命。呜呼！数由理生，逆命固不如安命，诬命又何如立命？理因数显，天若无福善祸淫之命，人未必有肯立其仁礼义知之命，此可谓知半命，不可谓知全命。[1]

谢济世既然在基本学术观点上标新立异，故对程朱颇多物议，责其性命观潜宗先秦诸子。他指责说：

宋儒者，宗孔孟辟诸子者也。然其于孔孟也，名宗之而实畔之，于诸子也，名辟之而实宗之。周子曰“五性感动而善恶分”。感而分则未感可知，即杨子善恶混之说也。张子曰：“有气质之性善，反之则天地之性存焉。”朱子作性图曰：“无不善，有善恶。”天地之性无不善，是为一等之气质之性，有善恶是为一等。变韩子之三品为二品也。程子又甚其词曰“恶亦不可不谓之性”，是荀子性恶之言亦未可非也。岂非名辟之实宗之与？性果有气质善恶，则当分别之，使人复其气质之善者，反其气质之恶者。而孔孟概曰善，曰天命，曰根心，曰恻隐、羞恶、辞让、是非。设遵其教者，并气质之恶而率之尽之尊之顺之养之扩充之，不至于为穷奇梼杌不止，则是祸天下后世者孔孟也，岂非名宗之实畔之与？在宋儒原非有心宗诸子叛孔孟，彼见相近之言既疑性未必善，又见忍性，性也，有命之言愈疑性有不善，而又不敢显悖性善之旨，于是乎杂气质于性之中，令气质为性分过，而不知近即善，忍性之性无不善性也。有命之性，君子不谓性，原无妨于性

1　谢济世：《原命》，《谢梅庄先生遗集》卷二，光绪三十四年全州赵炳麟刻本，上海古籍出版社，2009年。

之善，今杂入气质则公然有不善性，反为气质受屈也。自谓荀扬言气，韩未明言气，今兼言理气能翻诸子之窠臼，而不知荀非言气，杨非专言气，韩病正坐言气，既未中诸子之要害，而言恶言善恶仍未出诸子之牢笼也。自谓气质之性之说有功于圣门（朱子云），而不知孔孟言性有善无恶，气质之性有善有恶，大相刺谬，实为获罪于圣门也。[1]

应该说谢济世的性命说，实际上是阴阳五行说和儒家性善观的大杂烩。他指责程朱性命观潜宗诸子，当然有一定道理，但与此同时，他自己却未提出独创性的理论体系。他集中批判程朱气质之性说，强调“有善无恶谓之性”，将愚恶之产生，一概归结于气，所谓“气杂则性朦胧”，“气质异性不异”，从根本上讲并没有超出程朱学说之范围。程朱何尝不讲性善？何尝不将愚恶归罪于气禀之不同？程子云：“性无不善，而有不善者，才也。性即是理，理则自尧舜至于涂人，一也。才禀于气，气有清浊，禀其清者为贤，禀其浊者为愚。”[2] 其所谓气质之性者，指的是人的个体差异而言，与普遍的性善论并不矛盾。谢济世攻其一点，不及其余，而所说又多袭程朱陈言而变换之，不但难服程朱之心，也难服当时学者之心，时人说其“皆系抄袭前人之成说，并无独出之意见”[3] 是有道理的。需要特别指出的是，谢济世不顾儒家主敬传统，将阴阳五行学说大量引入理学体系，用五行对应五常，实有混淆“正学”之嫌。至于以“善善恶恶”之人心，对应“福善祸

1　谢济世：《原性》，《谢梅庄先生遗集》卷二，光绪三十四年全州赵炳麟刻本，上海古籍出版社，2009 年。

2　程颢、程颐：《伊川先生语四》，《二程遗书》卷一八，上海古籍出版社，2000 年。

3　这句话是孙嘉淦说的，孙嘉淦也系雍乾之际著名理学家。《谢济世著书案·孙嘉淦遵旨查取谢济世所著书籍板片并销毁折》，《清代三朝史案》上册，江苏广陵古籍刻印社，1993 年。

淫”之天命，虽未明言，但不能不使人怀疑其涉嫌因果报应之说。他指责程朱潜宗诸子，他自己未必就能独宗孔孟。这一事实只能说明这样一个问题：先秦儒家学说在体系上极不完善，后人要想维持这一学说，就必须自觉或不自觉地吸收其他学说的“合理”内涵，对其进行必要的发挥或改造，用教条主义的态度去看待和坚持儒家经典实际上是没有出路的。宋明以来之学者，特别是清代诸儒，在对待儒学与释老、诸子问题上，高谈主敬，互相攻击，彼此纠缠不休，并没有太多的学术意义，真可谓个中人不识个中味。

总之，谢济世对程朱的批判，其社会意义远远大于其学术意义。他敢于冲破程朱权威束缚的理论勇气，敢于提出自己思想见解的学术风范，在清朝中叶的理学家中是十分难得的，可以说是一位勇敢的战士。尽管其勇气有余而识见不足，但仍以其身体力行，为理学的发展和变革，在程朱、陆王之外指出了一条新的道路。现在看来，这条道路并不成功，也没有前途，但毕竟对时人，对后来者具有启迪意义。不过，程朱理学乃清廷尊奉的正统学说，谢济世别倡新论在当时自然难为时容，故在雍乾时宦途蹇滞，风波迭起，曾以“诽谤程朱”“讽刺朝政”下狱。乾隆三十三年（1768 年），清廷又以其“性情乖戾”，所作书词颇多“谬妄”，下令将其“已刷之书及原刊刻板尽行查出销毁，毋使稍有疏漏”[1]。

陈宏谋是 18 世纪理学名家中对后世影响最大的重要人物。陈宏谋，生于康熙三十五年（1696 年），卒于乾隆三十六年（1771 年），字汝咨，号榕门，广西临桂人。雍正元年（1723 年）进士，进入仕途。雍正十一年（1733 年），任云南布政使，乾隆六年（1741 年），任甘肃巡抚，此后，历官江西巡抚、陕西巡抚、湖北巡抚、河南巡抚、江苏巡抚、两广总督、湖广总督、吏部尚书等

1 《清高宗实录》卷八〇五，乾隆三十三年二月戊寅，中华书局，1985 年。

职。乾隆二十九年（1764年），任协办大学士，三十二年（1767年）任东阁大学士。乾隆三十六年二月，陈宏谋以老病解任，六月，卒于回籍途中，时在山东韩庄舟次，谥文恭[1]。

在清代历史上，陈宏谋以文章功业著称于世，人称其“学术源粹，勋业灿然，为本朝理学名臣之冠”[2]。晚清陈康祺将其与汤斌、张伯行、杨名时、朱轼并列，认为系阁部大臣中“宜祀孔庙东西庑者”，并指出，五人中，“其任事最久，遗泽之最餍人心，则莫如文恭（陈宏谋）”。又说：“公外任三十余年，历行省十有二，任督抚二十有一。所至于人心风俗，必有裨益。于其地之大利大害，必有兴革，殆近古所希有者”[3]。其言虽有溢美之嫌，但说陈宏谋是清中叶难得一见的理学名儒，是绝不过分的。陈宏谋之为学，“以诚一不欺为主，不尚空谈，不取辩论”[4]。若细论其学术，有两点值得注意：一是主静，二是重视实学。陈宏谋针对当时学界忽视传统道德，言利者多，言义者少的状况，认为当前学者之病在浮躁，而克服之法惟有以静治之。他说：“学者万病，只一个静字治得。学问以征心为大根本，以慎口为大节目。”[5]又云：“天地间真滋味，惟静者能尝得出；天地间真机括，惟静者能看得透；天地间真情景，惟静者能题得破。作热闹人，说孟浪语，岂无一得，皆偶合也。”[6]而主静的一个重要内容就是涵养气质，使自己遇事能心平气和：“学者只能使心平气和，便有几分工夫。心

1 朱荫龙：《陈榕门先生年谱》，乾隆三十六年条，《陈榕门先生遗书》，广西省乡贤遗著编印委员会，1943年。

2 陈宏谋：《培远堂偶存稿》光绪二十二年章嘉谋叙，光绪鄂藩署重刊本，上海古籍出版社，2009年。

3 陈康祺：《陈文恭宦迹图》，《郎潜纪闻三笔》卷九，中华书局，1990年。

4 陈宏谋：《陈榕门先生遗书》卷首，传四，广西省乡贤遗著编印委员会，1943年。

5 陈宏谋：《陈榕门先生遗书补遗·语录》，《陈榕门先生遗书》，广西省乡贤遗著编印委员会，1943年。

6 陈宏谋：《陈榕门先生遗书补遗·语录》，《陈榕门先生遗书》，广西省乡贤遗著编印委员会，1943年。

平气和人遇事却执持担当，毅然不挠，便是有几分人品。”[1]又说：“理所当为，事在得为，自当以心入之，以身先之。惟宜平心静气，求其有济，尽其在我而已。”[2]在《寄刘含章新翰书》中，他告诫说：“性气宜平，心思宜专。平则不偏，专则不杂。不偏则事理得，不杂则可免始勤终怠之弊。非如世俗之以退缩为平，以固执为专也。”[3]陈宏谋所作《自箴十则》也颇能反映他的涵养之道：“谨言语以寡过，节饮食以尊生；省嗜好以养心，耐烦劳以尽职；慎喜怒以平气，戒矜张以集事；绝戏谑以敦体，崇退让以和众；慎然诺以全信，减耗费以惜福。”[4]

实学在清代学术发展史上是一个十分时髦的术语，陈宏谋站在理学的立场对此高度重视，强调要“群务于有用之实学”[5]。然他对实学有自己独到的解释。他认为：所谓实学，包含明理与践行两层意思，是“立志为己站住脚跟”。“果能以学为明善复初之事，以知行为为学之工夫，则就我本心之天良，潜玩圣贤之义理。更即圣贤之义理，扩充吾心之天良，知必真知，行必真行。知得一字，便行得一字；知得一句，便行得一句。随处随时，返观内照。诗书所载，有善者吾勉之，有不善者吾改之。推之而日用伦常之地，出入举止之间，所存所发，常与诗书相质证，恍与圣贤相切磋。一时不肯错过，一字不肯放过。身心由此修治，家国由此推暨。坐而能言，起即能行。处则有守，出则有为。措之于词，

1 陈宏谋：《陈榕门先生遗书补遗·语录》，《陈榕门先生遗书》，广西省乡贤遗著编印委员会，1943 年。

2 陈宏谋：《寄刘参戎连捷书》，《培远堂手札节要》卷下，《陈榕门先生遗书》，广西省乡贤遗著编印委员会，1943 年。

3 陈宏谋：《寄刘含章新翰书》，《培远堂手札节要》卷上，《陈榕门先生遗书》，广西省乡贤遗著编印委员会，1943 年。

4 陈宏谋：《自箴十则》，《培远堂文集》卷八，《陈榕门先生遗书》，广西省乡贤遗著编印委员会，1943 年。

5 陈宏谋：《寄朱陵书》，《培远堂手札节要》卷中，《陈榕门先生遗书》，广西省乡贤遗著编印委员会，1943 年。

为名世之文章。行之于事，为经世之事业。明体者此也，达用者此也”[1]。在陈宏谋看来，致用的前提是明理，“古人穷经足以致用，凡不能致用者，不可谓之穷经。然穷经而不能求其切于身心伦物者，亦必不能致用。近见人毕生读书而不能有用，皆坐看得书中所言，不甚亲切之故，而经义尤甚也”[2]。明理必须落实到践行。陈宏谋强调说：“制义之无关于人才者，其病在不尚理而尚词。学问之无关于身心者，其病在求知而不求行。程子所云知一字便行一字，其异于俗学正在于此。”[3]和一般理学家比起来，陈宏谋绝不空谈践行，而是注意将自己的学问直接服务于清朝统治之现实需要。他说：“秀才读书，惟知学古，不知居今。应试文策，考据虽详，记诵虽博，然多泥于古而戾于今。及入仕途，未免拘迂鲜通，方柄圆凿，炯不相入。世人以读书人为无用，皆由于此。其故总缘不留心邸报之故。黄陶庵先生因馆于某当事家，每日备阅章疏抄报，故为文皆切实不浮。可以坐言起行，可歌可颂。愚意城乡学馆中，俱令看邸报，或寒生力有不能，则同邑同馆数人同看。费亦无多。凡近日朝廷用人行政，及内外诸臣工条奏，皆得见闻。此中亦增许多识见。见之文策，自更亲切，不愧通儒矣。”[4]在关注现实问题上，陈宏谋确实身体力行，他关于官僚政治、用人行政等方面的一系列见解，在清代产生了重要影响，可以说是18世纪中国最杰出的政治理论家之一。

应该说，陈宏谋的不少学术见解都是针对当时士林状况有感

1 陈宏谋：《课士直解》卷六，《评语》，《陈榕门先生遗书》，广西省乡贤遗著编印委员会，1943年。

2 陈宏谋：《寄孙文定公书》，《培远堂手札节要》卷中，《陈榕门先生遗书》，广西省乡贤遗著编印委员会，1943年。

3 陈宏谋：《寄紫阳书院掌教董之诚先生书》，《培远堂手札节要》卷下，《陈榕门先生遗书》，广西省乡贤遗著编印委员会，1943年。

4 陈宏谋：《寄张墨庄若淮书》，《培远堂手札节要》卷下，《陈榕门先生遗书》，广西省乡贤遗著编印委员会，1943年。

而发。他对穷经不能致用的批评，对浮躁风气的抨击，对明理践行的强调，既是对理学传统的发挥，也是对学界批判宋学的回答。值得一提的是，陈宏谋有意纠正了理学宣传中一些非理性成分。如，他解释《养心莫善于寡欲章》说:“天下无不食不居之人，亦无食而不饱，居而不安之事，虽圣贤无以异人。学者不必将人生所不可无者，一概弃绝，而后可以希圣希贤。只于人所不能无者，有以限制，不至如常人之徇欲忘返，是则所谓寡欲也。”[1]这一说法和一些理学家片面鼓吹“无一毫人欲之私”比起来，显然更加合理，也更加容易被人接受。不过，陈宏谋的学术主张主要是沿袭程朱套路，对传统说教加以阐扬和发挥，而不是别有发明，所谓“今日讲学，只须辨别何为有益，何为无益。正不必分门别户，另立宗主”[2]。这一指导思想使其学术具有平实实用之特征，但却颇少创新精神，缺乏开风气，辟“异端”的宏博气象。其思想学术，作为涵养个人德性之资足矣，若要回击汉学和其他非主流学术对理学的批评和攻击，就显得苍白无力，真可谓心有余而力不足。即此一端，也可见其时理学之衰微。

附带提一句，18 世纪随着汉学的兴起，理学内部发生了一系列新的变化。尽管门户之争仍然存在，但门户之辨远不如清初严格，陆王学说又有兴起之势，学术界对躬行的强调进一步加强，这从陈宏谋的学术著作中已可清楚看出。陈绍洙的《与熊心垣书》则反映了普通士人对此的看法。他说:“圣道大而无方。别门户以求之，非私则隘。论前世诸大儒，当先观其行，而后择其言。行苟正矣，言即稍偏，亦无害其为贤者。吾择其善而从焉可也。顾不惟其善之从，而专摘其瑕疵以相诟厉，以兹口舌，岂阙疑慎言

1　陈宏谋：《养心莫善于寡欲》，《课士直解》卷五，《陈榕门先生遗书》，广西省乡贤遗著编印委员会，1943 年。

2　陈宏谋：《寄靖果园书》，《培远堂手札节要》卷下，《陈榕门先生遗书》，广西省乡贤遗著编印委员会，1943 年。

之道？"[1]既治汉学，也精理学，"才名满天下"的程晋芳对阳明学术的历史价值予以肯定。其《正学论》说："阳明之学，本于象山。其为流弊，至使人自事其心，束书不读，非其近禅之过乎？然遂指陆王之学为禅，则愚不敢也。"提出"学亦有正脉焉，偏脉焉。以陆王为洪水猛兽，攻之不遗余力，是儒家恶习，不可蹈也，从而学之，则过也。"[2]清廷也采取了一些措施，提高陆王之学的地位。像贵州阳明书院，一度被改为龙神祠，后来在雍正帝的支持下，重申守仁"讲明圣贤之学，化民牖俗"之功，仍予恢复[3]。阮葵生虽是讲理学者，但不专尊一家，而且对亭林之学颇为推崇。他针对一些理学家，特别是程朱一系学者试图垄断真理的做法，说："君子之道，自子臣弟友孝弟忠信始。虽孔子犹自谓未能。学者躬行心得，各有得力之处，圣人必不强之使出于一。"[4]正是从这一观念出发，阮葵生对理学界长期存在的门户纷争不以为然，尤其反对正统程朱学术将陆王之学斥为异端的做法，大胆为陆王学术辩护。他说："尝谓古今仁圣贤人，不朽于天地间者，惟德行功业气节文章四者而已。若象山之志在复仇，谈兵阅武，其守荆门，立社仓，筑城池，理财折狱，民望若神明，皆实在经济。至阳明定叛藩，折逆奄，用兵如神，爱民如子，视功名升沉险夷，如浮云之过太虚，而文章亦堪不朽。乃皆以道学少之。吾不知四者之外，更有何道学也！耳食之徒，指之为禅，极力诋谤，如有私仇。试平心而论，天下果有如是之禅乎哉？"[5]在《茶余客话·君子之道》一条中，他提出通向真理的途径多种多样的思想。他说：

1　陆耀辑：《陈绍洙与熊心垣书》，《切问斋文钞》卷一，同治金陵钱氏藏木。

2　程晋芳：《正学论三》，《勉行堂文集》卷一，嘉庆庚辰本堂藏版。

3　陈康祺：《何世璂、沈廷正理学门户之见》，《郎潜纪闻三笔》卷一，中华书局，1984年。

4　阮葵生：《君子之道》，《茶余客话》卷一〇，中华书局，1959年。

5　阮葵生：《论朱王之学》，《茶余客话》卷一〇，中华书局，1959年。

> 圣人之教在文行忠信，诗书执礼，亲炙者犹未能躐等。曾子则曰忠恕，颜子则曰博约，孟子则曰仁义而已，孝弟而已。以及濂溪之主静，明道之定性，伊川之敬，横渠之礼，象山之发明本心，紫阳之穷理致知，阳明之致良知，皆艰难辛苦，已试之效。过来人道个中语，亲切而有味。孔子复生，必不分彼此厚薄。譬之泾渭漆沮同入于河，潇湘沅澧同入于江，而江河又同入于海。今必指江入者为海，而河入者非海，有是理乎？指江河为旁流，而反引断沟绝港，蹄涔杯水为沧溟，坚持门户之见，党同伐异，牢不可破，岂非世道人心之患哉？[1]

阮葵生这段话是值得重视的。他将程朱陆王相提并论，本身就具有强烈的反传统意味，他提出破除门户之见，主张通向真理的道路是多元的，在某种程度上和袁枚关于每个人都应该拥有选择自己追求真理途径的权利的论述具有相似性。可见，18 世纪对理学，特别是程朱学术的迷信，在知识界确实大大削弱了，程朱学术垄断真理的时代，正在结束。嘉庆时焦循说："紫阳之学，所以教天下之君子；阳明之学，所以教天下之小人。紫阳之学，用之于太宽平裕，足以为良相；阳明之学，用之于仓卒苟且，足以成大功。""天下读朱子之书，渐磨莹涤，为名臣巨儒，其功可见。而阳明以良知之学，成一世功，效亦显然。然则为紫阳、阳明之学者，无容互訾矣。"[2]其言也许可以视之为 18 世纪朱陆调和倾向在新世纪的反映。从学术发展看，不辨门户，诚然可以减少纷争。但若不辨是非，不辨正误，缺乏讨论，学术就会走向沉寂，

1　阮葵生：《君子之道》，《茶余客话》卷一〇，中华书局，1959 年。

2　焦循：《良知论》，《雕菰楼集》卷八，《丛书集成初编》本，商务印书馆，1936 年。

走向衰落。也许18世纪的理学，其最严重的缺陷，就在于缺乏一种勇于求真，敢于讨论的精神和气象。

值得注意的是，当理学面临衰落局面而徘徊不定时，正臻于全盛的汉学内部这时也出现了明显的分化态势。学术研究从来都不会铁板一块，固定不变。若究其演变规律，大抵一般学术，在肇兴之初，有明确的批判对象，有坚定的发展方向，其倡导者忙于建立体系，传播主张，确立地位，故其主张尖锐多于深刻，涉猎广泛但探索未必邃深，其时弊端不易暴露，局限尚未显形。及其全盛之时，从者波靡，追随者从自己的角度，阐扬发挥，仁者见仁，智者见智，于是难免歧见迭出，而学术本身经年历岁，经众人细加审视，其不足也纷纷显露。于是主张修正者有之，主张抛弃者有之，主张固守者有之，学术分化便成必然。汉学之发展也是如此，当惠栋倡导之际，其内部异说尚少，降至乾隆中后期，分化之势即已十分明显。这主要表现在以下两个方面：

一是对理学的基本态度不同。如前所述，尽管汉学在对待宋学学风的态度上意见基本一致，对其理论体系进行批判的声音也颇洪亮，但和宋学不同，它没有一套相对统一的政治观和社会观，没有建构一套完整的理论体系。这一理论上的不足致使其学者在对待宋学所倡导的伦理观念、道德是非上观点不一。像戴震那样猛烈抨击理论伦理学说观者有之，但主张兴汉而不反宋，反对过分强调汉宋门户者也不乏其人。江藩曾针对当时“汉学昌明，遍于寰宇，有一知半解者无不痛诋宋学”的情形，指责说：“本朝为汉学者，始于元和惠氏，红豆山房半农人手书楹帖云：‘六经尊服郑，百行法程朱’，不以为非，且以为法，为汉学者，背其师承，何哉？”[1]程晋芳精研汉学，为学界名儒，“于学无所不通”，“于五经皆有撰述。《易》有《知旨编》，《书》有《今文释义》、

1　江藩：《国朝宋学渊源记》卷上，生活·读书·新知三联书店，1998年。

《古文解略》《诗》有《毛郑异同考》，《春秋》有《左传翼疏》，《礼》有《礼记集释》"[1]，但笃守程朱，翁方纲谓其"综核百家，出入贯串于汉宋诸儒之说，未始不以程朱为职志也。"尝称：于宋儒"天道人纪，节心制行，务为有用之学，百世师之可也。"[2]姚鼐主张考据，精研经学，但以阐发义理为其基本目的。故他对汉学中批驳程朱风气极为反感。他说："今世学者，乃思一切矫之，以专宗汉学为至，以攻驳程朱为能。倡于一二专己好名之人，而相率而效者，因大为学术之害。夫汉人之为言，非无有善于宋而当从者也。然苟大小之不分，精粗之弗别，是则今之为学者之陋，且有胜于往者为时文之士，守一先生之说而失于隘者矣。"[3]翁方纲"论学以考订为宗，诗文以质厚为本"[4]，但也颇为尊奉程朱，尤其重视对义理的追求，尝对学者"稍窥汉人涯际，辄薄宋儒为迂腐，甚者且专以攻击程朱为事"的风气提出尖锐批评[5]。他明确指出：

> 考订之学何以专系之经也？曰：考订者为义理也，其不涉义理者亦有时入考订，要之，以义理为主也。学者束发受书，则由程朱以仰窥圣籍，及其后见闻稍广而渐欲自外于程朱者，皆背本而骛末者也。是亦因宋后诸家专务析理，反置《说文》、《尔雅》诸书不省，有以激成之。吾今既知朴学之有益，博综考订，勿蹈宋后诸家之弊则得之矣。而岂敢专执考订以叛正路乎？[6]

1 赵怀玉：《勉行堂五经说序引》，见程晋芳：《勉行堂文集》，嘉庆庚辰本堂藏版。

2 翁方纲：《蕺园程先生墓志铭》，《复初斋文集》卷一四，商务印书馆，1935年。

3 姚鼐：《复蒋松如书》，《惜抱轩全集》文集卷六，中国书店，1991年。

4 翁方纲：《李彦章跋》，《复初斋文集》光绪三年，商务印书馆，1935年。

5 翁方纲：《送卢抱经南归序》，《复初斋文集》卷一二，商务印书馆，1935年。

6 翁方纲：《自题校勘诸经图后》，《复初斋文集》卷六，商务印书馆，1935年。

翁氏之意是要将汉学置于宋学的从属地位，故其强调："今日儒林之目必以笃守程朱为定矩。"[1]徐世昌《大清畿辅先哲传》则称："方纲精心绩学，喜言考订，以衷于义理为归，一字一句，必求根据，不为汉、宋门户之见。"[2]

也有一些学者在考经证史的同时，站在理学的立场，主张对传统的理学思想进行改造，比较典型的是戴震的同学程瑶田。

程瑶田，生于雍正三年（1725年），卒于嘉庆十九年（1814年），本字易田，后改字易畴，一字伯易，号葺荷，又号葺翁，亦称让泉过客，晚以让名堂，因称让堂老人，又称寿丈人，安徽歙县人。乾隆三十年（1775年）举人，选嘉定教谕，嘉庆元年举孝廉方正。乾嘉之际，程瑶田以汉学名家，"笃志治经"，长于名物考证，戴震也"自言逊其精密"[3]。时人则称其才"足以兄事东原，弟畜容甫"[4]。不过，和一般汉学学者不同，程瑶田注重对义理的发掘，所著《通艺录》，"义理、训诂、制度、名物、声律、象数之学，殆无不备"。尤其是《论学小记》，颇受清人推崇，认为"说理湛深，切实精详。根据孔孟，不为偏激，足挽晚近重汉轻宋之失"[5]。这里将程瑶田的哲学思想专门提出来，倒不是因为他像袁枚、戴震那样提出了一种变革性的新思想，而是因为他的一些主张直接影响到了焦循、凌廷堪的哲学主张，从学术发展的角度研究清代思想变迁，不可不给此人一席之地。

在18世纪的学术名家中，程瑶田以将"情"置于正统伦理体

1 翁方纲：《与曹中堂论儒林传目书》，《复初斋文集》卷一一，商务印书馆，1935年。

2 徐世昌：《翁方纲》，《大清畿辅先哲传》卷二三，北京古籍出版社，1993年。

3 《程瑶田》，《清史列传》卷六八，明文书局，1986年。

4 罗继祖辑：《程易畴先生年谱》，嘉庆十九年条，《北京图书馆馆藏珍本年谱丛刊》第105册。

5 罗继祖辑：《程易畴先生年谱》，嘉庆十九年条，《北京图书馆馆藏珍本年谱丛刊》第105册。

系中的显著位置而格外引人注目。传统理学家一般强调“心统性情”，对情在道德整合中的作用重视不够。程瑶田在论证心、情、性的有机统一时，特别重视“情”的独特作用。他提出：“性不可见，于情见之。情于何见之？见于心之起念耳。人只有一心，亦只有一念。”[1]与此同时，程瑶田将情和善恶以及儒家诚意、慎独功夫结合起来，他认为：“情，其善之自然而发者也。才，其能求其本然之善而无不得者也。性善，故情善而才亦善。”[2]又云：“性善，情无不善也。情之有不善者，不诚意之过也。”[3]既然情是善的，无有不好，程瑶田就顺理成章地将“尽情”作为整合伦理道德的基本出发点。在《诚意义述》中，他比较全面地阐发了自己关于情与诚意、善恶的关系。他说：

> 余言诚意之意，非私意之谓，乃真好真恶之情之发于性者。然则意与情无别乎？曰：非无别也，意不能离乎情耳。好恶之出于不容已者，情也；好恶之情动于中而欲有所作为者，意也。是故吾好是善而欲为之；吾恶是恶而不使有之，是情之见于意者也。乃好之而不尽其真好之情，恶之而不尽其真恶之情，是虽好恶之情已动其为善拒恶之意，而好恶之量有所未尽，则不能充实其为善拒恶之意，以无负其出于不容已之情，是之谓不诚其意。

程瑶田提出：“发于情之好恶，是真好真恶”，为人“知其当然而即无丝毫之不然，是能充实其为善拒恶之意，而能不负其出于不容已之情，夫是之谓诚其意也。”[4]而程瑶田的“情”，在很大程

1 程瑶田：《通艺录·论学小记三十八·述性三》，《安徽丛书》本，1936年。
2 程瑶田：《论学小记三十二·诚意义述》，《安徽丛书》本，1936年。
3 程瑶田：《论学小记·三十六·述情一》，《安徽丛书》本，1936年。
4 程瑶田：《论学小记二十·诚意义述》，《安徽丛书》本，1936年。

度上和所谓的“善念”是同一概念，即情“见于心之起念”，“只此一念，善者必居其先，恶则从善而转之耳。”[1]这就不难看出，程瑶田的“情”和戴震、袁枚等人所倡导的人情、人欲具有原则区别，在哲学观上它和王阳明的“求诸其心一念之良知”十分接近。不过，从程瑶田从“情”的角度讲诚意，以“尽情”而论善恶中，我们仍可以看到，随着时代的变化，一些目光敏锐的正统思想家，已经不能不更多地注意到人自身的喜怒哀乐和情感需要，尽管理学家的“情”和世俗生活中的人情和人欲还具有很大的距离。

在18世纪的汉学家中，像程瑶田这样言考据而又试图改造理学者还有其人。围绕对理学及儒家经典等方面的不同态度，加速了汉学内部的分化，而这一分化进一步促进了18世纪思想观念的变迁。

二是研究重点、研究领域的转移。汉学在最初兴起时，研究重点主要集中在先儒经典上，但降至18世纪中后期，学术研究就出现了新的景象，有治经者，有治史者，亦有治诸子者，还有研究古算和西学者。学术内部也因师承不同、研究风格不同以及研究领域的差异，而出现新的分野。这一纷繁局面和与同时存在的其他学术流派（如浙东学术），以及正在变革的社会观念结合起来，就使当时的中国学术呈现出秦汉以来少有的多元化发展趋势。

值得注意的是，这个时期一些长于思考，对学术发展方向十分敏感的汉学家，已经察觉到了汉学在传播中所产生的种种流弊，其代表人物是凌廷堪。他在乾隆五十八年（1793年）夏所作《与胡敬仲书》中，比较深刻地分析了学术发展的一般规律，他指出：惠、戴之学兴起后，虽然“谐声诂字必求旧音，援传释经必寻古

1　程瑶田：《论学小记三十八·述性三》，《安徽丛书》本，1936年。

义”，“彬彬乎有两汉之风”，但与此同时，一种不良的学风也在产生，这就是追求宏博之虚名，不求甚解，以批判宋学为能事，将严肃的学术探索、学术讨论庸俗化。凌廷堪说：“浮慕之者，袭其名而忘其实，得其似而遗其真。读《易》未终，即谓王韩可废；诵《诗》未竟，即以毛郑为宗；左氏之句读未分，已言服虔胜杜预；《尚书》之篇次未悉，已云梅赜伪古文。甚至挟许慎一编，置九经而不习，忆《说文》数字，改六籍而不疑。不明千古学术之源流，而但以讥弹宋儒为能事，所谓天下不见学术之异，其弊将有不可胜言者。”故凌廷堪惊呼“矫其弊，毅然而持之者，谁乎？”[1]钱大昕则对汉学发展中出现的片面的崇古之风也深为担忧。他说：“自惠、戴之学盛行于世，天下学者但治古经，略涉三史，三史以下，茫然不知，得谓之通儒乎？”故作《廿二史考异》，力图从自身做起，以纠学术偏颇之弊[2]。程晋芳对惠栋等人过分迷信汉儒的做法不以为然，其《〈易汉学〉跋》、《〈周易述〉跋》二文强调“诗书、三礼、三传，汉儒注释多胜后人，至《易》学则宋明以来较胜于汉人”，对惠栋“惟汉《易》用师法得其传”的说法予以驳正[3]。此外，他还站在理学的立场，对汉学研究中流行的忽视义理，但求其古的风气，提出尖锐批评，并辞及惠栋等人的崇汉主张。其《正学论》云：

古之学者日以智，今之学者日以愚。古之学者由音释训诂之微，渐臻于诗书礼乐广大高明之域，今之学者琐琐章句至老死不休。何雅俗大小之不同也！且海内儒家，昌言汉学者几四十年矣。其大旨谓唐以前书皆寸珠尺璧，无一不可贵。

1　凌廷堪：《与胡敬仲书》，《校礼堂文集》卷二三，中华书局，1998年。

2　江藩：《钱大昕》，《汉学师承记》卷三，中华书局，1983年。

3　程晋芳：《〈易汉学〉跋》、《〈周易述〉跋》，《勉行堂文集》卷五，嘉庆庚辰本堂藏版。

由唐以推之汉，由汉以溯之周秦，而九经史汉注疏为之根本，宋以后可置勿论也。呜呼！为宋学者未尝弃汉唐也，为汉学者独可弃宋元以降乎？然而学士大夫相率而趋，同辙合途，莫有异者，何也？余尝静而思之，有二故焉：曰天也，人也。天之道，气运往复而已矣。自明中叶以后，士人高谈性命，古书束高阁，饱蠹蟫，其所教人应读之书，往往载在文集。真所谓乡塾小儒，抱兔园册子者，足令人喷饭也。勿极则反，宜乎今之儒者，得唐以前片言只字，不问其理道如何，而皆宝而录之，讨求而纂述之，此非往复之道乎？若夫人心之巧，则又有暗与事合者。唐以前书，今存者不多，升高而呼，建瓴而泻水曰：我所学者，古也。致功既易，又足以动人。若更浸淫于宋以来七百年之书，浩乎若涉海之靡涯，难以究竟矣。是以群居坐论，必《尔雅》、《说文》、《玉篇》、《广韵》诸书之相砺角也，必康成之遗言、服虔、贾逵末绪之相讨论也。古则古矣，不知学问之道果遂止于是乎？[1]

程晋芳在这里指出汉学发展的两大弊端，即片面求古，忽视“理道”，都反映了当时的实际情况。确实，在18世纪的知识界，出现了一种忽视义理，淡化理论的风气。这种风气表现在汉学上，就是为考据而考据，表现在经世思潮中，就是片面追求经济事功，以急功近利的态度对待理论思维和学术发展。如果这种风气蔓延开来，最终会危及学术的前途，程晋芳、翁方纲等人，站在义理的角度，力图改变这种状况，在坚持汉学严谨、求实学风的同时，主张保留和继承理学重视理论思辨，勇于探求义理的传统，应该说是具有先见之明的。

值得指出的是，汉学本身具有的弊端尚未完全展开，清朝统

1　程晋芳：《正学论四》，《勉行堂文集》卷一，嘉庆庚辰本堂藏版。

治危机就完全暴露，随之而来的是萧条冷落的中衰之世。就像陆王之学在清初知识界成为明朝衰亡的替罪羊一样，在中衰的年代，昔日曾经盛极一时的汉学，也逐渐成为一些知识分子批判的对象，成为应当为清朝衰落承担负责的“乱经”、“叛道”学问。与此同时，一直在知识界酝酿、作用的经世思潮，在宋学没落、汉学凋敝的新形势下，急剧高涨起来，并赋予了主张变革的新的时代内涵，中国的学术随之出现新的转机，这就是以今文经学为代表的经世变革之风。

第四节　学术观念的多元化（上）

学术活动，从表面上看，往往是属于个人的，它直接导源于个人的观察与研究。但实际上，它是属于社会的，或更准确地说，是社会与个人相互作用的产物。任何学术研究都不可能不受到学者个人在社会利益关系中所处地位的影响和制约，所谓的学术思想实际上是以利益分配关系为核心的社会现实，在高层次的精神活动领域的集中体现。除此之外，还有两个现象也深刻影响着学术的发展：一是其时知识界所营造的学术氛围或风气，这就是所谓的学术大环境；二是学者个人所处的小环境，特别是他与家学、师友的关系。学术思想反映了一个时代知识精英的道德情感、人生追求和社会理念，它不可避免地被打上那个时代独有的历史印记，但与此同时，它又以种种方式回到社会去，回应社会对它的刺激。

18世纪的中国是一个传统学术全面繁荣的辉煌时代。这一繁荣既基于物质财富的丰盈，又集中体现了传统社会的和谐、鼎盛和潜伏着的变革趋势。我们看到，在这一百年中，正统的与非正统的，主流的与反主流的，保守的与变革的，传统的与反传统的观念交织一体，风云际汇，波涛相接，其时观念活跃之程度，虽然不能和战国时代，诸家之说，蜂出并作，各引一端，崇其所善

的景象相提并论，但就其发展的深度，涉猎的广度，则远远超过以往任何一个时代。无论是它提出的问题，取得的成就，还是产生的弊端，在今天看来，都具有重要的借鉴价值，都值得人们进行深刻的反思。至于这个时期学者及其所属学派之成就与特色，在一定程度上取决于他（它）对汉宋学术的基本态度，以及他（它）从理学和汉学中所获得之学术营养。比较典型的如，浙东学术，因其远承蕺山遗绪，故虽以史学见长，但仍不免心学气象，即强调性命不可空言，而于史学见之[1]。戴震为学重视“求其是”，故在理论上能大胆与程朱对立，其思想解放之成就也远较一般士人为高。惠栋、翁方纲、程晋芳等人，在基本思想上尊汉而不反宋，理论创新虽不突出，但其考据成就仍足传世。具体说来，18世纪的学术观念，除了前面已经论述的围绕主流学术而产生的种种观念纷争外，还存在着疑经倾向、反科举倾向、信仰多元化倾向，以及经世思潮、子学研究、西学观和世界观等众多内容。这些不同的学术观念，各阐精微，争奇斗艳，使这一百年的中国学术呈现出宏博、浩瀚、丰富多彩的独特人文景观。下面，笔者将对这些反映时代价值取向的基本学术倾向及其得失做出评述，不过，在进入正题前，先对18世纪中国学术的基本分布作粗略分析，因为这是了解18世纪学术多元化的基本前提。

学术研究的多元化，是学术观念多元化的基本前提。如果仔细考察中国传统学术史，可以发现，清代以前，学术发展是比较单纯的。先秦的百家争鸣，与其说是学术的多元，毋宁说是社会理念的多元，政治、社会追求的多元。秦汉以降，随着“罢黜百家，独尊儒术”，学术发展更加单调，尽管异端思想历代有之，但

1　章学诚云：“知史学之本于《春秋》，知《春秋》之将以经世，则知性命无可空言。”（《内篇五·浙东学术》，《文史通义校注》卷五）不空言性命，并不等于不言性命，而是强调“道不可以空铨，文不可以空著。”（《内篇三·史释》，《文史通义校注》卷三）

学术研究本身，很少突破儒释道三家范畴，无论是研究方法，还是研究对象，都受到很大局限。只是到18世纪，中国传统学术才形成全方位多层次发展的新格局。这一局面之形成，当然直接源于理学垄断地位的结束，实事求是学风的推行，严谨而科学的考据方法的引用。粗略地讲，这个时期大致存在着下面几种主要学术领域，对其中一些研究领域的思想内涵及其社会影响，笔者将在后面的章节作专门分析：

理学：以程朱、陆王两大学术流派为主，具有独立的庞大的学科体系。与此同时，一些新的理学理念也已产生；

经学：这里主要指的是对儒家经典的研究、分析与阐扬（在一些人看来，将理学和经学区别为二，并不妥当，也有人认为汉学就是经学，在笔者看来，这两种说法都有道理，但都不确切），18世纪当然以汉学家的经学研究成绩最为突出；

诸子学：对诸子百家的研究。18世纪子学研究趋于活跃，并取得突出成就。在这个过程中，许多新的观念得到阐扬和发挥；

小学：音韵、训诂、名物、典章制度的研究，在这个时期迅速发展，为其他各学科的发展，奠定了良好基础；

史学：除了传统史学研究领域外，史学理论、方志学、边疆史地学也逐渐完善，并取得显著成绩；

科学理论：尽管当时没有这个概念，但在汉学兴起，学术观念多元化过程中，中国知识界的整体科学水平有了提高。这里有几点值得重视：一是中国传统科学理论被发掘出来，并得到阐扬和发挥，如对《周髀算经》、《九章算术》等书的整理和研究。二是对无神论的研究和传播。顺康时期，熊伯龙所辑《无何集》是一部批判迷信和神学的资料集，该书在乾隆年间被刊刻，被视为“真千古异书”，得以流传[1]。洪亮吉曾对颇受清朝统治者尊崇的

1　熊伯龙：《无何集》，第483～484页，中华书局，1979年。

“敬天法祖”观念提出质疑，认为天地祖宗均无神灵，所谓鬼神，不过是因人之敬畏而产生的一种虚假现象罢了。他说：“高曾祖考之鬼，凡属子孙亦无不爱而慕之，是高曾祖考之鬼，亦即生于子孙之心而已。”“吾闻轻清者为天，重浊者为地，未闻轻清之中，更结为台殿宫观及天神之形质也，重浊中更别具房廊舍宇及地祇之形质也。且天苟有神，则应肖天之圆以为形，地苟有神，则亦应规地之方以为状。今世所传天神地祇之形则皆与人等，是则天地能造物之形而转不能自造其形，不能自造其形，乃至降而学人之形，有是理乎？”[1]其言体现出鲜明的无神论倾向，在一定程度上反映了乾嘉之际知识界的鬼神观和自然观。三是西学知识，特别是西方科学知识的进一步传播，对西洋科学理论的探索继续进行，对西学学术价值的认识趋于深化。对此，笔者在后面将作专门论述。

政治学：当时没有这个名目。以现在的眼光看，18世纪是中国传统政治思想，特别是行政管理理论成熟化发展的时代，并在实际政治生活中产生了重要影响。注重行政管理，注重行政理论建设，也许是清朝统治在18世纪格外巩固，清朝政权在未来岁月中能经受起多次重大风雨冲刷的重要原因之一。

需要说明的是，这里没有将汉学单独列出。应该说，汉学作为一种新的学术思潮、学术方法，影响到了当时学术发展的方方面面，史学中有汉学，经学中也有汉学，对古代科学的考察也离不开汉学，不将它单独列出，不是否定其存在价值，而是突出其对学术发展的主导地位。

上面列举的领域并不全面（如文学批评等就未列入），其中一些领域诚然是前代所具有的（如理学、经学等），但也有不少作为一个专门研究领域是新出现的（如边疆研究的兴起等），无论是传

1　洪亮吉：《天地篇》，《卷施阁文甲集》卷一，乾隆乙卯贵阳节署刊本。

统的，还是新兴的，都具有这个时代独有的特色，都或多或少地贯穿着经世务实的价值倾向。从学术体系中我们可以看出，当时的学术发展是比较全面的。既有高层次的，以寻求义理为主要目标的哲学思辨，也有具体的、细致入微的考据分析；既有对当代政治社会的考察，也有对历代沿革、治乱盛衰的研究；既有对中原地区的分析与关注，也有对边疆乃至其他国家资料的搜集与辨析。所有这些都表明，中国知识界的视野开阔了，分析能力增强了，研究兴趣多样化了。中国学术随之进入了一个总结传统，蕴含变革的新时代。而这一历史进步体现在观念领域，就是多元化局面的形成。18 世纪影响较大的学术观念主要有：

疑经思想。18 世纪的中国知识界，就思想解放之途径而言，是从批判理学开始的，然在相当时期内，这种批判具有一明显的局限性，那就是不少人将批判的对象仅仅局限于宋儒，而对先儒经典存在着浓厚的迷信风气，也就是说，批判宋儒的目的是为了纯洁和捍卫先儒的经典，而不是怀疑和否定先儒经典。在一些汉学家眼里，六经神圣不可侵犯，不可触动一字。于是，对宋儒的迷信被对六经的迷信所取代。像王鸣盛就认为："更定经文不可也，更定传文则无不可。"[1] 惠栋甚至宣称："士之制行，非经不可，疑经者非圣无法。"[2] 然而，随着汉学内部的分化以及知识界突破传统束缚要求的增强，疑经作为一种学术风气，逐渐形成，并获得不少人的赞同或认可。卢文弨在《答臧生拄东镛堂书》中，曾对这一现象作过评论。他说：

疑经自是近世学者之病。生于《论语》，谓《齐》、《鲁》

1 王鸣盛：《礼记类解序》，《西庄始存稿》卷一五，《续修四库全书》本，集部第 1434 册，上海古籍出版社，2002 年。

2 惠栋此言见《答定宇第二书》，《小仓山房文集》卷一八，《袁枚全集》第 2 册，江苏古籍出版社，1993 年。

不过字句之异，非或有或无，《齐论》不及《鲁论》也。所言诚是。然门弟子各记所言，其才质不能无高下，其出于有子、曾子之徒者，固皆醇矣。或亦有不尽出于二子之徒者乎？《论语》记曾子启手足之言，则书之成，去圣人时已久，儒者所称孔子之言，荀卿即已疑其不实。孟子曰“尽信书，不如无书”。此亦通人之论也。[1]

卢文弨在18世纪学术名家中属于稳健之辈。然从其言辞中已可看出，他仍主张学者独立思考，不为经典所拘，并对《论语》一书能否全面、准确反映孔子的真实思想持存疑态度。杭世骏尽管在饱经政治风霜之后，变得言辞乖巧起来，但在学术研究中，对一些重要学术问题，仍具有自己的独到见解。他委婉地提出：“六经皆圣人手定，而其言不必皆出于圣也。”[2]他从考证历史的角度，对孔子关于上古“天下为公”的说法提出质疑，感叹中国帝王“家天下之制其来远矣”。辞云：

宋吴枋《宜斋野乘》云：《说苑》载鲍白令之对始皇曰：天下官则让贤，家则世继。故曰：五帝以天下为官，三王以天下为家。今观《帝王世纪》云：黄帝次妃女节生少昊，则少昊乃黄帝子也，是传位与子自黄帝始，而非起于夏禹……是少昊传位于侄（黄帝孙颛帝）……则颛帝传位与从侄（黄帝曾孙喾，高辛氏）……则高辛又传位于子（挚）……则挚又传位与弟（尧）。《史记》并舜典疏以舜为黄帝八代孙，则尧传位与五世侄孙，前汉《律历志》载颛帝五世生鲧，则舜

1　卢文弨：《答臧生在东镛堂书》，《抱经堂文集》卷二一，《丛书集成初编》本，商务印书馆，1935年。

2　杭世骏：《常山邵氏重建康节先生祠堂记》，《道古堂文集》卷一七，光绪十三年汪曾唯刻本。

传位与六世祖之从兄弟。如是则五帝亦可谓之家天下。今溯五帝之上而观之，《礼记·注》云女娲承伏羲，而《淮南子·览冥训注》古天子姓风，则亦伏羲之子孙也。《礼记》、《国语》皆云炎帝少典之子。而《家语》与《史记》云：黄帝有熊国君，少典之裔子。《国语》又云：黄帝炎帝之弟，则二君同是少典之子。以此而观，家天下之制其来远矣。[1]

汪中的《大学平义》一文，从思想、语言等多种角度，对四书之一的《大学》的真伪提出怀疑，认为该书系宋儒附会孔门真传《大学》，以掩盖其禅学思想，可以说是一篇疑经杰作。他说：

《大学》其文平正无疵，与《坊记》、《表记》、《缁衣》伯仲，为七十子后学者所记，于孔氏为支流余裔，师师相传，不言出自曾子，视“曾子问”、“曾子立事”诸篇非其伦也。宋世禅学盛行，士君子入之既深，遂以被诸孔子，是故求之经典，惟《大学》之“格物致知”可与傅合而未能畅其旨也。一以为误，一以为缺，举平日之所心得者著之于书，以为本义固然，然后欲俯则俯，欲仰则仰，而莫之违矣。习非胜是，一国皆狂，即有特识之士，发寤于心，止于更定其文以与之争，则亦不思之过也。诚知其为儒家之绪言，记礼者之通论，孔门设教，初未尝以为至德要道，而使人必出于其途，则无能置其口矣。

周秦古书，凡一篇述数事，必先详其目而后备言之。其在《逸周书》、《管子》、《韩非子》至多，本书祭统之十伦，孔子间居之五至三，无皆是也。今定为经传以为二人之辞而首末相应，实出一口，殆非所以解经也。意者不托之孔子则

1 杭世骏：《五帝非官天下》，《订讹类编》卷二，中华书局，1997 年。

其道不尊，而中引曾子则又不便于事，必如是而后安尔。

门人记孔子之言必称“子曰”、“子言之”、“孔子曰”、“夫子之言曰”以显之，今《大学》不著何人之言，以为孔子义无所据。

孔子曰：“中人以上可以语上也；中人以下不可以语上也”，明乎教非一术，必因乎其人也。其见《论语》者问仁问政，所答无一同者，闻斯行诸判然相反。此其所以为孔门也。标《大学》以为纲而趋天下从之，此宋以后门户之争，孔氏不然也。宋儒既藉《大学》以行其说，虑其孤立无辅，则牵引《中庸》以配之。然曾子受业于孔门，而子思其孙也，今以次于《论语》之前，无乃傎乎？盖欲其说先入乎人心，使之合同而化，然后变易孔氏之义而莫之非，所以善用其术而名分不能顾也。[1]

应该说，汪中对《大学》的质疑，实际上揭露了这样一个事实：宋儒是要用《大学》的格物致知，掩盖其心性“顿悟”之说，以儒学之名，混同其禅学之实。既然汪中否定了《大学》的经典地位，也就否定了宋儒心性之说的权威地位。这可以说是汪中怀疑《大学》的重要出发点。

当然，18 世纪在疑经方面走得最远者，当属本书反复谈及的思想大师袁枚以及稍晚一点的崔述。

和历史上许多激进思想家一样，袁枚虽然宣称推崇圣人，推崇先儒经典，但在思想解放的道路上，他却较同时代许多知识精英更进一步。在某种程度上讲，袁枚心目中的圣人、经典是为他的社会理想服务的，而不是他信念的束缚者，这大概就是为什么袁枚论学虽不及汉学家们严谨，但却更多了一些思想灵光的原因。

1　汪中：《大学平义》，《述学·补遗》，嘉庆江宁刘文奎子觐宸仲高刻本。

袁枚明确提出：治学者绝不应当迷信儒家所谓经典，而是应该相信疑经非圣人所禁。袁枚认为：三代以上无经字，更无六经名目，即“向来原有此书，但名《诗》、《书》、《周易》，不名经也。自汉人多事，名曰‘六经’，造作注疏，穿凿附会，致动上帝之怒。”[1]《随园随笔》说：“古有史而无经，《尚书》、《春秋》皆史也，《诗》、《易》者，先王所传之言，《礼》者，先王所立之法，皆史也。故汉人引《论语》、《孝经》皆称传不称经也。”[2]经既为史，当然可以怀疑，可以批判，故袁枚尖锐批评惠栋迷信经典的态度，他说：

> 夫穷经而不知经之所由名者，非能穷经者也。三代上无“经”字，汉武帝与东方朔引《论语》称传不称经。成帝与翟方进引《孝经》称传不称经。“六经”之名，始于庄周；“经解”之名，始于戴圣。庄周，异端也；戴圣，赃吏也，其命名未可为据矣。恒、灵刊《石经》，匡、张、孔、马以经显。欧阳歙赃私百万，马融附奸，周泽弹妻，阴凤质人衣物，熊安称触触生，经之效何如哉？六经中惟《论语》、《周易》可信，其他经多可疑。疑，非圣人所禁也。孔子称“多闻阙疑”，又称“疑思问”。仆既无可问之人，故宜长阙之而已。且仆之疑经，非私心疑之也，即以经证经而疑之也。其疑乎经，所以信乎圣也。“六经”者，文章之祖，犹人家之有高、曾也。高、曾之言，子孙自宜听受，然未必其言之皆当也。“六经”之言，学者自宜参究，亦未必其言之皆醇也。疑经而以为非圣者无法，然则疑高、曾之言，而为之干蛊，为之讥

1　袁枚：《麒麟喊冤》，《续子不语》卷五，《袁枚全集》第4册，江苏古籍出版社，1993年。

2　袁枚：《古有史无经》，《随园随笔》卷二四，《袁枚全集》第5册，江苏古籍出版社，1993年。

谏者，亦可谓非孝者无亲乎？[1]

袁枚疑经不成体系，但涉及范围十分广泛，包括《春秋》、《尚书》、《三礼》、《论语》、《孟子》等多部著作。袁枚尝说："《大学》、《中庸》、《戴记》也，宋以前并未列为一经。孟子，老、荀流也，宋以前并未尊为四子。宋儒因其说理稍纯，遂尊之，与《论语》并垂，过矣。因之议论纷纷，辩生于末学，殊可厌也。"[2]袁枚对孔子修《春秋》的传统说法颇存疑义。他举例说："《左氏》：韩宣子适鲁见《易》象与《鲁春秋》，以为周礼在鲁，似《春秋》为鲁史无疑。然《楚语》，庄王传太子，申叔时教之以《春秋》。《晋语》称羊舌肸习于《春秋》。其时孔子未修，而《春秋》一书，楚、晋二国已传诵之者，又何也？"[3]故他提出："（孔子之前）四方之国有《春秋》久矣。或者孔子自卫反鲁，正《雅》、《颂》之余，偶读《春秋》，而略加修饰。公谷所引有'不修《春秋》'之称，是未可知也。而作则断无之事。"[4]清代《尚书》研究的最大成就是论证《古文尚书》为伪书，同时对《今文尚书》进行梳爬整理，然对《今文尚书》之真伪罕有提出怀疑者，袁枚却以巨大的理论勇气论证《今文尚书·金縢》为伪书，提出："《金縢》虽今文，亦伪书也。"为此，他作《金縢辨》上下两篇，从礼制、政体、人情等多种角度，专辨其伪，认为"汉求亡经过甚，致伪书杂出"，《金縢》即系其中之一，强调"《尚书》遭秦火，多缺

1 袁枚：《答定宇第二书》，《小仓山房文集》卷一八，《袁枚全集》第2册，江苏古籍出版社，1993年。

2 袁枚：《牍外余言》卷一，第8条，《袁枚全集》第5册，江苏古籍出版社，1993年。

3 袁枚：《策秀才文五道》，《小仓山房文集》卷二四，《袁枚全集》第2册，江苏古籍出版社，1993年。

4 袁枚：《答叶书山庶子》，《小仓山房尺牍》卷八，《袁枚全集》第5册，江苏古籍出版社，1993年。

失，学者谈《金縢》，都难凭信”[1]。需要特别提出的是，袁枚对《金縢》提出质疑，在《尚书》学史上应占有一席之地。《金縢》非原始文件，后来得到孙星衍的论证。孙星衍认为该篇“‘秋大熟’以下，必非《金縢》之文。”“孔子见百篇之书，而《序》称周公作《金縢》，周公不应自言死后之事，此篇经文当止于‘王翼日乃瘳’。或史臣附记其事，亦止于‘王亦未敢诮公’也。其‘秋大熟’已下，考之《书序》，有成王告周公作《薄姑》，则是其逸文。后人见其词有‘以启《金縢》之书，乃以属于《金縢》耳。’”[2]后人一般以孙星衍为《金縢》始辨者。事实上，孙星衍在乾隆五十九年才开始作《尚书今古文注疏》，嘉庆二十年才完成[3]。袁枚作《金縢辨》当在乾隆四十年编辑《全集》以前，远较星衍为早。治学术史者往往以袁枚为文人，而对其学术成就不用心探究，实为一大遗憾。

袁枚对《尧典》的真实性也表示怀疑。他诘难说：“若稽古帝尧，此追序之词也。不千百年，何遽称古？然则《尧典》者，夏书耶？商、周书耶？康成训‘古’为天，‘稽’为同。尧、舜同天可也；皋陶同天，亦可欤？孔安国疏‘稽古’为顺考古道而行。夫置闰，古无有也；治水，古无有也。然则尧之所以顺考而行者，何古也？不能先觉而试鲧九载，民何辜欤？不明试以功，而试以二女，有此试人法欤？纳于大麓，果即捐阶焚廪意欤？抑是大录天下之政欤？岁二月东巡，至十月而五岳已毕，天子之车，吉行三十里，其周流得及欤？”[4]

1　袁枚：《金縢辨上下》，《小仓山房文集》卷二二，《袁枚全集》第2册，江苏古籍出版社，1993年。

2　孙星衍：《尚书今古文注疏》卷一三，《金縢第十三，周书四》，中华书局，1986年。

3　孙星衍：《尚书今古文注疏·序》，中华书局，1986年。

4　袁枚：《策秀才文五道》，《小仓山房文集》卷二四，《袁枚全集》第2册，江苏古籍出版社，1993年。

如果说袁枚对《尚书》的怀疑尚局限于《金縢》、《尧典》数篇，那么，他对《周礼》、《仪礼》的怀疑则是全局性的。在给三礼馆副总裁李绂的信中，他详细阐发了自己对《周礼》、《仪礼》二书的怀疑，并明确提出应当对经典采取“存疑多，存信少”的态度。他说：

夫三代远矣，今之微文大义，幸不绝如线者，赖有孔子。孔子之言又杂矣，今之可信者，赖有《论语》。引孔子为断，而三代之礼定；引《论语》为断，而孔子之言定。孔子赞《周易》，正《雅》、《颂》，志欲行周公之道，形于梦寐，岂有周公手定之书，竟不肄业及之之理！子所雅言，《诗》、《书》外惟礼加一执字，于《石经》为艺字。盖《诗》、《书》有简策之可考，而礼则所重在躬行，非有章条禁约也。故孺悲学丧礼于夫子，而夫子亦常问礼于老聃。使《仪礼》有书，《周礼》有书，则人人依书而习之足矣，又何执礼、学礼、问礼之纷纷耶？[1]

袁枚说:“后儒以《礼》证之《诗》、《书》不合，以《礼》证《礼》又不合，于是附会以为周公未成之书。夫周公相成王，夜以继日，犹恐天下不治，何暇仰屋梁偈偈著书！又论证说：

后世学孔子者莫如孟子，证《春秋》者莫如《左传》。孟子言周室班爵禄，其详不可得而闻；言井田经界，亦以意为之，而引《诗》及龙子之言为证。使当日《周礼》尚存，则郊遂川浍之名，历历可数。孟子守先王之道以待后之学者，

1 袁枚：《答李穆堂先生问三礼书》，《小仓山房文集》卷一五，《袁枚全集》第2册，江苏古籍出版社，1993年。

而竟目不一见此书，其所守者何道也？子产争承于晋，子服景伯却百牢于吴，不引大行人之职以折之。郤至惧金奏，知罃《桑林》，亦不引大司乐之职以谢之。诸贤皆博物君子，而所学乃不如郑、马，其所博者又何物也？……若鲁所守乃先世之礼，与他国所存周家之书，亦未尝无一二可考者。史克对宣公曰："先君周公制周礼，曰则以观德，德以处事。"又"作誓命曰：'窃贿为盗，盗器为奸'。"单于称周制曰："列树以表道，列鄙食以表路。"周之秩官曰："敌国宾至，关尹以告。"申无宇曰："文王之法曰：有王荒阅。"此数书者，考之今之《周礼》，绝无其词，岂左氏之所引者亡，而左氏之所未引者反存耶？抑左氏、孟子均不足信，而惟今之《周礼》、《仪礼》为足信耶？[1]

袁枚说："总而论之，今之《周礼》，今之《管子》、《晏子》也。管子相桓公，才最大；晏子事景公，学甚正。今所传之书殊驳，必非管、晏所作。夫以杂霸之才，后人拟之而不类，况周公乎？以无关重轻之《管子》、《晏子》，后人尚附会之，况《周礼》乎？当今尧、舜在上，礼乐明备，愿先生纂修之际，存疑多，存信少，方可以质圣人垂后世而不惑。"[2]

应该说，袁枚提出对先儒经典采取"存疑多，存信少"的态度是科学的。敢于疑古，特别是敢于对经典提出质疑，不但需要非凡的理论勇气，同时也需要非凡的理论见识和历史洞察力，这就是为什么在任何时代知识界都是学者多而大师少、平庸者多而杰出者少的缘故。

1　袁枚：《答李穆堂先生问三礼书》，《小仓山房文集》卷一五，《袁枚全集》第2册，江苏古籍出版社，1993年。

2　袁枚：《答李穆堂先生问三礼书》，《小仓山房文集》卷一五，《袁枚全集》第2册，江苏古籍出版社，1993年。

《论语》在儒家理论体系中一直处于十分显赫的地位，袁枚也曾有“六经中惟《论语》、《周易》可信，其他经多可疑”之言，又说：“书之可信者，莫如《论语》”[1]。然而，在具体研究中，他仍对《论语》的真实性提出怀疑，尝谓：“诸子百家冒孔子之言多矣。虽《论语》，吾不能无疑焉。”[2]袁枚怀疑《论语》，主要是从史学的角度，认为其未必能准确反映孔子的真实思想。他以《论语》对管仲的评价为例说：“齐人最尊管仲……以管仲为仁者，齐之弟子记之也”；“鲁人素薄管仲……以管仲为无一可者，鲁之弟子记之也。”而这些评论都不能反映孔子的看法，“均有伪托，未足为信。然则圣人之言如何？曰：‘人也，夺伯氏骈邑三百’，‘没齿而无怨’焉；善善从长，誉而不过，此圣人之论管仲也。”袁枚进一步指出：在《论语》中，“记者记其言，而不记其所以言，致注疏家往往窒碍。其答弟子问者，则详于师说，而略于问辞；记言之体应尔也。”这一体例上的缺陷，使其内容更加不可靠，也容易导致许多曲解。从《论语》的文体结构看，袁枚这一评论是正确的[3]。

对经典的怀疑，导致了袁枚对儒家所谓“圣人”、贤哲的批评或嘲讽。《论语·雍也》载：“子见南子，子路不悦。夫子矢之，曰：‘予所否者，天厌之，天厌之。’”袁枚评论说：

> “子见南子，子路不悦。”汉、宋儒注疏以子路为南子淫乱，夫子不当见，故不悦……夫内言不出于阃，南子之淫，阴事也。中才之人，不道人暧昧，而况圣贤乎？而况国后乎？

1　袁枚：《答叶书山庶子》，《小仓山房尺牍》卷八，《袁枚全集》第5册，江苏古籍出版社，1993年。

2　袁枚：《〈论语〉解四篇》，《小仓山房文集》卷二四，《袁枚全集》第2册，江苏古籍出版社，1993年。

3　袁枚：《〈论语〉解四篇》，《小仓山房文集》卷二四，《袁枚全集》第2册，江苏古籍出版社，1993年。

夫子何人，而子路以刘桢平视之意测之，太鄙。朱子注："大夫入国有见其小君之礼。"此语虽不见经传，然《聘礼》载：同姓之国，夫人使下大夫劳使臣以二竹簋。鲁、卫兄弟也，君夫人与外臣通问，礼也。原不计夫人之贤否也。孔子不引礼以折子路，而乃急而援天以自明，更鄙。[1]

需要特别提及的是，在对待儒家经典问题上，章学诚和袁枚的看法比较相似。章学诚也认为经之名起于后世，而非一开始就有。最早六经之经文，系周公之旧典，而非《论语》、《孝经》诸书。他说：

六经之名起于后世，然而亦有所本也……六经之文皆周公之旧典，以其出于官守，而皆为宪章，故述之而无所用作。以其官守失传，而师儒习业，故尊奉而称经，圣人之徒，岂有私意标目，强配经名，以炫后人之耳目哉？故经之有六，著于《礼记》，标于《庄子》，损为五而不可，增为七而不能，所以为常道也。至于《论语》、《孝经》、《尔雅》，则非六经之本体也。学者崇圣人之绪余，而尊以经名，其实皆传体也，可以与六经相表里，而不可以与六经为并列也。盖官司典常为经，而师儒讲习为传，其体判然有别，非谓圣人之书有优有劣也。[2]

章学诚强调："六经初不为尊称，义取经纶为世法耳，六艺皆周公之政典，故立为经。夫子之圣，非逊周公，而《论语》诸篇不称经者，以其非政典也。后儒因所尊而尊之，分部隶经，以为

1　袁枚：《〈论语〉解四篇》，《小仓山房文集》卷二四，《袁枚全集》第2册，江苏古籍出版社，1993年。

2　章学诚：《汉志六艺第十三》，《校雠通义》卷三，上海书店，1988年。

传固翼经者耳。”[1]

章学诚颇有远见地指出：“事有实据，而理无定形，故夫子之述六经，皆取先王典章，未尝离事而著理，后儒以圣师言行为世法，则亦命其书为经，此事理之当然也。然而以意尊之，则可以意僭之矣。”[2]

对近现代学术发展影响最大的疑古思想家当属崔述。如果将崔述和袁枚作一比较，就会发现，二人在疑经疑古上无疑是一致的，但又存在着很多区别。其中最明显的是他们对先儒经典的不同态度。袁枚强调“古有史而无经”，心中没有固定的权威，也无一定的崇拜对象，故敢于对后世所谓经典、圣贤提出质疑和批判，勇于通过疑经阐扬自己独到的社会理念。崔述尽管对古代社会大胆存疑，对社会政治、学术发展有自己的独到认识，但与此同时在他心中却存在着某种既定的权威，他坚信“圣人之道”，坚信经典，所谓“圣人之道，在六经而已矣。二帝、三王之事，备载于《诗》、《书》，孔子之言行，具于《论语》。文在是，即道在是，故孔子曰：‘文王既没，文不在兹乎？’六经以外，别无所谓道也。”[3] 也就是说，崔述疑经、疑古的目的，实际上是为了尊经卫道，即：“盖自周道既衰，杨、墨并起，欲绌圣人之道以伸其说，往往撰为尧、舜、禹、汤、文、武、孔子之事以诬之而绌之；其游说诸侯者又多嗜利无耻之徒，恐人之讥己也，则伪撰为圣贤之事以自解说；其他权谋术数之学欲欺世以取重，亦多托之于古圣人；而真伪遂并行于当世。”他作《考信录》的目的则是要“黜百家之妄，存列圣之真”[4]。这一指导思想上的局限性，使他

1 章学诚：《内篇一·经解下》，《文史通义校注》卷一，中华书局，1994 年。
2 章学诚：《内篇一·经解中》，《文史通义校注》卷一，中华书局，1994 年。
3 崔述：《释例》，《考信录提要》卷上，《崔东壁遗书》，上海古籍出版社，1983 年。
4 崔述：《考信录自序》、《萧元桂崔东壁先生遗书序》，《崔东壁遗书·序目》，上海古籍出版社，1983 年。

在疑经的同时，对某些他所认为的无可置疑的儒家经典采取了某种迷信态度："居今日而欲考唐、虞、三代之事，是非必折衷于孔、孟而真伪必取信于《诗》、《书》，然后圣人之真可见而圣人之道可明也。"[1]从总体上讲，袁枚的疑经，与其说是求其真，毋宁说是求其是；崔述的疑经，与其说是求其是，毋宁说是求其真。袁枚为学勇于创新而疏忽考据，崔述治经长于辨伪而乏乎灵性，虽各有短长，然均在中国近三百年学术史上占有重要地位。

崔述疑经、疑古虽从尊经卫道的目的出发，但他对存疑和辨伪本身，仍显示出在当时难能可贵的理论勇气，并在今后的岁月中起到了促进思想解放的作用。

和袁枚比起来，崔述疑经范围更广，也更加有条理。对《大学》一书，崔述基本上否定了该书为曾子所作的传统说法，提出《大学》之出现当在战国，"非孔子、曾子之言也"。崔述认为，"忠恕"为《大学》之主旨，"盖曾子得之于孔子，而后人又衍之为《大学》者也"[2]。对《古文尚书》，崔述作《古文尚书辨伪》二卷，作"六证"、"六驳"，"究作伪之由，并述异真之故"，提出"此书乃南渡以后，晋、宋之间，宗王肃者之所伪撰，以驳郑义而伸肃说者耳"[3]。崔述对《古文尚书》的考证，显示出深厚的史学功底和思辨能力。道光四年（1824年），陈履和为《古文尚书辨伪》所作跋语中写道："右《尚书辨伪》二卷，先生晚年作；而卓识早定，故前著《考信录》，绝不称引一语，且力驳之。自宋、元以来，论辨《尚书》者何啻数十家。前明梅氏、国朝阎氏洋洋大篇，先生皆未之见。由今观之，正不啻数百年间人同堂讲晰。

1 崔述：《考信录自序》，《崔东壁遗书·序目》，《崔东壁遗书》，上海古籍出版社，1983年。

2 崔述：《曾子·大学非曾子所作》，《洙泗考信余录》卷一，《崔东壁遗书》，上海古籍出版社，1983年。

3 崔述：《古文尚书真伪源流通考》，《古文尚书辨伪》卷一，《崔东壁遗书》，上海古籍出版社，1983年。

先生识力所至，闇与古合，更有发前人所未发者。”[1]

附带提一句，崔述之弟崔迈治学沿崔述一途，曾作《古文尚书考》，所著《讷庵笔记》有《书经辨说》，专辨《古文尚书》之伪。崔述认为，崔迈所作，“其驳孔氏经传之伪，较顾（炎武）、李（绂）先生之所尤详”。崔迈的考证成果，被崔述《考信录》及相关著述所吸收，崔述围绕《古文尚书》的观点，在一定程度上体现了他们兄弟二人共同的学术心得[2]。

对《论语》，崔述也提出质疑，认为“今之《论语》，非孔门《论语》之原本，亦非汉初《鲁论》之旧本也。”[3]崔述认为，《论语》一书，有一些内容为后人所增入，以致“纯杂不均”。他论证说：

> 《汉书·艺文志》云：“《论语》，《古》二十一篇，出孔子壁中；《齐》二十二篇，多《问王》、《知道》；《鲁》二十篇。”何晏《集解》序云：“《齐论语》二十二篇，其二十篇中章句颇多于《鲁论》；是《齐论》与《鲁论》互异也。”《汉书·张禹传》云：“始鲁扶卿及夏侯胜、王阳、萧望之、韦元成皆说《论语》，篇第或异。”是《鲁论》中亦自互异也。果孔门之原本，何以彼此互异？然则其有后人之所增入明甚。盖诸本所同者，必当日之本；其此有彼无者，乃传经者续得之于他书而增入之者也。是以《季氏》以下诸篇，文体与前十五篇不类；其中或称孔子，或称仲尼，名称亦别；而每篇之

1　崔述：《陈履和跋语》，《古文尚书辨伪》卷二，《崔东壁遗书》，上海古籍出版社，1983年。

2　崔述：《读伪古文尚书粘签标记》，《古文尚书辨伪》卷二。另外，崔迈《古文尚书考》，见《尚友堂文集》卷上；《书经辨说》见《讷庵笔记》卷一。均见《崔东壁遗书》，上海古籍出版社，1983年。

3　崔述：《为鲁司寇下》，《洙泗考信录》卷二，《崔东壁遗书》，上海古籍出版社，1983年。

末亦间有一二章与篇中语不伦者，正如《春秋》之有《续经》，《孟子》之有《外篇》，司马迁之《史记》之有元、成时事，刘向之《列女传》之有东汉时人者然，又如近世杜诗、韩文之有外集者然，非后人有所续入而何以如是！然使诸本并存，后人犹可考其是非得失，不幸遇一张禹，汇合齐、鲁诸本而去取之，定为一书，当时学者以其官尊宦达，遂靡然而从之，以致诸本陆续皆亡……然则今之《论语》，乃张禹所更定，非龚奋、韦贤之旧本，篇目虽用《鲁论》，而其实兼采《齐论》之章句者也。嗟夫！张禹何知？知媚王氏以保富贵耳，汉宗社之存亡不问也。况于圣人之言乌能测其万一，乃竟公然辑而合之，其不当删而删，不当采而采者，盖亦不少矣。是以其议或戾于圣人，其事或悖于经传……盖战国之士欲自便其私而恐人之讥己，故诬圣人尝有其事以自解。传经者不知其伪而误增之，而禹又误采之者也。[1]

《中庸》为四书之一，治经者不少人认为该篇为子思所作。崔述对此不以为然，他认为《中庸》有三大可疑之处，他说：

世传《戴记·中庸篇》为子思所作。余按：孔子、孟子之言皆平实切于日用，无高深广远之言。《中庸》独探赜索隐，欲极微妙之致，与孔、孟之言皆不类。其可疑一也；《论语》之文简而明，《孟子》之文曲而尽。《论语》者，有子、曾子门人所记，正与子思同时，何以《中庸》之文独繁而晦，上去《论语》绝远，下犹不逮《孟子》？其可疑二也；“在下位”以下十六句见于《孟子》，其文小异，说者谓子思传之

1　崔述：《为鲁司寇下》，《洙泗考信录》卷二，《崔东壁遗书》，上海古籍出版社，1983 年。

《孟子》者。然孔子、子思之名言多矣，孟子何以独述此语？孟子述孔子之言皆称“孔子曰”，又不当掠之为己语也，其可疑三也。由是言之，《中庸》必非子思所作。盖子思以后，宗子思者之所为书，故托之于子思，或传之久而误以为子思也。[1]

和袁枚一样，崔述也对所谓《礼经》系周公所作的传统说法不以为然。他说：“古《礼经》十七篇（今谓之《仪礼》），世皆以为周公所作。余按：此书周详细密，读之犹足以见三代之遗，识其名物之制，以考经传之文，大有益于学者，不可废之书也。然遂以为周初之礼，周公所作之书，则非也。周公曰：‘享多仪，仪不及物，曰不享，惟不役志于享。’孔子曰：‘先进于礼乐，野人也；后进于礼乐，君子也。如用之，则吾从先进。’然则圣人所贵在诚意，不在备物；周初之制犹存忠质之遗，不尚繁缛之节，明矣。今《礼经》所记者，其文繁，其物奢，与周公、孔子之意判然相背而驰，盖即所谓后进之礼乐者，非周公所制也。”崔述指出：“周公之礼，固不在于繁文缛节，而在于大纲大纪也。由是言之，周公所制特其大略，至于润泽则亦各随其国之俗；而自东迁以后，世变风移，亦颇有所更改。”“儒者必欲执为周公之制，遂使世之人疑古礼之断不可复行于后世，而是今非古者接踵而起；儒者亦不得不分其咎也。”[2]

对《周礼》，崔述更断定其作于战国之时，绝非周公所作。他说：“西汉末，《周官》一书出，向、歆之徒皆崇尚之；然犹以为记，未以为经也。迄东汉末，郑康成注之，名曰《周礼》，与《礼

1　崔述：《子思》，《洙泗考信余录》卷三，《崔东壁遗书》，上海古籍出版社，1983年。

2　崔述：《周公相成王下》，《丰镐考信录》卷五，《崔东壁遗书》，上海古籍出版社，1983年。

经》、《戴记》并行，于是世之学者咸以《周官》为经，且以为周公所作；虽有宋诸大儒，莫不信之不疑。”然而，崔述却认为：“此书条理详备，诚有可观，然遂以为周公所作，周一代之制，则非也。”他辨析说：

> 九州之内，约方三千余里；外尽四海，不过五千里。故孟子曰：“海内之地，方千里者九。”《记》曰：“四海之内，九州；州方千里。”《书》曰：“弼成五服，至于五千；州十有二师；外薄四海，咸建五长。”今《周官》封国之制，诸公方五百里，侯方四百里，伯三百里，子二百里，男百里；天子邦畿之外，分九畿，畿每面五百里：通计为方万里。四海之内，安所得如许地而封之，而畿之！今自洛阳东际海，西逾积石而西，亦不过五千余里，经传之文较然可征，《周官》之诬亦已明矣。

崔述特别指出：“自《周官》一书出，汉人据之以释经，其有不合，则穿凿附会，以致离经而畔道者不少矣！至宋，王安石遂据‘泉府’之注以行青苗，蔡京复据‘王及后世子不会’之文，以启徽宗之奢侈，而宋卒以此亡。虽二子之意但假此以济其私，然不可谓非《周官》之有以启之也，可不为世之大监戒与！乃儒者犹奉此以为周公之书，而反疑诸经《孟子》之误，亦可谓倒行而逆施矣。间有不信此书者，无识之徒必力排而痛诋之，以故相视而莫敢议，遂使三代之经制为后人所杂乱，良可叹也！”[1]

对《诗经》，崔述否定了说《诗》者脱离实际，将《周颂》、《小雅》诸篇无原则地归美周公的传统做法。他提出：“《周颂》或

1 崔述：《周公相成王下》，《周官作于战国之世》条，《丰镐考信录》卷五，《崔东壁遗书》，上海古籍出版社，1983年。

由周公所作，必不尽周公所作也。”“《小雅》之为周衰时诗，显然无可疑者，不得以为周公之所作也。”崔述指出：“盖圣人所以为圣人者，非必事事皆躬为之，亦非必事事皆胜于人也，正以不自有其善而能有天下之善，为人所不可及耳。不必《雅》、《颂》皆自己作而后足见周公之才之美，惟其能致太平之盛，而使天下后世有此《雅》、《颂》，是乃周公之大功也。大抵世俗之情，有恶则恶皆归之，有善则善亦皆归之。顾作诗之时世不符，读者必致失其本意，穿凿附会，而《诗》之教遂荒。”[1]

应该说，崔述对经典、古史的存疑态度是科学的，他的不少论证也站得住脚，他对经典的怀疑本身也显示出他非凡的理论勇气。然而，就崔述学术构架来说，我们可以发现存在着一个十分明显的学术现象，这就是在他“卫道”的学术动机和他“但论是非”、大胆求信的科学态度之间存在着明显的矛盾。崔述疑经范围过分广泛，几乎涉及每一部重要经典，而正是这些真伪混杂、鱼目混珠的儒家经典，奠定了中国秦汉以降两千年政治、社会的基础，一旦将这些经典中“伪”的部分去掉，传统政治、传统伦理道德体系中很大一部分就失去了存在的理由，这就必然导致他对秦汉以降政治、社会的质疑。也就是说，不管崔述主观动机如何，但在疑经的客观学术活动中，“考信”和批判并不对立，求是和求信之间并不存在绝对的鸿沟。正因为如此，崔述在《考信录》中，暴露出不少具有鲜明反传统色彩的社会政治理念，特别是对君主专制制度提出了尖锐批判。对崔述的社会政治思想，本书在后面一章将作专门分析。

还需指出的是，崔述尽管主观上从“卫道”的角度从事考信，但在判断何为“圣人之道”上，在缺乏基本史料的情况下，很多

1　崔述：《周公相成王下》，《丰镐考信录》卷五，《崔东壁遗书》，上海古籍出版社，1983年。

时候他就不得不从自己的推论出发，从自己的个人理解出发。因此，崔述的考信和汉学家的考证并不完全一致，在许多时候更多了思想和论证的特色。而在一些人看来，崔述的这种做法就难免存在严重弊端，即失于武断。唐鉴评论说："先生学主见闻，勇于自信，虽有考证而纵横轩轾，任意而为者亦复不少，况其间得者又强半为昔贤者所已言乎？"[1] 另一方面，崔述对儒家经典的质疑，以及由此而展开的对儒家传统的批判，导致了不少正统学者的攻击。张澍曾作《辟崔氏说》，责其"陋儒无识"[2]。谢庭兰《书崔东壁考信录后》更斥其"说经"，"务以诬圣，是蔑孔子之教也，是废人伦也！"[3] 刘鸿翱在《洙泗考信录辨》中，声讨崔述说：

> 若《论语》、《学》、《庸》，汉、唐、宋、元、明儒者之所尊奉，朱子终身诵之，定为《集注》，益以《或问》，以为圣人之道在是也。《考信录》独曰："《大学》非曾子所作，如果曾子所作，不应《诚意章》加'曾子曰'。且圣经亦不类孔子言。"《考信录》独曰："《中庸》非子思所作。孔、孟之言皆平实切日用；《中庸》探赜索隐，极高深广远，与孔、孟不类。"《考信录》独曰："今之《论语》，非孔门《论语》之原本，亦非汉初《鲁论》之旧本。"……甚矣，《考信录》之诞且妄也！[4]

---

1 唐鉴：《大名崔先生》，《学案小识》卷一四，《清代传记丛刊·学林类》，明文书局，1986年。

2 张澍：《辟崔氏说》，《素养堂文集》卷二九，转引自《崔东壁遗书》附录：《关于本书的评论》。

3 谢庭兰：《书崔东壁考信录后》，《湘谷初稿》卷三，转引自《崔东壁遗书》附录：《关于本书的评论》。

4 刘鸿翱：《洙泗考信录辨》，《绿野斋前后合集》卷一，转引自《崔东壁遗书》附录：《关于本书的评论》。

以袁枚和崔述为代表的这种疑经思想，一旦在社会上传播开来，就像阎若璩当年对《古文尚书》的否定一样，在客观上会进一步促进思想的解放，推动社会的变革与转型。遗憾的是，由于种种社会原因，无论是袁枚，还是崔述，他们的学术思想在当时都未产生重要的社会影响。

对研究者来说，疑经风气标志着一个巨大的观念进步，即：在知识精英中，盲目崇拜经典的时代正在走向结束，对经典的迷信正在被严谨的学术探索所取代。这一转变，意味着 18 世纪中国知识界理性成分的增加，科学因素的增强。而这个时期，伴随疑经风气的波靡，也确实有一些士人，对儒家经典采取一种鄙夷、嘲讽的态度。钱泳记载说："吴门有某秀才者，狂放不羁，每以经文断章取义，或涉秽亵语，作四书文，如'弥子之妻'与'子路之妻'则慕少艾男女居室为题，令人不能卒读。较《西厢制义》，《春郊演剧》，尤有甚焉。"[1]这种做法虽未必有实质性的学术价值，但在客观上反映了儒家经典权威地位的动摇。

以礼代理倾向。在清代学术史上，以礼代理思想在清初即已显露苗头，降至 18 世纪，其学术内涵得到丰富，社会影响也获得加强。其中，不少"以礼代理"的积极鼓吹者属于汉学阵营，凌廷堪是其重要代表人物。

凌廷堪，生于乾隆二十年（1755 年），卒于嘉庆十四年（1809 年），字次仲，安徽歙县人。凌廷堪六岁而孤，幼因家贫辍学，"年二十余始复读书向学"，颇慕江永和戴震之学[2]。乾隆五十五年（1790 年）中进士，授宁国府学教授，嘉庆十一年（1806 年），以母没去官。此后，其兄嫂相继去世，凌廷堪哀且病。十三年（1808 年）游杭州，次年回乡，不久病卒，终年五十五岁。凌

---

1 钱泳：《侮圣人之言》，《履园丛话》卷二一，中华书局，1979 年。

2 参见阮元：《次仲凌君传》，《研经室二集》卷四，《四部丛刊初编》本，上海书店，1989 年。

廷堪治学“博览强记，识力精卓，贯通群经，而尤深于礼经”[1]，在当时学术界享有较高声誉。江藩评论说：“君（凌廷堪）学贯天人，博综丘索，继本朝大儒顾、胡之后，集惠、戴之成，精于《三礼》，专治十七篇，著《礼经释例》一书，上绍康成，下接公彦，而《复礼》三篇，则由礼而推之于德性，辟蹈空之蔽，探天命之原，岂非一代之礼宗乎？”[2]凌廷堪也擅长诗文。卢文弨说：凌廷堪继戴震而起，戴震不能为诗与华藻之文，而廷堪“兼工之”，“诗不落宋元以后，文则在魏晋之间，可以挽近时滑易之弊。”[3]所著主要有《校礼堂文集》、《礼经释例》、《燕乐考原》等。

凌廷堪治学推崇戴震，但对宋儒的批判却不同于戴震，或者说在某些方面比戴震更进一步。东原虽指责理学杂糅老释诸子之说，但尚未完全否定义理之提法，他对理学的批判仍从理和体用入手，可以说是从理学的角度批判理学，为自己的哲学建设留有一定余地。凌廷堪不同，他明确提出“宋儒之理义乃禅学”，全面否定理学的理义观和体用观，公开宣称理学不等于圣学[4]，不但否定其义理思想，而且否定义理之提法，在基本学术思路上和宋儒完全划清了界限。凌廷堪批判理学主要包括两个方面的内容：

一是认为宋学源于释氏。这可以说是18世纪理学批判者的共同观点，但凌廷堪的观点更加尖锐，也更有特色，他从批判理学基本的理事观和体用观入手，揭露理学之学术源流，显示出鲜明的反理学思想倾向。凌廷堪在《好恶说》中专门分析了理学和禅学的关系，揭露了理学家引释乱儒的真相。凌廷堪说：“考《论语》及《大学》皆未尝有理字，（宋儒）徒因释氏以理事为法界，遂

---

1 阮元：《次仲凌君传》，《研经室二集》卷四，《四部丛刊初编》本，上海书店，1989年。

2 凌廷堪：《江藩序》，《校礼堂文集》，中华书局，1998年。

3 卢文弨：《校礼堂初稿序》，见凌廷堪：《校礼堂文集》，中华书局，1998年。

4 凌廷堪：《好恶说下》，《校礼堂文集》卷一六，中华书局，1998年。

援之而成此新义。是以宋儒论学，往往理事并称，其于《大学》说‘明德’，曰‘以具众理而应万事’，说‘至善’曰‘事理当然之极’，说‘格物’曰‘穷至事物之理’……无端于经文所未有者，尽援释氏以立帜。其他如‘性即理也’，‘天即理也’，尤指不胜屈，故鄙儒遂误以理学为圣学也。”[1]凌廷堪指出：宋儒的体用之说，和理事之说一样，也出于释氏。唐慧能所著《坛经语录》称：“法门以定慧为本，定是慧体，慧是定用，宋儒体用实出于此。故其《大学补传》曰‘全体大用’，《中庸章句》曰‘一体一用’，又以大本为道之体，达道为道之用……此外随处莫不以体用对举之。然则宋儒所以表章四书者，无在而非理事，无在而非体用，即无在而非禅学矣。”凌廷堪说：后儒以程朱之学批驳陆王，实际上与圣学无关，因为程朱本身也是禅学。“自唐以后，禅学盛行，相沿既久，视为固然，竟忘理事体用，本非圣人之言也。悲哉！元明定为功令，学者童而习之，不暇深求经传，妄以理学为圣学，体用为圣言。今试为指出之，亦不敢谓有功于圣学，聊以抒御异端，不使侵我六经而已。”凌廷堪不同意当时一些学者所谓“名物则汉学胜，理义则宋学胜”的说法，也不同意一些学者集中精力攻击陆王，而不反程朱的做法，认为程朱是引释乱儒的祸首，应当予以特别重视。他说：“宋儒之理义乃禅学”，“理事、体用闯入圣言，俱洛闽所倡，岂亦金溪阳明为之邪？不塞其源，徒遏其流，是亦后学者之过也。”[2]

二是在批判理学理事、体用观的基础上，明确提出道是礼而非理，主张以礼代理。凌廷堪说：“圣人之道，至平且易也。《论语》记孔子之言备矣，但恒言礼，未尝一言及理也。”[3]凌廷堪指出，圣人之所谓道，其实就是礼，而不是别的，即“圣人之道，

1　凌廷堪：《好恶说下》，《校礼堂文集》卷一六，中华书局，1998年。
2　凌廷堪：《好恶说下》，《校礼堂文集》卷一六，中华书局，1998年。
3　凌廷堪：《复礼下》，《校礼堂文集》卷四，中华书局，1998年。

一礼而已矣”，“礼之外，别无所谓学也”[1]。“然则修身为本者，礼而已矣。盖修身为平天下之本，而礼又为修身之本也。后儒置子思之言不问，乃别求所谓仁义道德者，于礼则视为末务，而临时以一理衡量之，则所言所行不失其中者鲜矣。”[2]在凌廷堪看来，儒家的圣学就是将礼作为节心节性的基本原则，举手动足，日用伦常，一以礼为准绳，“不侈谈理气之辨”，“圣人之道所以万世不易者，此也；圣人之道所以别于异端者，亦此也。后儒熟闻夫释氏之言心言性极其幽深微眇也，往往怖之，愧圣人之道以为弗如，于是窃取其理事之说而小变之，以凿圣人之遗言，曰：‘吾圣人固已有此幽深微眇之一境也’。复从而辟之，曰：‘彼之以心为性，不如我之以理为性也。’呜呼！以是为尊圣人之道，而不知适所以小圣人也，以是为辟异端而不知阴入于异端也。诚如是也，吾圣人之于彼教，仅如彼教性相之不同而已矣，乌足大异乎彼教哉！儒释之互援，实始于此矣”[3]。凌廷堪强调：“舍礼而论立，纵极幽深微渺，皆释氏之学，非圣学也。”“圣学礼也，不云理也。”[4]

凌廷堪上述学术主张获得了当时学术界不少学者的赞同。陆耀所辑《切问斋文钞》视之为经世之作，将其全文收录（见《切问斋文钞》卷一）。阮元、焦循对凌廷堪的观点也予以高度评价。阮元认为，凌廷堪所作《复礼》三篇，“唐宋以来儒者所未有也”[5]。所作《凌次仲君传》，几乎全载其《复礼》三篇之文，为廷堪学术作宣传。阮元自己也说：“朱子中年讲‘理’，晚年讲礼，

1　凌廷堪：《复礼上》，《校礼堂文集》卷四，中华书局，1998年。
2　凌廷堪：《复礼中》，《校礼堂文集》卷四，中华书局，1998年。
3　凌廷堪：《复礼下》，《校礼堂文集》卷四，中华书局，1998年。
4　凌廷堪：《复礼下》，《校礼堂文集》卷四，中华书局，1998年。
5　阮元：《次仲凌君传》，《研经室集二集》卷四，《四部丛刊初编》本，上海书店，1989年。

诚有见于‘理’必出于礼也。如殷尚白，周尚赤，礼也。使居周而有尚白者，以非礼折之，则人不能争；以非‘理’折之，则不能无争矣。故‘理’必附于礼以行，空言‘理’，则可彼可此之邪说起矣。然则，三‘礼’注疏，学者何可不读！”[1]

以礼代理思想，是18世纪学术发展中颇有代表性的观念，然在道光时遭到方东树的激烈批判。方东树指责说：“今汉学家，厉禁‘穷理’，第以礼为教。又所以称礼者，惟在后儒注疏名物、制度之际，益失其本矣。”[2]儒家之所谓礼，当然首先是一种精神，一种原则，所谓名物、制度，只是其外在体现。而汉学家之于礼，确实有偏重名物、制度，舍本逐末之嫌。一些人皓首穷经，于礼器礼数可谓熟矣，却未必知道礼之真意。故方东树的批评有一定道理，并非纯属空穴来风。不过，方东树没有注意到，18世纪不但汉学家中有主张以礼代理者，即理学家中也有不少人不好空谈天理。像前面提及的朱轼就“不言理而言礼”，继朱轼之后，陈宏谋也反对脱离实际，空言义理，而是强调礼在修身齐家中的核心地位，认为“厘正礼经，慎重义易，实窥经学之实际”[3]。陈宏谋尝云：“不知礼无以立，其理莫大于此，亦莫切于此。”强调“为治而不知礼，则官民耳目皆无所加，手足皆无所措。民何以治？而国何以立？故曰四维不张，国乃灭亡”。对礼“经纬天地，宰制万物”的作用，予以高度重视[4]。事实上，理或天理，经宋明和清初诸儒的阐扬和发挥，已经没有多少余地可以做新的文章，在社会传播中，也不足以起到整合人心之作用。在这种情况下，学术界一批人（包括一些理学家）重新回到对传统的礼的探讨，突出礼

1 方东树：《汉学商兑》卷中之上，生活·读书·新知三联书店，1998年。
2 方东树：《汉学商兑》卷中之上，生活·读书·新知三联书店，1998年。
3 陈宏谋：《寄李杏圃绶书》，《培远堂手札节要》卷下，《陈榕门先生遗书》，广西省乡贤遗著编印委员会，1943年。
4 陈宏谋：《不知礼无以立也二节》，《课士直解》卷四，《陈榕门先生遗书》，广西省乡贤遗著编印委员会，1943年。

在儒学中的关键地位，是十分自然的，也合乎学术发展的规律。方东树论“以礼代理”，专责汉学诸公，而于 18 世纪的理学置之不问，实在有失“公道”。至于他视“以礼代理”为“邪说害正，其端甚微，其流甚巨”，乃系站在理学极端立场看待 18 世纪的学术发展，实在不值一驳[1]。

反科举倾向。科举制度并非完全属于清廷学术政策和文化政策范畴，在很大程度上，它也属于以培养、选拔统治人才为中心的教育制度和官僚制度。然而，科举制度尽管非单纯学术政策，但由于它以功名富贵为诱导，由于它的直接作用对象是广大士子，故对社会观念、学术发展、士林风气具有十分重要的影响，在一定程度上引导着中国文化的发展，研究隋唐以降知识阶层的观念和生活，不可不重视科举制度之独特作用。

对于传统社会大多数黎民百姓而言，科举制度不是民主的（当时绝大多数老百姓也没有民主这个概念），但却是平等的。它通过公开的、公平的（当然不是绝对的）考试竞争，为社会下层中的有志者提供了宝贵的、合法的通往社会中上层的机会，和“上品无寒门，下品无势族”的门阀政治比起来，科举制度的产生与确立无疑具有积极意义，是中国政治制度演变史上影响深远的重大变革。科举制度，从制度化的角度，促成了不同阶层之间的合理流动，为提高官僚队伍素质，保持传统社会稳定，创造了十分宝贵的条件。

法久弊生是传统社会铁的规律。科举制度在促进社会合理流动的同时，因其自身的局限性，在长期实行中也产生了不少流弊，其最严重的恶果是对思想自由的束缚，特别是八股文的出现和实施，“科目者，沿汉唐之旧，而稍变其试士之法，专取四子书及《易》、《诗》、《春秋》、《礼记》命题试士”[2]，科举制度更成为

1　方东树：《汉学商兑》卷中之上，生活·读书·新知三联书店，1998 年。

2 《选举二》，《明史》卷七〇，中华书局，1974 年。

禁锢思想的同义语。清初顾炎武曾对科举制度作过猛烈抨击，认为“今之经义、论、策，其名虽正，而最便于空疏不学之人”[1]。又称：“八股盛而六经微，十八房兴而廿一史废”[2]，“学问由此而衰，心术由此而坏”[3]。甚至说：“愚以为八股之害，等于焚书，而败坏人材，有甚于咸阳之郊所坑者，但四百六十余人也。”[4]强调“此法不变，则人才日至于消耗，学术日至于荒陋，而五帝三王以来之天下，将不知其所终矣。”[5]顺康时期，一些有独立见解的学者，看透了科举考试的危害，故反对子弟过分致力于时文。像陆陇其训子云：“方作举业，不能不看时文，然不必十分全力尽用于此。”汤斌训子说：“时文只做七八分便已，不必做到十二分。”[6]科举时文在知识精英们心中，不过是入仕的敲门砖而已，与真正的学问无关，不值得全力以赴。

清廷内部对科举制度的看法也不尽一致。康熙二年（1663年）曾宣布“乡会考试、停止八股文、改用策论表判”[7]。然到康熙七年（1668年），又“复以八股文取士”[8]。雍正时，曾有人提出改变取士之法，废除制义。雍正帝以此问张廷玉，廷玉奏：“若废执义，恐无人读四子书，讲求义理者矣。”遂罢其议[9]。降至乾隆初年，兵部侍郎舒赫德上疏对科举制度予以全盘否定。他说：“科举之制，凭文而取，按格而官，已非良法。况积弊日深，侥幸日众。古人询事考言，其所言者，即其居官所当为之职事也。时文徒空言，不适于用，墨卷房行，辗转抄袭，夫词诡说，蔓衍支

1　顾炎武：《经义论策》，《日知录》卷一六，甘肃民族出版社，1997年。
2　顾炎武：《十八房》，《日知录》卷一六，甘肃民族出版社，1997年。
3　顾炎武：《三场》，《日知录》卷一六，甘肃民族出版社，1997年。
4　顾炎武：《拟题》，《日知录》卷一六，甘肃民族出版社，1997年。
5　顾炎武：《经义论策》，《日知录》卷一六，甘肃民族出版社，1997年。
6　均见陆燿：《又与钱巽斋论文钞书》，《切问斋集》卷二，光绪江苏书局校刊本。
7《清圣祖实录》卷九，康熙二年八月癸卯，中华书局，1985年。
8《清圣祖实录》卷二六，康熙七年七月壬寅，中华书局，1985年。
9　陈康祺：《议考试废制义》，《郎潜纪闻二笔》卷一五，中华书局，1984年。

离，苟可以取科第而止。士子各占一经，每经拟题，多者百余，少者数十。古人毕生治之而不足，今则数月为之而有余。表、判可预拟而得，答策遂题敷衍，无所发明。实不足以得人。应将考试条款改移更张，别思所以遴选真才实学之道。”[1]然而，这一主张遭到了以大学士鄂尔泰为代表的科甲官僚的坚决反对。时礼部复奏严词驳斥，科举制度因此得以不废[2]。此后，又过了160年(光绪二十四年，1898年)，湖广总督张之洞等人提出变通科举建议，三年以后（1901年)，清廷决定进行教育改革，规定：乡试和会试首场考试考中国政治史专论5篇，二场考各国政治艺学策5道，三场考《四书》义2篇，《五经》义1篇，至此，传统意义上的科举制度方告结束。

18世纪的士人阶层，对科举制度往往充满了厌恶之情。就其反对科举的出发点，主要有两点：一是从要求思想自由的立场，谴责科举制度束缚人心，败坏学风和士风；二是从追求实学的立场出发，指责其脱离实际，空虚无用。阮葵生对科举时文极端愤恨，认为“时文弊而坊刻愈滥，俗学锢而讲章愈行。蔑古荒经，滔滔者不知所届，是可为流涕太息者也”[3]。在所著《茶余客话》中，他以尖锐的语言，痛斥八股文败坏文风文运，并对明初允许举子“各抒己见，任陈论国家时事”的宽松环境，表示出怀念之情。他说：

> 明初科举，诏令举子经义无过三百字，不得浮词异说，篇末大结，各抒己见，任陈论国家时事。后因功令加严，忌讳日甚，但许言前代，不许及本朝，久之全删去。百余年后

1 《清史稿》卷一〇八，《选举三》。另外，梁章钜《浪迹丛谈》卷五，《科目》所载舒赫德奏疏与《清史稿》所载文字略有差异，但内容基本相同。

2 参见《议时文取士疏》，《清经世文编》卷五七，中华书局，1992年。

3 阮葵生：《时文名士学殖浅陋》，《茶余客话》卷一六，中华书局，1959年。

文渐冗长。凡千百余言，庸陋支离，无恶不备。破题谓之马笼头，处处可用也。又舞单枪鬼，一跃而上也。又八寸三分帽子，无不可套也。起语数十百言，为彗星，头长而虚空也。其篇中例用存乎某，存乎某，谓之某，谓之某，此之谓，此之谓，浸假而，浸假而，有见乎，无见乎。或用卦名，受之以，受之以，谓之救命索。不问何题，篇篇相袭。文风安得不坏？文运安得不衰？[1]

为学讲究实用的陆耀从选才的角度指出："今之时文，则人人孔孟，字字圣贤矣。暗中摸索，止辨其文之共拙，而不足以知其人也。"[2] 又说："自帖括之学兴，而读书之士，皆无所用其心焉。六经、四子悬诸令甲。所习者宋儒之传注。幼而诵之，止以能记为佳。长而忆之，又止以能演其义为工。至其书之前后通贯与否，不计也。甚者偏举其不相通贯者，而多剟上下两辞以命题，为士者亦就其不相通贯而强为联缀以成文，人皆曰工矣。"[3] 孙星衍谴责科举制度对学术发展的危害说："至明永乐间，胡广等《四书五经大全》出，而经学遂微。自后掇科之士，率皆抄说雷同，习为应举之业。汉唐传注从是束之高阁。"[4] 乾隆年间杨绳武在《钟山书院规约》中，指责八股文说："近二十年来，文章之病有二：槁其面目，钝置其心思，开卷索然，了无意味，假先辈之病也；臃肿其支体，痴肥其肠胃，捲卷茫然，不知何语，烂时文之病也。有起而矫之者，又或貌新奇则实庸腐，外倔强而内空疏，牛鬼蛇神，虎皮羊质，是为假西江假国初，盖不培其本而澄其原，故无

1 阮葵生：《八股文坏文风文运》，《茶余客话》卷一六，中华书局，1959年。

2 陆耀：《又与钱巽斋论文钞书》，《切问斋集》卷二，光绪江苏书局校刊本。

3 陆耀：《礼记厘编序》，《切问斋集》卷四上，光绪江苏书局校刊本。

4 阮元订：《诂经精舍文集》卷前，孙星衍撰《诂经精舍题名碑记》，《丛书集成初编》本，商务印书馆，1936年。

以起其靡而矫其陋。”[1] 崔迈对科举考试败坏学术颇有感慨。他说：“予尝怪世之君子读书之法日以坏，自《六经》以下皆有选本，子史犹甚，割裂乖缪。使人忘其陋而乐其简，故学问日趋于浅薄。”[2]“吴江布衣”、以医术闻名的徐灵胎曾作《刺时文》诗，云：

读书人，最不齐；烂时文，烂如泥。国家本为求才计，谁知道，变作了欺人技。三句承题，两句破题，摆尾摇头，便道是圣门高弟。可知道“三通”、“四史”，是何等文章？汉祖高宗，是哪一朝皇帝？案头放高头讲章，店里买新科利器；读得来肩背高低，口角嘘唏，甘蔗渣儿嚼了又嚼，有何滋味？辜负光阴，白日昏迷一世。就叫他骗得高官，也是百姓朝廷的晦气！[3]

袁枚对科举制度的批判更是十分尖锐。袁枚认为：“孔门四科，因才教育，不必尽归德行，此圣道之所以为大也。宋儒砼砼然，将政事、文学、言语一绳捆束，驱而尽纳诸德行一门，此程朱之所以为小也。”[4] 在袁枚看来，科举制度将儒学简单化，程式化，将程朱理学变成了人们捞取功名的工具，并且束缚人的自由思考，败坏人的聪明才智。袁枚在《答尹似村书》中写道：“自时文兴，制科立，《大全》颁，遵之者贵，悖之者贱，然后束缚天下之耳目聪明，使如僧诵经、伶度曲而后止。此非宋儒过，尊宋儒者之过也。今天下有二病焉：庸庸者习常隶旧犹且不暇，何能别有发

---

1 杨绳武：《钟山书院规约》，《中国书院史资料》中册，第 1494 页。

2 崔迈：《尚友堂文集》卷上，《书苏子瞻乐毅论后》，《崔东壁遗书》，上海古籍出版社，1983 年。

3 袁枚：《随园诗话》卷一二，第 50 条，人民文学出版社，1982 年。

4 袁枚：《答朱石君尚书》，《小仓山房尺牍》卷九，《袁枚全集》第 5 册，江苏古籍出版社，1993 年。

明？其长才秀民，又多苟且涉猎，而不肯冒不韪以深造，凡此者皆非尊宋儒也，尊功令也。功令之与宋儒，则亦有分矣。”[1]在《子不语》中，袁枚借地藏王之话说：狂生“自称能文，不过作烂八股文，看高头讲章，全不知古往今来多少事业学问，而自以为能文，何无耻之甚也！”[2]在《续子不语》中，袁枚感慨说：“当宋学盛时，元朝祭朱考亭，至于呼太祖御名成吉思而祭，尊与天同。明祖登极，又聘宋金华四先生等讲学，皆考亭之小门生也，一脉相传。颁行《四书大全》，通行天下，捆缚聪明才智之人，一遵其说，不读他书。杨升庵有言：虫有应声者。今之儒生，皆宋儒之应声虫也。子不作应声虫，安能拾取科名，上报君父乎？”斥责八股文为“腐烂之物”，“细字小板，古书亦无此恶模样。”[3]

值得注意的是，鄂尔泰尽管坚持科举制度，但作为一个杰出的务实的政治家，他本身对科举的弊端还是十分清楚的，故他想方设法培养、选拔“奇才异能”之士。在《征滇士人入书院教》中，他提出了自己以经世致用为目标的教育思想，他告诫士子说：

> 读书之法，经为主，史副之。四书、本经、《孝经》，此童而习之者。外此，则先之以五经。其次，如《左传》之淹博，《公羚》之精微，《仪礼》之谨严，《周礼》之广大，《尔雅》之辨析毫芒，大至无外，而细入无间。此十三经者，缺其一即如手足之不备，而不可以成人者也。至于史则先《史记》，次《前汉书》，次《后汉书》。此三史者亦缺一不可。读本纪，可以知一代兴亡盛衰之由；读年表世家，可以知大

1 袁枚：《答尹似村书》，《小仓山房文集》卷一九，《袁枚全集》第 2 册，江苏古籍出版社，1993 年。

2 袁枚：《地藏王接客》，《子不语》卷九，《袁枚全集》第 4 册，江苏古籍出版社，1993 年。

3 袁枚：《麒麟喊冤》，《续子不语》卷五，《袁枚全集》第 4 册，江苏古籍出版社，1993 年。

臣创业立功之所自；读列传，可以知人臣邪正公私，即以关系国家得失利害之分；读忠孝、节义、隐逸、儒林、文学、方伎等传，可以知各成其德，各精其业，以各造其极，而得其或显当时，或传后世之故；读匈奴、大宛、南夷、西域诸传，可以知安内攘外，柔远绥边，恩威各得之用；读天官、历律、五行书志，可以观天，而并可以知天人相感之原；读河渠、地理、沟洫、郡国诸书志，可以察地，而并可以知险要之机；读礼乐、郊祀、仪卫、舆服等书志，可以知典礼掌故之因革，而有所参订；读艺文、经籍等志，可以知七略、九种、四部、六库著作之源流，而有所考稽；读平准、食货诸书志，可以知出入取予，制节谨度之大要，而有所规鉴；读刑法、兵营等志，可以知赏罚征伐，惩恶劝善，讨罪立功之大法，而有所折衷。此读史之大要也。且善读史者，不仅以史视史。凡诏诰、奏疏、檄谕、论策之属，文之祖也；乐章、歌词之属，乐府、诗歌之祖也；屈原、贾谊、司马相如、扬雄等传所载骚赋之属，词赋之祖也。故熟于三史，则文人、诗人、骚人一齐頫首矣，况不止三史乎？必待读经既毕而后读史，则史学太迟。惟读《左传》，而以《史记》副之，读《公羊》、《穀梁》、《仪礼》、《周官》、《尔雅》，而以前后两《汉书》副之。十三经与三史既读，此外如《家语》、《国语》、《国策》、《离骚》、《文选》、老庄荀列管韩以及汉唐宋元人之文集，与《三国志》、《晋书》以下诸史，参读参看，择其尤精粹者读之，其余则分日记览。天资绝人、过目成诵者，览即是读，其不及者，原不能尽读，博览强记，有十三经、三史为之根本，余皆一以贯之，读固为要，看亦有功。必欲汝曹全读，非人情，不可强也。经庄重，史闲雅。庄重者难读，闲雅者易读。读经以淑性，读史以陶情。朝经暮史，参错互读，则有体有用，内外兼该，相济而不相妨，相资而不相紊，然后反求其本，而约之于至一之地。则本之身，措之世，无所往而不当。出之言为经术之言，行之事为经济之事，建之功业为经天纬地之功业。[1]

这段文字可以说是一篇非常优秀的国学入门教程，它提供的阅读内容、学习方法，不但对当时读书士子具有指导意义，而且对今天的文史哲专业学生，甚至对国学研究人员也具有重要的参考价值。值得我们高度重视的是，鄂尔泰在文中所提出的教育充满了务实精神，他要求士子掌握的知识远远超过了科举考试的范围。在鄂尔泰看来，只要有利于培养奇才异能之士，只要有助于掌握经世安民的本领，那就可以学习，而且也应该学习，读书人不必局限于科举考试的狭隘范围。正因为如此，鄂尔泰特别重视对史学的学习。对被正统儒家视为异说的老庄管韩诸子学说，鄂尔泰也主张参读参看，从中汲取有用的知识。可见，鄂尔泰虽然是科举制度的坚定维护者，但就学校教育来说，他是一个务实的、大胆的改革家，其改革在一定程度上是为了弥补科举考试所造成的士人视野狭窄、知识浅陋、缺乏经世应变之才的不足。

黄震孙的《制科策》是清前期关于科举制度的一篇奇文。和一般学者激烈否定八股文不同，黄震孙对明代八股取士制度持肯定态度，认为“折衷至善，而为具之至备者，无如明制也”。但与此同时，他又指出，天下无久而不弊之法，“八股之在今日，其亦穷而必变之势也”，主张对八股制度进行大刀阔斧的改革。他建议将科举考试分为五科：其一为精通经术科，“取十三经之义疏，比附其异同，而质以所疑，如古条议之例”；其二为博综典故科，“取吏书所载，或专举一事，或兼举数事，使之论列其得失，是即古者吏学之科也”；其三为洞达时务科，即对策之法，“必使之昌

1 鄂尔泰：《征滇士人入书院教》，《清经世文编》卷五七，中华书局，1992年。

言无讳，直陈所见，庶有以见其抱负”；其四为富有才华科，“试以诗赋，而兼之以表可也”；其五为明习法律科，“取古人已事与部案之疑难者，设为甲乙之语，而使之剖决，毋拘声律对偶”。黄震孙还建议另设拔萃一科，“随时定制，使凡中已上诸条，无间于已仕未试者，皆得就试焉，取之以至严，而待之以不次，则尤足以鼓舞真才矣”。对童子之试，黄震孙认为仍应考试八股文，“盖初学之士，惟以明理为急也”[1]。黄震孙建议的五科，实际上涉及学术、行政、时务对策、文学、法律几个主要方面，其中，行政、时务对策、法律是清朝统治所必需的“实学”知识，具有强烈的现实意义。因此，黄震孙之改革，是要变时文之空虚为实际，变时文之无用为有用，是要将能独立思考，有真才实学者，选拔出来，充实统治队伍。其建议尽管在当时未被采纳，但在中国教育思想发展史上，仍值得大书一笔，因为它表明，清前期知识界反对科举制度，并非单纯停留在言辞上，一些善于思考者已经提出了十分具体的改革方案。

18世纪，不少文学作品也对科举制度提出尖锐批评。除了袁枚《子不语》外，成书于乾隆年间的名著《谐铎》借僧人印源之语斥责士人学习八股时文说:“驴鸣犬吠，强恬不休”。印源对读书人徐枞说:“君初来时，所读皆古圣昔贤格言明训，是以不胜钦服。自君作秀才后，所读皆肤词剩义，了无意味，已属厌闻。今高掇巍科，而所读者愈趋愈下，竟似村歌牧笛，不堪入耳。”徐枞答道:“师方外人，未解读书机窍。我辈读书，向有成例。童时以四子书、五经入手。稍长则读汉《史》、楚《骚》、韩、柳、欧、苏诸大家文字。习为举业，读成、宏，读隆、万，读天、崇，读时人试艺。小试得手，取春秋两闱墨卷，揣摩成熟，然后可拾科第。

1 陆耀辑：黄震孙《制科策》，《切问斋文钞》卷一二，河南布政使杨国桢重刊，同治金陵钱氏藏本。

师何愦愦而为此饶舌？”印源道：“原来儒家与佛家不同。佛家图得个竿头日进，儒家只是一步低一步法也。”[1]当然，18世纪对科举制度批判最为激烈的文学作品是以“功名富贵为一篇之骨”的著名小说《儒林外史》。作者吴敬梓，不事举业，“独嫉时文士如仇，其尤工者，则尤嫉之。”[2]该书以反对理学思想垄断为出发点，以辛辣的笔法，漫画的手法，揭露科举制度对人性、对士风的毒害，对八股取士提出尖锐的批判。从表面上看，该书以明朝为背景，实际上是18世纪中国知识分子扭曲的众生相，所谓“穷极文士情态，人争传写之”[3]。闲斋老人序云：“其书以功名富贵为一篇之骨：有心艳功名富贵而媚人下人者；有倚仗功名富贵而骄人傲人者；有假托无意功名富贵自以为高，被人看破耻笑者；终乃以辞却功名富贵、品第最上一层为中流砥柱。”[4]该书第15回通过马二先生的嘴，形象地反映了时人为了捞得功名，如醉如狂，不顾一切的世俗心态。在作者眼里本来还有点侠气的马二先生曾这样劝告匡超人（有人推测汪中为匡超人的原型）：

贤弟，你听我说。你如今回去奉事父母，总以文章举业为主。人生世上，除了这事，就没有第二件可以出头。不要说算命、拆字是下等，就是教馆、作幕，都不是个了局。只是有本事进了学，中了举人、进士，即刻就荣宗耀祖。这就是《孝经》上所说的“显亲扬名”，才是大孝，自身也不得受苦。古语道得好：“书中自有黄金屋，书中自有千钟粟，书中自有颜如玉。”而今甚么是书？就是我们的文章选本了。贤弟，你回去奉养父母，总以做举业为主。就是生意不好，奉

1　沈起凤：《读书贻笑》，《谐铎》卷三，人民文学出版社，1985年。
2　程晋芳：《文木先生传》，《勉行堂文集》卷六，嘉庆庚辰本堂藏版。
3　程晋芳：《文木先生传》，《勉行堂文集》卷六，嘉庆庚辰本堂藏版。
4　吴敬梓：《乾隆元年春闲斋老人序》，《儒林外史》，人民文学出版社，1995年。

养不周，也不必介意，总以做文章为主。[1]

至于在科场竞争中获得成功的鲁编修更对八股文崇拜得五体投地，教育自己的女儿说："八股文章若做的好，随你做甚么东西，要诗就诗，要赋就赋，都是一鞭一条痕，一掴一掌血。若是八股文章欠讲究，任你做出甚么来，都是野狐禅、邪魔外道。"鲁编修的女儿受其影响，终日以八股文为务。一旦发现新郎不擅长举业时，就长吁短叹，说："我只道他举业已成，不日就是举人、进士，谁想如此光景，岂不误我终身？"当她母亲告诉她新郎是个名士时，鲁小姐怒道："母亲，自古及今，几曾看见不曾中进士的人可叫做个名士的？"[2]

《儒林外史》告诉人们，在科举制度下，道德、伦常被削弱，正直、善良被践踏，经世传统被抛弃，知识分子正在成为功名富贵的奴隶，成为缺少血气的寄生虫，成为毒害社会的肿瘤。随之而来的就是人才的极度匮乏，"花坛酒社，都没有那些才俊之人；礼乐文章，也不见那些贤人讲究。论出处，不过得手的就是才能，失意的就是愚拙；论豪侠，不过有余的就会奢华，不足的就见萧索。凭你有李、杜的文章，颜、曾的品行，却是也没有一个人来问你。所以那些大户人家，冠、昏、丧、祭，乡绅堂里，坐着几个席头，无非讲的是些升、迁、调、降的官场，就是那些贫贱儒生，又不过做的是些揣合逢迎的考校"[3]。而作者所欣赏的则是那些具有独立人格，能不仰人鼻息，自谋生计，独善其身者；是那些真正讲究文行出处，能"为朝廷做些正经事"，能习礼乐，成就

1　吴敬梓：《葬神仙马秀才送丧，思父母匡童生尽孝》，《儒林外史》第十五回，人民文学出版社，1995年。

2　吴敬梓：《鲁小姐制义难新郎，杨司训相府荐贤士》，《儒林外史》第十一回，人民文学出版社，1995年。

3　吴敬梓：《添四客述往思来，弹一曲高山流水》，《儒林外史》第五十五回，人民文学出版社，1995年。

人才，“助一助政教”的经世之士[1]。而这样的人物，在科举制度的社会环境中是很难产生的。吴敬梓有科举消磨人才之感叹，后人也有这样的感叹。包世臣就悲叹说：“近日小试，题多割截，在主者不过欲杜抄袭之弊，既通文法，临场求其程式，便有仿依，正昌黎所谓不学而能者。而时师乃以其钩意嵌字，纤小无可比似者，珍为秘授，使佳子弟穷年兀兀，卒无一得手处，是可叹也。要之八比一道，本非甚难，而士人业此，并时百万，积二百年之久，其卓荦可观者，曾不能十数。则以利禄之途，人怀侥幸，朝驾南辕，暮从北辙，前邪后许，谬种流传，隳风气而坏风俗，遂致世道人心，愈趋愈下，岂唯八比之瓩劣而已哉。”[2]

需要特别指出的是，对科举制度不以为然者，并非尽是反理学者。一些对理学尊崇之士，站在经世立场，也对科举制度持鄙夷和否定态度。如朱轼系理学名儒，但对科举制度不乏批评之辞。他虽然认为制艺取士，“虽程朱亦不能废而不为”，但同时指出，在科举制度下，文章已经成为“邀荣之阶”，士人“儒其名，市井其心，可耻孰甚乎？”[3]陈宏谋对八股制度流弊的批判更为尖锐。他说：“制义取士，义取阐发精蕴，囊括古今。而沿袭既久，遗本逐末。谈声调，工剿（抄）袭，幅（赋）尢心得之语，人尚空衍之文。于古今事，全不关会。于圣贤之言本意，亦鲜发明。士人习为口头禅，而世亦遂以敲门砖目之。时文之颓敝，而学术之空疏，大半由此。”[4]姚鼐尝谓：“明以来，说四书者，乃猥为科举之

1　参见吴敬梓：《添四客述往思来，弹一曲高山流水》，《杜少卿夫妇游山，迟衡山朋友议礼》，《儒林外史》第三十三回；第五十五回，人民文学出版社，1995年。

2　包世臣：《或问》，《艺舟双楫》卷二，《包世臣全集》本，黄山书社，1993年。

3　唐鉴：《高安朱先生》，《学案小识》卷四，《清代传记丛刊·学林类》，明文书局，1986年。

4　陈宏谋：《寄汪槐堂灏书》，《培远堂手札节要》卷上，《陈榕门先生遗书》，广西省乡贤遗著编印委员会，1943年。

学，此不足为书。故鼐自少不喜观世俗讲章，且禁学徒取阅。”[1]如果我们将科举和理学简单等同，认为讲理学者必定赞同科举，反理学者必定反科举，那就会得出曲解历史的结论。

信仰的多元化趋势。大凡讲理学者，都以“主敬”相尚，强调“主一无适”，所谓“自古圣贤，以敬为德业之本”是也[2]。清初，虽然三教合一的观点在民间和知识阶层都有影响（像方以智就说《易》理通乎佛氏，又通乎老庄，每语人曰：“教无所谓三也。一而三，三而一者也。譬之大宅然，虽有堂、奥、阁之区分，其实一宅也。门径相殊，而通者相为用者也。”[3]），但在理学复兴的大背景下，虽王学也乏市场，何况佛道！在朝讲官也每每将“主敬”作为“正君心”的重要内容，反复宣讲。有鉴顺治帝崇佛，熊赐履特意告诫康熙帝：“从古圣帝明王未有溺于佛老者，无论尊信其说，如秦皇、汉武贻笑千秋，即稍为假借，便累君德不小，望皇上始终以为深戒。”[4]康熙帝“生来不好仙佛”，至是视熊赐履之言为“正论”，表示“朕当切识之”[5]。“一闻便信，更无摇惑”[6]。他坚信：“自古人主好释老之教者，无益有损。梁武帝酷好佛教，舍身于寺。废宗庙之血食，以麵为牲，后竟饿死台城。宋徽宗好道，父子皆为金虏。此可鉴也。”[7]终其一生，不学佛法，不信炼丹之术。及至晚年，仍念念不忘抑制佛老，并总结经验说：“程朱诸贤以辟佛老为一大事。以朕观之，奉之者固非，辟之者益增其澜耳。自古帝王如梁武不足道，即有禁人为僧尼道士者，未及数年，其教则复。复则益以披猖。朕惟置之焉能有无之间，斯

1 姚鼐：《复曹云路书》，《惜抱轩全集》文集卷六，中国书店，1991年。
2 李光地：《大学古本说》，《榕村集》卷一六，《四库全书》本。
3 施闰章：《无可大师六十序》，《施愚山文集》卷九，黄山书社，1992年。
4《康熙起居注》第1册，第116页，中华书局，1984年。
5《康熙起居注》第1册，第116页，中华书局，1984年。
6《康熙起居注》第1册，第125页，中华书局，1984年。
7《康熙起居注》第1册，第24页，中华书局，1984年。

其气焰必然销歇矣。”[1]降至雍正时，这种情况发生了明显变化。雍正帝崇信佛道，时而坐禅，时而寻访“隐逸奇异修行道士”[2]，其宗教政策也具有明显的三教合一倾向。雍正元年（1723年），他曾训诫浙江巡抚李馥说：“三教之道，原不过劝人为善。夫释道之设，其论虽无益于吏治，其理也无害于民生。至于勉善警恶，亦有补于世教，何必互相排压，为无容量之举？但此辈率多下愚，但不可焉。朕则已敬重仙佛之礼不可轻忽。朕向来三教并重，视为一体。每见读书士子多有作践释道者，务理学者尤甚。朕意何必中国欲将此三途去二归一欤？不能之事既与能，不过互相徒增愁怒耳。”[3]继雍正帝之后的乾隆皇帝，虽在继位之初以“缁流太众，品类混淆”，下令恢复度牒制度，规定“嗣后情愿出家之人，必须给度牒方准披剃”[4]，但实际上，乾隆帝深受雍正帝三教合一观之影响，早在藩邸之时，就有参禅历史。雍正十三年七月十三日，僧超盛奏曾奉朱批谕旨：“四阿哥功夫打成一片，钦此。”（旁批：“将似”）超盛奉承说：“四爷身居王位，即能如此绵密。而臣僧于份内之事尚若如此，臣僧欢喜惭惶一时交并。”[5]即位后，曾令大臣学佛，尝谕傅恒：“佛法清净，于身心亦有裨益，公余宜研究内典。”[6]到其统治中期以后，乾隆帝更不时到寺院拈香，广建寺庙，乾隆四十五年（1780年），朝鲜使臣描述乾隆帝不惜帑金，建造寺院说：还太液池左右前后，“寺院佛塔横亘连络，殆至眩目。而五龙亭后又营一大刹，工役之费不啻累百万，而皆出内帑

1 《榕村谱录合考》卷下，康熙五十年，北京图书馆出版社，2006年。

2 关于雍正帝的宗教信仰问题，可以参阅拙著《康雍乾三帝统治思想研究》卷之二，《帝位合法性危机与雍正治术·神道设教》，中国人民大学出版社，1995年。

3 《雍正朝汉文朱批奏折汇编》第1册，第525～526页，江苏古籍出版社，1989～1990年。

4 关于乾隆初年度牒政策，王先谦《乾隆朝东华录》卷一、卷二有比较全面的记载。

5 《宫中档雍正朝奏折》第25辑，第50页，台北故宫博物院印行，1979年。

6 陈康祺：《傅文忠得纳诲之道》，《郎潜纪闻二笔》卷四，中华书局，1984年。

云。”[1]说乾隆帝佞佛显然有些冤枉，但说他敬佛、礼佛却不过分。从康熙到乾隆，清帝对佛教态度从抑制到尊重之转变，不能不影响到当时知识界对儒佛道三教的认识与看法。

18世纪，在官僚士大夫中，随着理学影响的衰退，主敬的观念逐渐淡漠，信仰出现了多元趋势，甚至理学界内部主敬观也发生了巨大变化。朱珪为乾嘉之际理学界之泰斗，嘉庆帝的师傅，以“经术淹通，器宇醇厚”受到皇帝和时人的尊重[2]，然到晚年，却酷嗜仙佛。昭梿说：“(朱珪）晚年酷嗜仙佛，尝持斋茹素，学导引长生之术，以致疽发于背。时对空设位，谈笑酬倡，作诡诞不经之语，有李邺侯之风。”[3]和朱珪有过交往的梁章钜也记载说朱珪好故作神秘，颇多荒诞之言：“翰林衙门土地神，旧传为昌黎韩公。公（朱珪）以为代韩公者，为吴殿撰鸿。一日丁祭毕，坐轿过土地祠，公自轿中回头作拱，大声曰：‘老前辈，有请矣。’”“自以前身为文昌宫之磐陀，因号磐陀老人”。“喜为人说因果。尝言某某前生为其妇，某某为其妾，某某为其子，前世有缘，故恒结今世缘也。”[4]其如此之表现，与其说是道学家，更毋宁说像疯和尚！在许多士人看来，尊孔并不意味着辟佛。释道的存在，有其客观必然性，它既源于儒家教化功能之局限，又可弥补其不足，从而实现教化的普及。钱泳《三教》一文，简明扼要地阐述了释道二教存在的理由。他说：

或问儒释道何以谓之三教？余答之曰：“天地能生人而不

1 吴晗辑：《朝鲜李朝实录中的中国史料》第11册，第4668页，中华书局，1980年。

2 阮元：《太傅体仁阁大学士大兴朱文正公神道碑》，《研经室二集》卷三，中华书局，1993年。

3 昭梿：《朱文正》，《啸亭杂录》卷四，中华书局，1980年。

4 梁章钜：《朱文正师》，《归田琐记》卷六，中华书局，1981年。

能教人，因生圣人以教之，圣人之所不能教者，又生释道以教之，故儒释道三教，并行而不悖，无非教人同归于善而已。孔子曰：‘中人以上，可以语上也；中人以下，不可以语上也’。盖圣人之教，但能教中人以上之人，释道不能教也；释道之教，但能教中人以下之人，圣人亦不能教也。”纪晓岚相国有云：“帝王以刑赏劝人善，圣人以褒贬劝人善。刑赏有所不及，褒贬有所弗恤者，则佛以因果劝人善。”颇与余言相合。今为儒者，不知仁义；为释者，不知慈悲；为道者，不知清静；惟与利是图，则天地亦无如之何矣。[1]

蒋士铨的《二氏论》更从理论的角度，为释道二教辩护。他说：

井田不能胜其养，而惰游者众。学校不能胜其教，而邪僻者生。于是二氏兴焉。二氏者，所以出全力为天下国家分其教养于万一者也。有饿夫于此，向市人乞百钱，无有应者。饿夫乃归于二氏，持募疏而请曰：“寺观庄严，善缘资福。”而檀施填委焉。叩以二氏之旨，不知也，曰：“吾免饿而已。”有顽夫于此，临以官司，加以刑戮，罔惧也。或语以地狱天堂苦乐之事，则顶礼持诵，愿从忏悔。叩以二氏之旨，不知也，曰：“吾苟免地狱而已。”向使无二氏以收此什伯，庸众将迫于饥寒，共为盗贼，而凶逆奸宄之徒遍山泽，掌狱讼者竭蹶不能理。此二氏有消纳惰游邪僻之功。且其说以劝善为宗，无犯上作乱神奇鬼怪之事，故历世而不能灭。

站在儒学的立场，蒋士铨虽然认为释道之说有其局限性，否

1　钱泳：《三教》，《履园丛话》卷二三，中华书局，1979 年。

认“孔孟之外，别有宗门”，但明确指出：“其说以劝善为旨，其力可以少佐国家教养之遗”，故圣帝明王“与之安焉”，反对片面压制释老[1]。如果我们将朱珪、蒋士铨等人的释道观和清初理学官僚们情绪激昂的辟释老、黜异端学说相比较，即可看出百年间士林观念之变化。

18世纪，最受士林队伍推崇的思想体系，除了儒学外，就是佛学。针对理学家们对佛教的抨击，郑板桥以玩世不恭的口吻告诫其弟说：

> 僧人遍满天下，不是西域送来的，即吾中国之父兄子弟，穷而无归，入而难返者也。削去头发便是他，留起头发还是我。怒眉瞋目，叱为异端而深恶痛绝之，亦觉太过。佛自周昭王时下生，迄于灭度，足迹未尝履中国土。后八百年而有汉明帝，说谎说梦，惹出这场事来。佛实不闻不晓。今不责明帝，而齐声骂佛，佛何辜乎？况自昌黎辟佛以来，孔道大明，佛焰渐息，帝王卿相，一遵六经四子之书，以为齐家治国平天下之道，此时而犹言辟佛，亦如同嚼蜡而已。和尚是佛之罪人，杀盗淫妄，贪婪势利，无复明心见性之规。秀才亦是孔子罪人，不仁不智，无礼无义，无复守先待后之意。秀才骂和尚，和尚亦骂秀才。语云：“各人自扫阶前雪，莫管他家屋瓦霜”。老弟以为然否？[2]

扬州八怪之一的罗聘曾著《正信录》两卷。他以儒学自居，却竭力抹煞儒释之界，调和二教之说。自称：“近予从事于心性之学，采辑经藏中与儒书融会于心之言，汇成是书，名曰《正信

1　蒋士铨：《二氏论》，《忠雅堂文集》卷一，《续修四库全书》本。

2　郑板桥：《家书·焦山读书寄四弟墨》，《郑板桥全集》，中州古籍出版社，1992年。

录》。儒释之道正不当以世智辨聪起分别执也。”[1]该书下面两个观点值得特别重视：

一是强调儒释同源，“宋儒都从禅学中来”。罗聘认为性理之说源于寿涯东林二禅师：“性理之说，东林授之濂溪（周敦颐）。东林以前，各专己教，未能融会。至寿涯始以其词意发明《易》、《中庸》之旨”，“周子出，然后潜者复光，绝者复续。周子之传，出于寿涯禅师，而为首倡。程子四传，而得朱文公。文公复得张敬夫，讲究此道，方得脱然处（见《大同论》）。”“由此言之，禅教不但与吾儒不相悖戾，而且为吾儒相资为用矣”[2]。罗聘主张：“既登洙泗之堂，何妨更入乾竺之室！”[3]

二是认为“儒书佛法同旨”。罗聘认为，五经四书，载有放生、戒杀、报应、因果、托生、轮回等事，均与佛学不相矛盾，“佛经与《易》、《论语》合，不与孔子异道，虽圣人复生，不可得而斥也”。并引焦竑的话说：“性命之理，孔子罕言之，释氏则极言之。孔子罕言，待其人也。故曰：不愤不启，不悱不发，中人以下，不可以语上也。然其微言，不为少矣。第学者童习日纷，翻成玩狎，唐疏宋注，锢我聪明，以故鲜通其说者。内典之多，至于充栋，大抵皆了义之谈也。古人谓暗室之一灯，苦海之三老；截疑网之宝剑，抉盲眼之金錍。故释氏之典一通，孔子之言立悟，无二理也。张商英曰：吾学佛然后知儒。诚为笃论。”[4]

观罗聘之《正信录》，就其主旨，实际上是以禅理取代儒学，以佛法取代纲常，清初诸儒斥责王阳明“引释乱儒”，将之用于罗聘，可谓名副其实。然将二教牵强糅合，毕竟有失大体。罗聘所

1　罗聘：《序》，《正信录》，上海国光印书局，1936年。
2　罗聘：《性理之说本自寿涯东林二禅师》，《正信录》卷下，上海国光印书局，1936年。
3　罗聘：《宋儒都从禅学中来》，《正信录》卷下，上海国光印书局，1936年。
4　罗聘：《儒书佛法同旨》，《正信录》卷下，上海国光印书局，1936年。

谓儒书佛法同旨者，不过是禅宗与理学在心性观上枝叶之形似而已，因理学有借鉴佛学之处，出现这种现象也就不难理解。问题在于，罗聘只讲相似性，而对儒释之间在出世与入世，在礼法与佛法等根本问题上的巨大差异却置之不问，并以“同旨”为结论，显然是舍本逐末，以偏概全，在学术上难以成立。佛法讲“三种量，五分论，各建立自己，得圣智自觉”[1]，其圣言量强调要以如来正教为准绳，衡量一切事物。观罗聘以佛理阐释儒学，于儒学不得其要义，于佛学，至多也只袭其表皮。

不过，罗聘指出儒释同源，宣传“宋儒都从禅学中来”，在客观上却帮了袁枚、戴震等反理学者的忙，从另一个角度替他们论证了宋儒“引释乱儒”的“罪行”。有意思的是，罗聘这一明显的“异端邪说”在当时却获得了不少学界名流的认可。江藩赞其“悟证人天”，强调“至道无歧，同归于一”[2]。官至侍郎，“言性道则尊朱子，下及薛河津、王阳明诸家”的王昶[3]，以“定香居士”为号，认为该书“深切著明”。王昶说：“儒者言性即觉性澄圆也，言诚即真心即实理也，言仁即大慈悲也。存心养性至于肫肫其仁，渊渊其渊，浩浩其天，上天之载，无声无臭，与十方圆明获二殊胜相等”，其言辞句读中，也充满了浓郁的佛学气息[4]。翁方纲好讲义理，然却不好严辨儒释之界。他在为《正信录》作序时，称：“余尤以为儒释之界域不必划分，亦不必有意斡旋，致启文义纷争之渐也。”[5]显然，理学主一无适的传统，在这些学者心中，已经失去了应有的权威地位。

被 18 世纪学者誉为“得史氏劝惩之旨”，“此书一出，当不

1 《楞伽阿跋多罗宝经·一切佛语心品之二》。

2 罗聘：《江藩序》，《正信录》，上海国光印书局，1936 年。

3 阮元：《诰授光禄大夫刑部右侍郎述庵王公神道碑》，《研经室集二集》卷三，《四部丛刊初编》本，上海书店，1989 年。

4 罗聘：《王昶序》，《正信录》，上海国光印书局，1936 年。

5 罗聘：《翁方纲序》，《正信录》，上海国光印书局，1936 年。

仅贵洛纸而织蛮衣也”的《谐铎》一书[1]，也大量充斥着因果报应的内容，竭力糅合儒释之说，宣传“俗传菩提善岸，即儒家所谓道岸也”[2]。作者云：“圣门之书为贤智者说法，佛门之书为愚不肖者说法。为贤智者说法，造端乎夫妇。钓而不网，弋不射宿，使人在男女杀生上，体认出个道理来。为愚不肖者说法，只辨得个戒字。”并称：“孔子、释迦设教之心，有以异哉？”[3]其《大士慈航》一文，称：“菩萨现女人身说法，首重节孝，次及贤才，日以慈航宝筏渡人苦海。”并感叹道：“修士读圣贤书，束身圭璧，卒至劳筋骨，饿肌肤，蠖伏牖下而死。以视茹荼餐蘖者，其苦有以异哉？安得菩萨西来相以度之？”[4]附带提及，该书作者沈起凤做过县学教官和幕僚，乃由儒入释者。尝于壁上题词曰：“合掌做膜拜，听我忏平生。三吴妄男子耳，少小得狂名。第一读书成癖，第二爱花结习，余事谱新声。因此堕尘梦，棒喝不能醒。仗吾佛，施法力，转金轮。从此不识一字，倒看《相牛经》。人遇鸠荼、嫫母，地禁词章、乐府，到处少奉迎。面壁十年后，陪侍上瑶京。”[5]

龚炜也反对将儒佛相对立，而是试图予以调和。他说：“先儒目佛氏为异端，以予观之，正是不异。慈悲全乎仁，戒律存乎义，庄严以崇礼，定慧而生智。功先诚正，治心律意马之驰；道在治平，现身为法之设。斩魔有慧剑，克之勇；护戒如明珠，守之固。报彰因果，赏罚之义昭焉；誓度众生，胞与之心切矣。推本于无生，同源于太极。总之，务为过深之论，谈性与谈禅皆妄。得其不远之则，学儒与学佛同功。”[6]

---

1 《谐铎》钱湘舲序，人民文学出版社，1985 年。

2 沈起凤：《荆棘里》，《谐铎》卷四，人民文学出版社，1985 年。

3 沈起凤：《眼前杀报》，《谐铎》卷九，人民文学出版社，1985 年。

4 沈起凤：《大士慈航》，《谐铎》卷一二，人民文学出版社，1985 年。

5 沈起凤：《脑后淫魔》附郏镕语，《谐铎》卷九，人民文学出版社，1985 年。

6 龚炜：《学儒与学佛同功》，《巢林笔谈》卷五，中华书局，1981 年。

18世纪在调和儒释方面比较活跃的人物是彭绍升。彭绍升本为乾隆二十二年（1757年）进士，辞官后“专心白业，香灯禅板，几似黄面头陀”[1]。段玉裁记载说：“彭君好释氏之学，长斋佛前，仅未削发耳。而好谈孔孟程朱，以孔孟程朱疏证释氏之言，其见于著述也，谓孔孟与佛无二道，谓程朱与陆王、释氏无异致。同时有罗孝廉有高、汪明经缙倡和其说。”[2]彭绍升不但自己酷好谈佛，而且试图说服别人。尝致书袁枚，教以禅学，称：“先生英雄根性，所未留意者独此一着耳。生从何来，死从何去，其可以人生一大事而置之度外乎？”[3]又将所作《二林居制义》寄给戴震，“大畅心宗，参活程朱，以傅合六经、孔孟，使闳肆无涯涘。”[4]戴震将《原善》、《孟子字义疏证》示之，彭绍升则致信责其“或外徇于形名，内锢于意见，分别追求，役役焉执筌蹏为至道，而日远乎无声无臭之本然。不知天，其何以知人！”[5]然而，彭绍升的这些主张遭到了袁枚和戴震的激烈反对。袁枚致书彭绍升，称：“居士宁静寡欲，有作圣基；惜于生死之际，未免有己之见存，致为禅氏所诱。有所慕于彼者，无所得于此故也。独不见孟子之论生死乎？曰：‘夭寿不贰，修身以俟之。’陶潜之论生死乎？曰：‘浮沉大化中，不恋亦不惧。’士君子纵不能学孟子，亦当法渊明。名教中境本廓然，奚必叛而他适！”[6]戴震则针对彭绍升的指责，撰写了著名的《答彭进士绍升书》，“以六经、孔孟之指，还之六经、孔孟，以程朱之指还之程朱，以陆王、佛氏之指还之陆王、佛氏。

1 王昶：《彭绍升》，《湖海诗传》卷二一，嘉庆八年刻本。
2 段玉裁：《戴东原先生年谱》丁酉四月，商务印书馆，1929年。
3 袁枚：《答彭尺木进士书》附来札，《小仓山房文集》卷一九，《袁枚全集》第2册，江苏古籍出版社，1993年。
4 戴震：《答彭进士允初书》，《戴震集·文集》卷八，上海古籍出版社，1980年。
5 彭绍升《与戴东原书》，《戴震集》附录四，上海古籍出版社，1980年。
6 袁枚：《答彭尺木进士书》，《小仓山房文集》卷一九，《袁枚全集》第2册，江苏古籍出版社，1993年。

俾陆王不得冒程朱，释氏不得冒孔孟，其书几五千言。有此而《原善》、《孟子字义疏证》之说愈明矣。”[1]与彭绍升交往二十余年的卢文弨在读了《二林居制义》后，致信说：“援儒而入于墨且不可，况抑大圣大贤而使之皆出于西方氏之教？则得罪于名教甚大。”[2]

对道家的看法也在发生变化。清廷对道家比较排斥，然知识界却有人对其持推崇态度。和一般士大夫对佛教比较宽容不同，钱大昕尽管承认“二氏之教，其宗旨与吾儒异，其欲人迁善而远罪则同”[3]，但对佛教却颇无好感，认为其言“诞而难信”[4]，指责佛教轮回之说乃“欺天诬神，驱斯世而入于禽兽者乎”，强调佛学“其害尤甚于杨墨”[5]。与此同时，钱大昕对道教却情有独钟，认为“道家以玉皇上帝为天神之至贵者，玉以言乎德之至纯，皇以言乎道之至大，与《书》称‘惟皇上帝’、《诗》称‘有皇上帝’者若合符节。而复选高敞清幽之地，筑室而事之，巍巍峨峨，昭布森列，使人有所敬畏，以谨其修而寡其过，则与吾儒敬天之学相资而不相悖焉。”[6]

当然，这个时期也有少数理学家，和以前一样，仍作出与释老不共戴天之势。像小说《野叟曝言》借道学家文素臣之笔，指责释老之说“害人心术，祸及国家。迄今千五百年，炽焰燎原，不可向迩。致使人心陷溺，世道榛芜。唐虞三代之治，不可复觏”。主张“居今日而欲复古帝王之政，以致太平极轨，非拔其本，而塞其源，不可也。”[7]不过，在雍乾时期，这种偏激言论没

1　段玉裁：《戴东原先生年谱》丁酉四月，商务印书馆，1929年。

2　卢文弨：《答彭允初书》，《抱经堂文集》卷一八，《丛书集成初编》本，商务印书馆，1935年。

3　钱大昕：《重建仙宫玉皇殿记》，《潜研堂文集》卷二〇，商务印书馆，1935年。

4　钱大昕：《重建仙宫玉皇殿记》，《潜研堂文集》卷二〇，商务印书馆，1935年。

5　钱大昕：《轮回论》，《潜研堂文集》卷二，商务印书馆，1935年。

6　钱大昕：《重建仙宫玉皇殿记》，《潜研堂文集》卷二〇，商务印书馆，1935年。

7　夏敬渠：《八片香肱脾神大醒，三尺瑞雪心结齐开》，《野叟曝言》第一三一回，吉林文史出版社，1994年。

有太大市场，大多数学者主张从实际出发，以宽容的态度，对待佛教、道教等长期存在，且有较大社会影响的宗教思潮。

值得重视的是，18 世纪有一些下层知识分子迷信秘密教门之教义，甚至加入其组织。象乾隆二十八年（1763 年），清廷发现金山卫生员徐筠、南汇县生员徐周柄“学习邪教，吃素诵经”，“并于各犯家中搜出《金刚弥陀经》及忏图册。讯系弥勒邪教支派。”乾隆帝感慨说：“地方匪徒，传播邪教，惑人聚众，最为人心风俗之害。徐筠等身列青衿，亦私藏经忏，受其蛊惑，则愚民之转相煽诱，流入邪匪，更不待言。”[1] 有清一代，秘密宗教发展迅速，各种宝卷不断出笼，四处传播，恐怕与少数下层知识分子的参与、支持存在着重要的因果关系，而这种情形本身，也反映出在商品经济发展，社会利益分化的特殊时期，知识界在宗教信仰和价值观上的分化趋势。

第五节　学术观念的多元化（下）

经世思潮。经世致用是中国学术的重要传统。经世决不单纯是一种研究目的，更重要的是一种情感，是一种精神，体现了中国知识分子“位卑未敢忘忧国”，以知识报答君王，以学问回报社会的独特情操。清初学术以反姚江著称，就其抨击最烈者，关键在明人空谈误国，为学不切实用。故李颙强调：“儒者之学，明体适用之学也”，认为讲明儒学，“处也有守，出也有为，生民蒙其利济，而世运宁有不泰？”[2] 顾炎武尖锐批判“置四海之困穷不言，终日讲危微精一之说”的不良学风，主张“博学于文”，“行己有耻”，“自一身以至于天下国家，皆学之事也”[3]。他指出：“士当

1 《清高宗实录》卷六九〇，乾隆二十八年七月己未，中华书局，1985 年。

2 李颙：《盩厔答问》，《二曲集》卷一四，中华书局，1996 年。

3 顾炎武：《与友人论学书》，《顾亭林诗文集》卷三，中华书局，1983 年。

求实学，凡天文、地理、兵农、水土及一代典章之故，不可不熟究。”[1]在《日知录》中，顾炎武明确倡导“文须有益于天下”：“文之不可绝于天地之间者，曰明道也，纪政事也，察民隐也，乐道人之善也。若此者，有益于天下，有益于将来，多一篇，多一篇之益矣。”[2]这一带有明显功利色彩的经世思想，在康熙后期仍很流行。刘献廷尝云：“今之学者，率知古而不知今，纵使博极群书，亦只算是半个学者，然知今之学甚难也。”[3]又说：“为学先须开拓其心胸，务令识见广阔，为第一义。次则于古今兴废沿革、礼乐兵农之故，一一淹贯，心知其事，庶不愧于读书。若夫寻章摘句，一技一能，所谓雕虫之技，壮夫耻为者也。”[4]18 世纪的知识界是 17 世纪经世思潮的当然继承者，在这一百年中，经世仍是影响中国学术发展方向的重要精神因素。纪昀明确指出：所谓圣贤事业，就是“依乎中庸，以实心励实行，以实学求实用。”[5]清人所谓“实学”，主要有两层含义：一是针对明代空疏浮躁学风，主张以严谨、实证之学术以纠正之；二是有鉴晚明空谈误国，主张以经世致用之学以纠正之。18 世纪，实学的第一层含义诚然被汉学大师们发挥得淋漓尽致，义韵毕显，但其第二层含义也得到了不少学者的高度重视。像汪中“尝有志于用世而耻为无用之学”[6]，故私淑顾亭林，“尝推六经之旨，以合于世用”[7]。而他所谓的“有用之学”，包括讲武、习礼等诸多实际内容。汪中说：“后世群居终

1　顾炎武：《三朝纪事阙文序》，《亭林余集》，《四部丛刊初编》本。

2　顾炎武：《文须有益于天下》，《日知录》卷一九，甘肃民族出版社，1997 年。

3　刘献廷：《广阳杂记》卷三，中华书局，1957 年。

4　刘献廷：《广阳杂记》卷四，中华书局，1957 年。

5　纪昀：《姑妄听之》（二），《阅微草堂笔记》卷一六，上海古籍出版社，1980 年。

6　汪中：《与朱武曹书》，《述学别录》，嘉庆江宁本，嘉庆江宁刘文奎子觐宸仲高刻本。

7　汪中：《与巡抚毕侍郎书》，《述学别录》，嘉庆江宁本，嘉庆江宁刘文奎子觐宸仲高刻本。

日，高谈性命，而谓之讲学，吾未之前闻也”[1]。崔迈颇重经济之学，尝云：“今世士大夫不识文章，以举业为文章；不识经济，以簿书期会为经济，愚皆心非之，故窃有以自处……然所谓文章经济者，则固讲求之矣。遇不遇，命也，终吾身焉已耳。不有得于世，必有得于己；不有得于今，必有得于后。又安能舍吾之所乐而从世俗之好以为工也！”[2]纪昀则突破“修身齐家治国平天下”的传统说法，高度重视经世之术。谓：“今不讲体国经野之政，捍灾御变之方，而曰吾仁爱之心，同于天地之生物。果此心一举，万物即可以生乎？吾不知之矣。”“西山作《大学衍义》，列目至‘齐家’而止，谓‘治国平天下’可举而措之。不知虞舜之时，果瞽瞍允若而洪水即平，三苗即格乎？抑犹有治法在乎？又不知周文之世，果太姒徽音而江淮即化，崇侯即服乎？抑别有政典存乎？今一切弃置，而归本于齐家，毋亦如土可生苗，即炊土为饭乎？吾又不知之矣。”[3]

18 世纪汉学的两位领袖人物惠栋、戴震均满怀经世激情。惠栋晚岁仍“拳拳论学术人才之升降。其识趣高迈，又雅不欲以经师自命也”[4]。至于戴震，经世之志就更加明确，洪榜谓其“抱经世之才，其论治，以富民为本”[5]，可以说比较准确地反映了戴震学术的经世主旨。自称“余之说经，推明古训，实事求是而已，非敢立异”[6]的阮元，应该算是能够恪守汉学传统的人物，他高度重视学问的经世功能，曾对“世之习科条而无学术，守章句而无

1 汪中：《讲学释义》，《述学别录》，嘉庆江宁本，嘉庆江宁刘文奎子觐宸仲高刻本。

2 崔迈：《答秦太瞻书》，《尚友堂文集》卷下，《崔东壁遗书》，上海古籍出版社，1983 年。

3 纪昀：《姑妄听之》三，《阅微草堂笔记》卷一七，上海古籍出版社，1980 年。

4 陈黄中：《惠栋墓志铭》，《碑传集》卷一三三，明文书局，1985 年。

5 洪榜：《戴先生行状》，《碑传集》卷五〇，明文书局，1985 年。

6 阮元：《研经室集·自序》，《四部丛刊初编》本，上海书店，1989 年。

经世之具”的现象提出尖锐批评[1]。阮元认为，稽古和政事密不可分，而稽古是政事的基础，“稽古之学，必确得古人之义例，执其正，穷其变，而后其说之也不诬。政事之学，必审知利弊之所从生，与后日所终极，而立之法，使其弊不胜利，可持久不变。盖未有不精于稽古而能精于政事者也”[2]。

18 世纪经世思潮，就其发展途径，主要有两条，一条是以章学诚为代表的以史经世派，这直接推动了当时史学及边疆史地研究的繁荣；另一条是以陆耀为代表的“实用”派，这一派带有强烈的功利色彩，强调实践，强调将学术直接服务于现实，“力破空虚之习，切求身世之宜，或已见诸施行，或尚俟诸百世”[3]，这一思潮推动了文治官僚的大量出现，促进了行政管理水平的提高。

在中国传统社会，史学具有浓郁的经世色彩，且带有一定功利性，“资治通鉴”既是其重要目的，也使它和普通的远离政治的“小学”区别开来。故有清一代，学术界对史学高度重视。凌廷堪尝对其弟子说：“至若史学，则所关者甚钜。向所立《资治通鉴》课程，不可间断。诚以此书乃史家之绝业，治乱成败，了如指掌。读之则眼界日扩，识见日超。读一次则有一次之益，二次三次则有二次三次之益。不特免王充陆沉之讥，由此而措之，且可成为有用之学。”[4]18 世纪，在完善传统史学理论体系，推动史学向经世方向发展过程中，贡献最大的当然非章学诚莫属。

章学诚这个名字，本书在前面已多次提到，这里对其生平事迹略作追述。章学诚，生于乾隆三年（1738 年），卒于嘉庆六年

1　阮元：《顾亭林先生肇域志跋》，《研经室三集》卷四，《四部丛刊初编》本，上海书店，1989 年。

2　阮元：《汉读考周礼六卷序》《研经室　集》卷　　，《四部丛刊初编》本，上海书店，1989 年。

3　陆耀：《切问斋文钞序》，《切问斋集》卷四，光绪江苏书局校刊本。

4　凌廷堪：《与张生其锦书》，《校礼堂文集》卷二五，中华书局，1998 年。

(1801年)，字实斋，浙江会稽（今绍兴）人。乾隆四十三年(1778年)进士，曾任国子监典籍。学诚“性耽坟籍，不甘为章句之学”，特别是师事朱筠以后，“得遍览群书，日与名流讨论讲习”[1]。擅长修志，主修和州、永清、亳州、天门诸志，为世所推崇，“论者谓是非斟酌，非兼才学识之长者，不能作”[2]。所著主要有《文史通义》，为清代史学理论的代表性著作。另有《校雠通义》。后人辑其著作为《章氏遗书》传世。

从学术渊源看，章学诚为浙东学派传人。浙东学术，主要有两个显著特征：一是“言性命者必究于史”；二是以史经世。史学为浙东学术研究之重点，是其学术之所长。章学诚继承了以史经世的传统，并进行了卓有成效的发展。章学诚在《天喻》一文中明确提出：“学业将以经世也。”他指出：学业直接关乎风气，关乎世道人心，不可能不具有经世之功用：“学业者，所以辟风气也。风气未开，学业有以开之。风气既弊，学业有以挽之。人心风俗，不能历久而无弊，犹羲和、保章之法，不能历久而不差也。因其弊而施补救，犹历家之因其差而议更改也。”而为学业者，则不能趋附风气，而是要“尽人功以求合于天行”，“以挽流俗之人心”[3]。

关于经典和历史的关系，明儒王阳明曾提出“五经亦史”的重要论断。称：“以事言谓之史，以道言谓之经。事即道，道即事。《春秋》亦经，五经亦史。”又云：“五经亦只是史，史以明善恶，示训诫。”[4]章学诚进一步提出“六经皆史”的思想（不过，这一思想并非他个人的发明。正如笔者前面已经论及的，曾被章学诚猛烈抨击的袁枚，也提出了诸经皆史的主张）。称：“六经皆史也。

1 《章学诚》，《清史列传》卷七二，明文书局，1986年。
2 《章学诚》，《清史列传》卷七二，明文书局，1986年。
3 章学诚：《内篇三·天喻》，《文史通义校注》卷三，中华书局，1994年。
4 王阳明：《语录一·传习录上》，《王阳明全集》卷一，上海古籍出版社，1992年。

古人不著书，古人未尝离事而言理，六经皆先王之政典也。”[1]六经既系政典，自然切于实用，故章学诚谓其“切于民用而非一己空言”[2]。在《浙东学术》一文中，他阐述了自己关于以史经世的思想：

> 史学所以经世，固非空言著述也。且如六经，同出于孔子，先儒以为其功莫大于《春秋》，正以切合当时人事耳。后之言著述者，舍今而求古，舍人事而言性天，则吾不得而知之矣。学者不知斯义，不足言史学也。[3]

这就是说，注意人伦日用，关注时代需要，是章学诚治史的重要特征，也是其以史经世的基本内容。正是从实用的经世目的出发，章学诚强调治史应当高度重视“时王之制度”，他说：

> 《传》曰：“礼，时为大。”又曰：“书同文”。盖言贵时王之制度也。学者但诵先圣遗言，而不达时王之制度，是以文为鞶帨絺绣之玩，而学为斗奇射覆之资，不复计其实用也。故道隐而难知，士大夫之学问文章，未必足备国家之用也。法显而易守，书吏所存之掌故，实国家之制度所存，亦即尧、舜以来，因革损益之实迹也。故无志于学则已，君子苟有志于学，则必求当代典章，以切于人伦日用；必求官司掌故，而通于经术精微；则学为实事，而文非空言，所谓有体必有用也。不知当代而言好古，不通掌故而言经术，则鞶帨之文，射覆之学，虽极精能，其无当于实用也审矣。[4]

1　章学诚：《内篇一·易教上》，《文史通义校注》卷一，中华书局，1994年。
2　章学诚：《内篇一·易教上》，《文史通义校注》卷一，中华书局，1994年。
3　章学诚：《内篇五·浙东学术》，《文史通义校注》卷五，中华书局，1994年。
4　章学诚：《内篇三·史释》，《文史通义校注》卷三，中华书局，1994年。

需要特别指出的是，章学诚十分重视史学对维护纲常伦理的重要意义。他说："史志之书，有裨风教者，原因传述忠孝节义，凛凛烈烈，有声有色，使百世而下，怯者勇生，贪者廉立。《史记》好侠，多写刺客畸流，犹足令人轻生增气，况天地间大节大义，纲常赖以扶持，世教赖以撑柱者乎？"[1] 将史学当做维护纲常的工具，实际上是企图用史志之书取代理学的教化功能，这其实是一种不切实际的想法。尽管每个史学研究者都有其自身的伦理价值取向，但史学实证、实录的学科特点，决定了它不可能成为纯粹的整合人心的教条，不可能成为一门完整的道德学说，更不可能成为纯粹的伦理宣传工具。不过，章学诚似乎一直在向这个方向努力，他对戴震、袁枚骂街似的大批判，虽然言辞卑污，格调低下，但不妨也可视为他为"挽流俗之人心"而做出的某种经世尝试。

18 世纪，将史学作为经世工具的绝不止章学诚一人。像洪亮吉就特别重视史学的借鉴意义。他说："古今之大文曰经、曰史。经道于理之常，史则极乎事之变。史学固与经学并重也。夫学古为入官之本，前事即后人之师。是非谬则褒贬谬，褒贬谬则以无乖。处无善其身，出无资其用，其有害于世道人心也，岂浅鲜哉？"[2] 王鸣盛、钱大昕、赵翼等汉学名家，精研诸史，实际上也具有明确的目的，那就是寻求义理，以服务于现实。经世，或服务现实，决非单纯为当权者作应声虫，为统治者出谋划策，而是出于对国家民族、对亿兆苍生的深切关爱，他们力图通过自己的学术探索，发现一条建立治平社会的理想道路。这就是为什么我们今天从一些汉学名家对历史典籍的繁琐的考证中，仍能感受到

1　章学诚：《外篇三·答甄秀才论修志第一书》，《文史通义校注》卷八，中华书局，1994 年。

2　洪亮吉：《历朝史案·序》，京都聚奎阁刻本。

一种激情，仍能体会到一种信念。如果考据没有思想，就是钻故纸堆，而富有思想的考据，则是追求真理，追求理想。当然，真理和理想的内涵，因时因人而异，而乾嘉考据学在发展过程中，也确实出现了将“实学”简单化为考据，以求实取代义理的倾向。对此，笔者在后面还将论及。

需要特别提出的是，在经世思想影响下，18世纪边疆研究逐渐发展起来。边疆研究的兴起，既源于国家统一的完成，从社会实践的角度丰富了传统史地学术的内涵，也在于学术界服务现实的经世思想的作用。这个时期，一些学者利用各种机会，完成了不少关于边疆民情、风物、地理的著述。像武将萧腾麟曾服官峡江，所辖地区为“西藏之门户”，“治军暇为详纪其土地，物产风俗之殊异，为二十门，以括之名曰《西藏见闻录》”[1]。谢济世在被流放阿尔泰军前时，也不忘记随时考察其风俗民情，所著《西北域记》，记录了自己在流放期间的所见所闻，尤详于地理、物产和蒙古之风土民情，颇为生动形象，对今天了解清代蒙古地区历史和社会状况，仍具有一定参考价值。比较特别的是，因此书系作者在流放期间的见闻记录，其中难免有触景生情之感慨，行文句读中时有悲愤怨望之辞，如其记载蒙古乌云：“军中无鸦而有乌，比中原产者大。啼，人亦飞堶斥之。噫！人以反哺故不食汝，以啼故斥汝。既斥于中原，又斥于异域而不悛，得毋惧弹射乎？是时虽欲反哺得乎？乌乎，汝即不能不啼也，其俟反哺毕乎？”[2]这段别出心裁的记载，可以说是其自怜自叹，忠怨交集心情的真实写照。当然，就学术水平和研究工程之规模而言，18世纪清廷组织的官方边疆研究远远超过学者个人，社会上不少关于边疆的记

1　卢文弨：《书〈西藏见闻录〉后》，《抱经堂文集》卷九，《丛书集成初编》本，商务印书馆，1935年。

2　谢济世：《西北域记·乌》，《谢梅庄先生遗集》，光绪三十四年全州赵炳麟刻本，上海古籍出版社，2009年。

载尚处于现象描述阶段，缺乏深入透彻的分析，而且错误百出。不过，也有例外，这就是钱大昕对蒙古史的研究。

和章学诚一样，钱大昕也是本书反复提到的人物。钱大昕，生于雍正六年（1728年），卒于嘉庆九年（1804年），可以说是典型的18世纪学者。钱大昕字及之，又字晓征，号辛楣，又号竹汀，江苏嘉定人。乾隆十六年（1751年），召试举人，授内阁中书。乾隆十九年（1755年）进士。此后，曾任翰林院侍讲学士、詹事府少詹事、广东学政等职。乾隆四十年后，引疾不出，主讲钟山、娄东、紫阳诸书院，直至去世。在清代历史上，钱大昕以学识渊博，著述宏富著称于世。江藩谓其“不专治一经，而无经不通；不专攻一艺，而无艺不精”，“学究天人，博综群籍，自开国以来，蔚然一代儒宗也”[1]。钱大昕对经学、史学、天文历算诸领域都有极深造诣。昭梿谓：钱大昕“凡天文、地理、经史、小学、算法无不精通。所著《经史答问》数卷，其畅发郑、贾之学，直接嫡乳，非他稍知皮毛之可比者。近时考据之儒，以公为巨擘焉。”[2]与钱大昕同时代的李斗则谓其“合惠、戴二家之学集为大成”[3]。对自己学识颇为自负的袁枚，对钱大昕也十分推崇，称其“宏通渊雅，一代名儒”[4]。阮元曾以充满激情的语言，评论钱大昕说：

国初以来，诸儒或言道德，或言经术，或言史学，或言天学，或言地理，或言文字音韵，或言金石诗文，专精者固多，兼擅者尚少。惟嘉定钱辛楣先生能兼其成。由今言之，

1 江藩：《钱大昕》，《汉学师承记》卷三，中华书局，1983年。

2 昭梿：《钱辛楣之博》，《啸亭杂录》卷七，中华书局，1980年。

3 李斗：《虹桥录上》，《扬州画舫录》卷一〇，中华书局，1960年。

4 袁枚：《答惠瑶圃中丞》，《小仓山房尺牍》卷七，《袁枚全集》第5册，江苏古籍出版社，1993年。

盖有九难。先生讲学上书房，归里甚早，人伦师表，履蹈粹然，此人所难能一也。先生深于道德性情之理，持论必执其中，实事必求其是，此人所难能二也。先生潜研经学，传注疏义，无不洞彻原委，此人所难能三也。先生于正史杂史，无不讨寻，订千年未正之讹，此人所难能四也。先生精通天算，三统上下，无不推而明之，此人所难能五也。先生校正地志，于天下古今沿革分合，无不考而明之，此人所难能六也。先生于六书音韵，观其会通，得古人声音文字之本，此人所难能七也。先生于金石，无不编录，于官制史事，考核尤精，此人所难能八也。先生诗古文词，及其早岁，久已主盟坛坫，冠冕馆阁，此人所难能九也。合此九难，求之百载，归于嘉定，孰不云然！[1]

对钱大昕的学术观念和思想，笔者在后面将按门类分别论述。这里仅指出这样一个事实：钱大昕对蒙古，特别是元史的研究，代表了18世纪知识界边疆研究的最高水平。钱大昕通晓蒙古语，关于蒙古的知识十分渊博，《啸亭杂录》记载说：

（钱大昕）又习蒙古语，故考核金、元诸史及外藩诸地名，非他儒之所易及者。成王言其“在上书房时，质庄王尝获元代蒙古碑版，体制异于今书，人皆不识。因询诸章嘉国师，请其翻译汉文。因命吾题跋端末，吾方挥毫，先生过而见之曰：‘章嘉固为博学，然其译汉文某字句有错误者。吾有收藏元时巎巎所译汉文，可取而证之。因归寓取原文出，章嘉所误处毕见，故人皆拜服’云。”闻其归后，曾著《元史续编》，采择颇精当，惜未见其本焉。[2]

1　阮元：《十驾斋养新录·序》，《嘉定钱大昕全集》，江苏古籍出版社，1997年。
2　昭梿：《钱辛楣之博》，《啸亭杂录》卷七，中华书局，1980年。

钱大昕所著《十驾斋养新录》卷九以不少篇幅，对元史作了考订，并对元后裔之延续情况作专门辨析。在发现《元史》在氏族、人物方面大量错漏后，钱大昕从乾隆十八年（1753年）开始，历经27年，完成了《元史氏族表》3卷，仿《唐书》宰相世系之例，“广搜博采，正史、杂史之外，兼及碑刻、文集、题名录等书，考其得失，审其异同，一一表而出之，而后昭然若白黑分矣”。此表可谓元史“不可少之子目”[1]。另外，《元秘史》为记载成吉思汗时代史实的重要资料，因“其文俚鄙，未经词人泽润，故知之者鲜”。钱大昕经过潜心研究，发现了此书的重要价值，认为“《秘史》叙次颇得其实”，提出“论次太祖、太宗两朝事迹者，其必于此书折其衷”[2]。大概是由于钱大昕的“宣传”之功，由阮元改定，并进奏皇帝的《元秘史》提要，就对该书史料价值予以充分肯定，认为“足补正史之纰漏”，“虽词语俚鄙，未经修饰，然有资考证，亦读史所不废也”[3]。

就钱大昕研究元史的原因，除了自身学术兴趣外，经世是其重要目的，所谓“文以贯道，言以匡时”是也[4]。

除了研究边疆民族历史外，一些学者对清代边疆的现实情况予以高度重视。像赵翼《簷曝杂记》记载了清朝木兰秋狝、回人杂技以及蒙古风俗等方面的内容。作者特别强调了喇嘛教在蒙古社会中的独特地位，云:“蒙古俗最重喇嘛，非特近边诸部落也。凡喀尔喀、准噶尔及吐鲁番、青海、西番、西藏等处，无不虔奉恐后。”指出清廷宠待章嘉，“正所以帖服外夷，乃长驾远驭之之

1 钱大昕：《黄钟跋》，《元史氏族表》卷三，《嘉定钱大昕全集》，江苏古籍出版社，1997年。

2 钱大昕：《跋元秘史》，《潜研堂文集》卷二八，商务印书馆，1935年。

3 阮元：《元秘史十五卷提要》，《研经室外集》卷三，中华书局，1991年。

4 钱大昕：《文箴》，《潜研堂文集》卷一七，商务印书馆，1935年。

意”[1]。在《平定准噶尔附论》一文中，赵翼专门分析了清廷平定准噶尔之原因，说:“皇上见事机可乘，遂举全力以应之。事机可乘，即天也。可乘而即乘之，即所谓后天而奉天时，是以成功若此之易也。”并指出：在平准战争中，乾隆帝“分别功过”，“信赏必罚”，是以“人人效命，有进无退，成此大功”[2]。赵翼也十分关注海疆情形，他曾总结清朝镇压林爽文起义的经验教训，建议清廷将漳化县城移于鹿港，“以台湾道及副将驻之”，“无事则指麾南北，声息皆便。有事则守海口，以通内地应援，与鹿耳门互为关键，使台地常有两路可入，则永无阻遏之患。”这一建议在当时并未奏至清廷，但赵翼坚信“此议终不可废。后之留意海疆者，或奏而行之，实千百年长计也”[3]。以讲求理学著称的松筠，“视国事为己务，肝胆淋漓。政事皆深忧厚虑，不慕近功”[4]。所著《西藏巡边记》，分析了西藏地区的地理交通形势，特别强调边疆官员廉洁自持对边防建设的重要性。他说:“缘札什伦布西南，左有萨迦沟内之曲多江巩，右有彭错岭，峭壁连冈，是为后藏咽喉，实天然要隘也。乃辛亥年廓尔喀以步卒数千，入自聂拉木，走萨迦沟，直抵札什伦布。彼时果有现在之汉番官兵，划分两路，一赴曲多江巩，以扼其前；一赴彭多岭侦探，以截其后，则廓尔喀深入无援，可以不战自溃。至协噶尔定日，左首之绒辖喀达定结，西路之宗喀琼噶尔巩塘拉大山，皆为天然门户。曲水巴则江孜，又为前藏之要隘。而江孜迤南之帕克里甘霸等处，界连藏曲大河，尤为前后藏第一险要。所有汉番官兵及噶布等，均宜熟悉。因于前后藏江孜教场泐石，咸使对图讲求。人各胸中有主，方于汛防有隘（益）。然安边之策，莫若自治。非独济咙、聂拉木番

1　赵翼：《蒙古尊奉喇嘛》，《簷曝杂记》卷一，中华书局，1982 年。
2　赵翼：《平定准噶尔附论》，《清经世文编》卷八一，中华书局，1992 年。
3　赵翼：《论台湾要害》，《清经世文编》卷八四，中华书局，1992 年。
4　昭梿：《松相公好理学》，《啸亭杂录》卷四，中华书局，1980 年。

民，应派廉洁营官管理。所有前后藏属各营官第巴，皆能教以廉洁自持，善抚百姓，又何他患邪？”[1]

沈德潜为18世纪著名诗人，乾隆帝称其“学有本原”，“道存风雅”[2]。然沈德潜对清朝的时政也十分关注，并对整理海疆提出了自己的看法。他针对当时“洋盗”频发，海上治安日坏的情形，从维护清廷统治的角度，建议加强海防建设。沈德潜说：“国家统一海宇，海外万国，无不称臣入贡。内地之民，每以货物互相交易，而国家亦得收赋税以充正供。是昔之为害于国者，今转为利于国也。然迩年以来，小寇亦尝窃发，往来商船，时闻劫夺。恐备患不周，或仍有汪直、徐海之祸。语云：‘伏卵翱飞，蘖芽穿屋。’事有未作，患有未形，防之所宜急讲也。”为此，沈德潜提出了一系列防范措施。如：在舟山、洋山等沿海要地，“设大镇，选贤能，以重兵镇守之”；仿明戚继光的会哨之法，“于大洋要害处及附近紧要港澳，分哨以为防限，而于道里适均处，定为两塞会哨之联络呼应，弋船相望。更于每塞之中，添游翼以巡之。错综迭出，虽支洋穷澳，无不按焉。”又建议除选民兵，编乡兵而外，更联渔兵。渔兵，即沿海之渔户，“合其势，厚其饷，侦贼所在，以为海上耳目，而牵制之。此亦防寇之良法也。”“添设战船，教习水战，以时检阅、激赏。或遏寇于远洋，使之不能啸聚；或击寇于近洋，使之不能达岸。而且招之以散其党，抚之以诱其来。捣其巢穴以扑灭其踪迹，则寇将无可托足，而剽窃攻夺之患，不有日衰而日熄者哉？”沈德潜最后指出：“寇之所急者食，民之所贪者利。比者海中奸人，往往伪作商贾，厚挟金钱，以入省会。而奸牙愚民之徒，谓与其平价与民，毋宁重价与寇。诚养痈之大患也。今严盘诘之法，首重海关，次及海口、汛防等处。于商之

1　松筠：《西藏巡边记》，《清经世文编》卷八一，中华书局，1992年。

2　钱陈群：《沈德潜神道碑》，《碑传集》卷三二，明文书局，1985年。

买米出入者，务诘其里居姓氏，必与符引相合，来历清明，方许出境，以慎重乎讥察非常之意。而官吏之勾引潜通者，其弊又丛生。是则在文武大吏，公忠体国者，严为之防，以清其源而已矣。”[1]

史学经世的主要特点是鉴古知今，然而，时代不同，情况各异，史学的学科特点决定了它不可能成为纯粹的经世之学，政治之学。正因为如此，在以史经世呼声高涨的同时，“实用”思潮也受到不少知识精英的推崇，陆耀是这一思潮最重要的代表人物。

陆耀，生于雍正元年（1723 年），卒于乾隆五十年（1785 年），字朗夫，又字青来，江苏吴江人。乾隆十七年（1752 年）举人，十九年考授内阁中书，此后，历任户部主事、山东登州知州、济南府知府、山东运河道、山东按察使、布政使等职。乾隆四十九年（1784 年）七月，升任湖南巡抚，次年六月卒。陆耀为乾隆朝著名官僚学者。陈康祺谓其“当高宗朝，清节为天下称颂。其文章学问，亦具有轨法”[2]。讲求实用为陆耀学术的主要特色，清人谓其“生平不立讲学名，而精析义理，洞达事物，读书一归于实用”[3]。程晋芳评论陆耀之学，说：“先生于学问，考订心平而识明，不为争辩叫嚣，而析理分条，事之得失自见。其辟二氏，绌星命，讥谶纬，咸守正则。论《易》则宗辅嗣伊川，而于先后天图及汉儒飞伏世应之说，扫除殆尽。若其浚泉河，豫仓榖，设保甲，御盗贼，诸书施之实用，旦夕可收厥效。文虽不多，而经术诸书置之罗鄂州、金仁山及近贤陆陆堂、沈果堂集中，不让后先也。经济之文，置之宗忠简、于忠肃。王文成集中，弗愧干略也。”[4]陆耀从实用的立场出发，反对讲虚理，言性命，强调“六经之所载，皆人事之切于世者，是以言之甚详。至于性也，百不

1　沈德潜：《防海》，《清经世文编》卷八五，中华书局，1992 年。

2　陈康祺：《陆耀孤寒立志》，《郎潜纪闻四笔》卷五，中华书局，1990 年。

3　陆耀：《本传》，《切问斋集》卷首，光绪江苏书局校刊本。

4　程晋芳：《序》，《切问斋集》，光绪江苏书局校刊本。

二一言之。或因言而及焉，非为性而言也。故虽言而不究。予之所谓不言者，非谓绝而无言，盖其言者鲜而又不主于性而言也”[1]。他的《复戴东原言理欲书》，即鲜明地反映出这一学术倾向。他说：

> 来教举近儒理欲之说，而谓其以有蔽之心，发为意见，自以为得理，而所执之理实谬，可谓切中俗儒之病。乃原其病之所起，则骛名之一念实为之。盖自宋儒言理，而历代推尊以为直接孔孟者，程朱数大儒而已。于是莫不以理名学。如前世所讥“太极圈儿大，先生帽子高”者，其来已非一世，繇理学之名可以虚附故也。夫理悬于虚，事征于实。虚者易冒，实者难欺。惟言理而著之于事，证之以迹，空虚无实之谈，庶不得而妄托。西山《大学衍义》此其宗乎？至于朱陆、朱王之辨，近世尤多聚讼。其所以讼者，皆在毫厘影响之间。若尽举朱子之行社仓，复水利，蠲税银，与象山之孝友于家，惠爱于民，阳明之经济事功，彪炳史册，以为理学真儒之左契，则瞿相之圃，岂有存者矣。顾以此求之，讵易多得？则择其言之切于今者，莫如顾昆山“行己有耻”，田篑山“利之一字，蚀人最深”二语，为废疾膏肓之药石，沈迷大寐之晨钟。而不贵言性言命，存天理遏人欲之虚谈，庶几于风俗之盛衰，吏治之得失，民生之疾苦，在在与民同好恶而不私，于阁下之教得毋近之，而不止以其名乎。近日从事文钞一编，大指如此。[2]

陆耀这封信在清代经世思想史上是值得充分重视的。它反映出陆耀既无汉宋门户之见，也无理学门户之见。而导致这种情况

1　陆耀：《书昌黎原性篇后》，《切问斋集》卷六，光绪江苏书局校刊本。
2　陆耀：《复戴东原言理欲书》，《切问斋集》卷二，光绪江苏书局校刊本。

的关键原因在于：陆耀是从务实的立场出发，以功利主义的眼光看待学术，看待理论。不拘程朱陆王，不拘汉宋门户，只要有利于“风俗之盛衰，吏治之得失，民生之疾苦”，他即赞成，反之，侈谈性理，在他看来，则有好名之嫌。陆耀在信中称“理学之名可以虚附”，“虚者易冒，实者难欺”，实际上是在讽刺东原不务实而务名，指责戴震驳诘程朱，讲求义理乃好名之举。从而暴露出陆耀忽视义理，淡化理论的学术倾向。这一倾向虽然在陆耀身上比较突出，但在其他学者中也有明显影响。陈绍洙说：“论前世诸大儒，当先观其行而后择其言，行苟正矣。言即稍偏，亦无害其为贤者。”其言虽讲的是臧否前人，但也未尝没有反映出当时知识界不忽视是非，偏重实行的价值倾向[1]。

乾隆四十年（1775年），陆耀编辑完成《切问斋文钞》30卷。所辑《切问斋文钞》，就其用意，在于要改变当时知识界过分注重诗古文词、考据训诂的现状。陆耀认为：近日学者之病，不在怠惰苟安，不在束书不观，而在“于六经诵未上口，而传注之异同则言之甚悉，于诸史阅不终卷，而史才之高下则论之颇详。其词赋虽扬马班蔡不足为工，其歌咏虽潘陆徐庾不足为丽。若云学在躬行，则梦寐何尝偶及？道在日用，则毕生讵有纤毫？然而驰骋之滥，穷日继夜，勤而无所，愈多愈失。”[2]出于推动经世思潮的考虑，陆耀编辑《切问斋文钞》，“以为士人坐而言，当起而行也。”[3]该书按学术、风俗、教家、服官、选举、财赋、荒政、保甲、兵制、刑法、时宪、河防，分类汇集了清前期有实用价值的重要文献。陆耀在《例言》说：“立言贵乎有用。布帛粟菽，为生人一日不可无之物。若珠玉锦绣，止可以余力及之。兹编皆取其

1　陆耀：陈绍洙《与熊心垣书》，《切问斋文钞》卷一，河南布政使杨国桢重刊，同治金陵钱氏藏本。

2　陆耀：《又与钱巽斋论文钞书》，《切问斋集》卷二，光绪江苏书局校刊本。

3　陆耀：《吴江县志·陆耀本传》，《切问斋集》卷首，光绪江苏书局校刊本。

质言而有文者。瑰词丽句，纵极工巧，概以无用不录。”[1]反映出极为强烈的经世务实倾向。《切问斋文钞》是贺长龄编辑《清朝经世文编》之先导，反映了 18 世纪中国经世思想的最高水平。

以经世为目的的实用思潮在 18 世纪中国知识界十分流行。在这个过程中，有一种现象是值得重视的，那就是无论在理学界、汉学界，还是在其他文人学者中，都出现了一种主张少讲义理、多立事功的思想倾向。陈宏谋说：读书人如果“只凭口耳逞技，惟在词章，终日读书作文，未知所读之书于己何益，所作之文于世何用。其业居然读书人，人亦未尝不以读书人目之。究之于身世毫无所益，甚有所存所行与书全相反者，使世人谓书可以不读，读书不必有用，皆由于此”[2]。卢文弨则将经学与践行联系起来。他说：“杂学不如经学，而穷经之道，又在于研理。理何以明？要在身体而力行之。时时省察，处处体验。即米盐之琐，寝席之亵，何在非道？即何在非学？正不待沾沾于讲说论议之为功也。”[3]在这个国泰民安的繁荣年代，知识精英们纷纷挤入仕途，忙着为朝廷“建功立业”。清廷统治队伍空前扩大，统治基础空前牢固。这里有两个现象需要特别注意：一是以陈宏谋、汪辉祖为代表的一批经世官僚，针对清朝政治和社会实际，提出了一系列行政管理主张和理论，将中国传统行政管理学推向了一个新的高度，对此，笔者在后面一章将作分析。二是这个时期的经世官僚，不仅注意讲求实用之学，而且高度重视人才的选拔和培养。像大学士于敏中，不但自己“大肆力于诗古文词，讨论典籍，讲求古今沿革利病，熟研朝章国故，切磋久之，达于实用”，而且重视人才之选

1 陆耀：《例言》，《切问斋文钞》，河南布政使杨国桢重刊，同治金陵钱氏藏本。

2 唐鉴：《陈宏谋》，《学案小识》卷五，《清代传记丛刊·学林类》，明文书局，1986 年。

3 卢文弨：《答朱秀才理斋缙书》，《抱经堂文集》卷一九，《丛书集成初编》本，商务印书馆，1935 年。

用。时人称其“衡鉴人才，不失铢黍。屈申荣辱，惟人自为”[1]。时公卿好士成风。大学士蒋溥“亦极爱士，肯为寒素地。有揭荐牍来，悉馆门下，未尝拒一人”。尚书裘曰修，则于内城石虎胡同，“购一轩曰‘好春’，退直所息。宾客门下士往来者，于阍人悉不关白，径入此轩。若已退直，则公必坐此轩左右，若待客矣。”[2]以是人才之盛远逾前代，所出多系文治方面的专家。如陈宏谋、梁国治、萨载、舒赫德、高晋、于敏中等。虽说其中不乏寡廉鲜耻、营私败检之徒，但大多才学优长，尤善经世抚民。特别是乾隆中后期培养、引进的一批士人，尽管限于资历，未受重用，但在客观上却为后世储备了人才，对克服乾嘉之际政治危机具有重要意义。如王杰、戴瞿亨即在此时进入仕途，后官至大学士，在嘉庆时参与机密，深受倚重。

然而，在正视实用思潮的时代意义的同时，也应该看到，忽视义理，淡化理论，过分追求经济事功的倾向，在客观上容易产生严重的学术和社会弊端。一些汉学家们忙于考据、训诂，治学可谓勤矣，却往往忘了考据、训诂的根本目的在寻求义理，以是舍本逐末，见小遗大，所得结论往往失之偏颇。一些理学家们勤于践行，自律甚严，然却往往忽视了格物致知一节，少了讲学传道一环，以是理学的声音愈益消沉，精神愈益贫瘠，缺乏新的思想灵光。更重要的是，忽视义理，往往意味着忽视原则，忽视是非，忽视伦理，忽视道德，乾嘉之际的政治腐败，官风颓废，是否与此或多或少地存在着某种因果关系？另外，从急功近利的角度要求学术，以功利主义的眼光对待学术，其结果只能导致理论思维的萎缩，导致理论创新的贫乏，最终实现不了“经济事功”

1 章学诚：《为座主梁尚书撰于文襄公墓志铭》，《章学诚遗书》卷一六，文物出版社，1985 年。

2 洪亮吉：《书裘文达遗事》，《更生斋集文甲集》卷四，嘉庆七年洋川书院刻本。

的目的。过分强调经世，过分沉迷于事功，这大概是18世纪中国主流学术，特别是宋学之理论渐趋萎靡，没有出现程朱、陆王一类思想大家的重要原因之一。

子学研究的兴起及其反传统倾向。清代学术的重要贡献之一是子学研究的勃兴。就其发展过程，有两个人物可以作为坐标：一是清初学者傅山，他提出了“有子而后有作经者”的著名学术思想。傅山说：

> “经、子”之争亦末矣。只因儒者知六经之名，遂以为子不如经之尊，习见之鄙可见。即以字求之，“经”本“巠”字。“一”即“天”，“巛”则“川”，《说文》：“巠，水脉也”，而加工焉。又分二为天地，“丨以贯之”。“子”则“一了”而已。古“子”字作“𢀈”。“巠”、“子”皆从“巛”者何也？“巛”即“川”者，水也。“巛”则无不流行之理。训诂者以“”上之“巛”为发形，亦浅矣。人，水也；“子”之从“巛”者，正谓得“巛”之一而为人也。与“巠”之从“巛”者同文。即不然，从孩稚之语故喃喃，孔子孟子不称为孔经孟经，而必曰孔子孟子者，可见有子而后有作经者也。岂不皆发一笑？[1]

傅山这段话是值得重视的。他认为子在先，经在后，反对经尊子卑的传统观念，实际上是要经子并重，预示着清代子学的崛起。侯外庐说：“清初大儒也有吸收释道方法论者如王夫之，有兼赞墨学者如顾炎武，但他们都摆脱不开正统思想的形式。惟傅山不然，他大胆地提出了百家之学，对于六经与朱子无可轩轾地加以阐发或注释，首开近代子学研究的蹊径，这不能不说是十七世

1 傅山：《杂记三》，《霜红龛集》卷三八，山西人民出版社，1985年。

纪中国思想界的一支异军。”[1]需要指出的是，傅山先子后经的观念，与袁枚三代以上无经字，更无六经名目的说法，可谓后先相承。至于袁枚的说法，是否源于傅山的影响，就不得而知了。

子学研究的另一个里程碑式人物是18世纪的“通儒”汪中。汪中的子学研究，从治《荀子》开始，贯通《老子》、《庄子》、《墨子》诸家，刘台拱叙述汪中子学研究成果说:“《荀子》、《墨子》之书皆所卒业。以今世所行《贾谊书》，篇次失序，依《汉书》本传校录，次为内外篇。所撰《荀子通论》、年表，《墨子序》，《墨子后序》，《贾谊新书序》、年表，并著于《述学内篇》。”[2]和同时代汉学诸公论子学多考证而少发明比起来，汪中之子学，不但考证精当，而且充满思想灵光，可谓独辟蹊径，卓然大家。汪中认为先秦诸子之出现，为时代变革之产物，有其独特的时代价值。他说:“周官失其职，而诸子之学以兴。各择一术，以明其学。莫不持之有故，言之成理。”[3]其治《荀子》，沿考据门径，从校勘开始，作《荀卿子年表》，不但致力于理清其生平事迹与学术活动，而且对荀子学说之理论价值也提出了自己的独到见解。其《荀卿子通论》一文，一改学术界扬孟抑荀的传统，为荀子翻案。汪中指出：荀子是保存和传播儒家经典学术的关键人物。他说：《毛诗》、《鲁诗》、《左氏春秋》、《穀梁春秋》、二戴礼皆传自荀子，“荀卿之学出于孔氏而尤有功于诸经……盖自七十子之徒既殁，汉诸儒未兴，中更战国暴秦之乱，六艺之传赖以不绝者，荀卿也。周公作之，孔子述之，荀卿子传之，其揆一也。”[4]这就从学术发展史的角度，确立了荀子在儒学演变中承先启后的重要地位。

1　侯外庐：《中国思想通史》第五卷，第272页，人民出版社，1956年。
2　刘台拱：《汪君传》，《碑传集》卷一三四，明文书局，1985年。
3　汪中：《吕氏春秋序》，《述学·补遗》，嘉庆江宁刘文奎子觐宸仲高刻本。
4　汪中：《荀卿子通论》，《述学·补遗》，嘉庆江宁刘文奎子觐宸仲高刻本。

在子学中，汪中对《墨子》着力最多，见解也最为深刻。汪中的《墨子》研究有三大显著特点：一是还先秦儒墨并称显学的历史事实，对将墨子与杨朱并举的传统说法提出质疑。汪中指出：先秦时代，儒墨两家地位相似，将墨家与杨朱并举，乃系有意贬抑，不符合历史实际。他说："其在九流之中，惟儒足与之（指墨子）相抗。自余诸子，皆非其比。历观周汉之书，凡百余条并孔墨儒墨对举，杨朱之书，惟贵放逸，当时亦莫之宗，跻之。于墨，诚非其伦。自墨子没，其学离而为三，徒属充满天下。吕不韦再称钜子，韩非谓之显学。至楚汉之际而微，孝武之世犹有传者，见于司马谈所述。于后遂无闻焉。"[1]二是针对孟子等人对墨子的攻击，汪中对墨子思想的历史价值予以实事求是的评价。孟子曾对墨子之说痛加攻击，称："圣王不作，处世横议，诸侯放恣。杨朱、墨翟之言盈天下。天下之言，不归杨，则归墨。杨氏为我，是无君也。墨氏兼爱，是无父也。无父无君，是禽兽也……杨墨之道不息，孔子之道不著。是邪说诬民，充塞仁义也。仁义充塞，则率禽兽食人，人将相食。吾为此惧，闲先圣之道，距杨墨，放淫辞，邪说者不得作。作于其心，害于其事；作于其事，害于其政。圣人复起，不易吾言矣。"[2]汪中则认为墨子提出的尚贤、尚同，节用、节葬，非乐、非命，尊天、事鬼，兼爱、非攻的主张，充分证明其"救世亦多术矣"。"备城门以下，临敌应变，纤悉周密，斯其所以为才士欤！"[3]汪中特别指出，被儒家着力攻击的兼爱学说，只是墨学之一端而已，"然其所谓兼者，欲国家慎其封守，而无虐其邻之人民畜产也，虽昔先王制为聘问吊恤之礼，以睦诸侯之邦交者，岂有异哉？"墨子"其述尧舜，陈仁义，禁攻

1　汪中：《墨子序》，《述学·内篇三》，嘉庆江宁刘文奎子觐宸仲高刻本。
2《孟子·滕文公下》，《四书五经》本，岳麓书社，1991年。
3　汪中：《墨子序》，《述学·内篇三》，嘉庆江宁刘文奎子觐宸仲高刻本。

暴，止淫用，感王者之不作，而哀生人之长勤。百世之下，如见其心焉。《诗》所谓‘凡民有丧，匍匐救之’之仁人也。”[1]强调儒墨两家在许多问题上“其意相反而相成”，不可简单以异端视之。三是比较客观地分析了先秦儒墨之学术关系。汪中对一些学者因儒墨纷争而有意贬低、攻击墨子的做法提出批评。汪中说：墨子以兼爱教天下之为人子者，使以孝亲，而儒者却责其无父，“斯已过矣”。“后之君子，日习孟子之说而未睹墨子之本书，众口交攻，抑又甚焉。”汪中分析说，站在儒家的立场，尊孔虽理所当然，但站在墨家的立场看，却又是另一番景象。“自墨者言之，则孔子，鲁之大夫也；而墨子，宋之大夫也。其位相埒，其年又相近。其操术不同，而立言务以求胜，此在诸子百家莫不如是。是故墨子之诬孔子，犹老子之绌儒学也，归于不相为谋而已矣”[2]。应该说，汪中对儒墨关系的分析，是客观的。他不是站在儒学的立场研究儒墨之争，也不对墨子攻儒的做法予以简单否定，而是站在历史的立场，公正评论两大学派的关系，故他关于墨子的看法，远较孟子等人客观、科学。

18 世纪士林队伍中，对子学感兴趣的当然绝非汪中一人，要求重新评价诸子历史地位的大有人在，可以说 18 世纪出现了一股诸子研究的学术浪潮。像吴德旋从文学评论的角度指出：“诸子中，《老子》似经，其旨与吾儒异，无害也。《荀子》说理较醇，而文笔近于平。《淮南》排句亦多，却有精彩。莫超于《庄子》，莫峭刻于《韩非子》矣。《孙武子》亦先秦之文，非汉人所及。《列子》义蕴稍浅，亦先秦之文也。”[3]翰林院编修邵泰“口不谈理学”，而精研诸经，“旁及老、庄、列、管、荀、杨、

1　汪中：《墨子序》，《述学·内篇三》，嘉庆江宁刘文奎子觐宸仲高刻本。

2　汪中：《墨子序》，《述学·内篇三》，嘉庆江宁刘文奎子觐宸仲高刻本。

3　吴德旋：《初月楼古文绪论》第 24 页，第 21 条，人民文学出版社，1959 年。

《吕氏春秋》、董子《繁露》诸书。手自摘录。谓诸子精处，亦见道之一偏”[1]。

在 18 世纪学术名家中，卢文弨是可以和汪中并称，对子学研究贡献甚巨的代表性人物。卢文弨，生于康熙五十六年（1717年），卒于乾隆六十年（1795 年），字绍弓，号抱经，浙江杭州人[2]。乾隆十七年（1752 年）一甲三名进士，授翰林院编修，上书房行走。历官左春坊中允、翰林院侍读学士，广东乡试正考官，湖南学政等职。乾隆三十四年（1669 年），去官养母[3]。卢文弨好校书，终身不废，对古代典籍整理及子学研究贡献甚巨。“潜心汉学，与戴震、段玉裁友善”[4]。历主江浙诸书院讲席，以经术导士。后卒于常州龙城书院。所著主要有《抱经堂文集》、《仪礼注疏详校》等。卢文弨曾大量校订诸子著述。其墓志铭说：“公（卢文弨）自以家居无补于国，而以刊定之书惠学者，亦足以裨益右文之治。出所定《群典释文》、《孟子音义》、《逸周书》、《贾谊新书》、《春秋繁露》、《方言》、《白虎通》、《荀卿子》、《吕氏春秋》、《韩诗外传》、《独断》诸善本，镂版行世。又苦镂版难多，则合经史子集三十八种，如《经典释文》例，摘字而注之，名曰《群书拾补》以行世。”[5]《群书拾补》所校诸子著作，为子学研究的进一步深入奠定了重要基础。和汪中一样，卢文弨也反对一些学者对荀子不分青红皂白，全盘否定的做法。其《书荀子后》一文说：“世之讥荀子者，徒以其言性恶耳。然其本意，则欲

1 陈宏谋：《编修邵北崖先生墓志铭》，《培远堂文集》卷六，《陈榕门先生遗书》本，广西省乡贤遗著编印委员会，1943 年。

2 需要说明的是，卢文弨先世居余姚，故亦有视之为余姚人者。

3 《卢文弨墓志铭》，《碑传集》卷一八，明文书局，1985 年。按：该墓志铭并非失名作，而是段玉裁所作。其内容和文字与《抱经堂文集》所载段玉裁撰卢文弨墓志铭完全一样。《碑传集》谓其失名显然有误。

4 《卢文弨》，《清史列传》卷六八，明文书局，1986 年。

5 《卢文弨墓志铭》，《碑传集》卷四八，明文书局，1985 年。

人之矫不善而之乎善。其教在礼，其功在学。”[1]在关键性的人性善恶问题上，为荀子作了大胆辩解，而这一点刚好是汪中《荀卿子通论》所缺乏的。

凌廷堪对荀子也颇为推崇，他著有《荀卿颂》一文。他认为，孔子以后，“守圣人之道者，孟、荀二子而已”。孟子长于《诗》、《书》，至于礼经，仅得其大端。“若夫荀卿之书也，所述者皆礼之逸文，所推者皆礼之精意。故戴氏取之以作记，郑氏据之以释经。遗编具在，不可诬也。”强调“后人尊孟而抑荀，无乃自放于礼法之外乎？”[2]

著名学者钱大昕对子学也深有研究，所作《跋荀子》一文，为荀子性恶论作大胆辩护，认为“荀子言性恶，欲人之化性而勉于善。言性虽殊，其教人以善则一也。”并对学者“未达其旨趣”就妄加訾议的做法提出批评。他说：

> 《荀子》三十二篇，世所共訾謷之者，惟《性恶》一篇，然多未达其旨趣。夫《孟子》言性善，欲人之尽性而乐于善。《荀子》言性恶，欲人之化性而勉于善。言性虽殊，其教人以善则一也。世人见篇首云“人之性恶，其善者伪也”，遂掩卷而大诟之，不及读之终篇。今试平心而读之，《荀子》所谓“伪”，只作为善之“为”，非诚“伪”之“伪”，故曰“不可学，不可事而在人者，谓之性；可学而可能，可事而成之在人者，谓之伪。”古书“伪”与“为”通。《尧典》“平秩南讹”，《史记》作“南为”，《汉书·王莽传》作“南伪”，此其证也。若读“伪”如“为”，则其说本无悖矣。后之言性

1　卢文弨：《书荀子后》，《抱经堂文集》卷一〇，《丛书集成初编》本，商务印书馆，1935年。

2　凌廷堪：《荀卿颂》，《校礼堂文集》卷一，中华书局，1998年。

者，分义理之性与气质之性而二之，而戒学者以变化气质为先，盖已兼取孟、荀二义，而所云变化气质者，实暗用《荀子》化性之说，是又不可不知也。[1]

钱大昕在这里将理学和荀子结合起来，实际上是要借宋学证明荀子的合理性。我们知道，钱大昕骨子里对宋学是不以为然的，但在宋学在意识形态领域占据主导地位的情况下，他有时又不得不利用宋学来论证自己观点的合理性，从而表现出在学术观念上的某种实用主义倾向。这种倾向不但钱大昕有，其他汉学家也有。汉学和宋学在学术思想上的重要区别在于：它虽然形成了自己独立的研究方法，虽然有自己的基本价值倾向，但却缺乏系统的、周密的、成熟的理论体系，以至在学术发展过程中，出现许多互相矛盾，甚至追求实用的不严谨现象。方法的严谨，并不等于理论的严谨，不是吗？

清代学术有一个十分有趣的现象，那就是一涉及理学是非问题，人们就情不自禁地将理学和诸子、释道相联系。不但反陆王者攻击其“引释乱儒”，反程朱者抨击其“潜宗诸子”，借释老以论儒学，而且鼓吹释老者，也认为宋学源于老庄，讲求诸子者，也认为理学受益于荀卿。这就提出了这样一个问题，理学和诸子、释老之间究竟存在着什么样的学术关系？理学究竟在多大程度上汲取了释道诸子学术之营养？清代的学者们谁也没有圆满地回答这个问题。不能圆满回答是正常的。因为研究中的实用主义倾向，妨碍了他们独立见解的发挥，而他们自身学科的本位性、知识的局限性，也使他们不可能真正理解理学这样一个高度哲学化的庞大学科体系。只见过小溪的人，何能透析江海？清代反理学思潮波涛相接，却最终只能结束其学术主导地位，而始终未能改变理

1　钱大昕：《跋荀子》，《潜研堂文集》卷二七，商务印书馆，1935年。

学在意识形态中的主导地位，恐怕除了政治的原因，就在于理论的贫乏，有反传统的热情，而缺乏改变传统的功力。

附带提及，18 世纪的“子学热”，甚至影响到了当时的士林生活，甚至有人以诸子思想指导其个人生活。钱泳记载说：“吾乡华雨棠先生通申韩之学，有名公卿问，常曰：‘吾长子才庸而糊涂，故使其出仕；次子才敏而练达，故使其治家。’”[1] 这在当时虽不是普遍现象，但也反映出时人观念之多元趋势。

18 世纪子学研究的深入，或多或少地触犯了正统儒家的独尊地位，特别是汪中在研究中体现出来的反传统观念，引起了不少人的重视。翁方纲曾著文对汪中的墨子研究冷嘲热讽，其《书墨子》云：

> 有生员汪中者，则公然为《墨子》撰序，自言能治墨子，且敢言孟子之言兼爱无父为诬墨子，此则又名教之罪人，又无疑也。昔翰林蒋士铨掌教于扬州，汪中以女子之嫁，往送之门是何门为问，蒋不能答，因衔之，言于学使者，欲置汪中劣等。吾尝笑蒋之不学也。今见汪中治墨子之言，则当时褫其生员衣顶固法所宜矣。汪中者，昔尝与予论金石，颇该洽，犹是嗜学士也。其所撰他条亦尚无甚大舛戾，或今姑以此准折焉，不名之曰生员，以当褫革，第称曰墨者汪中，庶得其平也。[2]

章学诚也对汪中的说法予以驳斥。其《述学驳文》指责汪中子学研究“好为高论，而不切事情”。批驳说：

1 钱泳：《戏言》，《履园丛话》卷二一，中华书局，1979 年。
2 翁方纲：《书墨子》，《复初斋文集》卷一五，商务印书馆，1935 年。

> 至于周末治学既分，礼失官废，诸子思以其学用世，莫不于人官物曲之中，求其道而通之。将以其道易天下，而非欲以文辞见也。故其所著之书，则有官守旧文，与夫相传遗意。虽不能无失，然不可谓全无所受也。故诸子之书，虽极偏驳，而其中实有先王政教之遗。惟所存有多寡纯驳之不同。而其著书之旨，则又各以私意为之。盖不肯自为一官一曲之长，而皆欲即其一端以易天下。故庄生谓耳目口鼻，不能相通是也。陋儒习于成说，概辟之为异端，非圣而置不足道。世之涉学未深，而好为高论，翻成说者，则见其中亦有先王政教，而因谓其指初不异于圣人。如汪中之叙墨子，至谓孔墨初不甚异，墨子诬孔，孟子诬墨，等于诸子之相非，则亦可谓好诞之至矣。[1]

章学诚这段话当然主要是为了批驳汪中，但其中也有值得注意的地方，那就是他承认对诸子之学，不可简单地以异端视之，诸子著作中亦有先王政教，有其合理成分。就这一点看，章学诚要比一般的卫道士，特别是比翁方纲高明，也更加开明。这大概是他能够在 18 世纪中国知识界勇开风气，独树一帜的原因。那么，章学诚和汪中的分歧究竟在什么地方？恐怕最根本的分歧在对待儒家学说，特别是儒家经典的态度上。汪中研究子学，无论是在思想上还是方法上，均将儒学作为一家之言看待，将孔子之学和诸子之学并列，这是章学诚所绝对不能容忍的，故其指责汪中“聪明有余，真识不足。触隅皆悟，大体茫然”[2]。这里的“大体茫然”，实际上就是指责汪中不识维护儒家经典地位，维护儒家

1　章学诚：《文史通义外篇一·述学驳文》，《章学诚遗书》卷七，文物出版社，1985 年。

2　章学诚：《文史通义外篇一·述学驳文》，《章学诚遗书》卷七，文物出版社，1985 年。

独尊地位的“大体”。

西学观与世界观。明清历史，特别是清朝历史，和以前各代最重要的区别之一就是西方殖民势力正在东来。伴随着西洋军舰、商船，以天主教为代表的西方文化，频敲中国大门，中国和西方之间从此开始了持续的，而且在某种程度上可以说是比较深入的文化交流。不但研究清代政治史、军事史、经济史，需要将清史置于世界范围内来考察，而且研究清代学术史、文化史、观念史，也需要充分注意中外互动，要充分重视西学对中国观念变迁的影响，当然，同时也要高度注意中国文化的向外输出。总之，学者应该努力地从世界的角度，研究这个时期中国社会的方方面面。

考察 18 世纪中国文化，西学传播似乎是一个不好谈论，或者说谈论起来比较费劲的话题。困难是显而易见的。除了限于语言障碍，大量外文资料迄今为止仍无法很好利用外，还有一点值得特别注意，那就是研究 18 世纪西学对中国的影响，总得有个参照系数，总得对明末清初西学的传播有一个基本认识，因为这是衡量雍正禁教，以及 18 世纪中西文化交流的重要前提。对明末清初西学传播，学术界至今仍无一个比较令人信服的说法。看来，明末清初“洋和尚”们带来的西洋知识究竟在多大程度上影响了中国知识界，在多大程度上深入人心，他们带来的东西是不是代表了当时西方文化的发展方向，恐怕还需要学术界付出艰苦的长期的劳动。不过，说明末清初，中西文化之间展开了一次规模较大的、具有较深层次的文化交流，大概还是站得住脚的。而这一过程在 18 世纪前期却人为地被迫中断，这就是雍正帝继位以后清廷大力推行的禁教政策。

雍正帝禁教措施的实施正式开始于雍正元年（1723 年）十二月。时闽浙总督觉罗满保奏：“西洋人杂处内地，在各省起天主堂，邪教遍行，闻见渐淆，人心渐被煽惑。请将各省西洋人，除送京效力人员外，余俱安置澳门。其天主堂改为公廨，误入其教者严行禁饬。”[1]这一建议被清廷采纳，由此开始了轰轰烈烈的禁教活动。《燕京开教录》云：“其奉教者，官府查缉甚严，处以极刑，率皆为主捐躯。在京之耶稣会士，皆如囚禁堂中，不准他往。外国传教士亦然。”“各省大小教堂，一时俱拆毁净尽。其圣堂之房屋院落，或改为仓廒，或改为书院，一所不留。京师顺天府属之文安县、古北口、宣化府等处，均有圣堂，至是尽改为官所。京都之北堂，亦改为病院矣。其堂之圣像、圣龛，尽遭焚毁，从来中国圣教之厄，未有烈于是者也。”“至耶稣会士，由利玛窦迄于当时，一切传教之设，一一销毁，不遗余迹。”[2]清廷除特许少数传教士留居北京，在内廷和钦天监从事科学方面的工作外，其余各地传教士均被迁往澳门，教堂关闭，天主教在中国的合法传播从此暂告结束，中国和西方的科学文化交流也因此陷于停顿状态。

然而，文化交流的中止并不意味着已经被传教士带到中国的科技知识和思想观念随之消失，不再传播。事实上，清朝知识界关于西学的讨论一直都在进行。求实学风的兴起，有助于学术界比较客观地认识中外文化的差异，以及外来文化的特殊地位。例

1　王之春：《清朝柔远记》卷三“雍正元年”，《中外交通史料丛刊》，中华书局，1989年。

2　北京主教樊国梁准：《燕京开教录·中篇》。需要说明的是，清朝禁止天主教的传播，除了源于中西文化上的冲突外，更有国家安全的考虑。清人对西洋诸国素有防范心理。18世纪初，康熙帝曾针对“噶罗巴乃红毛国泊船之所，吕宋乃西洋泊船之所，彼处藏匿贼盗甚多”的情形，强调“海防为要”，“凡事不可小视，往往因小失大”，并预言：“通海口子甚多，此时无碍，若千百年后，中国必受其害矣。”（《康熙起居注》第3册，第2324～2325页）。雍正帝以及不少官僚都担心天主教势力发展过快，危及国家安全。李卫曾指责天主教说；“彼既以天主之教惑人，而复借黄白之术，以要结人心，是其设心殆有在矣。”（《清经世文编》卷六九，李卫《改天主堂为天后宫碑记》）邱秀瑞曾作《天主教论》，中云：“京师中既许立天主堂，而直省郡邑亦皆所在创造……窃恐数十年后，党羽日众，乘隙而动，其患将有不可测者。”数十年后，陆耀编《切问斋文钞》，将此文列于《保甲》类，也反映出相似的担心。参见陆耀《切问斋文钞》卷二一，《邱秀瑞天主教论》，河南布政使杨国桢重刊同治金陵钱氏藏本。

如，姚鼐在《惜抱轩笔记》中，就明确强调不但要吸收外来文化之所长，而且还不能“没其所自得”，一句话，就是不能做文化“小偷”。他在谈到西域字母之法对中国的影响时说：

> 君子于学无所不收，苟有善焉，吾则取之，不没其所自得，曷尝掩人善以为己有哉！夫音韵之学，中国古固有之，然由西域传字母之法而启中国学者之解悟，则其实不可诬。《隋书·艺文志》云自后汉佛法行于中国，又得西域婆罗门书，能以十四字贯一切音，文省而义广，盖字母之名汉时无与有未可知，而字母之法具矣。……第东汉时，婆罗门书其字母十四而已，而华严所云善财受于善知众艺者，其字母自阿至陀凡四十二。至僧守温乃定为三十六字母，盖尽用中国之字音为母，无西域二合三合，无字有音之母，此尤便于中国之书，故至今学者皆遵用之。字母非始守温，三十六之字母始于守温耳。戴东原乃谓字母始于唐季，且谓儒者但当言切音本于孙炎，不当言字母。吾谓孙炎所以悟切音之法，正原本婆罗门之字母，孙炎固可贵而字母之法不可忘，守温之功不可没，必欲掩彼所长，意尊儒而其于儒者之量小矣。[1]

当然，18世纪中国学术界最为关注的不是西域之学，而是西学。一些敏感的学者已经察觉到了中国的落后，开始正视西方科技的先进地位，并提出了颇具新意的思想。比较典型的如，地圆说仍在流行。康熙时著名理学家李光地接受了地圆说，承认“中国不可言地之中”，“地至圆，无有上下，周遭人皆戴天履地，无有偏侧倒置。”[2]与此同时，强烈的民族文化自尊心又促使他强调

1　姚鼐：《三·小学》，《惜抱轩笔记》，《惜抱轩十种》本。

2　李光地：《理气》，《榕村语录》卷二六，中华书局，1995年。

中国“可言得天地之中气”。并认为地圆说源于中国。辞云：

> 天地如鸡卵，古人虽有其说，而未竟其论。唐之淳风、一行，宋之尧夫，元之郭太史、许鲁斋，明之刘伯温，皆聪明绝世，而皆不知天地之俱为圆体。自西人利玛窦辈入中国，言地原无上下，无正面，四周人著其上。中国人争笑之。岂知自彼国至中国，几于绕地一周，此事乃彼所目见，并非浪词。至梅定九出，始发明《周髀经》，以为原如此说，何必西学。因为补其缺，正其讹，于是《周髀》焕然大明。[1]

又过了几十年，知识界关于地圆说的理解似乎有了明显进步。理学家谢济世对西学兴趣不大，但也能形象地描述地球的基本状况。他说：“天积气，气扛地，地似球，悬人如蚁丽。凸者山，凹者海，海水演而为山泉，山泉泄而仍为海水。”[2]当然，最有代表性的是陆耀和阮葵生的有关说法。陆耀在《地势广厚》一文中，比较准确地介绍了地圆说和地球的地理状况。陆耀说：“西人有地球之说，地与海同为一球。但天包地，为甚大。其度广。地处天中，为甚小。其度狭直。行北方二百五十里，北极高出一度，足征地形果圆。周就万里，厚二万八千六百三十六里零三十六丈。上下四旁皆生齿，居如蚁之游。各以足所履为下，首所向为上。”并详细勾画了地球五大洲的分布情况[3]。阮葵生在《茶余客话》中指出：天地宇宙之理，“西历之家其说弥详。盖以为地在天中，止一弹丸，四方上下，去天之数皆均，其四表极处，非能与天相际也。所谓天圆地方者，言其动静之性耳，实则地亦圆体，如卵

1　李光地：《理气》，《榕村语录》卷二六，中华书局，1995年。

2　谢济世：《纂言内篇·原道第一》，《谢梅庄先生遗集》卷六，光绪三十四年全州赵炳麟本，上海古籍出版社，2009年。

3　陆耀：《述闻·地势广厚》，《切问斋集》卷一下，光绪江苏书局校刊本。

裹黄，上下周围，与天度相应，其地气寒暑，则以去日远近为差”。“环地上下皆有国土，人居各戴天为上，履地为下，南北东西，随处改观，午夜晨昏，每每相反”。明确指出：地球上存在着亚细亚、欧罗巴、利未亚、亚墨利加四大洲，“今之九州及四夷之地，皆亚细亚国土也”。[1]“中国不见之星甚多，西人皆能图之。”[2]这就是说，他不但认识到地球是圆的，而且比较准确地了解了地球表面陆地的分布状况，以及中国及其周边地区所在的位置，不仅如此，他还承认中国在天文地理上和西方存在着差距。这和当年李光地的见解比起来，当然更加科学，也在某种程度上反映了时代的进步。

当然，18世纪仍有一些比较保守、封闭的知识精英否定西学在科技上的先进地位，甚至否定其科学价值。比较典型的如，徐文靖本系康乾时期博学之士，但对西方科技却颇存异议。例如，他和李光地一样，一方面接受地圆学说，另一方面却想方设法为传统的天圆地方说辩解，称“此配阴阳之义，非实天地之体也”。认为地圆说，中国人早已知之，“此岂待西儒而始知乎？”[3]又针对利玛窦等人关于太阳大于地球一百六十五倍，恒星分为六等，其第一等大于地球一百零六倍之说法，反诘说：“是天下之至小者莫如地也”。“《坤舆图说》曰：‘至北海则半年无日，气候极寒而冰，一曰冰海。’《图说》亦西儒所撰。如果日大于百六十五倍，何北海半年不见日耶？《易》曰‘广大配天地’，何以称耶？”[4]不过，18世纪像徐文靖这样怀疑和批评西方科技者并不多见。经过中西科技文化一个多世纪的接触，对许多士人来说，西学并不陌生，接受西学中的“合理”成分，是自然的，甚至是理所当然的。

1　阮葵生：《天地道里日月晷景》，《茶余客话》卷一三，中华书局，1959年。
2　阮葵生：《天地圆体》，《茶余客话》卷一三，中华书局，1959年。
3　徐文靖：《天文考异》，《管城硕记》卷二七，中华书局，1998年。
4　徐文靖：《天文考异》，《管城硕记》卷二七，中华书局，1998年。

在接触中彼此了解，在对话中达成共识，也许，这就叫文化的交流吧。

明清时期，特别是 18 世纪，西学在中国的传播有两个基本切入点。一是西洋物器。不少西洋科技仪器，制作精良，结构巧妙，堂皇眩目，有的可为实用，有的颇堪玩赏，以致 18 世纪从王公皇帝到普通官宦士人，纷纷置备，一时间，西洋物器成为中国精英社会的一大时尚。18 世纪末，马戛尔尼使团副使斯当东根据两位精通西学的中国人提供的情报，描述当时中国上流社会对西洋物器的追求说："内装弹簧齿轮，外镶珍贵宝石的八音匣，按广东土语讹称之为'新桑'（Sing-Song）的，这一类机器售价最高。这些东西虽然没有什么实际用处，但中国官吏们却醉心追求，示意他们的属下不惜任何代价收买。下属们对这个命令是不敢不遵的。于是乎这些珍奇玩物就送到了达官贵人之手，有时作为贡献长官的礼物，有时长官们为了避免物议，表面上也出一点极为低微的代价收购，这些玩物源源不断地由私商运进中国来，价值已达一百万英镑之巨。这些东西大部分落于中国皇帝和他的大臣们手中。""天文学是素被中国尊重的一门科学，中国政府对它非常重视。最近的改良的天文仪器及最好的天体循环型标本等物应当是中国人欢迎的礼品。""英国名厂制造的增进人类生活方便和舒适的最新产品也是一种很好的礼物。它不但满足被赠送者在这方面的需要，还可以引起他们购买这类物品的需求。"[1] 时人的一些记载也可以反映西洋物器在中国的流传情况。凌廷堪尝告诉阮元说：在扬州，"钟表、水铳、鼻烟、水烟之属，及近日英吉利所制之洋灯、风枪，古之所无，而扬州皆有。"[2] 像《红楼梦》里面就有

1 斯当东著，叶笃义译：《英使谒见乾隆纪实》，第 37～38 页，商务印书馆，1963 年。

2 凌廷堪：《与阮伯阁学论画舫录书》，《校礼堂文集》卷二三，中华书局，1998 年。

大量关于西洋物器，如钟表、药品、衣物等的描述。其第42回描写宝玉卧室陈设时，特别提到其镜子有西洋机括，“可以开活”，“不意刘姥姥乱摸之间，其力甚巧，便撞开消息，掩过镜子，露出门来。”[1]成书于18世纪末的《续红楼梦》也有关于显微镜等西洋物器的记载，《后红楼梦》不但有显微镜，还有对西洋琉璃槅等奢侈品的描述。可见，在文学作品中，西洋物器已经成为描写贵族家庭陈设的重要组成部分。至于这个时期的文人笔记，关于西洋物品的记载更多。例如，阮葵生的《茶余客话》在介绍地圆说等天文知识的同时，还介绍了自鸣钟、时辰表等机械装置的制造方法[2]。钱泳《履园丛话》记载了钟表及天文仪器的传播情况。他说:“自鸣钟表皆出于西洋。本朝康熙间始进中国，今士大夫家皆用之。”“近广州、江宁、苏州工匠亦能造，然较西法究隔一层。”又云:“测十二时者，古来惟有漏壶，而后世又作日晷、月晷。日晷用于日中，月晷用于夜中。然是日有风雨，则不可用矣。尝见京师天主堂又有寒暑表、阴晴表。其法不传于中国。惟自鸣钟表不论日夜风雨皆可用。推此法而行之，故测天象又作浑天仪，以南北定极，众星旋转，玩二十八宿于股掌之间，法妙矣。而近时婺源齐梅麓员外又倩工作中星仪。外盘分天度为二十四气。每一气分十五日。内盘分十二时，为三百六十刻。无论日夜，能知某时某刻某星在某度，毫发不爽。令天星旋转，时刻运行，一望而知。是开千古以来未有之能事，诚精微之极至矣。其法日间开钟对定时刻，然后移星盘之节气，线与时针切，如立春第一日，则将时针切立春第一线，则得真正中星。如夜间开钟，对定中星，然后移时针与星盘之节气线切，则得真正时刻。”[3]

1　曹雪芹：《栊翠庵茶品梅花雪，怡宏院劫遇母蝗虫》，《红楼梦》第四十二回，人民文学出版社，1982年。

2　详见阮葵生：《自鸣钟》、《时辰表》，《茶余客话》卷一三，中华书局，1959年。

3　钱泳：《铜匠》，《履园丛话》卷一二，中华书局，1979年。

钟表已经成为清朝官僚确定上朝时间的重要工具。时人记载说："钟表亦须常修理，否则其中金线或有缓急，辄少差。故朝臣之有钟表者，转误期会，而不误者皆无钟表者也。傅文忠公（即傅恒）家所在有钟表，甚至傔从无不各悬一表于身，可互相印证，宜其不爽矣。"[1]一些知识分子在和传教士交往中，尤其是在参观西方科技仪器以后，深受触动，开始承认中国之不足，进而产生了新的知识观念。像赵翼对西洋物器颇感兴趣，曾参观了宣武门内的天主堂，仔细考察其建筑、装饰和陈设，并详细记载其千里镜（即望远镜）和乐器的制作和功用[2]。赵翼指出："自鸣钟、时辰表，皆来自西洋。钟能按时自鸣，表则有针随晷刻指十二时，皆绝技也。"并感叹说："洪荒以来，在璇玑，齐七政，几经神圣，始泄天地之秘。西洋远在十万里外，乃其法更胜。可知天地之大，到处有开创之圣人，固不仅羲、轩、巢、燧已也。"[3]这对传统的中国文化中心论来说，可谓大胆挑战。从这看出，从物质层面逐渐向制度和精神层面深入，是文化交流的一般常态。

二是天文、历算知识，因其关系到朝廷祭祀、社会生活、农业生产，而被不少人视为"实学"之一种，受到朝廷和知识界的高度重视。一些学者以此为契机，精研西洋科技和西方宗教。而当时的西洋传教士也将科学技术作为吸引教徒，扩大天主教影响的重要工具。白晋说："因为一个多世纪以来的经验使人们认识到：要在中国引入和传播基督教，宣传科学是一切之途中的最主要一种。到目前为止，上帝要所有的传教士都运用这种手段。今天，上帝似乎更明显地还要人们从今以后要运用科学来排除中国的异教邪道。"[4]这里所谓的"科学"，主要就是天文历算。对此，笔者

1 赵翼：《钟表》，《簷曝杂记》卷二，中华书局，1982年。
2 赵翼：《西洋千里镜及乐器》，《簷曝杂记》卷二，中华书局，1982年。
3 赵翼：《钟表》，《簷曝杂记》卷二，中华书局，1982年。
4 白晋：《康熙帝传》，《清史资料》第1辑，中华书局，1980年。

在后面还将论述。

18世纪的中国知识界对西学的基本态度，大致可以用“实用”二字相概括，也就是说从务实的立场出发，主张节取其技能，而禁传其学术。所谓节取其技能，是有选择地吸收西学中有利于巩固清朝统治，有利于国计民生的科学技术知识。所谓禁传其学术，是指禁止天主教以及与中国传统文化不相容的其他西方观念的输入。对此，我们从《四库全书总目提要》以及时人的有关论述即可看出。

节取其技能的前提，是承认西学在某些方面的合理性，即承认其“修历制器，绘图水法，各有所长”[1]，给予其适当的学术地位，而不是简单地以“异教”或以异端邪说，奇技淫巧相否定。对西学的肯定，主要集中在对天文历算和制造技术上，所谓“欧罗巴人天文推算之密，工匠制作之巧，实逾前古”[2]。像参加《四库全书总目提要》编纂的学者就充分肯定了利玛窦所撰《乾坤体义》一书的学术价值，以及它对清朝科学的影响。说：“（该书）至以日、月、地影三者定薄蚀，以七曜地体为比例倍数，日月星出入有映蒙，则皆前人所未发。其多方罕譬，亦复委曲详明。下卷皆言算术，以边线、面积、平圆、椭圆，互相容较，亦足以补古方田少广之所未及。虽篇帙无多，而其言皆验诸实测，其法皆具得变通，可谓词简而义赅者。是以《御制数理精蕴》，多采其说而用之。”[3]对西洋人熊三拔所著《表度说》，学者们予以高度评价。《表度说》是一本介绍测量日影以知时刻节气方法的科学著作。《四库提要》不仅介绍了该书的五个主要理论观点，即：日轮周天，地在天中，地小于日轮，地本圆体，表端为地心，而且正确指出：“欲明表景之义者，先须论日轮周行之理，及日轮大于地球

1　阮葵生：《耶稣教》，《茶余客话》卷一五，中华书局，1959年。
2《寰有铨》条，《四库全书总目提要》卷一二五子部，商务印书馆，1933年。
3《乾坤体义》条，《四库全书总目提要》卷一〇六子部，商务印书馆，1933年。

比例”。“非明于天地之运行，习于三角之算术，则不能得确准”[1]。《测量法义》提要分析了《几何原本》的科学地位。说：“欧罗巴之学，其先有欧几里得者，按三角方圆，推明各数之理，作书十三卷，名曰《几何原本》（按：后利玛窦之师丁氏续为二卷，共十五卷）。自是之后，凡学算者，必先熟习其书，如释某法之义，遇有与《几何原本》相同者，第注曰见《几何原本》某卷某节，不复更举其言。惟《几何原本》所不能及者，始解之，此西学之条约也。”[2] 值得注意的是，《四库全书总目提要》对西学的实证方法予以充分肯定。它说：“泰西晚出，颇异前规。门户构争，亦如讲学。然分曹测验，具有实证，终不能指北为南，移昏作晓，故攻西法者至国初而渐解焉。”也就是说，《提要》作者们承认科学的实验，实证的方法，是西学在中国得以立地生根最重要的原因[3]。对西洋制造技术，中国知识界也予以充分肯定。西洋人邓玉函曾撰《奇器图说》三卷，明天启进士王徵又撰《诸器图说》。王徵“尝询西洋奇器之法于玉函”，玉函因以其国所传文字口授徵，译为是书。二书提要作者评论说：“其术能以小力运大，故名曰重，又谓之力艺”。西洋“制器之巧，实为甲于古今。寸有所长，自宜节取。且书中所载，皆裨益民生之具，其法至便，而其用至溥。录而存之，固未尝不可备一家之学也。”[4] 对西洋水法，学者们尤其重视。说：“西洋之学，以测量步算为第一，而奇器次之，奇器之中，水法尤切民用，视他器之徒矜工巧，为耳目之玩者又殊，固讲水利者所必资也。”[5]

1 《表度说》条，《四库全书总目提要》卷一〇六子部，商务印书馆，1933 年。

2 《测量法义》条，《四库全书总目提要》卷一〇六子部，商务印书馆，1933 年。

3 《天文算法类一》，《四库全书总目提要》卷一〇六子部，商务印书馆，1933 年。

4 《奇器图说、诸器图说》条，《四库全书总目提要》卷一一五子部，商务印书馆，1933 年。

5 《泰西水法》条，《四库全书总目提要》卷一〇二子部，商务印书馆，1933 年。

凌廷堪是18世纪知识精英中对西学了解较深者。他针对一些汉学家，特别是孙星衍对西学的批评，指出："西学渊微，不入其中则不知"。强调对西学，"不可以汉儒所未言遂并斥之也"。孙星衍称"天文与算法，截然两途"。凌廷堪则认为："西人算法与天文，相为表里，是则俱是，非则俱非。非若中学有占验、推步之殊也。苟不信其地圆之说，则八线、弧三角亦无由施其用矣。西人言天，皆得诸实测，犹之汉儒注经，必本诸目验。若弃实测而举陈言以驳之，则去乡壁造者几希，何以关其口乎？"[1]凌廷堪说算法与天文"是则俱是，非则俱非"，当然有些过头，但他指出西学注重实测，天文与算法具有密不可分的关系，则是正确的。他主张不能对西学不加研究，盲目批评，不能因汉儒未言，就盲目拒绝，尤其显示出一种严谨的科学态度。

在承认西学在科学技术上的先进地位以后，一些学者进而主张将中西知识结合起来，即"考校诸家，存古法以溯其源，秉新制以究其变"，使"中西两法权衡归一"[2]。陈对初系康熙五十七年（1718年）进士，曾官詹事府詹事，他曾著《中西算法异同论》一文，比较全面地分析了中西在天算方面的差异，强调西法"有出于中法之外者"，有较中法为备者，并指出"三代而后，六艺往往不逮于古，何止数学而已！专门之绪，鲜克寻究，而西土以为六学之一焉。业于是者，终其身竭精殚虑以相尚也。观《几何原本》一书，自丁先生以来，若六经之尊贵可以考其用心，宜其争衡于中法也。"陈对初认为中西算法，"异者法也，而同者理也"，主张知识界"兼中西之法，神而明之，则艺也，而进乎道矣。"[3]无论是权衡归一，还是兼中西之法，都不是全盘吸收西学，而是有选择地、有目的地进行取舍，在汲取其长技的同时，禁止与中

1 凌廷堪：《复孙渊如观察书》，《校礼堂文集》卷二四，中华书局，1998年。
2 《天文算法类一》，《四库全书总目提要》卷一〇六子部，商务印书馆，1933年。
3 陆耀：陈对初《中西算法异同论》，《切问斋丛钞》卷二四。

国传统，特别是与儒家纲常伦理相抵触的思想的传播。传教士介绍西洋科技的目的，是为了传播天主教，在传教士那里，科学服务于教义，对此，中国知识界是非常清楚的，而且小心提防。《天问略》提要一针见血地指出：传教士“盖欲借推测之有验，以证天主堂之不诬，用意极为诡谲。”[1]然而，《四库提要》学者比较明智地将西洋先进科技与天主教教义区别开来。《天学初函》提要分析说：“西学所长在于测算，其短则在于崇奉天主以炫惑人心。所谓自天地之大以至于蠕动之细，无一非天主所手造，悠缪姑不深辨，即欲人舍其父母而以天主为至亲，后其君长而以传天主之教者执国命。悖乱纲常，莫斯为甚，岂可行于中国者哉！”[2]正是基于这一认识，知识界提出了“节取其技而禁传其学术”的主张。《寰有铨》提要说：欧罗巴人尽管天文推算、工匠制作超越“前古”，但“其议论夸诈迂怪，亦为异端之尤。国朝节取其技能，而禁传其学术，具存深意”[3]。这里说的深意，就是要维护中国传统伦理道德和社会秩序，要维护中国传统文化的独立性和自主性，同时也具有防范西方列强假宗教、科技文化，实现其控制、侵略中国的险恶用心。

当然，18世纪知识界对西学的认识也存在不少误区，这主要表现在以下几个方面：

一是对西学学科分类及知识体系的曲解。最典型的就是对《西学凡》的评价。《西学凡》系艾儒略著，“所述皆其国建学育才之法”。该书将西学分为6科，即文科、理科、医科、法科、教科、道科。《四库全书总目提要》评论说：西学“其教授各有次第，大抵从文入理，而理为之纲。文科如中国之小学，理科则如中国之大学。医科、法科、教科者，皆其事业。道科则在彼法中

1 《天问略》条，《四库全书总目提要》卷一〇六子部，商务印书馆，1933年。
2 《天学初函》条，《四库全书总目提要》卷一三四子部，商务印书馆，1933年。
3 《寰有铨》条，《四库全书总目提要》卷一二五子部，商务印书馆，1933年。

所谓尽性致命之极也。其致力亦以格物穷理为本，以明体达用为功，与儒学次序略似。特所格之物皆器数之末，而所穷之理又支离神怪而不可诘，是所以为异学耳。”[1]这里将文科视为小学，将理科与大学相对应，将医科、法科视为事业，显然都是误解，用儒家格物穷理来概括西方哲学和科学理论的研究，尤其显得不伦不类。这表明当时的学者在用中学硬套西学，而不是真正将西学作为一个独立的学术体系，他们对西学的了解在理论上还是比较贫瘠的。事实上，不但知识界，就是皇帝对西洋学术，特别是属于意识形态问题的解释，也往往是牵强附会的。比较典型的是雍正帝对天主教的抨击。五年（1727年）四月初八日，雍正帝在谈论天主教时，说："凡中国外国所设之教，用之不以其正而为世道人心之害者，皆异端也。如西洋人崇尚天主。夫天以阴阳五行化生万物，故曰万物本乎天，此即主宰也。自古以来，有不知敬天之人乎？有不敬天之教乎？如西洋教之敬天有何异乎？若云天转世化人身以救度世人，似此荒诞之词，乃借天之名蛊惑狂愚从其教耳，此则西洋之异端也。朕意西洋立教之初，其人为本国所敬信，或者尊之如天。倘谓立教之人，居然自称为天主，此理之所无者也。……凡天下中外设教之意，未有不以忠君、孝亲、奖善、惩恶、戒淫、戒杀、明己性、端人品为本务者。其初创设之人自然非寻常凡夫俗子，必有可取，方能令人久久奉行也。至末学后人，敷衍支离，而生种种无理悖谬之说，遂成异端矣。与其教有何涉乎？中国有中国之教，西洋有西洋之教。彼西洋之教不必行于中国，亦如中国之教岂能行于西洋？……西洋天主化身之说，尤为诞幻。天主既司令于冥冥之中，又何必托体于人世？若云奉天主之教者即为天主后身，则服尧之服，诵尧之言者，皆尧之后身乎？此则悖理谬妄之甚者也。西洋人精于历法，国家用之。且

1 《西学凡》条，《四库全书总目提要》卷一二五子部，商务印书馆，1933年。

其国王慕义抒诚，虔修职贡，数十年来，海洋宁谧，其善亦不可泯。”[1]从历史的眼光看，清人站在中国传统文化的立场，否定和排斥西方宗教的传播当然是可以理解的，在一定程度上也是必要的。但另一方面，如果人们长期对西方文化采取实用主义态度，一味从现实需要出发，择其所必需，用其所必用，而不是从整体的角度，从学科分类、基本学术理论、思想体系等宏观的角度，对西方文化有一个全面、深入的了解，其结果只能是像《四库全书总目提要》以及雍正皇帝那样曲解西洋学术，中国所吸收的也只能是西洋科学的皮毛，而不是其科学精神、科学文化。在这种情况下，为士大夫们所赞赏的天文历算、奇器制造，在中国最终不可能获得真正发展。无源之水岂能汇成江海？无根之木岂能成参天大树？

二是对一些西学知识，特别是地理学知识采取了轻率的否定态度。明西洋人艾儒略所著《职方外纪》，“所纪皆绝域风土，为自古舆图所不载”。该书将世界分为五大洲，即：亚细亚、欧罗巴、利未亚、亚墨利加、墨瓦蜡尼加，是一部十分重要的地理学著作。而《四库全书总目提要》的作者们，对该书的学术价值似乎比较茫然，竟谓“所述多奇异不可究诘，似不免多所夸饰。然天地之大，何所不有，录而存之，亦足以广异闻也。”[2]表现出一种不追求科学实际的轻率态度。

在《四库全书总目提要》中，南怀仁的《坤舆图说》，也经历了类似的遭遇。该书“上卷自《坤舆》至《人物》，分为十五条，皆言地之所生。下卷载海外诸国道里、山川、民风、物产，分为五大州，而终之以《西洋七奇图说》”。而《四库全书总目提要》却将此书与《神异经》相比附，“疑其东来以后，得见中国古书，

1 中国第一历史档案馆：《雍正起居注》雍正五年四月初八日，中华书局，1993 年。
2 《职方外纪》条，《四库全书总目提要》卷七一史部，商务印书馆，1933 年。

因依仿而变幻其说，不必皆有实迹”，这就否定了此书的学术价值。当然，《提要》的作者们毕竟还为自己留了一点后路，又补充说：“然核以诸书所记，贾舶之所传闻，亦有历历不诬者。盖虽有所粉饰，而不尽虚构，存广异闻，固亦无不可也。”[1]

《四库全书总目提要》将记载西方地理、风俗、物产的著作，视作“异闻”，反映了当时知识界以自我为中心，对中国以外的世界缺乏兴趣，也缺乏探索、求新的精神和勇气。在这种情况下，西方科技要在中国广泛传播，是比较困难的。

在清前期，“西学中源说”是一种很有影响的思想。其基本内容是认为西方先进科学技术源于中国。这一思想在清初已经出现，降至乾隆时代，仍很流行。像谢济世就针对“西洋人地球中悬之说信矣”的说法，反驳说：“此岐伯对皇帝之言也（帝问地何所依，伯云大气举之），西洋人云乎哉。”[2]《四库全书总目提要·周髀算经》在概述《周髀算经》之学术观念后，曾不厌其烦，反复论证西洋天算出于中国。它说：

> 明万历中，欧罗巴人入中国，始别立新法，号为精密。然其言地圆，即《周髀》所谓“地法覆槃”，“滂沱四隤而下”也。其言南北里差，即《周髀》所谓北极左右，夏有不释之冰，物有朝生暮获，中衡左右，冬有不死之草，五谷一岁再熟，是为寒暑推移，随南北不同之故。及所谓春分至秋分，极下常有日光；秋分至春分，极下常无日光。是为昼夜永短，随南北不同之故也。其言东西里差，即《周髀》所谓东方日中，西方夜半；西方日中，东方夜半。昼夜异处，如四时相反，是为节气合朔加时早晚，随东西不同之故也。又

1　《坤舆图说》条，《四库全书总目提要》卷七一史部，商务印书馆，1933 年。

2　谢济世：《纂言外篇》，《谢梅庄先生遗集》卷七，光绪三十四年全州赵炳麟刻本，上海古籍出版社，2009 年。

李之藻以西法制《浑盖通宪》，展昼短规使大于赤道规，一同《周髀》之展外衡使大于中衡。其《新法历书》，述第谷以前西法，三百六十五日四分日之一，每四岁之小余成一日，亦即《周髀》所谓三百六十五日者三，三百六十六日者一也。西法出于《周髀》，此皆显证，特后来测验增修，愈推愈密耳。《明史·历志》谓尧时宅西居昧谷，畴人子弟散入遐方，因而传为西学者，固有由矣。[1]

应该说，中国古代在科学技术上，尤其是在天文历算上确实取得了不少重要成就，对人类文明做出了不可磨灭的贡献。清代，特别是 18 世纪，随着汉学的兴起，许多长期被埋没、被忽视的科学成就被发掘、被阐扬，使历史的辉煌得以再现，这是汉学家们整理国故的巨大业绩。然而，如果因为中国古代天算的辉煌，就一定要认定西学源于中国，一定要将西洋科技纳入中国古代科学体系，这在方法上显然是牵强的，在理论上是站不住脚的。不管怎样说，传教士带来的西洋科技知识，无论是在理论体系上，还是在研究方法上，都是不同于中国的独立学科体系，就发展水平而言，它先进于中国古代科技何止以道里计！因此，“西学中源”说主要源于中国知识界狭隘的民族文化优越感。从历史上看，“西学中源说”是一把双刃剑，在不同时期，不同场合会起到不同作用。它一方面可能因其具有的狭隘民族意识，妨碍、影响人们对西学的兴趣，阻挠中西文化交流，但另一方面，在特定时期，特别是在两种文化刚刚接触，或者在中外文化冲突格外剧烈的时候，它有助于人们调整心态，帮助人们减轻或消除对西洋学问的隔阂，对此，学者不宜简单地以愚昧和落后相诋斥。

需要特别指出的是，这个时期中国知识界出现了一种耐人寻味

1 《周髀算经》条，《四库全书总目提要》卷一〇六子部，商务印书馆，1933 年。

的现象，就是一些学者一方面吸收了西洋科学知识，另一方面却不承认它的影响，甚至通过将其改头换面，掩盖其影响，戴震可以说是这方面的典型。前面已经提及，戴震曾因刻意否定西域字母之法对中国的影响而受到姚鼐的批评，事实上，在对待西学问题上，他也有类似的毛病。凌廷堪“好天文历算之学，与江都焦循并称”[1]。在给焦循的信中，他对戴震之学风提出尖锐批评。他说：

> 戴氏《勾股割圜记》唯斜弧两边夹一角及三边求角，用矢较不用余弦，为补梅氏所未及（矢较即余弦也。用余弦，则过象限与不过象限有加减之殊，用矢较则无之），其余皆梅氏成法，亦即西洋成法，但易以新名耳。[2]

凌廷堪指责说：戴震所易新名“皆不足异”，但其将经度纬度倒置，“易经为纬，易纬为经，于西人本法初无所加，转足以疑误后学”。“夫古有是名而云今日某某可也。今戴氏所立之名，皆后于西法，是西法古而戴氏今矣。而反以西法为今，何也？”[3]

在论述知识界对西学、特别是西洋科技的基本观念以后，笔者将对18世纪士林阶层的世界观作一简要分析。这里的“世界观”，乃笔者大胆借用哲学术语而变其内容，指的是人们对中国以外世界的认识和看法。不少人认为18世纪的中国人对外部世界的了解是极其贫乏的，如史景迁就认为18世纪的中国知识界是封闭的，对外界不感兴趣，“中国对外国的描述仍是想入非非的神奇故事，外国人被作者自以为是的语言贬低得和鸟兽差不多”[4]。从

1　李斗：《新城北录下》，《扬州画舫录》卷五，中华书局，1960年。

2　凌廷堪：《与焦理堂论弧三角书》，《校礼堂文集》卷二四，中华书局，1998年。

3　凌廷堪：《与焦理堂论弧三角书》，《校礼堂文集》卷二四，中华书局，1998年。

4　Jonathan D. Spence: *The Search for Modern China* p.114, W.W. Norton & Company. New York, 1991.

表面上看，这种说法有一定道理。然而，如果仔细分析，就会发现，当时知识界绝非铁板一块。在不同时期，人们的世界观不尽一致，对不同的国家，人们的了解也不尽相同，而且知识精英们个人素质不同，理论倾向不同，对外界的看法也相互歧异。不过，从总的情况看，这个时期知识界的世界观和其学术观一样，仍处于充满矛盾的转型期。

18世纪知识界关于外界，谈论较多的是带来天文历算的天主教。随着禁教政策的推行，一些知识分子对天主教的批评变得无所顾忌，中西文化的冲突于是通过知识界对天主教的分析、评论、攻击，充分体现出来。谢济世说：

> 自利玛窦入中华，异教又有耶稣。其教遗二亲，藐百神。曰天有主，天主戒有十，受其戒，死者升天堂，享清福。不，则入地狱，受火阨。吾尝闻彼天文家言，天体火，地水土。允若是，升天者受火阨，入地者享清福也。况地之有狱也，谁入之又出之而述之？天之有堂也，谁升之又降之而言之？有堂有狱，必有疏附奔走。今尊一王而不礼群灵，犹百姓尊天子而不礼官长，将岍狱之请，入何堂陛之能升哉？至其如獍如蝎，无责耳矣。
>
> 中国异教四，一本出，三阑入中国。圣人之教且未渐被于外域，外域之教胡为尽阑入于中国？或曰浦溆入海，未闻海入浦溆，此海之所以为大也。呜呼，此中国之所以为大也。[1]

赵翼是18世纪的重要学者，他和传教士有过接触，对天主教的了解比谢济世要深刻一些。其《天主教》一文比较正确地描述

1　谢济世：《纂言内篇·异端第五》，《谢梅庄先生遗集》卷六，光绪三十四年全州赵炳麟刻本，上海古籍出版社，2009年。

了天主教产生，以及向中国传播的历史。他认为“其人东来者，大都聪明特达之士，意专行教，不求禄利，所著书多华人所未道，故一时好异者咸尚之”。赵翼指出：天下有四种主要宗教，即孔教、佛教、回回教、天主教。四教之中，“佛教所及最广，天主教次之，孔教、回回教又次之”。儒学乃士大夫普遍遵行之道，在国际上的影响反不如佛教和天主教，这在一般士大夫看来是难以接受的，对此，赵翼尽量从中国文化中心观的角度予以解释。他说：“孔子集大成，立人极，凡三纲五常之道，无不该备。乃其教反不如佛教、天主教所及之广。盖精者惟中州清淑之区始能行习，粗者则殊俗异性皆得而范围之，故教之所被尤远也。”[1]从观念变迁的角度看，赵翼关于宗教的评论是值得重视的。首先，他承认天主教为世界主要宗教之一，这就改变了过去儒释道三教并存之说，从世界文化的角度，给天主教一席之地。这一说法逐渐成为学术界的共识。成书于光绪初的《庸闲斋笔记》说：“韩昌黎云：‘古之教者一，今之教者三’。自唐迄今千有余年，又增二教，曰回回教、天主教。天主教中复分为耶稣教，佛教中更析为红教、黄教。”[2]其言可以说是对清前期四教说法的发展；其次，赵翼改变了传统士大夫的狭隘心态，承认儒学的国际影响不及佛教和天主教，表明中国的士大夫正在从盲目自大的误区中走出来，开始尊重现实，尊重历史；三是在实事求是地评论世界主要宗教（当然，在现在看来将儒学视为宗教是不妥的，但在历史上，人们习惯于将它与宗教相提并论，这里就不必深求了）的同时，赵翼又暴露出明显的中国文化中心论，用“清淑之区”为儒学影响的局限性作辩解。赵翼这种思想的矛盾性，实际上是知识界先进分子世界观转型的生动体现。有朝一日，当他们在观察世界主要思想

1　赵翼：《天主教》，《清经世文编》卷六九，中华书局，1992 年。

2　陈其元：《三教增为五教》，《庸闲斋笔记》卷一〇，中华书局，1992 年。

体系时，不但承认中国思想（主要是儒家学术）国际影响的局限，而且还承认它在内容上的局限，在价值观念和理论体系上的局限时，轰轰烈烈的社会变革就要到来了。遗憾的是，要走到这一步，不但需要经历艰苦的理论探索，而且还要经历情感上的巨大痛苦，需要付出非凡的勇气和代价。在康乾盛世时期，中国知识界不太可能完成这一伟大的观念变迁，可是，为什么在嘉道中衰之时也未完成？为什么一定要在洋人的枪炮轰击之下，在丧权辱国耻辱的刺激之下，才能走向以“五四”新文化运动为标志的文化深层变革？这就是值得我们深思的问题了。

在对欧洲诸国中，18世纪的中国知识界关于俄罗斯的知识相对丰富。谢济世《西北域记·俄罗斯》对俄罗斯的位置和生活习尚有大体正确的记载。云：“俄罗斯，一名罗刹，古丁零国也。其幅员东至朝鲜，西至荷兰，南至喀尔喀。其天夜短昼长，其地多江湖，通舟楫，其土物有五谷六畜，百果诸蔬及玻璃、镜色毡、金纸、白铁、红黑牛皮、皮之属。其人皙面隆准深眶绿睛（亦有黑睛者，李陵苗裔也）。卷发赤髭，罽衣革履（衣止裹身，履无前齿），贪杯杓，嗜酸辛。餐薨鲜，饭粔籹。横板为屋，栅木为城。铸银为钱，编石为简。免冠点首为礼。有嫁取，无醮迎。有葬埋，无服制。有耕获，无耘耔。有岁时，无历日。其教宗耶稣。近始遣俊秀入我国学受四子书以去。夫水土石合而成地，海占二，岛占一。俄罗斯与中国同在一岛之中。我中国孔孟之教，东南别岛之琉球、日本，犹知宗之。而同岛之在西北域者，翻（反）不宗而宗别岛之枭獍。斥之曰戎狄，不亦宜乎？幸也先迷后觉也。”[1] 赵翼则考察了俄罗斯的疆域情况，明确指出：俄罗斯非清朝属国，而是“与国”，“不奉正朔，两国书问不直达宫廷”。并指出，

1 谢济世：《西北域记·俄罗斯》，《谢梅庄先生遗集》，光绪三十四年全州赵炳麟刻本，上海古籍出版社，2009年。

“其国历代皆女主，号察罕汗”，“闻近日亦易男主矣。”[1] 这里所谓“易男主”，当指的是1796年俄国女皇凯瑟琳二世去世，其子保罗一世继位之事。据何秋涛称，《簷曝杂记》成书于嘉庆庚午（1810年），当时赵翼只是闲居家中的普通文人，能在数年中比较准确地了解俄国政治变动情况，表明当时知识界对外界还是关注的，并非如一些人所谓的一无所知。

能比较全面反映18世纪中国人对世界了解状况的成果，当属陈伦炯所著《海国闻见录》。陈伦炯系广东副都统陈昂之子。陈昂，系福建泉州府同安县（今厦门市同安县）人，曾经商于海上，“往来东西洋，尽识其风潮土俗，地形险易”[2]。后陈昂入伍随施琅出征澎湖、台湾，“又奉施将军令，出入东西洋，招访郑氏有无遁匿遗人，凡五载”[3]。康熙五十年（1711年）任广东副都统后，陈昂曾建议清廷“西洋治象数者，宜定员选，毋多留；其留者，勿使布其教于四方。”临终前，曾上疏反对禁止南洋贸易，称：“南洋，非此伦也。吾少历诸番，皆习耕稼，无资于中国。或海堧毁饥，商舶尚以诸番之米至。今概绝之，则土货滞积，而滨海之民半失作业。”这一主张颇得沿海百姓的赞同[4]。陈伦炯曾充清廷侍卫，康熙帝对其“亲加教育，示以沿海外国全图”。雍正帝即位后，陈伦炯历任澎湖副将、台湾水师副将、台湾总兵等职，“皆滨海地也”[5]。陈伦炯自幼即受到其父亲关于海洋知识以及外国知识方面的训练，1710年，他还前往日本作实地考察。任总兵后，“日见西洋诸部估客，询其国俗，考其图籍，合诸先帝（指康熙帝）

1　赵翼：《俄罗斯》，《簷曝杂记》卷一，中华书局，1982年。
2　方苞：《广东副都统陈公墓志铭》，《方苞集》卷一〇，上海古籍出版社，1983年。
3　陈伦炯：《原序》，《海国闻见录》，第18～19页，中州古籍出版社，1984年。
4　方苞：《广东副都统陈公墓志铭》，《方苞集》卷一〇，上海古籍出版社，1983年。
5　陈伦炯：《原序》，《海国闻见录》，第18～19页，中州古籍出版社，1984年。

所图示指画，毫发不爽。乃按中国沿海形势，外洋诸国疆域相错，人风物产，商贾贸迁之所，备为图志”[1]。可以说陈氏父子是 18 世纪中国知识界和官僚阶层中，难得的具有强烈世界意识的人物。陈伦炯自述其著《海国闻见录》的目的，云："盖所以志圣祖仁皇帝暨先公之教于不忘，又使任海疆者知防御搜捕之扼塞，经商者知备风潮，警寇掠，亦所以广我皇上保民恤商之德意也。”[2]可以说，《海国闻见录》也是 18 世纪具有明确经世目的的重要学术文献。

《海国闻见录》分上下两卷，上卷包括《天下沿海形势录》、《东洋记》、《东南洋记》、《南洋记》、《小西洋记》、《大西洋记》、《昆仑记》和《南澳气记》8 篇。下卷为地图，包括《四海总图》、《沿海全图》、《台湾图》、《台湾后山图》、《澎湖图》和《琼州图》等 6 幅地图。

《海国闻见录》系作者根据其亲历见闻，比较全面地叙述了清代欧亚主要国家或地区的情况。《东洋记》记载了朝鲜、日本、琉球等国情况。《东南洋记》记载了台湾地区以及吕宋、苏禄等国情况。《南洋记》记载了安南、柬埔寨、暹罗等国情形。《小西洋记》叙述了小白头（印度）、大白头（波斯）等国情况。《大西洋记》主要介绍了北非及欧洲诸国情形。《昆仑记》和《南澳气记》所述主要是南海诸岛情况。该书不少记载颇为可靠。如因陈伦炯去过日本，对其国地理、风土、人情描述尤为生动形象，也比较准确。如称日本“国习中华文字，读以倭音”，“易代争夺，不争王而争上将军”，“立法最严，人无争斗”，等等[3]。又说北冰洋一带，“不能行舟，海冰不解，故为冰海”[4]，也是比较准

1 陈伦炯：《原序》，《海国闻见录》，18～19 页，中州古籍出版社，1984 年。
2 陈伦炯：《原序》，《海国闻见录》，18～19 页，中州古籍出版社，1984 年。
3 陈伦炯：《东洋记》，《海国闻见录》卷上，第 35 页，中州古籍出版社，1984 年。
4 陈伦炯：《大西洋记》，《海国闻见录》卷上，第 65 页，中州古籍出版社，1984 年。

确的。故《四库全书总目提要》称赞该书“虽卷帙无多，然积父子两世之阅历，参稽考验，言必有征”[1]。可以说，《海国闻见录》反映了18世纪中国知识界关于欧亚北非知识的最高水平。

从世界观念的角度看，《海国闻见录》有三点值得特别重视。一是它注意到了中国和欧洲在航海技术上的差异。如《南洋记》说：“中国洋艘，不比西洋呷板，用浑天仪、量天尺，较日所出，刻量时辰。离水分度，即知为某处。中国用罗经，刻漏沙，以风大小顺逆较更数。每更约水程六十里。风大而顺，则倍累之；潮顶风逆，则减退之。亦知某处，心尚怀疑。又应见某处远山，分别上下山形，用绳驼探水深浅若干，驼底带蜡油以粘探沙泥，各各配合，方位确准。”[2]两者在技术上的差距，实际上已经非常清楚了；二是注意到了华侨在海外的生活情况。作者叙述吕宋等地华侨生活说：“地宜粟米，长者五六分。漳、泉人耕种营运者甚盛。年输丁票银五六金，方许居住。经商惟守一隅，四方分定，不许越界。广纳丁票，听凭贸易。”“西洋立教，建城池，聚夷族。地原无来由番，今为据辖。汉人娶无来由番妇者，必入其教，礼天主堂，用油水画十字于印堂，名曰浇水。”[3]又描述印度尼西亚情形说：“荷兰建城池，分埔头。中国人在彼经商耕种者甚多。年给丁票银五六金，方许居住。中国人口浩盛，住此地何啻十余万”[4]；三是高度警惕西方殖民势力可能的侵略。《海国闻见录》有不少地方记载了西方殖民强盗侵占东南亚地区以及当地居民进行反抗的情况。如《东南洋记》说：“马神番性相似，人尤狡狯。红毛人曾据其

1 陈伦炯：《海国闻见录》，《四库全书总目提要》卷七一史部，商务印书馆，1933年。

2 陈伦炯：《南洋记》，《海国闻见录》卷上，第48页，中州古籍出版社，1984年。

3 陈伦炯：《东南洋记》，《海国闻见录》卷上，第40页，中州古籍出版社，1984年。

4 陈伦炯：《南洋记》，《海国闻见录》卷上，第48页，中州古籍出版社，1984年。

港口，欲占其地。番畏火炮莫敢敌，入山以避。用毒草浸洗上流，使其受毒而自去。”[1]陈伦炯指出：西洋诸国之人，“身长而心细巧，凡制作皆坚致巧思。精于火炮，究勘天文地理”[2]。为此，他高度重视加强沿海防务，特别指出：“广省左捍虎门，右扼香山。而香山虽外护顺德、新会，实为省会之要地。不但外海捕盗，内河缉贼，港汊四通，奸匪殊甚。且共域澳门，外防番舶，与虎门为犄角，有心者岂可泛视哉！”[3]表现出居安思危的远虑深谋。

在承认知识界对外界的了解有所进步的同时，也必须看到，当时中国对世界的认识，特别是对西方的了解，与西方对中国的了解比起来，差得很远。这里有两点应该特别提出：其一是对一些国家和地区进行鸟兽化和鬼怪化的描述仍然存在，这实际上是源于盲目的汉文化优越感或文化中心观，以及对外界的极端无知而产生的一种愚昧心态。这种描述在文学作品中大量存在，在一些笔记里也可看见，甚至在个别严肃的著作里也有反映。象《海国闻见录》就曾这样描述暹罗土著：

> 又有一种男女，名谓尸罗蛮，与人无异。但目无瞳子，人娶之亦生男女。夜眠魂变为狸狗，率类向水厕，嗜食粪秽。将明附魄。若熟睡，翻复其身，魂不得附归……又有一种共人，共者咒法名也，刀刃不能伤。王养以为兵卫。犯事应刑，令番僧以咒劝化之，使其自退共法，方与受刑。[4]

1 陈伦炯：《东南洋记》，《海国闻见录》卷上，第40页，中州古籍出版社，1984年。

2 陈伦炯：《大西洋记》，《海国闻见录》卷上，第65页，中州古籍出版社，1984年。

3 陈伦炯：《天下沿海形势录》，《海国闻见录》卷上，第19页，中州古籍出版社，1984年。

4 陈伦炯：《南洋记》，《海国闻见录》卷上，第48页，中州古籍出版社，1984年。

阮葵生的《茶余客话》，是一部颇为严肃的著作，而且他具备一定的地理知识和世界知识，可关于“西方绝域诸国”，却有下面两段荒诞不经的描述：

> 西海中有女国，无男。山有神木，一抱之则感而孕。有狗国，生女如人，生男皆狗。
>
> 阿谛国，在西海中，与控噶尔相接。人长三四丈，弓矢及一二里。性怯，畏锣鼓之声，生女高数尺，男高数丈。喜生食人兽。[1]

但我们不能简单地说这种鸟兽化和鬼怪化描述，是中国人刻意丑化外部世界，也不能简单指责它体现了一种排外思想和观念。事实上，类似的描述，不单用于外国人，也用于中国境内的一些少数民族。愚昧产生于无知。在中外沟通渠道尚未完全开放，中国人对外界了解较少的情况下，在一些著作中，对外部世界出现扭曲的、错误的，或道听途说的、基于想象的描述，是正常的，不足为奇。

其二是用中国改变世界的倾向。这种心态最典型的例证是《野叟曝言》。在中国文化史上，《野叟曝言》可以说是反映道学家社会心态、理想追求的最好教材。该书以较大的篇幅，叙述了理学出身的权臣文素臣如何鼓动皇帝“辟除二氏，俾道德一而风俗同”的戏剧性“历史”。在书中，文素臣不但剪除了中国的佛教，而且还清除了佛教在日本、印度、暹罗等国的影响，终于实现“异端绝灭，正教昌明，户尽诵弦，民安稼穑，化行俗美，中外同风”的理想境界[2]。最引人注目的是，作者在第147回介绍了

1　阮葵生：《女国狗国》、《阿谛国》，《茶余客话》卷一三，中华书局，1959年。

2　夏敬渠：《九子夺魁会元复归门婿，百丁介寿男女尚轶外孙》，《野叟曝言》卷一三八，吉林文史出版社，1994年。

文素臣“言志之友”景日京，以冒险家的气概，奇迹般地改变欧洲文化面貌的故事，可谓 18 世纪一篇奇文。景日京自述说：

因念中国自除灭佛老，昌明圣学，一切长生、回回、白莲、无为、登络、糍糰等教，皆如爝火，不扑自灭。而独此教（指天主教）披猖于荒外者，几二千年，心窃忿之。庚申春，遂制大舶十艘，选岛士五千人，以亚鲁督之，精甲利器，漭瀁而行，三年始达。兵不血刃，降其国二十余，自建为文大人国。意大里亚偕其与国波而都瓦尔、热而吗尼、依西拔尼亚，率所属国均来归附，和欧罗巴州大小七十二国，皆秉天朝之制矣。由是拾吾兄（指文素臣）之唾余，布圣主之新规，除僧灭道，去天主邪教，焚其书说，毁其像宇，设学建儒，悉遵孔氏。赖令叔、家兄左右提携，寒暑旬宣，以迄于今，不特佛老之根株悉拔，而耶稣之萌蘖俱绝。衣冠文物虽不隶邹鲁诸生，窃已过于齐东之野人矣……欧罗巴人无他长，独长于历算之学，其见有古人所未及。至天体椭圆，则彼之老于此道者亦未尝及之，以此见吾兄之学，皆天授也。所制规矩仪器，刻漏刀尺，算术所需，其千里、显微、近视、老少花诸镜，巧夺天工，中国得之，可免目废及测远探幽之助。诸种现贡天府，未敢先充良友下陈。[1]

这段话既暴露了理学家以自己的学术改变世界的文化专制心态，又反映出当时知识界对欧洲还是有一定了解的，至少对欧洲的天文历算和制造技术有一定了解，且承认其先进地位。不过，在 18 世纪，欧洲已经发生启蒙运动和产业革命，社会面貌正发生

1　夏敬渠：《五百道赐符三男同降，七才国献寿六宝齐归》，《野叟曝言》卷一四七，吉林文史出版社，1994 年。

着翻天覆地变化的年代，中国人还在做着以儒学一统天下的黄粱美梦，现在看来，真可谓是一个令人伤心的黑色幽默。

此外，也有一些学者对西方殖民势力的危害性缺乏警惕，雍正和乾隆初甚至有人幻想利用外国势力帮助中国实现统一。如方苞为清廷出主意防范准噶尔说："闻大西洋去荷兰国不远，西洋国俗所不可缺者，惟内地之茶。不识俄罗斯、荷兰诸部亦赖茶以愈热疾否？果尔，则与西洋人要约：'既久与中国互市，必为我通荷兰诸部，俾与我同心，探贼东来，即出兵以乘其虚。果能摧破贼军，或牵制使不敢动，我国岁以金币、名茶，凡所宝贵之物酬之。'若受吾约，则贼必相猜而不敢轻动。西洋人若不用命，即不许互市，必深惧而求得其要领矣。"[1]其言不但暴露出他对世界地理一窍不通，对各国风俗习惯缺乏必要常识，而且对当时世界形势、殖民势力侵略野心，也缺乏必要了解。

不过，历史学家在任何时候都不应该以自己的观点去要求古人，当然，更不应该以自己的理念去改变古人。这里需要特别强调的是，18世纪中国一些知识分子表现出来的民族文化中心观和优越感，并不是不可理解的，我们绝不能要求他们看到几件西洋奇器，听到几句天算知识，就放弃自己的文化立场，抛弃自己世代相传的信仰和理念，去追求西学，用洋人的玩意儿来富国强兵。站在历史的立场看，文化的优越感，比文化的自卑感要强得多，希望用自己的文化改变世界，是正常的，并非不可思议。至于中国人对欧洲缺乏了解，也情有可原。让我们换个角度看问题。当时，欧洲人来到中国者不可谓少，但欧洲人关于中国的叙述就十分准确？在欧洲关于中国的文献中，因无知而出现的错误，因自负而刻意贬低者，更是随处可见。在传教士眼里，在欧洲达官贵

1 方苞：《与鄂张两相国论制驭西边书》，《方苞集集外文》卷五，上海古籍出版社，1983年。

人心中，欧洲文化中心观恐怕不比中国士大夫的中国文化中心观更少。在这种情况下，我们有多少理由对中国的知识精英们格外苛求？

一个时代的历史特色，在很大程度上，通过它所完成的历史成就体现出来。换句话说，历史过程确实很重要，但过程的意义，则需要通过过程的结果体现出来。学术发展也是如此。如果站在今天的立场，反观18世纪中国学术观念，可以说，求实、多元、经世是其最显著的特征。具体说来，它主要取得了以下几个方面的业绩：

一是独立思考和求实学风的兴起，推动了思想的解放和观念的多元。学术的进步，必须以突破陈说为前提，必须以破除迷信，冲破权威束缚为前提。在18世纪，独立思考和求实风气，是促使知识界先进人物，迈出宋明理学阴影最重要的精神动力。以袁枚、戴震为代表的反传统学术观念的出现，则是这个时期学术界思想解放最突出的成就。而考据之风的盛行，既是求实学风在知识生活中的具体体现，也标志着中国学术进入实证研究和理论探索同时并重的新时代；

二是汉学的兴起，以及反理学思潮的流行，彻底结束了理学，特别是程朱理学在学术研究中的独尊地位，这是清代中国学术发展史上划时代的重大事件，它为观念变革，为今后社会转型创造了一个十分有利的知识氛围。对理学的批判，直接推动了思想的革新。而18世纪中期以后逐渐形成的以汉宋学术为主流，多种学术观念、学术流派同时并存的学术格局，为中国学术在今后的发展，提供了一个很好的可供参考和借鉴的范例；

三是知识界对古代学术文化的系统整理和研究，标志着18世纪的中国学术，在中国文化发展史上具有集大成的独特地位。传统学术的集大成，既是当时清朝政府着力推动的结果，也是当时知识精英们，特别是汉学精英们在求实精神指导下，经过几代人潜心研究，辛勤劳动而完成的宏伟事业。学术的集大成，一方面标志着汉学的鼎盛，同时也为观念的多元化发展提供了重要的历史契机；

四是全盛时期经世热情的高涨，经世思潮的发展，直接推动着知识界将研究的目光转向史学和边疆，转向和当时社会政治密切相关的国计民生。知识界和清廷的联系更加紧密，清朝统治基础进一步扩大，官僚队伍素质提高，文治进一步繁荣，传统行政管理理论达到了一个新的水准。对此，笔者在后面一章将作专门分析。

当然，也应该看到，18 世纪中后期中国学术界存在着的繁琐考证、淡化理论的倾向，则从另一个角度限制了当时学术发展的前途，对此，研究者也应予以充分重视。

第四章　政治观念的变革

中国知识界最宝贵的传统之一，是它对国家、对民族命运的深切关心。“居庙堂之高，则忧其民；处江湖之远，则忧其君”，体现出多么庄严的以天下为己任的责任感！正是这种饱含激情的责任感，正是这种对国家、对民族的义务感，将一代代知识精英，推向朝廷，推向社会，成为历史与时代的中坚。

要经世致用，投身社会，就不能不关注政治问题。原因很简单，在以人治为主导的传统中国，政治在各种社会因素中，居于无可置疑的主导地位。政权的状况，政风的好坏，统治者的思想与政策，人们的政治态度，直接决定着其他社会生活的一切主要方面，影响着人世代谢，朝代盛衰。不高度重视政治问题，就不可能真正懂得中国历史的实际。

清代的中国政治，是一种典型的精英政治，是以皇帝为核心的贵族精英和以科甲官僚为主体的知识精英共同作用的结果。清朝知识界，对政治一直保持着高度的热情。在每一次重大政治转折关头，在每一个至关重要的战略抉择中，我们都能看到知识精英们忙碌的身影。从入关前伐明战略的制定，到顺治元年挥师入关；从专制皇权的强化，到以皇权为核心的官僚政治体制的建立和完善；从儒家思想在清廷指导地位的确立，到治国抚民诸大政的实施，文臣谋士在其中都起到了十分关键的作用。清初满汉关系之所以能较快地从对立走向缓和，清朝统治之所以能从动荡走向稳固，清代社会之所以能从凋敝走向繁荣，与知识精英们以积极入世之态度，投身政治，“匡赞政机，劳深启沃”，具有密不可分的因果关系[1]。当然，这个时期也有不少在野士人，虽身在江湖，仍关注着政治的发展。他们或著书立说，或建言献策，纷纷以自己的方式阐述其经世抚民之见，久安长治之计。与此同时，也有少数人，不甘于中原“陆沉”，力图挽狂澜于既倒，试图通过宣传华夷之辨，散布流言，组织或参与反清秘密结社，发动武装暴动等方式推翻清朝统治，恢复汉家天下。不过，从总的情况看，康熙中叶（17 世纪 80 年代）以后，知识界的主流和清廷已经形成了一种相互依赖、彼此合作的政治关系。这种政治关系，是保障清朝统治长期稳定的重要基石，它一直被朝廷和士人精心维护。只是到 19 世纪末 20 世纪初，随着革命思潮的兴起，汉族民族意识得到恢复和增强，知识阶层出现剧烈分化，这一基石才趋于动摇，进而走向解体。

让我们仍将目光转向以繁荣昌盛著称的 18 世纪。在这一百年中，知识界在欢呼盛世的同时，忧国忧民的传统，持盈保泰的警觉，以及清朝社会所暴露出来的种种弊端，从不同的侧面，影响着他们对政治的看法和评判。随之而来，政治观念出现了新的变化。下面几个方面是值得特别重视的：一是关于君臣权力分配的新观念；二是行政管理理论的空前发展；三是全盛环境下的危机意识、汉族知识分子的民族意识以及潜藏着的反清政治倾向。在考察政治观念以前，我们应该首先看看这个时期的政治环境，特别是皇帝的政治思想，因为这不但影响着知识界对当时政治的认识和看法，而且它本身也是构成当时政治环

1　顺治十八年，顺治帝称赞范文程“或匡赞政机，劳深启沃；或经理部务，力殚猷为”，此言也可视为对清初文臣谋士在开基创业，巩固统治过程中所起作用的肯定。参见李霨撰：《范文程墓志铭》，《碑传集》卷四，中华书局，1993 年。

境的重要组成部分，深刻影响着时人和后人对这个时期士林政治观念的准确理解。

第一节 极端专制理论的形成及其实践

我始终认为，政治的本质是权力。权力是一种支配关系，是存在于个人与个人之间，个人与组织之间，或组织与组织之间的一种支配关系。人类的全部政治活动都围绕公共权力的分配与授予而进行，权力结构、权力行使方式，决定了政治体制的本质。离开权力，谈论政治是没有意义的，正如离开市场谈论商品一样。迄今为止，我们所知道的政治思想，政治理论，无一不围绕权力问题而展开。

18世纪的清朝政治是对17世纪的继承和发展。17世纪后期的清朝政治，就其内部变革而言，其主要成绩表现为建立了以满洲贵族为主体，以专制皇权为核心的官僚政治体制。这一体制完成于康熙年间，主要包括三个方面的内容：

一是君主独裁。康熙帝亲政以前，清朝政治有一个十分显著的特点，那就是君臣之间没有明确的制度化的权力界限。努尔哈赤时期，因君主本人具有非凡的才干和刚毅的性格，以及他作为后金开创者无可替代的政治地位，后金实行的是初级形态的，也可以说是极不完善的君主专制政体。天聪时期，按努尔哈赤“八王共治”原则，后金实行的是贵族共和制，议政王大臣会议成为最高权力机关。到崇德年间，皇权逐渐加强。在此后半个多世纪里，虽从总体上可以说，清朝经历了君权强化，臣权削弱的过程，但应该看到，这个过程的产生具有很大的偶然性，即最高统治者均具有强烈的权力意识，精明强干。也正由于这个过程缺乏充分的思想基础和法律基础，因而在今后的历史中就难免出现反复，出现风波。像皇太极驾崩，顺治帝继位以及与之相关的一系列人事变动，均由议政诸王协商决定[1]。康熙初年，兼议政、辅政于一身的鳌拜，曾“结党专擅”，严重威胁皇权。康熙帝称：“鳌拜结党专权，紊乱国政，纷更成宪，罔上行私。凡用人行政，鳌拜欺藐朕躬，恣意妄为。文武各官，欲令尽出其门，内外要路，俱用伊之奸党。”[2]清朝完全意义上的专制政体，是在康熙八年（1669年）清除鳌拜以后逐渐形成的。君主专制最显著的特点是“天下大事，皆朕一人独任”[3]。这主要表现为：用人之权、刑赏之权统归于皇帝。

用人，就其实质是分配或授予政治权力，这是保障君主独裁的关键。康熙帝明确表示“用人之权，关系最为重大”，臣僚不得专擅[4]，将用人大权严格控制在自己手中，时人称：“皇上每放官选将，必引见钦定，首重才具。”[5]备受康熙帝信重的清官、河道总督于成龙，“自任巡抚及为总河，惟知援引私人”，甚至扬言“宁杀于成龙，至效力人等，不可不用”。康熙帝闻讯，极为愤怒，当面训斥说：“用人之权，岂人臣所得专擅？”警告他：“大抵欲援助人者，后必自己获罪，尔其戒之。”[6]针对民间关于清廷用人的种种

1　崇德八年（1643年）皇太极突然去世，新的皇位继承人就由议政王大臣会议协商产生。时人记载说：“（崇德八年八月）十四日，诸王皆会于大衙门，大王发誓曰：‘虎口（即豪格），帝之长子，当承大统云。’则虎口曰：‘福小德薄，非所堪当。’故辞退去。定策之议，未及归一。帝之手下将领之辈佩剑而前，曰：‘吾属食于帝，衣于帝，养育之恩与天同大，若不立帝之子，则宁死从帝于地下而已。’大王曰：‘吾以帝兄，常时朝政老不预知，何可参于此议乎？’即起去，八王亦随而出，十王默无一言。九王应之曰：‘汝等之言是矣。虎口既让退出，无继统之意，当立帝之第三子（为第九子之误），而年岁幼稚，八高山军兵，吾与右真王（济尔哈朗）分掌其半，左右辅政，年长之后，当即归政。’誓天而罢云”。《沈阳状启》第514页，“癸未年八月二十六日”，辽宁大学历史系印，1983年。

2《清圣祖实录》，康熙八年五月庚申，中华书局，1985年。

3　康熙帝语，《清圣祖实录》卷一四四，康熙二十九年正月已亥，中华书局，1985年。

4《清圣祖实录》卷一四四，康熙二十九年正月甲寅，中华书局，1985年。

5　金埴：《不下带编》卷三，《清代史料笔记丛刊》，中华书局，1982年。

6《饬臣工二》，《康熙圣训》卷四五。

传闻，康熙帝特降旨澄清事实：

> 今用一人，外人即曰某大臣荐举，故用之。或有商议之事，即声言某大臣称某官之优，言某官之劣。致躁进之徒，营求奔竞从此而起。凡官之优劣，若不问，何由而知。大臣虽有荐举，用舍皆出于朕。间用一二人，亦朕所知而用者。若但因大臣荐举而用之，朕所理者又何事耶？虽有问九卿举出之人，亦得者半而不得者半，此皆幸遇耳。[1]

刑赏，是实施政治控制的基本工具。先秦法家就提出“赏罚者，邦之利器也。在君则制臣，在臣则胜君”，强调“邦之利器，不可以示人”[2]，主张“王者以赏禁，以刑劝。求过不求善，藉刑以去刑”[3]。康熙帝对刑赏之权高度重视，不许臣僚僭越。康熙二十年（1681 年），左都御史徐元文以三藩平定，请大布恩诏。康熙帝说：“颁行恩诏，出自人主”，责其“沽名示恩”，将原本发还[4]。康熙三十六年（1697 年），礼科给事中郑昱以平定噶尔丹，请颁赦诏。康熙帝说：“凡颁赦诏，皆人主之事，非人臣所宜言……郑昱妄以诏款陈奏，念系言官，特从宽宥，著大学士等严饬之。”[5]

反对朋党，也是加强君主独裁的重要内容。朋党是中国传统政治中经常出现的特殊利益集团。它虽然没有明确的组织形态，但却在师生、故吏、同年、乡族等亲情关系推动下，基于共同的或相似的政治利益，以一人或数人为核心，形成比较稳定的

1 《清圣祖实录》卷一三三，康熙二十七年二月丁卯，中华书局，1985 年。
2 《韩非子·喻老》，《二十二子》本，上海古籍出版社，1986 年。
3 《商君书·开塞》，《二十二子》本，上海古籍出版社，1986 年。
4 《康熙起居注》第 1 册，第 786 页，中华书局，1984 年。
5 《广言话》，《康熙圣训》卷二四。

政治宗派，其成员在政治生活中采取相同或相似的政治立场，相互呼应，彼此支持，相互攀援，以维护其宗派利益。朋党在明末曾大量出现，在清初其风仍未灭息。如顺治时陈名夏就结党营私，“始也，借人以引己；继也，纳贿而引人”[1]。朋党恶性发展的结果就是党同伐异，“附己者虽恶必护，异己者虽善必仇”，将同党的私利置于君臣大义之上，这就必然和君主独裁发生激烈的利益冲突[2]。正因为如此，清廷对朋党一直深恶痛绝。顺治帝不仅严禁各衙门官员“私交私宴及庆贺馈送”，而且鉴于“朋党之害，每始于草野，而渐中于朝宁”，特禁士人“结社订盟，把持衙门，关说公事”，以收拔本塞源之效[3]。康熙帝关于朋党更提出了比较明确的见解。他指出：“人臣服官，惟当靖共匪懈，一意奉公。如或分门立户，私植党与，始而蠹国害政，终必祸及身家。历观前代，莫不皆然。在结纳植党者，行迹诡秘，人亦难于指摘。然背公营私，人必知之。凡论人议事之间，必以异同为是非，爱憎为毁誉，公论难容，国法莫逭。百尔臣工，理宜痛戒。”[4]他尝针对日讲讲义中“异端”二字云：“什么是异端？我看起来为人臣而不忠，日日树私人，为门生、故吏、乡亲同年营私作弊，尚口谈道义，此即是大异端。有什么异端！”[5]并警告说，如果群臣不改朋党之习，“朕将穷极根株，悉坐以交结朋党之罪”[6]。

二是首崇满洲。这一原则规定，国家最主要的政治权力必须

1 《清世祖实录》卷八二，顺治十一年三月辛卯，中华书局，1985 年。

2 参见《清世祖实录》卷八二，顺治十一年三月辛卯，中华书局，1985 年；《陈名夏》，《清史列传》卷七九，明文书局，1986 年。

3 详见《清圣祖实录》卷一三一，顺治十七年正月壬申、辛巳，中华书局，1985 年。

4 《康熙起居注》第 1 册，第 319 页，中华书局，1984 年。

5 李光地：《本朝人物》，《榕村续语录》卷九，中华书局，1995 年。

6 《饬臣工二》，《康熙圣训》卷四四。

由满人掌握，关键性政治、军事职位必须由满人担任。这一原则之制定，既是为了维护满族官僚在政治上的优势地位，也源于对汉民族的猜忌和防范心理。康熙时代，不仅部院事务多以满官掌印主事，满洲大臣可借补汉缺[1]，而且终其一朝，最受倚重的辅政大臣，如索额图、明珠、马齐等，均系满人。正是在这个时期，清廷将具有战略意义的地方，如山西、甘肃、川陕等地督抚，定为满缺，汉官不得充任[2]。至于其他地区，清廷也仅在无事之时，任用汉人为督抚，一有风吹草动，仍坚持以满人为封疆。比较典型的如，康熙五十五年（1716 年），清廷拟用兵西北，康熙帝担心"海贼闻风妄动"，下令加强沿海防务。时大学士、九卿举汉人为广东巡抚，为康熙帝拒绝。他说："广东巡抚员缺，尔等举出汉人。此滨海要地，汉人不可，应用满洲。"又说："通海口子甚多，此时无碍，若千百年后，中国必受其害矣。外国人心最齐，不似中国之人。尔等汉人，凡事瞻顾，心便不齐。"[3]在其晚年，甚至声称蒙古亦比汉人可靠，预言"若有变动，或在中国，蒙古断无此虑"[4]。

三是通过以职务分等，权力分层，行政监察为主要内容的官僚政治体系实现对全国的控制。清朝官僚体系主要由四个系统组成：决策系统（即以皇帝为核心的最高决策机关，如康熙时的南书房等，雍正八年以后的军机处等）；军事系统（主要由八旗和绿营组成）；政府系统（包括中央和地方政权机构及职能部门）；监

1　福格：《听雨丛谈》卷五，《满洲大臣亦可借补汉缺》称：据《八旗通志》初集载，富宁安在康熙四十六年曾升都察院汉缺左都御史，"是满洲大臣亦可借补汉缺也"。

2　参见福格：《八旗直省督抚大臣考》、《直省满缺巡抚考》，《听雨丛谈》卷三，中华书局，1984 年。

3　《康熙起居注》第 3 册，第 2325 页，中华书局，1984 年。

4　《康熙起居注》第 3 册，第 2464 页，中华书局，1984 年。

察系统（主要是都察院及有关机构）。各系统均以皇权为核心，听命和服务于皇权，但职任彼此交错，相互牵制。

从历史的角度看，清代官僚政治肇始于入关前，确立于顺康时期，完善于雍乾时代。入关前，清朝基于满洲传统，并借鉴明朝政治制度，建立了简陋的，但具有较高行政效率的行政体制。顺治元年（1644 年），清军入关以后，清朝将明朝的官僚体制接收过来，加以改造，初步形成了一个庞大而严密的政权体系。顺康时期清朝官僚体制的演变具有以下两个显著特点：一是建立了适合行使全国统治权力的中央政府，这就是内阁的出现。尽管清初内阁在权力上和晚明内阁无法相比，受到了皇权和议政王大臣会议的双重制约和监督，但作为合法的中央政府，它一直承担着处理日常行政事务的繁重职任。根据《大清会典》，内阁掌“议天下之政”[1]，内阁大学士由皇帝特简，“赞理机务，表率百僚”，为清朝法定行政首脑机构[2]；二是“清承明制”，按照中原传统行政体制建立了中央职能部门和地方政权机关。除了将在关外仿明制建立的六部加以完善以外，从顺治元年（1644 年）起，清朝又逐渐设立了翰林院、国子监、太常寺、钦天监等中原地区特有的行政机构，使其在设施上更加健全，和儒家传统政治模式更加衔接和吻合。至于地方政权，则基本采用明朝以来的管理方式，建立了省、府、县三级行政机构，但对总督、巡抚、藩臬二司的职掌和权力规定更加明确，有关的政纪法规更加健全，对广大地区的控制也更加严密。与此同时，一些必须的官僚政治制度也逐渐建立起来，如《清会典》就在这个时期开始撰修。

当历史进入雍乾时代，和清初相比，清朝政治又具有了自己

1 《内阁》，光绪《钦定大清会典》卷二。

2 纪昀等：《内阁上》，《历代职官表》卷二，上海古籍出版社，1989 年。

显著的新特征。这主要表现为：

官僚政治理论和制度建设趋于严密。顺康时期，官僚政治建设以健全机构为主要目的，而雍乾时代，则以理论建设和制度建设为其主要内容。这个时期，国家机构主要是沿袭旧有制度，没有发生大的改变，当然小修小补还是有的。如将大学士、协办大学士人数最后确定下来，即大学士满汉各二员、协办大学士满汉各一员；地方官制也进一步明确，像清初闽浙总督分合不定，乾隆时合而成为定制，四川总督、云贵总督也改变了以前变更不一的状况，作为专缺被确定下来。不过，最为重要的是关于政权建设的理论获得了较大发展。雍正和乾隆都是高度重视理论建设的专制皇帝，他们在位期间阐发了一系列有关政权建设的理论和观点，企图为清朝统治的长期延续作“根本之图”，“昭垂永久”，其中许多观点对清代官僚制度的因革损益具有重要指导意义，如重视法治的观点，妥善处理政府和百姓关系的观点，“护守成宪”，不轻易改变祖宗成法和满族传统风俗习惯的观点，等等，都对清朝政治产生了较大影响。服务于清朝政权建设的著作大量出现，其中比较重要的是雍正和乾隆时期对《大清会典》两次修撰，对清朝政权的机构、职掌、建置、制度等各主要方面，根据形势需要作了完备而且系统的规定和论述。成书于乾隆五十四年（1789年）的《历代职官表》，是清朝中期关于国家机关建设的重要文献，时清廷“将本朝文武内外官职、阶级与历代沿袭异同之处详稽正史，博参群籍，分晰序说，简明精审，毋冗毋遗，其议政大臣、领侍卫内大臣、八旗护都统军统领、健锐火器营、内务府，并驻防将军及新疆增置各官亦一体详晰考证，分门别类，纂成《历代职官表》。”[1]此外，各职能部门的规章制度、行为规范也逐渐完善起来，如《大清会典则例》、《工部则例》、《工部续增

1　纪昀等：《上谕》，《历代职官表》卷首，上海古籍出版社，1989年。

则例》、《吏部则例》、《户部则例》、《兵部处分则例》等都在这个时期编纂成书，清朝国家官僚机构运转的规范化程度大为提高，在某种程度上，实现了“纪纲整肃”，“化成天下，礼乐制度精意具成”的理想境界[1]。

专制皇权的空前强化是18世纪最引人注目的政治现象，是对三百年来中国社会发展产生深刻影响的历史性大事。清朝皇权空前的强化，集中表现为由雍正帝、乾隆帝父子两人提出的极端君主专制理论及其实践。这种极端的君主专制具有以下显著特征：

皇权非理性化膨胀，皇帝对社会政治的控制面不断扩大。雍乾时期，君主独裁已经成为清朝的“家法”，具有神圣不可侵犯的权威。乾隆皇帝称：“乾纲独断，乃本朝家法。自皇祖皇考以来，一切用人听言，大权从未旁假。即左右亲信大臣，亦未有能荣辱人、生死人者。盖与其权移于下，而作威作福，肆行无忌，何若操之自上，而当宽而宽，当严而严。此朕所恪守前规，不敢稍懈者。”[2]应该说，在专制政体下，皇权相对集中，皇帝对用人行政等大政方针享有最终的裁决权，是正常的，无可非议，否则，就不叫君主专制。但皇权不能，也不应该随意剥夺臣僚对具体政务的处理权力，不能随意干预臣僚的个人事务。18世纪清朝政治的问题在于，随着雍正初年清朝皇室内部激烈权力斗争之加剧，为了加强控制，皇权出现了非理性的恶性发展之势，皇帝越俎代庖，将许多属于臣僚职责范围的事务，改由自己操办，皇帝逐渐成为事必躬亲的专制家长。这种现象在雍正统治时期最为严重。雍正元年（1723年），即位不久的雍正帝提出要代行大

1 《清高宗实录》跋语，《清高宗实录》卷一五〇〇，嘉庆四年正月，中华书局，1985年。

2 王先谦：《乾隆朝东华录》卷二八。

学士之事。他对大学士们说："国家政事，皆皇考所遗，朕年尚壮，尔等大学士所应为之事，尚可勉力代理。尔等安乐怡养，心力无耗，得以延年益寿，是亦朕之惠也。"[1] 雍正五六年间，他又以诸臣对所交事务可否施行不予复奏为由，表示将代为处理一些部院事务。云："倘不能办理，应将事件呈送朕前，朕代诸臣办理。况朕竟日坐勤政殿，又不惮暑热，欲办理事务，竟无事办。诸大臣如此因循，迟延不奏，其意将谁诿乎？"[2] 与此同时，皇权还超越日常政治层面，对大臣私生活进行干预。雍正三年（1725年），雍正帝竟然提出要代办大臣家事。是年三月，他以诸大臣为家人、夫人所惑，不能明辨是非，降旨训斥。云："凡大臣之家人，如有嫁娶筵席，延请亲友等事，令各禀明家主。倘有私成党羽，结为兄弟，彼此会饮，恳求事件者，即行拿获具奏，朕必从重治罪。再诸大臣之妻，互相延请宴会，为摴蒲之戏，借此夤缘请托。大臣中，现有为伊妻所制，凡事依允者，甚属可耻。大臣等宜加防范。苟以此为小事，漫不加察，遂致败名获罪，惭愧岂有大于此者？"下令"诸大臣各宜加意将妻奴严管，苟有畏惧掣肘，不得已之处，令密奏朕，朕代诸大臣处分。朕虽日理万机，而于大臣之家事，尚能办理。"[3] 皇帝主动要求代管臣下妻奴，这在中国政治史上可谓一绝。大概因所谕深为士大夫所耻，故《清世宗实录》将其砍头去尾，仅载要大臣严管妻奴之意。五年七月，又特颁谕旨，严禁大臣管家彼此请酒唱戏，规定："肆后仍有群聚结党，生事乱行者，经朕闻知，必将此等恶仆正法。"[4] 皇权过分集中，在客观上导致了两个后果。一是由于皇权恶性膨胀，

1 中国第一历史档案馆：《上谕内阁》，雍正元年十一月初八日，《雍正朝汉文谕旨汇编》第 6 册，广西师范大学出版社，1999 年。

2 中国第一历史档案馆：《雍正起居注》五年六月初四日，中华书局，1993 年。

3 中国第一历史档案馆：《雍正起居注》三年三月二十八日，中华书局，1993 年。

4 中国第一历史档案馆：《雍正起居注》五年七月初四日，中华书局，1993 年。

改变了传统的权力分配体制，在皇帝的阴影下，大多数臣僚缺乏行政积极性和创造性，持禄养交，懈惰成风。故乾隆帝感叹说，诸臣“惟以循例办稿为供职，并无深谋远虑，为国家根本之计”，“似此因循之习不改，竟与乡原无异”[1]。二是皇帝亲理庶务，将日常政务完全控制在自己手中，不能适应官僚政治程序化、严密化发展的客观趋势，其结果是皇帝不能不日益依靠少数亲信协理政务。这就导致了南书房、军机处等直属皇帝的机要秘书班子的出现。皇帝不依靠正规的官僚程序决策，而依靠极少数亲信决策，在短期内确实能起到强化控制，集中权力的作用。但从长远的眼光看，这一做法必然导致政治异化的产生，军机处政治作用的变化就是典型。军机处的设立，一方面方便了皇帝的独裁，但另一方面，由于入直军机处的大学士不是受皇帝特殊信重者，就是位望甚隆的老臣，他们既处理内阁事务，掌管票拟，又参与机密，协理军国重务，其权力与地位和顺康时期的大学士相比，自然不可同日而语。故《清史稿》感叹说：“任军机者，自亲王外，其领袖者必大学士，唐、元三公尚不及也”[2]。在这种情况下，专制皇帝如果失于懈惰，或用人不当，就极有可能出现臣权侵犯皇权的情况。事实上，在军机处创设以后，“宰辅”植党揽权现象从未断绝：军机处设立不久，就出现鄂尔泰和张廷玉之间的党争，降至乾隆中期，又有于敏中窃权用事，“士大夫之浮薄者，纷纷趋其门下，权势赫奕，炙手可热”，于从中扶植亲信，“所援引或数年至卿贰”。于敏中开了乾隆朝“首辅”纳贿营私之先例，朝廷政风日趋败坏，故不少人将“金坛秉政”视为“君子小人消长之渐”，“国

1 《乾隆起居注》乾隆七年三月初一，中国第一历史档案馆藏。

2 《大学士年表一》，《清史稿》卷一七四，中华书局，1977 年。

家治乱之分”[1]。至于乾隆帝晚年，和珅当政，“专擅蒙蔽，以至下情不能上达”[2]，内外臣工惧其威势，对其种种不法行为“缄口结舌”，“从风尽靡”，在嘉庆帝继位以后，不少人对和珅的畏惧竟然超过了对新君的奉迎，不知有皇帝，“唯知有和珅一人”[3]。降及嘉道以后，清廷国事日蹙，皇帝才智愈衰，大学士兼军机者权力更重。尤其是道光时期，大学士穆彰阿兼军机大臣，“固宠窃权”，“倾排异己”，“门生故吏遍于天下，知名之

1 参见李岳瑞：《春冰室野乘》卷上，《近代中国史料丛刊》本；《韫山堂文集》管韫山墓表；侯官古陵后人著《清外史》第 116 页。在清代政治史和文化史上，于敏中都是值得重视的重要人物。于敏中，生于康熙五十三年（1714 年），卒于乾隆四十四年十二月（1780 年），字叔子，号耐圃，江苏金坛人。乾隆二年（1737 年）状元，授编修。此后，任山东学政、侍讲学士、詹事府少詹事、詹事、内阁学士、兵部侍郎等职。乾隆二十五年（1760 年）入直军机处，次年，任户部尚书，三十六年（1771 年）任协办大学士，两年后充《四库全书》正总裁，晋文华殿大学士，乾隆四十四年卒于任。于敏中才学兼优，是乾隆中叶文治官僚的代表人物，章学诚谓其“早岁登朝，强力锐志，潜记默识，以官为学”，“讲求古今沿革利弊，熟研朝章国故，切磋久之，达于实用”（《为座主梁尚书撰于文襄公墓志铭》，《章学诚遗书》卷一六，文物出版社，1985 年）。作为清中叶文治建设的重要推动者，于敏中积极促成《四库全书》的编纂，并是其最主要的组织者。此外，他还为清廷培养、选拔了大批文治人才。在维护国家统一的战争（特别是第二次金川之役）中，于敏中协助乾隆帝运筹帷幄，草拟谕旨，颇著劳绩。然在任大学士期间，收受贿赂，交接宦官，呼朋引类，串通舞弊，加快了政风败坏，为清朝盛衰之变打下了重要伏笔。所著主要有《素余堂集》等。另外，清代不少人（包括《清史稿》）怀疑于敏中系“悟旨”饮鸩自尽，理由是于敏中未死，乾隆帝即赐陀罗经被。考诸事实，清廷在大臣身前赐陀罗经被者不乏其人。像备受乾隆帝信重的大学士阿桂病重，乾隆帝遣皇孙看视，“并赏陀罗经被，仍翼调理或可就痊”（参见那彦成撰《阿文成公（桂）年谱》卷二四）。可见，豫赐陀罗经被，并无赐死之意。由于于敏中的遗折是在其死前呈递，考虑到他曾因交接宦官等事遭到斥惩，乾隆帝豫赐陀罗经被，有令其安心调养，表明对其始终保全之意。故其时九卿公祭文有“遗表忽来，圣容为蹙，翼其速愈，载茹之葠，欲其逮见，豫禭之衾”等语（管世铭：《九卿公祭于文襄文》，《韫山堂集》卷六）。因此，说于敏中“悟旨”自尽，纯系捕风捉影，不足为凭。

2 《嘉庆起居注》嘉庆四年正月十九日，中国第一历史档案馆藏。

3 《嘉庆起居注》嘉庆四年正月十三日，中国第一历史档案馆藏。

士多被援引，一时号曰‘穆党’”[1]。最为严重的是，穆彰阿已经能够利用自己手中的权力蒙蔽皇帝。像东阁大学士王鼎在鸦片战争爆发以后，力主对英作战，与主和派穆彰阿不和。在林则徐遭罪遣以后，王鼎愤慨已极，“自草遗疏，劾大学士穆彰阿误国，闭户自缢，冀以尸谏”，穆彰阿及其党羽竟然对道光皇帝封锁王鼎去世的真正原因，“灭其疏，别具以闻，上疑其暴卒，命取其原稿不得，于是优诏悯惜”[2]。因此，皇权非理性强化本身，未必有利于“家天下”的久安长治，从长远的眼光看，也不利于君主统治的世代延续和官僚政治的正常运行，对此，18 世纪一些敏感的知识分子，已经有所觉察。

竭力抹煞臣僚的政治人格，以皇帝的是非取代臣僚的是非是 18 世纪极端君主专制的另一重要特征。雍正帝和乾隆帝都特别强调臣僚要与皇帝“一德一心”。所谓“一德一心”，就是反对臣僚进行独立思考，惟皇帝之令是从，雍正帝对此说得十分清楚。雍正二年（1724 年），他针对臣僚中存在的朋党现象说:“欲除朋党之源，举国内外共为一心。欲使共为一心，是是非非惟朕是从。”又说:“尔诸臣若将朕之所好者好之，所恶者恶之，是非画一，则不致结党矣。”[3]与此同时，雍正帝要求臣僚“惟知有君”，“以公灭私”。所谓“公”，其核心内容是忠君，所谓“私”，指的是朋党之私，兄弟之私，以及沽名钓誉等不利于君主独裁的现象。雍正帝对朋党深恶痛绝。康熙帝虽然反对朋党，但受欧阳修的影响，留有一定余地。尝说:“若夫汲引善类，不矜己长，同寅协恭，共襄国事，如欧阳修所云‘君子同道为朋者’，是又不可以朋党论

1 参阅《穆章阿》，《清史列传》卷四〇；《穆章阿》，《清史稿》卷三六三，中华书局，1977 年。

2 参见《王鼎》，《清史稿》卷三六三，中华书局，1977 年。

3 中国第一历史档案馆：《雍正起居注》雍正二年五月二十日，中华书局，1993 年。

也。”[1]雍正帝则完全否认了朋友关系在政治生活中的合理性。他认为朋友之道只可存在于“草茅伏处之时”，“今既登朝莅官，则君臣为公义，而朋友为私情。人臣当以公灭私，岂得稍顾私情而违公义？”[2]从这一观点出发，雍正帝认为欧阳修的朋党说是“异说”，并指责说：“自有此论，而小人之为朋者，皆得假同道之名，以济其同利之实。朕以为君子无朋，小人则有之。”“设修在今日而为此论，朕必诛之以正其惑世之罪。”[3]在传统的五伦中，雍正帝将君臣关系置于至高无上的地位，甚至认为，君臣伦常较父子尤重，说：“君亲大义也，而君为重。”[4]为了使臣下不因父子手足之私情而废君臣之大义，雍正帝在处理政务中，“从不株连人，即父子，朕亦各端其是非”[5]，明确告诫臣僚：“只管自己，弟兄亲友何必系念？求福者自然蒙恩，取祸者自然得罪，任他去好！”[6]雍正帝尽管有时用“名存竹帛”鼓励官员上进[7]，但和康熙帝鼓励官僚通过奉公爱民获取令誉不同，他担心官僚沽名钓誉，不能实心实意为自己效力，故公开反对官僚好名。尝训臣下说：“为臣不惟不可好利，亦不可好名。名之与利，虽清浊不同，总是私心。”[8]又说：“从来私家（假）之风习，内外大臣当竭力除此大病。公则

1 《康熙起居注》第1册，第319页，中华书局，1984年。

2 中国第一历史档案馆：《雍正起居注》雍正二年七月十六日，《御制朋党论》，中华书局，1993年。

3 中国第一历史档案馆：《雍正起居注》雍正二年七月十六日，《御制朋党论》，中华书局，1993年。

4 中国第一历史档案馆：《雍正起居注》雍正元年四月十八日，中华书局，1993年。

5 《雍正朝汉文朱批奏折汇编》第4册，第589页，江苏古籍出版社，1989年。

6 《雍正朝汉文朱批奏折汇编》第10册，第842页，江苏古籍出版社，1989～1990年。

7 雍正帝尝说：“做官无论大小，俱宜实心实政。果能爱民，自有令名。”又说：“你们须要立个志气，名存竹帛才好。”分别见《雍正朝汉文朱批奏折汇编》第6册，第96页；第5册，第907页，江苏古籍出版社，1989～1990年。

8 参见《雍正朝汉文朱批奏折汇编》第6册，第193～196页，江苏古籍出版社，1989年。

无不诚，诚则自然明。即廉之一字，何尝不佳。若为一己之利害名誉，而清亦属是病。何况颠倒是非，违理不法，欺天诳上之私乎？”[1] 雍正五年（1727年），他教训苏州巡抚陈时夏说：“只要不务虚名，勉力实政，你乃朝中大人物。若一涉假，则国家之蛊毒也。朕必不姑容，勉之，慎之。”[2] 应该说，讲究朋友之义，珍重父兄之情，追求功名富贵，乃中国士大夫之传统，为历代统治者所认同和提倡，在一般黎民士庶看来，是为士者理所当然的人生追求，是不可剥夺的基本权利，而雍正帝偏要在这些涉及人们深层情感的问题上，不顾众怒，向官僚们提出苛刻要求，足见其专制独裁心态之强烈。他实际上就是要大小官僚们去掉所有个人杂念，成为自己行使独裁权力的忠实工具。

继雍正之后的乾隆皇帝，在继位初年，曾一度欲实行宽仁之政。但“措行始知艰”，面对宽缓为政中暴露出来的种种弊端，他很快进行政策调整，在基本统治思路上，逐渐向雍正靠拢，强调以严猛方式行使统治。他说：“宽严自贵适中，亦当相济为用。若专务姑息，必乖明允之方；遇事刻核，亦非敛恤之典，皆无当于协中之道。如皋陶赞舜御众以宽，而其时歼流放窜，未尝少假。所谓刑期无刑，正善用其宽也。”[3] 和雍正帝相比，乾隆帝具有更加明确的奴化臣僚的思想。比较典型的如，乾隆三十五（1770年），乾隆帝因布政使周元理未称“奴才”而降旨斥责。清代，旗人官僚一般对皇帝自称“奴才”，汉族官僚则称“臣”。在旗人看来，“奴才”一词能反映他们与皇帝之间特殊的民族感情联系，以及政治隶属关系，具有满洲传统主奴之间的亲近色彩。而在一般汉族士大夫看来，“奴才”则具有卑贱之意，不如“臣”更能反映君臣之间明确的政治等级和义务，更能体现人臣的人格尊严。

1 《雍正朝汉文朱批奏折汇编》第8册，第77页，江苏古籍出版社，1989年。
2 《雍正朝汉文朱批奏折汇编》第8册，第843页，江苏古籍出版社，1989年。
3 傅恒等编：乾隆帝批语，《御批历代通鉴辑览》卷一〇〇。

雍正帝从维护纲常，建立正规政治体制的原则出发，要求旗人官僚对自己称臣。雍正元年（1723 年）九月降旨："大臣称奴才，奴才亦称奴才，此两样不好，嗣后凡启奏俱令称臣。"[1] 此后，臣僚有称奴才者，雍正帝往往予以改正。如雍正四年，四川布政使佛喜在奏折中称"奴才"，雍正帝改为"臣"字，并批谕："书臣字得体"[2]。南昌总兵陈玉章奏折以"奴才"自称，雍正帝也改为"臣"字，批曰："书臣字"[3]。乾隆帝和雍正帝不同，满族传统的民族情感，对皇权独尊的无限需求，开疆拓土、功业卓著的自得心情，都使他蔑视众人，产生强烈奴化臣僚，特别是具有较强自尊传统的汉族官僚的倾向。至是见周元理与西宁、达翎阿会同上奏搜捕蝗孽一折，西宁等满洲官僚称"奴才"，而周元理独自称"臣"，遂予谴责。他明确表示，"臣"并不比奴才为尊，二者本质一样，"臣仆本属一体，均系奉上之称。字义虽殊，其理则一。……此次三人会奏之折，西宁名列在前，既称奴才，则达翎阿、周元理自当连名直写，又何事妄生区别其间耶？若谓周元理不屑随西宁同称，有意立异，是视周元理身份太高，谅彼亦不敢萌此念。但此等节目必拘泥若此，又何其不达事理耶？可笑之至！"[4] 甚至对纪昀这样名重一时的学问家，乾隆帝也任意贬斥，斥之为"无用腐儒，原不足具数"[5]。

乾隆帝对臣僚好名习气的防范超过雍正帝。在他看来，臣僚好名既有碍于朝廷吏治，也不利于维护专制权威，故对习染者每

1　承恩堂纂辑：《礼部·文体》，《本朝政治全书》。

2《雍正朝汉文朱批奏折汇编》第 8 册，第 526 页，江苏古籍出版社，1989～1990 年。

3《雍正朝汉文朱批奏折汇编》第 8 册，第 560 页，江苏古籍出版社，1989～1990 年。

4《乾隆朝上谕档》乾隆三十五年闰五月二十二日。此后，官僚奏折称"奴才"者增加，甚至汉官也自称"奴才"。乾隆五十一年，乾隆帝以其有乖政体，令："嗣后除请安、谢恩外，凡遇地方事件，俱照例一体称臣，不得仍称奴才。"《清高宗实录》卷一二六〇，乾隆五十一年闰七月己卯，中华书局，1985 年。

5《乾隆潮起居注》乾隆五十年四月十八日。

每严辞训诫，甚至不惜大开杀戒。乾隆十九年（1754年），他警告陕西巡抚陈宏谋说："嗣后倘不思痛改前非，遇事苟且掩饰，仍蹈沽名邀誉之恶习，必不能逃朕洞鉴，思再邀宽典也。"[1]然而，好名作为士大夫的一种历史传统，源远流长，很难在短期内整饬见效。像雍正时严厉禁止的"德政碑"等，在乾隆中后期又重新出现。这就使乾隆帝产生了用大狱相震戒的想法，于是，尹嘉铨案随之爆发。尹嘉铨系官僚好名的典型，为布政使及大理寺卿时，执法有意从宽，且将公事载诸笔记，以博宽厚美誉。又自称为孟子后身，当扬孔子之道。致仕后，为其父请谥，请从祀孔庙以扬其孝名。乾隆帝对尹嘉铨一家之人品历来鄙视（究其原因，可能还和尹嘉铨之父尹会一的政治见解有关，对此，笔者在后面将作分析），尝饬其"未改沽名家习"[2]。三十三年（1768年），尹嘉铨新任山东布政使，乾隆帝训斥说："不料汝近有沽誉之举。大奇！朕前岂可用巧夫？所谓正人善人者，不用巧之谓也。"[3]及乾隆四十六年（1781年）见其于清廷政治多有异说，且自号"古稀老人"，言辞僭妄，正好易被抓住把柄，遂兴大狱，使之成为朝廷打击好名习气的牺牲品。在此案审理过程中，尹嘉铨自己也认识到了这一点，故"俯首帖耳，自认为欺世盗名之小人，恳求立置重典，以彰国法"。乾隆帝也说，尹嘉铨"可为天下盗窃虚名，妄行异议者之戒"，将其诛杀，"此朕为世道人心起见，不得不明示创惩，以昭炯戒。凡内外大小臣工，天下读书士子，均当洗心涤虑，引以为戒"[4]。借尹嘉铨案，乾隆帝阐发了一个十分重要的思想，即本朝无名臣。他说：

1 《宫中档乾隆朝奏折》第10辑，第387页，台北故宫博物院，1986年。

2 《宫中档乾隆朝奏折》第25辑，第41页、第33页、第67页，台北故宫博物院，1986年。

3 《宫中档乾隆朝奏折》第32辑，第786页，台北故宫博物院，1986年。

4 参见《尹嘉铨为父请谥并从祀文庙案》，《清代三朝史案》下册，江苏广陵古籍刻印社，1993年。

名臣之称，必其勋业能安社稷方为无愧。然社稷待名臣而安之，已非国家之福。况历观前代，忠良屈指可数，而奸佞则接踵不绝，可见名臣之不易得矣。朕以为本朝纪纲整肃，无名臣，亦无奸臣。何则？乾纲在上，不致朝廷有名臣奸臣，亦社稷之福耳。[1]

乾隆帝否定名臣的存在，实际上是曲意贬低臣僚在政治中的作用。一般士民所谓之名臣，绝不仅仅是指那些能去奸佞，能安社稷的重臣、权臣，也不单指那些备受信重的股肱亲信，更包括那些能为生民造福，能为国家保一方平安的清廉正直之吏。乾隆帝“本朝无名臣”之说，从理论上断绝了官僚“名垂青史”的人生理想，暴露出十足的垄断荣誉，独裁天下的专制心态。

既然“本朝无名臣”，那么臣僚求名之举即为非法。乾隆四十九年（1784年），乾隆帝通行饬禁地方官建德政碑，离职时令百姓制造衣伞、脱靴等邀名之举：“其各地方无论大小文武官，现有去思德政等碑，居住查明扑毁。该督抚务须实力查办，毋得视为具文，致蹈阳奉阴违之咎，并著每年年终奏闻。”[2]

雍正和乾隆二帝有一个共同特点，就是想方设法对有独立思考能力和独立政治见解的臣僚进行摧辱，必欲使之就范而后止。本书前面已经提到的李绂，就因性格刚强，个性突出，而为雍正帝猜忌，折辱。雍正帝尝训斥说：“你实不及朕远矣。何也？朕经历处多，动心忍性者非止数年几载。若与朕一心一德，心悦诚服，朕再无不教导玉成你的理。若自以谓记载数篇腐文，念诵几句史册，以怀轻朕之心，恐将来悔之不及。当敬而慎之，五内感佩可

1 《尹嘉铨》，《清史列传》卷一八，明文书局，1986年。

2 《乾隆起居注》四十九年十二月十二日，中国第一历史档案馆藏。

也。朕非大言不惭，纵情傲物，以位以尊胜人之庸主。莫将朕作等闲皇帝看，则永获益是矣。”[1]书生气十足的李绂，并未真正懂得雍正帝要他“心悦诚服”的本意是“是是非非惟朕是从”，竟然参劾雍正帝宠臣、河南巡抚田文镜。雍正帝为此愤怒不已，遂兴大狱，以相摧折。袁枚描述说：

> 世宗知公深，本无意诛公，特恶其崛（倔）强，故摧折之，冀稍改悔。两次决囚，命缚公与蔡珽同至菜市，两手反接，刀置颈，问：“此时知田文镜好否？”公奏：“臣愚，虽死不知田文镜好处。”乃宣旨赦还，仍囚狱中。亡何，世宗传齐诸王大臣，罗列桁杨钳锯诸械，召公跪阶下，亲诘责之，天颜甚厉，声震殿角。左右股弁，而公奏对如常，但言：“臣罪当诛，宜速正法，为人臣不忠者戒。”世宗为之霁威。[2]

乾隆帝在对待臣工上，也效法乃父所为。乾隆十八年（1753年），河道总督高斌因庇护属员，河道决口，被革职。乾隆帝念其“尚系旧人，不忍即置重典”，但“亦不可不使知警畏”，于是下令将高斌和死囚一同押赴刑场，并严禁官员泄露将其免死的消息。高斌自以为必死无疑，一到刑场就昏死在地，待苏醒后方知已被加恩释放，于是感恩戴德，誓死图报[3]，不久卒于治河工地。在乾隆帝统治时期，臣工中有因个性方面的原因，不讨皇帝欢心，一有过失，便重治其罪，借故处死者。如李因培本系督抚中之干员，然因恃才桀傲，为乾隆帝猜忌。二十九年（1764年），授李因培为湖北巡抚，乾隆帝特谕湖广总督吴达善：“因培能治事，学问亦优。

1 《雍正朝汉文朱批奏折汇编》第8册，第513页，江苏古籍出版社，1989～1990年。

2 袁枚：《内阁学士原任直隶总督临川李公传》，《小仓山房文集》卷二七，《袁枚全集》第2册，江苏古籍出版社，1993年。

3 《清高宗实录》卷四四七，乾隆十八年九月丙子，中华书局，1985年。

但未免恃才，好居人上。今初任民事，汝当留意。治事有不当，善规之，不听，即以闻。朕久未擢用，亦欲折炼其气质，今似胜于前。但恐志满易盈，负朕造就耳。”[1]然李因培对乾隆帝的“造就”苦心似乎不太理解，仍傲慢如故，以致乾隆帝深恶其人。三十二年（1667年），湖南发生冯其柘亏空案，李因培因任湖南巡抚时有徇庇之嫌，被革职严讯，处斩监候，秋谳竟入情实，被赐自尽[2]。而此前犯有同样罪状的江苏巡抚庄有恭，因“荷圣天子深知”[3]，半年不到即以其系“外省相沿陋习，各督抚中似此者，谅亦不止庄有恭一人”，将其释放，并授福建巡抚[4]。

清朝不廷讯大臣的传统这个时期被改变了。康熙时，对犯法官员无亲加杖责之事。像康熙三十二年（1693年），给事中彭鹏参劾顺天乡试考官徐倬违法舞弊，请康熙帝亲审。康熙帝降旨斥之，说：“即依彭鹏所奏，将徐倬等亲问，必将刑具取入宫内。刑具乃不得已而用者，朕亦何忍见之？彭鹏既系言官，当劝朕宽大和平，乃请亲行刑讯，朕实不解也。”[5]从雍正帝开始，这一状况就被改变。雍正帝曾亲审李绂，并对触犯自己的满洲官员予以捶楚。如五年四月，仓场侍郎托时在引见人员时不预备绿头牌，且欲归过雍正帝，雍正帝即予捶楚。云：“朕深知大臣可杀不可辱，不宜捶楚”，但“托时为允禩用人，营求年羹尧，在朕前又如此傲慢，虽革职拿问治罪亦无不当”，因其“系朕院内长大之人，后进童稚，才尚堪用，故治以家法以示惩创，如仍不改悔，朕自以国法治之也。”[6]乾隆皇

1 《李因培》，《清史稿》卷三三八，中华书局，1977年。

2 参阅《乾隆朝上谕档》乾隆三十二年正月、二月、三月有关上谕。李因培于十月初二日被赐自尽。

3 钱大昕：《庄有恭墓志铭》，《碑传集》卷二七，明文书局，1985年。

4 《乾隆朝上谕档》乾隆三十一年八月十六日，档案出版社，1991年。

5 《清圣祖实录》卷一六〇，康熙三十二年十月壬申，中华书局，1985年。

6 中国第一历史档案馆：《上谕内阁》雍正五年四月初三日，《雍正朝汉文谕旨汇编》第7册，广西师范大学出版社，1999年。

帝亲审、廷讯大臣之事更经常发生。乾隆四十九年（1784年），甘肃回民起义，通渭知县王㥄于县城失事时，躲避仓房，不能守城“杀贼”，效节捐躯。乾隆帝令将其解至木兰行在，“亲行廷鞫，加以杖夹，令其羞辱”，然后正法，并降旨：“王㥄系现任县令，且系进士出身，读书明理，岂不知城存与存，城亡与亡为古今通义？……似此靦颜丧节，实为忝窃科名，贻羞民社，于世道人心大有关系。其罪实不止于失守城池也……此等贪生忘义之徒，即身受重辟尚不足蔽其辜，其子孙如有业经出仕及现为举监生贡者，俱著查明斥革，永不许登仕版。……朕办理庶政，务秉大公。其能死王事者，必优于恤荫，恩及后嗣。而于遇贼恇怯，畏死幸生之徒，则不但本身重加惩治，并且罚及子孙。所以励名节而儆官方，刑赏俱视其人之自取。”[1]

对臣僚实行严密的非理性政治控制是极端君主专制的显著特征。清朝从康熙时候开始，就对臣僚进行严格的政治控制，降至雍正、乾隆时期，更达到了登峰造极的程度。其中，奏折制度、特务统治是其主要工具。臣僚向皇帝密疏言事，并不是清朝的发明，至晚在明朝宣德年间（1426~1435年），就出现了所谓的文渊阁银印，它赋予亲信重臣以密疏言事，章疏直达御前的特殊权力，即文渊阁印“自宣德中特赐，凡机密文字钤封进呈，至御前开拆”[2]，“上有密旨，则用御前之宝封示，下有章疏，则用文渊阁印封进，直至御前开拆”[3]。降至嘉靖年间（1522~1566年），这一制度仍被遵行。像当时嘉靖皇帝出巡时，特令留守京师的大学士：“宫中消息当密疏奏闻”[4]。银印密疏权在当时被明朝官僚视为

1 《乾隆起居注》乾隆四十九年九月初五日，中国第一历史档案馆藏。

2 《翰林院》，《大明会典》卷二二一，《续修四库全书》本，上海古籍出版社，1995年。

3 《明孝宗实录》卷一五四，台北“中研院”历史语言研究所，1963年。

4 《明世宗实录》卷二二一，台北“中研院”历史语言研究所，1963年。

一种值得炫耀的莫大荣誉。如大学士夏言得罪时，曾苦苦哀求皇帝“免追银章手敕，为子孙百世荣，词甚哀”[1]。清朝奏折制和明代的密疏制在形式上是极为相似的（均系密疏言事，直达御前），至于二者之间是否存在着某种承继关系，现在已不得而知。不过，有一点是可以肯定的，那就是至晚在顺治时，奏折就已经出现，而且“奏折”一词也开始见于时人的文书记录。如：顺治皇帝在十三年（1656年）六月曾专门为进本一事颁发上谕，规定：“向来科道及在京满汉各官奏折俱先送内院，今后悉照部例，径诣宫门陈奏”[2]。王熙在《自订年谱》中追述顺治去世情景时曾有这样一段话：“是日（十八年正月初三），奉天语面谕者关系重大，并前此屡有面奏及奉谕询问，密封奏折，俱不敢载。”[3]这一材料反映出，奏折在顺治时不但存在，而且具有高度机密性。康熙时期，奏折在清朝政治中的使用日渐广泛，其政治影响远远大于明代的银印密疏制（从有关材料看，明代银印密疏的使用只限于少数亲信重臣，对强化皇权意义不大）。雍正帝继位以后，激烈的权力斗争，迫使雍正帝将奏折人范围空前扩大，奏折进而成为皇帝了解下情，控制臣僚最主要的工具。当时，不但督抚藩臬等高级官僚能密折言事，而且许多微末官员如知府、游击等也可通过奏折密报地方情形。如雍正元年（1723年）正月，雍正帝密谕山东兖州知府吴关杰：“倘有应奏事情，从巡抚处具折奏闻，遇有万不得已之事，你难道没有子侄么？没有家人么？竟具折奏闻，你看那有折子到朕门上，谁敢拦阻？”[4]奏折人范围的扩大，意味着皇帝耳目增加，信息渠道增多，对下情了解更细，且更准确，从而改变了过去皇帝仅靠少数官僚和机构获取政治情报的传统，将大小官僚变成了

1 《夏言》，《明史》卷一九六，中华书局，1974年。

2 《清世祖实录》卷一〇二，顺治十三年六月甲申，中华书局，1985年。

3 《王熙自订年谱》辛丑年，《碑传集》卷一二，明文书局，1985年。

4 《雍正朝汉文朱批奏折汇编》第6册，第193页，江苏古籍出版社，1989～1990年。

皇帝的特务，奏折人因担心皇帝“另有访问打听”，也不敢谎报政情[1]。雍正时期，官僚相互间利用奏折的监督、纠察，达到了空前严密的程度。有上司监督属下者，如三年（1725 年）六月，署陕甘总督岳钟琪奏年羹尧离陕时，“止有外委数十人出送，悉皆平日得年羹尧资财之人也，臣俱密记其姓名”[2]。亦有下级监督、密参上司者，如三年五月，候补知府高瑮奏年羹尧为大将军时，“威势赫奕，文武大小官见之无不胆颤，出入用侍卫顶马摆对。”[3]三年六月，浙江布政使佟吉图奏巡抚法海尝议论说：“内外所用，俱属小人，惟年羹尧是豪杰。”浙江按察使甘国奎也参法海“轻忽主恩，恣行无忌”[4]。还有互不统辖的官僚间相互纠察者。例如，就在佟吉图、甘国奎参法海不久，福建巡抚毛文铨即奉密旨访查二人居官操守，结果查得：“佟吉图办理地方事务闻亦平常，又性情傲慢，待上无礼，是以事多壅滞。各属节礼查未收受，钱粮平头，以及署印谢仪都是要的。”“至于甘国奎，臣访得日日做坐功。遇有大案，委属官代审得多……上司属官都不相合，官民多怨。”[5]官僚间这种不分等级，不分地区的相互纠察，有效地防止了臣下串通一气，共同瞒上，对抗皇权。而且臣僚间的相互防范、猜忌，也加强了他们对皇帝的向心力。这个时期，

1　如雍正三年六月，雍正帝令河南巡抚田文镜打听河道总督齐苏勒“实在怎么样的”，并说：“然谕你打听的事，也不是你奏来就是了，朕还另有访问打听”，公开宣称：“今许汝等下僚亦得折奏者，不过欲广耳目之意”（参见《朱批谕旨》鄂昌奏折七年六月十八日，《雍正朝汉文朱批奏折汇编》第 5 册，第 363～364 页），关于奏折制在清朝政治中的作用，请参见拙著《康雍乾三帝统治思想研究》卷之二，《帝位合法性危机与雍正治术》，中国人民大学出版社，1995 年。

2　《雍正朝汉文朱批奏折汇编》第 5 册，第 211～212 页，江苏古籍出版社，1989～1990 年。

3　《雍正朝汉文朱批奏折汇编》第 5 册，第 193 页，江苏古籍出版社，1989～1990 年。

4　《雍正朝汉文朱批奏折汇编》第 5 册，第 350～352 页，江苏古籍出版社，1989～1990 年。

5　《雍正朝汉文朱批奏折汇编》第 6 册，第 277～278 页，江苏古籍出版社，1989～1990 年。

大小臣工惧于同僚告密，凡事谨小慎微，争相表示："(臣）所瞻依依赖者，惟知有皇上，不知其他"[1]，皇帝对臣僚的控制因此前所未有地加强。

如果说奏折制度将奏折人变成了皇帝可以随心所欲进行操纵的侦探，那么，特务统治，则以更加隐讳的方式，强化了皇帝对臣僚的政治控制。雍正二年（1724年），雍正帝要闽浙总督满保据实吐露以往劣迹，警告说："朕之耳目，实心访察之余，大概年余，天下亦皆知也。朕断无据一二人无稽之谈，数千里外之事，一闻即孟浪乱举之主也"。又说："当日藩邸时，从不留心闻听，今居此位，不得不如是也。"[2]清人笔记对雍正帝所推行的特务统治颇多记述。赵翼《簷曝杂记》记载说："雍正中，王云锦殿撰元日早朝后归邸舍，与数友作叶子戏。已数局矣，忽失一叶，局不成，遂罢而饮。偶一日入朝，上问以元日何事，具以实对。上嘉其无隐，出袖中一叶与之，曰：'俾尔终局。'则即前所失也。当时逻察如此。"[3]昭梿也记载说："雍正初，上因允祀辈深蓄逆谋，倾危社稷，故设缇骑，逻察之人四处侦诇。凡闾阎细故，无不上达。有引见人买新冠者，路逢人问之，告其故。次日入朝，免冠谢恩，上笑曰：'慎勿污汝新帽也！'"又云："王制府士俊出都，张文和公（即张廷玉）荐一健仆，供役甚谨。后王将陛见，其仆预辞去。王问何故，仆曰：'汝数年无大咎，吾亦入京面圣，以为汝先容地。'始知为侍卫某，上遣以侦王劣迹也。故人怀畏惧，罔敢肆意为也。"[4]

为了强化对臣僚的控制，雍正帝还广开告密之风，甚至不顾

---

1 《雍正朝汉文朱批奏折汇编》第6册，第155页，江苏古籍出版社，1989～1990年。

2 《雍正朝汉文朱批奏折汇编》第3册，第131～132页，江苏古籍出版社，1989～1990年。

3 赵翼：《王云锦》，《簷曝杂记》卷二，中华书局，1982年。

4 昭梿：《察下情》，《啸亭杂录》卷一，中华书局，1980年。

满洲严格尊卑主奴关系之传统，鼓励家人揭发其主子结党行为。像雍正五年（1727 年）五月，菩萨保收藏隆科多金子，镶蓝旗护军七十八家下妇人王氏代伊小叔成儿首告。刑部以家人不许告主，将成儿拟绞，王氏拟杖，然为雍正帝否决。他说："凡律例所载家人不许首告家主者，乃因事私恨，或无故捏诈恐吓，举发隐微之类。至于结党悖逆之徒，人人得而诛之。若不许家人出首，则反叛之人皆得肆行无忌，何事不可为矣？今王氏所告事皆实，反将成儿拟绞，王氏拟杖者，若如此诸大臣之意将欲预留自己叛逆地步耶？"[1] 雍正帝这一做法虽然加强了皇帝对臣僚的监督和控制，但却动摇了满洲传统的主奴等级秩序。乾隆帝即位后，鉴于官僚、家主对此普遍不满，采取措施，纠正了这一做法[2]。

和雍正帝比起来，乾隆帝对臣僚的特务统治有所放松，但思想控制却更加严密。他一旦发现臣僚对自己有不敬之心，即痛加惩创。乾隆五十年（1785 年），御史费孝章因奏疏用词不当而遭重处。时费孝章奏《酌定终养章程》一疏，中有"君设身以处而探其情"一语。乾隆帝竟为之大怒，云："君字自系不通文理之泛论，然竟敢形之奏折，是何肺腑？""不知君臣之际，体分尊严。乃以此等字样，竟比寻常之论，公然直陈朕前乎？""其罪不在言事不当，而在措词乖体"。令休致，勒令回籍[3]。这个时期，臣僚对皇帝必须敬慎，略失不敬，即可遭致杀身之祸。原任江苏布政使彭家屏即因面对皇帝的惩处，不知感恩戴德而丢掉性命。一般史家将彭家屏案视为单纯的文字狱。其实，乾隆帝之所以对彭予以严惩，除了彭家屏收藏"逆书"，有交结朋党嫌疑外，还有一个重要原因，就是案发后，彭家屏对"皇上"不够恭敬，当乾隆帝下令

1　中国第一历史档案馆：《雍正起居注》雍正五年五月二十八日，中华书局，1993年。

2　高翔：《康雍乾三帝统治思想研究》，第 273 页，中国人民大学出版社，1995 年。

3 《乾隆起居注》乾隆五十年三月二十五日，中国第一历史档案馆藏。

搜检其家，将其带到京中亲审时，他流露出怨恨之情，以致乾隆帝认定其已“灭绝天良”，不可救药。乾隆帝说：“（朕）于九卿科道召对，面询伊云：朕降旨于巡抚，为恩待汝乎？非恩待汝乎？伊但称：皇上大公，非为臣一人。且词色毫不知感，此岂非绝灭天良者乎？”[1]故不惜大开杀戒，将其诛杀，“以为人臣之负恩狂悖者戒”[2]。数年后，原任湖北巡抚周琬则因行事谨慎，得以大难不死。

先是乾隆二十八年（1763年），湖北发生纵盗冤良案。前任巡抚周琬受到牵连，被发往伊犁。两年后，乾隆帝欲将其释放回籍，遂给地方官下达了这样一道指令：

> （周琬）为人究难深信，或在遣所私有记撰，语涉怨尤，亦未可知。安泰现在前往伊犁，可密至周琬住处，严行搜查。如其并无怨望字迹，即令明瑞将伊放回，并将此旨传示周琬，俾知朕于臣工赏罚一秉大公，而其人之优劣，罪之轻重皆洞鉴其情，处以至当。若有显然背谬字迹，则是怙恶不悛，罪无可逭。著一面奏闻，一面即行正法，亦将此旨传示于彼，俾知朕虽加恩，罪仍由彼自取。倘字句介在疑似之间，安泰未能明晰，即将周琬拘禁该处，以所有字迹封固进呈，候旨定夺。[3]

因周琬在遣所一字未写，故得免灭顶之灾。

总之，所谓极端君主专制，就是它不但将皇权作为一切政治权力的源泉，而且以片面的极端方式，将皇帝权威推进到无以复加的程度，将臣僚变成了皇帝的私人奴仆，在政治等级上，从主

1 《清高宗实录》卷五四〇，乾隆二十二年六月丁卯，中华书局，1985年。
2 《清高宗实录》卷五四二，乾隆二十二年七月癸卯，中华书局，1985年。
3 《乾隆朝上谕档》乾隆三十年十二月初六日，档案出版社，1991年。

奴的角度，确立了臣僚对皇帝严格的政治人生依附关系，在政治运行中，尽量用专制皇帝的个人人格，取代臣僚的独立人格，用皇帝的是非取代臣僚的是非，用皇帝的利益取代国家的利益，将皇帝的意志作为政策、法律的核心。而人们通常所谓的法治，只能是专制皇权实行人治的必要补充，至于以科层制为特点的官僚体制，则是君主独裁政体下一部庞大而又严密的行政机器。雍乾时期形成的极端君主专制，在短期内也许能造就一种高效率，一种相对清廉的行政风气，一种令人望而生畏的威严景象，但从长远看，它实际上使清朝的前途和命运，变得更加变幻莫测，风雨飘摇。因为就国家的前途而言，将政权置于规范的制度化运行中，与将其交与个人的独裁统治相比，无论如何，都具有更多的合理性，都更能实现理性为政的原则，更有利于社会的和谐、稳定和发展。在历史上，这是一个无需论证的众所周知的事实。

第二节　冲击禁区：对极端君主专制的怀疑与批判

反观中国知识分子的历史，它最感人的地方在于，即使在最黑暗、最恐怖、最凄凉的年代，在最荒诞、最野蛮、最艰难的岁月，它也始终有一批人，不顾身家性命，为理想，为正义，为民族的前途拍案而起，挺身而出。信念之火始终不灭，对理想的追求矢志不渝，大概是我们这个文化得以源远流长的重要原因。18世纪，当皇权恶性膨胀的时候，就有这样一批人，以无私无畏的勇气，大胆涉及政治理论的禁区，对君主专制，特别是极端君主专制提出尖锐批评。

考察先秦政治思想，我们似乎不好得出儒家学说赞同君主专制的结论。尽管君臣关系为五伦之一种，儒家强调要“修十义”(父慈，子孝，兄良，弟悌，夫义，妇听，长惠，幼顺，君仁，臣忠)，强调“礼义以为纪，以正君臣，以笃父子，以睦兄弟，以和夫妇，以设制度，以立田里，以贤勇知，以功为己”[1]。但无论是孔子还是孟子，在君臣关系上，并未确立臣僚对君主在政治上的人生依附。孔子论大臣说：“以道事君，不可则止。”[2]也就是说，儒者以仁心行仁政，合于此则仕，不合于此则隐。故孔子告诫弟子说：“笃信好学，守死善道。危邦不入，乱邦不居。天下有道则见，无道则隐。邦有道，贫且贱焉，耻也。邦无道，富且贵焉，耻也。”[3]可见，在孔子看来，臣僚对君主，在政治上并无绝对服从与服务之义务，政治道德与是非，要远远重于后世俗儒片面强调的君臣之义。至于孔子去鲁而求仕于卫，也反映出当时并无忠臣不事二君之名目。

继孔子之后的孟子，更提出“民为贵，社稷次之，君为轻”的重要政治主张[4]。对君臣关系，孟子强调为君者必须以礼待臣。他说：“古之贤王，好善而忘势，古之贤士何独不然？乐其道而忘人之势，故王公不致敬尽礼，则不得亟见之。见且由不得亟，而况得而臣之乎？”[5]在孟子与齐宣王的对话中，更提出了君失职当去位，以及暴君可杀的思想。《孟子》一书有如下记载：

> 孟子谓齐宣王曰：“王之臣，有托其妻子于其友，而之楚游者。比其反也，则冻馁其妻子，则如之何？”王曰：“弃之。”曰：“士师不能治士，则如之何？”王曰：“已之。”曰：“四境之内不治，则如之何？”王顾左右而言他。
>
> 齐宣王问曰：“汤放桀，武王伐纣，有诸？”孟子对曰：

---

1 《礼记·礼运》，《四书五经》本，岳麓书社，1991年。
2 《论语·先进》，《四书五经》本，岳麓书社，1991年。
3 《论语·泰伯》，《四书五经》本，岳麓书社，1991年。
4 《孟子·尽心下》，《四书五经》本，岳麓书社，1991年。
5 《孟子·尽心上》，《四书五经》本，岳麓书社，1991年。

“于传有之。”曰：“臣弑其君可乎？”曰：“贼仁者谓之贼，贼义者谓之残，残贼之人，谓之一夫。闻诛一夫纣矣，未闻弑君矣。”[1]

先秦正统儒家所设想的理想化政治体制，实际上是一种以个人道德修养（即修身）为基础，以推行仁政为主要内容的开明君主政体，即：“自天子以至于庶人，一是皆以修身为本”，“为人君，止于仁；为人臣，止于敬；为人子，止于孝；为人父，止于慈；与国人交，止于信。”[2] 宋明理学虽推崇君权，但并不主张将权力一概归之君主，而是继承了儒家传统的名君贤相的政治设想，故有“天下治乱系宰相，君德成就责经筵”之说[3]。这与后世的君主专制，特别是雍乾时期的极端君主专制，显然具有明显的区别。因此，18 世纪的中国知识精英们，在考经证史的学术研究过程中，从正统儒家学说里面，是不难发现儒家政治理想与当前政治现实的巨大反差的。而儒家经典本身，在某种程度上，也为他们批判现实，提供了重要的理论依据。

18 世纪知识界对君主专制的怀疑与批判，当然也和理学的没落有关。应该说，宋明以来，专制皇权不断强化，与一些理学家片面宣扬纲常伦理，一味鼓吹尊君抑臣存在着密不可分的关系。像朱熹说：“才出门去事君，这身便不是自家底了。贪生怕死，何所不至。”张伯行即对此大加发挥，称：“既以身许国，可生可死，惟君之命矣。”[4] 这类宣传，虽能讨得人君的欢心，也有利于巩固理学的统治地位，但却消磨着士大夫的尊严与人格，降低了人臣在政治运行中的重要作用。降至 18 世纪，随着理学权威地位的动

1 《孟子·梁惠王下》，《四书五经》本，岳麓书社，1991 年。
2 《大学》，《四书五经》本，岳麓书社，1991 年。
3 这句话是程颐说的。转引自熊赐履：《请除积习消隐忧疏》，《经义斋集》卷一。
4 张伯行：《出处》，《续近思录》卷七，上海古籍出版社，1994 年。

摇，它所竭力宣传的纲常伦理，君臣等级，自然也会遭到一部分士人的怀疑和批判。而雍乾时期君权的恶性膨胀，臣僚尊严的被践踏，不能不引起一些善于独立思考者，对现存政治合理性的反思，对专制政体合理性的怀疑。与此同时，社会利益关系的多元化，士林道德风尚的改变，也促使人们用新的眼光看待政治问题。于是，在士林队伍中，一种怀疑和批判君主专制，特别是极端君主专制的社会思潮悄然形成。其中，大名崔氏兄弟是对中国专制传统作过深入反思并提出自己独到见解的杰出人物。

正统问题，即如何认识历史上中央王朝一系相传之统绪，不但是一个学术问题，也是一个政治问题。因为它直接关系到对清朝统治合法性的认识。乾隆四十六年（1781年），乾隆帝曾颁降谕旨，称“正统者，继前统，受新命也”，对儒臣中有争论的问题作出裁决。如规定：“宋齐梁陈，虽江左偏安，而所承者晋之正统”，“(南）宋虽称侄于金，而其所承者，究仍北宋之正统，辽金不得攘而有之。至元世祖平宋，始有宋统当绝，我统当续之语。”认为“辽金皆自起于北方，本无所承统，非若宋元之相承递及，为中华之主也。”强调“我朝为明复仇讨贼，定鼎中原，合一海宇，为自古得天下最正。”[1] 然而，这个时期一些知识精英却对正统这一提法本身表示怀疑，如袁枚认为正统论开始于宋元，“滥翻千言，互相争论”，其实不知道“古帝王无正统之说”[2]。他不但否定清朝为正统（尝说：“以篡弑得国为不正，是开辟以来，惟唐虞为正统，而其他皆非也。以诛无道者为正，则三代以下，又惟汉高为正统，而其他皆非也”，这就将清朝排除在正统之外了)，而且公开否定正统说的合理性，提出“毋亦废正统之说而后作史之义明，

---

1 《清高宗实录》卷一一四二，乾隆四十六年十月甲申，中华书局，1985年。

2 袁枚：《古无正统之说》，《随园随笔》卷四，《袁枚全集》第5册，江苏古籍出版社，1993年。

废道统之说而后圣人之教大欤”的重要主张[1]。本书前面曾数次提到的崔迈（崔述之弟）也曾作《正统论》上下篇，及《正统辨》一篇，系统阐发了自己的观点。

崔迈，生于乾隆八年（1743年），卒于乾隆四十六年（1781年），字德皋。崔迈早慧，十岁能文。年十二，与其兄崔述同补诸生，乾隆二十七年（1762年），复同举于乡，名噪一时。崔迈性喜博览，敏于记忆，著述甚富。“其究考名人事迹，必辨其终始同异。著有《魏墟杂志》四卷，《魏郡琐谈》二卷，《讷庵笔谈》一卷；《尚友堂说诗》一卷，《大名文存》四册，《大名诗存》三册，自订其诗曰《寸心知集》二卷，词曰《梦窗呓语》一卷，《文集》一卷。又有《魏郡丛谈》、《金石遗文记略》、《杂记》凡三种，未成书而卒”[2]。所著作为附编收录在《崔东壁遗书》中。崔迈的学术受到其兄崔述的影响，但他的一些学术成果，也被吸收到崔述的著述之中。以现在的眼光看，大名崔氏兄弟，在18世纪中国学术发展中，均占据着显著的位置。

崔德皋在《正统论》中，首先提出，统有分合而无正伪，正与不正，与统无关。德皋指出：正统并非古圣人之发明，“其说起于后世之学士大夫。彼见历代之事势各殊也，于是正统之名兴焉。有正统而后有偏统，由是而又有僭统、窃统，此皆强立名字，以古人就己之私说，皆予之所不取。”[3]在此基础上，崔迈将正与统分之为二，以批驳传统的正统观。辞云：

1　袁枚：《策秀才文五道》，《小仓山房文集》卷二四，《袁枚全集》第2册，江苏古籍出版社，1993年。

2　徐世昌：《崔述》附《崔迈》，《大清畿辅先哲传》卷二四，北京古籍出版社，1993年。

3　崔迈：《正统论》上，《尚友堂文集》卷上，《崔东壁遗书》，上海古籍出版社，1983年。

盖天下有势有义：正者义也，统者势也。言正不可言统，言统不可言正，然后其理明而其说定。试言统之说。统之为言，犹曰有天下云尔。天下，公器也，非一人一姓之所得私。当其时归于一，则统有专属；及其分也，则统亦随而分矣。今夫一物而数十百人分之，虽出于劫夺焉，不可谓非共此物也。统之说何以异是！自古以来，虽世变纷然，而统无一日之绝也，不过时有分合而已。盖自唐、虞、夏、商、周皆合也，至战国始分；至秦汉而又合，三国又分；晋又合，又分于东晋；历南北朝而后合于隋唐，而又分于五代；至宋又合，而又分于南宋；然后合于元，以迄于今。四千余年以来，忽分忽合，譬如一缕之丝，寸寸而分合之，其绪固相属也。然则历代虽多，安见其统为正为偏为僭窃也哉？[1]

从纯学术的角度看，崔迈关于正统的观点是很难站住脚的。儒家讲正统，既是对朝代更替的考察，更是对历史是非的考察，正如欧阳修所谓“正者，所以正天下之不正也；统者，所以合天下之不一也”。崔迈一方面承认“统之为言，犹曰有天下云尔”，另一方面又认为“言正不可言统，言统不可言正”，将政治统一与历史是非相对立，试图在统的问题上，以白描的方法叙述历史，显然既不妥当，也办不到。在任何时候，讲统一，都有一个方式、方法问题，有一个是非标准问题，有一个价值判断和立场观点问题。崔迈在这个问题上，曲解正统的本来涵义，实给人以强词夺理之嫌。

需要指出的是，崔迈将正与统相区别，并不意味着他不懂得正统的真正涵义，而是因为他在基本政治立场上，与专制理论相

1　崔迈：《正统论上》，《尚友堂文集》卷上，《崔东壁遗书》，上海古籍出版社，1983年。

矛盾，故试图通过对传统正统学说的改造，借机阐发自己的政治见解。崔氏兄弟有一个基本认识，即“天下，公器也，非一人一姓之所得私”，既然政权不当属于一人一姓，当然就不能像理学家那样，从维护纲常伦理的角度去看待历史，看待王朝更迭，评说是非得失。基于这一政治认识，在崔迈看来，传统的正统观，自然缺乏存在的合理性。

在考察正与统的关系时，崔迈特别指出：儒家竭力宣扬的汤武仁君，实则以臣弑君，并非如一般人所说不存在“利天下之心”。他说：“世之论汤武者，不过曰心非利天下也，应天顺人，伐暴救民而已。夫心藏于深微不测之地，其亦至难知矣。即心果无他，而终不可以掩其迹。心非篡则当恕其心，迹实篡则当严其迹。然《诗》曰：‘至于大王，实始翦商。’《书》曰：‘惟九年，大统未集，予小子其承厥志’，亦安见其无利天下之心也哉？”崔迈正确地指出：汤武之事，能行于三代，而不能行于以后者，关键在于三代时期的君臣关系和后世不同。“古者人情质朴，其君臣之义非如后世之明也。当其时各自为国，势不能相属也。有功德与力者，则天下群起而奉之，非必制其予夺之权而设为贵贱之等也，不过势之所归而已，其人死而子孙犹足以系天下之心者，则天下亦不别求君也。不幸而恣为暴虐，则必又有有功德与力者而攻之灭之。所奉之国既灭，则天下又以昔者之奉奉其灭所奉者。盖其君臣之势既无大异，而服事之文又必简且易也”。正因为如此，汤武弑君，在三代是正常的，“所以不见黜于正者此也”。三代以后，“古今时异势殊，后之君臣非若古之君臣矣”，也就是说君臣之间，位势悬殊，汤武之事已不可行[1]。这是历史的进步，还是历史的倒退？观崔迈称“三代之盛，历法修明，王

1　崔迈：《正统论下》，《尚友堂文集》卷上，《崔东壁遗书》，上海古籍出版社，1983年。

者之政令被于天下，岁颁朔于诸侯，诸侯奉若而不敢违”，即可知其基本政治倾向[1]。

封建制和郡县制也是传统士大夫们经常谈论的话题。清朝知识界站在务实的学术立场，一般都强调井田封建之不可行。崔迈则从“法久则必弊，弊则变”的历史发展观出发，提出“法之始皆因其势之所趋”，认为无论是封建制，还是郡县制，都是世事变迁的产物，“丁其时者，圣与暴皆无容心，因其势之所趋而立法已耳”[2]。针对一些人片面肯定郡县制，否定封建制的做法，崔迈提出：封建与郡县无优劣。政治之得失好坏，治乱盛衰，关键在人事，“不可尽诿之于法也”。与此同时，崔迈对延续两千年之久的郡县制之命运作了深刻分析，他敏锐地察觉到郡县制度已经在走向衰微，“前者不必有，而后起者无穷”的政治变革必将到来，并提出未来政治体制，有可能出于封建、郡县之外的卓越预言。他说：

> 然则郡县之制何以历唐、宋、元、明而不变？曰：封建之设，不知所起，其可考者自黄帝迄周二千四百余年而后废。始非不可废也，弊未极也。自秦以来二千年，郡县之法日弊矣，安知后世不复为封建也？然天下世变多端矣：封建，一变也；郡县，一变也；群雄割据，南北分治，藩镇拒命，皆变也。变故之来，前者不必有，而后起者无穷。封建之时，不知有郡县，后世或更有出于封建之外者，未可知也。吾又乌知郡县极弊之日，其势何所趋也？[3]

---

1 崔迈：《正统辨》，《尚友堂文集》卷上，《崔东壁遗书》，上海古籍出版社，1983 年。

2 崔迈：《封建论》，《尚友堂文集》卷上，《崔东壁遗书》，上海古籍出版社，1983 年。

3 崔迈：《封建论》，《尚友堂文集》卷上，《崔东壁遗书》，上海古籍出版社，1983 年。

崔迈之兄崔述是本书多次提到的重要人物。崔述对专制政治合理性的怀疑与批判集中在关键性的最高统治权力的过渡体制上。中国古代最高统治权力的交接一般采用两种形式，即传贤（禅让）和传子，雍正以后实行的秘密建储制在某种程度上是对二者的折衷，乾隆帝认为秘密建储是有益于清朝“根本之计”的良法，可以垂诸久远，晚年传位嘉庆皇帝，更被视为熙朝一大盛事[1]。崔述却认为无论传贤还是传子，都是帝王将天下作为自己私有财产的表现，是与公天下的理想相背离的，真正的理想社会绝不允许君主以天下授人，而应当由百姓、诸侯择德而君。中国传统社会素有崇古风气，人们总是通过对古代社会的理想化描述，来表达自己实际的政治追求，崔述也不例外。他首先否定了上古社会传子的说法。他说：

> 盖古之天下原无父子相传之事，故孰为有德则人皆归之。虽有一二败俗拒命之人，待兵刑而后服，要之上古人情淳厚，慕义向风者为多，故其得天下之次第大概如此，不必尽藉于先业也。若尧不藉父兄之业即不能有天下，则羲、农、黄帝又何所藉而能得天下也哉？且使尧之天下果传之于父兄，则尧当世守之。丹朱虽不肖，废而他立可也，舜虽大圣，相尧之子以治天下，如伊尹之于太甲可也。尧安得而授之舜，舜

---

1 乾隆帝认为，传统的立储制度，“如井田、封建之必不可行，尚有过之”。一旦建储，“父子之间，必有为小人构成衅隙，复启事端。”（《清高宗实录》卷一二二〇，乾隆四十九年十二月丁亥）乾隆帝坚持了由雍正帝创立的秘密建储制，并在理论上予以阐扬。时编《储贰金鉴》，引古证今，以图垂示久远。乾隆帝提出了秘密建储的两个基本原则：一是人君独断，不可商之臣下。针对唐太宗采纳长孙无忌建议，废太子为庶人，立晋王为太子一事，他评论说：“此何事，而与其臣谋之！所谓一无足取。卒致高宗立而有武则天之祸，唐室几至于亡。”（《御批历代通鉴辑览》卷五一，乾隆帝批语）二是选贤而立，即“神器当择贤而畀。”（《御批历代通鉴辑览》卷一〇一，乾隆帝批语）乾隆帝试图通过这两个原则保障人君对最高统治权力过渡的绝对裁决权，同时，也力图借此保证权力的付托得人。

安得而受之于尧哉？[1]

崔述进一步指出：上古之天下，不但无传子者，亦无传贤者。“盖自唐虞以前，天下诸侯皆自择有德之人而归之，天子不能以天下传之一人也，不惟无传子者，亦并无传贤者……上古之天子原无以天下传之人之事也。”[2]他说：

> 不以天下与子，自古圣贤皆然，不独尧也。盖上古之时，诸侯各君其国，各子其民，有大德之圣人出焉则相率而归之，圣人没则已耳；非若后世创业之主以兵受命，征伐攻取而后能得天下，而子孙世守其业者比也。是以上古有天下者，其前皆无所受，其后皆无所授。自羲、农、黄帝以降皆若是而已矣。非尧以丹朱不肖故独不传之子也。且尧亦未尝传天下于舜也，尧之初意但欲让舜以天下耳。[3]

在崔述看来，开始于尧的禅让制是中国古代政治的一大变局，“创千古之奇”[4]。而这一局面之出现，则是因洪水未平而出现的历史偶然，后世绝不可引以为训，不可将它作为帝王可以私天下的理由。他说：“天下者，天之天下也，非天子之所得而予夺之者也。是以唐虞以前天子未有以天下授人者，各自以其德服之而已，不强身后之天下使之从一人也。惟尧以洪水未平，生民未安而礼

1　崔述：《尧建极》，《唐虞考信录》卷一，《崔东壁遗书》，上海古籍出版社，1983 年。

2　崔述：《启》，《夏考信录》卷二，《崔东壁遗书》，上海古籍出版社，1983 年。

3　崔述：《舜相尧》，《唐虞考信录》卷二，《崔东壁遗书》，上海古籍出版社，1983 年。

4　崔述：《舜相尧》，《唐虞考信录》卷二，《崔东壁遗书》，上海古籍出版社，1983 年。

乐亦未兴，己不能终其事，故举舜而授之，使代己治天下。若舜之世，则洪水固已平矣，生民固已安矣，礼乐固已兴矣，初无所待于人之终其事也，身没之后听天下之自归于有德可也，舜不必挟天之天下而自授之人以示其恩也。盖尧之禅舜乃创前古未有之奇，故二帝合为一书而统名曰‘尧典’，明乎两帝之犹一代也，不可以此为例，而谓有一天子必复传之一天子也。”[1]

崔述强调说：完善的政治体制是天下为公，不存在一人一姓对国家最高权力的垄断，不存在君权世袭，“天下者，天之天下，”“天下诸侯自择有德之人而归之，天子不能以天下传之一人也。不惟无传子者，亦并无传贤者。”（崔述这里所说的“天”，实际上指的是诸侯，指的是生民百姓）。而将天下归于一人一姓，其结果必然是战争和动荡。崔述说：“天下者，天之天下也，非一姓之天下也。故舜继尧，禹继舜，人以为固然也。适会禹有贤子，间两世而又得少康、后杼之孙，天下附于夏者数世，由是遂以传子为常，犹齐之伯仅一世，而晋之伯遂至于数世也。然一姓之子孙必不能历千百世而皆贤，不贤则民受其殃，必更归于有德而后民安，而既已传子，又必不能复传之贤，则其势必出于征诛而后可。”[2]

在《宋宣公论》一文中，崔述以大胆直率的语言，对秦汉以来，帝王父子相传的悠久政治传统提出尖锐批判。他说：

> 吾尝观于三代以上之事，而知父子相继非一定之制也。一姓之相传始于禹，而禹孙仲康以弟继兄。商人兄终弟及，见于书者尤多。周孝、定、敬三王皆以别子嗣居天位，盖国

1 崔述：《舜治定功成》，《唐虞考信录》卷四，《崔东壁遗书》，上海古籍出版社，1983 年。

2 崔述：《成汤上》，《商考信录》卷一，《崔东壁遗书》，上海古籍出版社，1983 年。

家不幸而当其变，则社稷为重，宁割慈忍爱而立弟耳。

秦汉以来，人主各私其子，乃藉口于“君子大居正”之说，托神器于婴儿，付生灵于不肖，以至败国亡家，覆宗绝祀者盖不可数矣。其尤著者，晋武帝明知其子惠帝之昏愚而其弟齐王攸之贤，乃溺于禽犊之爱，终不肯废子立弟，以致八王、刘、石之乱。周武帝明知其子天元之凶恶而其弟齐公宪之贤，亦蹈晋武覆辙，使之扪痕恨晚，宪以冤死，周亦寻灭，岂不可痛也哉！此皆公羊氏所谓大居正之君子也。然而后世之儒不闻议二武之失，反斤斤求宣公之瑕以为传弟之戒。然则为人君者必明知其子不克负荷而与之国，使之暴虐生民，踣其国，坠其宗，然后得免于后世之清议耶！[1]

应该说，崔述对传统政治的批判是尖锐的，他提出“天下者，天之天下”，强调天下不得一人一姓而私，紧紧围绕君权继承问题阐发自己的独特见解，指出传子传贤均不足法，尤其显示出极为敏锐的政治洞察力，而这一思想产生在政治上高度独裁，清廷大肆宣扬皇位继承问题已经解决的乾嘉之际，尤其值得人们深思。

如果说崔氏兄弟对专制制度的批判，主要限于政治理论的话，那么，一些对君主独裁淫威有切身感受的官僚学者的批判，则具有更加明确的现实针对性。尹会一是其中重要的代表人物。

尹会一，生于康熙三十年（1691 年），卒于乾隆十三年（1748 年），字元孚，号健余，直隶博野人。雍正二年（1724 年）进士，进入仕途。此后，曾任湖广襄阳府知府，两淮盐运使、两淮盐政、河南巡抚、左副都御史等职。乾隆十一年（1746 年），任工部侍郎，提督江苏学政，十三年，转吏部侍郎，仍留学政任，七月，卒。

1　崔述：《宋宣公论》，《无闻集》卷二，《崔东壁遗书》，上海古籍出版社，1983 年。

在乾隆时期，尹会一以理学清廉著称，“前后居官二十年，大都廉以褆身，勤以供职，宽以接下。其所经历运使及盐政诸缺，皆世人所视为善地，而先生洗手奉公，子归不得取分毫，大半尽归于官中为军民资本、救灾恤贫之用，余则以周宗族乡党。”[1]尹会一研求理学，曾筑“健余堂”，“立其学社，招生徒，讲明义理之学，学者翕然宗之”[2]。尹会一为学“务在力行，于古今人学术纯驳，审择之而未尝攻斥，曰：吾恶学者之好为谩骂也”[3]。顾栋高称其学“刊落浮华，直明本性”[4]。不过，尹会一的一些政治、学术举动，如驭下过宽，以致“属员怠忽，不知畏惧”等[5]，在许多人看来，未免有好名之嫌。乾隆十一年（1746 年），尹会一任江苏学政。次年八月，时已 57 岁的他，竟然受业于方苞之门，并令其子尹嘉铨也一并受业。其年谱记载说：

> 公至江宁，即以太夫人遗命，造谢望溪先生，请师事之。先生以公有使命，三辞，公寓书谓：“先生老矣，某亦病衰日甚，百年不宜得之遭逢，可以避嫌小节终辍乎？”先生乃许见。公止骑从于二里外，徒步造门，亲操几席杖履而入，北面拜为弟子。望溪先生立敦崇堂，以风励好礼志学之士，公亦立此堂于博野，且命嘉铨效蔡西山父子同受学于朱子故事，翌日，嘉铨执贽见，先生受之《仪礼析疑》。[6]

这一举动在当时是极不寻常的。究竟尹会一父子是出于真心

1　顾栋高：《尹先生会一传》，《碑传集》卷二九，明文书局，1985 年。

2　吕炽编，方苞阅定：《方正事略》，《尹健余先生年谱》卷前，《丛书集成初编》本。

3　吕炽编，方苞阅定：《方正事略》，《尹健余先生年谱》卷前，《丛书集成初编》本。

4　顾栋高：《尹先生会一传》，《碑传集》卷二九，明文书局，1985 年。

5 《尹会一》，《清史列传》卷一八，明文书局，1986 年。

6　吕炽编，方苞阅定：《尹健余先生年谱》，乾隆十二年八月，《丛书集成初编》本。

向学，即如尹会一自称：方苞“克己之深，诲人之笃，实某父子所中心诚服者”[1]，还是为了造成“百年不宜得之遭逢”？无论是时人，还是今人，对此都不能不心存疑义。

尹会一能够名垂史册，最重要的原因，不是其理学邃深，而是他的政治理念。尹会一之政治见解，不少系针对雍乾时期清朝政治之实际有感而发，其核心内容是反对极端君主专制，要求为政不拂人情。徐世昌概括说：“会一笃信程、朱，谓治法不本于三代，皆苟道也。故自服官后，日取汉唐以后，代不数见之人以自律。……其论为政之要曰：昔人论为政之道，兴一利不如除一弊，汉文帝躬修玄默，令德善政相望于册，而书除者居其大半，可谓省刑罚，薄税敛矣。以此化行天下，吏安其官，民乐其业，不亦宜乎？若夫内多欲而外尚繁文，自生民以来，未有能治者也。又曰：大学言诚意重在好恶两端，乃人心之同然也。推之为恕，絜之为矩，由家而国，而天下，己情不辟，人性无拂，持其平焉而已。后世不讲乎此，刑赏举措，动与群情相反，不知大权所在，人不敢违，而公论所在，亦实有难犯者。自古骄泰之主，欲与天下争一日之是非而不可得，堪为鉴矣。”[2]

尹会一在政治方面的代表作是《四鉴录》。该书成书、刻成于乾隆十三年六月。据尹会一称，编此书的目的是“用备观省”。自序云：“《通鉴纲目》，所以资治也。窃谓主治者君，辅治者臣，受治而从风者，士与女，取鉴于古，而各尽其道，则治功成焉。不然，明于论人，暗于责己，虽上下数千年记诵无遗，亦等诸玩物丧志耳。爰录四编，用备观省，正朝廷以正百官，而化行俗美，士敦志行，女厉安贞，岂待求诸远哉？”[3]可见，尹会一对自己晚

1　尹会一：《上望溪先生书》，《健余先生文集》卷五，《丛书集成初编》本，商务印书馆，1937年。

2　徐世昌：《尹会一》，《大清畿辅先哲传》卷四，北京古籍出版社，1993年。

3　尹会一：《序》，《四鉴录》，《丛书集成初编》本，商务印书馆，1937年。

年完成的这部著作，评价甚高，也充满了自信。

《四鉴录》包括《君鉴》、《臣鉴》、《士鉴》、《女鉴》四部分，其中，前三部分集中反映了尹会一的政治理念，表现出鲜明的反对极端君主专制的思想倾向。下面几点是其主要内容：

第一，注重君德，与民同好恶。秦汉以来，中国社会一直实行的是君主专制政体，人君人品、德行的好坏，直接关系到国家的安危存亡，因此，“正君心”具有十分重要的意义，也是实现开明君主制的基本前提。清初理学名儒熊赐履说：“根本切要之地，端在我皇上之一身矣。盖皇躬者，万机所受裁，万化所从出也。”[1]尹会一继承了这一思想。他认为：“人君之学，贵得要领，志存经略，则博览书史，皆足以益神智，若止寻章摘句，则非徒无益而又害之。”[2]他针对雍乾二帝好名、好利之习气，特别指出：“盖不能寡欲以正其心，则英主之蔽，有时更甚于庸君。”[3]雍乾二帝，特别是乾隆帝颇以诗文自负，好与文士争名。尹会一引唐太宗的话说：“人主患无德政，文章何为”，强调道：“唐太宗之言，致为明切，人君鉴此，则知无益之文，非不朽之业，自不甘于溺词章，而玩物丧志矣。”[4]陆贽尝言：“上约己而裕于人，人必悦而奉上矣，岂不谓之益乎？上蔑人而肆诸己，人必怨而叛上矣，岂不谓之损乎？是以古先圣王之居人上也，必以其欲从天下之心，而不敢以天下之人从其欲。”尹会一对此极为赞赏，认为其言“即《大学》好恶与民同之意也。匪徒变故危疑之际当审群情，即承平无事之时亦必常思得众之由，而不敢少拂其性，则苞桑之固系于

1　彭绍升：《熊赐履事状》，《碑传集》卷一一，明文书局，1985 年。

2　尹会一：《儆戒》，《君鉴录》卷四，《四鉴录》，《丛书集成初编》本，商务印书馆，1937 年。

3　尹会一：《儆戒》，《君鉴录》卷四，《四鉴录》，《丛书集成初编》本，商务印书馆，1937 年。

4　尹会一：《儆戒》，《君鉴录》卷四，《四鉴录》，《丛书集成初编》本，商务印书馆，1937 年。

人心而无意外之虞矣。”[1] 尹会一告诫人君：“民之所好好之，民之所恶恶之，然后可以作元后而为民父母，此起化之本原也。后世狃于沽名钓誉之说，而以同然之好恶，几欲与人心相反，虽有奇功，必无后效，职此故耳。”并一针见血地指出：“平天下之要在散财而得人。”[2]

第二，反对尊君抑臣，主张尊重臣民政治人格。尹会一认为，抑臣尊君，损下益上之国不可长久，汉文帝除积弊，与民休息，汉朝赖以久安，应成为后世帝王之榜样。他批评汉高祖说：“汉高帝马上得天下，以功狗功人目功臣，不复知天禄与共之义矣。”[3] 又说：“夫（汉）高祖除秦苛法而兴，即位之后，命萧何次律令，苛法尤存，盖用刀笔吏，所袭多亡秦故事。欲抑臣而尊君，损下而益上耳。文帝与民休息，而力除之，汉京之所以久安长治也。守文之君可以为则。”[4] 尹会一特别指出：“人主每好为欲盖弥彰之举以启面从之端，人臣阿谀承顺，遂成其过。”[5] 并感叹道：“诏书下而阿意顺旨，公卿以为得计，古今之积习也。”[6] 雍乾二帝均好以术驭下。雍正帝尝向其亲信鄂尔泰传授经验说：“总莫令人看透末后一着，则皆为己用而不令人愚矣。然有意防范更下乘也，总在无声无息处着脚，则从何处窥探吾之底里乎？”[7] 又教导广西巡

1　尹会一：《立政》，《君鉴录》卷一，《四鉴录》，《丛书集成初编》本，商务印书馆，1937年。

2　尹会一：《用人》，《君鉴录》卷二，《四鉴录》，《丛书集成初编》本，商务印书馆，1937年。

3　尹会一：《俊杰》，《士鉴录》卷二，《四鉴录》，《丛书集成初编》本，商务印书馆，1937年。

4　尹会一：《立政》，《君鉴录》卷一，《四鉴录》，《丛书集成初编》本，商务印书馆，1937年。

5　尹会一：《谏诤》，《臣鉴录》卷二，《四鉴录》，《丛书集成初编》本，商务印书馆，1937年。

6　尹会一：《立身》，《臣鉴录》卷四，《四鉴录》，《丛书集成初编》本，商务印书馆，1937年。

7　《雍正朝汉文朱批奏折汇编》第15册，第339页，江苏古籍出版社，1989～1990年。

抚傅泰说："用人且莫生毅，如有人欺我，听其欺之，无有不败露者。败露时不得轻易放过，如此人人畏服矣。"[1]他对李绂、谢济世等人的折辱，以及乾隆帝对高晋的处理，都具有浓郁的权术意味。尹会一对这种做法极为反感。他说："三代而下，反道任术，多藉口于权智之说，以致丧乱频仍，不可救药。"[2]善则归君，过则归臣，恩从上出，在雍乾时期普遍存在，几乎成为专制政治之惯例。尹会一对此不以为然，他说："有善归主，有恶自与，小人每以此术蛊惑君心，遂至恶积而不可掩……明良之世，幸勿疑臣自媚于民。"[3]和笔者在稍后将作分析的谢济世一样，尹会一也反对密奏，认为"人君好密奏而后谗谄得行乎其间，若使绳愆纠谬之言一无所忌，岂不光明俊伟，尤足以招谠论而绝天下之疑哉?"[4]这一观点可以说反映了雍乾之际大多数臣僚的心声。

第三，主张适当调整君臣权力分配体制，重视臣僚的谏诤权。尹会一认为，人君尽管对用人行政有最终裁决权，但不可"任一人之喜好"，置臣民之公议于不顾。甚至任用功臣，尹会一也主张经过廷推，再予独断。他说："功臣非无可用之人，但必先之以廷推，而后加之以独断，庶不失唐、虞、三代与众共之之遗意，而人位罔谬。否则，任一人之喜好，违舆情而弗顾，是视知人为无难，而混懋赏懋官于无别也，高明之主尤当鉴之。"[5]尹会一主张鼓励臣僚公开参与人才选拔、荐举，不可因宣扬专制君主之"皇

1 《雍正朝汉文朱批奏折汇编》第 17 册，第 51～57 页，江苏古籍出版社，1989～1990年。

2　尹会一：《儆戒》，《君鉴录》卷四，《四鉴录》，《丛书集成初编》本，商务印书馆，1937 年。

3　尹会一：《纳谏》，《君鉴录》卷三，《四鉴录》，《丛书集成初编》本，商务印书馆，1937 年。

4　尹会一：《纳谏》，《君鉴录》卷三，《四鉴录》，《丛书集成初编》本，商务印书馆，1937 年。

5　尹会一：《用人》，《君鉴录》卷二，《四鉴录》，《丛书集成初编》本，商务印书馆，1937 年。

恩”而对此秘而不宣，故他对所谓密荐不以为然，他指出：“臣无论内外以得人为第一义，故应受上赏。后世有滥举之罚，而无荐贤之赏，且以为恩出于上而故密之。是蔽贤反可以苟容，而密荐适所以委咎也。”[1] 尹会一主张加强宰相的权力，反对将宰相变成普通的行政工具。他说：“后世宰相动以恩威出于主上不得操权为辞，不知人君一得一失，宰相皆与共之。”“夫器以有容而大，识以远虑而明，相自有体，后世以宰辅而办庶僚之事，君为之乎？或者其臣实甚，观往行而稽前言，可以深长思矣。”[2]

而在大政方针的制定上，尹会一认为君臣之间应有一定的协商余地。他认为臣僚对朝廷决策应有一定的发言权，而不能一味以君主的是非为是非。而要做到这一点，必须满足两个条件：一是臣僚敢于发言，敢于抗旨。为人臣者应当明白“人主用法，每以喜怒为重轻，苟为臣者顺旨曲从，则是彰君之不信，而无以昭大法于天下也。能批逆鳞如狄梁公，庶不怵于威怒，而陷君于不道乎？”[3] 尹会一指出：“公卿会议，事关机务，当直陈所见，若心知不可而顺旨雷同，所谓上下相蒙，难与共理矣。”[4] 二是人君要乐于纳谏，为人君者要做到“受谏之道，不厌狂直，并不辨矫诬，而谏臣乃无所忌。”[5] 尹会一特别强调说：“人君之于谏臣，绳之以法则引身，胜之以言则结舌，言既屈矣，而心犹以为非，独不畏

1　尹会一：《用人》，《君鉴录》卷二，《四鉴录》，《丛书集成初编》本，商务印书馆，1937 年。

2　尹会一：《器识》，《臣鉴录》卷一，《四鉴录》，《丛书集成初编》本，商务印书馆，1937 年。

3　尹会一：《谏诤》，《臣鉴录》卷二，《四鉴录》，《丛书集成初编》本，商务印书馆，1937 年。

4　尹会一：《用人》，《君鉴录》卷二，《四鉴录》，《丛书集成初编》本，商务印书馆，1937 年。

5　尹会一：《纳谏》，《君鉴录》卷三，《四鉴录》，《丛书集成初编》本，商务印书馆，1937 年。

腹诽之诛乎？”[1]在尹会一看来，“君有从谏之名，臣有直谏之名，两美相合，史册有光。故圣人弗咈，贤者勉焉，皆足以征有道之象。惟谏而不听，然后名归臣下耳。顾佞人从风而靡，智士见机而作，即求徇名者，亦何可多得哉？”[2]

总的看来，尹会一不反对君权，也不反对人君对朝政的最终裁决权，但他主张提高臣僚的政治地位，主张臣僚的人格应该受到尊重，臣僚对关系国计民生的大政方针，应该具有一定的发言权，在他看来臣僚不应该成为简单的服务君主个人意志的工具，这显然和雍乾二帝的极端君主专制具有原则性区别。和崔述的“公天下”思想相比，尹会一的政治观念无疑要保守一些，这当然和他以道学自律，强调君尊臣卑有关。不过，他亲身经历了雍乾之际政治变迁的风风雨雨，和雍乾二帝均有直接接触，对专制君主的独裁淫威有切身感受，故其许多观念系有感而发，具有鲜明的现实针对性，具有强烈的改革现实政治的意味，而不像一些在野士人，脱离实际信口空谈。

显然是受到父亲的影响，尹会一之子尹嘉铨也具有强烈的反对极端君主专制的倾向。在其所作《近思录》中，他不顾清廷不许官僚好名之禁，表示自己“固不务讲学之名以贾祸，亦不避讲学之名以免祸”。又说：“天下大虑，惟下情不通为可虑”，称自己“不愿作台谏官”，“不言不能自甘，多言又恐不测”。并公然宣称“朋党之说起而父师之教衰，君亦安能独尊于上哉”！在批判专制现实上，虽不如其父系统，但较其父更加尖锐[3]。

---

1 尹会一：《谏诤》，《臣鉴录》卷二，《四鉴录》，《丛书集成初编》本，商务印书馆，1937 年。

2 尹会一：《戒儆》，《君鉴录》卷四，《四鉴录》，《丛书集成初编》本，商务印书馆，1937 年。

3 《尹嘉铨为父请谥并从祀文庙案》，《清代三朝史案》下册，江苏广陵古籍刻印社，1993 年。

尹会一的《四鉴录》是否为乾隆帝所见，现已无从查核稽考。但有一点是可以肯定的，那就是乾隆帝对其人不以为然。尹会一任河南巡抚时，乾隆帝就斥其“实少干济之才，不胜巡抚之任”，将其解任[1]。其子尹嘉铨任官期间，乾隆帝曾斥尹嘉铨“未改沽名家习”，这里的“家习”，当然指的是尹会一之所作所为。乾隆四十六年（1781年），当尹嘉铨为其父请谥，并请将尹会一和汤斌等人一同从祀孔庙时，乾隆帝对尹会一的不满就公开暴露出来，认为其人“尚不能如汤斌诸人”，并指责尹嘉铨为父请祀、请从祀孔庙，“肆无忌惮，罪无可逭”，终将尹嘉铨处绞[2]。当时，直隶总督袁守侗奏折中有“尹嘉铨父子平日自负读书，原不无好名妄作”之语，辞及尹会一，即系迎合乾隆帝之语[3]。至于乾隆帝斥责尹嘉铨“盗窃虚名，妄行异议”，可以说反映了他对尹氏父子的真实看法。无论是从思想渊源上，还是从尹氏一家和清廷关系上，说尹会一生前所为，为尹嘉铨之祸打下伏笔，恐怕都不过分。

谈论18世纪的政治观念，有一个人是不能不提到的，那就是陆生楠，他为反对极端君主专制付出了生命的代价。

关于陆生楠，笔者尚未发现可靠的传记资料，只能从《雍正起居注》以及时人有关著述中，略知其一二生平事迹。陆生楠系广西灌阳县举人，部选江南吴县知县。在其履历奏折中，陆生楠对清廷用人行政多有微辞。如谓“人之所以为国家用者才也，而才技之所以能益于国家者德也。才可以行善，而亦可以长奸。有德者必有言，有言者不必有德。仁者必有勇，勇者不必有仁。”又谓“五经四书中如惠迪吉，从逆凶，何以异于佛老？”盖暗斥世宗

1 《尹会一》，《清史列传》卷一八，明文书局，1986年。
2 《尹会一》，《清史列传》卷一八，明文书局，1986年。
3 《尹嘉铨为父请谥并从祀文庙案》，《清代三朝史案》下册，江苏广陵古籍刻印社，1993年。

用人但重才能，不重德行，且崇奉佛老[1]。在奏折中，陆生楠还不顾时忌，请雍正帝“亲亲”，反对其虐待、凌逼兄弟、宗室政策[2]。雍正帝见其奏折，极为不快，认为所奏浮词充斥，断定陆生楠“必非醇谨”。及引见时，雍正帝当面逐条驳斥陆生楠奏折内容，陆生楠“默然不能对”，“闻朕教训之下，转有愤懑之色”。雍正帝对其为人更为不满，不许其赴任吴县，而以主事试用，“盖以其人或小有才，令其在京办事学习，以冀悛改也”[3]。此后，陆生楠改任工部主事，又被引见，“不惟毫无敬畏，且傲慢不恭，显然抗逆，形于词色”，雍正帝勃然大怒，进而怀疑他与李绂、谢济世结为党援，遂将其革职，发往军前，“与谢济世同时效力”[4]。

据谢济世记载，陆生楠之出塞，备历艰辛。“破帽敝裘，昼行夜牧。搁蹄涔饮，拾马通炊。肤裂肌消，手龟足皲”，途中屡为小人欺骗、窘辱，抚今追昔，“不觉涕泗交颐，仰天太息，曰：天乎！不意我陆公荣竟止此！”至军前，陆生楠以医术“寄食于营中”[5]。

在军营，谢济世招收生徒讲授四书，陆生楠则撰写《通鉴论》，共十七篇。该书“借托古人之事机，诬引古人之言论，以泄一己不平之怨怒，肆无忌惮，议论横生”，对极端君主专制进行了猛烈抨击。陆生楠自知所作难为时容，故十分小心，“其论皆小纸寸幅，蝇头细字，踪迹诡秘”[6]，然仍为清廷发现。雍正七年

1　参见蒋良骐：《东华录》卷三〇，雍正七年六月乙未，第502页，中华书局，1980年。

2　谢济世：《陆水部出塞记》，《谢梅庄先生遗集》卷三，光绪三十四年全州赵炳麟刻本，上海古籍出版社，2009年。

3　中国第一历史档案馆：《雍正起居注》雍正七年六月二十六日，中华书局，1993年。

4　蒋良骐：《东华录》卷三〇，雍正七年六月，第499页，中华书局，1980年。

5　谢济世：《陆水部出塞记》，《谢梅庄先生遗集》卷三，光绪三十四年全州赵炳麟刻本，上海古籍出版社，2009年。

6　中国第一历史档案馆：《雍正起居注》雍正七年六月二十六日，中华书局，1993年。

(1729年）六月，陆生楠为顺承郡王锡保所参，责其“抗愤不平之语甚多”，十二月，雍正帝下令将陆生楠于军前“即行正法”[1]。

陆生楠在《通鉴论》中，结合清朝政治实际，对秦汉以来作为君主专制重要政治基础的郡县制进行全面抨击，主张恢复封建制。他说：“封建之制，古圣人无弊之良规，废之为害，不循其制亦为害，至于今，害深祸烈，不可胜言，皆郡县之故。”面对君主滥施淫威的现实，陆生楠愤恨不已，感叹说：“岂今之人，固有异于前人耶？后人之心固有异于前人之心耶？人犹是，心亦犹是，而日下竟如是！”陆生楠指出：郡县制既然缺乏合理性，建立在它基础之上的以专制皇权为核心的传统政治就不能不存在严重弊端，“大抵封建废而天下统于一，相既劳而不能深谋，君亦烦而不能无缺失，始皇一片私心流毒万世”。有鉴清朝皇权膨胀，臣僚地位急剧下降，陆生楠说：“人愈尊，权愈重，则身愈危，祸愈烈。盖可以生人、杀人、赏人、罚人，则我志必疏，而人之畏之者必愈甚，人虽怒而不敢泄，欲报之而不敢轻，故其畜必深，其发必毒”，并明确指出：“后之君臣，倘非天幸，其不为隋之君臣者几希！”因此，陆生楠主张应当在君臣间进行合理的权力分配，人君应将管理国家的权力下放给臣下，其具体办法是任用首相，然首相的权力也不是绝对的，他必须受到人君和臣民的严格监督。陆生楠说：“当用首相一人。首相奸谄误国，许凡欲效忠者，皆得密奏。即或不当，亦不得使相臣知之。”任用首相后，国家庶政即由首相处理，人君的主要职责是行政监督，“(人君）虽有忧勤，不离身心；虽有国事，亦第存乎纲领；不人人而察，但察铨选之任意；不事事而理，只理付托之非人。察言动，谨几微，防谗间，虑疏虞，忧盛危明，防微杜渐而已。至若籩豆之事，则有司存”。又主张广开言路，“听言不厌其广，广则庶几无壅；择言不厌其审，

1　蒋良骐：《东华录》卷三〇，雍正七年十二月，第506页，中华书局，1980年。

审则庶几无误”[1]。

与陆生楠同病相怜的谢济世，在军中境遇要强一些。雍正十三年（1735年）十月，时登极不久的乾隆帝下诏求言，谢济世即替参赞大臣钦拜起草了一道著名的奏疏，这就是《论开言路疏》。在该疏中，谢济世对雍正帝大力推行的奏折制度提出尖锐批评。他说：

> 欲收开言路之利，且先除开言路之弊。夫开言路何弊之有？告密是也。古之帝王，冕旒蔽目，黈纩塞耳，恶至察也。语云：“水至清则无鱼，人至察则无徒。”自后世有密奏之例，小人多以此谗害君子，首告者不知主名，被告者无由申诉，上下相忌，君臣相疑。无论捉影捕风，将无作有，就令情真事实，而臣子阴私小过，亦非君父之所乐闻。恐虞舜好问好察，非此之谓也。

从这一立场出发，谢济世提出了实行政治改革的两点意见：一是废除密奏制度。“请自今除军机外，皆用露章，不许密奏。即或论列宫壶，指斥乘舆，如唐魏征之于太宗，后人美魏征之能谏，未尝不美太宗之能容。君子之过也，如日月之食，过也，人皆见之；更也，人皆仰之，安用密为哉？”二是与废除密奏制度相适应，恢复科道监察、进言权威，“言路当仍责成于科道”[2]。雍正帝以密奏广耳目，对专司言路的科道素不重视，尝直言不讳地对科道官员说：“（朕）耳目甚广，虽不恃尔等，但尔等身居言路，自当各顾体面，尽其职守。”[3]谢济世认为，科道官于“天下之事，

1　中国第一历史档案馆：《雍正起居注》雍正七年六月二十六日，中华书局，1993年。

2　王炳燮：《谢济世》，《国朝名臣言行录》卷一三，明文书局，1991年。

3　中国第一历史档案馆：《雍正起居注》雍正七年二月初一日，中华书局，1993年。

皆得条陈；天下之官，皆得举劾”，开言路，首先是要发挥科道的作用。其具体办法是：严不言之罚，“将不言者放归田里，或改授闲曹，则人知所惩矣”；恕妄言之罪，“言而当，褒美之，言而不当，亦优容之。虽其中有结党挟仇形迹，可疑者亦宜给之冠带，不宜加以僇辱”；除文字忌讳。谢济世认为始于明朝的文字忌讳非但无益，而且使言路闭塞，“谀妄成风”。“请自今表奏及乡会试出题，皆不拘忌讳，行见嘉言罔伏，且使天下后世谓我乾隆为宽大之朝，岂不盛哉？”

谢济世针对雍正帝的独裁统治，告诫乾隆帝，人主“以博览广听为求言，以察言观色为知人，以亲庶官、理庶务、折庶狱为勤政，臣恐其为汉唐杂霸之治，而非二帝三王之治也。”[1]

值得注意的是，和陆生楠相似，谢济世也认为宰相应当拥有充分的权力，而且应享有关键性的用人之权。他认为“人主之职在命相”[2]，而“宰相之有权也，所以进贤退不肖也”。谢济世提出，相权“不可擅，亦不可无”，“擅则虽功亦罪”，“无则虽贤无功”。两者相较，谢济世强调要保留相权，而不是像雍正帝那样凡事均由人主一人独断，所谓“愿相公无权，不如愿相公无私也”[3]。需要说明的是，将用人之权交与臣下，是专制皇帝最为忌讳的。雍正帝斥责分权于丞相主张说：“从来论君道治天下，莫大于用人理财二端。理财一事，自应付之臣下，至用人之权，不可旁落。今试以铨选之权付之大臣，大臣敢膺此任乎？”[4]可见，谢

1　谢济世：《论开言路疏》，《谢梅庄先生遗集》卷一，光绪三十四年全州赵炳麟刻本，上海古籍出版社，2009 年。

2　谢济世：《宋理宗》，《谢梅庄先生遗集》卷五，光绪三十四年全州赵炳麟刻本，上海古籍出版社，2009 年。

3　谢济世：《愿相公无权》，《谢梅庄先生遗集》卷五，光绪三十四年全州赵炳麟刻本，上海古籍出版社，2009 年。

4　中国第一历史档案馆：《雍正起居注》雍正七年六月二十六日，中华书局，1993 年。

济世的主张始终与君主独裁相对立。

和谢济世的观点相似，钱泳也反对人君过分密察。他说："天地之道尚宽容，故君子小人并生。鬼神之道尚密察，故为善为恶必报。帝王者，即天地也，天地不宽容，则人民扰乱。人臣者，即鬼神也，鬼神不密察，则奸宄纵横。"[1]

直接或间接要求重新考虑君臣权力分配者，在雍乾时期还有不少。乾隆初，给事中曹一士[2]上疏提出恢复六科旧制。六科，在清初是一个享有对朝廷决策进行复核的特殊机构。在制度上，它通过自己独有的"封驳"权，对皇权和内阁权力能起到一定的制约作用。顺治初年规定："凡部院督抚本章，已经奉旨，如确有未便施行之处，许该科封还执奏。如内阁票签批本错误，及部院督抚本内事理未协，并听驳正。"[3]然而，雍正初年，为了加强皇权，将六科划归都察院，实行"台省合一"，"六科各员奔走内外，朝夕不遑。或递相署理，至有本科只留一人者。本章到科，匆匆过目，即以付部，不及详细审读"，六科给事中从此和御史没有什么区别，其工作重点则从"封驳执奏"变成了稽查官僚，故时人有"轻重倒置"之讥[4]。及乾隆帝即位，曹一士提出恢复六科的独立地位。他说："臣请敕下在廷考正六科之制，一切悉还其旧。则台自为台，省自为省。给事中之名既正，而后专责以言，孰敢

1　钱泳：《臆论·宽容密察》，《履园丛话》卷七，中华书局，1979 年。

2　曹一士是本书数次提及的人物。生于康熙十七年（1678 年），卒于乾隆元年（1736 年），字谔廷，别字济寰，江苏上海人。雍正七年（1729 年）进士，改庶吉士，散馆授编修。雍正十三年（1735 年），授云南道监察御史，乾隆元年迁工科给事中，旋卒。曹一士"湛深经术，综核儒先"，为 18 世纪前期重要的理学官僚（全祖望作《曹一士行状》，《碑传集》卷五六）。然他在清代历史上影响较大的是下面两道奏折：一是《请查宽比附妖言之狱，兼禁挟仇诬告诗文》；二是《请复六科旧制》。所著有《四焉斋文集》。

3 《都察院·六科》，光绪《钦定大清会典事例》卷一〇一四。

4　曹一士：《请复六科旧制》，《四焉斋文集》卷二，中央民族大学图书馆藏清乾隆刻本。

不职思其居，竭诚尽慎，以仰报国家者乎？”值得注意的是，曹一士提出，不但红本要经过六科，而且强调内阁所下密本，也要经过六科审读。曹一士说：“今臣到任以来，见所发各科本章，只有红本，而密本并未一见。至皇上谕旨，径由内阁发部者，臣等迟至浃旬，始得从邸抄一读。如此则虽欲有所论列，或已无济于事，似非设立科臣之初旨也。嗣后请听臣等派出本科笔贴式二员，每日轮班赴阁恭抄谕旨，并所发各臣条奏密本。既省挂号转发之烦，臣等亦可不待邸抄，即得预闻旨意，备见奏章，庶几随时论列，以仰赞高深之万一。”[1] 然而，这一主张在当时不可能付诸实践，无论是皇帝还是内阁或部院，都不愿意在自己意志的推行过程中，多设一道关卡，恢复给事中的“封驳”之权，自然也就无从谈起。

乾隆三年（1738年）四月，御史李贤经上言时政，提出：“嗣后在内部院，在外各直省所办一切琐屑细务，不必尽烦睿览。其无益于治道，或有伤于治体者，请内会九卿，外饬督抚，公同酌议，可裁减者裁减，宜禁革者禁革。如果事关重大，方请断自上裁。”李贤经这一建议，实际上就是要限制皇帝的政务处理权，故遭到乾隆帝的坚决拒绝。他说：“若如李贤经所奏，将诸事委之臣僚，而朕高居九重之上，端拱无为，则废弛丛脞之弊必不能免，不但心有未安，即揆之于理亦断乎其不可也。”[2]

18世纪不少人将恢复宰相制度作为限制君权恶性膨胀的重要手段。除了上面提到的尹会一、陆生楠主张设立丞相外，杨名时也赞成设立宰相，使之能“格君之非”，“运天下于掌”。他说：“天下之大，万民之众，欲使无一不得其所，在任相而已矣。”而“相必有相德、相度、相才焉。言乎德，则中正，言乎度，则有容，其才又能洞悉天下之利害，而轻重布之，如权衡之不爽。三

1 曹一士：《请复六科旧制》，《四焉斋文集》卷二，中央民族大学图书馆藏清乾隆刻本。

2 《乾隆起居注》乾隆三年四月二十日，中国第一历史档案馆藏。

者备而后可以格君之非心，可以知人，可以任人。不激不随，中也。无偏无党，正也。有容者，虚怀乐善，期利国而不期利身，非貌为谦恭，模棱两可之谓也。布置轻重如权衡，有识以行其才，而能运天下于掌也。”此外，他还主张让三公九卿为天子慎选侍从论思之臣，强调要重视言官的作用，认为言官乃朝廷之耳目，言路乃国家之命脉[1]。

崔迈也明确主张恢复宰相制。他认为明代宦官专政，实际上源于宰相制度之废除。他说：

> 世之君子谓明太监之盛，成祖实启其端，余以为太祖亦与有过焉。宰相者，天子以下一人而已，其体尊，其权重，于事无所不统，而于人无所不当问，即内臣窃柄，其体统自如，犹可以势均力敌也。即不然，而忤之，不过逐使去，要结之，不过使为援而已。自太祖废宰相，而成祖以翰林入阁预机务，是时内臣已用事，而入阁者不越编检讲读之官，位卑资浅，其视内臣盖已重。其后入阁者虽权位渐隆，而内臣亦益尊，而且内阁之票拟必决于太监之批红，是内阁且寄权于太监矣。盖天下虽以宰相待阁臣，而宰相之上又有司礼秉笔太监以承上而临下，阁臣视以为固然而不怪，沿之既久，而阁臣遂为太监之私人。宰相者百僚之望也，宰相且谄附之，而天下有不随风而靡者哉！而其端实由于太祖之废真宰相。[2]

姚鼐是讲理学者，但也主张采取措施，弥补因君权过度膨胀所导致的政治弊端。他的设想是不但御史要有谏诤之责，而且翰林也应有谏诤之权，从而加强臣僚对君主的监督，使人君之政治

1　杨宾实《治论》，《切问斋丛钞》卷一三。

2　崔迈：《明论》，《尚友堂文集》卷上，《崔东壁遗书》，上海古籍出版社，1983 年。

失误能够“闻诸左右而改之”。其《翰林论》云：

> 为天子侍从之臣，拾遗补阙，其常任也。天子虽明圣，不谓无失；人臣虽非大贤，不谓当职。而不陈君之失，与其有失播诸天下而改之，不若传诸朝廷而改之之善也；传诸朝廷而改之，不若初见闻诸左右而改之之善也。翰林居天子左右，为近臣，则谏其失也，宜先于众人，见君之失而智不及辨与，则不明；智及辨之而讳言与，则不忠。侍从者，择其忠且明而居之者也……自唐及宋及元明，官制因革六七百年，其不革者御史有弹劾之责，而兼谏争；翰林有制造文章之事而兼谏争。弹劾，制造文章，所别也；谏争，所同也。其为言官也，奚以异？入而面争于左右，出而上书陈事；其为谏也，奚以异？今也独谓御史言官，而翰林不当有谏书，是知其一而失其一也。是故君子求乎道，细人求乎技……徒以文字居翰林者，是技而已，若唐初之翰林者，则若是可矣。今之翰林固不可云皆亲近居左右，然固有亲近居左右者。且翰、詹立班于科道上，谓其近臣也，居近臣之班不知近臣之职，可乎？明之翰林皆知其职也，谏争之人接踵，谏诤之辞连策而时书，今之人不以为其职也，或取其忠而议其言为出位，夫以尽职为出位，世孰肯为尽职者？余窃有惑焉，作《翰林论》。[1]

袁枚对极端专制也颇有微辞。他针对清廷统一人心风俗政策说：“物之不齐，物之情也，天亦不能做主，而况于人乎？”[2] 又说：

1　姚鼐：《论·翰林论》，《惜抱轩全集》文集卷一，中国书店，1991 年。

2　袁枚：《牍外余言》卷一，第 66 条，《袁枚全集》第 5 册，江苏古籍出版社，1993 年。

“人君过严，则贤臣不见。犹之日太明则星月无光，天气冷则百花不能香也，虽耐冷如梅、如水仙、春兰，皆天暖才香。观汉武一朝，人物寥寥。”[1]对封建制在今天是否可行，袁枚态度十分明确，即“道可，势不可”。袁枚认为封建制的废除，主要在于周朝政治失德，而非制度失当。而郡县制的兴起，则是形势变化的结果，“使封建不废，则诸国有君，秦虽暴，不能毒流天下”。“惟其为郡县也，在始皇尊无二上，然后可以残民以逞。”[2]袁枚对封建制确实怀有某种依恋情绪，这显然源于他追求个性自由，反对专制束缚的思想倾向。但是，他也明确意识到时代变了，封建已不可再，而其关键原因就是后世君主有“私天下之心”，“其视百姓之休戚，如秦人视越人之肥瘠”。他说：

> 然则封建可行乎？曰：道可，势不可。今之阡陌尽矣，城郭改矣，税法变矣，其所封者非纨绔之子弟，即椎埋之武夫也，其能与三代比隆乎？且不特无其势，并无其道。汉兴，矫秦弊，大封诸侯王，天下乱。晋封八王，互相残杀，天下乱。明太祖大封诸子，天下又乱。是何故哉？先王有公天下之心，而封建，亲亲也，尊贤也，兴绝国也，举废祀也，欲百姓之各亲其亲，各子其子也。故封建行而天下治。后世有私天下之心，而封建，宠爱子也，牢笼功臣也，求防卫也，其视百姓之休戚，如秦人视越人之肥瘠也，故封建行而天下乱。无先王之心，行先王之法，是谓徒政。子之之让国，宋襄、徐偃之仁义，师丹、王莽之均田、限田，王安石之《周官》、《周礼》，无所不败，盖不徒封建然也。因其败辙而訾

1　袁枚：《牍外余言》卷一，第57条，《袁枚全集》第5册，江苏古籍出版社，1993年。

2　袁枚：《书柳子〈封建论〉后》，《小仓山房文集》卷二三，《袁枚全集》第2册，江苏古籍出版社，1993年。

其成规，奚可哉！[1]

显然，袁枚是从肯定封建制的角度批判郡县制的。但从根本上讲，他批判的不是郡县制本身，而是建筑在它基础之上的君主专制制度。我们不能简单地将清代知识界对先王、三代制度的肯定，以及它对秦汉以后政治制度的批判视为复古。事实上，在他们心中，三代之制，先王之制，不过是一种社会理想，一种理论抗争的旗帜而已。他们的批判，与其说是复古，毋宁说是非今，是对未来社会的设想、期冀与追求。

在乾隆朝汉学名家中，钱大昕是善于独立思考者，他对君臣关系有自己的理解。他认为人君被弑，皆由失德所至。“愚谓君诚有道，何至于弑？遇弑者，皆无道之君也。”又说：“圣人修《春秋》，述王道以戒后世，俾其君为有道之君，正心修身，齐家治国，各得其所，又何乱臣贼子之有？”“秦汉以后，乱贼不绝于史，由上之人无以《春秋》之义见诸行事故尔，故惟孟子能知《春秋》。”[2]显然，钱大昕这种思想源于孟子，并和孟子暴君可杀的说法相表里，无足为奇。但他说秦汉以后，乱贼不绝于史，《春秋》之义未见诸行事，无意中就否定了清朝的统治，并暴露出自己对现实不满的政治倾向。

清廷反对臣僚好名政策，也受到知识界的怀疑。在传统知识分子看来，功名富贵是理所当然的人生奋斗目标，无可非议。“白首为功名，青山松竹老，阻归程”，“当年万里觅封侯，匹马戍扬州”，曾激发了多少士人的豪情壮志，体现了一种充满活力的人生追求！好名，和追求功名虽有区别，但二者间并无不可逾越的鸿沟。清初，不少士人认为朝廷对官僚好名现象应当限制，但

1 袁枚：《书柳子〈封建论〉后》，《小仓山房文集》卷二三，《袁枚全集》第 2 册，江苏古籍出版社，1993 年。

2 钱大昕：《答问四》，《潜研堂文集》卷七，商务印书馆，1935 年。

不过分饬禁。熊赐履尝对康熙帝说："圣贤教人，重实行不尚浮夸，贵暗修不求声誉，职此之故。但三代而后，非比往古，中材以下，难语上哲。苟能顾惜名节，犹胜于无所忌惮。好忠孝之名，是犹知有忠孝，好廉节之名，是犹知有廉节。始虽假托虚名，久之或即真实。皇上但当于假中求真，若并假而废之，则真益不可得矣。无所为而为善，遁世不见知而不悔，此圣人事，岂易多觏哉！"[1]18世纪，针对雍乾二帝严厉饬禁士人好名，知识界对好名的赞同之声反倒逐渐增加起来。袁枚尝说："人之所以异于禽兽者，以其好名也。"[2]钱大昕根据当时政风日下的客观现实说："不好名，必专于好利。虽箪食豆羹且不能让，况千乘乎？"[3]并征引历代圣贤论述，证明"圣人以名立教，未尝恶人之名也"[4]。洪亮吉也认为好名不可禁，好名并非一无可取。其《好名》篇说："甚矣！名之累人也。圣贤能不好名乎？《孝经》曰'扬名于后世'，《论语》曰'君子疾没世而名不称焉'。是圣贤不能忘名也。""好名之弊亦尚足以扶世。何则？人而能好名，类皆聪颖拔萃之人也。聪颖拔萃之人，有赏之不能劝，罚之不能惩，而名之一字即足以拘之者矣。""吾欲救天下好名之弊，亦惟使之各务实而已。语有之：实至者，名归之。有圣贤之实者，自有圣贤之名，而庄周、列御寇之徒不能假也。有忠孝之实者，自有忠孝之名，而王莽、赵宣之伦不能假也。有文士之实者，自有文士之名，而传百年、传十世、五世及历劫不磨，亦纤屑不能假也。"[5]

---

1 《康熙起居注》第1册，第84～85页，中华书局，1984年。

2 蒋敦复：《随园轶事·好名乃非禽兽》，《袁枚全集》第5册，江苏古籍出版社，1993年。

3 钱大昕：《好名之人一节》，《十驾斋养新录》卷三，《嘉定钱大昕全集》，江苏古籍出版社，1997年。

4 参见钱大昕：《名》，《十驾斋养新录》卷一八，《嘉定钱大昕全集》，江苏古籍出版社，1997年。

5 洪亮吉：《好名篇》，《卷施阁文甲集》卷一，乾隆乙卯贵阳节署刊本。

对文化专制主义的批判，在这个时期也不时出现，而且发生了不少令人感动的历史事件。其中，最值得一提的是爆发于雍正八年（1730年）的唐孙镐揭贴案。唐孙镐系给事中唐继祖之幕宾，在清代士人阶层不能说是位尊名显者，但却具有一腔为正义而奋斗的热血。当他看到雍正帝对吕留良的处罚后，竟拍案而起，书写揭贴，谴责雍正帝的暴虐统治，为吕留良辩护。唐孙镐指责雍正帝之治不如唐虞之治，提出“说者动以唐虞拟之，则失其实矣”，并称其关键原因在于雍正帝的独裁。他说：“夫唐虞之世，上有尧舜为之君，复有舜禹皋夔稷契为之臣，都俞吁咈，君臣交赞，故治化臻于极隆，为千古之所莫尚。今也不然，皇上曰可，臣亦曰可；皇上曰否，臣亦曰否。上有忧勤之圣，而下无翼赞之贤，此其所以逊于唐虞也。”唐孙镐指出，对吕留良应该进行公正评价，吕留良之学术贡献不可一笔抹煞：“留良之过诚大矣，留良之功亦不小。当我朝定鼎之初，海氛未清，东南诸郡尚多洛邑顽民，留良自附前代仪宾之后，不觉误入顽民之列，此其过也。至其生平著作，若讲义，若语录，与夫评选两朝制艺，反复辨论，义理透彻，直能窥圣贤之堂奥，兼可启后世之颛蒙，此其功也。”认为如果清廷像雍正帝下令的，将吕留良焚书戮尸，将产生严重社会后果，“读书明理之士无不为之寒心，孔孟在天之灵亦应为之流涕”。唐孙镐知道“是檄也，感悟天心十之一，身罹法网者十之九”，仍慷慨激昂地表示自己愿与“儒雅之吕氏父子同归阴府”。他激愤地说：“朝廷已无诤臣，草野复生孽畜。后之修史者不几笑我朝无人物乎？虽然，莫谓无人也，犹有不怕死之唐孙镐在！”[1]

迄今为止我仍不知道唐孙镐结局如何，但我知道，不会很好，

1 《雍正朝汉文朱批奏折汇编》第17册，第925～931页，江苏古籍出版社，1989～1990年。

他很可能真的和吕氏父子“同归阴府”了。但从唐孙镐身上，我看到了一种精神。一种为了理想，为了尊严，不惜抛弃身家性命的精神，一种面对狂暴，不低头，不屈膝，视死如归，舍身取义的精神。我们民族需要这种精神，我们时代呼唤这种精神。它是民族血液的精华，是支撑民族大厦的柱石！

乾隆帝即位不久，曹一士进了一道在清代历史上十分有名的奏折，这就是《请查宽比附妖言之狱，兼禁挟仇诬告诗文》。曹一士在奏折中针对雍正朝文字狱屡屡发生，“(小人）往往挟睚眦之怨，借影响之辞，攻讦诗书，指摘字句。有司见事风生，多方穷鞫。或致波累师生，株连亲故，破家亡命”的严重局面，建议清廷改变政策，提出“井田、封建，不过迂儒之常谈，不可以为生今反古；述怀咏史，不过词人之习态，不可以为援古刺今。即有序跋偶遗纪年，亦或草茅一时失检，非必果怀悖逆，敢于明布篇章。使以此类悉皆比附妖言，罪当不赦，将使天下告讦不休，士子以文为戒，殊非国家义以正法，仁以包容之意”。建议清廷“嗣后凡有举首文字者，苟无的确踪迹，以所告本人之罪依律反坐，以为挟仇诬告者戒；庶文字之累可蠲，告讦之风可息矣。”[1] 这一建议在当时被清廷采纳。然而，到乾隆中期，文字狱盛行，挟嫌告讦愈演愈烈，中国知识分子遂陷于更加严酷的政治环境中。然而，即使这样，仍有人大胆地对清朝文化专制主义提出批评。乾隆二十三年（1758年)，御史汤先甲奏《刑法宜为变通》一折，反对清廷将“造作妖言，收藏野史”之案，当做“逆案”处理，认为对这类案件，只“宜坐以所犯罪名，不必视为大案，极意搜罗”。不过，他的主张遭到乾隆帝的严词批驳，乾隆帝说:“收藏野史案内，法在必治者，如《东明历》等书，不但邪言左道煽惑愚民，且有肆行诋毁本朝之语。此而不谓之逆，则必如何而后谓之

1　全祖望：《曹一士行状》，《碑传集》卷五六，明文书局，1985年。

逆者？凡在食毛践土之人，自当见而发指，而犹存迁就宽贷之意，必其人非本朝之臣子。”将汤先甲之奏折掷还[1]。乾隆四十三年(1778 年)，86 岁的湖南安化县民刘翱看到乾隆帝谕旨内有“凡有关违碍忌讳之书概令缴毁”之句，公开提出异议。他说：“自古国运接续之际，妄生议论，何代蔑有？”并有“是非之心，人皆有之，不得已之鸣，不揣狂妄，愿发部律拟，重罪甘心”等语。时湖南巡抚建议将其处斩立决，乾隆帝批：“三法司核拟速奏”[2]。钱大昕针对清廷对“诽谤诬讪”者的严惩，告诫说：“止谤莫如自修”，“谤之无实者，付之勿辨可矣。谤之有因者，非自修弗能止。”[3] 又说：“过者，圣贤所不能无也。自以为无过，而过乃大矣。自以为有过，而过自寡矣。”强调“高语性天而耻言改过，有过且不自知，与圣贤克己之功远矣”，并引陆宣公上疏说：“圣贤以改过为能，不以无过为贵。陛下若纳谏不违，传之适足增美。若违谏不纳，又安能禁之勿传？”[4]

谈到知识界对君主专制的批判，还有一个人也需提及，这就是汪景祺。汪景祺曾作过一篇引火烧身的文章，这就是《功臣不可为》，该文被收录在《读书堂西征随笔》一书中。在这篇文章中，汪景祺对人君和功臣之间微妙而复杂的关系作了形象而准确的分析。汪景祺认为功臣不得善终，主要在专制君主之猜忌。他分析说：“彼夫猜忌之主，其才本庸，而其意复怯。当贼寇昌炽时，望烽火则魂惊，见军书则股栗。忽有奇才异能之臣，起而戡定群凶，宁谧四海，捷书一奏，喜出非常。七宝庄严之，殊礼宠遇之。

1 《清高宗实录》卷五七六，乾隆二十三年十二月甲寅，中华书局，1985 年。

2 《刘翱供状案》，《清代三朝史案》中册，江苏广陵古籍刻印社，1993 年。

3 钱大昕：《止谤》，《十驾斋养新录》卷一八，《嘉定钱大昕全集》，江苏古籍出版社，1997 年。

4 钱大昕：《改过》，《十驾斋养新录》卷一八，《嘉定钱大昕全集》，江苏古籍出版社，1997 年。

迟之既久，则转念曰：‘敌人如此其横肆，兵事如此其周章，而此臣剪灭之。万一晋阳之甲兴，谁复能捍御者？’于是而其疑心生焉矣。”其次是畏忌。“既而阅所上纪功册，某处斩首几十万，某处拓地几千里，某处招抚若干，某处虏获若干，心胆震惊，魂魄荡慑，于是而畏心生焉。”再次为愤怒。“(功臣）既建奇功，复膺异数，位崇五等，礼绝百僚。内外臣工以其为朝廷所重也，无不敬而奉之，谄佞小人趋承恐后，长跪叩首，待之逾于常礼。而且题官则嫌其专擅，奏销则防其冒滥，叙功则憾其诈伪，卤获则谓其私藏，触处罣碍。争宠者又从而构之，于是而怒心生焉矣。”最后是厌恶。“(功臣）自谓受恩既深，以忠荩为报国。怀光欲去卢杞，李晟思慕魏征。而爱昵不可遽除，忠言不能入耳，反恨其无礼于君，恃功骄横，于是而厌心生焉。”汪景祺说：“疑也，畏也，怒也，厌也，以此四者待功臣，有不凶终而隙末者乎？”汪景祺告诫说：人主残害功臣，最终为自己的败亡打下伏笔。“杀道济而长城坏，害萧懿而东昏亡。洪武戮开国诸臣如屠羊豕，靖难兵起而金川不守。可胜慨哉！可胜慨哉！”[1]汪景祺系年羹尧的追随者，此文作于雍正二年（1724年）三月，其时年羹尧正春风得意，雍正帝称其“成全朕君父未了之事”，“皆朕之恩人也”[2]。而是时雍正帝之猜忌、残忍与虚伪，早已人所共知。汪景祺作《功臣不可为》，显然是因他预感到了年羹尧处境的危险性，故以此文提醒年羹尧注意自己的安危，同时，也借机发泄自己对人君独裁专断的不满之情。雍正帝当时虽未看到汪景祺的文章，但在功臣不易保全这一点上，二人倒不谋而合。他尝对年羹尧说：“凡人臣，图功易，成功难；成功易，守功难；守功易，终功难。为君者，施恩易，当恩难；当恩易，保恩难；保恩易，全恩难。若倚功造过，

1　汪景祺：《读书堂西征随笔·功臣不可为》，《掌故丛编》，中华书局，1990年。
2　《雍正朝汉文朱批奏折汇编》第2册，第731页，江苏古籍出版社，1989～1990年。

必致反目为仇，此从来人情常有者。”[1] 二人从不同的角度，揭示了一个相同的事实，那就是功臣往往不易善终，而这是由君主专制政体所决定的。

附带提一句，和一般臣僚不同，汪景祺对专制君主确实抱着一种不恭态度，如在其著述中竟然称康熙帝“皇帝挥毫不值钱”[2]，其胆量不可谓小。在汪景祺作《功臣不可为》后一年，年羹尧即因遭忌落职，家产被抄没。雍正帝从其家产中发现《读书堂西征随笔》，大怒，指责汪景祺“悖缪狂乱至于此极！”将其处斩，妻子发往黑龙江为奴[3]。对《读书堂西征随笔》知而不报，则成为导致年羹尧伏诛的大逆五罪之一。

与批判极端君主专制同时存在的是一些士人对清朝统治前途的失望，并表现出某种政治冷淡态度。郑板桥两首《瑞鹤仙》词，在一定程度上反映了这种精神面貌。在词中，它赞扬“废子传贤”为“妙理”，指责“禹汤无算计，把乾坤重担，儿孙挑起”，预感到专制政权“东扶西倒”，“任凭他铁铸铜镌，终成画饼”的可悲结局。其《瑞鹤仙·官宦家》云：

> 笙歌云外迥，正烛烂星明，花深夜永。朝霞楼阁冷，尚牡丹贪睡，鹦歌未醒。戟枝槐影，立多少金龟玉笋，霎时间雾散云销，门外雀罗张径。猛省，燕衔春去，雁带秋来，霜催雪紧，几家寒冻，又逼出，梅花信。羡天公何限，乘除消息，不是一家悭定。任凭他铁铸铜镌，终成画饼。[4]

1 《雍正朝汉文朱批奏折汇编》第 4 册，第 168～169 页，江苏古籍出版社，1989～1990 年。

2 汪景祺：《读书堂西征随笔·诙谐之语》，《掌故丛编》，中华书局，1990 年。

3 汪景祺：《读书堂西征随笔·许宝衡识》，《掌故丛编》，中华书局，1990 年。

4 郑板桥：《瑞鹤仙·官宦家》，《郑板桥集·词钞》，上海古籍出版社，1979 年。

其《瑞鹤仙·帝王家》云：

山河同敝屣，羡废子传贤，陶唐妙理。禹汤无算计，把乾坤重担，儿孙挑起。千祀万祀，淘多少英雄闲气。到如今故纸纷纷，何限秦头楚尾。休倚，几家宦寺，几遍藩王，几回戚里，东扶西倒，偏重处，成乖戾。待他年一片宫墙瓦砾，荷叶乱翻秋水。剩野人破舫斜阳，闲收菰米。[1]

如果对 18 世纪知识阶层对极端君主专制的怀疑和批判作一番宏观考察，可以得出以下几点印象：一是这个时期大多数人是赞成或拥护君主制度的。像崔述那样主张“公天下”者是极少数，像陆生楠那样公开主张恢复封建制者，也是极少数。但这一事实并不等于当时知识界对清朝政治现实没有异议，相反，留恋封建制者，以封建制为旗号，批判极端君主专制者，不乏其人。二是不少士人主张对君主过分膨胀的权力进行适当限制。限制的办法主要有两个，即设宰相以分君主之权；重科道，开言路以加强监督。与此同时，废除密奏制度，尊重臣僚独立人格的呼声，已然出现，而且趋于高涨。三是对与君权膨胀相适应的文化专制政策，不少人提出异议，这在一定程度上反映了当时知识界的普遍心声。

应该说，和 18 世纪多元的、活跃的学术观念比起来，士大夫们对君臣关系的理解是肤浅的，对极端君主专制的批判是苍白的，不但缺乏创新精神，而且暴露出理论的贫乏。以影响较大的限制君权的两种方案来说，它们其实都是经两千年政治实践证明行不通的。相权的终结，丞相制度的废除，本身是秦汉以来君权和相权长期斗争的结果，在明清时期，重新恢复相权，只能导致政治分裂和社会动荡。一些学者留恋封建制，诚然反映出他们认识到

1　郑板桥：《瑞鹤仙·帝王家》，《郑板桥集·词钞》，上海古籍出版社，1979 年。

了郡县制和君主专制之间密切的因果关系，体现出某种理论的深化趋势。但封建制毕竟是一种过时的落后的政治制度。历史早已证明，封建制在秦汉以后行不通。一旦实行，不但导致政治动荡，而且还会以破坏国家统一为代价，而在清代，很可能还要以丧失国家独立与主权为代价。在任何时候，学者都不能以一个极端反对另一个极端，尤其不能以落后、过时的东西作为旗帜，去实现自己先进的社会追求，否则，他必定会付出沉重的代价，而且这种代价往往比追求的失败更为惨重。值得注意的是，18 世纪绝大多数知识精英仍在郡县制和封建制中作非此即彼的选择，极少有人想到或察觉到未来政治体制可能在二者之外产生（崔迈是个例外），更没有对政治体制提出任何带创新意义的设想。至于许多学者提出用言官监督和制约皇权，确实是一种值得重视的想法。但问题在于，如果人君集立法、司法、行政和舆论大权于一身，言官权力的大小，从根本上讲仍取决于人君胸怀宽广的程度，取决于人君对不同意见的宽容程度，而在历史上，将政治的好坏，寄托于少数统治者道德的涵养，从来都是极不可靠的。如果不对君臣权力分配体制做出根本性的改革，一味强调人君纳谏，言官谏诤，他们所能改善的最多只是君主独裁的政策，而不是君主专制本身。

总之，18 世纪反传统精英们，大多是凭着一腔热血反对君主独裁，反对不合理的政治现实，虽然尖锐，但不深刻；充满激情，但缺乏创新。当然，18 世纪围绕君臣关系政治理论的贫乏，思想的沉寂，直接源于专制控制的严密，因为这和伦理、学术问题不一样，举手动足，略为不慎，就有“大逆不道”之嫌。在这一百年中，皇冠的光芒是如此的耀眼和强烈，以致于政治队伍的每一个成员都被笼罩其间，变得黯然失色。在这个独特的年代，在君臣关系这一最为敏感的话题上，人们不可能，也不允许有大的作为。我们应该理解那个年代知识界在政治领域的沉闷，事实上，能出现像谢济世、崔述、陆生楠、唐孙镐那样的英雄人物，已经是历史的奇迹了。从这些历史奇迹中，我们知道，中国要走向自由，走向民主，还将经历漫长而艰难的历程，还要忍受巨大而深重的痛苦和失望。然而，也是从这些奇迹中，我们看到了民族的希望，看到注定了要属于中华民族的光明前景，因为即使在政治上最为恐怖的黑暗岁月里，仍有勇士们在探索，在奋斗！

第三节　汪辉祖的行政管理理论

对于大多数知识分子来说，经世是其重要的指导思想，官僚政治的发达，政府人员的增加，也使大批士人进入仕途，加强官僚政治理论建设就成为政治发展的客观要求。这个时期，既然君臣关系是不可随便触及的理论禁区，知识界遂转而对政治领域的其他方面，进行了一系列卓有成效的探索，从而导致了 18 世纪中国行政理论的空前繁荣。

官僚政治的重要特点是讲究行政分工、行政等级、行政规范和行政监督。这一制度具有组织严密，便于操作等特点。但另一方面，随着时间推移，分工趋细，机构臃肿，人浮于事，行政效率低下等弊端也不可避免地逐渐出现。而在以人治为根本的政治环境中，行政监督不可能得到很好发挥，政治腐败，政务废弛，几乎成为历代官僚政治的通病。这一政治现实决定了 18 世纪中国知识界关于行政管理的核心话题是如何提高政府管理水平，妥善处理官民关系，以及印官与上司、幕宾、胥吏的关系，进而实现政风清廉，保障社会的协调发展。汪辉祖的有关论述代表了当时行政管理理论的最高水平。

汪辉祖，生于雍正八年（1730 年），卒于嘉庆十二年（1807 年），浙江萧山人，字焕曾，号龙庄，晚号归庐。其父汪楷曾为河南典史。汪辉祖少年丧父，为母亲教养成人。才思敏捷，“年十七，补县学生员，练习吏事，前后入州县幕，佐人为治。疑难纷淆，一览得要领。”[1]乾隆三十一年（1766 年）成进士，授湖南永州府宁远县知县，又“两署道州，又兼署新田县，皆有惠政”，“政声大播”[2]。然汪辉祖为官不久，即被夺职。阮元记载说：“官宁远未及四年，以足疾自劾免。时大吏已疏调君善化，疑君诡迹有所避，竟坐是夺职。”[3]汪辉祖著述颇丰，有《元史本证》50 卷，《读史掌录》12 卷，《九史同姓名略》40 卷，《龙庄四六稿》2 卷，《归庐晚稿》6 卷，《辽金元三史同名录》40 卷，《纪年草》1 卷，《二十四史希姓录》4 卷，《题衫集》3 卷，《辛辛草》4 卷，《岫云初笔》2 卷，《楚中杂咏》4 卷，《独吟草》1 卷，《汪氏追远录》8 卷，《越女表微录》7 卷，《善俗书》1 卷，《庸训》6 卷，《过眼录》2 卷，《诒穀燕谈》3 卷。当然，汪氏著述中，成就最突出，影响最大的是他关于行政管理方面的成果，主要有《学治臆说》、《学治续说》、《佐治药言》、《续佐治药言》、《学治说赘》诸书。阮元评论汪辉祖之生平与学问说：

> 天下虽大，州县之积也。州县尽得孝廉者治之，则永治矣。余读《学治臆说》、《佐治药言》，未尝不掩卷太息，愿有司之治若汪君也。余抚浙，尝行其书于有司。权抚河南，复刊布之。士人初领州县，持此以为治，虽愚必明，虽柔必强。是故学与仕合济于实用，其道易知，其迹易由，其事尽人能之，而其业亦终身不能竟。君循吏也，然孝子也，廉士也。呜呼！良吏之所以必举于孝廉者，观于汪君，其效不益

1　阮元：《循吏汪辉祖传》，《研经室集二集》卷三，《四部丛刊初编》本，上海书店，1989 年。

2《汪辉祖》，《清史列传》卷七五，明文书局，1986 年。

3　阮元：《循吏汪辉祖传》，《研经室集二集》卷三，《四部丛刊初编》本，上海书店，1989 年。

可睹哉！[1]

近人杨绍祖也认为：汪龙庄之行政理论，“虽论义若近庸常，然而明练庶务，鉴达治体，莫不本之物理人情，是故可鉴之施行，而不流于迂滞，非特为服官佐幕之准绳，即吾人涉身涉世，亦随在皆当取法。宜乎不胫而走，为识者所共宝也。”[2]

汪辉祖的行政理论，从政治成员行为准则入手，力图通过提高政治队伍素质，实现官僚政治的规范化运行。从其学术体系看，主要包括两大部分：官僚行为准则，幕宾行为准则。前者主要见于《学治臆说》、《学治续说》、《学治说赘》三部著作，后者主要见于《佐治药言》、《续佐治药言》。就其讨论核心议题而言，大致包括两个方面的内容：一是政府管理理论；二是临民之术。

立足清代政治实际，议论平实，具有较强的可操作性，是汪辉祖行政管理理论的重要特点。其政府管理理论，从官僚入仕莅任开始，对为政的主要方面作了全面而系统的论述。《学治臆说》、《学治续说》、《学治说赘》三书，成书于乾隆五十八年（1793 年）至嘉庆五年（1800 年）之间，主要讲的是为官之道。汪辉祖认为为官必须尽心，而尽心之前提，就是要周知所治之事，为知州、知县，“须周一县一州而知之。有一未知，虽欲尽心而不能”[3]。一旦为官，就会涉及与幕友、长随、吏役、上司、亲属等各种各样的利益关系，为此，汪辉祖提出一系列具体措施。

幕友为清代协助官僚为治的主要助手，其人品好坏，才能大

1　阮元：《循吏汪辉祖传》，《研经室集二集》卷三，《四部丛刊初编》本，上海书店，1989 年。

2　汪辉祖：《学治臆说》，同治十年杨绍祖序，同治十年慎间堂刻《汪龙庄先生遗书》本，本书所引据黄山书社《官箴书集成》本，1997 年。

3　汪辉祖：《尽心》，《学治臆说》卷上，《官箴书集成》本第 5 册，黄山书社，1997 年。

小，关系到为治之成败，故汪辉祖说:“到省先宜咨访贤友，聘请入幕。同寅推荐不宜滥许，上官情势有必不可却者，宁如数赠修，隆以宾礼，勿轻信妄任，驯致误事。”[1]汪辉祖介绍择友之道说：“人之气质，大概不同。毗于阳者刚，不免伉直忤物。毗于阴者柔，类多和易近人。然非平日究心律例，断不能高自持议。较之随波逐流，胸无定见者，遇事终可倚赖。择友自辅，当无取其软美也。”[2]对长随，汪辉祖特别强调不得滥收，并要慎加任用。告诫说，官员不可向幕友、长随借贷，否则，“此等人既有挟而来，必揽权以逞。辞之，则负不能偿。用之，则名为所败。所当谨之于初无已。宁厚其息，而不用其人。”[3]

对吏役，汪辉祖提出要用老成人。他说:“少年吏役，急于见知，原易节取。六七十岁者，其奔走奉迎，往往不如少壮。然服役既久，历事必多，周知利害，类能持重。选一二人朝夕承侍，以备顾问，总有裨益。惟若辈性多苍猾，揣摩附会是其所长，驾驭之方，尤须留意。”汪辉祖认为对老成吏役，为官者要加尊重，注意留其颜面。但驾驭吏役之方在“刑赏必行”[4]。

对处理和上司的关系，汪辉祖提出“宠眷不可恃”，“私人尤不可为”两条基本原则。他说:“服官之义，唯上所使。上官以公事见委，艰苦皆不可辞。使我以私，必当自远。不特私事也，名为公事，而行私意于其间，一有迎合，便失本心。为之愈熟，委之愈坚，其势必至丧检骫法。此当于受知之初，矢以朴诚，不知

1　汪辉祖：《访延贤友》，《学治臆说》卷上，《官箴书集成》本第5册，黄山书社，1997年。

2　汪辉祖：《择友之道》，《学治臆说》卷上，《官箴书集成》本第5册，黄山书社，1997年。

3　汪辉祖：《勿令幕友长随为债主》，《学治臆说》卷上，《官箴书集成》本第5册，黄山书社，1997年。

4　参阅汪辉祖：《吏役宜用老成人》、《老成吏役宜留其颜面》、《驾驭吏役再刑赏必行》，《学治臆说》卷下，《官箴书集成》本第5册，黄山书社，1997年。

有私，惟知有公，上官以为不达权宜，便是立身高处。”[1]

中国传统文化是一种亲族文化，首重亲情关系。这一传统在政治生活中，也颇多体现。如治理国家，重视“情法兼申”，不时“法外施仁”。朝廷用人，也受到传统亲情观念的影响，所谓“求忠臣于孝子之门”是也。乾隆时，浙江巡抚王亶望丁忧不令家人回籍守制，乾隆帝责其“忘亲越礼，实于大节有亏”[2]。形于文字的终养制度，也体现了朝廷对官员“忠臣”、“孝子”双重身份的认识与承认。然而，一旦亲族情感在政治领域恶性发展，就会与官僚制度和规范发生冲突。比较典型的如，有的官僚利用职权，为亲戚、同乡、朋友谋取私利，“一人得道，鸡犬升天”，败坏政纪法规。因此，深谙官场利弊的汪辉祖主张采取措施，限制亲情关系对官僚政治的影响。汪辉祖说：至亲不可疏，亲戚应当优遇，“自未遇以至通籍，莫不厚望于我，其情重可感”，但“不畀以事权，则负才者无所肆；不责以功效，则无才者可自容。称吾之力，衣之，食之，分禄以周之，尽吾心焉而已。”也就是说，汪辉祖主张为官者将个人利益适当分给亲属，但不可令其干预官府之事。因为这批人进入官府，极易滋生事端，而案发后，颇难措手，“以法则伤恩，以恩则坏法”。故他提出“至亲不可用事”，“用亲不如用友”，“子弟不宜轻令随任”，“亲友不宜概令赴署”等诸多政治原则[3]。

18世纪中叶以后，官僚队伍懈惰成风，政治运行因此受到严重影响。针对这一现实，汪辉祖提出，官员应该习练公事。“幕宾固不可不重，一切公事，究宜身亲习练，不可专倚于人。盖已

1　汪辉祖：《私人尤不可为》，《学治臆说》卷上，《官箴书集成》本第5册，黄山书社，1997年。

2 《乾隆朝上谕档》乾隆四十五年十二月七日，档案出版社，1991年。

3　参阅《至亲不可用事》、《用亲不如用友》、《子弟不宜轻令随任》、《亲友不宜概令赴署》诸条，《学治臆说》卷下，《官箴书集成》本第5册，黄山书社，1997年。

不解事，则宾之贤否，无由识别，付托断难尽效。且受理词讼，登答上官，仓猝自有机宜，非幕宾所能赞襄。不能了然于心，何能了然于口。耳食之言，终属葫芦依样，底蕴一露，势必为上所易，为下所玩，欲尽其职难矣。”[1]汪辉祖强调官员必须亲理政务，凡事要做到自有主见。他说：“事无巨细，权操在手，则人为我用。若胸无成见，听人主张，将用亲而亲官，用友而友官，用长随吏役而长随吏役，无一非官。人人有权，即人人做官，势必尾大不掉，官如傀儡，稍加约束，人转难堪，甚有挟其短长者矣。国人知有穰侯华阳，而不知有王，速败之道也。故曰‘官须自做’。”[2]

对廉政问题，汪辉祖予以高度重视。他指出，为官者宜戒嗜好，不可自我放纵。他说：为官之人，一举一动都为众人窥伺，“不特声色货利，无一可染，即读书赋诗，临池作画，皆为召弊之缘。当其兴到时，或试以公事，稍有不耐烦之色，即弊所从起也”[3]。汪辉祖提出了不少廉政措施，如饮酒宜有节制，“用财宜节”，“勿使家人有居官之乐”，“出纳不可不知”，“财不可入私室”等。汪辉祖特别强调说，为官公罪不可避，私罪不可有。他说：

一部《吏部处分则例》，自罚俸以至革职，各有专条。然如失察，如迟延，皆为公罪。虽奉职无状，大率犹可起用。若以计避之，则事出有心，身败名裂矣。故遇有公罪案件，断断不宜回护幸免，自贻后悔。

凡侵贪挪移以及滥刑枉法诸条，皆己所自犯，谓之私罪。夫公罪之来，虽素行甚谨，亦或会逢其适，私罪则皆孽由自

1　汪辉祖：《宜习练公事》，《学治臆说》卷上，《官箴书集成》本第5册，黄山书社，1997年。

2　汪辉祖：《官须自做》，《学治臆说》卷上，《官箴书集成》本第5册，黄山书社，1997年。

3　汪辉祖：《嗜好宜戒》，《学治臆说》卷下，《官箴书集成》本第5册，黄山书社，1997年。

作。果能奉公守法，节用爱人，夫何难免之有？[1]

当然，汪辉祖的廉政观有其局限性。比较典型的如，他公开提出“勿彰前官之短”。云：“人无全德，亦无全才。所治官事，必不能一无过举。且好恶之口，不免异同。去官之后，瑕疵易见，全赖接任官弥缝其缺失。居心刻薄者，多好彰前官之短，自形其长。前官以迁擢去，尚可解嘲。若缘事候代寓舍，有所传闻，必置身无地。夫后之视今，犹今之视昔。不留余地以处人者，人亦不留余地以相处，徒伤厚德，为长者所鄙。”[2]汪辉祖这一说法从表面上看有一定道理。但如果将其置于乾隆中后期清朝政治的实际环境中予以考察，就会发现其严重局限性。18世纪后半期的清朝官僚政治，存在着一个严重弊端，就是官官相护，官僚彼此瞻徇，徇庇、袒护之案层出不穷。以京察为例，“部院各堂官，每届计典，除荐举外，不过约略劾去一二员，以符成例，其余概与姑容，姑息瞻徇之习皆所不免”[3]。在这种情况下，汪辉祖大力提倡“勿彰前官之短”，接任官为前官“弥缝”，虽谈不上倡导官僚官官相护，但至少可以说是不合时宜的。至于他所主张的“陋规不宜遽裁”，“常例应酬不宜独减”，虽其出发点是担心官僚“用无所出，势复取给于民，且有变本而加厉者”。但问题在于，如果政府对陋规的存在视而不见，不进行合理限制，恐怕陋规只会越变越多，越加越重，对此，精通吏治的汪辉祖应该是有所觉察的[4]。

此外，汪辉祖还提出用人不可自恃；勿躁进；勿喜功；初任

1 汪辉祖：《公过不可避》，《私罪不可有》，《学治臆说》卷下，《官箴书集成》本第5册，黄山书社，1997年。

2 汪辉祖：《勿彰前官之短》，《学治续说》，《官箴书集成》本第5册，黄山书社，1997年。

3 《乾隆朝上谕档》乾隆四十一年十二月初八日，档案出版社，1991年。

4 参见汪辉祖：《陋规不宜遽裁》，《学治续说》，《官箴书集成》本第5册，黄山书社，1997年。

须体问风俗、旧制不可轻改、多疑必败、清不可刻、治贵实心尤贵清心等一系列重要的为官准则。

汪辉祖的《佐治药言》和《续佐治药言》，成书于乾隆后期，主要介绍入幕之道，为论述清代幕宾制度的重要著作。汪辉祖特别重视幕宾的人品和道德，强调："士人不得以身出治，而佐人为治，势非得已。然岁脩所入，实分官俸，亦在官之禄也。食人之食，而谋之不忠，天岂有以福之？且官与幕客，非尽乡里之戚，非有亲故之欢，厚廪而宾礼之，什伯于乡里亲故，谓职守之所系，倚为左右手也，而视其主人之休戚，漠然无所与于其心，纵无天谴，其免人谪乎？故佐治以尽心为本。"[1]幕宾忠于所事，并不等于无原则地一概听命于主人，幕宾对主人要讲人情，更要讲是非。汪辉祖主张幕宾对主人勇于进言，保持"合则留，不合则去"的平等的契约性的工作关系。他说，为幕宾者，"立心要正"，"自处宜洁"，不可过受主人之情。"合则留，不合则去，是处馆要义，然有不能即去者，不仅恋馆之谓也。平日过受主人之情，往往一时却情不得。岁脩无论多寡，饩禀称事总是分所应得。此外，多取主人分毫，便是情分。受非分之情，或不得不办非分之事。故主宾虽甚相得，与受必须分明。即探支岁脩，亦宜有节。探支过度，则遇有不合，势不得洁身而去矣。"[2]也就是说，汪辉祖所谓幕宾尽心职守，忠于所事，指的是严格按照清朝政纪法规，协助官僚办理公务，是对朝廷负责，对百姓负责，而不是简单地对官僚负责，故他反对幕宾与主人形成利益与共，不问是非，共谋私利的亲族小集团。他说："幕客因人为事，无功业可见。言行则道行，惟以主人之贤否为贤否，主人不贤，则受治者无不受累。夫官之禄，民之脂膏，而幕之脩出于官禄。吾恋一馆，而坐视官

1　汪辉祖：《尽心》，《佐治药言》，《官箴书集成》本第5册，黄山书社，1997年。
2　汪辉祖：《勿过受主人情》，《佐治药言》，《官箴书集成》本第5册，黄山书社，1997年。

之虐民，忍乎？不忍，且当世固不乏贤吏矣。诚能卓然自立，声望日著，不善者之所恶，正善者之所好也。故恋栈者或且穷途偃蹇，而守正者非不到处逢迎。”[1] 此外，对幕宾在官府的行为规范、职责和义务，汪辉祖也提出了不少重要见解，强调习幕者要“俭用”，要注意检点书吏，盗案慎株累、妇人不可轻唤、访案宜慎、公事不宜迁就、批驳勿率易，宜随机杜弊，他关于幕宾的这两部著作，可以说是清代习幕者必读的基本教材。

临民之术是汪辉祖行政理论的重要组成部分。在传统政治条件下，政治关系从等级序列看，主要由两部分组成：一是君臣关系，二是官民关系。人们经常谈论的君主与百姓的关系，在很大程度上是通过官民关系得到体现的。官风好坏，政府能否妥善处理百姓的利益，建立一种融洽和谐的社会环境，直接关系到政权的前途与命运。正因为如此，汪辉祖特别重视官僚的临民之术，明确指出，官僚为政，“以亲民为要”，并提出具体措施，以实现“官民一体”的理想境界。他说：

> 长民者，不患民之不尊，而患民之不亲。尊由畏法，亲则感恩。欲民之服教，非亲不可。亲民之道，全在体恤民隐，惜民之力，节民之财，遇之以诚，示之以信，不觉官之可畏，而觉官之可感，斯有官民一体之象矣。民有求于官，官无不应；官有劳于民，民自乐承。不然，事急而使之，必有不应者。往往壤地相连，同一公事，而彼能立济，此卒无成，曰：“民实无良”。岂民之无良哉？亲与不亲之分殊也。官事缓急何常？故治以亲民为要。[2]

1　汪辉祖：《得失有数》，《佐治药言》，《官箴书集成》本第 5 册，黄山书社，1997 年。

2　汪辉祖：《治以亲民为要》，《学治臆说》卷上，《官箴书集成》本第 5 册，黄山书社，1997 年。

汪辉祖告诫为官者说，“居官时，不患无谀词，而患无规语。民即怨诅，不遽入耳。迨去官，而贤否立判。民有恋惜之声者，贤吏也。苟其不贤，道路相庆，虽迁擢去，不能防民之口，去以他故，诟詈随之。候代需时，有莫为之居停者矣。故治柄在手，当时时念有去官之日，自然不敢得罪于群黎百姓。”[1]

又说：

> 民易虐也。然虐民者，往往无后。悖入悖出，其显焉者已。将治士子，则念子孙有为士子之日，将治白丁，则念子孙有为白丁之人，自然躁释矜平，终归仁恕。宁远勘丈之事，旧多反复。余尝誓于两造曰：“吾才势不能周，如有袒私，他日尔子孙斗争，吾子孙亦斗争。尔子孙以斗争殒命，吾子孙亦以斗争殒命。愿尔子孙自吾此勘，永杜争端，即吾子孙之幸也。”四年间，本境勘案及委勘邻境之案，从无翻异者。未必果无差谬，吾心尽，则人亦谅之。故为治者，治堂下百姓当念家中子孙，不然，喜怒由己，枉滥必多。余学肤德薄，深惧不能为治。到官之初，撰十四言悬之客座，曰：“官名父母须慈爱，家有儿孙望久长。”时时循览自省，比去官，邑绅赠余别联曰：“为政真如慈父母，愿公长得好儿孙。”盖即用座联之意。受之弥增愧恧。[2]

汪辉祖特别指出，得民在去弊，亲民在听讼。他说：“论治者佥曰‘兴利除弊’。方今久道化成，闾阎乐业，更无可兴之利。惟积弊相仍，未能尽绝。在官者，如采买、折收、征漕、浮揹、及

1 汪辉祖：《当思官有去日》，《学治臆说》卷下，《官箴书集成》本第 5 册，黄山书社，1997 年。

2 汪辉祖：《为治当念子孙》，《学治臆说》卷下，《官箴书集成》本第 5 册，黄山书社，1997 年。

官价民贴等事；在民者，如地棍滋扰，讼师教唆，及盗贼、恶丐等事，皆为民害。各处情形不同，须就所官地方，相其缓急，次第整顿，得去一分，即民受一分之福矣。”[1]汪辉祖从除弊的角度，特别强调不要以地方特产馈送上司。他说：“地产土宜，非有土官之利也。偶因取给之便，奉上官，赠僚友，后遂沿为故事，甚至市以官价，重累部民。毒流无既，如之何可为厉阶也。故旧规所有，尚宜斟量裁减。若所产之物，素未著名，断不可轻用馈遗，贻后人之害，祸同作俑。”[2]至于听讼，汪辉祖强调要以理服人，“挞一人，须反复开导，令晓然于受挞之故。则未受挞者，潜感默化。纵所断之狱，未必事事适惬人隐，亦既共见共闻，可无贝锦蝇玷之虞。”[3]与此同时，汪辉祖又提出“断案不如息案”，认为最好通过亲友调解，息事宁人。他说：“勤于听断善已，然有不必过分皂白，可归和睦者，则莫如亲友之调处。盖听断以法，而调处以情。法则泾渭不可不分，情则是非不妨稍借。理直者，既通亲友之情；义曲者，可免公庭之法，调人之所以设于周官也。或自矜明察，不准息销，似非安人之道。”[4]他还提出，为官者须为百姓惜力。云：“先儒有言：‘一命之士，苟留心于爱物，于物必有所济。’身为牧令，尤当时存此念。设遇地方公事，不得不资于民力，若不严察吏役，或又从而假公济私，扰累何堪？故欲资民力，必先为民惜力。不惟弭怨，亦可问心。”[5]

1　汪辉祖：《得民在去弊》，《学治臆说》卷上，《官箴书集成》本第5册，黄山书社，1997年。

2　汪辉祖：《勿以土物充馈遗》，《学治续说》，《官箴书集成》本第5册，黄山书社，1997年。

3　汪辉祖：《亲民在听讼》，《学治臆说》卷上，《官箴书集成》本第5册，黄山书社，1997年。

4　汪辉祖：《断案不如息案》，《学治臆说》卷上，《官箴书集成》本第5册，黄山书社，1997年。

5　汪辉祖：《须为百姓惜力》，《学治续说》，《官箴书集成》本第5册，黄山书社，1997年。

汪辉祖主张为官者要处理好官府与地方精英阶层的关系。他认为办理地方事务，必须充分听取地方绅衿的意见，所谓“咨访利弊，自以绅耆为重”[1]。他提出要通过“礼士”，将士人变为协助政府行使权力，“辅官宣化”的重要工具。他说：“官与民疏，士与民近。民之信官，不若信士。朝廷之法纪，不能尽喻于民，而士易解析，谕之于士。使转谕于民，则道易明，而教易行。境有良士，所以辅官宣化也。且各乡树艺异宜，旱潦异势，淳漓异习，某乡有无地匪，某乡有无盗贼，吏役之言，不足为据。博采周咨，惟士是赖，故礼士为行政要务。”[2]汪辉祖从稳定地方社会秩序的角度出发，强调政府要藏富于民，尤其要维护富民的利益。他在《学治续说》中写道：

> 藏富于民，非专为民计也，水旱戎役，非财不可。长民者，保富有素，遇需财之时，恳恻劝谕，必能捐财给匮。虽吝于财者，亦感奋从公，而事无不济矣。且富人者，贫人之所仰给也。邑有富户，凡自食其力者，皆可藉以资生。至富者贫，而贫者益无以为养，适有公事，必多梗治之患，故保富是为治要道。[3]

而保富的办法就是从法律的角度，从社会治安的角度，“除暴安良”，维护富人的利益，即：“保富之道，在严治诬扰，使无赖不敢借端生事，富人可以安分无事，而四境不治者未之有也。”[4]

---

1 汪辉祖：《察事之法》，《学治臆说》卷上，《官箴书集成》本第5册，黄山书社，1997年。

2 汪辉祖：《礼士》，《学治臆说》卷上，《官箴书集成》本第5册，黄山书社，1997年。

3 汪辉祖：《保富之道》，《学治续说》，《官箴书集成》本第5册，黄山书社，1997年。

4 汪辉祖：《保富之道》，《学治续说》，《官箴书集成》本第5册，黄山书社，1997年。

总的说来，汪辉祖的行政管理理论，以巩固清朝统治，维护现存社会秩序为其根本目的，以实现官僚政治规范化运行为主要内容。但从历史的角度看，下面几点值得充分重视：一是汪辉祖行政管理理论的基本内容，不是宣扬君权，或强化君权，而是突出政纪、法纪的权威，试图通过实现官僚政治的规范化运行，消除当前政治的缺陷。二是汪辉祖的行政管理理论，以州县行政为其基本对象。这既源于他本人的阅历所限（他长期效力于州县，故对基层政治十分熟悉），也源于他的一个基本认识（这也是当时许多官僚的共同认识），这就是“亲民之治，实惟州县。州县而上，皆以整饬州县之治为治而已”[1]。三是对廉政的高度重视。汪辉祖说：“夫天下者，州县之所积也。为之令牧者，人人各尽其职，不亏帑，不虐民，黎庶乂安，府廪充实，安在不可仰副圣天子勤民之睿虑于万一哉！”[2]四是其可操作性。汪辉祖的行政管理理论，绝无道学习气，既不高谈阔论，也无性理说教，来源于行政实践，又服务于行政实践，故能产生较大的社会影响，被公认为“是书之有益于官与幕者非浅鲜”[3]。值得一提的是，汪辉祖的行政理论，尽管具有种种局限性，但从总体上看，它对今天的政权建设，行政管理，仍具有重要的借鉴意义。他关于廉政的思想，关于官民关系的思想，关于上下级关系的思想，都值得人们认真思考。

第四节　普遍行政管理观念

18世纪是中国行政管理理论获得空前发展的时期。说一种思潮、一种理论获得空前发展，主要有两种依据。一是它所阐发的

1　汪辉祖：《学治臆说·序》，《官箴书集成》本第5册，黄山书社，1997年。

2　汪辉祖：《学治臆说·序》，《官箴书集成》本第5册，黄山书社，1997年。

3　许宝：《重刊汪龙庄先生遗书序》，见汪辉祖《学治臆说》，《官箴书集成》本第5册，黄山书社，1997年。

思想内容，在深度上、广度上和体系上均超过了前代；二是它的社会影响，它在社会中获得重视的程度，达到了一个新的水平。18 世纪的中国知识界，不但产生了汪辉祖这样杰出的行政管理专家，而且，随着经世思潮的发展，文治的兴盛，官僚队伍对行政管理的重视日渐加强，一些新的管理观念不断涌现，取得了一系列有影响的重要成果。这个时期，服务于官僚政治的官箴书、政书大量出现。像成书于乾隆后期的《晋政辑要》，于山西省之设官、养廉、民数、赋税、盐政、仓储、学校、矿冶、工程等情况，分门别类，择要汇集，“其凛承谟训，以及于政府之所颁，内外有司之所敷奏胪陈件系，无不有条而有理，归于制节谨度而止”，为提高山西地方政府运作之规范化程度奠定了重要的知识基础[1]。18 世纪士林行政观念，就其关注重点主要有：胥吏问题，官风问题，法治问题，政府与百姓利益关系问题，等等。笔者在第二章已经论及的理学名家陈宏谋，在这方面就颇有作为。

陈宏谋之行政管理思想，有一个重要特点，那就是重视胥吏素质的提高。陈宏谋从清代政治的实际出发，对胥吏在政治中的独特作用有清醒认识，认为“官虽至暴，必由胥吏助成其虐；官虽至仁，必藉胥吏施行其惠”[2]。故如何提高胥吏素质，是他特别关注的问题。所编《在官法戒录》即主要针对胥吏而言。陈宏谋在序中特别强调胥吏状况对官僚政治的重要影响。他说：

> 然国家设官置吏，官暂而吏久也，官少而吏众也。官之

1　海宁辑：《晋政辑要》序，乾隆五十四年山西布政使司刊本。

2　陈宏谋：《在官法戒录》卷一，同治七年楚北崇文书局版。需要说明的是，陈宏谋这一观点也反映了清代士人的普遍认识。邵晋涵尝说：“今之吏治者，三种人为之，官拥虚名而已。三种人者，幕宾、书吏、长随”。汪辉祖对此深以为然，认为“今之为治，必不能离此三种人”（《学治续说·用人不易》）。近人郭嵩涛更直言不讳地说：“明与宰相、太监共天下，本朝则与胥吏共天下耳。”（《胥役类》，《清稗类钞》第 11 册，中华书局，1986 年）

去乡国常数千里，簿书钱谷，或非专长，风土好尚，或多未习，而吏则悉习而谙练者也。他如通行之案例，与夫缮发文移，稽查勾摄之务，有非官所能为，而不能不资于吏者。则凡国计民生，系于官即系于吏，吏之为责，不亦重乎？而为吏胥者类，皆有机变之才智，不能安于畎亩耕凿之朴，来求役于官。因盘据其间，子弟亲戚，转相承受，作奸犯科，相习熟为固然，而不知礼仪之可贵，为官者亦多方防闲之，摧辱之，几若猛兽搏噬之不可驯扰。夫防之愈严，作弊亦愈巧。摧之愈甚，自爱之意愈微。将嚣然丧其廉耻之心，以益肆其奸猾狡黠之毒。官吏相蒙，国计民生于焉交困，而贪昧陋劣之员，受其牢笼牵鼻，沦胥以败也，又不足言矣。[1]

陈宏谋在这里提出对胥吏不能简单地防范和责辱，否则，胥吏丧失其自爱廉耻之心，官僚政治就会愈加败坏，应该说是正确的。他要求官僚对胥吏应“思所以化诲之”[2]，也就是说，要加强对胥吏的思想教育，这当然不失为改良政治的一种方法。所作《在官法戒录》4卷，“采集书传所载吏胥之事，各缀论断”，就其用意也在于此，即“所以教胥吏也”[3]。

对为官之道，陈宏谋强调要有是非之心，要保持清醒的头脑。他向胡承璘传授经验说：“官场之事，论举行，则当局自易于旁观；论是非，则旁观较明于当局。盖当局者，不但人多蒙蔽，即自心先不免于蔽，故可畏也。能当局而时作旁观之想，则得之矣。”[4]为政处之以公心，规划地方事务计之以久长，经手仓库钱粮，做

1 陈宏谋：《在官法戒录·序》，同治七年楚北崇文书局版。

2 陈宏谋：《在官法戒录·序》，同治七年楚北崇文书局版。

3 陈宏谋：《须万寿幕窗悔过记》，《在官法戒录·序》卷四，同治七年楚北崇文书局版。

4 陈宏谋：《寄胡承璘书》，《培远堂手札节要》卷上，《陈榕门先生遗书》，广西省乡贤遗著编印委员会，1943年。

到时时清楚，是陈宏谋对行政管理的基本要求。其《寄徐德裕书》说："同僚相遇，岂能人人尽如己意，唯虚公而又体之以恕，常觉在己未必尽是，而在人未必尽非，则自然少所滞碍。筹画地方利弊，不可止图目前，在任一日，须尽一日之心。而经手仓库钱粮，则又须作刻刻可以交盘之想，如是而已。"[1]对官场流行的揣摩迎合风气，陈宏谋十分反感，任江西巡抚时，尝训斥属僚说："官场陋习，最讲揣摩。西江人情，尤喜造谤。一官之陟，不以为某人嘱托所致，则以为某事迎合所致；一官之黜，不以为某人中伤使然，则以为某事拂意使然。至于断案平反，尤易有捕风捉影之事。百凡惟知责人，不思返己。惟趋风气，不按道理。不但士民有之，官场亦正不免。本都院无他技能，所讲求者，是是非非之定理；所主持者，善善恶恶之公论。揣摩二字，总用不着。果能事事求其至是，而力于为善，便是工于揣摩。"[2]陈宏谋对官场普遍存在的苟安废弛，不务实事，以致官民隔阂的不良风气予以尖锐抨击。他说：

官场陋习，上下衙门，终日忙迫，究竟实在及民者甚少。官有事于民，而民反不之知。民所切望于官，而官又不之知。官民情意不通，虽法良意美，行之反以滋弊。甚至因偶一有之之弊，而废经久当行之法，皆官司苟安自便，奉行不实之故也。至于州县尤为亲切交关，故州县得人，则一州一邑受福矣。圣主勤政爱民，公听并观，臣工条对，意美法良，不一而足。其言之可听而行之甚难，固多有之，然亦有名虽奉行，实未曾行者。即如每奉部文，层层转行，上下衙门，案将成帙。似乎已经奉行，而士民则尚不得知，地方何从受益？

1　陈宏谋：《寄徐德裕书》，《培远堂手札节要》卷上，《陈榕门先生遗书》，广西省乡贤遗著编印委员会，1943年。

2　陈宏谋：《谕江西各府》，《培远堂手札节要》卷上，《陈榕门先生遗书》，广西省乡贤遗著编印委员会，1943年。

总由上司以转行为了事，州县以发房为了事，即出告示，亦祇在于城门通衢。远乡士民何由遍观尽识？出示之后，官亦全不照应，及至士民，或有违犯，不曰“事不可行”，则曰“民不肯行”，而不知实未曾行也。[1]

陈宏谋强调，为官者应该振作精神，勇于担当，有所作为。他说：“大凡有益于世之事，其始也，不能不有所难，迨其后，则又不能一无所累。畏其难，惧其累，必至视天下事皆可以已。不但己不可为，且劝人之不为，且忌人之为，见有为之者，则又即其小疵以议其大醇，使卒无以自解。此所以驱天下之人，皆趋于苟安自便之一途，而鲜有人焉，出而任天下之事也。”[2]

在行政诸问题中，陈宏谋最关注的还是民生问题。他说：“吾辈居官，当事事从民生起见。计久远不计目前，尚实事不饰虚文，方不负朝廷为民设官之义，方不虚此生读书济世之意。”[3]又说：“地方官果肯事事从民生起见，每奉行一事，体察民情，逐处计画，利在何处，害在何处，惟求有利于民，并防有累于民，行之而利多弊少，则当救弊以全利，不可因弊而废利。如此，则虽法未能即效，亦可补偏救弊，渐收其益矣。”[4]对于社会上存在的盗贼现象，雍正帝认为“良善之人，虽遇饥寒而亦断不为盗，凶恶之人，不必饥寒而后为盗”，“其以为盗由于饥寒者，乃盗贼巧于避罪之辞，而不能化民善俗之庸劣有司，亦遂以此为藉口，欲轻己身之罪”[5]。陈宏谋不以为然。他认为盗贼起于饥寒，政府的治

1　陈宏谋：《与各属论治》，《清经世文编》卷一六，中华书局，1992年。

2　陈宏谋：《与各属论治》，《清经世文编》卷一六，中华书局，1992年。

3　陈宏谋：《寄孙隽书》，《培远堂手札节要》卷上，《陈榕门先生遗书》，广西省乡贤遗著编印委员会，1943年。

4　陈宏谋：《与各属论治》，《清经世文编》卷一八，中华书局，1992年。

5　中国第一历史档案馆：《雍正起居注》雍正五年十一月二十六日，中华书局，1993年。

安措施诚然重要，但养民才是稳定秩序的根本之法。他说："盗贼皆起于贫穷，贫穷皆由于无业。自来以保甲为弭盗之计，不知防之使不敢为盗，不若养之使不必为盗也。所云遍查惰民，诚得此意。惟编造之法，不患其遗滥，而患其纷扰；安插之法，不患其疏虞，而患其失养。尚宜通盘筹及，方可就地施行。"[1]为了百姓生计，他主张不惜资财，即"为国理财，节慎为要，量入为出"，但若"事关民务久远之利，虽重有费，亦当不惜。"[2]

对官民关系，陈宏谋主张为官者，以良心真诚相感，而不可以法术笼络。他说："官民虽有尊卑，而天良原所同具。居官者倚势作威，不以良心相感，徒以法术为笼络，虽可欺于一二人，不能欺于千万人。无论内地边方，此心此理，均属相同也。"[3]清朝历代统治者都主张教养百姓，陈宏谋认为其主要内容就是官僚秉公勤政，实心实意为百姓谋福利。即："地方官勤政秉公，体民心以己心，筹民事如家事。官有平政理讼之实功，民自收移风易俗之实效。教养出其中，化导亦出其中。"[4]他特别强调为官者要慎重刑狱，将它提高到关系清朝统治安危的战略高度。尝云："地方有司，每日审理词讼，是非虚实，皆关小民身命。始于至微，成于至巨。涓涓不塞，将成江河。民情虽刁，果能有审有断，折服其心，自不至挺而走险。"[5]陈宏谋对州县政治特别重视，并且反对简单地以宽严立论。他说："州县官一举一动，与百姓息息相关，

1 陈宏谋：《寄王者相书》，《培远堂手札节要》卷上，《陈榕门先生遗书》，广西省乡贤遗著编印委员会，1943年。

2 陈宏谋：《寄德松如先生书》，《培远堂手札节要》卷上，《陈榕门先生遗书》，广西省乡贤遗著编印委员会，1943年。

3 陈宏谋：《寄崔善元书》，《培远堂手札节要》卷中，《陈榕门先生遗书》，广西省乡贤遗著编印委员会，1943年。

4 陈宏谋：《寄熊绎祖书》，《培远堂手札节要》卷下，《陈榕门先生遗书》，广西省乡贤遗著编印委员会，1943年。

5 陈宏谋：《寄陶孚中其愫书》，《培远堂手札节要》卷下，《陈榕门先生遗书》，广西省乡贤遗著编印委员会，1943年。

不独贪廉为小民身家所系，即勤惰明昧之间，缓急宽严之别，亦为小民休戚所系。现在随时劝勉戒饬，冀其各发天良，体朝廷设官为民之义，不复存自利自私之心，庶几随其才分之短长，渐著其为民之实效。大抵劳来匡直，辅翼振德，祇完得一教字。因事因人，随时随地，一切引人于善，禁人为恶，及止恶于未然，惩恶于已犯，无非教中之能事。所以发强刚毅之中，具有忠厚恻怛之意。近世论治，动以主宽主严立论，则不免于偏，常至积重难挽，矫枉过正。所谓宽而有制，严而不苛者，乃是一意公平，实事求是，胸中并无宽严之见者存也。”[1]

康雍时期著名理学家杨名时特别重视地方官僚的选拔，他认为:“督抚是监司之表率也，监司则守令之准绳也，守令则斯民之师师也。督抚不得其人，则监司惰；监司惰，则守令弛，而斯民乃重困矣。”因此，地方官僚是否选用得人，直接关系到清朝统治的前途。为此，杨名时提出“考言试事”的考选办法。其内容为：“天子之命督抚监司也，必考其平日居官之素望，政治之实迹，非才德兼优，不得与于是选。又召见而细察其人，命直陈所以为治之要，则其人之才德可知，又从而反复训饬之，使知天子以察吏安民辑兵之责，寄之者如此其至。而于各提镇大臣，亦必择其德器才能实足以守常而御变者，而后任之，则群臣奉上德意，虽海隅荒服，罔不率俾矣。守令为亲民之官，无以其卑而使之不得自达于天子之前。每选是职，在京者，咸赐召对阙下，命直陈平日居家事亲之道，修身理物之方，天子亲览焉。且考其平日素行，果能孝友廉洁与否，察其贤也，乃试之职，以示爱民励士之至意。在任转升者，令各省藩司核其素行，且令藩司取其条陈经济事宜，转达御前，藩司不得有所阻蔽，一仿古考言之法，三载乃考其实政而黜陟之。即下而司铎之官，亦用是考言试事之法，以申激励。

1　陈宏谋：《寄桐城张相国书》，《清经世文编》卷一六，中华书局，1992年。

则人咸务实行，尚实治，士气奋而民豫附矣，此则外臣得人之效也。”[1] 杨名时这套办法，其实并没有多少新意。他说的许多内容，实际上清朝早已实行，而且一直在实行，甚至做的比他说的还多。清帝不但在引见、召见臣僚时，亲自观察、考察官僚情况，而且平时还通过奏折制度、派遣特务等方式广泛稽查，并经常与内阁、军机处大臣以及地方督抚大吏讨论官僚人选，了解地方吏治民情，其京察、大计制度也十分健全。问题在于，政治的好坏，绝非皇帝一人所能决定，也非极少数上层统治者所能简单左右。它取决于社会环境、官僚和政府利益分配关系、官僚队伍素质等多种因素，特别取决于能否建立一套相对独立有效的行政监察系统。杨名时一味将希望寄托于皇帝的“考言试事”，实际上高估了皇帝的行政能力，恐怕未得清朝政治之要领。

方苞在康乾时期以学问著称，被人视为“今之古人”[2]，然颇怀经世之心。他针对耗羡归公后，官僚养廉银仍不够使用，甚至因此影响政风廉洁的现状，提出通过物质奖励，推动政风的改善。在《请矫除积习兴起人才札子》中，方苞建议：“自耗羡归公以后，州县之繁剧者，养廉至千数百金，犹不足以延幕客、办公事，在内诸司，虽蒙加俸一倍，犹不足以僦屋、赁仆、秣马、供车。伏愿通计天下之耗羡及经赋所余，详加筹画，必使州县得备其公事；诸司得赡其身家，然后一犯赃私，严法不贷。其声绩显著者，则时赐金帛，进爵秩而使久于其任，如此，则凡为吏者，皆得俯仰宽然，洁己以奉公，孰肯苟且行私，以自取终身之坠陷乎？”[3]

在《与顾用方尺牍》中，方苞提出了防止属吏假公济私，营私舞弊的具体办法：“宜除堂管，用愚蠢不识字人守宅门，而托道

1　杨宾实：《治论》，《切问斋丛钞》卷一三。
2　沈廷芳：《方望溪先生传》，《碑传集》卷二五，明文书局，1985 年。
3　方苞：《奏札·请矫除积习兴起人材札子》，《望溪先生集集外文》卷二，上海古籍出版社，1983 年。

义之友或至亲不容相负者监之。门外置云板，凡属官以公事求见，巡捕不得遏，即时击云板，门外即达簿记，或速或少迟，限日传见”，则左右之人有事传谕属吏，属吏通过“抑扬其辞”，以谋私利的弊端可以消除。

方苞进一步提出下面几条措施：

一、朝夕相见属吏及书吏、仆从，万不可少假以语言色笑。即不听其言，而外人多求自通者矣。

一、本城属吏及巡捕官口角便利，善会人意者，即当远之。虽不听其言，外人数与之接，必谓能言事于左右，其人必乘间招摇，无从防备。

一、大府道在察吏，吏服民自安。然最忌者，寄耳目于左右亲近。盖小人无不好利，其是非必悖于公论。惟于办事之明暗宽刻诚伪察之，而博访于民言，乃可无误。

一、进一善人，民未必遂受其利，以善人或无才，或不能尽行其志也。惟退不肖则吏皆革心，而民免于害矣。但恐所谓贤不肖难得其实，必验民所向背乃可凭。而欲知民之向背，亦难得其实，即私行亲访，左右先必反售其诈术，莫若参伍于众言。凡州县属吏及教官，得暇必面见，必先问以地方利病。且明谕以泛询非一途，言若不实，将来即以为大计优劣。听其言，观其貌，其公私明暗可大半得矣。然后访以邻境之吏治民生，随即簿记。以三五人之言相参验，则可渐得其实矣。

一、凡监司最恶文深，不顾吏民甘苦，专以己之进取为急者。

一、言语朴直，不善承迎上司者，其中多正人，宜留神察之。

一、州县有仁心、办事平允者，宜恕其小过。

一、数年来，绅士颇畏法，而武断乡曲为民害者，皆土豪光棍。以能贿通有司，结交胥吏也。自南宋以来，为小民患者，皆在胥吏，天下同然。能确访光棍衙蠹，一一置之重法，则政可行，民可安。

一、人命盗案，固当留心，而有司牟贿，多在户分田土，有上控者，必亲提数事，得其实情，则重惩有司，民间冤抑，庶几可减。

一、特造小书屋于宅门旁，小圆窗紧对传桶，高丽纸糊，旁开径三寸小窗，陷以玻璃，私语可闻，关自毕见。从内室作夹道，高数尺，直通此屋。无事则躬坐焉，有事时亦时命朴实人坐此，可使欲作私弊者怵然为戒。[1]

方苞所说，都系针对当时清朝地方政治的现实，而且办法具体，细致入微，具有很强的操作性。其实，所谓行政管理理论，本身就是一门实践的学问，是一门经世的学问，陈宏谋和方苞的有关见解，体现了18世纪中国理学日趋务实的经世倾向。

本书多次提到的洪亮吉对清朝地方政治也高度重视。洪亮吉，生于乾隆十一年（1746年），卒于嘉庆十四年（1809年），字君直，一字稚存，号北江，晚号更生，行一[2]，江苏常州阳湖县人。洪亮吉生六岁而孤，“家贫，随母侨居外家蒋氏”，“童时能为诗古文辞，及壮，伉奕有志节”[3]。乾隆五十五年（1790年）中进士，授翰林院编修，充国史馆纂修。此后，曾任贵州学政、咸安宫官学总裁、上书房行走等职。嘉庆帝亲政初，诏求直言极谏之士，洪亮吉上书极陈时政，中有“视朝稍晏，小人荧惑”等语，

1　方苞：《尺牍·与顾用方尺牍》，《方苞集集外文补遗》卷一，《方苞集》，上海古籍出版社，1983年。

2　参见旌德、吕培等编：《洪北江先生年谱》，见《卷施阁集》卷前，乾隆乙卯贵阳节署刻本。

3　谢阶树：《洪稚存先生传》，《碑传集》卷五一，明文书局，1985年。

且论及宫禁，得罪皇帝，被发往伊犁。不久，被释放回籍，家居 9 年而卒。洪亮吉为乾嘉之际难得的博学之士，“其学于经、史、注、疏、《说文》、地理，靡不搜录，穷日著书，老而不倦”[1]。其经世之念更是十分强烈，所作《守令篇》和《吏胥篇》即反映出他对清朝地方政权建设的高度重视。

在《守令篇》中，洪亮吉指出基层政治的好坏，关键取决于官僚的居心行事，取决于做官的动机，取决于社会风气。他说：“守令，亲民之官也。一守贤则千里受其福，一令贤则百里受其福。然则为守令者，岂别有异术乎？亦惟视守令之居心而已。”洪亮吉对士风败坏，官僚政治之腐败感触颇深。他回顾说：自己童时看见里中有为守令者，“戚友慰勉之，必代为之虑曰：此缺繁，此缺简，此缺号不易治，未闻及其他也”。此后，风气改变，“及弱冠之后，未入仕之前二三十年之中，风俗趋向顿改。见里中有为守令者，戚友慰勉之，亦必代为虑曰：此缺出息若干，此缺应酬若干，此缺一岁之可入己者若干，而所谓民生吏治者，不复挂之齿颊矣。”正是风气的变化，加速了清朝地方政治的腐败。洪亮吉评论道：“于是为守令者，其心思知虑亲戚、朋友、妻子、兄弟、奴仆、媪保。于得缺之时，又各揣其肥瘠，及相率抵仼矣，守令之心思不在民也。必先问一岁之陋规若何，属员之馈遗若何，钱粮税务之赢余若何，而所谓妻子、兄弟、亲戚、朋友、奴仆、媪保者，各挟溪壑难满之欲，助之以谋利。于是不幸一岁而守令数易，而部内之属员，辖下之富商大贾以迄小民已重困矣。其间即有稍知自爱及实能为民计者，十不能一二也，此一二人者，又常被七八人者笑，以为迂，以为拙，以为不善自为谋。而大吏之视一二人者，亦觉其不合时宜，不中程度，不幸而有公过，则去之亦惟虑不速，是一二人之势不至归于七八人之所为不

1 《洪亮吉》，《清史列传》卷六〇，明文书局，1986 年。

止。”[1]因此，在洪亮吉看来，要改变清朝政治腐败的现实，关键要端正官僚为官之动机，提高整个官僚队伍的素质。

其《吏胥篇》分析了当时胥吏制度的演变，以及清代胥吏风气败坏对政治的危害：

> 今日之势，官之累民者尚少，吏胥之累民者甚多。何则？今之吏胥非古之吏胥也。三代以前，府史胥徒，庶人在官者是矣，汉以来诸曹掾史、三老、啬夫、游徼、亭长、里魁、什伍等类是矣。三老掌教化，啬夫主知民善恶，为役先后，知民贫富，为赋多少。游徼掌徼巡禁，司奸盗。亭长主求捕盗贼，承望都尉。里魁掌一百家，什主十家，伍主伍家，以相检察而已。三代时，府史胥徒之贤者，即可递升为上士、中士、下士。汉以来，三老、啬夫、掾史之贤者即可递升为丞尉、守令。其人又皆通晓经术，明习法令，不特不至扰民，或尚可有益于民。今则不然，由吏胥而为官者，百不得一焉，登进之途既绝，则营利之念益专。又自唐宋以后，流品日分，凡世门望族以及寒俊之室，类不屑为吏胥，其为之而不顾者，不过四民中之奸桀狡伪者耳。姓名一入卯簿，则或呼之为公人，或呼之为官人。公人、官人之家，一室十余口，皆鲜衣饱食，咸不敢忤其意。其始邻里畏之，四民畏之，甚至士大夫亦畏之，若有奸狡桀出，把持官府之人，则官府亦畏之矣。何则？官即欲侵鱼其民，未有不假手于吏胥者，又况吏胥之于乡里，其贫富厚薄或能瞒官，不能瞒吏。自一金至百金千金之家，吏皆若烛照，数计究之，入于官者什之三，其入于吏胥者，已什之五矣。不幸一家有事，则选其徒之壮勇有力机械百出者，蜂拥而至，不至破其家不止。即间遇有吏胥之

1　洪亮吉：《守令篇》，《卷施阁文甲集》卷一，乾隆乙卯贵阳节署刊本。

亲戚故旧，亦必不稍贷。是其权上足以把持官府，中足以凌胁士大夫，下足以鱼肉里闾，子以传子，孙以传孙，其营私舞弊之术益工，则守令、闾里之受其累者益不浅。[1]

如何减轻胥吏腐败的危害？洪亮吉提出两点主张：一是宁缺毋滥，限制胥吏人数。二是为官者加强监督。他说："此辈即必不可少，亦惟视其必不可少者留之，余则宁缺无滥而已。盖吏之暴如虎，与其使一州邑多数十百虎也，毋宁减之又减。今州县之大者，胥吏至千人，次至七八百人，至少亦一二百人。此千人至一二百人者，男不耕，女不织，其仰食于民也，无疑矣，大率十家之民不足以供一吏，至有千吏，则万家之邑亦嚣然矣。夫朝廷之正供有常，即官府之营求亦尚有数，而胥吏则所谓无厌者也。况守令所以得罪者，大半由吏胥。始则导之贪，导之酷，导之敛怨于民，及至守令陷于法，而为吏胥者不过笞杖而已，革役而已，至新旧交代之时则又夤缘而入，故吴越之俗以为有可避之官，无可避之吏，职是故也。然则有牧民之责者，可不先于胥吏加之意乎？"[2]

崔述虽精于学问，但对地方行政管理也有自己的看法，他强调地方官要勤于听讼，并多与士大夫交流，认为这是防止胥吏舞弊的重要方法，即"其听讼也勤，其接士大夫也數，则吏胥左右之人不能售其奸"。崔述说：

今之为县者，惮于听讼而疏于接士大夫。讼者或待至数月焉，或待至一岁焉，不然，则委之于宗族乡里之长焉。讼者不得尽其辞，故他人得以抑扬其说，上下其手，而无所忌。

1　洪亮吉：《吏胥篇》，《卷施阁文甲集》卷一，乾隆乙卯贵阳节署刊本。
2　洪亮吉：《吏胥篇》，《卷施阁文甲集》卷一，乾隆乙卯贵阳节署刊本。

流言日入于耳，是以其听之也愈难。向使其讼之始而即坐而听之，讼者无遁情，听者无旁受，数言而立剖矣。有人焉誉之，则以为贤。一县之中皆以为不肖而彼不知也。有人焉毁之，则以为不肖，一县之中皆以为贤而彼不知也。事本曲也而或云直，则疑其果直也。事本直也而或云曲，则疑其果曲也。为所诬者虽有夷、由之行，具仪、秦之舌，抱陈平、第五伦不情之冤，可以一辨而即明，而无如其不见不问何也。呜乎，是自掩其耳目而已矣！[1]

崔述认为为政者应高度重视百姓生计，其《救荒策》四篇集中阐发了关于防备饥荒，保障百姓生活的见解。崔述指出，作为基层地方官，首先要了解所辖地区百姓贫富情况，采取措施减少非农业人口数量。他认为“大抵民之不耕而食者九，而富民、僧、道、盗、丐、游手之民不与焉。其可以减者六：曰官之亲从，曰吏，曰胥，曰工，曰商，曰驵侩。可以去者三：曰优，曰倡，曰博徒。今此九者，其数常倍于农夫，并其父母妻子计之，是一人耕之，常有数十人食之也，为农夫者安得不冻馁乎？夫河之广也百步，则其润也十里。官贪而护其下，而欲亲从吏胥之不多且富，不可得也。”因此，崔述主张通过调整分配关系，增加农民收入，促进农业生产的发展。他说：“且夫人之不耕，非其生而不能耕也，不耕足以自食则不耕矣，不耕不足以自食则耕矣。使六者之数所获不能逾农，而三者无所得食，则人将不驱而自耕。耕者日增则食者日减，不必求积也，而粟自苦于无所往。”[2]崔述过分强调增加农业人口，当然失之片面。乾隆后期，人多地少局面已经十分

1　崔述：《释明》，《无闻集》卷一，《崔东壁遗书》，上海古籍出版社，1983年。

2　崔述：《救荒策三》，《无闻集》卷一，《崔东壁遗书》，上海古籍出版社，1983年。

严重，将人口严格束缚在农村，未必能扩大农业规模，增加农业产量，相反，很可能会导致更加严重的社会问题，更谈不上保障和改善农民生活。崔述所言，也许适用于北方的局部地区，但对全国，特别是东南地区，则无法推行，也行不通。

作为 18 世纪最杰出的思想家，袁枚对行政管理有自己的独到见解。其最基本的主张是“为政之道，将以便民”，这是其全部政治思想的出发点，也是他和一般官僚以统治者自居，主张“教养”百姓之区别所在。如何便民？袁枚主张从实际出发，“人各有才，地各有宜，时各有当，民各有俗，不可执一为竞竞也”。袁枚对从条文出发，不从实际出发的教条作风极其反感，他指责说：“后世一切伍符尺籍，皆张死法以束生人。”以陈宏谋主张实行的保甲制度为例，他强调说：为治“总在其人之自为办治，从容有成，不在上之约束驱迫之也。若公檄严催，台使必到，限期孔迫，逐层核转，生无数搜驳，书吏蚕食，自上下下，如叶至根。究其所极，终累百姓。”[1]

袁枚认为官府文檄过多，公文屡行，是导致政治腐败的重要原因。他说：“夫州县之胥所恃以剥民者无他，文檄而已。上官之胥所恃以剥州县者亦无他，文檄而已。夫判文檄而行之者，官也，非胥也。官既纵之互相蚕食矣，而又禁其取于民，是使州县之胥，将捐家鬻产以供也。无端而取遵依，无端而取册结，无端而款式不合，无端而印文不全，此固若辈剔奸之故智，无足怪也。所不解者，上官不信人而信法，偏好立规条教令，畀之权以济其奸。”袁枚强调：“遂古以来，未有多令而能行，多禁而能止者也。”袁枚主张地方官上下级之间，简化程序，明确职责，“上行文书，能省尤善，其必不能省者，挈其最凡月行若干。行少则大府之体尊，

1 袁枚：《上陈抚军辨保甲状》，《小仓山房文集》卷一五，《袁枚全集》第 2 册，江苏古籍出版社，1993 年。

必行则朝廷之法立。其在上也，官与官共事，而不使吏与吏共事；其在下也，官与民共事，而不许吏与民共事。‘捐死法而任生人’，隋刘炫对杨素之语，深可思也。”[1]

袁枚特别反对官僚驭下过严，认为上官以苛刻之心对待下级，对待百姓，凡事吹求，必生弊端，其政治效果往往适得其反。其《严蔽》一文说：“渔者谨提其网，而网疏焉，故常得巨鱼。或捉搦于鳅虾间，则吞舟者逃。天下人善不善而已。其善者，见一罪发即一人死，有所不忍，则专务为隐匿纵舍。其不善者，知罪小死，大亦死，均死也，则宁为其大，以自溢于法之外，而姑快吾意，故横益甚。然则上之严将禁恶也，而乃生恶；虑失入也，而反失出。岂非有所蔽欤？既蔽之，将并其严而失之。然则宜如何？曰：多其察，少其发，此御下者之法也。匪重匪轻，适协其平，此用刑者之经也。”[2]

对法律，袁枚反对制定科条，尤其反对引例定罪。他说：“盖人之情伪万殊，而国家之科条有限。先王知其然也，为张设大法，使后世贤人君子悉其聪明，引之而议，以为如是断狱固已足矣。若必预设数万条成例，待数万人行事而印合之，是以死法待生人，而天下事付傀儡、胥吏而有余。子产铸《刑书》，叔向非之曰：‘先王议事以制，不为刑辟。’武帝增三章之法为万三千，盗贼蜂起。大抵升平时纲举而网疏。及其久也，文俗之吏争能竞才，毛举纷如，反乖政体。”袁枚指出：律之设，不单为了警戒臣民，也具有制约人君喜怒任意的目的。即“先王恐后世之人君，任喜怒而予言莫违，故立一定之法，以昭示子孙”。律，简明扼要，易于掌握，“一童子可诵而习”。至于例之设，则弊端无穷，“引彼物以

1　袁枚：《复两江制府策公问兴革事宜书》，《小仓山房文集》卷一五，《袁枚全集》第2册，江苏古籍出版社，1993年。

2　袁枚：《严蔽》，《小仓山房文集》卷一，《袁枚全集》第2册，江苏古籍出版社，1993年。

肖此物，援甲事以配乙事也，其能无牵合影射之虞乎?”清朝之司法，例增加不已，以致弊端不断，袁枚批判说:“朝例未刊，暮例复下，千条万端，藏诸故府。聪强之官，不能省记，一旦援引，惟吏是循。或同一事也，而轻重殊；或均一罪也，而先后异。或转语以抑扬之，或深文以周内之。往往引律者多公，引例者多私。引律者直举其词，引例者曲为之证。公卿大夫，张目拱手，受其指挥，岂不可叹!”故袁枚大声疾呼采取措施，“疏节阔目，使人比引之余，时时得意于言外”[1]。

袁枚的观点在18世纪士林中并不孤立。在对待法律问题上，龚炜的看法就和袁枚颇为相似，他也反对官僚过多拘泥于例文的束缚。他说:“例以佐律，读律者不可不明例。然士大夫居官贵有特见，毋为例所拘。一拘于例，则吏得远称博引以行其私。故官之权尝轻于吏，高文肃云:‘我今日是例。’”[2]

在法制问题上，钱大昕高度重视法律的权威性和稳定性，他不但反对君主和官僚凭一己之好恶，随意执法，而且对清代执法中盛行的“恩出自上”的做法予以痛斥，公开提出：皇帝“沾沾焉侵有司之权”，“欲恩之出于己，而委怨于有司，是上贼下也”。钱大昕这一思想在其《皋陶论》中得到集中体现，这篇文章反映了18世纪一些官僚要求建立法治社会的强烈愿望。钱大昕说：

《记》曰:“刑者，侀也；侀者，成也。一成而不可变，故君子尽心焉。”夫所谓“尽心焉”者，准乎情，酌乎理，而断之以法，审之于用法之先，而持之于定法之后。杀之，法当杀也，非有司所得而杀也；宥之，法当宥也，非天子所得而宥也。天子以三尺法付之士师，而士师即奉斯法以从事，一

1　袁枚：《答金震方先生问律例书》，《小仓山房文集》卷一五，《袁枚全集》第2册，江苏古籍出版社，1993年。

2　龚炜：《执法毋为例拘》，《巢林笔谈》卷五，中华书局，1981年。

出一入，民之生杀系焉。法当杀而故出之，是之谓纵；法当宥而故入之，是之谓滥。天子之不可以纵奸，而士师之不可以滥杀也。

钱大昕进一步指出：

夫恩出自上，非大公之治也。帝王之治天下，如天地然。春温秋肃，造物不居其功；赏庆刑威，朝廷不矜其断；惟无私而已矣。人有罪而杀之，可矜而宥之，皋陶之仁，即尧之仁也。士师得其职，而天下无冤民，天子之仁，孰大于是！顾沾沾焉侵有司之权，活数人之命，以市恩于天下，曾谓尧之圣而为之哉？欲恩之出于己，而委怨于有司，是上贼下也。计恩之必出于上，而锻炼周内以入人之罪，四海之大，其丽于法者多矣。天子虽甚圣神，安得人人而平反之？是下贼上也。上下之间，以术相欺，刑罚之不中，必自此始矣。[1]

钱大昕对“恩自上出”的批判，具有强烈的现实针对性，因为“恩出自上”，在清朝行政及司法过程中，是一种十分普遍的现象。像雍正时，江西巡抚布兰泰公然宣称：“臣在江西所办事件，往往从重从严，待皇上敕改，使恩出自上。”[2]而专制皇帝也要求臣僚在执法中为自己留下施恩余地。像乾隆二十九年（1764 年），尚书舒赫德等人在秋审时，给乾隆帝“布惠施恩”余地较小，乾隆帝竟勃然大怒，斥责说：“伊等所进情实犯中竟不令朕宽免一二人矣。昔人称皋陶曰杀之三，尧曰宥之三。是必有皋陶之执法而后可施帝尧之矜宥。若舒赫德等喋喋议缓，惟恐不及，是早以三

1　钱大昕：《皋陶论》，《潜研堂文集》卷二，商务印书馆，1935 年。

2　中国第一历史档案馆：《雍正起居注》雍正六年十一月二十二日，中华书局，1993 年。

宥自居，朕将何所庸其权度乎？”指责舒赫德欲“博宽厚之名”，“小有才而未闻大道。将来设自罹重辟，他人之与秋谳者，恐未必敢于情实中为伊请改缓决也”[1]。而钱大昕批判“恩自上出”，将之视为“刑罚不中”之弊薮，实际上就是要求维护法律的权威，建立法治的社会，主张无论是君主还是官僚，断案一以法律为准绳，反对执法的随意性。这在客观上必然起到限制君权的作用。对此，研究者有必要予以高度重视。

如何处理政府和百姓的利益关系，历来是十分严肃的政治话题。18 世纪中国士林行政管理观念，有一个十分鲜明的特点，那就是关注百姓生计，旗帜鲜明地反对政府与百姓争利，为黎民百姓的利益大声呐喊。

曹一士虽然讲求理学，但始终注意维护百姓的利益，强调自然资源（特别是盐资源）乃“为民而生也”，政府不得垄断，而应采取行政措施，保证百姓获得自然之利。其《盐法论》一文说：“天地有自然之利焉，固为民而生之也。为民生之而不听民之取之，则利壅于上而下有遏绝无赖之尤。然听民取之而一切不揽其权于上，则豪宗猾吏掺赢缩以乘时之缓急。其究也，利归于奸人，而民愈重困。有国者酌古制度时宜，俾民食自然之利，而国家亦得坐享其成，然后上与下均足，而事可垂之永久而无弊。”[2]

在处理政府和百姓财富分配问题上，袁枚是百姓利益的坚定维护者，他不但坚决反对政府与百姓争利，也反对政府凭借自己的公共权力干预社会财富的正常分配。其《书王荆公文集后》一文说：

三代圣人无理财之官，但求足民，不求足国。其时黔首

1 《乾隆起居注》乾隆二十九年九月十四日，中国第一历史档案馆藏。

2 曹一士：《盐法论》，《四焉斋文集》卷二，中央民族大学图书馆藏清乾隆刻本。

熙熙，一心归附。……后世秦、隋两朝，专求足国，不求足民，卒之与争黔首者，陈涉、窦建德之流。贫民乎？富民乎？夫物之不齐，物之情也。民之有贫富，犹寿之有长短，造物亦无如何。先王因物付物，使之强不凌弱，众不暴寡而已。春秋时，阡陌未开，豪强未并，孔门弟子业已富者自富，贫者自贫，而圣人身为之师，亦不闻裒多益寡，损子贡以助颜渊，劝子华使养原宪者，何也？宋室之贫，在纳币、郊费、冗员诸病。荆公不揣其本，弊然以赊贷取赢，考其所获，不逮桑、孔，而民怨则过之，以利为利，不以义为利，争黔首反失黔首矣，悲乎！[1]

钱大昕和袁枚在学术途径上大不相同，但在财富观上颇有相通之处。在重视富民，反对政府与百姓争利，反对将财富垄断于人君问题上，他和袁枚相当一致。钱大昕说："《大学》论平天下，至于'民之所好者好之，民之所恶者恶之'，帝王之能事毕矣。然而'所好之'不可不慎也。民之所好者利，而上亦好之，则必至夺民之利。利聚于上而悖出之，患随之矣。"[2]在《读〈大学〉》一文中，钱大昕集中表达了自己的这种主张。钱大昕说：

夫天地之财祗有此数，聚于上者，必夺于下，故《大学》有生财之道，无理财之术。言理财者，皆聚敛之小人也。小人得志，未有不媢嫉君子者。君子退而小人进，则人君之所好者在小人，所恶者必在君子。好恶拂乎人之性，而失众失国之形成矣。三代之制，取民不过什一，而国用未尝不足，用之有节故也。有小丈夫焉，惧上用之不足，而巧为聚敛之

1　袁枚：《书王荆公文集后》，《清经世文编》卷一一，中华书局，1992 年。
2　钱大昕：《〈大学〉论下》，《潜研堂文集》卷二，商务印书馆，1935 年。

术，夺士农工贾之利而致之于君，人君乐闻其言，谓真可不加赋而足用也。由是弃仁义，违忠信，任好恶，长骄泰，而一其心力于财用之间。民力日以竭，人心日以坏，国脉日以促，而灾害日至，以即于亡。宋之亡始于安石之新法，终于朱勔之进奉，此长国家而务财用之效也。春秋之世，诸侯多聚敛以病民，故《大学》终篇深恶聚敛之臣，极陈以利为利之害，为天下万世虑，至深且远。而儒家复以理财之说窜入之，其亦得罪于圣贤矣夫！[1]

在涉及政府和百姓利益分配上，方苞的看法也值得注意。他说："嗜欲既开，势不得闭民欲利之心，而反于至治之极。故善者亦不过因之、利导之而已。其次教诲整齐，犹能导利而上下布之。最下者与争，以心计取之，所谓不加赋而国用自足也。"[2]

方苞关于"心计取之"的说法，以及钱大昕对"不加赋而足用"的批判，显然是针对清朝统治之现实而说的。清廷素以"永不加赋"自炫，特别是乾隆帝称自己"凡泽民之事，敷锡愈多，恩施愈溥。此不特胜国所无，即上溯三代，下讫宋元，亦复罕有伦比"[3]。甚至称："我子孙缵膺大统，亦当以朕之心为心，爱养斯民，推恩行庆。若能频施旷典，视朕有加，实我大清国亿万年无疆之庥。若靳惜恩膏，有所弗逮，即非所以善继善述，设彼时大臣中或以经费有常，储蓄宜裕为词者，似为国用起见，易于动听，而不知民为邦本，为民正所以为国，其言断不可以听从也。"[4]但实际情况并非如此。他在大量蠲免赋税的同时，却通过收取贡物

1　钱大昕：《读〈大学〉》，《潜研堂文集》卷一七，商务印书馆，1935 年。

2　方苞：《读书笔记·史记评语》，《方苞集集外文补遗》，《方苞集》卷二，上海古籍出版社，1983 年。

3《清高宗实录》卷一三六七，乾隆五十五年十一月戊戌，中华书局，1985 年。

4《清高宗实录》卷一四四一，乾隆五十八年十一月己酉，中华书局，1985 年。

等方式聚敛财富，以致宫中收藏“无所不有”，连佛像都“无处供奉”[1]。臣僚进贡，最终将负担转嫁到百姓身上。其时各级官僚“借端派累，层层巧取，以致小民朘削难堪”，连嘉庆帝也不得不承认:“进奉一节，最为吏治之害。”[2]因此，雍乾时期，知识精英们讲为政不能拂人之性，讲政府不能与民争利，绝不是脱离实际的空谈，而是具有现实意义的政治主张。不过，袁枚、钱大昕等人一概反对政府理财，“但求足民，不求足国”，也失于书卷气过浓。清朝无论是其统治面积、人口数量，还是所处国际环境，和三代之时都无法相提并论。客观的社会现实要求它必须维持一支强大的武装力量和庞大的官僚队伍。而国家机器要正常运转，社会要稳定运行，政府不精于算计，不量入为出，显然不行。理财未必就是盘剥，足国与足民并非不可调和。片面强调藏富于民，不妥善处理政府财政问题，不恰如其分地划分政府与百姓的利益关系，到头来只会加重政治腐败，受害者还是天下苍生。

附带提及，在 18 世纪成书的文学作品中，有不少著作具有丰富的政治思想内涵。这里有两部著作值得一提。一是夏敬渠的《野叟曝言》。该书宣传理学经世，但它所塑造的理想政治，绝非极端君主专制，而是明君拱手而治，贤相日理万机的开明君主政治，这与雍正帝、乾隆帝的政治主张截然对立。夏敬渠生活于清朝极盛之时（1705~1787 年），书中所述，往往和当时的社会现实格格不入，而且于人君之描写，颇多贬抑之笔，于自己所推崇的理学家，则竭尽神化颂扬之能事，不得传统士大夫尊君抑臣之大体，故后人疑其别有用意。即:“士生盛世，不得以文章经济显于世，犹将以经济家之言，上鸣国家之盛，以与得志行道诸公相印证。是书托于有明，穷极宦官、权相、妖僧道之祸，言多不祥，

1 《乾隆朝上谕档》乾隆五十三年九月二十日，档案出版社，1991 年。

2 《清仁宗实录》卷五〇，嘉庆四年八月丙申，中华书局，1985 年。

非所以鸣盛也”。认定其“抒写愤懑，寄托深远，诚不得志于时者之言”[1]。如果将夏敬渠的政治理想和尹会一、陆生楠等人的学说结合起来考察，也许，我们能够窥测到18世纪知识精英中不得志者的某些共同愿望。

二是沈起凤的《谐铎》。这是一部杰出的以批判现实为特色的文学讽刺作品。从表面上看，该书“搜神说鬼”，但所反映的都是当时黑暗的社会现实，故王昶称：“君岂妄言？吾当敬听。”[2]《谐铎》用讽刺的手法，对清朝没落的士林风气和腐败的基层政治进行了剖析，强调读书人的修养“自一钱始”，“为秀才时，尚且一钱如命，今侥幸做地方官，能不探囊胠箧，为纱帽下之劫贼乎？”[3]在《村姬毒舌》中，作者感叹“黄口金多，乌纱势横，古今多少男子，缘此摧磨傲骨！”[4]其《棺中鬼手》则以辛辣的笔调，尖锐地揭露了清朝基层政府的极端腐败。因这篇短文实在精彩，笔者不妨将其全文照录：

> 萧山陈景初，久客天津。后束装归里，路过山东界。时岁大饥，穷民死者无算，旅店萧条，不留宿客。
>
> 投止一寺院。见东厢积棺三十余口，西厢一棺，岿然独存。三更后，棺中尽出一手，皆焦瘦黄瘠者，惟西厢一手，稍觉肥白。陈素负胆力，左右顾盼，笑曰：“汝等穷鬼，想手头窘矣。尽向我乞钱耶？”遂解囊橐，各选一大钱予之。东厢鬼手尽缩，西厢一手伸出如故。陈曰：“一文钱恐不满君意，吾当益之。”增至百钱，兀然不动。陈怒曰：“是鬼太作乔，可谓贪得而无厌者矣。”竟提两贯钱置其掌，鬼手顿缩。陈讶

1　夏敬渠：《野叟曝言》，光绪八年西岷山樵《申报》馆本序。

2　沈起凤：《谐铎·王昶序》，人民文学出版社，1985年。

3　沈起凤：《一钱落职》，《谐铎》卷三，人民文学出版社，1985年。

4　沈起凤：《村姬毒舌》，《谐铎》卷九，人民文学出版社，1985年。

之，移灯四照，见东厢之棺，皆书饥民某字样，而西厢一棺，上书某县典史某公之柩。因叹曰："饥民无大志，一钱便能满愿。而此公惯受书仪，不到其数不收也。"

已而钱声戛响。盖因棺缝颇窄，鬼手在内强拽，苦绷不得入。绷然一声，钱索尽断，青蚨抛散满地。鬼手又出，四面空捞，而无一钱入手。陈睨视而笑曰："汝贪心太重，剩得一双空手，反不如若辈小器量，还留下一文钱看囊也。"而手犹掏摸不已。陈击掌大呼曰："汝生前受两贯钱，便坐私衙打屈棒，替豪门作犬马，究竟积在何许？何苦今日又弄此鬼态耶？"言未已，闻东厢之鬼长叹，而手亦遂缩。

天明，陈策蹇就道，即以地下散钱，奉寺僧为房资焉。

铎曰："官愈卑者心愈贪，若辈之丑态，何可言也。乃生既如鬼，死复犹人，岂冥中无计吏之条耶？东厢长叹，想已早褫其魄矣。"[1]

总的说来，18世纪知识界对行政管理的关注重点是基层政权，这当然源于大多数知识精英来自基层，他们对基层政治腐败有切身感受的缘故。另一方面，基层政治的好坏，直接关系到社会稳定，知识阶层对此予以格外注意，也是理所当然的。而当时严格的政治控制，也使知识界对中央政权建设不敢轻发议论。然而，议论少并不等于没有想法，也不等于鸦雀无声。我们看到，这个时期面对极端君主专制所导致的种种政治弊端，官僚政治日渐严重的腐败局面，一些敏感的知识分子已经察觉到了隐藏于繁荣背后的社会危机，而汉族知识队伍中的民族情感，以及一直潜藏着的反清意识，也反映出全盛时期的清朝社会政治，并非风平浪静。这是清朝统治的黄金时代，也是蕴含危机，酝酿变革的时代。

1 沈起凤：《棺中鬼手》，《谐铎》卷八，人民文学出版社，1985年。

第五节 危机意识、民族意识与反清潜流

乾隆二十四年（1759年）十月，清朝远征西域的将军富德奏报巴达克山汗素勒坦沙献出回部叛乱首领霍集占的尸体，并报告大和卓波罗泥都已被临阵蹂杀[1]。捷报传来，露布远闻，朝野上下，一片欢腾。叛乱“首逆”之被歼，不但标志着统一新疆战争的结束，同时也标志着清朝国家统一的最终完成，中华民族的团结与发展达到了一个新的高度。

正是在统一新疆战争的顺利进行中，乾隆帝感到清朝进入了“全盛”、“盛满”状态，并将“持盈保泰”作为自己的基本为政目标。乾隆帝谈论“持盈保泰”并非始于乾隆中叶，早在乾隆七年（1742年），他就曾训谕诸臣只有凡事为国家长久计，方为“持盈保泰”之道[2]。然而，当时提出这一问题，不过是基于对初年政治的反思，要求群臣与自己同心同德，振作精神，消除现存弊端而已。“持盈保泰”作为一种基本的统治方针，是在统一新疆战争过程中逐渐确立的。二十三年（1758年），清军征剿准噶尔进展顺利，阿睦尔撒纳遭覆灭，乾隆帝在诗中写道：“重熙累洽诚斯日，保泰持盈亦此时”[3]，“遗孽廓清永砥属，持盈益励敬皇皇”[4]。及西师彻底告捷，“持盈保泰”更是屡屡见诸诗文，如“赤县东西一蔚侯，黄图南北共车书。家饶室备均希彼，保泰求安敢懈予”[5]。“于今祇凛

1 《乾隆朝上谕档》乾隆二十四年十月二十三日，档案出版社，1991年。

2 《乾隆起居注》乾隆七年三月初一日，中国第一历史档案馆藏。

3 《元旦试笔》，《高宗诗文十全集》卷八，《丛书集成初编》本，商务印书馆，1936年。

4 《俄罗斯驿致叛贼阿睦尔撒纳死尸信至，诗以纪事》，《高宗诗文十全集》卷八，《丛书集成初编》本，商务印书馆，1936年。

5 《元旦试笔》，《高宗诗文十全集》卷一五，《丛书集成初编》本，商务印书馆，1936年。

持盈念，绝域宁夸拓土材？耆定新疆筹善后，共勤耕牧辟污莱”[1]。二十四年，在关于统一新疆的上谕中，更明确宣布：此后，“惟益励持盈保泰之心，夙夜倍切，永兢此意，愿与中外臣民共之”[2]。

“持盈保泰”，作为中国传统社会思潮的一部分，主要指的是当事者处盈泰之时，更滋敬慎之心，以保持事物的完满状态。《诗》“高岸为谷，深谷为陵”，讲的就是“处泰虑否”[3]。《论语》所谓“君子泰而不骄”[4]，《抱朴子》所谓“每居卑而推功，处泰而滋恭者，谦人也”[5]，均要求人们以谦慎之心处盈泰之时。宋人苏易简则从政治统治的角度阐发了这一观念，时谏宋帝云：“臣闻日中则昃，月满则亏，器盈则覆，物盛则衰，愿陛下持盈守成，慎终如始，以固丕基，则天下幸甚。”[6]就防止个人因盈泰而骄奢而言，“持盈保泰”当然具有一定的积极意义。但从社会发展的角度看，它实际上是一种保守观念的产物。“持盈保泰”，说穿了，就是要维持现状。在历史上，社会演变是不可能停止的，停止的只可能是人们的进取与奋斗。而统治者一旦丧失了开拓的动力，丧失了努力的目标，陶醉于眼前的繁荣，沉醉于已有的辉煌，各种危机和矛盾就会逐渐酝酿和滋生。18 世纪就是这样，乾隆皇帝“持盈保泰”的结果，就是对眼前的问题作小修小补，而用更多的时间享受盛世的莺歌燕舞。而清朝的官僚们，从大学士到知州知县，在歌咏升平的同时，也很少有人认识到自己所处时代的微妙性，更没有想到巨大的衰落开始于眼前的繁荣之中。相反，不少人不择手段地为自己谋取私利，政风急剧败坏，懈惰成

1 《郊台》，《高宗诗文十全集》卷一八，《丛书集成初编》本，商务印书馆，1936 年。
2 《乾隆朝上谕档》乾隆二十四年十月二十三日，档案出版社，1991 年。
3 《诗·小雅·十月之交》，《四书五经》本，岳麓书社，1991 年。
4 《论语·子路》，《四书五经》本，岳麓书社，1991 年。
5 葛洪：《行品》，《抱朴子》，上海古籍出版社，1990 年。
6 《苏易简传》，《宋史》卷二六六，中华书局，1977 年。

风，腐败公行，“大抵为官长者，廉耻都丧，货利是趋”[1]，社会矛盾逐渐趋于激化。

然而，在这个历史上罕见的繁荣时代，仍有一些知识精英对当时的形势保持着清醒的头脑。乾隆时官至刑部侍郎的钱维城，曾作《持满论》一文，对统治者提出严肃的忠告。钱维城说：“事变之来，每在所备之外，非必智虑有所不及也。”“天之乘人也，每于意之所疏，而事之所反。忧在内者，患在外。忧在外者，患在内。以严著者，以宽败；以缓称者，以暴亡，往往然矣。”因此，他主张人君处极盛之时，不能只考虑消除隐患，而是要杜绝产生隐患的原因，而其最主要的办法就是戒除骄矜之念。钱维城说：

> 圣人不务为弭患之术，而惟求无致患之隙，务使天与吾相安而不相乘。所谓无致患之隙者，何也？弊必起于所偏，而萌于极盛。日中则昃，月盈则蚀。“满招损，谦受益”，天之道也。处盛而矜，则患必中之。圣人持之以危，故曰：“危者，安其位者也。”引绳而绝之，其绝必有处，注水满杯而复斟之，则未知其流之于此乎？于彼乎？而溢则必矣。夫盛满之为患，而骄矜之取败，夫人而知之，而贤智不免者，暇豫则智计不生，而危苦之言不能入也。故言其已然，则言可尽也，知其必然，则知不必尽也。[2]

当然，对清朝潜伏着的社会危机感觉最为敏锐的是蔡新。蔡新，生于康熙四十七年（1707 年），卒于嘉庆四年（1800 年）十

1　吴晗辑：《朝鲜李朝实录中的中国史料》第 11 册，第 4810 页，中华书局，1980 年。

2　钱维城：《持满论》，《清经世文编》卷七，中华书局，1992 年。

二月，字次明，福建漳浦人，为乾隆帝师傅蔡世远之族子。乾隆元年（1736年）进士，改庶吉士，散馆授编修。曾官河南学政、内阁学士、工部侍郎、刑部侍郎、工部尚书、兵部尚书等职。乾隆四十八年（1783年），授文华殿大学士。蔡新学识渊博，讲求理学，以求仁为宗，以不动心为要，尝辑先儒操心、养心、存心、求放心诸语，作《事心录》，另有《缉斋诗文集》传世。蔡新擅作古文，年纪较乾隆帝为长，故乾隆帝对其颇为尊重，尝说："今之群臣，孰可当老更之席者？独大学士蔡新长予四岁，或可居兄事之列。"称"蔡新或备伯兄行"[1]。蔡新于乾隆五十年（1785年）致仕，此后，乾隆帝还屡寄御制文令其阅看，并赐食物，谕之曰："在朝竟无可与言古文者，不可阿好徒颂。据见奏来，以为何如。"[2]

大概是因为乾隆帝对自己比较尊重，故蔡新敢在所进经筵讲义中，比一般文学侍臣更明确地表达自己对清朝统治形势之忧虑，他不但深刻地分析了传统社会治乱盛衰的一般规律，而且列举了清朝由盛转衰的种种征兆。蔡新认为，当时的清朝，貌似繁荣，其实存在着不少隐忧，其最主要的表现是人君玩愒，政令繁琐，物力匮竭，人才萎靡，风俗浇漓等五大方面。他说：

> 天下之乱也，不于其乱而生于极治之时。何也？开创之始，国势方兴，人心未固。君若臣早夜孜孜，无非为天下谋治安，为子孙措磐石。其精神之所周贯，天人实系赖之。履泰以后，上恬下嬉，渐忘其旧。君以声色逸游为无害民生，臣以持禄养交为安享暇豫。进谏者，谓之沽直；远虑者，谓之狂愚。其上下之精神谋画，莫不狃目前之安，而图一己之

1 《蔡新》，《清史列传》卷二六，明文书局，1986年。

2 《宫中档乾隆朝奏折》第63辑，第540～543页，台北故宫博物院，1986年。

利。夫图一己之利者，未有不贻天下之害者也；狃目前之安者，未有不来日后之悔者也。则堂陛之玩愒，其一也。

开国之初，简节疏目，网漏吞舟之鱼，而吏治烝烝，不恃法也。升平以后，巧伪渐滋，则文网愈密，以繁文缛节为足以黼黻太平，以科条律例为足以厘剔奸蠹。由是百里之命可寄，而颗粒铢两之出入不敢专焉。钧衡之司可秉，而是非轻重之权宜不敢问焉。使其君子无所恃以尽设施，其小人有所援以售巧伪。行之既久，人人但以簿书期会为尽职，而立法之初心，设官之本意茫然莫辨矣。则政令之繁琐，其一也。

国以民为本，民以食为天。当泰之时，民物滋丰，而民之游惰耗之，俗之侈靡耗之，朝廷之征敛愈密，经费日增耗之。古者以庶而致富，后世则以庶而愈贫。古者论贫富于民间，后世则计赢绌于内府。古者制国用，量入以为出，后世筹度支，则因出而经入。由是虽有恤民之令，而民不见德。徒有足国之计，而用不加饶，则物力之匮竭，其一也。

人才者，国家之元气。拨乱之世尚功，致治之初尚文，皆有经世之远猷。泰运既开，承平日久，朝廷渐厌谠论，士大夫讳言风节。拘牵文义以为学，熟习圆通以为才，卑顺柔诡以为德，靡曼繁缛以为文。俗以此为尚，家以此为教。莫不渐染成风，揣摩干进。夫贵之所向，贱之所趋也。家之所修，廷之所献也。在朝无骨鲠之臣工，则草野之诵读皆市心矣。居乡无廉隅之砥砺，则登进之事功皆苟且矣。则人才之萎靡，其一也。

风俗者，盛衰之本源。初泰之始，其室家、妇子、里党、闾巷，多有敦庞安集之思。厥后生齿繁则家庭之诟谇日起，生计迫则里巷之任恤渐衰。商贾之豪奢逾仕宦，狙狯之险健欺善良。朝廷敦宽大之政，然法行于愚戆而疏于奸民，是长其桀骜之气也。吏治博安静之名，而蠹胥之弊窦日启，雀鼠之案牍常悬，是酿其刁悍之习也。则风俗之浇漓，又其一也。

蔡新最后指出："此数者，或由矫枉之过正，或因时势之递迁，皆人事与气数相因而至者也。"然而，盛衰之变最根本的原因，则在"堂陛之玩愒"。蔡新说："诚使为人君者，懔兢业之小心，存无虞之儆戒，念六月云汉之诗，鉴元狩天宝之治。庙堂之上，恪恭震动。百尔臣工，惟怀永图，罔敢玩愒，以迓天庥。然后崇简易，敦大体，重责成，戒丛脞，则政令不烦矣。省浮费，戒屯膏，修地利，薄征税，则财用不匮矣。审好尚，公赏罚，奖忠直，黜浮华，则人才咸奋矣。敦孝弟，重农桑，严豪猾，清狱讼，则风俗还淳矣。保大定功，和众丰财，有苞桑之固，无复隍之忧。岂不于食有福哉？而必自君心之无玩愒始。则欲尽人事以体天心而维气数者，诚不外艰贞之训欤？"[1]

应该说，蔡新列举的有关盛衰之变的种种迹象，都反映了乾隆中后期清朝社会的现实，而不是理学家的危言耸听。他强调人君自身的修养，是关系清朝盛衰命运的关键，即"必自君心之无玩愒始"，也说到了问题的实质。但在乾隆帝眼里，蔡新虽可事以伯兄之礼，但他毕竟不过是与自己切磋古文的文学侍臣而已，他的意见没有，也不可能受到重视。

乾隆四十五年（1780年）五月，年已60的广西生员吴英拦舆献策，对清朝社会存在的种种问题表示担心，并提出自己的见解。吴英认为乾隆帝虽然普免钱粮，但"其恩未远，其泽未长"。清朝备荒之策，也"未得尽善"，"徒有救荒之名，而无救荒之实"。一旦饥荒发生，百姓"颠沟壑者有矣"，"至仓场而饥惫几死者有矣"。并以乾隆四十二年、四十三年广西大饥，"士女仳

1 贺长龄，魏源编：蔡新《经筵讲义五篇》，《清经世文编》卷一〇，中华书局，1992年。

离，横填沟壑为例”，指责清廷“备荒无术”。吴英指出：朝廷备荒无方，直接威胁着社会的安定。他说:“夫民饱则易于驾驭，民饥则难于控制。屡朝为乱之民，皆缘岁饥，而人主不知赈恤，以致辗转流离，不轨之徒顺风一呼，万声应响。”故他警告清廷:“备荒之策，不但牧民之职宜尔，而且国祚之所攸关，岂细故哉!”此外，吴英还对盐政问题、盗贼问题、烟草问题、寺僧问题，提出一系列见解[1]。应该说，吴英所关注的主要是清朝下层社会问题，而不是敏感的政治问题，他也知道自己违规献策，“罪应万死”，但仍怀着满腔经世热情，坚信自己“所欲言皆国家利赖之事”，“使生之说行，不但家国民人蒙其休，即生之若子若孙亦与沾其泽”，故虽言出祸随，亦在所不辞[2]。该策书递上后，广西巡抚姚成烈责其“生逢圣世”，“不知安分”，“虽非怨望诋毁，但语涉狂悖，又叠犯御名，核其情罪，实属重大，未便稍宽”，建议将吴英“比照大逆例凌迟处死”。乾隆帝朱批:“大学士、九卿核拟速奏。”[3]

在18世纪，满汉关系尽管已经缓和，但民族畛域依然存在。如何看待清军入关，如何看待清朝首崇满洲政策，如何理解源远流长的“华夷之辨”理论，在士人队伍中始终是一个十分敏感，不得轻易谈论，但又不能不加思考的问题。毕竟，他们的衣冠发饰和他们的祖先不一样了，统治他们的皇帝属于另一个有自己独特语言和风俗习惯的民族，毕竟，他们的先辈曾为反抗清朝的统治前仆后继，浴血沙场。现在，即使他们可以承认现实，可以忠

1 《吴英拦舆献策案·吴英策书原本》，《清代三朝史案》下册，江苏广陵古籍刻印社，1993年。

2 《吴英拦舆献策案·吴英策书原本》，《清代三朝史案》下册，江苏广陵古籍刻印社，1993年。

3 《吴英拦舆献策案·姚成烈奏吴英投书并审拟折》，《清代三朝史案》下册，江苏广陵古籍刻印社，1993年。

于清朝，也不想改变现存制度和秩序，更不希望因为谈论过去而抛弃身家性命。但是，那份流血的历史岂能忘却？先辈的奋斗岂能抹煞？那份深融于血液、深埋于灵魂之中的民族真情，岂能随便丢弃？

对清朝“首崇满洲”政策提出明确质疑的是杭世骏。杭世骏，生于康熙三十七年（1698年），卒于乾隆三十八年（1773年），字大宗，号堇浦，浙江仁和（今杭州）人。雍正二年（1724年）举人，乾隆元年（1736年）召试博学鸿词，授翰林院编修。在雍乾时，杭世骏以性情伉直，博闻强记著称，“有先达以经说相质，一览便称某事见某书，某说见某集，拾唾何为？学子有欲受教者，问其所业，以一经对，则以经诘之，复以一史对，又以史诘之，皆穷。”且“能面责人过，同官皆严惮之”[1]。毕沅对其学术成就予以高度评价，谓其“入官侍从，出主讲席几四十年。自通籍之后，无非读书之时，而记闻之广博，识见之卓落，又足以副之。故其所著，上足阐先儒之序余，次亦可备一朝之故事，必传于后无疑也。”[2]所著有《道古堂文集》、《订讹类编》、《诸史然疑》等。

杭世骏的政治生命终结于乾隆八年（1743年）。是年，清廷考选御史，试以时务策，杭世骏与焉。在时务策中，杭世骏对清廷用人政策提出批评。他说：“意见不可先设，畛域不可太分。满洲才贤虽多，较之汉人，仅什之三四。天下巡抚，尚满汉参半，总督则汉人无一焉。何内满而外汉也！三江两浙，天下人才渊薮，边隅之士，间出者无几。今则果于用边省之人，不计其才，不计其操履，不计其资俸，而十年不调者，皆江浙之人，岂非有意见畛域？”[3]纯皇初政，多以满洲官僚为督抚，这是有目共睹的历史

1 《杭世骏》，《清史列传》卷七一，明文书局，1986年。
2 杭世骏：《道古堂文集》毕沅序，光绪十三年汪曾唯刻本。
3 《清高宗实录》卷一八四，乾隆八年二月癸巳，中华书局，1985年。

事实，所谓“纯皇帝初政时，擢用满洲诸臣为封疆大吏，皆极一时之盛”[1]。杭世骏的意见，反映了当时不少汉族官僚对乾隆帝用人过分偏重满官的不满之情。然而，杭世骏的话也有言过其实之处。如他说总督中无汉人，就不符实际。像乾隆八年任直隶总督的史贻直即系汉人，而且是杭世骏最为关注的江浙人。此外，乾隆初年任总督的孙嘉淦、李卫均系汉人。至于所谓“十年不调者，皆江浙之人”，更属无稽之谈。大凡文人论政，多逞一时豪气，信口道来，虽则痛快淋漓，然依据不足，未必能服人之心，而效果往往适得其反，杭世骏可谓是这方面的典型。乾隆帝见其卷，勃然大怒，“抵其卷于地者再，复取视之”，将其革职[2]。杭世骏此疏，当日乾隆帝留中不发，世骏自己又不敢存留文集之中，故当时无有见之者。又过七十年后，世骏之外孙在京师贩卖世骏手墨，中有蚕纸淡墨一纸半，即为此疏。据龚自珍说：世骏此疏，“大略引孟轲齐宣王问答语，用己意，反复说之”。然龚自珍并未誊录此疏，故其全文，至今仍不可得[3]。不过，经此一番打击，杭世骏学得乖巧起来。落职后，“以授徒自给，主扬州安定书院者几十年，以实学课士子。暇即闭户著书，不予外事”[4]，其文也一改从前风格，颇多颂圣之辞，注意粉饰太平，其结局也算善终。然若据龚自珍的记载，杭世骏之死则颇为可疑。龚自珍说：“癸巳岁，纯皇帝南巡，大宗迎驾。名上，上顾左右，曰：‘杭世骏尚未死么？’大宗返舍，是夕卒。”[5]不过，龚自珍这一记载并不可靠，因为癸巳岁为乾隆三十八年，这一年乾隆帝并未南巡，也就谈不上杭世骏迎驾之事。

---

1 昭梿：《乾隆初年督抚》，《啸亭续录》卷三，中华书局，1980 年。

2 《杭世骏》，《清史列传》卷七一，明文书局，1986 年。

3 龚自珍：《杭大宗逸事状》，《龚定庵全集类编》卷一一，中国书店，1991 年。

4 洪亮吉：《书杭检讨遗事》，《更生斋集》卷四，嘉庆七年孟夏洋川书院刻本。

5 龚自珍：《杭大宗逸事状》，《龚定庵全集类编》卷一一，中国书店，1991 年。

在整个 18 世纪，知识界恢复汉族传统衣冠制度的要求一直潜藏着，并不时暴露出来。乾隆十八年（1753 年），江西生员刘震宇做《佐理万世治平新策》一书，其中就有“更易衣服制度”的主张，结果刘震宇以“妄訾国家定制，居心实为悖逆”被处斩[1]。乾隆五十年（1785 年），曲阜革职捐复主事孔继汾著《孔氏家仪》一书，其中有“增减《会典》服制”，“今之显悖于古者”，“于区区复古之苦心”等字样，委婉地表达出自己对汉族传统衣服制度的眷恋之情。乾隆帝见后，极为愤怒，责其“平日抑郁不得志，借以沽名抒忿，其心更不可问”，将其革职交刑部严审定拟[2]。至于这个时期汉族士民利用诗文等形式发泄自己对清朝统治不满，宣传反清思想者，更不乏其人。像乾隆二十一年（1756 年），山东人刘德照制造“妖言”，所写“逆词”有“兴明兴汉”，“削发拧绳”等语[3]。爆发于乾隆三十二年（1767 年）的蔡显《闲渔闲闲录》案，也源于蔡显对清朝统治的不满而得罪。蔡显本系举人，然在所著《闲渔闲闲录》中，却隐约其辞，暗讽清朝统治。如谓“戴名世以《南山集》弃世”，“钱名世以年案得罪”，显然是指责清朝以文字罪人。至若《题友袈裟照》诗中有“莫教行化乌场国，风雨龙王怒欲嗔”，又诗云“风雨从所好，南北杳难分”，言语之间，颇有怀念前朝意味。故乾隆帝责其“恣行怨诽，情罪深属可恶”，将其处斩[4]。爆发于乾隆四十三年（1778 年）的徐述夔《一柱楼诗》案，也反映了知识界少数人厌清怀明的情绪。徐述夔本系乾隆初年举人，但怀念明朝，其诗“明朝期振翮，一举去清

1 参见《范时绶奏刘震宇呈书讯拟黜革折》，《将刘震宇即行处斩谕》，《清代三朝史案》上册，江苏广陵古籍刻印社，1993 年。

2 《乾隆起居注》乾隆五十年三月初五日，中国第一历史档案馆藏。

3 《宫中档乾隆朝奏折》第 14 辑，第 308 页，台北故宫博物院，1986 年。

4 《蔡显〈闲渔闲闲录〉案·蔡显著从宽改为斩决旨》以及《蔡显〈闲渔闲闲录〉案·蔡显案各犯按律严治不得姑息谕》，《清代三朝史案》上册，江苏广陵古籍刻印社，1993 年。

都”，不用“到清都”，而用“去清都”，显然是借文字游戏表达自己恢复明朝的愿望。将这一事实和他在小说《五色石》、《八洞天》中，以“补天”自命，宣称“天道之阙，则深有待于补”[1]结合起来，其厌清怀明之心，可谓昭然若揭。清廷责其“意欲兴明朝而去我朝，其悖逆显而易见”，是有道理的，并不冤枉[2]。至若胡中藻“一把心肠论浊清”，“天非开清泰”，“斯文欲被蛮”等语，恐怕也不能简单地以文人习气，吟诗作赋喜用春华秋月之语视之[3]。

乾隆四十八年（1783年）爆发的乔廷英、李一诗句悖逆案，也反映出当时下层知识分子对清廷政治腐败的不满之情。河南生员李一在所作《糊涂词》中，对社会现实予以抨击，指责说:“天糊涂，地糊涂，帝王师相无非糊涂”。又对清廷“任官之刻剥其民，不许民之讦告其官”的不合理现实，提出尖锐批评，并警告说：这一状况长期延续，必将“人心大变”。对社会现实的不满，极易引发一些士人的民族情绪。故与李一交往密切，诗文唱和的生员乔廷英之诗稿即有“千秋臣子心，一朝日月天”等怀念前明之语，并违禁收藏明人所著《雉园存稿》，该书“语多悖谬”，而乔廷英却“未凛遵功令缴出”[4]。

当然，在18世纪由士人掀起的反清事件中，最著名的是曾静反清案。曾静本系一介书生，于雍正六年（1727年），遣徒张熙策动川陕总督岳钟琪反清，这就是著名的曾静投书案。关于曾静反清的经过，以及他后来戏剧性的态度转变，学术界已多有论述，

1　徐述夔：《五色石·序》，太白文艺出版社，1996年。

2　参见故宫博物院掌故部编：《徐述夔诗案·陶易供词》，《掌故丛编》，中华书局，1990年。

3《胡中藻坚磨生诗钞案·张泰开革职交刑部，胡中藻、鄂昌俟拿解到京交大学士等审拟谕》，《清代三朝史案》上册，江苏广陵古籍刻印社，1993年。

4《乔廷英、李一互讦诗文悖逆及乔廷英家藏明傅梅〈雉园存稿〉案·河南巡抚李世杰奏》，《清代三朝史案》下册，江苏广陵古籍刻印社，1993年。

这里不再重复。这里仅指出这样一个事实，那就是在清盛世时期，吕留良倡导的“华夷之分，大过于君臣之伦”的观点[1]，仍具有重要影响，反清思想在一些士人心中仍根深蒂固，这从曾静的学说中可以得到清楚的说明。曾静对清朝取代明朝的合理性予以全盘否定。他耿耿不忘“明亡之恨”，称：明清鼎革是明末“君丧其德，臣失其守，中原陆沉，夷狄乘虚窃据神器，乾坤反覆，地塌天荒”[2]。对清朝的统治，他站在华夷之辨的立场，竭尽攻击之能事。说：“自崇祯甲申以至今日，与夫德祐以迄洪武中间，两截世界，百度荒塌，万物消藏。无当世事功足论，无当代人物堪述。”[3]“八十余年天运衰歇，天震地怒，鬼哭神号。”[4]宣称“生当今日，遭逢今世，无志于当世之利禄以自污。”[5]并站在独尊儒术的立场，称：“皇帝合该是吾学中儒者做，不该把世路上英雄做。周末局变，在位多不知学，尽是世路中英雄，甚者老奸巨猾，即谚所谓光棍也。若论正位，春秋时皇帝该孔子做，战国时皇帝该孟子做，秦以后皇帝该程朱做，明末皇帝该吕子做。今都被豪强占据去了。吾儒最会做皇帝。世路上英雄他哪晓得做甚皇帝！”[6]值得注意的是，曾静将封建制视为防范“戎狄”的良法美意，提出“封建是圣人治天下之大道，亦即是御戎狄之大法”。并说：“中国人之诡谲反复，无耻无状者，其行习原类夷狄。只是恶亦是人之恶，天经地义究竟不致扫灭。若是夷狄，他就无许多顾虑了，不管父子之亲，君臣之义，夫妇之别，长幼之序，朋友之信。”[7]而曾静的华夷之辨思想，直接来源于吕留良。曾静自称“直到中年，知得吕

---

1 《大义觉迷录》卷二，《清史资料》第4辑，中华书局，1983年。

2 《大义觉迷录》卷一，《清史资料》第4辑，中华书局，1983年。

3 《大义觉迷录》卷一，《清史资料》第4辑，中华书局，1983年。

4 《大义觉迷录》卷一，《清史资料》第4辑，中华书局，1983年。

5 《大义觉迷录》卷一，《清史资料》第4辑，中华书局，1983年。

6 《大义觉迷录》卷二，《清史资料》第4辑，中华书局，1983年。

7 《大义觉迷录》卷二，《清史资料》第4辑，中华书局，1983年。

留良为文人所宗，而其议论，亦间有几处与本心相合者，遂不觉好之，妄引为修身之助”[1]。面对清廷的屠刀，曾静最后屈服了，选择了苟且偷生，宣称自己“切齿痛恨于吕留良”，表示自己对雍正帝“尊之敬之如天地，亲之爱之如父母而已”[2]。雍正帝在处理曾静案的时候，对吕留良的思想进行严词批驳。他说：“本朝之为满洲，犹中国之有籍贯。舜为东夷之人，文王为西夷之人，曾何损于圣德乎？”[3]然而，这一说法并没有多少说服力。对清朝知识界来说，“满洲”和“中国”的区别，绝不仅仅是简单的籍贯问题，而是具有特定含义的民族概念和文化概念。在汉人眼里，世居关外的满洲入主中原，绝不是不同籍贯之人隆兴用事，而是基于文化冲突基础之上的深重民族危机。对这个问题，雍正帝用地域概念偷换民族概念，不可能让人心服口服。尽管曾静在其威逼利诱之下转变了态度，但知识界为吕留良辩护者仍有其人。除前面提到的唐孙镐外，雍乾时，老书生齐周华不惜破家亡命，吁请释放吕留良子孙，在狱中作《祭吕留良文》，公然将吕比作夷齐、孟子，认为其精神足以震撼天地。然他所歌颂的显然不单是吕留良的学问，更多的是吕留良的人格，是吕留良书中蕴含着的不屈不挠，万世不灭的民族气节[4]。

爆发于乾隆十七年（1752年）的马朝柱案是一起明确的反清案。其时在江南与湖广交界处的深山内，“奸匪”马朝柱立“天堂寨”，“聚众纠伙，谋为不法”[5]。马朝柱案最引人注目的特点不是它的规模，而是它不单以复明为旗帜，而且将西洋牵连进来，

1 《大义觉迷录》卷三，《清史资料》第4辑，中华书局，1983年。
2 《大义觉迷录》卷四，《清史资料》第4辑，中华书局，1983年。
3 《大义觉迷录》卷一，《清史资料》第4辑，中华书局，1983年。
4 《齐召南跋齐周华〈天台山游记案〉·苏昌、熊学鹏奏齐周华著书悖逆及审拟折》，《清代三朝史案》中册，江苏广陵古籍刻印社，1993年。
5 《清高宗实录》卷四一三，乾隆十七年四月己酉，中华书局，1985年。

诡称“西洋出有幼主，名朱洪锦，系明后裔”，宣称“西洋不日起事，兴复明朝”[1]。这一事件充分证明了清盛世时期国内政治斗争的复杂性。乾隆三十一年（1766年）的割辫案，也与当时东南地区的反清意识存在着因果关系。割辫案首发于江苏、浙江地区，很快蔓延到山东、直隶、湖北等地。尽管各省所报规模很小，而且所言多系捕风捉影，清廷始终“未获一真实匪犯”[2]，但如果将此案完全说成是清廷无中生有，或说成是乾隆帝为了加强自己的统治，有意搞“政治运动”，恐怕也不符合当时的历史实际。作为汉文化中心的东南地区，民族意识历来十分强烈，清初，它是抵抗清军南下，反对薙发易服最重要的据点之一。有清一代，知识界对清朝统治心怀不满者，往往出现在东南地区。降至康熙后期，江浙两省仍有一些知识分子通过诗文，淋漓尽致地表达自己的怀明情绪。像浙江仁和监生卓长龄诗中就有“可知草莽偷垂泪，尽是诗书未死心”，“楚衽乃知原尚左，剃头轻卸一层毡”等愤激之语。卓长龄之子卓敏诗也有“重重楼阁骇，愚民又感旧”，“明主未能忘麦饭，仁爱天心不见恩”，卓慎诗有“谁能郁郁久居此，予必区区自取之；种菜当年心自壮，辍耕尔日志难忘”等“悖逆”语句[3]。乾隆帝当时虽然尚未看到这些诗文，但他对东南士人反清意识深有觉察。乾隆三十四年（1769年），他令熊学鹏为浙江巡抚，付以密查割辫“匪徒”之任。面谕说：“看来从前剪辫之人，不出江南、浙江两省。汝可留心细加查察。务要不动声色，毋致张皇，转生事端。”熊学鹏上任后，密奏自己将从六种人中“密踊踪迹，细加察访”。这六种人是：外来游方僧道，外来医卜星相游艺谋生者，海口往来可疑之人，外来游棍，外省发遣到浙军流人

1 《清高宗实录》卷四一六，乾隆十七年六月甲辰，中华书局，1985年。

2 《慎刑七》，《乾隆圣训》卷一一六。

3 《卓长龄等〈忆鸣诗集〉案·陈辉祖等奏查出逆诗多种，无〈忆鸣诗集〉案》，《清代三朝史案》下册，江苏广陵古籍刻印社，1993年。

犯，缘事黜革家居中有自度不能复望上进，而遂不务正业者，士子内屡试不第，自负才高学广而不得志者。乾隆帝认为前几种人均不必介意。他对最后一种人疑虑甚多，批云："此条内或应留心，然亦不可张皇。"[1] 足见他最不信任，防范最严的是东南士人，而这与东南地区长期潜在的反清思潮具有密不可分的关系。

纵观 18 世纪中国政治观念，可以发现，其主要成就在行政管理理论上，而其最薄弱部分则是关于政治体制的分析。知识精英们对行政管理的高度重视，对提高官僚队伍素质，加强各级政权建设，缓和官民关系显然具有十分重要的意义，从行政管理的角度看，它为清朝统治的巩固打下了良好的基础。为其有一套系统的行政理论，为其有一批努力将其付诸实践的官僚群体，故嘉道以后，尽管清朝内忧外患，风雨飘摇，但仍能顽强地维持数十年之久。而知识界对基本政治体制缺乏具有想象力的规划，反专制思想的相对贫乏，则意味着中国社会的发展，在短期内很难获得大的突破。满汉畛域的存在，反清意识的潜藏，则是深埋于清朝盛世背后的导火线。一旦危机爆发，尖锐的社会矛盾必将以民族矛盾的形式表现出来，民族斗争就会成为社会斗争的旗帜，到那时，烈火燎原，清朝统治就离崩溃不远了。"风起于青泙之末"，"于无声处听惊雷"。从 18 世纪的政治观念中，我们已经隐约可见中国未来政治的基本走向。

1 《乾隆朝宫中朱批奏折》乾隆三十四年，《内政·保警》卷三～卷七。

第五章　时代精神与社会发展

这一章，笔者将主要研究与观念变迁密切相关的社会发展问题。人的观念，人的思想，从根本上讲来源于物质生产，来源于社会生活，来源于人们的日用常行，但它最终要回到社会，回归生活，去影响和改变人们的生产方式和社会生活。对观念的考察也是如此。在完成了对一个时代观念形态主要方面的分析以后，还有必要从社会发展的角度研究其历史价值，这也算是在学术上“回到社会”吧。因为研究的内容有所转移，故本章的写法，语言风格略有变化，涉及一些争论问题，不得不略加辩驳，这系研究内容所决定，“予岂好辩哉”？不得已而为之。

第一节　时代精神

研究观念史，罗列大量的历史资料，涉及众多人物与事件，最终要回答这样一个问题：从不同观念的发生发展中，从不同观念形态的相互作用中，是否可以抽象出带普遍意义的时代精神呢？回答应该是肯定的。人的个性差异，不应该成为否定共性存在的理由。事实上，正是个性存在，为共性的产生提供了基本的前提。而人类在不同的历史时期，其物质生活、政治环境、生活方式，都存在着或多或少的差异，这就使时代精神的变化，不但成为可能，而且成为必须。清人谓：“天地之气，一废一兴，一盛一衰，学术之变迁亦若斯而已矣。”[1]讲的虽是学术，但若说到时代精神，何尝不是如此。

有清一代之时代精神，粗略地讲，可以分为三个阶段：17世纪是经世，18世纪是求实，19世纪是变革。时代精神通过观念变迁得到体现，而它又如天枢之运众星，深刻地影响着人们的思维方式和行为方式。

17世纪是一个不容知识界不关注社会现实的时代：改朝换代的烽火，清军入关的铁蹄，迫使每一个人对自己的人生做出选择。在这个时候，要闭门读书是不可能了，读书而不谈现实也不可能了，于是经世之风蔚然兴起，救世之声回荡于天地之间。顾炎武痛斥晚明清谈误国之危害说：

> 刘、石乱华，本于清谈之流祸，人人知之。孰知今日之清谈有甚于前代者。昔之清谈谈老庄，今之清谈谈孔孟。未得其精而已遗其粗，未究其本而先辞其末。不习六艺之文，不考百王之典，不综当代之务。举夫子论学、论政之大端，一切不问而曰“一贯”，曰“无言”。以明心见性之空言，代修己治人之实学。股肱惰而万事荒，爪牙亡而四国乱。神州荡覆，宗社丘墟。昔王衍妙善玄言，自比子贡，及为石勒所杀，将死，顾而言曰：“呜呼！吾曹虽不如古人，向若不祖尚浮虚，戮力以匡天下，犹可不至今日。”今之君子，得不有愧乎其言！[2]

正是“天下陆沉”，破国亡家的巨大时代震荡，促使知识界从晚明清谈、虚浮的学风中走出来，致力于思考和解决现实问题，

1　凌廷堪：《辨学》，《校礼堂文集》卷四，中华书局，1998年。
2　顾炎武：《夫子之言性与天道》，《日知录》卷七，甘肃民族出版社，1997年。

从而使经世成为这个时期士林队伍中带普遍意义的基本价值趋向。关于这一点，我们从当时理学官僚的活动中，从李颙、黄宗羲、顾亭林、颜习斋等人的著述中，可以清楚地感觉出来。

当历史进入清盛世时期，特别是进入 18 世纪以后，求实逐渐成为清朝士林队伍的显著特色，其时无论是理学还是汉学，均以实学相尚，纷纷“讲求正学，不事空言”[1]，朝廷对士人也每每以实学相期，即“皇上以实学倡天下士”[2]。像乾隆帝即位不久，就要求翰林院诸词臣，“各以己意拟写上谕一道，陆续封呈朕览。倘有切于吏治民生者，朕亦即颁发，见诸施行。则词曹非徒章句之虚文，而国家亦收文章之实用矣。”[3]其时所谓求实，是与虚浮相对立的，是与脱离实际相对立的。它提倡的是实事求是，推崇的是务实作风，主张的是躬行实践，讲究的是经济事功。从本书集中阐发的伦理观念、学术观念和政治观念中，我们到处可以看到求实作为一种普遍精神对士林队伍的广泛影响。在伦理道德领域，求实的精神就表现为对人的实际需求的关注，对人欲、人情的肯定，对人性自由的追求，对百姓日常生活的重视。在戴震的伦理学说中，求实的精神得到了最充分的展现。宋儒“得于天而具于心”的理，被戴震具体化为事物的条理，并和人欲、人情联系起来，所谓“物者，事也。语其事，不出乎日用饮食而已。舍是而言理，非古圣贤所谓理也”[4]。正是从这一基本认识出发，戴震主张“圣人之治天下，体民之情，遂民之欲，而王道备”[5]。从

1　程晋芳：《陈钟麟序》，《勉行堂文集》，嘉庆庚辰本堂藏版。

2　王鸣盛：《福建乡试录序》，《西庄始存稿》卷一六，《续修四库全书》本，集部第 1434 册，上海古籍出版社，2002 年。

3　陈康祺：《翰林须留心诏敕》，《郎潜纪闻二笔》卷一四，中华书局，1984 年。

4　戴震：《理》，《孟子字义疏证》卷上，《戴震全书》第 6 册，黄山书社，1995 年。

5　戴震：《理》，《孟子字义疏证》卷上，《戴震全书》第 6 册，黄山书社，1995 年。

袁枚的学说中，我们也可以看到求实精神对反传统伦理思想的影响。袁枚不是空谈性情，而是从人的实际出发，强调情不可无，也不可抑。提出只有即情以求性，方能得性之真，所谓“性不可见，于情而见之”。“水火，性也；其波流光焰，则情也。人能沃其流而扬其光，其有益于水火也大矣”[1]。从而将理学的复性，变成了尊重个性自由的达情。而袁枚关于男女关系的见解，改善妇女地位的要求，更表明他的学术，他的思想，具有强烈的现实针对性，其目的是要突破礼教的束缚，为人们营造一种相对宽松的社会环境。以经济之学著称的陆耀，在处理社会问题时，也不受“圣经遗训”之束缚，主张从实际出发，“王道本乎人情”，“遂天下之至私，乃成天下之大公”。他说：

> 大功同财，何尝非圣经遗训？但历数亲串之中，有宗族同居而不彼此诟谇者乎？凡人远则相思，昵则相狎，亲亲之仁不在同堂共爨。是以三代之得天下也，众建亲戚，使之各君其国，各子其民，乃至制民之产亦必析之又析。一夫受田，只食八九人而止。余夫及岁，必别授田百亩，分形连气之人未必即在八家同井之中。其有越陌度阡而蔼然相接者，惟有定分故也。各惜其财，各勤其力，然后有无可以相通，患难可以相救。遂天下之至私，乃成天下之大公。此道不行，人无定志。少可凌长，众可暴寡，骨肉之间，遂生嫌隙。又安得以九世同居为必可能，而劝人别籍为非笃论哉？匪独此也，刲股事亲，岂非孝子？未婚守节，岂非贞女？然而皆非圣人之中制。王道本乎人情，盖在此也。[2]

1　袁枚：《书〈复性书〉后》，《小仓山房文集》卷二三，《袁枚全集》第2册，江苏古籍出版社，1993年。

2　陆耀：《又与钱巽斋论文钞书》，《切问斋集》卷二，光绪江苏书局校刊本。

求实精神在学术领域主要通过两个方面表现出来：一是注重考据、训诂的严谨学风。正如钱大昕所强调，为学当“精研古训，不徒以空言说经，其立论有本，未尝师心自用，而亦不为一人一家之说所囿”[1]；二是以追求经济事功为特色的经世思潮，这就是陆耀所说“力破空虚之习，切求经世之宜”[2]，为学主张“并切实用，无虚空迂廓之谈”[3]。

至于在政治领域，求实精神就体现为对君主专制的怀疑和批判，体现为对行政管理的高度重视，体现为对国家前途和命运的深切关怀。

总之，18世纪中国知识界的观念形态，就其分布，就其表现而言，是多元的。但其前提是一元的，这就是求实的价值倾向。这一前提，既是18世纪中国观念之精华所在，也是其弊端之根源所存。一方面，要求实，就不能迷信已有的说教，就要服从事实，就要有所思考；有思考，就有创新；有创新，就会产生观念的多元。但另一方面，观念演变的过程，从来都是观念分化的过程。在18世纪观念变迁中，不可避免地出现了将求实精神极端化、片面化的倾向，这就必然导致理论的贫瘠。以学术观念为例，17世纪的学术虽然强调经世，强调实学，但其时学者对义理的追求依然强烈，对自然与社会发展、变化的客观规律仍抱着浓厚的兴趣。而这种理论的探索，哲学思辨的兴趣，在乾嘉时期一些汉学精英看来，已经不可理解了。江藩评论顾炎武、黄宗羲说，“两家之学，皆深入宋儒之室，但以汉学为不可废耳。多骑墙之见，依违之言，岂真知灼见者哉?”[4]在18世纪学术发展中居于中心地位的两大主流学术，在这个时期都存在着明显的淡化理论的倾向，进

1 钱大昕：《与晦之论尔雅书》，《潜研堂文集》卷三三，商务印书馆，1935年。
2 陆耀：《切问斋文钞序》，《切问斋集》卷四上，光绪江苏书局校刊本。
3 徐世昌：《朗夫学案》，《清儒学案小传》卷八，明文书局，1985年。
4 江藩：《跋语》，《汉学师承记》卷八，中华书局，1983年。

而导致学术界理论功力的不足。比较典型的如，汉学提出了一套新的以实证为特色的研究方法和规范，对理学的不少思想和主张提出尖锐批判。但在批判理学的同时，它始终没有提出可以取代理学“义理”的新的思想体系。它的批判是尖锐的，但不深刻；是琐碎的，而不全面。汉学的倡导者未尝不讲义理，未尝不以经世致用为研究目的，但在实际发展中，这两个原则都未能得到坚持。脱离现实、脱离义理逐渐成为危及汉学前途的两大致命弱点，以致在一些士人眼里，汉学逐渐成为钻故纸堆的代名词，这也是汉学始终无法取代宋学的重要原因。理学本以哲学思辨为长，以躬行实践为功。然从清初开始，因惧“讲学”“空谈”之名，穷理日渐淡化，降至18世纪，理学几乎完全被笼罩于主敬躬行的灿灿光彩之中，丧失了自己应有的学术风格。理学研究如果不以穷理为己任，就意味着无特色，无创新，无发展，也就无法回击来自各个方面的批判。理学不穷理，汉学忽视义理，知识分子但讲“实学”，惟求“经济事功”，不问天人之际，这就使18世纪中国的知识界出现观念多，理论少，学术分化迅速，体系创新迟缓的奇特景象。特别是在主流学术队伍中，始终没有出现像袁枚那样的思想大家。反传统观念流行，主流学术在理论创新上的相对沉寂，从另一个侧面意味着中国社会走向变革的新趋势，至少知识界将出现新的变化。

本书研究的18世纪士林队伍，是17世纪士林阶层的历史继承人。这一百年流行于士林队伍中的求实精神，直接导源于17世纪。17世纪的经世思潮虽然面对现实，但由于知识界的严重分化，具有不同的社会含义。顾炎武、黄宗羲等人经世的目的是要建立一个带叛逆色彩的理想社会，而理学官僚们的经世，则是要恢复传统伦理道德秩序，为清朝统治服务。这种具有复杂内涵的经世精神，在进入清盛世以后，必然发生变化。知识界对清朝的反抗，逐渐被承认和拥护清朝统治所取代，即所谓“遗民不世袭”。在物力丰盈的盛世环境中，经世的内涵，就很自然地更多地体现为对人的需求的关注，对社会和谐与稳定的重视，这就导致了 18 世纪经济事功思潮的崛起。而 17 世纪后期以来主流学术内部发展的客观规律，以及 18 世纪特殊的政治和社会环境，则从不同的侧面，促使这个时期的士人阶层，对理论的兴趣趋于减少，而多了严谨和务实的学风。这种转变，对清代的中国社会来说，是一种进步，还是一种倒退？

第二节　经世变革思潮的崛起

一般学者都注意到，在 19 世纪中前期，知识界出现了以龚自珍、魏源为代表的经世思潮。其实，这个时期的经世思潮，和 17 世纪、18 世纪的经世思潮相比，具有一个十分明显的区别，那就是它主张社会变革。清初的经世，无论是激进思想家还是正统官僚士人，都以建设一个理想社会为目标，18 世纪的经世，以经济事功为其主要目的。19 世纪的经世，其主要内容是通过变革，挽救清朝严重的社会危机，即所谓“一祖之法无不弊，千夫之议无不靡。与其赠来者以劲改革，孰若自改革？”[1] 变革，是嘉道之际经世思潮的精髓，是其核心，是影响知识界精神风貌的基本价值取向。就清代知识界时代精神从求实到变革的转变，从根本上讲，源于清朝政治、社会形势的变化。19 世纪上半叶，清朝国内形势处于十分矛盾的状态：一方面清朝社会，特别是东南地区的经济文化仍处于持续稳定发展中，另一方面清朝统治却出现了严重危机：内地民众反抗不断，自然灾害频仍，官僚腐败盛行，政府府库空虚，财政困难，“国与民皆患贫，奸伪日滋，祸乱相继，士习益漓，民心益竞，其由来也甚渐，其消息也甚微”[2]，故历史上

1　龚自珍：《乙丙之际箸议第七》，《龚定庵全集类编》卷四，中国书店，1991 年。
2　欧阳兆熊：《国初爱民》，《水窗春呓》卷上，中华书局，1984 年。

有所谓“中衰”之说。与这种国内形势相适应，士人队伍中，在全盛时期盛极一时的享乐风气仍在持续，以考经究史为特征的汉学在知识圈内部仍很流行。但与此同时，一些敏感的知识分子已经从盛世的酣睡中清醒过来，以敏锐的目光重新审视历史与现实，对清朝的危机与出路进行深入的再思考，这，就导致了以变革为核心的经世思潮的出现。而今文经学的复兴，则为变革主张提供了理论的准备。

和清盛世时期的知识精英们比起来，19 世纪前半期的经世思想家们继承了 18 世纪的求实之风，不尚浮华，惟求实际。但在清朝统治走向衰落的严峻历史环境中，他们对个人价值，对个人权利、个人欲望的强调要少得多，而是多了许多对国家、对社会的庄严责任感和义务感。嘉道经世思潮主要包括两个方面的内容：一是通过对社会现实，特别是对乾隆士习的严厉批判，以唤醒士人的时代责任感；二是呼唤改革，要求通过社会改良挽救清朝统治危机。

正如笔者已经指出：乾隆时期的士林风气带有明显的叛逆倾向，具有纵欲的显著特征。这种风气以传统社会空前的大繁荣为背景。尽管它的倡导者如戴震、袁枚等人具有明确的指导思想，但他们在批判旧道德时，并没有建立起一套可供操作的新的道德体系。反传统思想家们主张“王道必本乎人情”，主张遂欲，达情，但如何才算遂欲，如何才算达情，人的情欲需不需要合理的约束，如何进行合理的约束，反传统思想家们无论是在理论上，还是实践上，都没有进行科学的回答。更重要的是，袁枚等人作为时代之精英，在普通士人眼里无异于泰山北斗，景星卿云，其登高一呼，反礼教声震四方，应者云集。然任何一种思想观念，一旦流传，其追随者就难免泥沙俱下，就难免有人附会风雅，恣意发挥。其间一些人缺乏道德，缺乏是非，唯利是图。这种情况和当时腐败的政风交织一体，到乾隆后期，特别是嘉庆年间，就发展成为严重的社会弊端。当清朝处于繁荣时，士习华靡，虽不免时讥，但尚可姑容。而当危机出现，则往往成为众口攻击之对象，甚至被视为导致盛衰之变的重要根源。从乾隆后期起，批判士习颓废就成为知识界的重要特征，到嘉道年间，这种批判达到了高潮，沈垚可以说是其重要代表人物。

沈垚，生于嘉庆三年（1798年），卒于道光二十年（1840年），字敦三，号子敦，浙江乌程（今湖州）人，道光时优贡生。沈垚好学深思，学识渊博，“议论常出人意表”[1]。精研金元舆地掌故之学，怀经世之心，注重现实，尤留意于西北政治地理。然“性坦率，举动多任情”，“又好直言忤物”，且“讥切时病，洞见症结”，故不遇于当时[2]。沈垚著述颇丰，主要有《新疆私议》、《西域小记》、《元和郡县志补图》，以及《落帆楼文集》等。

沈垚从讲求气节，追求经世的角度，对乾嘉以来士风颓废提出尖锐批判。而这种批判，在相当程度上是与他对汉学的否定相联系的。沈垚以汉学大师钱大昕治史为例，认为其学“实事求是，疏通证明，可以贻来者，不可谓为不贤”，然“钱氏有史学而无史才，故以之释史则得，以之著史则琐屑破碎，不合史法，此今人之不及古人也。”[3]更重要的是，沈垚站在经世立场，认为清人（实际上是汉宋学者）之所谓“治经”，无助于修身和吏治。他说：“汉宋诸儒，以经术治身，则身修；以经术饰吏治，则民安。立朝则侃侃岳岳，宰一邑则俗阜人和。今世通经之士，有施之一县而窒者矣，有居家而家不理者矣，甚至恃博雅而傲物，借经术以营利。故垚尝愤激言：今人之通，远不及前明人之不通，其故由古人治经原求有益于身心。今人治经，但求名高于天下，故术愈精

1 沈垚：孙燮撰《沈子敦哀辞》，《落帆楼文集》，上海古籍出版社，2009年。

2 沈垚：孙燮撰《沈子敦哀辞》，沈曾植序，《落帆楼文集》，上海古籍出版社，2009年。

3 沈垚：《与许海樵》，《落帆楼文集》卷九，上海古籍出版社，2009年。

而人愈无用也。”[1]针对清人对明朝学风和士风的批判，沈垚反击说：“窃以前明人学问文章不及古人，而修已立身之要，治乱得失之故，大率有得于中，故立朝则志节凛然，宰一乡一邑，亦有实政及民。今人动诋前明人为不通，而当世所推为通士者，率皆冒于货贿，昧于荣辱，古今得失之故懵然罔觉，是尚可为通乎？譬之于身，前明人于一指一拇之微，或有所窒滞，而心体通明，自足以宰世应物。今人于一拇一指，察及罗纹之疏密，辨其爪之长短厚薄，可谓细矣。而于一手一足之全，已不能遍识。况一心之大，一身之全乎？是尚可为通乎？由是以之居家，则父子责利；以之处世，则势利相倾。贪冒之习，纰缪之论，积久成俗，生心害政，其患甚大而未有艾也。”[2]

学风败坏与士习颓废是密切相关的。沈垚批判说：“今日风气，备有元成时之阿谀，大中时之轻薄，明昌祯祐时之苟且。海宇清晏，而风俗如此，实有书契以来所未见。”[3]

值得注意的是，沈垚尽管推崇明代士风，倡导气节，反对颓废，但并没有退回到宋儒的老路上。他强调君子之道本于人情，反对理学家以礼教苛求于人的做法，指责说“理学二字，适以困善人而庇狡猾”。沈垚说：“宋儒先生，律已甚严，自处甚高，而待人则失之不恕。二代时，朝聘飨食之数，用财如此其厚，可见君子之道，必本于人情，而不尚过高之行。宋儒先生所为，合之圣人之言，实不免贤知之过。”沈垚概括秦汉以来士风之嬗变，认为“东汉之人清，唐之人大，宋元明之人高，近世之人鄙”[4]。而卑鄙士风的形成，与理学之教化具有密不可分的因果关系。因为以理学苛求于人，必将导致士风和政风的败坏。他说：

1　沈垚：《与许海樵》，《落帆楼文集》卷九，上海古籍出版社，2009 年。
2　沈垚：《与张渊甫》，《落帆楼文集》卷八，上海古籍出版社，2009 年。
3　沈垚：《与张渊甫》，《落帆楼文集》卷八，上海古籍出版社，2009 年。
4　沈垚：《与许海樵》，《落帆楼文集》卷九，上海古籍出版社，2009 年。

宋儒实有过高之弊。寒不能不衣，饥不能不食。衣食足而后责以礼节，先王之教也。先办一饿死地以立志，宋儒之教也。饿死二字如何可以责人？岂非宋儒之教高于先王而不本于人情乎？宋有祠禄可食，则有此过高之言。元无祠禄可食，则许鲁斋先生有治生为急之训，可见饿死二字之断不能责人也。醇厚者，慕其高行而不喜审世度世之言，则真至于饿死。狡猾者，见其不轻予人一节，可为出纳之吝藉口，则反以盖其为富不仁之诡计，于是“理学”二字，适以困善人而庇狡猾矣。是故明之士大夫未得志则谈论心性，既得志则规占膏腴。今之士大夫，未得志则借声色以媚世，既得志则屏声色以遏人之求。世变愈下，而其心亦愈幻而愈险焉。可叹也。[1]

从社会现实出发，沈垚认为社会环境变化，士人生活窘困，过分追逐物质利益，是士风败坏的重要原因：“自汉至南北朝，以穷经求名，唐以进士求名，宋元明以讲学求名，本朝以考证求名，其故皆不过为救饥耳。”[2]他悲叹说：嘉道以来，时事变迁，士人物质待遇更趋菲薄，以至士风更趋颓败。“今则无一可求，无一可以救饥。即昔人所诋为荒速之术，今亦术非其术。‘工者不必得，得者不必工’，此古人之言也。今则无所谓工者，亦无所谓不工者。外则公正之言过于古圣贤，内则苟且之见，并有古鄙夫所料不到者矣。是故寒士求食之难，未有若今日之甚者也。”[3]沈垚说：“数十年来，学者之概约略可言。闻见自夸之人多，读书贯穿之人少。闻见须有所凭藉，故奔走形势之人，既得润其囊橐，又居然以多学自命。贯穿，非空山静坐，默而好深沈之思者不能，

1　沈垚：《与许海樵》，《落帆楼文集》卷九，上海古籍出版社，2009年。
2　沈垚：《与张秋水》，《落帆楼文集》卷八，上海古籍出版社，2009年。
3　沈垚：《与张秋水》，《落帆楼文集》卷八，上海古籍出版社，2009年。

而能之又不足以自取衣食，往往饿死于荒江老屋之中。”故他感慨：“好学深思之人日少一日也”，“廉耻道丧，风俗颓败”[1]，哀叹“读书二字，今殆将绝矣”[2]。

包世臣也认为清代学风和士风均面临着严重的危机，并威胁到了清朝官僚政治的正常运行。包世臣，生于乾隆四十年（1775年），卒于咸丰五年（1875年），字慎伯，安徽泾县人。嘉庆十三年（1808年）举人，曾官江西新喻知县，因劾去官，侨居金陵。包世臣为19世纪中叶重要的经世思想家，“为人短小精悍，而口如悬河。喜兵家言，善经制之学”[3]。曾针对清朝社会现实，提出了一系列改革措施，如主张变漕运为海运，改革盐政，“听商贩领本地州县印照，赴场官挂号缴课买盐”，兴修西北水利，发展农业，等等。时“江省督抚遇大兵、大荒、河、漕、盐诸巨政，无不屈节咨询，世臣亦慷慨言之，虽有用有不用，而其言皆足传于后”[4]。所著主要有《安吴四种》、《小倦游阁集》等。包世臣在《赠方彦闻序》一文中，表达了他对清朝士风的深切担心。他说：“舍礼仪忠孝，是非成败，则无所言文矣；舍文则无所言学矣；舍学则无所言道矣。然而世远道丧，以剽字为学，剿声为文。其上者乃能钩稽名物，刻镂风云，正己则失要，至人则无功，师友谬说，聪明锢蔽。是故任斯文之重者，有根于性，有成于习，举世竞以俗学以求售。其售者，上得以行其欺罔，下得以肆其朘削，则共以为能。”故他呼吁士人“遗远世俗，自尊所闻，言依于礼义，心泯乎得失”，“穷则守之以终，而教诲其子弟；达则操此以往，而惠保其黎庶”[5]。

1　沈垚：《与张渊甫》，《落帆楼文集》卷八，上海古籍出版社，2009年。
2　沈垚：《与张渊甫》，《落帆楼文集》卷八，上海古籍出版社，2009年。
3　谢应之：《书安吴包君》，《续碑传集》卷七九；转引自《包世臣全集》附录。
4《包世臣》，《清史列传》卷七三，明文书局，1986年。
5　包世臣：《赠方彦闻序》，《艺舟双楫》卷三，《包世臣全集》，黄山书社，1993年。

龚自珍为嘉道时期重要的变革思想家（关于其生平事迹，笔者在稍后将作介绍），他对当时颓废的士习进行了严厉抨击。他说：

> 今士大夫，无论希风古哲，志所不属，虽下劣如矜翰墨，召觞咏，我知其必不暇为也。今上都通显之聚，未尝道政事谈文艺也，外吏之宴游，未尝各陈设施谈利弊也。其言曰：地之腴瘠若何，家具之赢不足若何，车马敝而债券至，朋然以为忧。[1]

在龚自珍看来，士风的颓废，不但表现为士人品行的贪婪，更表现为人格的卑污，人性的猥琐。而士风的变化，直接关系到清朝之安危存亡。他说：

> 历览近代之士，自其敷奏之日，始进之年，而耻已存者寡矣。官益久，则气愈媮；望愈崇，则谄愈固；地益近，则媚亦益工。至身为三公，为六卿，非不崇高也，而其于古者大臣巍然岸然，师傅自处之风，匪但目未睹，耳未闻，梦寐亦未之及。臣节之盛，扫地尽矣。……窃窥今政要之官，知车马、服饰、言词捷给而已，外此非所知也。清暇之官，知作书法、赓诗而已，外此非所问也。堂陛之言，探喜怒以为之节，蒙色笑，获燕闲之赏，则扬扬然以为喜，出夸其门生、妻子。小不霁，则头抢地而出，别求夫可以受眷之法。彼其心岂真敬畏哉？问以大臣应如是乎？则其可耻之言曰：我辈只能如是而已。至其居心，又可得而言。务车马捷给者，不甚读书。曰：我早晚直公所，已贤矣，已劳矣。作书、诗赋

---

1 龚自珍：《明良论一》，《龚定庵全集类编》卷六，中国书店，1991年。

> 者，稍读书，莫知大义，以为苟安其位一日，则一日荣，疾病归田里，又以科名长其子孙，志愿毕矣。且愿其子孙世世以退缩为老成，国事我家何知焉？嗟乎哉！如是而封疆万万之一有缓急，则纷纷鸠燕逝而已，伏栋下求俱压焉者鲜矣。[1]

嘉道时期经世思想家猛烈攻击颓废自利的士林风气，究其出发点则是服务现实，希望通过批判，唤醒士人的良知，恢复其廉耻之心，力图通过士习的改变，政风的改良，挽救清朝深重的社会危机，因为在他们看来，“士皆知有耻，则国家永无耻矣。士不知耻，为国家之大耻”[2]。

在批判士风颓废的同时，一些心忧国事的知识分子将经世致用作为自己基本的人生目标，包世臣说：“士者，事也。士无专事，凡民事皆士事也。”[3]包世臣自述其为学历程，云：

> 世臣生乾隆中，比及成童，见百为废弛，贿赂公行，吏治污而民气郁，殆将有变，思所以禁暴除乱，于是学兵家。又见民生日蹙，一被水旱，则道殣相望，思所以劝本厚生，于是学农家。又见齐民跬步，即陷非辜，奸民趋死如鹜而常得自全，思所以饬邪禁非，于是学法家。既已求三家之学于古，而饥趋奔走者数十年。验以人情地势，殊不相远，斟古酌今，时与当事论说所宜。虽补偏救弊之术，偶蒙采纳，皆有所效，然极世臣学识之所至，尚未知其能为富强否耶？民富则重犯法，政强则令必行。故过富强者为霸，过霸者为王。诗人之颂王业曰：“如茨如梁”，又曰：“莫不震迭”。未有既贫且弱，而可言王

1　龚自珍：《明良论二》，《龚定庵全集类编》卷六，中国书店，1991年。

2　龚自珍：《明良论二》，《龚定庵全集类编》卷六，中国书店，1991年。

3　包世臣：《赵平湖政书五篇叙》，《艺舟双楫》卷三，《包世臣全集》，黄山书社，1993年。

道者也。故谓富强非王道之一事者，陋儒也。[1]

可见，包世臣为学，始终从现实需要出发，以经世为内容，以富强、王道为目标。这一治学思想和雍乾时期的知识精英相比，显然发生了巨大的变化。

作为嘉道时期有代表性的思想家，魏源（关于其身世，笔者稍后将作介绍）从经世的观点出发，对风行一时的乾嘉汉学提出尖锐批判。他说："自乾隆中叶后，海内士大夫兴汉学，而大江南北尤盛。苏州惠氏、江氏，常州臧氏、孙氏，嘉定钱氏，金坛段氏，高邮王氏，徽州戴氏、程氏，争治诂训音声，爪剖釽析，视国初昆山、常熟二顾及四明黄南雷、万季野、全谢山诸公，即皆摈为史学非经学，或谓宋学非汉学。锢天下聪明知慧使尽出无用之一途。"[2]对宋学，魏源也批评其迂阔而不切实用。他说："工骚墨之士，以农桑为俗务，而不知俗学之病人更甚于俗吏；托玄虚之理，以政事为粗才，而不知腐儒之无用亦同于异端。彼钱谷簿书不可言学问矣，浮藻饾饤可为圣学乎？释老不可治天下国家矣，心性迂谈可治天下乎？"[3]正是从经世的观点出发，魏源提出王道是务实的，"使其口心性，躬礼义，动言万物一体，而民瘼之不求，吏治之不习，国计边防之不问；一旦与人家国，上不足制国用，外不足靖疆圉，下不足苏民困，举平日胞与民物之空谈，至此无一事可效诸民物，天下亦安用此无用之王道哉？"[4]

梁章钜认为："治经者不拘汉学宋学，总以有益身心，有裨实

1 包世臣：《再与杨季子书》，《艺舟双楫》卷一，《包世臣全集》，黄山书社，1993年。

2 魏源：《武进李申耆先生传》，《魏源集》上册，第358～359页，中华书局，1976年。

3 魏源：《默觚下·治篇一》，《魏源集》上册，第36～37页，中华书局，1976年。

4 魏源：《默觚下·治篇一》，《魏源集》上册，第36页，中华书局，1976年。

用为主。否则，无论汉学无益，即宋学亦属空谈。说经者亦期于古圣贤立言之旨，愈阐而愈明，方于学者有益。乃今之墨守汉学者，往往愈引而愈晦，抱残守缺，远证冥搜，每一编成，几于秦延君之释《尧典》，二字二十万言。汉博士之书驴券，三纸尚未见驴字。吾友谢退谷所谓诵记虽得，探讨虽勤，而一遇事全无识见，一举念只想要钱，不亦重可叹哉。”[1]

从嘉道经世思潮的基本内涵可以看出，经世思想家们对18世纪士风的批判，主要是批判其观念变迁之流弊，即脱离社会现实，繁琐考据，见小而遗大的不良学风，批判其对传统伦理道德的冲击与破坏（需要研究者注意的是，在这个过程中，18世纪一些激进的士林领袖人物，成为人们攻击的对象。如袁枚在一些人笔下被丑化为工于献谀的势利小人，甚至在其“谢世未久，如吴嵩梁辈颇多指摘，且有议欲毁其板者”[2]。戴震的人品、学问均遭到一些人的诋斥，特别是魏源，不但斥责戴震抄袭赵一清校《水经注》，而且责其背师盗名，认为戴震六书、三礼、九数之学，无一不受诸江永，乃“及戴名既盛，凡己书中称引师说，但称为‘同里老儒江慎修’，而不称师说，亦不称先生，则攘他氏之书，犹其事之小者也”[3]）。但耐人寻味的是，批判汉学，呼唤道德，并没有导致理学的复兴，相反，这个时期经世思想家中不少人仍对理学予以尖锐批判，甚至有人从经世的角度，提出：“英雄必无理学气”，“观历代史书人物，跅驰不羁之士，建立奇功者有之，至号为理学者却少概见”[4]。对人情、人的基本需求的重视，对国计民生的深切关注，乃是嘉道经世思想家们的重要特色。这，难道不

1　梁章钜：《读经一》，《退庵随笔》卷一四，中华书局，1976年。

2　沈其光：《瓶粟斋诗话》，《袁枚全集》第8册附录三，江苏古籍出版社，1993年。

3　魏源：《书赵校水经注后》，《魏源集》上册，第226页，中华书局，1976年。

4　欧阳兆熊：《英雄必无理学气》《水窗春呓》卷上，中华书局，1984年。

可以说是对18世纪精神遗产的继承和发展吗？

还需指出的是，对士风颓废、道德沦落倾向的批判，在18世纪已经开始。卢文弨曾深以士人志节之不立为忧，并剖析其原因。他说："窃谓近今之弊，尤在乎志节之不立，风操之不振。故中材以下，以贫为病，而堕其守者有之矣。盖不独役役焉惟治生之是急也，亦由上之人不能贵士而遇之以礼，偶有微忤，辄欲借之以立威而催折之，唯恐其不至。于是，士之自处也亦日贱，所忧不徒在学之不专，文之不工而已。既不知学，则益不知古圣贤之志节，而冥冥以行，不得志犹未甚害也，使其得志，其害可胜言哉？"[1] 这些批判，显然可以视为是嘉道时期观念变革的先导。至于对明代学术士风的态度，雍乾时期，知识界虽然否定之声较高，但也有不同意见存在。特别是言理学者，往往对明代学术、士风予以高度评价。像姚鼐就说："宋之时，真儒乃得圣人之旨，群经略有定说。元明守之，著为功令。当明佚君，乱政屡作，士大夫维持纲纪，明守节义，使明久而后亡，其宋儒论学之效哉？"[2] 王应奎对晚明东林气节高度赞赏。他说："明季东林诸贤，批鳞捋须，百折不回。取次拜杖阙下，血肉狼藉，而甘之如饴。其气节颇与东汉党锢诸人相似，一时遂成风俗。其时有儿童嬉戏，或据地互相痛扑，至于委顿，曰：'须自幼炼铜筋铁骨，他时立朝，好做个忠臣也。'闻者莫不笑之。然而流风所被，鼓动振拔，儿童犹知兴起，廉顽立儒，其效不可睹乎？"[3] 程晋芳则针对18世纪观念纷繁，汉学流弊渐滋的现实，强调"有儒者，有学人。儒者读书不过多而皆得其精，以内治其心，外治其事。学人旁搜博览，靡所不通，而以经史为归，期适用而已。儒者学人合而为一，则为大

1 卢文弨：《答孙楚池师书》，《抱经堂文集》卷一八，《丛书集成初编》本，商务印书馆，1935年。

2 姚鼐：《赠钱献之序》，《惜抱轩全集》文集卷七，中国书店，1991年。

3 王应奎：《东林气节》，《柳南续笔》卷三，中华书局，1983年。

儒，世不多觏也。”主张“今之学者，不必求为过高之行，亦无烦多读未见之书。惟是行己有耻，自盟幽独之中，孝弟慈惠以自将，希贤希圣，不躐等以进，则亦庶乎其可矣。”[1]他对清代学者将明朝灭亡归罪于讲学，又将讲学与空谈混为一谈的做法颇为反感，大声疾呼要恢复讲学之传统。他说：

> 不知明之亡，由其君不亲政事，士大夫以势利侵乡党，柄政者不恤民隐，骄佚之气召祸乱，非尽讲学之过也。今士大夫一语及讲学，则哗然诮之，曰：“人第以躬行为尚耳，奚讲之有？”其言韪矣。及退而察其所为，无一事可质之幽独者，此又一流弊也。魏晋之余，礼法荡然，而士夫犹有持清议者。孰则起而振之，使朴可返而淳可还欤？[2]

研究历史，不能将其随意割裂。当我们承认 18 世纪士林观念是对 17 世纪精神遗产的继承和发展的时候，我们同样可以说，19 世纪的经世思潮，包括它对 18 世纪士林风气的批判，是建筑于 18 世纪的观念遗产基础之上的，是那段历史和文化的自然延伸。

需要研究者高度重视的是，嘉道时期经世思想的核心内容是变革，批判士风颓废，其根本目的是要士林阶层摆脱颓废习气，从盛世的酣睡中清醒过来，振作精神，通过政治调整，实现社会协调与和谐。即：有鉴清代社会百弊丛生，“起视其世，乱亦竟不远矣”的现状[3]，不能不设法对社会进行改良。生活年代跨越乾嘉道三朝的钱泳说：“大凡处事不可执一而论，必当随时变通，斟酌尽善，乃为妙用。余尝论‘率由旧章’一语，不知坏尽古今多

1 程晋芳：《正学论五》，《勉行堂文集》卷一，嘉庆庚辰本堂藏版。

2 程晋芳：《〈明儒学案〉跋》，《勉行堂文集》卷五，嘉庆庚辰本堂藏版。

3 龚自珍：《乙丙之际箸议第九》，《龚定庵全集类编》卷四，中国书店，1991 年。

少世事。”[1] 其言即生动反映了普通士人主张社会变革的心态。今文经学是当时知识界论证、宣传变革思想最重要的理论武器。

有清一代，今文经学的复兴，肇源于乾隆时期，大兴于道光之时。这就是从庄存与、刘逢禄，到龚自珍、魏源的学术发展过程。庄存与系清代今文经学的倡导者。

庄存与，生于康熙五十八年（1719 年），卒于乾隆五十三年（1788 年），字方耕，号养恬，江苏武进（今常州）人，就其生活年代，可以说是典型的清盛世时期人物。乾隆十年（1745 年）一甲二名进士，授编修。二十年任内阁学士，兼礼部侍郎。此后曾任山东学政、河南学政等职。乾隆五十一年（1786 年）以原品休致，两年后去世[2]。从为官角度看，庄存与可谓宦途蹇滞，许多入仕比他晚，在科举题名榜上名列其后者，迁擢要比他快得多。像王杰，乾隆二十五年才中举人，二十六年进士，五十二年即位至宰辅，任东阁大学士。董诰，乾隆二十八年进士，四十年即官至侍郎，五十二年官至尚书。刘墉，乾隆十六年进士，四十八年官至尚书，五十年任协办大学士。庄存与以榜眼入仕，在侍郎衔上徘徊 30 年之久，是颇不寻常的（按清制，学政一职由侍郎、京堂、翰林、科道、部属等官进士出身者充任，均各带原来官衔品级上任）。导致这种局面的原因，可能既在于其性情鲠直，不善官场应对，也在于其学术倾向与主流有别，而乾隆朝当权用事之知识精英，不系理学领袖，即系汉学名儒，存与在学术上独持异议，难免不生嫌隙，进而影响政治前程。在中国历史上，因学术歧异，而导致政治歧异，甚至政治对立和纷争者，并不少见。

庄存与倡导的今文经学，在乾隆时虽仅系酝酿阶段，但已经具有了两个显著特点：

---

1 钱泳：《率由旧章》，《履园丛话》卷二三，中华书局，1979 年。

2 《庄存与》，《清史列传》卷二四，明文书局，1986 年。

一是在学风上，它不同于汉学偏重考据、训诂的学风，强调“得先圣微言大义于语言文字之外”[1]，这在一定程度上，就是要恢复理论思辨的传统；

二是和 18 世纪知识界批判理学狂潮不同，今文经学殊少门户之见，“不斤斤分别汉宋，但期融通圣奥，归诸至当。”[2]今文经学家注意吸收理学营养，甚至以理学思想解经，这就使其学术具有反汉倾向。钱穆曾感叹清代学术“世风之骤变”，“是非之无定”[3]，指的就是学术发展从汉学到今文经学在价值判断上的巨大变迁。

庄存与强调为学要“有所补益时务，以负庥隆之期”。从这一立场出发，他对汉学繁琐考据不以为然。尝针对阎若璩《古文尚书》辨伪说：

> 辨古籍真伪，为术浅且近者也，且天下学童尽明之矣，魁硕当弗复言。古籍坠湮什之八，颇藉伪书存者什之二。帝胄天孙，不能旁览杂氏，惟赖幼习五经之简，长以通于治天下。昔者《大禹谟》废，“人心道心”之旨，“杀不辜宁失不经”之诫亡矣。《太甲》废，“俭德永图”之训坠矣。《仲虺之诰》废，“谓人莫己若”之诫亡矣。《说命》废，“股肱良臣启沃”之谊丧矣。《旅獒》废，“不宝异物贱用物”之诫亡矣。《冏命》废，“左右前后皆正人”之美失矣。今数言幸而存，皆圣人之真言。言尤病痒关后世，宜贬须臾之道，以授肄业者。[4]

1　徐世昌：《方耕学案上·庄先生存与》，《清儒学案小传》卷八，明文书局，1985 年。

2　徐世昌：《方耕学案上·序》，《清儒学案小传》卷八，明文书局，1985 年。

3　钱穆：《中国近三百年学术史》，第 590 页，商务印书馆，1997 年。

4　龚自珍：《资政大夫、礼部侍郎武进庄公神道碑铭》，《龚定庵全集类编》卷一二，中国书店，1991 年。

庄存与所谓的时务，实际上是拱卫皇权，是通过对《春秋》微言大义的阐发，为清朝专制统治制造理论工具，即鼓吹“天无二日，民无二王。郊社宗庙，尊无二上。治非王则革，学非王则黜”[1]。庄存与虽然讲通三统，张三世，但总的说来，在其学说中，变革思想并不占有重要地位。当然，从治学方法、学术途径的角度，我们仍可以说，常州学派的兴起，是对18世纪繁琐考据、淡化理论风气的一种反动。

乾隆之时，庄存与之学虽可算“别为一派”，但终未形成气候，“未尝凌杂釽析，如韩、董、班、徐数子所讥，故世之语汉学者罕称道之”[2]。“所学与当时讲论或枘凿不相入，故所撰述皆秘不示人。通其学者仅门人邵晋涵、孔广森及子孙数人而已。”[3]不过，它毕竟预示着未来学术的变迁，并为这种变迁埋下了重要的伏笔。

今文经学成为知识界鼓吹变革之工具，是嘉庆以后的事情。从庄存与到龚自珍，清朝今文经学研究的重点经历了一个从拱卫皇权到鼓吹变革的学术转变过程，迄今为止，这一历史转变过程仍有较大的探索余地。

从清代变革思潮的崛起过程中，有两个人物是值得特别重视的，这就是恽敬和刘逢禄。

恽敬，生于乾隆二十二年（1757年），卒于嘉庆二十二年

1 庄存与：《奉天辞》，《春秋正辞》卷一。

2 魏源：《武进庄少宗伯遗书序》，《魏源集》上册，第238页，中华书局，1976年。

3 徐世昌：《方耕学案上·庄先生存与》，《清儒学案小传》卷八。此说源于阮元所作《方耕经说序》。徐世昌评论说：“邵氏学派实不相同。孔氏同治公羊学，而三科九旨别自为说，宗旨亦异。盖庄氏之学，惟传于家，再传刘氏逢禄，宋氏翔凤益著。而刘氏、宋氏生晚亦非亲炙也。”（《方耕学案中·孔先生广森案》，《清儒学案小传》卷八）观今文经学之发展，当以徐氏之说为是。

(1817 年)[1]，字子居，一字简堂，世居武进石桥湾。乾隆四十八年(1783 年)举人，五十二年(1787 年)充咸安宫官学教习。时庄存与之侄庄述祖、族曾孙庄有可，以及武进张惠言等人，先后集于京师，恽敬“与之为友，商榷经义、古文”[2]，尤与张惠言彼此推崇。乾隆五十九年(1794 年)授浙江富阳知县，此后，历任江山县知县、山东平阴县知县、江西新喻、瑞金等县知县，嘉庆十七年(1812 年)任南昌府吴城同知，次年，以家人得赃失察去官。恽敬在清代文学史上地位显赫，为阳湖派开山之一。包世臣谓:“近代言文，未有能先子居者也。”[3]《清史列传》记载说:“论者谓国朝文气之奇推魏禧，文体之正推方苞，而介乎奇正之间者惟敬。苞之文，学者尊为桐城派。至敬出，学者乃别称为阳湖派云。”[4]

恽敬对清代观念变迁的突出贡献，在于他明确提出了变革的主张，并予以理论论证。其《三代因革论》8 篇，集中阐发了他关于社会变革的思想。《三代因革论》前 4 篇作于嘉庆五年(1800 年)，时正值嘉庆帝亲政之初，和珅被诛，清朝政治颇有维新景象，恽敬作此文章，当系有感而发。《三代因革论》的后 4 篇作于嘉庆十四年(1809 年)，这个时期，清廷早已抛弃“咸与维新”的口号，衰落景象暴露无遗，此时的恽敬，谈三代因革，必当另有一番感受。

恽敬《三代因革论》的核心思想是“因时适变，为法不同”[5]。

1 《清史列传》卷七二，《恽敬传》谓其卒于嘉庆二十六年，年六十一，有误。本书所说恽敬生卒年系据吴德旋所作《恽子居先生行状》。

2 吴德旋：《恽子居先生行状》，见恽敬：《大云山房文稿》卷前，《四部备要》本，中华书局据通行本校刊，1936 年。

3 包世臣：《读〈大云山房文集〉》，《艺舟双楫》卷三，《包世臣全集》，黄山书社，1993 年。

4 《恽敬》，《清史列传》卷七二，明文书局，1986 年。

5 恽敬：《三代因革论八》，《大云山房文稿初集》卷一，《四部备要》本，中华书局据通行本校刊，1936 年。

而变革的前提就是"合乎人情之所宜"。即"圣人治天下，非操削而为局也，求其罫而已，必将有以合乎人情之所宜。"[1]强调"其不满乎中制，与越乎中制之外者，于人情苟不至甚不便，圣人必不违之，此三代之道也。"[2]将人情作为判断一个社会是否需要变革的标准，表明恽敬继承了 18 世纪推崇人情的观念传统，而将这一传统和变革思想紧密结合起来，不像一般儒生那样竭力鼓吹一以中制为矩，则是恽敬思想的可贵之处，也是其精华所在。

在尊重人情的基础上，恽敬提出了自己的变革观。他认为社会变革具有客观必然性，不以人的意志为转移，即"法之将行也，圣人不能使之不行；法之将废也，圣人不能使之不废"。恽敬以井田制之兴废为例，说："井田者，黄帝之法也。所以井田者，天下之民之欲也，此井田之所以行也"。然而，此后经千余年，时事变迁，井田之废遂成必然，"秦者，古今之界也。自秦以前，朝野上下所行者，皆三代之制也。自秦以后，朝野上下所行者，皆非三代之制也，井田是其一也"。处于这种历史变革中的圣人，对时代变迁的态度，应该是认可，是因时而变，而不是逆潮流而动。恽敬以孔子为例，说："孔子曰'行夏之时，乘殷之辂，服周之冕'而已，无一言及于兵与农者，何也？其事当以时变者也。"他感叹说："使孔子、孟子生于始皇之时，岂必驱天下而复井田哉？噫！此俗儒必争之说也。"[3]

恽敬讲变革，讲因时适变，最终落实到一点，那就是统治者要顺应时代潮流，适当放松对百姓的控制。他说："先王之道，因时适变，为法不同。而考之无疵，用之无弊，此权衡于前二说而

1　恽敬：《三代因革论一》，《大云山房文稿初集》卷一，《四部备要》本，中华书局据通行本校刊，1936 年。

2　恽敬：《三代因革论一》，《大云山房文稿初集》卷一，《四部备要》本，中华书局据通行本校刊，1936 年。

3　恽敬：《三代因革论四》，《大云山房文稿初集》卷一，《四部备要》本，中华书局据通行本校刊，1936 年。

知其重轻俯仰者也。夫莫大于封城之制，莫要于人民之业，莫急于军国之务，而圣人一以宽大行之，况乎节目之细，寻常之用哉?”恽敬是讲究礼制的，但在他看来，只要儒家礼制精神得到贯彻即可，而不必过分拘泥于细节。即所谓“其质文之尚，奢约之数，或以时变，或以地更。故养生不至于拂戾，趋事不至于迂回。于是首出而天下归之，三代圣人盖未之能易也。”[1]恽敬对固守陈规，不知通变，对黎民疾苦漠不关心的不良学风十分反感。他谴责说:“彼诸儒博士者，过于尊圣贤，而疏于察凡庶。敢于从古昔，而怯于赴时势。笃于信专门，而薄于考通方。岂足以知圣人哉?是故其为说也，推之一家而通，推之众家而不必通。推之一经而通，推之众经而不必通，且以一家一经亦有不必通者。至不必通而附会穿凿，以求其通，则天下之乱言也已。”[2]将恽敬这种基于人情的变革观，和庄存与拱卫皇权的盛世学问相比较，我们不难看出常州学术的明显改变。

刘逢禄，生于乾隆四十一年（1776年），卒于道光九年（1829年），字申受，亦字申甫，江苏武进人，为庄存与之外孙。嘉庆十九年（1814年）进士，散馆授礼部主事。此后，刘逢禄任职礼部十余年，“恒以经义决疑事，为时所推重”[3]。刘逢禄秉承家学，且多有发明，为今文经学发展史上承先启后的关键人物。他的学术贡献主要表现在两个方面：一是他通过对“通三统”、“异内外”、“张三世”以及《春秋公羊》经、传的系统考察，为今文经学在清代学术界争得了重要的学术地位，使之成为足以与古文经学相抗衡的学术流派；二是刘逢禄继承，并充分发挥了公

1　恽敬：《三代因革论八》，《大云山房文稿初集》卷一，《四部备要》本，中华书局据通行本校刊，1936年。

2　恽敬：《三代因革论八》，《大云山房文稿初集》卷一，《四部备要》本，中华书局据通行本校刊，1936年。

3　徐世昌：《方耕学案中·刘先生逢禄》，《清儒学案小传》卷八，明文书局，1985年。

羊学家关注现实，推崇变革的思想，初步实现了今文经学和政治现实的结合，比较明确地阐发了社会变革的要求。他说："三王之道若循环，非仅明天命所授者博，不独一姓也。天下无久而不敝之道。穷则必变，变则必反其本，然后圣王之道与天地相终始。"[1]从刘逢禄开始，今文经学就成为知识界面临社会危机之时的应变之学，变革之学。嘉道之时，正是以龚自珍为代表的经世思想家，接过今文经学的时变思想，将它改造为鼓吹改革，主张改良变法的有力武器，清朝知识界因此而洋溢出新的生机。

龚自珍，生于乾隆五十七年（1792年），卒于道光二十一年（1841年），字璱人，号定庵，浙江仁和（今杭州）人。嘉庆二十三年（1818年）举人。次年，在京师师从刘逢禄，"受《公羊春秋》，遂大明西京微言大义之学"[2]。嘉庆二十五年，任内阁中书。道光九年（1829年）中进士。此后，历任内阁中书、宗人府主事、礼部主事等职。龚自珍虽任职朝中，但处境困窘。吴昌绶记载说："官京师冷署闲曹，俸入本薄，性既豪迈，耆奇好客，境遂大困。又才高，动触时忌"[3]。终于于道光十九年（1839年）辞官南还，讲学于杭州紫阳书院和江苏丹阳书院。

在道光年间，龚自珍和魏源一道"以奇才名天下"[4]。学识广博，犹以经世为己任。魏源谓其"于经通《公羊春秋》，于史长西北舆地。其文以六书小学为入门，以周、秦诸子吉金乐石为崖郭，以朝章国故世情民隐为质干。晚犹好西方之书，自谓造深微云"[5]。《清史列传》述其学术历程，云：

1　刘逢禄：《释三科例中》，《刘礼部集》卷四，道光十年思娱斋刊本。

2　吴昌绶编：《定庵先生年谱》，嘉庆二十四年，《龚定庵全集类编》，中国书店，1991年。

3　吴昌绶编：《定庵先生年谱》，道光十九年，《龚定庵全集类编》，中国书店，1991年。

4《龚自珍》，《清史列传》卷七三，明文书局，1986年。

5　魏源：《定庵文录叙》，《魏源集》上册，第239页，中华书局，1976年。

自珍八岁得旧《登科录》读之，即有志为科名掌故之学。十二岁，段玉裁授以《说文》部目，即有志为以经说字，以字说经之学。十四岁，考古今官制，即有志为国朝官制损益之学。十六岁，读《四库提要》，即有志为目录之学。十七岁，见石鼓，即有志为金石之学。生平著作等身，出入于《九经》、《七纬》、诸子百家，自成一家言。道光十二年夏，大旱，诏求直言。大学士富俊访之自珍，自珍陈当世急务八条。为内阁中书时，上书大学士，乞到阁看本，充史馆校对。上书总裁，论西北塞外部源流、山川形势，订《一统志》之疏漏，凡二千言。官礼部时，上书论四司政体宜沿革者三千言。其官宗人府主事也，充《玉牒》馆纂修官，则为之草创其章程。[1]

龚自珍对19世纪知识界影响最大的，是他的变革思想。龚自珍对清朝貌似太平，内则衰败的社会形势，有极其深刻的感受。他说："衰世者，文类治世，名类治世，声音笑貌类治世"，但实际上却是人才匮乏，"左无才相，右无才史，阃无才将，庠序无才士，陇无才民，廛无才工，衢无才商"的空虚衰破之局[2]。他察觉到了社会动荡的可能出现，警告清廷："山中之民，有大音声起，天地为之钟鼓，神人为之波涛矣"[3]。为此，他以充满激情的语言，呼唤社会改革，以摆脱衰敝局面。他说：

一祖之法无不敝，千夫之议无不靡，与其赠来者以劲改革，孰若自改革？抑思我祖所以兴，岂非革前代之敝耶？

1 《龚自珍》，《清史列传》卷七三，明文书局，1986年。
2 龚自珍：《乙丙之际箸议第九》，《龚定庵全集类编》卷四，中国书店，1991年。
3 龚自珍：《尊隐》，《龚定庵全集类编》卷五，中国书店，1991年。

> 前代所以兴，又非革前代之敝耶？何莽然其不一姓耶？天何必不乐一姓邪？鬼何必不享一姓邪？奋之，奋之。将敝，则豫师来姓，又将敝，则豫师来姓。《易》曰："穷则变，变则通，通则久"。非为黄帝以来六七姓括言之也，为一姓劝豫也。[1]

在龚自珍看来，"变"是挽救统治危机的基本方法，即"弊何以救？废何以修？穷何以革？《易》曰'穷则变，变则通，通则久'。恃前古之礼乐道艺在也"[2]。龚自珍倡扬改革，主要以《公羊》"张三世"、"通三统"等学说为理论武器。他说："观其制作，曰成矣。求之《春秋》，则是存三统，内夷狄，讥二名之世与。三统已存，四夷已进，讥仅二名，大瑞将致，则和乐可兴，而太平之祭作也。"[3]其《己亥杂诗》云："端门受命有云礽，一脉微言我敬承。宿草敢祧刘礼部？东南绝学在毗陵。"[4]

魏源，生于乾隆五十九年（1794年），卒于咸丰七年（1857年）[5]，字默深，湖南邵阳人。道光二年（1822年）举人，二十四年（1844年）进士，次年，以知州用，分发江苏，代理东台、兴化等县事务。咸丰初，以"迟误驿报"落职。旋"奉旨复官"，但魏源"以年逾六十，遭遇坎坷，世乱多故，无心仕宦"，辞归[6]。数年后，卒于杭州。

---

1 龚自珍：《乙丙之际箸议第七》，《龚定庵全集类编》卷四，中国书店，1991年。

2 龚自珍：《古史钩沉论四》，《龚定庵全集类编》卷五，中国书店，1991年。

3 龚自珍：《五经大义始终论》，《龚定庵全集类编》卷四，中国书店，1991年。

4 龚自珍：《己亥杂诗三百十五首》，《龚定庵全集类编》卷一六。龚自珍自注："年二十有八，始从武进刘申受受《公羊春秋》。近岁成《春秋决事比》六卷，刘先生卒十年矣。"

5 据魏耆《邵阳魏府君事略》，《附录》，《魏源集》下册，第859页。《清史列传》卷六九，《魏源》载魏源卒于咸丰六年，"年六十三"有误，应予订正。

6 魏耆《邵阳魏府君事略》，《附录》，《魏源集》下册，第859页，中华书局，1976年。

在清代历史上，魏源以“经术湛深，读书精博”著称[1]。和龚自珍一样，魏源也高举今文经学的大旗，在学术上与汉学划清界限。他说：“今日复古之要，由诂训声音以进于东京典章制度，此齐一变至鲁也。由典章制度以进于西汉微言大义，贯经术政事文章于一，此鲁一变至道也。”[2]也就是说，魏源承认以考据训诂为重要特征的汉学的兴起具有积极的意义，但在他看来，实现学术的真正跨越，还在于阐扬今文经学的微言大义。正是从今文经学的立场出发，魏源在《公羊春秋论》中，针对考据派代表人物钱大昕对《公羊传》的批评，明确指出，《春秋》不同于《左传》，对《春秋》的理解，不能过分拘泥于史实，不能将它当做普通的史书，而应注重它所蕴含的丰富的思想内涵，即“如第执一例以绳《春秋》，则且不如画一（之）良史，何必非断烂之朝报也？”[3]应该说，剥除儒家经典的神圣光环，将其作为史书研究，是18世纪思想解放的重要成就。从纯粹学术的立场看，是站得住脚的。但到19世纪，魏源又要重新赋予《春秋》以神圣色彩，强调它不同于史，难道是思想的倒退？恐怕不能这样理解。18世纪思想解放的最大失误，就在于批判了旧的理论，而没有建立起可供操作的新理论，即破而不立。到19世纪，面临社会危机，魏源等人迫切需要利用新的权威理论为自己的经世主张服务，在这种情况下，语言晦涩，内容艰深的《春秋》，就非常自然地具有了它独特的时代价值。尽管用今文经学的方式诠释《春秋》之微言大义，在学术上不如汉学家们严谨，但却为经世思想家们合法阐扬自己的变革主张提供了方便。这大概就是所谓的“以经术为治术”，“通经致用”吧。

1 《魏源》，《清史列传》卷六九，明文书局，1986年。
2 魏源：《刘礼部遗书序》，《魏源集》上册，第242页，中华书局，1976年。
3 魏源：《公羊春秋论上》，《魏源集》上册，第132页，中华书局，1976年。

魏源是坚定的社会变革思想家。针对清朝国运衰微的现实，他主张以大胆的社会变革改变现状。即“古乃有古，执古以绳今，是为诬今；执今以律古，是为诬古。诬今不可以为治，诬古不可以语学”[1]。故他主张适时变革。而是否变革，如何变革的标准就是看是否有利于百姓。他说：

> 租、庸、调变而两税，两税变而条编。变古愈尽，便民愈甚，虽圣王复作，必不舍条编而复两税，舍两税而复租、庸、调也。乡举里选变而门望，门望变而考试，丁庸变而差役，差役变而雇役，虽圣王复作，必不舍科举而复选举，舍雇役而为差役也。兵甲变而府兵，府兵变而彍骑，而营伍。虽圣王复作，必不舍营伍而复为屯田为府兵也。天下事，人情所不便者变可复，人情所群便者则不可复。江河百源，一趋于海，反江河之水而复归之山，得乎？履不必同，期于适足。治不必同，期于利民。是以忠、质、文异尚，子、丑、寅异建，五帝不袭礼，三王不沿乐，况郡县之世而谈封建，阡陌之世而谈井田，笞杖之世而谈肉刑哉！[2]

嘉道时期的经世思想家提出了不少具体的社会改革主张，这主要包括下面几个方面的内容：

一是重视人才培养。经世思想家们认为“人才为天下之本”，要实现理想的太平之世，必须要有一批能治国安邦的人才，必须避免“人才野伏”的不合理现状。龚自珍针对清朝人才匮乏的严峻现实，提出要采取措施，加强人才的培养和选拔。他指出培养人才，首先要培养士大夫讲求廉耻之正气，但在任用的时候，则

1　魏源：《默觚下·治篇五》，《魏源集》上册，第 48 页，中华书局，1976 年。

2　魏源：《默觚下·治篇五》，《魏源集》上册，第 48～49 页，中华书局，1976 年。

必须改变以资格论人的陋习。他针对当时清廷用人论资排辈，需三十余年才能官至一品的现实指出："夫自三十进身，以至于为宰辅，为一品大臣，其齿发固已老矣，精神固已惫矣，虽有耆寿之德，老成之典型，亦足以示新进，然而因阅历而审顾，因审顾而退葸，因退葸而尸玩，仕久而恋其籍，年高而顾其子孙，傫然终日，不肯自请去，或有故而去矣，而英奇未尽之士，亦卒不得起而相代，此办事者所以日不足之根原也。"与此同时，"资格未深之人，虽勤苦甚至，岂能冀甄拔？"龚自珍强调说：用人局限资格，"此士大夫所以尽奄然而无有生气者也"[1]。这个时期，还有一些学者提出要改革清朝人才培养制度，书院应教育学生"通经学古而致诸用"，而科举考试也应废除八股文，使士子能通晓儒家经义，了解历代治乱盛衰之源，以期选拔出通于世务，能辅政安民的栋梁之才[2]。陶澍明确指出："国家造就人才，自三年大比，岁科两试之外，又以书院课试辅贡举之不逮，其所望于诸生，岂惟是能为制举之文，遂诩然自足哉？亦将厉之以通经学古，而致诸用也。"[3]

二是关注民生，主张均平财富。这在龚自珍的思想中表现得最为突出。龚自珍认为"有天下者，莫高于平之之尚也，其邃初乎，降是安天下而已。"其《平均篇》提出，财富是否均平，直接关系着人心风俗，关系着统治的安危。他说：

> 人心者，世俗之本也。世俗者，王运之本也。人心亡，则世俗坏，世俗坏，则王运易。王者欲自为计，盍为人心世俗计矣。有如贫相轧，富相耀；贫者阽，富者安。贫者日瘉

1　龚自珍：《明良论三》，《龚定庵全集类编》卷六，中国书店，1991 年。

2　参见《与吴岳卿书》，《东溟文外集》卷二；潘德舆：《与鲁通甫书》《养一斋集》卷二二。

3　陶澍：《文集·尊经书院课艺序》，《陶澍集》下册，岳麓书社，1998 年。

倾，富者日瘉壅。或以羡慕，或以愤怨，或以骄汰，或以啬吝，浇漓诡异之俗，百出不可止。至极不祥之气，郁于天地之间。郁之久，乃必发为兵燹，为疫疠，生民噍类，靡有孑遗。人畜悲痛，鬼神思变置。其始不过贫富不相齐之为之尔。小不相齐，渐至大不相齐。大不相齐，即至丧天下。呜呼！此贵乎操其本源，与随其时而剂调之。[1]

正是从均平财富的角度，龚自珍主张通过对土地占有现状进行改革，以防止社会财富的过分集中。其《农宗》一文主张通过宗法授田，实现土地占有的大体均平，从而建立一个“言必称祖宗，学必世谱谍，宗能收族，族能敬宗，农宗与是州长久，泰厉空虚，野无夭札，鬼知恋公上，亦百幅之主”的和谐社会[2]。

三是关注边疆问题。鉴于嘉道时期，边疆形势又趋严峻，张穆、沈垚、何秋涛等人根据形势需要，留心于边疆地理研究，仔细考察中国边疆历史沿革，尤其是清代边疆状况，力图为清朝治边安民，防止外患提供对策咨询。沈垚《新疆私议》一文，根据张格尔之乱后，清廷一些官僚以喀什噶尔等回疆四城“悬远难守”，所需经费浩繁，欲予弃置的主张，敏锐地指出：“回部者，安西关内之藩篱也。四城者，又回部之藩篱也。藩篱固，则腹心安，腹心实，则藩篱益固。”他认为远非终不可守，而在于当事者“不尽其守之之道也”。然“不守远，必守近，而守近之费，不减于远，或更甚焉”。守远的方法就是屯田积谷，应及时派遣官兵在要地开垦耕种，“徙他处回户，实四城，益垦荒废之土，不足，则募民无田而壮健敢远徙者，诣田所，就耕垦为本业。又令于闲暇时习骑射、战阵之法，使人皆可用，且耕且守，有变不至遥遥于

1　龚自珍：《平均篇》，《龚定庵全集类编》卷四，中国书店，1991年。
2　龚自珍：《农宗》，《龚定庵全集类编》卷四，中国书店，1991年。

万里外，劳敝索伦兵，庶几威服西国”。沈垚最后指出：“欲使回疆永靖，则在绥辑诸臣矣。回民虽不娴教训，然颇知敬官长。安全至乐也，人命至重也。舍保性命，全身家之至计，而反乐于从逆，即极愚蠢，当不至此。然卒至此者，盖有由矣。”在沈垚看来，边疆动荡的关键原因是清朝驻新疆官僚的腐败，“恣为贪酷”，“侵夺其财货，虏辱其妇女，以积其愁苦冤怨之气。然犹未遽叛也，一有桀黠凶悍之人乘机鼓煽而后，向之穷志无聊者，皆揭竿起矣。”正因为如此，沈垚强调欲新疆久安长治，清廷必须改良在新疆的吏治，即“欲使西陲无事，必自镇守诸臣能仰体皇上安边柔远之心始。”[1]应该说，沈垚关于新疆的见解是正确的。他的屯田主张，可以说是近现代新疆军垦的先导。至于将吏治建设作为实现新疆社会稳定的关键，也说到了问题的实质。

龚自珍关于新疆建省的建议，在中国近现代史上具有深远影响。龚自珍清醒地认识到，清朝的边疆民族情况和前代不同，“边情边势，与前史异”，传统的羁縻政策已经过时。清朝边疆民族政策的基本任务是巩固国家的统一，真正做到“疆其土，子其民，以遂将千万年而无尺寸可议弃之地。”[2]正是基于这一认识，他提出应在新疆建立行省，设立总督、巡抚、布政使、按察使、巡道、提督、总兵等衙门，建立府县，“撤屯编户，尽地力以济中国之民”，实现新疆在政治上、军事上、经济上和内地的一体化，这在清代边疆经营上，可谓“不刊之议”。这一主张在当时未被采纳，但降至光绪年间，随着边疆危机的加剧，清廷终于明白新疆建省的重要性。光绪十年（1884年）九月，清政府采纳左宗棠的建议，将新疆改建为行省，大大加强了对新疆政治、经济、军事等方面的控制。故晚清士大夫认为：龚自珍西域建省之议，历五十年终被应

1　沈垚：《新疆私议》，《落帆楼文集》卷一，上海古籍出版社，2009年。
2　龚自珍：《御试安边绥远疏》，《龚定庵全集类编》卷七，中国书店，1991年。

验，在其经世之学中，可以说“此尤其荦荦大者”[1]。

四是关心“夷务”。嘉道时期，西方殖民势力汹涌东来，中国和欧洲列强之间在科技发展水平，军事力量，经济发展程度上的差距已经完全拉开。与之相适应，西方侵略的威胁也日渐加剧，特别是在鸦片战争爆发前后，英国扩大对华侵略与中国维护国家主权，民族尊严之间的矛盾已经十分尖锐。这个时期的经世思想家们敏锐地察觉到了清廷在国际关系中的不利处境，他们深怀忧国之情，想方设法了解世界形势，以图从中寻找出防范和摆脱民族危机的对策。道光十八年（1838年），林则徐作为钦差大臣，前往广东查禁鸦片，时为礼部主事的龚自珍饱含热情地作《送钦差大臣侯官林公序》，向林则徐“献三种决定义，三种旁义，三种答难义，一种归墟义”。主张采取坚决措施，禁绝鸦片，防止白银外流。他建议林则徐“以重兵自随”，讲求火器制造，“多带巧匠，以便修整军器”。龚自珍告诫林则徐，禁烟决心要坚决，不要有所游移，“此千载之一时，时机一跌，不敢言之矣”。龚自珍的意见受到了林则徐的高度重视，他在回信中称自珍所言，“非谋识宏远者，不能言；而非关注深切者，不肯言也”[2]。魏源从“欲制夷患，必筹夷情”出发，根据《四州志》，“再据历代史志及明以来岛志及近日夷图、夷语，钩稽贯串，创榛辟莽，前驱先路”，编成《海国图志》一书。他自述编纂动机云：“是书何以作？曰：为以夷攻夷而作，为以夷款夷而作，为师夷长技以制夷而作。”[3]魏源正确指出，“欲制外夷者，必先悉夷情始。欲悉夷情者，必先立译馆、翻夷书始。欲造就边才者，必先用留心边事之督抚始。”[4]魏

1　龚自珍：《西域置行省议》，《龚定庵全集类编》卷七，中国书店，1991年。

2　龚自珍：《送钦差大臣侯官林公序》及林则徐复书，《龚定庵全集类编》卷八，中国书店，1991年。

3　魏源：《海国图志》叙，中州古籍出版社，1999年。

4　魏源：《海国图志·筹海篇·议战》，中州古籍出版社，1999年。

源强调“师夷长技以制夷”，而其所谓“长技”，并非只是武器装备，还包括军事制度等多种内容，即“人但知船炮为西夷之长技，而不知西夷之所长不徒船炮也”，“夷之长技三：一战舰，二火器，三养兵、练兵之法”[1]。值得重视的是，在魏源看来，学习西方先进科技知识，不能只局限于军事器械，对民用器械，也应学习。“今西洋器械借风力、水力、火力，夺造化，通神明，无非竭耳目心思之力，以前民用。因其所长而用之，即因其所长而制之。风气日开，智慧日出，方见东海之民，犹西海之民，云集而鹜赴，又何暂用旋辍之有？”[2]姚莹也悉心搜集外国资料，研究西方列国情况，并著有《康輶纪行》一书，其目的是“欲吾中国童叟皆习见习闻，知彼虚实，然后徐筹制夷之策，是诚喋血饮恨而为此书，冀雪中国之耻，重边海之防，免胥沦于鬼域。”[3]他们这种通过了解外国，认识世界，寻求抵御西方侵略途径的思路，对后来出现的洋务思潮和维新思潮都具有十分重要的意义。

除了上述几个方面外，这个时期的经世思想家们还对许多涉及国计民生的重要问题提出了自己的看法，如改革国家机构问题、整顿吏治问题、刷新盐务漕政问题，等等。总之，“为学体用兼备，不为空谈”，追求变革是嘉道经世思想的重要特点。

附带提及，嘉道时期的经世思想家尽管人数不多，但彼此呼应，显示出非常重要的群体效应，从而在清朝社会政治生活中具有较大的影响力。金安清云：“自来处士横议，不独战国为然。道光十五六年后，都门以诗文提倡者陈石士、程春海、姚伯昂三侍郎；谏垣中则徐廉峰、黄树斋、朱伯韩、苏庚堂、陈颂南；翰林则何子贞、吴子序；中书则梅伯言、宗涤楼；公车中则孔宥涵、潘四农、藏牧庵、江龙门、张亨甫。一时文章议论，掉鞅京洛，

1　魏源：《海国图志·筹海篇·议战》，中州古籍出版社，1999 年。

2　魏源：《海国图志·筹海篇·议战》，中州古籍出版社，1999 年。

3　姚莹：《复光律原书》，《东溟文后集》卷八，《续修四库全书》本。

宰执亦畏其锋。禁烟之疏，实子序、牧庵、龙门三人夜谈翦烛，无意及之，遂成一稿，而黄树斋亟上之，其词危栗，宣宗阅之大动，遂决计施行。"[1] 这种情况在很大程度上是时局变迁，特别是清廷政治控制削弱的必然结果。

在考察了 19 世纪前期清朝经世变革观念以后，笔者对清前期知识界观念变迁过程作如下概括：17 世纪中后期的士人队伍因对清廷的态度不同而发生分化，其学术观念、政治思想、行为方式也因此存在较大的差异，但总的说来，经世致用是这个时期学术思想的基本特色，程朱理学复兴是这个时期学术发展的主流，清朝社会正是在存理遏欲的道德说教中走向稳定，走向繁荣的。但到 18 世纪，情况却发生了戏剧性的新变化，在这"太和景运日方中"的一百年中，虽然士人队伍对清朝的统治已基本认同，但时代的变迁却推动着新思想和新观念不断出现：商品经济的兴盛导致了利益的多元，利益的多元导致了价值观念的多元，汉学的兴起动摇了理学说教的权威，而理学内部的争论又引发出新的灵感，多元化的学术发展更开阔了人们的视野，而视野的开阔又进一步推动了观念与思想的纷繁，这确实是一个充满着知识灵光，洋溢着创新精神的繁荣时代，而与观念变迁相适应的是新的生活方式的出现，它从社会实践的角度表明大清帝国的知识精英们在通过自己的方式实现人生的追求。当 19 世纪到来以后，中衰局面降临了，昔日的繁荣正在黯然褪色，民众的反抗，列强的入侵，无不促使知识精英们开始将探索的眼光更加集中地瞄准清朝的现实，和 18 世纪的知识精英比起来，他们对个人价值的强调少了一些，但对国家、对社会的义务感却大大增强了。更重要的是，他们继承了 18 世纪知识界关注民生，批判礼教，经世务实的宝贵传统，而且根据时代的需要予以发展，因此，说经世变革思想家是 18 世

1 金安清：《禁烟疏》，《水窗春呓》卷下，中华书局，1984 年。

纪社会新观念的当然继承者并不过分。正是这批时代的精英，试图通过自己的努力，以促成社会改良的方式，帮助清廷摆脱衰落的命运，实现“王道”富强的社会目标。然而，“变起一朝，祸积有素”，清朝大限将至，几介书生岂能回天？当然，嘉道经世变革思潮的历史价值最重要的不在它是否挽救了清朝没落的命运，而在它经世的热情，变革的探索，它提出的许多宝贵思想和观念，它充满激情的变革呼唤，在未来的两百年中仍产生了深刻的社会影响。

第三节　社会发展

笔者研究 18 世纪观念变迁的目的，从根本上讲是为了更准确地认识清代社会，是要回答这样一个问题，有清一代，特别是 18 世纪的中国社会，究竟是停滞的，还是发展的，中国社会内部究竟存不存在走向近代的动力。

要回答上述问题，不妨先看一看学术界颇有影响的几种观点。这样做的目的，不单是出于对同行，特别是对前人劳动成果的尊重，更重要的是，从对不同观点的分析比较中，我们能对问题的复杂程度有一个初步的估计，对可能的研究视角和方法有一个基本的评判，并适当地确立和调整自己的研究思路。

停滞说。这一说法实际上在 18 世纪的欧洲就已经存在[1]，降至 20 世纪在西方学术界依然盛行。比较典型的如詹姆斯·佩克（James Peck）就认为“尽管农民起义打击了当时封建统治政权，

1　18 世纪末来华的英国使团成员对中国在科技创新上的停滞感慨尤深，说：“我并没有资格来断定，是由于中国对内政策，或是出于一种偏见，老是固执着旧有习惯不肯放弃，或者是由于对机械学的无知，而使得航海技术方面的科学一无进展。这些船只在今天所见的，与一百年前的显然是同样的。”爱尼斯·安德逊著，费振东译：《英使访华录》中译本，第 67 页，商务印书馆，1963 年。

中国社会的政治与经济结构基本上原封不动”。他认为只有随着19 世纪西方的入侵，带来了史无前例的财富和威力，中国才有真正的可能产生“根本的变化”[1]。而阿兰·佩雷菲特（Alain Peyrefitte）对中国社会的看法就更加悲观。他所著《停滞的帝国——两个世界的撞击》是前几年在中国清史学界颇为流行的著作。在书中，佩雷菲特以一个政治家的眼光，通过对乾隆五十八年（1793 年）中英两国政府间的接触和谈判，分析了当时中国与西方在政治上、文化上和社会上的严重对立。作者在书的一开始就摘录了三个欧洲著名人物的语录，以表达本书的基本主旨。其一是马戛尔尼的：“以我们欧洲人的准则来判断中国，没有比这更能使人犯错误的了”；其二是黑格尔的名言：“中华帝国是一个神权政治专制国家。家长制政体是其基础；为首的是父亲，他也控制着个人的思想。这个暴君通过许多等级领导着一个组织成系统的政府。……个人在精神上没有个性。中国的历史从本质上看是没有历史的；它只是君主覆灭的一再重复而已。任何进步都不可能从中产生。”其三是艾蒂安·巴拉兹的：“要批驳黑格尔关于中国处于停滞不变状态的观点很容易。……然而，黑格尔是对的”。佩雷菲特这部著作，从理论上讲没有任何创见，只不过是用大白话讲故事的方式，重复着从 18 世纪后期以来，就在欧洲知识精英那里流行着的古老故事：中国是一个停滞的，缺乏甚至没有创新的国家。如果一定要找出该书有什么新意的话，那就是作者将中国停滞的历史一直拉长到毛泽东时代，认为中国社会从公元前 3 世纪直至 20 世纪以相同的方式重复着[2]，认为毛泽东时代的中国国家政权和“与马戛尔尼打

1 （美）柯文著，林同奇译：《在中国发现历史——中国中心观在美国的兴起》中译本，第 90～91 页，中华书局，1989 年。

2 （法）佩雷菲特著，王国卿等译：《停滞的帝国：两个世界的撞击》中译本，第 616 页，三联书店，1993 年。

交道的政权离奇地相似”[1]，甚至宣称：“乾隆和马戛尔尼并没有死，甚至没有昏睡，他们的精神依然存在，各自忠于自己的信念。”[2]佩雷菲特强调18世纪“正当西方各国投向广阔的世界时，中国却闭关自守起来，当欧洲的革新层出不穷时，中国却在顽固地阻止新事物的出现”[3]。他赞同中国“像一艘迷航的旧船颠簸不前”的说法，认为同时期的西方（主要是英国）“选择了海洋”，“致力于广阔的大海，把大海混同于未来”，而清朝皇帝们“选择了陆地”，“视任何登上他们的土地而又拒绝接受他们习俗的人为入侵者”，因此两者之间的冲突实质上是一种文化的对抗。佩雷菲特感叹说：“难道这是人的两面性，注定彼此要无休止地对抗下去？”[4]

在国内学术界，关于中国社会停滞不变的观点，也颇有影响。八十年代末，中国社会“超稳定”说曾盛行一时，这一理论的重要特点是直接搬用现代自然科学的系统论和控制论的原理和方法研究中国传统社会结构。根据这一理论，中国封建社会结构是一个“超稳定系统”，它通过“周期性的振荡”保持其结构的稳定性，这是中国封建社会长期延续的根本原因。而一些明清史研究者虽然没有明确宣布自己是停滞不变论者，但从其强调清朝统治应对中国近代化滞后负责中，从其对18世纪思想、学术的描述中，可以清楚地看出，他们对清代社会，特别是18世纪中国社会的估计是非常之低的。

---

1 （法）佩雷菲特著，王国卿等译：《停滞的帝国：两个世界的撞击》中译本，第5页，三联书店，1993年。

2 张芝联主编：《中英通使二百周年学术讨论会论文集》，第43页，中国社会科学出版社，1996年。

3 （法）佩雷菲特著，王国卿等译：《停滞的帝国：两个世界的撞击》中译本，第610页，三联书店，1993年。

4 张芝联主编：《中英通使二百周年学术讨论会论文集》，第43页，中国社会科学出版社，1996年。

与停滞论相对立的是发展论，它高度重视中国内部自身存在的发展动力。在美国，从六十年代以后，就有部分学者主张以中国为出发点，深入探讨中国社会内部的发展动力，柯文（Paul A. Cohen）称之为“中国中心观”。他是这样概括这一学术理念的：

> 中国中心取向想概括的思想是：19、20世纪的中国历史有一种从18世纪和更早时期发展过来的内在的结构和趋向。若干塑造历史的极为重要的力量一直在发挥作用：前所未有的人口压力的增长与疆域的扩大，农村经济的商业化，社会各阶层在政治上遭受的挫折日增等等。呈现在我们眼前的并不是一个踏步不前、“惰性十足”的“传统”秩序，主要或只可能从无力与西方抗争的角度予以描述，而是一种活生生的历史情势，一种充满问题与紧张状态的局面，对这种局面无数的中国人正力图通过无数方法加以解决。就在此时，西方登场了，它制造了种种新问题——而正是这一面直到近年一直吸引住美国史家（费正清与李文森就是其中的主要代表）。但是它也制造了一个新的情境（context），一种观察理解老问题的新框架（framework），而且最后还为解决新、老问题提供了一套大不相同的思想与技术。但是，尽管中国的情境日益受到西方影响，这个社会的内在历史自始至终依然是中国的。[1]

罗威廉（William T. Rowe）《驳“静止论”》一文是值得重视的，它在某种程度上反映了美国清史学界对清代中国社会的前沿认识。罗威廉认为：“西方的‘进步性’与亚洲的‘停滞性’相对

1 （美）柯文著，林同奇译：《在中国发现历史——中国中心观在美国的兴起》中译本，第173～174页，中华书局，2002年。

立的观点（连同其他类似的观点，如西方的‘自由’与亚洲的‘专制’相对立），我认为是一种‘东方化’（Oritentalizing）的概念——这种概念把它的对象描述为古怪，孩子般，缺乏自助能力，需要来自外部的家长式指导。它也许是历史上用来服务于为西方控制‘东方’的尝试作辩护的最古老最阴险的意识形态产物。”罗威廉认为，“从明末到清代中期的‘早期近代’中国，是一个发生着许多变化的社会。这些变化虽然与早期近代西方发生的变化不是一模一样，但却是同样剧烈。这个时期的中国可能是其他任何事物，但决不是‘静止不变’的社会。”[1]

沟口雄三可以算是日本汉学界坚持中国社会发展观的代表人物，他的《中国前近代思想的演变》，从社会思想的角度，分析了明清时期中国社会的变化和发展。沟口雄三不但认为晚明社会的许多进步，“或则说开明化，到了清初自然地被继承下来”，而且更重要的，他从另一个角度，即从思想演变的角度论证了清代社会的进步。他说：

> 从思想史的领域来说，人们认为清朝除了考证学之外没有值得探讨的思想体系。也就是说清朝没有像朱子学、阳明学那样体系化了的理气论、心性论；没有像朱子学、阳明学那样风靡一时的或者叫做划时代的，某一时代共有的、具有全时代性的学问。以这种眼光来看待清朝的话，这一时代的学问即是个别性的，狭小范围内专门性的，而且是分散性的学问。这一点被看做是由于清朝异民族的统治而造成了思想专制的结果。这种观念究竟正确与否呢？否也。我认为它是不正确的。

1（美）罗威廉：《驳“静止论”》，《中英通使二百周年学术讨论会论文集》，第46、48页，中国社会科学出版社，1996年。

沟口雄三分析说：

> （从明末到清末）曾有过如下一种必然的历史性发展演变过程。即清代地主阶层在经济上和社会上的力量有所增加，而与之相抗衡的佃户阶层的经济的和社会的发言权也得到了强化。如果没有这样一种历史发展过程，辛亥革命的成功是不可想象的。清朝思想的时代背景就是这样一种历史性的发展和变化。从儒学思想主要承担者的地主士大夫阶层来看，他们的思想不是单一的天理观所能包容的，而是多样性、多角度的。而且另一方面，无论从量的方面，还是从质的方面来看，这些思想都是一种相当大众化的存在。自此，学问本身也开始具有了大众性、实用性的倾向。……（知识界）对于社会福利的主体性的关心随着其社会经济实力的增长有了进一步加强，而朱子学、阳明学式的，以哲理性思辨作为儒学正统的观念已难以完全彻底地概括这种背景了。新的时代正在诞生出来。如果我们承认这种新局面的话，清代思想个别性、专门性、分散性的倾向，甚至可以说是显示了清代一种新的昂扬。这也被看做是其历史性的特征。[1]

中国史学界对清代社会发展的探讨，特别是近代化问题的考察，应该说是以资本主义萌芽和启蒙思想研究为主要内容的。这一巨大学术活动之根本目的是要证明：明清时代的中国社会，并非停滞不前，这是一个继承传统，但又蕴含变革的时代。中国社会、中国文化一直沿着自己的道路，有规律地向前发展。那种

1 （日）沟口雄三著，索介然、龚颖译：《中国前近代思想的演变》，第463～464页，中华书局，1997年。

认为明清时期中国社会陷于停滞的观点，认为中国文化静止不变的观点，认为没有西方的影响，中国就不可能发展资本主义，或不可能步入近代的观点，是站不主脚的。不管我们是否接受上述观点，我们必须承认，当年对资本主义萌芽和启蒙思想的研究，为清史研究的全面深化，奠定了重要的，而且是必不可少的知识基础。

然而有的学者提出：资本主义不等于近代化。这种说法有一定道理。确实，资本主义不是通向近代的唯一桥梁，资本主义阶段也并非不可超越。但有两个事实是我们必须予以高度重视的：第一，作为通常意义上的封建社会自然发展的替代物，资本主义是唯一的选择。迄今为止，史学家还没有发现，在社会自然演变的条件下，除资本主义外，封建社会（或传统社会、中世纪）有任何别的可能的发展方向；第二，在20世纪以前，资本主义化一直是推动人类社会从传统向近代转变最重要的动力。事实上，近代化的许多重要成果和基本原则，是在资本主义发生、发展过程中，逐渐形成，并得到完善的。有鉴于上述两个事实，我们完全有理由说，对资本主义萌芽和启蒙思想的研究，本身就是对中国近代化发生和发展的探讨。

当然，历史上完全意义上的近代化，虽然以资本主义发展和启蒙思潮为核心，但毕竟具有更加广泛的社会含义。衡量一个社会是否在向近代迈进，应该确定一些起码的标准。采用不同的标准衡量中国社会发展，也许正是长期以来学术界对同一问题得出不同结论最重要的原因。我认为，所谓近代化至少应该包括下面三个方面的内容：

以服务市场和自由雇工为主要特征的资本主义生产方式的兴起；

传统人身依附关系的解体，个人自由的扩大，政府对社会管理的制度化和规范化；

与上述变化相适应的带近代意义的社会观念的出现与传播。

在人类历史上，要全方位地开始近代化，确实是辉煌但又充满痛苦的过程。19 世纪以前，似乎只有欧洲，主要是西欧比较成功地实现了从传统向近代的转变。然而，欧洲的近代化也并非一步到位，而是经历了一个漫长的演变过程。这里，不妨对西方的近代化历史作简要的回顾：首先是 14 世纪和 15 世纪，在地中海沿岸的威尼斯、热那亚、比萨、佛罗伦萨和米兰等城市，出现了资本主义生产方式的最初萌芽，并得到较快发展。随资本主义生产兴起而来的是社会观念的巨大变革。14 世纪末，文艺复兴从意大利北部的罗马和中部的佛罗伦萨等城市悄然兴起，以后传播到西欧各国，到 15、16 世纪发展成为在欧洲广泛流行的社会思潮。在人类历史上，文艺复兴是一场伟大的思想解放运动。它用个性反对神性，用人性解放反对禁欲主义，用理性原则反对蒙昧主义，推动着欧洲社会从中世纪的黑暗时期向近代转换。16 世纪中叶，哥白尼的《天体运行》一书发表，以此为标志，自然科学发表了自己的“独立宣言”。在此之后，具有深远影响的科学革命开始了，各种重要的科技成果不断出现。到 17 世纪，完成了普遍意义的力学体系，“能够用地球上物质所具有的可观察的行为来阐明星辰的运动”。与此同时，在科技发展和社会进步之间，形成了良性循环，“各项技术的变化导致了科学，而科学又转而导致一些新的、更快的技术变化。这种在技术、经济和社会三方面联合起来的革命，是一桩独特的社会现象。这场革命的根本重要性，甚至比起使得文明本身发展成为可能的农业发现还要伟大。”[1]17 世纪的英国资产阶级革命，揭开了欧洲政治变革的序幕。到 18 世纪，欧洲开始了全方位的近代化过程。除了资产阶级民主革命的

1　参见（英）贝尔纳著，伍况甫译：《现代科学的诞生》，《历史上的科学》第 4 篇，科学出版社，1959 年。

相继爆发，以及产业革命外，以启蒙运动为代表的知识革命尤其值得我们充分重视。亚·沃尔夫是这样评价这个时代的：

> 17世纪遗留给后世一大笔遗产。18世纪则是这个天才时代当之无愧的继承者。前人在科学、技术和哲学等领域的成就被恰当地吸收了。不仅如此，它们还被朝许多方向大大推进了。18世纪被冠之以各种名称："理性时代"、"启蒙时代"、"批判时代"、"哲学世纪"。这些它都称得起，而且还不止于此。它最贴切的名称或许是"人文主义时代"。在这个世纪，人类获得的知识被传播到了空前广阔的范围内，而且还应用到了每一个可能的方面，以期改善人类的生活。这个时代的一切理智和道德的力量都被套到人类进步的战车之上，这是前所未有的。不幸而真实的是，实际取得的成就远不如人文主义运动领袖们所付出的努力。黑暗和压迫势力处处设防，很难驱除。人文主义的倡导者时时受到阻挠和迫害。他们的著作被当政者查禁或销毁。但是，他们从不沉默，从不消沉。他们越来越响亮地喊出苦难人类的呼声。这呼声在广大的地域引起反响，震撼了专制的基础。耶利哥城的围墙倒塌了。[1]

确实，18世纪对人类来说，是一个至关重要的时代，它既是对文艺复兴以来数百年近代化过程的辉煌总结，又标志着一个以全面社会变革为特征的历史新时期的开始。以启蒙运动为代表的人文主义精神，在今天仍未过时，它倡导的许多带普遍意义的基本社会政治原则，它提出的许多根本性的价值观念，在今天仍发

1 （英）亚·沃尔夫著，周昌宗等译：《十八世纪科学、技术和哲学史·导论》上册第1章，第3页，商务印书馆，1997年。

挥着广泛的影响，仍是人们向独裁统治、愚昧势力宣战的重要理论武器。

然而，西方近代化的成功，并不意味着其他民族和国家不可能进入近代社会，更不意味着其他社会内部不具有走向近代的因素，或一定要按西方的道路才能进入近代化。我认为，近代化绝非西方社会所独有。每一个国家，每一个民族，都具有自己独特的历史发展道路。一定要用西方社会的近代化模式来苛求其他社会，将西方的发展历程视为通向近代的唯一正确道路，如果不是西方中心观作怪，那就是以急功近利的态度片面理解历史。

如果我们以心平气和的态度看待近代化问题，不要将它神秘化，权威化，就会发现，近代化因素存在于世界许多国家和民族的文化传统和社会结构中，只不过由于复杂的历史原因（包括西方殖民主义的侵略，打乱了这些国家历史的正常发展进程），这些因素未能获得充分展现而已。如果用笔者前面所提出的几个近代化尺度来看待清代，特别是 18 世纪的中国社会，就会发现，近代化对清代的中国人来说，并非可望而不可即，当时的中国社会实际上已经出现了许多转型的迹象。下面几个方面是值得重视的：

首先，商品经济的发达。考察一个社会是否具有步入近代的条件，商品经济是最重要的标准。商品经济不等于资本主义，但商品经济发展到一定程度，必然产生资本主义，而资本主义也只能产生于商品经济之中，这却是铁定的历史事实。脱离商品、市场谈论资本主义，是不可思议的。18 世纪是中国商品经济高度繁荣发达的时期，特别是东南地区，城市化过程已经十分明显，对此，学术界已经有了充分的论述，这里不再赘述。这里仅根据李燧《晋游日记》所载乾隆后期山西情况，补充几个资料。清代山西金融业发达，除了众所周知的票号外，还有所谓“账局”，这是少为人知的一种金融组织。其服务对象主要是候选官员。李燧记载说：

汾（州）、平（阳）两郡，多以贸易为生。利之十倍者，无如放官债。富人携赀入都，开设账局。遇选人借债者，必先讲扣头。如九扣，则名约一千，实九百也。以缺之远近，定扣之多少，自八九至四五不等，甚至有倒二八扣者。扣之外，复加月利三分。以母权子，三月后则子又生子矣。滚滚叠算，以数百金，未几而积至盈万。

账局的开设，已经影响到了京城的社会生活。李燧记载说："京师游手之徒，代侦某官选某缺，需借债若干，作合事成，于中分余润焉，曰'拉纤'"。[1]

典当业也很发达。李燧说："江以南皆徽人，曰徽商；江以北皆晋人，曰晋商。吾辈八口嗷嗷，点金乏术，不得不倾箱倒箧，尽付质库。伊乘其窘迫也，而鱼肉之。物价值十者，给二焉。其书券也，金必曰淡，珠必曰米，裘必曰蛀，衣必曰破。恶其物，所以贱其值也。金珠三年，衣裘二年不赎，则物非己有矣。赎物加利三分，锱铢必较。名曰便民，实闾阎之蠹也。"[2]

根据李燧的观察，城镇化趋势在位处内地的山西已经显露出来。像榆次县的什贴，本系偏僻之地，居然"人烟稠密，为一巨镇"[3]。至于绛州，"城临（汾）河，舟楫可达于黄。市廛辐凑，商贾云集。州人以华靡相尚，士女竞曳绮罗，山右以小苏州呼之。学使有句云：'是处白衣纷送酒？谁家红袖惯登楼？'"[4]社会生产的区域性分工也已出现。像"泽州与潞安，俱上党地，联界中州，一切食物，俱取给于清华镇。故山右人有终身不识蟹者，而泽州

1　李燧：《晋游日记》卷三，山西人民出版社，1989年。

2　李燧：《晋游日记》卷三，山西人民出版社，1989年。

3　李燧：《晋游日记》卷一，山西人民出版社，1989年。

4　李燧：《晋游日记》卷一，山西人民出版社，1989年。

得食蟹。城中花木蕃甚，木瓜橘柚，皆结实累累，文风亦胜于他郡。”[1]

上面所用的资料只是李燧个人观察结果，视野十分有限。但据此我们仍然可以看出当时的山西社会是颇有活力的，如果再将这些材料和山西著名的票号业、盐业、药材业等活动结合起来考察，与平遥等地城市发展联系起来，我们就不能简单地以“静止”二字来概括山西社会。山西在乾隆朝算不上是发达地区，也不具有典型性。能真正反映18世纪清代社会商业化和城镇化水平的是江南市镇，以及广州、临清、汉口等工商业中心，正在形成的区域性经济分工（如“江浙粮米，历来仰给于湖广，湖广又仰给于四川”[2]，“棉花产自豫省，而商贾贩于江南”[3]等），也是商品经济发展的必然结果。

在18世纪商业化和城镇化过程中，资本主义萌芽显然已经存在，而且获得发展。在我看来，研究中国传统社会是否存在资本主义萌芽，不是缺乏资料的问题（有关资料实在太多，太丰富），而是如何分析资料的问题。资本主义萌芽，不等于完全意义上的资本主义生产方式，保留一些，甚至保留较多的封建残余是正常的，研究者没有必要过分苛求。但它至少应该具备两个基本条件：其一，生产出来的主要是服务市场的商品，而不是别的东西；其二，生产过程主要由自由雇工完成，而不是主要由家庭成员或其他非自由的劳动力完成。至于生产规模，倒不必过分苛求，也没有必要过分强调资本主义萌芽的延续性，或商业资本向产业资本转移的比重，因为萌芽，毕竟不等于资本主义手工工场，也不等于要立即建立稳定的资本主义经济体系。雍正八年（1730年）浙江总督李卫的一道奏折所描述的生产方式，应该说即具有典型的

1　李燧：《晋游日记》卷一，山西人民出版社，1989年。

2　《雍正朱批谕旨》，雍正二年八月王景灏奏。

3　尹元孚：《敬陈末议疏》，《切问斋丛钞》卷一六。

资本主义性质。李卫说：

> 苏郡五方杂处，百货聚汇，为商贾通贩要津。其中各青蓝布匹，俱于此地兑买。染色之后，必用大石脚踹研光，即有一种之人，名曰包头，置备菱角样式巨石、木滚、家伙、房屋，招集踹匠居住、垫发柴米银钱，向客店领布发碾，每匹工价银一分一厘三毛，皆系各匠所得，按名逐月给包头银三钱六分，以偿房租家伙之费。习此业者，非精壮而强有力不能，皆江南江北各县之人，递相传授，牵引而来，率多单身。[1]

这条材料透露出来的信息是，布商提供布匹和工资，包头提供设备，招集、管理工人，工人通过劳动，计件获取报酬，而生产的产品，则供应市场。就其生产组织形式，和16世纪英国人所描绘的资本主义手工工场是十分相似的。下面是1597年发表的关于英国毛织业手工工场的歌谣：

> 一屋宽且长，织机二百张。织工二百人，排列成长行。
> 辛勤齐操作，笑声彻屋梁。旁边一巨室，女工共百人。
> 欢笑且整梳，歌声冲霄云。附近又一室，少女二百人。
> 小袄红似花，头巾白若银。少女体轻盈，纺绩辛且勤。
> 又复善歌唱，妙音胜黄莺。户外又一屋，贫儿一百五。
> 列坐检细毛，不敢辞劳苦。彼皆寠人子，终日不得息。
> 自晨至深夜，各得一便士。场中供酒饭，饮食皆于是。
> 又有一广厅，五十修剪工。各自施妙技，天衣真无缝。

---

1 《雍正朱批谕旨》第42册，浙江总督李卫奏折，转引自《清代全史》卷五，第108页。

又有八十人，将呢加浆洗。染工八十人，齐将颜色施。二十扞制匠，将呢折成匹。[1]

类似的资本主义性质的生产方式，在18世纪的中国并不少见，“富者出资本以图利，贫者赖佣工以度日，惟利是图，不敢扰民滋事”[2]是当时比较常见的生产组织形式。事实上，乾隆时期，随着商品经济的发达，社会财富的积累，中国资本主义萌芽较明代有了新的发展。尚钺说：“商品经济和社会分工，在乾嘉时代较之明末，从经济观点看，已是资本主义的‘所谓原始积累’时期。”[3]邓拓认为：“从明朝万历年间到清朝乾隆年间，约当公元16世纪80年代到18世纪90年代，是中国资本主义因素的萌芽时期。”过了乾隆年间，在经济发达的地区，资本主义因素就从萌芽时期进入成长时期了。在这一时期，“资本的原始积累过程仍在继续发展，工场手工业制度和农业商品化的过程也还表现了某些质量上的新变化，如果历史条件继续便利于中国资本主义因素的成长，那么，中国完全有可能独立发展成为资本主义社会”[4]。如果我们不是将资本主义生产看得高不可攀的话，那应该承认，他们的结论是有一定道理的。

其次，个人自由在18世纪有了明显的扩大。谈到清朝政治，人们立即就会想到极端君主专制，这是事实。但有一点需要我们注意：和明朝不同，清朝内部的政治斗争（如康熙晚年的储位之

1 齐思和译：《中世纪晚期的西欧》，第232页，转引自周一良、吴于廑：《世界通史资料选辑》，第279～280页，商务印书馆，1974年。

2 田畯：《陈粤西矿厂疏》，《清经世文编》卷五二，中华书局，1992年。

3 参见尚钺：《清代前期中国社会之停滞、变化和发展》，《教学与研究》1955年第6、7期；《中国资本主义生产因素的萌芽及其增长》，《历史研究》1955年第3期。

4 邓拓：《从万历到乾隆——关于中国资本主义萌芽的一个论证》，南京大学历史系中国古代史教研室编：《中国资本主义萌芽问题讨论集续编》，第133页，生活·读书·新知三联书店，1960年。

争），往往局限于政治上层，对民间社会生活影响较小。清朝极端君主专制强化的结果，是皇帝加强了对臣僚的控制，而政府对社会的控制，在清代则经历了一个逐渐放松，并走向制度化和规范化的过程。另外，历史遗留下来的许多弊政，在清代也逐渐获得革除。像雍正朝除豁贱民政策，就使大批世代遭受奴役、地位低贱者获得解脱。《茶余客话》记载说："雍正元年，御史年熙奏：'山西两省乐户另编籍贯，世世子孙勒令为娼，绅衿地棍呼召即来侑酒。间有一二知耻者，必不相容。查其祖先，原是清白之臣。因明永乐起兵不从，遂将子女编入教坊，乞赐削除。'奉旨：'此奏甚善，交部议行。并查各省似此者，概令改业。'嗣此御史噶某奏除绍兴惰民，苏抚尹继善奏除常熟昭文丐户。"[1]

事实上，当时被除贱为良的还远不止此。雍正五年安徽宁国府的"世仆"、徽州府的"伴当"被开豁为良，七年雍正帝又亲自下令改善广东蜑户处境，宣布蜑户"本属良民，无可轻贱摈弃之处"，不可因地方积习"强为区别，而使之飘荡靡宁"。下令准许蜑户登岸居住，"与齐民一同编列保甲"，"势豪土棍不得借端欺凌驱逐"[2]。尽管清廷的开豁政策不是十分彻底，但毕竟使持续数百年的丐户、乐户、蜑户、伴当、世仆之处境获得了改善，其中不少人成为编户齐民，获得了人身的自由。一个社会，自由民的增加，必然导致社会活力的加强。这，难道不是历史的进步？

18世纪人头税在事实上的废除，各种徭役的减少，都在不同程度上体现了社会管理的进步，以及百姓生活环境的改善。

需要特别指出的是，清政府对社会的控制，并不是一味实行政府强制。比如，对物价的调节，更多地就是通过市场来进行。比较典型的如，乾隆二十九年（1764年），两江总督尹继善所上

1　阮葵生：《乐户惰民丐户之世袭》，《茶余客话》卷二，中华书局，1959年。

2　中国第一历史档案馆：《雍正起居注》雍正七年五月二十八日，中华书局，1993年。

《请禁采买短价疏》，即充分显示了清朝通过市场调节处理粮食库存问题的水平。清朝粮食储存，素有存七粜三之例。即每年青黄不接时，政府开仓售粮，平抑粮价，防止粮价飞涨影响城镇居民生活。在秋成时，收购粮食，充实仓储，防止物价暴跌，谷贱伤农。应该说，这是一种合理的政府行为。尹继善在疏中针对这一政策在执行中产生的弊端，即青黄不接时，各地纷纷粜三，秋成时，又纷纷购买，反而导致物价波动，"致妨民食"，提出应采取措施，完善这一体制，进一步根据市场和物价情况，决定政府行为。尹继善建议："嗣后各省州县凡存仓米谷，除实遇歉收之年，米价过昂，非粜三可济民食者，不妨额外多粜，准其据实具详酌量办理，其寻常岁稔价平之年，不必拘定粜三之例，或竟可全数停粜，或止须酌粜十之一二。总看各处情形，临时酌办。庶春间少卖一石，则仓内多一石之积贮。秋成少买一石，则民间多一石之米谷，似于民食仓庾两有裨益。"[1] 尹继善这道奏疏一方面反映了清朝政府对民生问题的高度重视，更重要的是，它说明政府在处理经济问题上，无论是涉及官府，还是涉及民间，都主要依靠市场调节，而不是一概依靠行政命令。政府重视市场调节，意味着民众在经济问题上，有了更多的自由，其经济利益也能获得更多的保障。

清朝统治者历来重视教化的推行，所谓"至治之世，不以法令为亟，而以教化为先"，"盖法令禁于一时，而教化维于可久。若徒恃法令而教化不先，是舍本而务末也"[2]。教化的主要内容是强化对知识界的思想控制，这在执行中具有很强的针对性和政策性，不能简单地以文化专制主义或文字狱一言以蔽之，这在本书第一章已经作了专门分析，这里不再赘述。需要注意的是，清廷

1 尹继善：《请禁采买短价疏》，《皇清奏议》卷五五，《近代中国史料丛刊》本。
2 《清圣祖实录》卷三四，康熙九年十月壬辰，中华书局，1985年。

对民间社会生活的控制，总的说来，是比较宽松的，只要不公然反抗清朝统治，一般不进行太多的干预。这就是李光地所说："文案纷冗，生出许多事端，而害总归于民。倒不如且听其自然。"[1]清朝皇帝也经常要求地方官居官安静，不要过多干涉百姓生活。康熙帝反复强调"苟于地方生事，虽清亦属无益"。并称："朕尝访问民间，据称贪官亦无杀民取财之理。或官清廉，一味生事，更病于民。"[2]像宋荦任江苏巡抚以来，以"承平日久，虽征赋殷繁，而法令画一"，遂"以清静无为治之。岁丰人和，狱盗衰息。暇日搜访古迹，延接俊流，杯觞笔砚，相与啸咏于湖山之间。其他细务一委有司，循旧章而已。"[3]康熙帝对其为政作风赞不绝口，说："尔为巡抚，朕不曾闻人说尔有异样好处。自江西调任以来，安静和平。且苏州何地？十二年中未尝多出一事来。朕到此无一人说尔不好，尔真是好官，深得大臣之体。"[4]正是从安静自然的立场出发，清朝对服饰僭越、生活奢靡等现象，均未采取强有力的措施予以整饬。康熙帝说："朕意以为俗尚不能骤更，当潜移而默导之"，又说："天下事有言之可听而行之不便者，此类（指严禁服色）是也"[5]。雍正帝也强调"法令者，必其能禁而后禁之，明知法不能胜而禁之，则法必不行"。尝说："奢僭之弊，朕亦稔知。但陋习因循，一旦遽然禁止，若非立法严峻，有犯无宥，不能使之永远遵奉。揆之于理，移风易俗，宜渐不宜骤，究以从容不迫为贵。"[6]福格说："禁止服色，辨其等威可耳，若使富人悉服布素，必致令有不行。令既不行，又难治以峻法，枉事更张，毫无利益。

1　李光地：《治道一》，《榕村语录》卷二七，中华书局，1995 年。

2 《康熙起居注》第 3 册，第 2203 页，中华书局，1984 年。

3　汤右曾：《宋荦墓志铭》，《碑传集》卷六七，明文书局，1985 年。

4　宋荦：《迎銮二纪》，《西陂类稿》卷四一。

5 《康熙起居注》第 2 册，第 1659～1660 页，中华书局，1984 年。

6　参见《清世宗实录》卷三五、卷一〇有关上谕，中华书局，1985 年；另见拙著《康雍乾三帝统治思想研究》，第 228 页，中国人民大学出版社，1995 年。

如其果行，则商贾不通，衣冠襤襶，更失中华文物之盛，徒使悭吝富儿遂其鄙陋之欲矣。”[1]这种顺其自然的为政思想，就使清朝的百姓在较长时间里享有比较宽松的生活环境。当然，这个时期也有的官员（特别是一些理学官僚），从教化的立场出发，试图整饬风俗，但一般都难以维持长久。像雍正时，理学家朱轼任浙江巡抚，“严禁灯棚、水嬉、妇女入寺烧香、游山、听戏诸事”，结果颇遭百姓反感，“小民肩背资生，如卖浆市饼之流，驰担闭门，默然不得意”。及李卫为总督，一切又恢复如旧，“一切听从民便，细民益颂祷焉。”[2]政府对社会干预面的缩小，为清代社会，特别是商品经济比较发达的东南地区和一些中心城市，生活方式发生变革提供了良好的制度环境。

当然，18世纪中国社会向前发展的另一重要特征就是本书专门论述的社会观念的巨大变迁。衡量一个社会是否在发展，在进步，观念形态是最重要的指标之一。原因很简单，尽管人的社会观念直接取决于社会生产发展水平，但另一方面，在社会生产中最活跃的支配性因素——人，从来都具有自己独特的价值倾向和观念形态，他所具有的观念、情感，直接影响着他的生产和生活。因此，考察社会形态问题，必须从生产力和生产关系，经济基础和上层建筑相互作用的角度着手，而不能有任何偏废，不能以偏概全，这就是历史研究的辩证法。

笔者并不认为本书所论述的所有社会观念都具有近代意义，如学术界关于程朱陆王关系的讨论，就主要属于传统学术内部门户之争在新时期的延续，研究者从中看不出有什么新的特殊的时代意义。但我们不能以叶障目。应该看到，这一百年的社会观念确实出现了许多值得注意的新变化，它至少包括下面几个方面的

1　福格：《禁止服饰》，《听雨丛谈》卷八，中华书局，1984年。

2　葛虚存：《为政不相师友》，《清代名人轶事》卷三。

内容：

以追求个性自由为核心的伦理观念大量出现，并得到传播，深刻影响了当时知识阶层的社会生活；

知识界对妇女问题的重视，妇女教育的发展和妇女地位的提高，这应该成为我们衡量18世纪社会进步的重要标尺；

持续数百年的程朱理学在学术界独尊地位的彻底结束，在一定程度上为当时社会观念的变迁，提供了理论支持。另一方面，对个性自由的追求，又促进了对程朱理学的批判，二者间事实上形成了良性互动关系；

对理学权威崇拜的结束，独立思考学术风气的形成，对儒家经典的怀疑乃至批判，子学研究的兴起，开创了清代学术观念的多元化局面；

西学知识的进一步传播，学术官僚对西学与世界认识的加深，可以说是19世纪经世思想家"睁眼看世界"的历史先导；

对君主专制的批判，对臣僚独立政治人格的重视，汉族知识精英的民族意识，以及反清潜流的存在，深刻影响了未来清朝政治的发展方向；

系统化的行政管理理论的出现，既将中国传统行政管理推向一个新的阶段，又为后世官僚政治建设，留下了一笔值得借鉴的宝贵财富。

当我和一些学术同行谈到18世纪出现的上述社会新观念时，经常会听到两种责难之声：其一是"这些观念具有近代意义吗"？其二是"类似的观念历史上早就有了，有的甚至比它系统和激进"。下面，我想针对这两种责难提出自己的看法。

首先讨论"近代意义"问题。这是一个不容易谈论的话题，因为在不同的国家，近代具有不同的含义，脱离具体的历史进程谈论"近代意义"，在我看来，正如当代某些新儒家脱离春秋时期特定社会环境，侈谈孔子"微言大义"一样令人费解。历史思维的重要特点，是从事物发展过程的结果往前推。要确定 18 世纪中国的社会新观念是否具有近代意义，我们只要看看 19 世纪后半期中国全面近代化开始以后，能促进中国社会进步的思想形态就清楚了。答案是非常清楚的，反对专制独裁、崇尚科学精神、追求个性自由，始终是促进中国社会进步的三大精神动力，是引导中国摆脱封建束缚，走向近代文明的思想支柱。这里，需要特别强调的是，追求个性自由，是从传统向近代进行文化变革的重要入手处。所谓社会自由，从来都是以人性自由为前提的。脱离个性自由，脱离对人的基本欲望的满足与尊重，脱离人类对自身存在方式，特别是生活方式基本选择权利的保障，谈论学术进步，谈论社会变革，谈论文化传承，都没有实际的意义。这就是为什么文化变革必须从观念变革开始，而观念变革又须以伦理变革为先导的缘故；这就是为什么“五四”新文化运动始终将反对封建礼教作为自己主要的历史任务，将科学与民主作为自己基本奋斗目标的缘故。从这一历史视角审视 18 世纪中国伦理观念的变迁，也许，我们能更清楚地看到 18 世纪“遂欲”、“达情”本身所蕴含的以追求社会变革为目的的文化底蕴，也就不会轻易否定 18 世纪社会观念所具有的独特的近代意义。

本来，历史不应该进行简单类比，但为了更清楚地阐明笔者的观点，仍不妨将 18 世纪的社会新观念和同时期的启蒙运动作一粗略对比。启蒙运动是基于欧洲独特历史发展而产生的具有广泛近代内涵的社会思潮，它和 18 世纪中国观念的差异是显而易见的，但也有相似性。这主要表现在三个方面：

一是反对权威崇拜。启蒙运动继文艺复兴之后，进一步破除宗教神学的权威。像法国启蒙思想的泰斗伏尔泰就对天主教会、教皇和僧侣进行猛烈抨击，大胆提出了“消灭败类”的口号[1]。伏

1　参见《欧洲哲学史教程》，第 379 页，福建人民出版社，1983 年。

尔泰所著《风俗论》，用大量篇幅揭露教廷的黑暗和腐朽，对宗教狂热、愚昧和迷信进行抨击。伏尔泰指出“宗教狂一旦形成，理性就很难占上风”[1]。又说：“当德国、英国、法国甚至意大利都已经发现了许多真理并扩大了知识领域之时，西班牙的学校还处在对健康的哲学极度无知的状态。这也应当归咎于异端裁判所。也只有迷信的愚昧加上权力作为武装，才会使人堕落到如此地步。”[2]当启蒙思想家们清除对宗教神学的迷信的时候，中国知识界也在清除对程朱理学的迷信。尽管天主教神学和程朱理学属于不同的思想范畴，但在社会实践上有一个明显的共同之处，那就是束缚思想，束缚人们的灵魂。只有将人类从对权威（无论是宗教权威，还是学术权威，或世俗权威）的束缚中解脱出来，人类创造的灵感才可能得到真正解放，社会才可能进步，人类才有希望。必须指出：中国和欧洲批判权威是相似的，批判得不彻底也颇为相似。孟德斯鸠反对宗教，反对迷信，但却不是无神论者。伏尔泰也是如此，强调“只要我们一考察最根本的原理，我们就必须借助于神”[3]。18世纪的中国知识界虽然主张独立思考，敢于向理学的权威地位提出挑战，甚至敢于对儒家经典提出质疑，但对基本的纲常规范却不敢轻加抛弃，对王道不敢随便质疑。可以说中国和欧洲的激进思想家们从不同的角度出发，以自己的方式，为自己的学说留下了一块“避风港”；

二是对人的基本权利的深切关注。18世纪中国知识精英们愤怒声讨理学以理杀人，鼓吹“达情”、“遂欲”，主张为政“便民”、“利民”，反对政府和百姓争利，实际上是将人的基本权益作为自己研究的出发点，企图通过自己对人性、人情的阐发，寻找到一条维护人的基本尊严的道路。他们对妇女地位的重视，即

1 伏尔泰著，梁守锵等译：《风俗论》中册，第576页，商务印书馆，1996年。
2 伏尔泰著，梁守锵等译：《风俗论》中册，第575页，商务印书馆，1996年。
3 转引自《欧洲哲学史教程》，第378页，福建人民出版社，1983年。

充分反映了这一思想动机。而同时期的欧洲启蒙思想家也高度重视人类生活的改善。正如爱尔维修所说："哲学家研究人，对象是人的幸福"[1]。孟德斯鸠从人的生命本性中得出4条自然法：和平；寻找食物，以便生存；相互之间经常存在着自然的爱慕；过社会生活[2]。这一概括和戴震将人的生理和心理的基本需求作为人性的基础，强调人性包括欲、情、知三者，且均由血气心知自然形成，显然在基本思路上具有相似性。至于这个时期，伏尔泰、孟德斯鸠、爱尔维修、卢梭等人所竭力宣扬的人权观念、自由、平等观念，则将西方近代自由学说推向了一个新的阶段。

三是反对君主专制。启蒙思想家并不都是共和派，其中也有赞同君主制者，但反对专制独裁，是其共同特点。孟德斯鸠在《论法的精神》中明确指出：人类社会存在着三种形式的政体，即：共和政体，君主政体，专制政体。"共和政体是全体人民或仅仅一部分人民拥有最高权力的政体；君主政体是由单独一个人执政，不过遵照固定的和确立了的法律；专制政体是既无法律又无规章，由单独一个人按照一己的意志与反复无常的性情领导一切"[3]。在孟德斯鸠看来，"重要的不是看权力掌握在一人手中(君主制)，少数人手中（贵族制）还是全体人手中（民主制），而是看权力是如何由政府实施的。"[4]为了防止专制的出现，孟德斯鸠主张立法权、行政权和司法权分立。他指出："当立法权和行政权集中在同一个人或同一个机关之手，自由便不复存在了"；"如果司法权不同立法权和行政权分立，自由也就不存在了。"[5]孟德

1 转引自《十八世纪法国哲学》，第438页，商务印书馆，1979年。

2 孟德斯鸠著，张雁深译：《论法的精神》上册，第4页，商务印书馆，1997年。

3 孟德斯鸠著，张雁深译：《论法的精神》上册，第7～8页，商务印书馆，1997年。

4 参见萨尔沃·马斯泰罗内著，黄华光译：《欧洲政治思想史》，第158～159页，社会科学文献出版社，1998年。

5 孟德斯鸠著，张雁深译：《论法的精神》上册，第156页，商务印书馆，1997年。

斯鸠对中国的专制主义提出尖锐批判，他说：

中国的专制主义，在祸患无穷的压力之下，虽然曾经愿意给自己带上锁链，但都徒劳无益；它用自己的锁链武装了自己，而变得更为凶暴。

因此，中国是一个专制的国家。它的原则是恐怖。在最初的那些朝代，疆域没有这么辽阔，政府的专制的精神也许稍微差些；但是今天的情况却正相反。[1]

和孟德斯鸠不同，伏尔泰对中国政治体制充满了推崇之情。但这并不等于说他赞美君主专制，相反，这种赞美源于他相信中国实行的是一种开明君主制，而这，在一定程度上符合了他的政治追求。他是这样描述 17、18 世纪的中国政体的：

人们在皇帝面前必须像敬拜神明一样下跪，对他稍有不敬就要以冒犯天颜之罪受到惩处，所有这些，当然都不能说明这是一个专制独裁的政府。独裁政府是这样的：君主可以不遵循一定形式，只凭个人意志，毫无理由地剥夺臣民的财产或生命而不触犯法律。所以如果说曾经有过一个国家，在那里人们的生命、名誉和财产受到法律保护，那就是中华帝国。执行这些法律的机构越多，行政系统就越不能专断。尽管有时君主可以滥用职权加害于他所熟悉的少数人，但他无法滥用职权加害于他所不认识的，在法律保护下的大多数百姓。[2]

我在这里不打算简单地评论孟德斯鸠和伏尔泰所描述的中国

1 （法）孟德斯鸠著，张雁深译：《论法的精神》上册，第 129 页，商务印书馆，1997 年。

2 （法）伏尔泰著，梁守锵等译：《风俗论》中译本下册，第 460 ~ 461 页，商务印书馆，1996 年。

政治，哪一个更符合清朝政治的实际，而是想指出这样一个事实，无论是启蒙思想家对中国的批评，还是赞美，都服务于他们反对专制统治，争取个人自由，建立法制国家的现实需要。而当时的中国知识界，在这方面也非停滞不前。中国知识精英们承受着比启蒙思想家们更大的政治压力，生活于更加险恶的政治环境之中。他们虽然没有明确提出分权方案，没有系统阐述未来政治构想，但已经提出了对君权进行限制和监督的主张，表达出臣僚政治人格应该受到尊重的强烈愿望，以及实现政治规范化运行，建立法制国家的政治期盼，这在当时需要付出巨大的理论勇气，甚至是生命的代价。在理论勇气上，他们绝不比启蒙思想家们逊色。

和欧洲启蒙思想相比，18世纪中国社会反传统观念在理论上的落后，体现了中国近代化过程的滞后，而二者所具有的历史相似性，显然这是因为这一百年无论是中国，还是欧洲，都处于社会转型时期（当然，转型的幅度、方式和途径具有巨大差异），商品经济、资本主义作为一种社会力量，已经获得相当发展，社会走向近代的趋势已经非常明显的缘故。至此，我们可以说，这一百年，从欧亚大陆的一端到另一端，发生了情况不同的“共时性波动”。

当然，我在这里强调18世纪中国社会新观念和启蒙思想具有某些相似之处，绝没有将二者相提并论之意。事实上，二者也无法相提并论。启蒙思想，是欧洲资本主义获得充分发展的产物，它的出现，直接服务于建立以民主、自由和法制为特征的资本主义社会的现实需要。而18世纪的中国社会新观念，则是更加复杂的社会环境的产物。它的出现，既反映了新兴的商业资本和市民阶层的利益和愿望，也源于在历史上源远流长的异端学说的影响。另外，宋明理学对知识界长期的思想束缚，以及清朝极端专制统治，也引发了知识阶层的逆反心理，从而导致思想意识走向新的极端。在理论形态的近代内容上，我们也不可将欧洲启蒙思想和

18世纪的中国社会新观念轻加混淆。欧洲启蒙思想是前瞻性的，它具有明确的社会目标，并对未来社会的基本组织原则进行了严肃认真的规划，进行了系统的理论论证。18世纪的中国知识精英们，尽管也期盼着建立一个能够便民、利民的新世界，但总的说来，他们对未来的设想是模糊的，是空疏的。他们批判理学以理杀人，却拿不出可以取代"天理"的东西；他们主张遂欲、达情，但对如何遂欲，如何达情却语焉不详；他们憎恶君主独裁，却没有一个人能够明确提出系统的分权原则。事实上，18世纪许多以反传统著称的知识精英，其思想观念是矛盾的。像章学诚，一方面批判理学，但另一方面，又以卫道自居，对袁枚、戴震、汪中等人的新观念横加攻击，言辞刻毒；袁枚可谓反礼教的先行者，但其生活放荡，难逃"败检"之讥；戴震为汉学大师，但对西学态度颇为暧昧，是是非非，个中缘故，恐怕非他一两句所能道明。出现这种情况，说明当时的中国知识界正处于观念转型时期。旧的和新的，先进的和落后的，不但在整个知识界，而且在个人身上也交织一体。正是时代的局限性，观念的局限性，决定了18世纪的中国知识界，没有出现像伏尔泰、孟德斯鸠、洛克、卢梭那样的启蒙思想大师，中国社会观念的近代内涵也远远不如欧洲启蒙思想丰富和系统。承认这个差距，是必要的，也是应该的。但这并不等于说中国社会没有进步，也不能因此否认中国观念的近代化内涵，更不能因此而否认它所具有的巨大历史价值。从历史演变的角度看，18世纪清朝观念领域的多元趋势，尤其是反传统思潮，体现了在盛世特殊时代背景下，知识界带近代色彩的新的文化形态的兴起。无论是这些知识精英对传统和现实的批判，还是对西方科学的分析与传播，在历史上都具有重要的预示性，可谓中国步入近代的先声。不是吗？当19世纪到来以后，随着清朝全盛的结束，变革的呼声便高涨起来，从龚自珍充满激情的变革呐喊中，我们是否可以看出18世纪社会观念藏而未露的时代底蕴？从魏源“师夷长技以制夷”的对策建议中，我们是否可以感受到纪昀等人当年“节取其技”主张的某种影响？要看到，19世纪经世变革思潮是在18世纪社会新观念基础上发展起来的，是其理所当然的历史继承者。虽然不能说19世纪、20世纪的任何进步都和清盛世时期的观念文化存在着直接的因果关系，但也不能因此而否认正是这个时期反传统的社会观念为未来的社会变迁准备了原始的，但却是必不可少的文化基础。今天人们回首中国现代化的艰难历程，在充分正视外来文化冲击作用的同时，对中国文化内部固有的发展动力是否也应当予以客观地承认？是否对清盛世时期社会文化的特殊价值应该给予更加公正的评价，并不要忘记那些历史的先哲们？

下面，笔者要讨论第二个问题，即“类似的观念早就有了，有的甚至比它系统和激进”。应该说，这种“早就有了”的说法，不但存在于对思想史和观念史领域的研究，而且也存于对经济史、社会史、科技史等领域的考察。我认为，衡量社会发展和衡量一个人的学术成就是两回事。如果一个学者，他现在完成的研究课题，得出的结论，是几年前，甚至几十年前人们已经做过的，而且做得比他还好，我们可以说，他的研究是没有意义的，是无效劳动，说明他对自己学科的历史缺乏必要的常识。但社会发展不是这样，也不像这样简单。不是以前有过的，后来重新出现就没有价值，也不是前人说过的话后人就不能重复，或不能再说。衡量社会是否进步，不是看它重复了前代什么东西，而是看它比前代多了什么东西。商品经济在先秦就已出现，在宋代十分发达，在明代也很繁荣，但这并不能证明清代商品经济、资本主义萌芽的发展没有价值，相反，它具有更大的历史价值：因为它在客观上直接奠定了鸦片战争以后中国全面近代化的社会经济基础。何况，迄今为止，还没有谁能证明以前各代社会经济发展水平（特别是商品经济和资本主义萌芽）能超过清朝。

对观念的考察要复杂一些。我们确实不能否认这样一个事实，18世纪知识界提出的不少带近代意义的社会观念，在以前曾经出现，象反专制的思想，重视人欲的思想，重视妇女的思想，以及对儒家经典的怀疑甚至批判等，在以前都曾经有人提出。特别是晚明和明清之际出现的几个大思想家，对传统礼教批判的激烈程度似乎超过了18世纪许多公认的学界领袖人物（如袁枚和戴震）。而李贽是其中最突出的代表。

李贽是晚明最重要的异端思想家之一，《明史》称其“专崇释氏，卑侮孔孟”[1]。观李贽学术，值得注意的大概主要有三点：

一是其人欲观。李贽大胆承认私欲的合理性，并将它作为人心的基础。他说：“夫私者，人之心也。人必有私，而后其心乃见。若无私，则无心矣。如服田者私有秋之获，而后治田必力；居家者私仓积之获，而后治家必力；为学者私进取之获，而后举业之治也必力。故官人而不私以禄，则虽召之必不来矣；苟无高爵，则虽劝之必不至矣。虽有孔子之圣，苟无司寇之任，相事之摄，必不能安其身于鲁也决矣。此自然之理，必至之符，非可以架空而臆说也。然则为无私之说者，皆画饼之谈，现场之见。但令隔壁好听，不管脚跟虚实，无益于事，只乱聪耳，不足采焉。”[2]又说：“富贵利达所以厚吾天生之五官，其势然也。是故圣人顺之，顺之则安之矣。”[3]

二是其个性论。李贽继承了中国古代源远流长的德性平等观，强调“人人各具有是大圆镜智，所谓我之明德是也。是明德也，上与天同，下与地同，中与千圣万贤同。彼无加而我无损者也。

1 《李贽传》，《明史》卷二二一，中华书局，1974年。

2 《德业儒臣后论》，《藏书》卷二四；转引自侯外庐、邱汉生：《李贽的进步思想》，载《历史研究》1959年第7期。

3　李贽：《答耿中丞》，《焚书》卷一，北京燕山出版社，1998年。

既无加损，则虽欲辞圣贤而不居，让大人之学而不学，不可得矣。”[1]但与此同时，他承认人与人之间的个性区别，并指出存在这种差别是合理的。他说：“夫天下至大也，万民至众也。物之不齐，又物之情也。”[2]又说：“夫道者，路也，不止一途。性者，心所生也，亦非止一种已也。”[3]正是从承认个性差别的角度出发，李贽主张为政以人为本，顺乎人情，即“君子之治，本诸身者也。至人之治，因乎人者也。本诸身者取必于己，因乎人者恒顺于民。其治效固已异矣。”[4]

三是对儒家经典的怀疑和责难。其《童心说》云：

> 夫《六经》、《语》、《孟》，非其史官过为褒崇之词，则其臣子极为赞美之语。又不然，则其迂阔门徒，懵懂弟子，记忆师说，有头无尾，得后遗前，随其所见，笔之于书。后学不察，便谓出自圣人之口也，决定目之为经矣，孰知其大半非圣人之言乎？纵出自圣人，要亦有为而发，不过因病发药，随时处方，以救此一等懵懂弟子，迂阔门徒云耳。药医假病，方难定执，是岂可遽以为万世之至论乎？然则《六经》、《语》、《孟》，乃道学之口实，假人之渊薮也，断断乎其不可以语于童心之言明矣。呜呼！吾又安得真正大圣人童心未曾失者而与之一言文哉？[5]

应该说，李贽的思想确实具有创新性。他注重人欲，承认个

1 李贽：《与马历山》，《续焚书》卷一，北京燕山出版社，1998年。

2 《李氏文集》卷一八，《明灯道古录》卷上；转引自侯外庐、邱汉生：《李贽的进步思想》，载《历史研究》1959年第7期。

3 李贽：《论政篇》，《焚书》卷三，北京燕山出版社，1998年。

4 李贽：《论政篇》，《焚书》卷三，北京燕山出版社，1998年。

5 李贽：《童心说》，《焚书》卷三，北京燕山出版社，1998年。

性差异，强调为政顺乎人性，大胆怀疑儒家经典，在晚明学术界确实独树一帜，在一定程度上可以说超越了当时的时代水平。然而，李贽的思想具有矛盾性，并没有像一些学者所说的那样形成了一套完整的反传统理论体系。比较典型的如，李贽赞美有才能，有成就的女性，甚至称"有好女子便立家，何必男儿"[1]！然而，这并不等于他就主张男女平等，赞成妇女解放，事实上，传统的女子从一而终的思想，对他的影响还是根深蒂固的。他高度赞扬寡妇守节，而对蔡琰，则横加贬斥，称："流离鄙贱，朝汉暮羌，虽绝世才学，亦何足道！"[2]李贽的学说，虽然在个别地方词句可能比袁枚激烈，但总的说来，没有袁枚对礼教、传统的批判系统，不少地方也不如袁枚尖锐（如对理学的批判，对儒家经典的怀疑等），而就学术之严谨，论证之精细，就远不及戴震、章学诚等人。因李贽等人的学说而忽视或否定 18 世纪社会新观念之历史价值，是不妥当的。

更重要的是，观念的变迁有其自身的客观规律。同样一种观点，在不同的时期出现，就会产生不同的社会影响，从而具有不同的历史价值。也就是说，在历史上，思想和观念都不怕重复出现，只要时代需要，哪怕一百次重复也是合理的，何况，每一次重复，都不可避免地会具有新的时代特色，具有新的历史内涵。清初，顾炎武、黄宗羲、王夫之、颜元等人，有感明清易代，反思两千年专制历史，确实提出了一系列新的社会思想，具有鲜明的近代特色。但这些思想在当时并没有产生太大的社会影响，也没有阻挡住清初理学复兴，专制统治走向稳定、走向繁荣的历史潮流。一百年以后，袁枚、戴震等人重新提出类似的主张，但更加尖锐，更加深刻，也更加系统，具有更加丰富的思想内涵。更

1　李贽：《夫妇一》，《初潭集》卷一，北京燕山出版社，1998 年。
2　李贽：《书胡笳十八拍后》，《续焚书》卷四，北京燕山出版社，1998 年。

重要的是，它真正产生了广泛的社会影响，改变了当时知识界的精神面貌和生活方式，从社会变迁的角度奠定了下个世纪中国近代化进程全面启动的文化基础，因此，它具有更加重要的历史价值。从清初顾、黄、王等人孤独的探索，到袁、戴等人登高一呼，应者云集的历史变革中，我们是否可以感受到社会进步的脚步声？

总之，无论是从社会经济的角度看，还是从人身自由，以及与之密切相关的行政管理看，还是从社会观念的变革与多元看，18 世纪的中国社会都处于动态的发展过程中，我们完全有理由说它已经开始了由传统向近代转型的初步尝试。

这里还要回答一个问题，即：如果清朝没有禁止天主教传播，不推行闭关政策，18 世纪的中国能否加快进入近代化阶段？几十年来，学术界确实有人认为明清时期中国丧失了几次走向近代的机会，而其所谓的“机会”，主要指的是天主教传播，以及乾隆五十八年（1793 年）的马戛尔尼使团来华。但我认为，这种说法将历史简单化了。产生这种说法的原因在于两个过高估计和一个过低估计：一是过高估计了传教士带来的科学技术。传教士带来的文化不等于西方文化，也不等于近代文化。近年来，有的学者提出，西学的实质有中世纪和近代之分，担任第一波西学东渐传播者的天主教传教士，所要传播的是中世纪的神学观和科学体系，以抗衡基督教（新教）的宗教改革运动和近代科学，而中国要从中世纪过渡到近代，所不可或缺的是近代科学和思想。“所谓近代科学是以哥白尼—开普勒—伽利略—牛顿的学说为体系，所谓近代思想是以培根和笛卡儿的学说为体系。由于这些学说从一开始就是反对神学权威，天主教传教士因此存心抗拒，也就没有将这些知识介绍到中国来。”近代西学传入中国并非是通过西方传教士，而是中国学者，“如果中国不是迟至 19 世纪末，而是提早两个世纪就接触到近代科学的经典体系和思想方法论，中国历史步入近代的历史和面貌必定大为不同。”[1]我认为，这种说法是有道理的，应该予以重视；二是过高估计了明清统治者处理国家独立与对外交流的能力。处理好对外开放与国家独立的关系，不是一件简单的事情。民国时期没有处理好，建国以后相当长时期也没有处理好。因此，不能对清朝统治者的对外政策寄托过高希望，也不能要求他们做他们不可能做好的事情。所谓一个过低估计，指的是过低估计了西方殖民势力的侵华野心。在明清两朝，中国的门户一旦开放，接踵而至的就是西方更加大规模的侵略。对传教士，我们也不能将其作用简单化。传教士本身泥沙俱下，构成复杂。其中，不乏破坏中国主权，恶意损害中国国家利益者。像传教士巴多明在中俄谈判时就被俄国特使收买，出卖中国情报和利益。当时俄国特使萨瓦·务拉的思拉维奇的公务日志对此有非常明确的记载：

巴鲁尼（即巴多明神父）是个非常干练的人，很熟悉中国事务，颇能为沙皇陛下利益效劳。此外，虽在当今可汗（雍正皇帝）面前不像在前代可汗（康熙皇帝）面前那样受宠任，但他的能力和渊博的学识受到器重。凡用拉丁文书写的信件，都由他翻译。

特使（萨瓦·务拉的思拉维奇）曾同巴多明神父密谈，并嘱托巴多明神父在他进行谈判时给以协助，请其在谈判中对中国大臣相机进言，并秘密探悉他们的特别意图。并希望巴多明神父本着基督教的慈悲精神秘密用书面给以善意的建议，因为彼此因避嫌而不能进行口头联络。特使答应对他本人及其整个耶稣会付给一定的代价，作为对此项服务的酬劳。

1　这主要是何兆武的观点，参见《重新审视西学东传的历史——明末清初文化变迁学术研讨会侧记》，新加坡《联合早报》1998 年 8 月 27 日。

巴鲁尼（巴多明）神父起誓作答：他愿在可能范围内效劳，并表示他要照顾特使，（逐字译是：预告特使）并剀切地说，他将在力所能及的范围内照顾到（俄国的）利益；不过，他不敢留笔迹，他将对使馆的仆人雅可布·尼可拉耶维奇口述，特使便经常派雅可布·尼可拉耶维奇去罗马天主堂参加宗教仪式，并借口为使节领取雀麦白面包作掩护，以避嫌疑。[1]

乾隆后期，清朝拒绝马戛尔尼使团的全部要求，在很大程度上是出于对国家安全的考虑。对此，笔者在《康雍乾三帝统治思想研究》一书中已经作了专门分析。有的西方学者指出：“掠夺、谋害及经常诉诸武力，为欧洲国家与中国开始贸易的特色”，“外国商人自己的残暴行为应视为他们被享以闭门羹的主要原因。”[2]应该说，这种说法反映了清代中外关系的实际。需要研究者注意的是：如果一定要在安全与发展中作出选择，人们首先选择的一定是安全，这是人类的本性。尽管这样的安全未必可靠，也未必能够长期维持。

1 （法）加斯东·加恩：《彼得大帝时期的俄中关系史》，第337页，商务印书馆，1980年。

2 Blakeilee，China and the Far East，p.35，转引自《中国近代对外贸易史资料》第1册，第126页，中华书局，1982年。

结　论

观念形态从来都是认识人类社会的重要窗口。18 世纪中国知识界的社会观念，为我们展现的是一幅蕴含变革的动态的社会场景：笼罩在纲常礼教上神圣不可侵犯的光环，正在黯然失色，对个性自由的追求，对人情、人欲的重视，正在成为知识界新的道德时尚；理学对真理的垄断一去不复返了，经典的权威地位正在受到动摇，通向知识、通向真理的大门已经向善于独立思考，勇于追求的人们敞开了，一个学术思想多元的时代到来了。而在政治领域，对君主专制合理性的怀疑和批判，已经成为知识界勇敢探索者们重要的思考内容，而对臣僚独立人格的重视，对行政管理理论的探讨，对法制的推崇，对规范化政府运作的重视，反清潜流的存在，则从不同的角度预示着清朝未来政治的走向。这是一个充满着活力，洋溢着激情的时代：传统社会的冰河正在悄然融化，严冬的冰霜下面已经孕育着春天盎然勃发的生机。确实，清代社会的变革是缓慢的，但并未止步不前；是凝重的，但充满了希望。持续而不间断的进步，正是我们民族历史独有的特色和风貌。

18 世纪中国文化最重要的历史价值在于，它在集传统文化之大成的同时，又为它适时注入了带近代意义的观念内涵。单靠这些并不系统，也不够深刻的新观念，尚不足以将清代的中国引向近代，也不足以改变当时中国近代化进程落后于西方的命运。但它的出现，为新世纪经世变革思潮的崛起，为中国近代化的全面起步，奠定了原始的，但却是必不可少的文化基础。无论是 18 世纪知识精英提出的问题，还是他们对未来的设想；无论是他们的困惑，还是他们的发明；无论是他们取得的成就，还是他们所具有的种种时代局限，都深刻地影响了此后三百余年的中国历史。沈垚、龚自珍、魏源是 18 世纪文化遗产的当然继承者，是它的发展者和批判者，我们也是。没有历史的前天和昨天，哪有历史的今天？无论是在精神上，还是在社会生活的其他方面，从 18 世纪到 20 世纪，乃至到已经来临的 21 世纪，中华民族的发展过程，都是一条无法割裂的历史长河，我们之所以走在长河的前端，除了无法选择的自然规律的决定外，更重要的是，还有历代先哲们用灵魂、智慧与悲欢离合所交织而成的民族血液的不断推动。18 世纪知识界所表现出来的那种求实精神，那种探索精神，那种不畏强暴，勇于追求自由的精神，数百年来一直是我们民族走向现代，走向文明的希望所在！当年袁枚在《遗嘱》中告诫后人，随园能撑持 30 年，“我在九原亦可瞑目”，但与此同时，他对自己的学说思想在未来的命运充满了信心，坚信“千秋万世必有知我者”[1]！三百年物换星移，风流聚散，随园虽鞠为茂草，但《小仓山房文集》与世长存。袁枚可谓善自知者！其实，18 世纪善自知者何止袁枚一人？而当为千秋万世所知者，亦非仅简斋而已。

1　袁枚：《随园老人遗嘱》，《小仓山房文集》卷首，《袁枚全集》第 2 册，江苏古籍出版社，1993 年。

附录一：主要参考文献

下面开列的只是本书主要参考书目。由于本书写作、修订时间较长，资料条件前后变化较大，也由于研究本身的需要，有的书前后征引数种版本（如《随园诗话》、《潜研堂文集》、《戴震集》、《四库全书总目提要》、《寒松堂全集》、《榕村语录》、《榕村语录续集》等），这里只列常用版本（尤其偏重便于读者查找的新印版本）。具体使用版本情况，详见正文注释。

《清实录》，中华书局，1985 年。

《康熙起居注》，中华书局，1984 年。

《宫中档雍正朝奏折》，台北故宫博物院印行，1979 年。

《宫中档乾隆朝奏折》，台北故宫博物院印行，1986 年。

《雍正朝汉文朱批奏折汇编》，江苏古籍出版社，1989~1990 年。

《乾隆朝上谕档》，中国第一历史档案馆藏。

《雍正起居注》，中国第一历史档案馆藏。

《乾隆起居注》，中国第一历史档案馆藏。

《嘉庆起居注》，中国第一历史档案馆藏。

《刑科题本》、《吏科题本》，中国第一历史档案馆藏。

《清会典事例》，中华书局，1991 年。

王先谦：《东华录》，上海积山书局光绪甲午石印本。

《二十二子》，上海古籍出版社，1986 年。

《四书五经》，岳麓书社，1991年。

程颢、程颐：《二程遗书》，上海古籍出版社，1992年。

李贽：《焚书》，北京燕山出版社，1998年。

李贽：《续焚书》，北京燕山出版社，1998年。

李贽：《初潭集》，北京燕山出版社，1998年。

王守仁：《王阳明全集》，上海古籍出版社，1992年。

钱仪吉纂：《碑传集》，中华书局，1993年。

中国第一历史档案馆编：《纂修四库全书档案》，上海古籍出版社，1997年。

《清代三朝史案》，江苏广陵古籍刻印社，1993年。

故宫博物院掌故部编：《掌故丛编》，中华书局，1990年。

贺长龄、魏源编：《清经世文编》，中华书局，1992年。

王钟翰点校：《清史列传》，中华书局，1987年。

《满汉名臣传》，黑龙江人民出版社，1991年。

蒋良骐：《东华录》，中华书局，1980年。

《南明史料》（八种），江苏古籍出版社，1999年。

颜元：《颜元集》，中华书局，1987年。

施闰章：《施愚山集》，黄山书社，1992年。

刘献廷：《广阳杂记》，中华书局，1957年。

张伯行：《续近思录》，上海古籍出版社，1994年。

张伯行：《正谊堂文集》，《丛书集成初编》本。

王夫之：《尚书引义》，中华书局，1962年。

王夫之：《读通鉴论》，中华书局，1975年。

孙枝蔚：《溉堂集》，上海古籍出版社，1979年。

魏象枢：《寒松堂全集》，山西人民出版社，1992年。

阮葵生：《茶余客话》，中华书局，1959年。

王士禛：《池北偶谈》，中华书局，1982年。

陈廷敬：《午亭文编》，中州古籍出版社，2011年。

李光地：《榕村集》，《四库全书》本。

陆陇其：《三鱼堂日记》，《丛书集成初编》本。

吴光酉等撰：《陆陇其年谱》，中华书局，1993年。

熊赐履：《经义斋集》，康熙二十九年刊本。

沈德潜：《清诗别裁集》，岳麓书社，1998年。

孙星衍：《尚书今古文注疏》，中华书局，1986年。

孙星衍：《问字堂集》、《岱南阁集》，中华书局，1996年。

梁章钜：《归田琐记》，中华书局，1981年。

梁章钜：《退庵随笔》，江苏广陵古籍刻印社，1997年。

福格：《听雨丛谈》，中华书局，1984年。

李颙：《二曲集》，中华书局，1996年。

吴德旋：《初月楼古文绪论》，人民文学出版社，1959年。

阮元：《研经室集》，中华书局，1993年。

方东树：《汉学商兑》，生活·读书·新知三联书店，1998年。

江藩：《国朝汉学师承记》，生活·读书·新知三联书店，1998年。

江藩：《国朝宋学渊源记》，生活·读书·新知三联书店，1998年。

袁枚著，王英志主编：《袁枚全集》，江苏古籍出版社，1993年。

李燧：《晋游日记》，山西人民出版社，1989年。

陈其元：《庸闲斋笔记》，中华书局，1989年。

金埴：《不下带编》，中华书局，1982年。

吴翌凤：《逊志堂杂钞》，中华书局，1994年。

方苞：《方苞集》，上海古籍出版社，1983年。

尹会一：《健余先生文集》，《丛书集成初编》本。

尹会一：《四鉴录》，《丛书集成初编》本。

崔述著，顾颉刚编订：《崔东壁遗书》，上海古籍出版社，

1983年。

《大义觉迷录》，《清史资料》第4辑，中华书局，1983年。

徐世昌：《大清畿辅先哲传》，北京古籍出版社，1993年。

施淑仪：《清朝闺阁诗人征略》，《清代传记丛刊》本，明文书局，1985年。

徐世昌：《清儒学案小传》，《清代传记丛刊》本，明文书局，1986年。

熊伯龙：《无何集》，中华书局，1979年。

赵执信：《谈龙录》，人民文学出版社，1998年。

罗聘：《正信录》，民国二十年潮阳郭氏校刊本。

朱筠：《笥河文集》，《丛书集成初编》本。

《高宗诗文十全集》，《丛书集成初编》本。

包世臣：《包世臣全集》，黄山书社，1993年。

魏源：《魏源集》，中华书局，1976年。

魏源：《海国图志》，中州古籍出版社，1999年。

龚自珍：《龚定庵全集类编》，中国书店，1991年。

永瑢、纪昀主编：《四库全书总目提要》，海南出版社，1999年。

纪昀等撰：《历代职官表》，上海古籍出版社，1989年。

纪昀：《纪晓岚文集》，河北教育出版社，1995年。

顾炎武：《日知录》，甘肃民族出版社，1997年。

顾炎武：《亭林诗文集》，《四部备要》本，上海中华书局据原刻本校刊。

《沈阳状启》，辽宁大学历史系印，1983年。

徐文靖：《管城硕记》，中华书局，1998年。

欧阳兆熊、金安清著：《水窗春呓》，中华书局，1984年。

赵尔巽等撰：《清史稿》，中华书局，1977年。

张廷玉：《澄怀主人自订年谱》，中华书局，1992年。

傅恒等编：《御批历代通鉴辑览》，上海古籍出版社，1990 年。

李斗：《扬州画舫录》，中华书局，1960 年。

赵翼：《簷曝杂记》，中华书局，1982 年。

赵翼：《瓯北集》，上海古籍出版社，1997 年。

蒋士铨著，邵海清校，李梦生笺：《忠雅堂集校笺》，上海古籍出版社，1993 年。

杭世骏：《订讹类编》，中华书局，1997 年。

陈伦炯著，李长傅校注：《海国闻见录》，中州古籍出版社，1984 年。

章学诚：《章学诚遗书》，文物出版社，1985 年。

章学诚著，叶瑛校注：《文史通义校注》，中华书局，1994 年。

郑燮：《郑板桥全集》，中州古籍出版社，1992 年。

郑燮：《郑板桥集》，上海古籍出版社，1979 年。

郑燮：《板桥集》，清晖书屋刊本。

曹雪芹、高鹗著：《红楼梦》，人民文学出版社，1982 年。

无名氏：《后红楼梦》，上海古籍出版社，1993 年。

秦子忱：《续红楼梦》，上海古籍出版社，1993 年。

小和山樵：《红楼复梦》，上海古籍出版社，1993 年。

李百川：《绿野仙踪》，人民中国出版社，1993 年。

长白浩歌子：《萤窗异草》，重庆出版社，1996 年。

夏敬渠：《野叟曝言》，吉林文史出版社，1994 年。

沈起凤：《谐铎》，人民文学出版社，1985 年。

吴敬梓著，陈美林批点：《新批儒林外史》，江苏古籍出版社，1989 年。

李汝珍：《镜花缘》，上海古籍出版社，1991 年。

徐述夔：《八洞天》，《禁毁小说文库》本，太白文艺出版社，1996 年。

徐述夔：《五色石》，《禁毁小说文库》本，太白文艺出版社，1996年。

张次溪编纂：《清代燕都梨园史料》，中国戏剧出版社，1988年。

邓之诚：《骨董琐记全编》，北京出版社，1996年。

昭梿：《啸亭杂录》，中华书局，1980年。

王之春：《清朝柔远记》，中华书局，1989年。

陈康祺：《郎潜纪闻》，中华书局，1984年。

法式善：《陶庐杂录》，中华书局，1959年。

姚鼐：《惜抱轩全集》，中国书店，1991年。

陶澍：《陶澍集》，岳麓书社，1998年。

李光地著，陈祖武点校：《榕村语录》、《榕村续语录》，中华书局，1995年。

陈谷嘉、邓洪波主编：《中国书院史资料》，浙江教育出版社，1998年。

沈复：《浮生六记》，作家出版社，1996年。

王昶：《湖海诗传》，《万有文库》本，商务印书馆，1936年。

王昶：《蒲褐山房诗话新编》，齐鲁书社，1988年。

戴震著，张岱年主编：《戴震全书》，黄山书社，1995年。

戴震：《戴震集》，上海古籍出版社，1980年。

钱大昕著，陈文和主编：《嘉定钱大昕全集》，江苏古籍出版社，1997年。

钱大昕：《潜研堂文集》，《国学基本丛书》本，商务印书馆，1936年。

龚炜：《巢林笔谈》，中华书局，1981年。

毛奇龄：《西河集》，《四库全书》本。

刘逢禄：《刘礼部集》，道光十年思娱斋刊本。

吴振棫：《养吉斋丛录》，北京古籍出版社，1983年。

王应奎：《柳南随笔》，中华书局，1983年。

张穆：《阎潜丘先生年谱》，中华书局，1994 年。

谢正光、范金民辑：《明遗民录汇集》，南京大学出版社，1995 年。

董秉纯辑：《全谢山先生年谱》，《北京图书馆馆藏珍本年谱丛刊》第 97 册。

罗继祖辑：《程易畴先生年谱》，《北京图书馆馆藏珍本年谱丛刊》第 105 册。

阮元订：《诂经精舍文集》，《丛书集成初编》本，商务印书馆，1936 年。

恽敬：《大云山房文稿》，《四部备要》本，上海中华书局据通行本校刊。

唐鉴：《学案小识》，《清代传记丛刊·学林类》。

卢文弨：《抱经堂文集》，《丛书集成初编》本。

程晋芳：《勉行堂文集》，嘉庆庚辰本堂藏版。

翁方纲：《复初斋文集》，道光丙申开雕本，光绪丁丑重校，门人候官李彦卓校刊。

吕炽编，方苞阅定：《尹健余先生年谱》，《丛书集成初编》本，商务印书馆，1936 年。

焦循：《焦氏遗书》，光绪丙子重刻版。

焦循：《孟子正义》，中华书局，1987 年。

焦循：《雕菰楼集》，《丛书集成初编》本。

姜宸英：《湛园集》，《四库全书》本。

惠栋：《易汉学》，《四库全书》本。

惠栋：《松崖文钞》，《聚学轩丛书》第 2 集。

海宁辑：《晋政辑要》，乾隆五十四年山西布政使司刊本。

朱轼：《朱文端公集》，古唐朱氏古欢斋藏版。

沈垚：《落帆楼文集》，吴兴刘氏嘉业堂刊本。

陈宏谋：《在官法戒录》，同治七年楚北崇文书局版。

陈宏谋：《培远堂偶存稿》，光绪鄂藩署重刊本。

陈宏谋：《陈榕门先生遗书》，广西省乡贤遗著编印委员会，1943年。

汪辉祖：《学治臆说》，同治十年慎间堂刻《汪龙庄先生遗书》本。

李绂：《穆堂初稿》，道光重刻珊城阜祺堂藏版。

杭世骏：《诸史然疑》，民国十七年（1928）北京文化学社版。

杭世骏：《道古堂文集》，光绪十三年汪曾唯刻本。

杭世骏：《订讹类编、续补》，《嘉业堂丛书》本。

洪亮吉：《卷施阁文甲集》，乾隆贵阳节署刊本。

洪亮吉：《更生斋集》，嘉庆七年孟夏洋川书院版。

洪亮吉：《历朝史案》，京都聚奎阁刻本。

洪亮吉：《北江诗话》，人民文学出版社，1998年。

陆耀辑：《切问斋文钞》，河南布政使杨国桢重刊，同治金陵钱氏藏本。

陆耀：《切问斋集》，江苏书局校刊本。

程瑶田：《通艺录》，《安徽丛书》本。

汪中：《述学》，江宁刘文奎子觐宸、仲高刻本。

（法）伏尔泰著，梁守锵等译：《风俗论》，商务印书馆，1996年。

（法）孟德斯鸠著，张雁深译：《论法的精神》，商务印书馆，1997年。

周一良、吴于廑：《世界通史资料选辑》，商务印书馆，1974年。

斯当东著，叶笃义译：《英使谒见乾隆纪实》，商务印书馆，1963年。

（英）马戛尔尼著，李广生整理：《乾隆英使觐见记》，珠海出版社，1995年。

梁启超：《梁启超论清学史二种》，复旦大学出版社，1985 年。

梁启超：《清代学术概论》，东方出版社，1996 年。

梁启超：《中国近三百年学术史》，东方出版社，1996 年。

钱穆：《中国近三百年学术史》，商务印书馆，1997 年。

皮锡瑞：《经学通论》，中华书局，1954 年。

杨鸿烈：《袁枚评传》，商务印书馆，民国二十二年（1933 年）。

（美）柯文著，林同奇译：《在中国发现历史——中国中心观在美国的兴起》，中华书局，1989 年。

（法）佩雷菲特著，王国卿等译：《停滞的帝国——两个世界的撞击》，生活·读书·新知三联书店，1993 年。

侯外庐：《中国思想通史》，人民出版社，1956 年。

王戎笙组织撰写：《清代全史》，辽宁人民出版社，1991 年。

顾诚：《南明史》，中国青年出版社，1997 年。

杜维运：《清代史学与史家》，台湾东大图书有限公司，1984 年。

（英）亚·沃尔夫著，周昌宗等译：《十八世纪科学、技术和哲学史》，商务印书馆，1997 年。

（法）加斯东·加恩著，江载华、郑永泰译：《彼得大帝时期的中俄关系史》，商务印书馆，1980 年。

《欧洲哲学史教程》编写组：《欧洲哲学史教程》，福建人民出版社，1983 年。

卢钟锋：《中国传统学术史》，河南人民出版社，1998 年。

陈祖武：《清初学术思辨录》，中国社会科学出版社，1992 年。

（日）沟口雄三著，索介然、龚颖译：《中国前近代思想的演变》，中华书局，1997 年。

吴哲夫：《四库全书纂修之研究》，台北故宫博物院，1990 年。

（日）村濑裕也著，王守华等译：《戴震的哲学——唯物主义和道德价值》，山东人民出版社，1995 年。

许涤新、吴承明主编：《中国资本主义发展史》，人民出版社，1985年。

邵东方：《崔述与中国学术史研究》，人民出版社，1998年。

黄见德等著：《西方哲学东渐史》，武汉出版社，1991年。

赵秉忠、白新良：《清史新论》，辽宁教育出版社，1992年。

韦庆远、吴奇衍：《档房论史文编》，福建人民出版社，1986年。

郝侠君等主编：《中西500年比较》，中国工人出版社，1996年。

李治亭：《清康乾盛世》，河南人民出版社，1998年。

陈祖武、汪学群：《清代文化志》，上海人民出版社，1998年。

汤志钧：《近代经学与政治》，中华书局，1989年。

王茂等著：《清代哲学》，安徽人民出版社，1992年。

陈其泰：《清代公羊学》，东方出版社，1997年。

漆永祥：《乾嘉考据学研究》，中国社会科学出版社，1998年。

黄爱平：《四库全书纂修研究》，中国人民大学出版社，1989年。

郭成康、林铁钧：《清朝文字狱》，群众出版社，1990年。

张芝联主编：《中英通使二百周年学术讨论会论文集》，中国社会科学出版社，1996年。

The Search for Modern China by Jonathan D. Spence, W. W. Norton & Copany, 1990.

China, a New History by John King Fairbank, the Belknap Press of Harvard University Press, 1979.

The United States and China by John King Fairbank,Harvard University Press, 1976.

From Ming to Ching Edited by Jonathan D. Soence and John E. Wills.Jr，Yale University.

Chinese Society in the Eighteenth Century by Susan Naquin and Evelyn Rawski, Yale University Press, 1987.

高翔：《康雍乾三帝统治思想研究》，中国人民大学出版社，1995 年。

高翔：《论清初理学的政治影响》，《清史研究》1993 年第 3 期。

高翔：《尹继善述论》，《清史研究》1995 年第 1 期。

高翔：《雍乾士风简论》，《社会科学辑刊》1995 年第 6 期。

高翔：《论十八世纪中国知识界的反传统倾向》，《中国人民大学学报》1996 年第 2 期。

高翔：《略论十八世纪中国文化的三大趋势》，《光明日报》1997 年 4 月 1 日《史林》。

高翔：《盛世的思虑：中国十八世纪研究中的对话与争鸣》，《中国史研究动态》1997 年第 2 期。

高翔：《试论十八世纪中国文化的三大趋势》，《炎黄文化研究》1997 年第 4 期。

高翔：《清代学术思潮与士林风气》（与王俊义合作），载《中国历史上的生活方式与观念》，台湾财团法人馨园文教基金会，1998 年。

高翔：《正确评价康乾盛世——简评〈清康乾盛世〉》，《人民日报》1999 年 1 月 16 日第 6 版。

高翔：《从全盛到衰微：18 世纪清帝国的盛衰之变》，《光明日报》2000 年 6 月 30 日《历史周刊》。

高翔：《论清前期中国社会的近代化趋势》，《中国社会科学》2000 年第 4 期。

附录二：关于本书的一封信

某某先生：

来函奉悉。数年间，先后接到先生来函近十封，而我竟无一字相答，实愧疚良多。究其原因，在于贪图快捷。自有电话，就不愿写信。有事之时，电话一拨，虽远隔千山万水，仍可谈笑风生，近如眼前。降至今日，想撰书一通，竟不知从何说起。

昨日又奉先生来信，对拙著《近代的初曙：18 世纪中国观念变迁与社会发展》褒扬有加，精心评点，我不胜感激。翻阅先生历次来信，每封均讲论学问，谈古论今，臧否人物，不惮繁复，颇有昔日儒者风范。清人称方苞为“今之古人”，先生庶几乎！最近两年，我养成喜读清人书信习惯，看古人朋友之间，师生之际，书函往复，或论风月，或谈时事，或穷义理，或言名物，其人之性情涵养，心机城府，其时之道德时尚，学问人心，无不一一跃然纸上。一纸信函，何足轻重，然其文化底蕴，却有深不可测者！那是一个时代风骚的物证，那是一个岁月灵魂的信物。而今，学者间讲学论道之风气日渐萎靡，书函论学的遗风余韵早已荡然不存。然无论电话论学，还是当面交谈，总少了书函论学所独有的那么一种庄严，那么一种尊贵，那么一种谨严，那么一种深沉。我没有先哲们学识宏富，也不如前辈们兴趣高雅，但每每读其书，想其人，掩卷而思，喟然而叹：昔者往矣，来者可追乎？虽人事代谢，世道变迁，学问当与时俱进，但学者对真理的追求，对人类命运之关注与探索，则应一如既往，如薪火相传，延绵不绝。

衡量历史人物，一定要有基本的是非观。做人是治学的基础。人品不好，学问虽百般能耐，但在深层次的理论思辨领域，在某些与其切身利益攸关的学术是非之处，必定有隐微曲折之笔，一到关键时刻，就难免不“大节有亏”。清初钱谦益即属此类。虽有人为其百计辩解，但谁能否定其鼎革之际苟且偷生这一铁的事实？至于其诗文中暗含所谓“故国之思”，并有冒险资助抗清运动之事，确实反映了贰臣们痛苦、复杂的政治心态。但若换个角度看，未尝不暴露出其人进退无据，藏头露尾之卑污品行。钱谦益之推崇气节，感慨兴亡之作，既有发自内心者，更有欲借诗文传世，以掩盖其“失节之羞”者。沈德潜谓“其诗工致有余，易开浅薄，非正声”，有一定道理，但未触及问题的本质。有清一代之文人学者，我最欣赏的是袁枚。不但欣赏其学问、诗文，更欣赏其真诚的人品，欣赏其敢于独抒己见的理论勇气。学者若无赤子之心，必多市侩之气。袁枚之学识，可以媲美东原，弟蓄姚鼐，至其人品，不但优于戴震，较章学诚、王鸣盛、汪中等人，更不知要高出多少倍！今人论古人，既要看其成就得失，更要论其心术是非。有人谓不可以“封建的道德观、是非观”要求古人，难道人类文明发展至今数千年，就没有一些共同的标准？难道今天不是昨天的延续？传统的礼教观诚然应该批判，但求真去伪，讲究信誉，不损人利己，不谋财害命，总可以说是古往今来能为大多数人所接受的共同标准吧！不讲历史的是非，一味强调历史的贡献，实际上是以功利主义的态度看待历史，这种做法不但败坏我们对历史和社会的正确认识，也不利于今天的精神文明建设。这是我在清史研究，尤其是本书写作过程中产生的一点感想，因为正文中没有机会表达，故在这里冒昧陈于先生。

至于先生对本书的批评，能接受的，我已尽量接受，并做了修改。但先生的意见中，一些涉及本书立言的基础，则不可接受，也不能接受。这里不妨略作辩白。

1. 先生建议将本书标题改为“18世纪社会发展与观念变迁”，认为这样更符合历史唯物主义关于社会存在决定社会意识的基本原理，这是我绝对不能接受的。我虽不才，但自认为对历史唯物主义的基本原理还是比较熟悉的。马克思主义强调社会发展史首先是生产的发展史，但从来没有否定人类意识对生产、对社会进步所起的关键作用。这里有两点是马克思主义经典作家所高度重视的：其一是在人和自然的关系上，“人的思维的最本质最切近的基础，正是人所引起的自然界的变化，而不单独是自然界本身，人的智力是按照人如何学会改变自然界而发展的。”（恩格斯：《自然辩证法》，《马克思恩格斯选集》第3卷，第551页，人民出版社，1972年）也就是说，人和自然的相互作用，是人类意识和思维发展最重要的基础，单纯强调物质的客观存在对人的意识的决定作用，“认为只有自然界作用于人”，忽视二者间相互作用对人类意识的影响，在马克思主义看来是片面的，是不可取的。其二，马克思主义认为“人们通过每一个人追求他自己的、自觉期望的目的而创造自己的历史，却不管这种历史的结局如何，而这许多按不同方向活动的愿望及其对外部世界的各种各样影响所产生的结果，就是历史。”（恩格斯：《路德维希·费尔巴哈和德国古典哲学的终结》，《马克思恩格斯选集》第4卷第243~244页）恩格斯指出：

> 历史是这样创造的：最终的结果总是从许多单个的意志的相互冲突中产生出来的，而其中每一个意志，又是由于许多特殊的生活条件，才成为它所成为的那样。这样就有无数相互交错的力量，有无数个力的平行四边形，而由此就产生出一个总的结果，即历史事变。这个结果又可以看作一个作

为整体的、不自觉地和不自主地起着作用的力量的产物。因为任何一个人的愿望都会受到任何另一个人的妨碍，而最后出现的结果就是谁都没有希望过的事物。所以以往的历史总是像一种自然过程一样地进行，而且实质上也是服从于同一运动规律的。但是，个人的意志——其中的每一个都希望得到他的体质和外部的、终归是经济的情况（或是他个人的，或是一般社会性的）使他向往的东西——虽然都达不到他自己的愿望，而是融合为一个总的平均数，一个总的合力，然而从这一事实中决不应作出结论说，这些意志等于零。相反地，每个意志都对合力有所贡献，因而是包括在这个合力里面的。（恩格斯：《致约·布洛赫（1890 年 9 月 21~22 日）》，《马克思恩格斯选集》第 4 卷第 478~479 页）

可见，马克思主义者谈论历史创造，谈论社会发展，绝对不能离开人的意志、人的精神，相反，他们高度重视人类精神对历史发展所起的关键性作用。原因很简单，我们研究的历史，首先是人的历史，而人是有精神的，有意志的，所谓历史变革，在很大程度上直接体现为人类意志的相互作用，当然，这些意志从根本上讲取决于“经济的情况”。但另一方面，人类意志相互作用的结果，又会改变他所处的经济环境和自然环境。否定物质条件、经济状况对人的意识的决定性作用，是唯心主义；否定人的意识对自然与社会的反作用，则是机械的或庸俗的唯物主义，而我们需要的是既强调社会存在决定作用，又重视人类意志对社会发展所具有的关键影响的辩证唯物主义！

以往我们研究中国社会发展，往往偏重生产方式的决定作用，将社会形态简单化为生产方式或经济基础，将社会发展简单化为经济发展，将资本主义简单化为市场经济，严重忽视人类意志在社会变迁中的能动作用，这实际上是对历史唯物主义的曲解。本书的写作，就是要改变脱离意识形态考察清代社会发展的不合理现状。事实上，我在写作中一直严格将人类观念置于 18 世纪特殊社会环境（特别是商品经济环境）中考察。与以往一些著作显著不同的是，我将新的社会观念作为中国社会向近代转型的重要坐标，而不是结果。我认为这样做是有必要的，是正确的，是准确理解马克思主义社会发展理论的结果。

2. 先生来函认为我一方面称要将“历史真正还诸它的主体”，将“探索的视线放射到整个知识界，而不是仅仅局限于少数名家”，但实际上仍以少数名家为重点。这一评价是正确的，但并不准确。观念史研究确实以普遍社会观念为考察重点，以探索时代精神为直接目的。但要注意的是，普遍社会观念不是每一个人的观念，时代精神也不是每一个人的精神，事实上，没有谁能将特定时代每一个人的观念都梳理一遍，在这种情况下，寻找一些有代表性的人物予以重点解剖，就成为必然。本书重点考察的几个士人，特别是袁枚、戴震，都是当时在士林队伍中影响最大、最具代表性的。而对当时学问精深但影响不大的士人，我注意得就少一些，如对庄存与，我就很少涉及，因为他的思想在 18 世纪并不具有代表性。如果我研究顺康时期的士林观念，则顾炎武、熊赐履、李光地就会成为我考察的重点，而王夫之就不会占有太大的分量。仅此一点，就可看出观念史研究和学术史研究的区别。至于本书在材料取舍上，在涉及人物范围上，在分析方法上（如学术史注意学术渊源流变、学术思想、学术体系，观念史注意士林学术态度、学术现象及其社会影响等），我相信一般读者不会将它和学术史混为一谈。

3. 先生来信问：“你将 18 世纪和近代扯在一起，是不是要回到尚钺的老路上去？”又评论说：“近代化是西方的观念，中国历史有自己独特的发展道路，为什么一定要以西方的标准衡量中国社会？”我认为先生对一些问题的理解绝对化了。我认为尚钺对明清史研究的贡献是卓著的，但并不等于我完全同意他的观点，尤其不等于我赞成他夸大明清时期社会发展，反对将 1840 年作为中国近代史开端的做法。我认为明清时期中国社会开始了转型，但转型毕竟不等于已经进入了近代。转型是一个漫长但充满了希望的过程，是旧制度逐渐趋于衰落，新因素逐渐成长、壮大的过程。将转型视为近代，显然夸大了历史发展水平。但如果我们看不到历史发展的新动向，将清代中国社会视为对前代的简单重复，甚至停滞或倒退，则是对历史的歪曲。对当代清史研究而言，要特别注意这样一种倾向：从否定当年对资本主义萌芽和启蒙思想的研究，发展到否定明清时期，特别是清代社会的进步，以致将中国的近代化完全视为是西方侵略刺激的结果，这对中国历史来说，是极不公正的。

在我看来，近代化是一种历史发展过程，而不是简单的历史发展目标。虽然中国的近代史从 1840 年才开始，但中国的近代化过程早已起步了。明清以降，中国的近代化过程，可以粗略地分为三个阶段：从晚明到清初，是早期近代化的酝酿时期；从清初到 19 世纪中叶，是早期近代化的发展时期；19 世纪中叶以后是全面近代化的启动时期。在这个时期，外国资本主义的入侵，打乱了中国历史的正常发展进程，中国社会性质出现了明显的改变。然而，社会性质的改变并不意味着以前固有的近代化因素完全丧失，相反，在民族危机的强烈刺激下，中国文化固有的发展因素获得改造和发展，成为推动中国社会走向进步、走向富强、走向民主的巨大的内在动力。研究中国近代化史，不能置鸦片战争以前已有的发展成就于不顾，不能将 1840 年前后的中国历史截然割裂。和西方社会比起来，清前期中国社会的变革是缓慢的，但并未止步不前；是凝重的，但充满了希望。持续而不间断的进步，正是我们民族历史独有的特色和风貌。

与此同时，需要我们高度重视的是，现在有的学者强调中国历史发展的独特道路，这是正确的，但不可极端化和片面化。确实，用辩证唯物主义的理论剪裁人类历史，本身就是对马克思主义的践踏。但重视中国历史发展的特殊性，并不等于要否定人类历史的共同性。我认为，近代化作为20世纪以前人类社会发展带有普遍意义的基本方向，是不容置疑的。否定这种方向，将中国社会独立于世界历史发展的大潮之外，还美其名曰反对西方中心论，建立"中国中心观"，实际上是一种文化孤立主义的做法，它未必能反映中国历史的实际。事实上，只要我们承认近三百年世界历史存在着近代化过程，就必须承认西方在这个过程中居于领先地位，这是历史的真实。研究西方之外的其他社会是否在向近代靠拢，或在多大程度上向近代靠拢，必须要有一个参照系数，这就是由西方近代历史所提供的发展标准：即资本主义性质的生产方式；个人自由的扩大，政府管理的规范化；以启蒙思想为核心的文化变革。否认这个参照系数，或脱离这个参照系数，考察明清时期的中国社会，都不可能得出科学的结论。也就是说，论证中国历史的独特道路，只有通过与其他国家的历史对比，才能体现出来。研究中国社会的近代化，只有参照西方社会的近代变革过程，才能有所作为。学术研究不能走极端，极端意味着非理性与非科学。

多年未给先生写信，一写就是数千言，想到哪里，写到哪里，可谓"言论自由"。无论书中所论，还是信中所说，我知道未必能说服先生，然先生所言，也未必就能令我心悦诚服。学术从来都是在争论中前进，在讨论中进步。当代学术，最缺乏的就是平等的讨论、热烈的争鸣。数年来，我与先生切磋学问，从中受益匪浅，但愿这种讨论，将长期持续。

三月的京城，余寒未退，但冰霜已经消融。独立院前，看通惠河悄然东去，河边柳枝，早已春意萌动，岸上堤土，绿草渐生，希望勃发。遥想南方，必定春和景明，江花似火。先生与诸弟子泛舟湖上，指点山河，纵论古今，当是另一番景象。学术流变，正如地有南北，季节稍殊，风景略异，然有一水贯通，春风往还，但论是非可耳，何必过分彼此。

此致

问安

高　翔

2000年 3 月 20 日

后　记

经过数年的努力，《近代的初曙：18 世纪中国观念变迁与社会发展》完稿了。作为作者，我尽管不认为这部著作达到了预期的水平，但仍对它充满了感情。在这部著作中，我对观念文化史进行了大胆的探讨，比较系统地阐发了我对有清一代历史的基本看法，阐发了我对历史、对社会的许多初步认识。尽管这些观点不一定成熟，但毕竟是我辛勤劳动所得，我没有理由不对这部著作格外珍惜。

任何一项学术成果的取得，既是研究者个人努力的结果，也是研究者所处社会和学术环境的产物。这部著作在写作过程中，曾得到了历史研究所，特别是明清史研究室许多师友的热情关心和帮助。张捷夫先生、陈祖武先生当初积极鼓励我将本课题申请立项，在立项通过以后，又支持我集中精力完成本课题的研究。在本书写作过程中，卢钟锋先生在基本理论，特别是在马克思主义社会形态理论，以及如何认识中国历史发展道路等方面给予了重要的帮助和指点。

王戎笙先生、何龄修先生是平日和我讲论学问的前辈学者，和他们进行学术交谈，总能使我获得不少启迪。赫治清先生经常和我交换学术看法，关心着本书的每一个进展，并提供了热情的帮助。本书完稿、结项期间，正值筹备国际会议之时，李世愉先生承担了大量繁重的琐务，使我得以抽出身来，按计划从事结项方面的工作。杨珍、万明、吴伯娅、汪学群是我学术上志同道合的好朋友，我们经常围绕一些问题展开平等而热烈的讨论，在讨论中我受到的启发，阐发的观点，在本书得到了充分的体现。李凭先生在本书写作和出版过程中，提供了十分宝贵的支持和帮助，远在东北的李治亭先生一直关心着我的学术发展，多年来，我们一直保持着密切的学术联系，他充满睿智的学术论述，促使我对许多问题进行新的反思。

故宫博物院著名清史专家朱诚如先生、刘潞先生，在本书写作及结项、出版过程中，提供了热情的帮助，对此，笔者充满了感激之情。

我特别感谢我博士生时的导师王思治先生，他不但是改革开放以来清史研究的重要推动者，而且在20世纪后半叶关于中国社会形态的研究中，也是一位成果卓著的学术大家。他的治学思想，治学方法，深刻地影响了我的学术道路。这些年来，王先生密切关注着我的学术发展，并寄托着莫大的期望。师恩深重，岂可忘却！

我衷心感谢中国社会科学院科研局王正先生、社会科学文献出版社社长兼总编谢寿光先生、社会科学编辑部主任黄燕生先生，历史所科研处处长齐克琛先生，他们对本书的出版提供了十分宝贵的支持。本书编辑默明哲先生，和编辑部主任黄燕生先生一道，在本书出版过程中花费了大量心血，对保证本书出版质量起到了十分重要的作用。

高　翔

2000年2月15日星期二

把观念的历史还给人民

——再版后记

在《近代的初曙：18 世纪观念变迁与社会发展》出版整整 12 年之后，故宫出版社决定将此书再版。重新付梓之际，回顾当年的探索，颇有一些感慨。

这部著作实际上是我另外一部著作——《康雍乾三帝统治思想研究》的姊妹篇。在那部著作中，我集中研究了康熙、雍正、乾隆三位专制君主个人性格、政治理念与清前期历史、特别是康乾盛世的关系，从政治决策的最高层面，研究了一系列重大历史问题，如政治体制、文化形态、满汉关系、闭关政策、政治腐败，等等。在对最高统治者个人性格和命运的研究中，我一方面看到了专制皇帝政治素质、情感、心态对时代盛衰的巨大意义，同时，也发现了统治者个人意志的影响边界。在这个过程中，我关注到了传统中国影响历史进程的另一个重要因素，这就是普遍社会观念的变迁。在我看来，在把最高统治者的思想理念梳理清楚以后，如果再将社会精英阶层的观念文化，以及受其影响的大众文化和生活方式揭示出来，那么，我们将不再仅仅满足于对历史表象的描述，而会发现隐藏在历史深处的文化景观。也就是说：决定一个时代走向的终结原因是社会经济形态，而直接影响和支配这个时代走向的则是人们的观念形态，特别是被广大群众所接受的价值诉求，以及受这些观念支配的社会生活方式。这本来是一个常识，但往往被人忽略。

需要特别强调的是：我所说的观念，绝不仅仅是那几个众所周知的思想大家或学问大家的个人成果，而更多地指的是对人们生活方式能产生影响的具有普遍意义的社会观念。现在我们看到的思想史，通常是后人站在他们所处时代的立场重新建构起来的，很精致，但未必符合当时社会文化的总体实际。以王夫之来说，站在 20 世纪甚至今天的立场看，他的思想不乏伟大之处，很多观点仍具有启迪价值，这就是先进思想超越时代的巨大意义。但在 17、18 世纪，真正了解、懂得王夫之的人并不多，更谈不上思想认同，至于对社会生活方式的影响更无从谈起。相反，在 18 世纪，像袁枚这样的“时尚”作家，倒显示出非同凡响的社会影响力，至少能反映新兴市民阶层的一些共同性诉求，标志着一种历史新传统的崛起，这和以儒家纲常伦理为主导的理学旧传统形成了鲜明对立。

历史学家无论如何不应该忽视 16 世纪以来在长三角、珠三角以及其他地区部分城市逐渐萌生并发展起来的新传统，从这些新传统以及由它引发、主导的社会文化、风情习尚的巨大变迁中，我们能清晰地看到中国近代化（现代化）的本土性动因和历史资源。环顾世界历史，殖民侵略从来不可能给征服对象带来真正的现代化。一个民族能否实现伟大跨越的历史原因，归根到底，要从这个民族文化深处去寻找。

还是回到研究方法层面上来。我们在考察一个时代的观念文化的时候，一方面要高度重视杰出思想家们超越时代的精神成果，更要重视普通百姓共同性的情感诉求和价值取向，也就是普遍社会观念；一方面要重视学者们“十年磨一剑”的精致成就，更要重视真正能影响生活方式、时代变迁的精神力量。事实上，对一种社会思想来说，如果不对人们的生活方式产生实实在在的影响，不论多么高深、多么精致，都没有太大的价值。因此，面对中国漫长的观念文化、浩瀚的思想资料，我们要说：把观念的历史还给人民。从人民群众的喜怒哀乐、嬉笑怒骂中，从芸芸众生的日用常行、聚散离合中寻找社会变迁的内在逻辑。这就是《近代的初曙：18世纪中国观念变迁与社会发展》的理论出发点，也是其方法论源头。

学问之路漫远而艰辛，没有止境。迄今为止，没有哪部学术著作是完美无缺的。人们的学术论述，必然是、也只能是特定时代的产物，反映的是学者在特定条件下的思考和探索。这部著作也不例外。从清史研究的角度看，12年过去了，我对该书还是充满信心的。该书的主要结论，如：关于有清一代时代精神，17世纪是经世，18世纪是求实，19世纪是变革的基本观点；关于近代化的三个标准，以及对清初理学的基本认识，等等，我坚持至今。毋庸讳言，该书也存在种种不足，一些地方对资料的引用、阐释，对一些问题的理解、判断，不同程度地存在着改进和完善的余地。但这些问题，均不影响全书的结论。我对17世纪至20世纪中国社会历史和发展道路的探索，将在其他著作中做专门论述，但该书的思考是我继续前行的基础和出发点。

要特别感谢我的同事，中国社会科学杂志社研究室主任周群博士，他领着张云华、刘芳、赵晨昕等几位年轻同志，以锲而不舍的精神，花费巨大精力，对本书进行了通读和订正，改正了不少错误。故宫出版社副总编辑陈连营编审以及本书的责任编辑艾珊歌女士，也为本书的出版付出了不少汗水。对他们的努力和奉献，我心存感激。至于该书存在的种种问题与不足，责任必须由我来承担。

高　翔

2012年12月10日于北京

明清纪元简表

皇　帝	年　号 （在位年限）	元年干支 （公元纪年）
太祖（朱元璋）	洪武（31）	戊申（1368）
惠帝（朱允炆）	建文（4）*	己卯（1399）
成祖（朱棣）	永乐（22）	癸未（1403）
仁宗（朱高炽）	洪熙（1）	乙巳（1425）
宣宗（朱瞻基）	宣德（10）	丙午（1426）
英宗（朱祁镇）	正统（14）	丙辰（1436）
代宗（朱祁钰）	景泰（8）	庚午（1450）
英宗（朱祁镇）	天顺（8）	丁丑一（1457）
宪宗（朱见深）	成化（23）	乙酉（1465）
孝宗（朱祐樘）	弘治（18）	戊申（1488）
武宗（朱厚照）	正德（16）	丙寅（1506）
世宗（朱厚熜）	嘉靖（45）	壬午（1522）
穆宗（朱载垕）	隆庆（6）	丁卯（1567）
神宗（朱翊钧）	万历（48）	癸酉（1573）
光宗（朱常洛）	泰昌（1）	庚申八（1620）
熹宗（朱由校）	天启（7）	辛酉（1621）
思宗（朱由检）	崇祯（17）	戊辰（1628）
*建文四年，成祖废除建文年号，改为洪武三十五年。		
太祖（爱新觉罗·努尔哈赤）	天命（11）	丙辰（1616）
太宗（爱新觉罗·皇太极）	天聪（10） 崇德（8）	丁卯（1627） 丙子四（1636）
世祖（爱新觉罗·福临）	顺治（18）	甲申（1644）
圣祖（爱新觉罗·玄烨）	康熙（61）	壬寅（1662）
世宗（爱新觉罗·胤禛）	雍正（13）	癸卯（1723）
高宗（爱新觉罗·弘历）	乾隆（60）	丙辰（1736）
仁宗（爱新觉罗·颙琰）	嘉庆（25）	丙辰（1796）
宣宗（爱新觉罗·旻宁）	道光（30）	辛巳（1821）
文宗（爱新觉罗·奕詝）	咸丰（11）	辛亥（1851）
穆宗（爱新觉罗·载淳）	同治（13）	壬戌（1862）
德宗（爱新觉罗·载湉）	光绪（34）	乙亥（1875）
爱新觉罗·溥仪	宣统（3）	己酉（1909）
1616年，努尔哈赤建立后金；1636年，改国号为清；1644年，清入关。		

◆ 制表参考《现代汉语词典》（第5版，商务印书馆，2010年）。

◆ 年中改元时，在干支后用数字注出改元的月份。

编后说明

《明清史学术文库》旨在整合出版上世纪以来，明清史学研究领域中学术影响深远的专题论著（暂未包括专有出版权与其他出版机构有合同约束的论著）。

由于所选书稿在此前分别由不同的出版社出版，因此在编辑制作过程中，我们尤其注重构建本丛书的体例。特作说明如下。

一　内容

为保持与相关领域学术发展同步，本丛书出版前，各册书稿内容均请作者、作者家属或相关学者在原著基础上作了厘正。

二　结构

丛书各册内容按照章、节等体例安排层级关系，图表按章排序。

三　文字

文献名、引文、年号、姓名等文字中，如遇异体字或无对应的现行简化字，则保留原字。

四　注释

1. 相同文献的相同版本信息，只在第一次出现时予以标注（该文献如在书中出现其他版本信息，则逐一标注；如来稿每则注释皆信息完整，且体例统一，则不予改动；如信息查询未果，则维持缺项）。

2. “二十四史”等常见古籍，如无特殊需要，皆不注明版本信息。

3. 古籍卷数用“卷”与汉字表示，如卷一九、卷一三五等。

五　年代换算

明清两朝的干支纪年或未逐一换算成公元纪年，对于原著未附纪元表的专著，附以《明清纪元简表》，以便参考。

六　寄语

本丛书各册作者皆为相关领域学术大家，故每册卷首均设作者寄语。寄语或为约请作者提供，或从其专著中援引。

宫廷历史编辑室

二〇一二年七月

图书在版编目（CIP）数据

近代的初曙：18世纪中国观念变迁与社会发展 / 高翔著.
— 北京：故宫出版社，2013.6
（明清史学术文库）
ISBN 978-7-5134-0421-1

Ⅰ.①近… Ⅱ.①高… Ⅲ.①社会发展-影响-观念-研究-中国-18世纪 Ⅳ.①K249.07②B036

中国版本图书馆CIP数据核字（2013）第131094号

近代的初曙：18世纪中国观念变迁与社会发展

著　　者：高　翔
责任编辑：冯印淙　艾珊歌
封扉设计：李　猛
出版发行：故宫出版社
地址：北京市东城区景山前街4号　邮编：100009
电话：010-85007808　010-85007816　传真：010-65129479
网址：www.culturefc.cn　邮箱：ggcb@culturefc.cn
制　　版：保定市万方数据处理有限公司
印　　刷：保定市中画美凯印刷有限公司
开　　本：787毫米×1092毫米　1/16
印　　张：40.5
字　　数：515千字
版　　次：2013年6月第1版
2013年6月第1次印刷
印　　数：1～3000册
书　　号：ISBN 978-7-5134-0421-1
定　　价：66.00元